© NEUSTOCKIMAGES

EDITION

Directeurs de collection et auteurs : Dominique AUZIAS et Jean-Paul LABOURDETTE

Auteurs : Pascale VINCENS, Marine CLABAUT, Cynthia BENZIANE, Alma ROTA, Margot CARRAU, Stéphanie CHAULOT, Jean-Paul LABOURDETTE, Dominique AUZIAS et alter

Directeur Editorial : Stéphan SZEREMETA

Rédaction France : Elisabeth COL, Tony DE SOUSA, Mélanie COTTARD, Audrey VEDOVOTTO

Rédaction Monde : Caroline MICHELOT, Morgane VESLIN, Pierre-Yves SOUCHET, Jimmy POSTOLLEC, Natalia COLLIER, Laureen DUCHESNE, Anaïs MAOLE

FABRICATION

Responsable Studio : Sophie LECHERTIER assistée de Romain AUDREN

Maquette et Montage : Julie BORDES, Sandrine MECKING, Delphine PAGANO

Iconographie et Cartographie : Anne DIOT assistée de Julien DOUCET

WEB ET NUMERIQUE

Directeur Web : Louis GENEAU DE LAMARLIERE

Chef de projet et développeurs : Nicolas de GUENIN, Adeline CAUX, Kiril PAVELEK

Intégrateur Web : Mickael LATTES

Webdesigner : Caroline LAFFAITEUR

Community Traffic Manager : Alice BARBIER, Mariana BURLAMAQUI et Vincent PHAM

DIRECTION COMMERCIALE

Directeur commercial : Guillaume VORBURGER assisté de Manon GUERIN

Responsable Régies locales : Michel GRANSEIGNE

Responsables Développement régie inter : Jean-Marc FARAGUET et Guillaume LABOUREUR assistés de Claire BEDON

Chefs de Publicité : Camille ESMIEU

Chefs de Publicité Régie nationale : Caroline AUBRY, François BRIANCON-MARJOLLET, Perrine DE CARNE MARCEIN, Caroline PREAU

Gestion commerciale : Vimla MEETOO et Assa TRAORE

DIFFUSION ET PROMOTION

Directrice des Ventes : Bénédicte MOULET assistée d'Aissatou DIOP, Sidonie COLLET

Responsable des ventes : Jean-Pierre GHEZ assisté de Nelly BRION

Relations Presse-Partenariats : Jean-Mary MARCHAL

ADMINISTRATION

Président : Jean-Paul LABOURDETTE

Directrice des Ressources Humaines : Dina BOURDEAU assistée de Sandra MORAIS et Eva BAELEN

Directrice Administrative et Financière : Valérie DECOTTIGNIES

Comptabilité : Jeannine DEMIRDJIAN, Adrien PRIGENT et Faiza ALILI

Recouvrement : Fabien BONNAN assisté de Sandra BRIJLALL et Vinoth SAGUERRE

Responsable informatique : Adam M'RAH

Standard : Assa TRAORE

PETIT FUTÉ FRANCE BIO 2021

LES NOUVELLES EDITIONS DE L'UNIVERSITE
18, rue des Volontaires - 75015 Paris.
✆ 01 53 69 70 00 - Fax 01 42 73 15 24
Internet : www.petitfute.com
SAS au capital de 1 000 000 E - RC PARIS B 309 769 966
Couverture : © istockphoto
Impression : Imprimerie de Champagne Nouvelle
52200 Langres
Achevé d'imprimer : décembre 2020
Dépôt légal : 05/01/2021
ISBN : 9782305047393

Pour nous contacter par email, indiquez le nom de famille en minuscule suivi de @petitfute.com
Pour le courrier des lecteurs : info@petitfute.com

ÉDITO

Les mauvaises langues pourraient crier que le bio est un business. Certes, mais en constant développement et, par ailleurs, tout ce qui est naturel et respectueux de l'environnement n'est pas forcément étiqueté ni labellisé bio. Cependant si nous retraçons la manière dont l'homme se nourrit, dans une perspective historique plus vaste, force est de constater une évolution qui n'est pas que positive. L'homme a commencé à se nourrir à base d'aliments qu'on qualifierait « issus de l'agriculture biologique » depuis l'époque de la préhistoire où l'*homo sapiens* s'est sédentarisé. Il a changé alors ses habitudes de chasseur-cueilleur pour cultiver la terre il y a bientôt 12 000 ans. Il ne fait nul doute que la permaculture s'inspire de ces premières cultures et n'est pas juste l'invention de quelques illuminés. Les considérations sur le lien entre agriculture et préservation de la biodiversité remontent à la fin du XIXe siècle. À cette époque, on a commencé à se rendre compte de l'impact négatif du développement des civilisations humaines sur l'écosystème. Pour répondre aux besoins croissants en nourriture d'une population en expansion, et pour s'affranchir des aléas climatiques et lutter contre les maladies et parasites qui amenuisaient la productivité agricole, l'industrialisation de l'agriculture et le développement de l'industrie agroalimentaire ont profondément modifié nos habitudes alimentaires, et rendu néfaste cette interaction avec la nature. La dégradation des conditions de culture nous a amenés aujourd'hui à produire des fruits et légumes dont l'apport nutritif et le goût sont inférieurs à ceux qu'ont connus nos grands-parents ! Sans compter, l'apport en pesticide, la dégradation des sols, les maladies de plus en plus fréquentes dans les élevages. Voilà deux siècles que l'homme a pris un « mauvais virage ». Il est inutile de polémiquer sur la réalité du réchauffement climatique, les risques de santé liés au développement de l'énergie nucléaire ou induits par l'omniprésence de produits chimiques dans notre environnement quotidien. Il est simplement important de prendre conscience que cautionner ce fonctionnement ne rend service à personne. Il suffit de regarder le nombre de personnes malades ou ayant des problèmes liés aux perturbateurs endocriniens.

Le bio n'est pas une simple mode, mais bel et bien une nécessité absolue et durable. En consommant différemment, chaque euro dépensé vient conforter une démarche encore minoritaire, mais qu'il est impératif de soutenir et renforcer malgré ses succès croissants actuels. Grâce à ce guide, vous découvrirez un florilège de saveurs et de petits gestes quotidiens qui vous apporteront bien être et satisfaction. Des réflexes simples, parfois ignorés, viendront remplacer des habitudes néfastes bien ancrées, et vous permettront d'adapter vos convictions philosophiques à votre style de vie, que vous soyez végétarien, végan ou que vous ayez un régime sans gluten. Que vous ayez envie de faire évoluer votre mode de vie, ce guide vous permettra de surfer aisément sur la multiplicité des labels, de trouver facilement des adresses proches de chez vous, ou en ligne, pour y effectuer vos achats. Il vous proposera également des conseils et recettes astucieuses pour votre quotidien. Nous y avons établi un panel d'établissements et de producteurs vous permettant de consommer sans culpabiliser et en confiance, tout en respectant la planète et en prenant soin de votre santé !

Bonne lecture !

PEFC
10-31-2009
Certifié PEFC
Ce produit est issu de forêts gérées durablement et de sources contrôlées.
pefc-france.org

IMPRIMÉ EN FRANCE

SOMMAIRE

CARNET BIO
ET NATURE

L'AGRICULTURE BIOLOGIQUE

L'agriculture biologique, c'est le passé… et l'avenir ! Il est temps d'opérer un retour aux sources salutaire pour préserver la planète et nous alimenter sainement. Ce n'est pas juste une tendance ou une lubie mais bien un mode de production qui représente des avantages économiques et écologiques. Le but est de revenir aux pratiques ancestrales, de cultiver et d'élever dans le respect de la nature et de l'environnement afin d'obtenir une agriculture raisonnable et raisonnée. La réglementation en vigueur pour obtenir le label AB est très stricte et interdit rigoureusement le recours aux produits chimiques synthétiques, aux organismes génétiquement modifiés (OGM) et limite considérablement l'utilisation d'intrants. La finalité est de développer une agriculture durable qui respecte le rythme des saisons jusque dans nos assiettes sans maltraiter l'équilibre naturel. De plus en plus d'agriculteurs, ou de personnes fraîchement reconverties dans l'agriculture depuis l'augmentation considérable du marché des aliments bio, sont passés à une agriculture pérenne et raisonnée. Pour ne pas se tromper, deux symboles officiels garantissent un produit respectueux de l'environnement et du bien-être animal, le logo français AB et le logo européen Eurofeuille en forme de feuille. Ouvrez l'œil et consommez intelligent !

LES ORIGINES

En France, il existe six signes distinctifs apposés sur les produits de consommation concernant la qualité et l'origine. Seuls ces labels officiels sont garantis par l'État et contrôlés à ce titre. Pour sélectionner ses produits en fonction de ces signes, encore faut-il les connaître. L'appellation d'origine protégée (AOP), l'appellation d'origine contrôlée (AOC) et l'indication géographique protégée (IGP) désignent un produit dont toutes les étapes d'élaboration sont mises en place selon un savoir-faire particulier reconnu dans un terroir. Le Label rouge identifie un produit de qualité supérieure par rapport à celle d'autres produits identiques. La spécialité traditionnelle garantie (STG) protège une recette traditionnelle. Enfin, l'agriculture biologique (AB), vous assure que le mode de production du produit respecte l'environnement, le bien-être animal et promeut la biodiversité. Qu'il s'agisse d'un produit français ou importé, les exigences sont les mêmes dans toute l'Union européenne et chaque produit est soumis aux mêmes exigences dictées par la directive CE 834/2007. Originellement en France, l'agriculture biologique a été reconnue par les pouvoirs publics depuis la loi d'orientation agricole de 1980. Elle a fait l'objet de cahiers des charges nationaux avant d'être régie à l'échelle européenne par le règlement CEE n°2091/92 du Conseil du 24 juin 1991. A compter du 1er janvier 2009, c'est le règlement européen 834/2007 du Conseil du 28 juin 2007 qui s'applique. Il reprend les grands principes de l'agriculture biologique et couvre également l'étiquetage, le transport et la commercialisation des produits biologiques. Le logo européen est désormais obligatoire pour les produits contenant au moins 95 % d'ingrédients bio, et l'origine géographique du produit doit impérativement figurer aux côtés du logo. Un avenant à ce règlement, le CCF, établit les règles liées à des productions spécifiquement françaises, telles que le lapin ou les escargots. Un futur règlement, actuellement en préparation, devrait prendre effet début 2021.

L'agriculture biologique en chiffres

Pour mesurer la part de l'agriculture biologique en France fin 2019, voici quelques repères essentiels d'après l'Agence Française pour le Développement et la Promotion de l'Agriculture Biologique :

- **70 322 exploitations engagées en bio** (+14 % par rapport à 2018).
- **dont 19 311** (+16 %) **transformateurs, 8 813** (+24 %) **distributeurs, importateurs** engagés en bio.
- **2,3 millions d'hectares en agriculture biologique**. Cela représente 8,5 % de la surface agricole utile française. C'est la 3e surface de l'Union européenne.
- **les produits bio consommés provenant de France passent de 71 % en 2017 à 69 % en 2018.**
- **11,93 milliards d'euros de consommation de produits bio**, soit +13,5 % par rapport à 2018.

L'agriculture bio représentait en surfaces cultivées en France, fin 2019 :

- **25,9 %** des cultures de fruits.
- **20,1 %** des cultures de plantes à parfum aromatique et médicinales.
- **14,1 %** des vignes.

Parallèlement le développement des élevages bio conserve une forte dynamique pour l'ensemble des espèces en 2019.

UNEBIO, l'union des éleveurs bio

UNEBIO, est une société commerciale gouvernée par des éleveurs et gérée par des professionnels de la filière viande dédiés à la Bio. Le réseau est composé de 2 800 éleveurs structurés en SAS et organisés sur un modèle coopératif. Le capital d'UNEBIO est détenu par des structures d'éleveurs réparties sur tout le territoire.
Elle est structurée en plusieurs commissions et veille au développement de la filière, dans le respect de la charte du bio. Structurée peu à peu entre 1995 et 2003, UNEBIO voit réellement le jour en 2004. Depuis 2015, un réseau de boucheries se développe, ce qui permet à la structure de maîtriser la filière du producteur au consommateur.
UNEBIO compte aujourd'hui 2 800 éleveurs unis dans 5 structures régionales associatives.

Histoire

L'agriculture biologique a commencé à se développer en Autriche, en Allemagne ou encore en Suisse et en Angleterre dès les années 1920, à l'initiative combinée de médecins, d'agronomes, d'agriculteurs et, bien évidemment, de consommateurs précurseurs pour leur époque. La naissance de cette nouvelle école de pensée serait due à plusieurs facteurs parmi lesquels la grande parenté chimique entre les engrais produits par l'industrie et les armes chimiques utilisées lors de la Première Guerre mondiale. L'observation des effets néfastes de ces dernières sur l'environnement et la santé a alarmé de nombreux scientifiques. Aussi l'avènement de l'agrochimie, à destination du monde agricole avec ses engrais et pesticides a suscité de nombreuses réactions. L'une d'entre elles fut la mise en œuvre d'un mode de production agricole alternatif, respectant des principes éthiques et écologiques, que l'on appelle aujourd'hui agriculture biologique ou encore plus simplement « bio ».

Les fondateurs

Dans les années 1920, en Autriche, Rudolph Steiner définit les principes de l'agriculture biodynamique (Demeter), basée sur la prise en compte des forces telluriques et cosmiques dans les pratiques agricoles ainsi que sur le compostage. De leur côté, les Suisses Hans et Maria Müller et l'Autrichien Hans Peter Rusch prônent l'autonomie des producteurs, le respect de la terre et la mise en place de filières les plus courtes possibles. En Angleterre, l'agronome Albert Howard recommande la fertilisation des sols par l'humus et l'utilisation d'engrais et amendements issus de substances renouvelables et compostées. Ces théoriciens critiquent l'abandon d'une vision holistique de la nature et des pratiques traditionnelles, la dégradation des liens sociaux et des libertés paysannes qu'ils relient au développement des grands groupes agro-industriels, l'autorité d'une science agronomique déconnectée des réalités du terrain, la prédominance des intérêts financiers et commerciaux dans la conception des exploitations agricoles rendant les agriculteurs dépendants de l'industrie chimique...

Historique

Après s'être développée en Autriche, en Allemagne, en Suisse et en Angleterre dès les années 1920, l'agriculture biologique apparaît en France au début des années 1950. Equivalent de l'expression « organic farming », l'expression « agriculture biologique » commence à être utilisée à cette période pour différencier cette agriculture de celle dite « conventionnelle », recourant aux intrants chimiques et aux pesticides phytosanitaires, polluants pour la santé et l'environnement. Les premières mises en garde contre les conséquences sur la santé et l'environnement de l'agriculture intensive et de l'usage des pesticides sont formulées au début des années 1960. En France, le Groupement d'Agriculture biologique de l'Ouest (GABO) est créé dès 1958. Il deviendra l'AFAB (association française d'agriculture biologique) en 1961. Un courant affranchi de toute attache commerciale se développe en son sein : l'association Nature et Progrès, créée en 1964, qui se veut ouverte à toutes les méthodes d'agriculture biologique. Avec 1968 s'amorce le rejet de la société de consommation et de l'économie productiviste par les mouvements contestataires. Après les crises pétrolières, on aspire à une autre qualité de vie, on commence à prendre en compte la nécessité de respecter l'environnement. L'agriculture productiviste est vivement critiquée pour sa consommation d'énergie fossile et son caractère polluant. Le premier Congrès de l'Agriculture biologique se tient en 1969 à Bordeaux. Un projet de cahier des charges est établi : on pose les bases écrites d'une agriculture dite « biologique ». En 1972, Nature et Progrès présente le premier cahier des charges bio français et impulse la création de la fédération internationale des mouvements d'agriculture biologique (IFOAM) la même année, chargée de gérer la coordination des organisations du secteur. Son cahier des charges fixe les normes minimales que doivent respecter toutes les organisations adhérentes, et servira de référence au niveau mondial. Le mouvement bio français se divise en plus d'une dizaine d'organisations dotées chacune d'un cahier des charges spécifique. La FNAB (fédération nationale d'agriculture biologique des régions de France) est créée en 1978 par des agriculteurs biologiques, afin de rassembler les producteurs biologiques au niveau géographique au travers des GAB et GRAB, et de fédérer l'ensemble de la production. Elle a pour objet « l'étude et la défense des intérêts économiques, matériels, juridiques et moraux de la profession d'agrobiologiste dont elle assure la représentation nationale et internationale ». En 1979, l'agriculture biologique est évoquée au Sénat via un projet de loi sur les matières fertilisantes.

UNEBIO

Unebio,

ce sont **2 800 éleveurs bio en France** désireux de proposer les produits issus de leurs élevages. Leur vocation est de nourrir l'homme le plus sainement et le plus durablement possible avec des viandes de qualité.

Le saviez-vous ?

En consommant de la viande issue de l'agriculture biologique, vous contribuez à :

- ✓ Une rémunération juste et stable des éleveurs
- ✓ Un environnement préservé pour aujourd'hui et demain
- ✓ Un bien-être animal respecté tout au long de l'année

Retrouvez nos viandes bio dans nos boucheries

Bio Artisanal | Guingamp (22)
La boucherie des éleveurs bio | Loches (37)
La boucherie bio tourangelle | Tours (37)
La boucherie des éleveurs bio | Vouvray (37)
La boucherie bio de la Presqu'Ile | La Baule (44)
La boucherie bio de l'Atlantique | Nantes (44)
La boucherie bio choletaise | Cholet (49)
La Coopé | Alençon (61)
La boucherie bio sablaise | Les Sables-d'Olonne (85)
La boucherie bio - Gilles Deniaud | Montaigu (85)

La loi d'orientation agricole du 4 juillet 1980 reconnaît la bio sans la citer explicitement. Un décret du 10 mars 1981 définit le cadre des cahiers des charges (production et contrôle) et met en place une commission nationale d'homologation. En 1991, la FNAB est reconnue par le ministère de l'Agriculture comme une organisation professionnelle à vocation syndicale. À partir de 1995, elle s'emploie à faire sortir la bio de sa marginalité et à la développer. L'organisme de certification Ecocert, spécialisé en agriculture biologique, est créé la même année. En 1998, le ministère de l'Agriculture et de la Pêche lance le premier plan pluriannuel de développement de l'agriculture biologique (PPDAB). En 2007, le Grenelle de l'Environnement réunit pour la première fois l'Etat et les représentants de la société civile afin de définir une feuille de route en faveur de l'écologie, du développement et de l'aménagement durables, à l'origine des « lois Grenelle » : la loi dite Grenelle 1 (qui propose, à travers 57 articles, des mesures touchant les secteurs de l'énergie et du bâtiment, des transports, de la biodiversité et des milieux naturels, de la gouvernance et enfin des risques pour l'environnement et la santé), la loi sur la responsabilité environnementale, la loi OGM, la loi d'organisation et de régulation des transports ferroviaires, et la loi dite Grenelle 2 (248 articles déclinant des mesures concernant les bâtiments et l'urbanisme, les transports, l'énergie, la biodiversité, les risques, la santé, les déchets et la gouvernance). Créé en 2008, le fonds Avenir bio s'est inscrit depuis 2012 dans le cadre du plan de développement de l'agriculture et de l'alimentation biologiques. Il soutient des entreprises et des producteurs s'engageant pour un développement harmonieux de l'offre et de la demande de produits issus de l'agriculture biologique en France, afin de satisfaire les attentes des consommateurs et des collectivités publiques.

En mai 2013, le ministre de l'Agriculture a lancé le programme « Ambition bio 2017 » afin de donner une nouvelle dynamique au développement de la filière bio en doublant les surfaces dédiées et en augmentant notablement la consommation française de produits issus de l'agriculture biologique. Le nombre d'exploitations en agriculture biologique est passé de 1 million d'hectares en 2012 à 1,5 million d'hectares en 2015, soit une progression de 50 %. Parallèlement, le programme « Ambition Bio » a donc été régulièrement renouvelé et renforcé. C'est ainsi que, dernièrement en 2018, l'objectif des surfaces agricoles devant passer en agriculture biologique d'ici 2022 a été porté à 15 % et que d'autre part ont été octroyés des financements pour aider à la restructuration des filières, au développement de la consommation et de l'offre de produits biologiques pour tous types de consommateur, ainsi que pour le renforcement de la recherche et de la formation des agriculteurs.

LES GRANDS PRINCIPES

Le mode de production biologique repose notamment sur :

- **L'interdiction d'utiliser des produits chimiques de synthèse**, des OGM – et des produits obtenus à partir d'OGM – et la limitation des intrants (apports aux terres et aux cultures qui ne proviennent ni d'une exploitation agricole ni de sa proximité).
- **Le respect du rythme des saisons** et des cycles de vie des plantes
- **Le respect du bien-être animal dans les conditions d'élevage**
- **Le recyclage de matières organiques**
- **La rotation des cultures et le respect des sols pour un système agricole durable**

Les Jardins de Cocagne

On peut choisir, en tant que consommateur, de manger bio en s'approvisionnant dans des enseignes de produits bio, on peut choisir, en tant qu'agriculteur, de s'engager dans une production biologique, on peut, en tant que propriétaire ou locataire d'un lopin de terre, cultiver son potager et son verger en bio. Quant aux Jardins de Cocagne, ils allient une production bio respectueuse de l'environnement et de notre santé, à un projet social d'insertion. Un double enjeu à saluer. Les Jardins de Cocagne sont des jardins maraîchers biologiques à vocation d'insertion sociale et professionnelle. A travers la production et la distribution de légumes biologiques, sous forme de paniers hebdomadaires fournis à des adhérents-consommateurs, ces Jardins permettent à des adultes cabossés par la vie de retrouver un emploi et de (re) construire un projet personnel. Ce réseau s'est inspiré d'un modèle suisse, auquel a été ajouté un volet social. Le premier Jardin de Cocagne a démarré en 1991, porté par l'association Julienne Javel à Chalezeule, dans le Doubs. A l'époque, l'association souhaite diversifier ses activités d'insertion en étendant son offre de remise au travail pour publics en difficulté, au moyen de jardins collectifs. Le constat était que dans les années 1980, peu de réponses étaient apportées à l'exclusion qui touchait les personnes ayant une culture rurale et agricole. Ainsi démarre le premier Jardin de Cocagne, à l'initiative de Jean-Guy Henckel. Rapidement, le principe suscite l'intérêt de nombreuses personnes dans toute la France. Pour faire face à des demandes de plus en plus importantes de particuliers, d'associations, de collectivités, qui souhaitent monter le même type de projet, une stratégie d'essaimage est mise en place et portée par l'association Julienne Javel, à partir de 1994. De 1996 à 1999, le nombre de jardins passe de 20 à 50. En 1999, les Jardins de Cocagne décident de se doter d'une structure d'envergure nationale pour répondre à ce besoin de développement du concept et d'animation et de coordination de leurs actions : le réseau Cocagne (www.reseaucocagne.asso.fr) est créé en juillet 1999. Il regroupe aujourd'hui 110 structures en activité, 4 600 salariés en insertion, 20 000 adhérents, 750 encadrants et 1 200 bénévoles pour une production totale de 25 000 paniers hebdomadaires. Il cultive 470 ha en agriculture biologique.

- **La lutte pour le maintien de la biodiversité** végétale comme animale

Pour faire reconnaître ses produits en agriculture biologique, un opérateur peut choisir l'un des six organismes certificateurs agréés par les pouvoirs publics : Agrocert, Certipaq, Certisud, Ecocert, Qualité France et SGS-ICS. Le ou les organismes contacté(s) transmettent ensuite une proposition de contrat, comprenant un engagement à respecter la réglementation en agriculture biologique. Une fois le contrat signé, l'organisme choisi adresse au producteur une attestation d'engagement au mode de production biologique. Un contrôleur/auditeur prend ensuite rendez-vous pour effectuer une première visite. Par la suite, les contrôles sont annuels et des visites inopinées sont régulièrement organisées. Un certificat est délivré chaque année à l'opérateur pour attester de la conformité des produits à la réglementation. Des sanctions sont prévues en cas de non-respect de celle-ci. L'agriculteur doit :

- **Sélectionner des variétés végétales adaptées** au terroir, aux conditions climatiques et naturellement résistantes aux parasites et aux maladies ;
- **Fertiliser les sols avec du compost issu de préférence de la ferme**, éventuellement complété par des engrais naturels comme le fumier, le guano ou les algues marines ;
- **Désherber manuellement, mécaniquement ou thermiquement**, sans avoir recours à des désherbants chimiques ;
- **Protéger les cultures par le maintien des haies**, qui empêchent l'érosion due aux eaux de ruissellement, et par l'introduction de prédateurs naturels (coccinelles dévoreuses de pucerons, par exemple).

CULTURE ET ÉLEVAGE

Semences et plants doivent être issus de l'agriculture biologique, sauf dérogations exceptionnelles, et non issus d'OGM. La fertilité du sol doit être entretenue ou augmentée par des rotations pluriannuelles, la culture d'engrais verts comme des légumineuses, le recyclage et le compostage de matières organiques, l'apport de matières organiques provenant de l'exploitation elle-même ou d'exploitations voisines en agriculture biologique.

Élevage

L'élevage en agriculture biologique établit des normes très strictes en ce qui concerne le bien-être des animaux, qui devient une priorité absolue. En bio, l'élevage hors sol est interdit et tous les animaux doivent avoir accès à une zone extérieure. Il est notamment précisé que les ruminants doivent pâturer dès que les conditions climatiques le permettent. Chaque animal doit disposer d'un espace aéré, lumineux et d'une surface minimum afin qu'il puisse se déplacer librement. Une faible densité d'animaux à l'hectare doit être respectée. Les traitements hormonaux ainsi que le clonage et toute manipulation génétique sont strictement interdits. En ce qui concerne l'alimentation, elle aussi doit être issue de l'agriculture biologique : gavage interdit, jeunes mammifères nourris au lait naturel et de préférence maternel et utilisation maximale des pâturages avec un complément si besoin d'autres fourrages en provenance de l'exploitation.

Les races des animaux, qui doivent être nés sur l'exploitation ou provenir d'une exploitation en agriculture biologique, sont de préférence indigènes ou locales. La santé des animaux est axée sur la prévention avec un élevage qui privilégie le bien-être et qui stimule les défenses naturelles. En cas de maladie, les animaux sont traités en priorité avec des remèdes naturels ou homéopathiques. Les médicaments vétérinaires sont toutefois autorisés mais dans un cadre très strict et à titre exclusivement curatif. A noter également que tout membre du personnel accompagnant les animaux en agriculture biologique doit avoir acquis des compétences très spécifiques. Les contrôles ont lieu régulièrement pour s'assurer du respect des règles.

Transformation

Le processus de transformation doit utiliser des ingrédients biologiques, privilégier un emploi restreint d'additifs et d'auxiliaires de fabrication, ainsi que le recours à des procédés respectueux de l'environnement et non polluants. Au moins 95 % des ingrédients d'origine agricole (en dehors de l'eau, du sel et des additifs) d'un produit vendu comme biologique doivent être bio. Les 5 % restants doivent figurer dans la liste des ingrédients non bio autorisés à l'annexe XI du règlement (CE) n°889/2008 en tant qu'ingrédients non disponibles en bio. Les arômes doivent être naturels, seuls certains additifs et auxiliaires sont autorisés et figurent également dans une liste positive. OGM et dérivés d'OGM sont interdits, tout comme les traitements ionisants.

Une filière contrôlée

L'agriculture biologique est structurée en filières végétales et animales. Les filières végétales comprennent les fruits et légumes, les grandes cultures (céréales, oléagineux, protéagineux), les exploitations viticoles, les plantes à parfum, aromatiques et médicinales. Les filières animales comprennent les exploitations laitières, de viande (bovine, ovine et porcine), avicoles, apicoles et aquacoles. Chaque filière fait intervenir de nombreux acteurs : producteurs, préparateurs, importateurs, distributeurs qui voient leurs pratiques régulièrement contrôlées par des organismes agréés de façon aléatoire et approfondie. Chaque étape, des matières premières jusqu'au produit fini, subit un contrôle, afin d'offrir aux consommateurs des garanties de respect de la filière. Le nom ou le code de l'organisme certificateur figure obligatoirement sur tous les produits issus de l'agriculture biologique.

LABELS ET LOGOS

Un label sert à informer le consommateur que le produit concerné respecte des critères définis par un cahier des charges. Pour le bio, il s'agit, entre autres, de ne contenir aucun élément chimique de synthèse ou génétiquement modifié. La culture ou la fabrication doivent être naturelles, les matières organiques recyclées, la rotation des cultures et la lutte biologique pratiquées. Quant à l'élevage, il doit être de type extensif, et faire appel aux médecines douces. Le label peut également certifier une qualité ou une origine. L'attribution d'un label est en général une récompense pour un produit jugé respectueux de son environnement et du bien-être de l'animal. Son identification passe par un logo sur l'emballage ou sur l'étiquette, qui avise le public. Mais la procédure d'obtention n'est pas si simple : à travers ce guide vous trouverez plusieurs indications concernant les différents labels pour vous éclairer dans vos choix.

AB (Agriculture Biologique)

Créé en 1985, le label AB, propriété du ministère de l'Agriculture, certifie les produits d'origine agricole destinés à l'alimentation humaine ou animale et issus de l'agriculture biologique, c'est-à-dire produits sans OGM, sans engrais chimiques synthétiques et sans pesticides. Ses critères sont alignés depuis 2009 sur ceux du label bio européen. La marque AB garantit un produit 100 % bio ou que l'aliment est composé d'au moins 95 % d'ingrédients issus du mode de production agricole biologique pour les ingrédients transformés. Il garantit également la mise en œuvre des pratiques agronomiques et d'élevage respectueuses des équilibres naturels, de l'environnement et du bien-être animal. Les 5 % restants sont composés de produits non disponibles en bio en quantité suffisante (certaines épices ou de nombreux produits exotiques, par exemple). La certification est placée sous le contrôle d'un organisme agréé par les pouvoirs publics. Depuis l'entrée en vigueur du label européen Eurofeuille, son emploi est devenu facultatif pour certifier un produit bio.

Plus d'infos sur www.agencebio.org/vos-outils/utiliser-les-logos

Ensemble solidaires du producteur au consommateur

Il s'agit du label, ou de la marque, spécifique aux magasins Biocoop. Contrôlée en interne par les services de la fameuse coopérative bio, cette marque suit une charte spécifique dont la particularité est de promouvoir et encourager un commerce équitable pour les producteurs français, trop souvent victimes des aléas des saisons et du marché pour tirer un revenu régulier et suffisant de leur production. Luttant contre l'import du bio étranger qui semble souvent, de par son empreinte carbone, nier le concept même de la bio, ce label tend à favoriser les cultures locales et à soutenir les initiatives AOC au sein des terroirs. Les productions sont 100 % bio, ainsi que la nourriture des élevages, et elles suivent le rythme des saisons en prohibant notamment les serres chauffées ou les semences castrées comme pour la culture du maïs.

Label Européen Agriculture Biologique

Depuis le 1er juillet 2012, après une période de mise en application de deux ans, l'utilisation du logo bio européen « Eurofeuille » qui se reconnaît à sa couleur verte et à ses étoiles blanches qui évoquent une feuille, est obligatoire pour attester que des denrées pré-emballées d'origine européenne remplissent bien les conditions de l'agriculture biologique. Mais il est facultatif pour les produits d'importation en provenance du reste du monde. Ce label certifie que les produits qui l'affichent contiennent 100 % d'ingrédients issus de l'agriculture biologique et qu'au moins 95 % des ingrédients des produits transformés sont issus de l'agriculture biologique. Il est accompagné de l'indication du lieu de production des matières premières agricoles ainsi que des noms du producteur, du préparateur ou du distributeur et de l'organisme d'inspection. Une teneur maximale de 0,9 % d'OGM par ingrédient est tolérée et n'a pas l'obligation d'être indiquée, si leur présence est fortuite ou techniquement inévitable.

Plus d'infos sur www.agencebio.org/vos-outils/utiliser-les-logos.

Nature & Progrès

Créée en 1964, l'association Nature & Progrès est devenue aujourd'hui une fédération internationale qui rassemble des agriculteurs, des transformateurs, des fournisseurs, des distributeurs et des consommateurs qui adhèrent à sa charte. Elle défend une agriculture cohérente (« les paysans n'exploitent pas la terre, ils la cultivent ») et un projet de société humaniste, écologique et alternatif. Le label repose sur deux grands principes : les produits certifiés doivent être sains et de qualité, donc respectueux du bien-être de l'homme, mais aussi contribuer à la préservation de l'environnement et respecter la planète. Adaptation des productions au climat et à l'environnement, défense de la polyculture, préservation de l'équilibre animal-culture-forêt, maintien dans chaque exploitation d'une zone sauvage représentant au moins 5 % de la surface agricole, gestion raisonnée des ressources en eau, utilisation de matières premières locales, prise en compte de la biodiversité dans le choix des semences sont quelques-unes des exigences environnementales de la charte Nature & Progrès. Sur les plans sociétal et économique, les adhérents s'engagent notamment à la solidarité, au soutien moral et physique, au respect du tissu social et rural et à une meilleure répartition des marges de revenu entre producteurs, transformateurs et distributeurs. Le label Nature & Progrès concerne les produits alimentaires, les cosmétiques, les produits d'entretien, le sel marin et les fertilisants et supports de culture. Il concerne aujourd'hui environ 1 000 producteurs et transformateurs de produits agricoles, alimentaires et cosmétiques en France. L'association édite également une revue d'information sur l'écologie, l'agriculture bio et l'altermondialisation.

Plus d'infos sur www.natureetprogres.org

La certification ECOCERT

ECOCERT
Lieu-dit Lamothe, L'ISLE-JOURDAIN
✆ 05 62 07 34 24 – www.ecocert.fr

Ecocert a été créé en 1991. Son objectif est simple : défendre et promouvoir l'agriculture biologique grâce à sa certification et la mention « Produit issu de l'agriculture biologique ». Ecocert est donc à la fois une marque déposée et l'un des principaux organismes certificateurs français de produits labellisés AB. Un producteur, un transformateur, un restaurateur indépendant ou encore une chaîne de restauration peuvent être labellisés AB par cet organisme en faisant la demande suivie de nombreux contrôles. Évidemment, leurs pratiques professionnelles sont scrutées à la loupe afin d'être certain que les règles strictes de la charte d'agriculture biologique sont bien respectées. En parallèle, Ecocert s'est fortement impliqué dans la rédaction des réglementations françaises et européennes sur l'agriculture biologique. L'organisme collabore régulièrement avec le ministère de l'Agriculture, l'INAO (Institut national de l'origine et de la qualité) et la Commission européenne pour aider à l'essor de l'agriculture biologique. Ecocert est devenu un organisme incontournable tant auprès des professionnels que des consommateurs. L'organisme certifie, sur le territoire national, environ 65 % de la totalité des producteurs en agriculture biologique et 60 % des transformateurs. Néanmoins, l'entreprise garde son indépendance en développant sa propre charte utile à la certification des produits. En 2013, le label Ecocert « En Cuisine » est né. Il s'adresse à la restauration collective et a pour objectif d'encourager et valoriser le recours aux produits bio et locaux dans les menus des cantines. De plus, en 2017, Ecocert a ouvert sa première agence régionale en Charente-Maritime, à Saint-Jean-d'Angély. Aujourd'hui, fort de son expertise en agriculture biologique et dans la continuité de son engagement, Ecocert a choisi d'étendre plus largement son activité au service de l'environnement en général, en développant ses propres cahiers des charges pour la certification de produits, systèmes et services. Ceci afin d'inciter tous les acteurs économiques à adopter des pratiques responsables pour la préservation de l'environnement. Ecocert regroupe 800 salariés en France et à l'international (majoritairement des femmes !) et se divise en cinq sociétés :

- **Ecocert SA :** la société mère, qui rassemble les fonctions support du groupe.
- **Ecocert France SAS :** filiale dédiée à la certification de l'agriculture biologique en France.
- **Ecocert Greenlife SAS :** filiale dédiée à la certification des écoproduits (cosmétiques, textiles, détergents, parfums d'ambiance).
- **Ecocert Environnement SAS :** dédiée aux contrôles et à la certification en matière de systèmes de management environnementaux, projets carbone, affichage environnemental, gestion écologique des territoires et développement durable.
- **Ecocert Expert Consulting :** filiale dédiée à la formation, à l'accompagnement, et à l'expertise.

SICABA et Cœur de Terroir : la viande les yeux fermés

Tous les amateurs de bio ne sont pas tous végétariens. Loin s'en faut ! Alors, les magasins bio et les bonnes boucheries de quartier mettent en rayon des produits carnés de qualité. Ils sont nombreux, à travers toute la France, à se fournir dans l'Allier chez la SICABA, Société d'Intérêt Collectif Agricole de Bourbon-l'Archambault, vénérable coopérative d'éleveurs fondée en 1963. Cette maison réputée distribue depuis 1974 les deux Labels rouges emblématiques du pays : l'agneau fermier du Bourbonnais et le charolais du Bourbonnais. SICABA est devenu, en 1992, le premier distributeur de viande estampillée bio à être certifié par Qualité France. En 2011, 38 % de sa production était issue de l'agriculture biologique. Forte de son savoir-faire, la SICABA lance en 2012 l'appellation Cœur de Terroir. La viande Cœur de terroir IGP est non seulement issue de l'agriculture biologique, mais garantit aussi une origine géographique (Allier et départements limitrophes), une sélection de races et des critères bouchers. Sont concernées les viandes de bœuf et d'agneau, mais aussi de veau et de porc. Vous allez pouvoir mijoter des tajines et des pots-au-feu, des ragoûts ou faire cuire des rôtis et grillades en toute confiance.

Demeter

Organisme international et marque déposée depuis 1932, le label Demeter, présent dans près de 60 pays, permet d'identifier les produits issus de l'agriculture biodynamique, dont les principes ont été définis par l'Autrichien Rudolf Steiner en 1924. Les domaines agricoles et entreprises labellisés Demeter sont obligatoirement également certifiés en agriculture biologique. Demeter obéit à un cahier des charges très spécifique, qui impose notamment l'utilisation de préparations biodynamiques sur tout le domaine, la rotation des cultures, l'utilisation d'engrais verts et de semences auto-produites, la non-utilisation d'arômes, la nécessité pour tout le domaine d'être cultivé selon les méthodes de la biodynamie et le respect des animaux. En France, plus de 600 producteurs et viticulteurs et 115 autres entreprises sont engagés auprès de Demeter. Demeter appose sa marque sur des fruits et légumes, laits ou viandes, fromages, yaourts, jus de fruits, pains et biscuits mais aussi sur des vins. Demeter est actuellement la seule marque qui certifie au consommateur qu'un vin est élaboré à partir de l'agriculture biodynamique. Pour reconnaître les vins Demeter, recherchez la marque sur l'étiquette, ou la mention « vin biodynamique » avec une référence à la marque. A savoir que dans la mythologie grecque, Déméter est la déesse de l'agriculture et des moissons.

Plus d'infos sur www.demeter.fr

Bio Partenaire

Fondée en 2002, l'association Bio Partenaire est née suite au constat que le cahier des charges du label « équitable » qui garantit un commerce équitable avec les producteurs des pays lointains, n'offrait pas assez de garanties. En effet, à l'époque, le label ne garantissait pas la relation directe avec les producteurs, n'instaurait pas de pérennité dans l'échange et n'avait pas d'exigence par rapport à l'agriculture biologique. Le cahier des charges de Bio Partenaire va donc plus loin avec une garantie du développement des produits et des marques dans des partenariats éthiques avec les producteurs et dans le respect de l'agriculture biologique. Aujourd'hui, Bio Partenaire fédère et accompagne les entreprises dans l'instauration du label dans leurs différentes filières. Parmi les engagements signés par les entreprises qui y adhèrent figurent notamment l'obligation d'être en conformité avec la réglementation bio, l'obligation d'assurer un revenu juste aux producteurs, de dynamiser l'économie locale par le biais d'un programme de développement et, entre autres, de s'engager dans une politique sociale et environnementale. Des contrôles sont effectués à toutes les étapes afin de s'assurer du respect strict des règles établies. Les produits labellisés bio-partenaires sont aussi bien de l'alimentation que des produits de bien-être, d'hygiène, de beauté et de santé. Tous les produits concernés sont à retrouver dans les magasins bio spécialisés.

Plus d'infos sur : www.biopartenaire.com

Bio cohérence

Lancé en 2010 par l'association Alternative Bio (composée notamment de la FNAB, du réseau Biocoop, de BioMonde, de ProNatura, de Demeter France, de Bio Bourgogne...) le label privé Bio Cohérence a vocation à compléter le label bio européen pour une plus grande cohérence technique, économique, sociale et environnementale. Chaque produit portant la mention « Bio Cohérence » doit faire l'objet d'une certification européenne au préalable. La charte du label Bio Cohérence reprend les fondamentaux de l'agriculture bio française.

S'y ajoute un cahier des charges exigeant : refus de la mixité bio/non bio des fermes, alimentation 100 % bio des animaux (produite pour l'essentiel sur la ferme afin de minimiser l'impact environnemental du transport), refus des produits comportant plus de 0,1 % d'OGM (seuil de détection), autodiagnostic des adhérents pour une démarche d'amélioration continue... Les produits labellisés, identifiables grâce au logo, sont vendus préférentiellement en vente directe et en magasins bio. La marque se concentre aujourd'hui sur la certification des produits alimentaires, mais envisage à terme d'élargir son champ d'application.

Plus d'infos sur www.biocoherence.fr

LE BIO ALIMENTAIRE

DENRÉES ALIMENTAIRES

Etiquetage, label, traçabilité... La réglementation et les contrôles demandent une harmonisation au niveau européen. Le Règlement (CEE) n° 2092/91 du Conseil du 24 juin 1991 définit un cadre de production, d'étiquetage et de contrôle des produits agricoles et des denrées alimentaires biologiques afin de renforcer la confiance des consommateurs en ces produits et d'assurer une concurrence loyale entre les producteurs. Son champ d'application concerne les produits agricoles végétaux et produits animaux, non transformés ; les animaux d'élevage ; les produits agricoles végétaux et produits animaux destinés à l'alimentation humaine, transformés, élaborés essentiellement à partir d'un ou de plusieurs ingrédients d'origine végétale et/ou animale et les aliments des animaux, aliments composés pour animaux et matières premières pour aliments des animaux. Selon le réglement, un produit, ses ingrédients ou les matières premières pour aliments des animaux sont considérés comme portant des indications se référant au mode de production biologique lorsque, dans l'étiquetage, la publicité ou les documents commerciaux, ils sont caractérisés par les indications en usage dans chaque État membre, suggérant à l'acheteur qu'ils ont été obtenus selon les règles de production énoncées dans le règlement. Le règlement précise, dans son annexe I, les principes de production biologique pour les végétaux, les animaux d'élevage (bovins, porcins, ovins, caprins équidés et volailles), les abeilles et tous leurs produits dérivés. Il présente les critères pour la gestion de certains aspects essentiels de l'élevage, notamment le choix des races, des aliments et des soins vétérinaires selon les principes de production biologique. L'annexe II clarifie les substances qui peuvent être utilisées en tant que pesticides, fertilisants du sol, aliments et détergents des animaux, ainsi que les éventuelles exceptions. Par ailleurs, le règlement établit les conditions permettant d'élargir les listes de substances admises. Afin de garantir le respect des règles de production, le règlement met en place un régime de contrôle régulier selon lequel les opérateurs qui produisent, préparent, stockent ou importent d'un pays tiers des produits biologiques sont tenus de notifier leurs activités aux autorités, publiques ou privées agréées, désignées à cet effet par les États membres.

INTOLÉRANCES ALIMENTAIRES

Est-ce symptomatique ? Avant, préparer l'apéro, c'était déjà l'apéro : ambiance détente et rigolade en disposant les petits fours, cacahuètes et dés de fromage dans les jolis bols à fleurs offerts par grand-mère. Maintenant, préparer l'apéro, c'est plutôt prise de tête et soupirs de désespoir à la lecture des ingrédients figurant sur les paquets de torsades saveur provençale et autres. Le coupable, ou plutôt les coupables ? Le gluten, le lactose, les œufs, les fruits à coque et autres allergènes alimentaires dont les effets néfastes affectent une part de plus en plus importante de la population.

Mais au fait, une allergie alimentaire qu'est-ce c'est ? Il s'agit d'une réaction indésirable du système immunitaire au moment de l'ingestion d'un ou plusieurs types d'aliments a priori inoffensifs. L'Organisation mondiale de la santé (OMS) recense 14 allergènes alimentaires majeurs à la tête desquels figure le fameux gluten contenu dans les céréales telles que le blé, le seigle, l'orge, l'avoine, l'épeautre et le kamut... Les œufs, le lait et les produits laitiers, les fruits à coque (amandes, noisettes, noix et pistaches...), l'arachide, le soja, les graines de sésame, les crustacés figurent aussi sur cette liste d'aliments contenant des allergènes tout comme la moutarde et... le céleri ! Aujourd'hui, le Programme national nutrition santé (PNNS) estime à 3 ou 4 % la part de la population adulte (le double chez les enfants) souffrant d'intolérances alimentaires. Ils étaient deux fois moins nombreux il y a vingt ans et la courbe n'est pas prête à s'infléchir. Certains, comme le Centre d'allergologie de Bordeaux Nord, expliquent cette tendance par deux facteurs principaux : l'ingestion « d'aliments de plus en plus variés » et l'augmentation « des manipulations technologiques de l'industrie agroalimentaire » pour leur élaboration.

Les tests d'intolérances alimentaires

Il existe sur le marché des tests non remboursés qui proposent de tester les intolérances à des centaines d'aliments comme le blé, les crustacés, le chocolat, les amandes... (test de type Imunopro par analyse de sang). Ces tests ne peuvent pas être utilisés pour dépister une maladie cœliaque ni une allergie alimentaire véritable et ils ne sont pas reconnus par l'Académie Européenne d'Allergologie et d'Immunologie Clinique. Pourtant, nombreux sont ceux qui les utilisent pour connaître les aliments qui provoquent chez eux une hausse de leurs anticorps IgG (on parle alors d'hypersensibilité aux aliments) et qui, en réduisant leur consommation, améliorent certaines pathologies chroniques et inflammatoires. On parle alors d'immuno-nutrition, une discipline très utilisée par les médecines alternatives.

Et quels symptômes ? Le problème c'est que ça fait mal ! Et parfois même très mal, la nature des symptômes et l'intensité du mal variant d'une personne à l'autre. La plupart du temps, il s'agit de petits désagréments ou de gênes cutanées comme des picotements sur les lèvres, des démangeaisons et éruptions cutanées, mais certains symptômes peuvent être plus violents comme des nausées, des vomissements, des sensations d'étouffement, des difficultés à respirer, des étourdissements et des pertes de conscience. La réaction allergique peut être très grave et, dans quelques rares cas de chocs allergiques, elle peut même devenir mortelle.

Le premier remède : consiste à éradiquer complètement de son alimentation les aliments incriminés. En effet si la médecine moderne propose des cures pour se désensibiliser à certaines allergies (piqûres d'insectes, pollens...), on n'en a pour l'instant trouvé aucune qui fonctionne contre les allergies dites alimentaires.
Pas facile de supprimer un aliment clef de son régime, surtout en France, pays de la baguette, où tout bon repas est majoritairement constitué d'un mélange de blé, de lait et d'œufs. Heureusement, les mentalités commencent à évoluer et les informations sur le sujet se vulgarisent. De plus en plus de magasins (Léa Nature, Les Recettes de Céliane, Jardins Bio, etc.) disposent de rayons « sans gluten » qui permettent de trouver de délicieuses alternatives aux pâtes et farine de blé (farine de riz ou de maïs par exemple). Certains restaurants, ceux-là mêmes qui se sont déjà positionnés en faveur du respect de l'homme et de son environnement, proposent des plats et desserts NO GLU et végans (garantis sans produits d'origine animale donc sans œuf ni produit laitier). D'autres ont fait le choix d'une alimentation exclusivement sans gluten. Même si ces établissements restent minoritaires, ils sont de plus en plus nombreux à offrir cette alternative pour que tout le monde puisse profiter d'une alimentation saine, équilibrée, sans danger et tout simplement savoureuse. Et pour vous faciliter les choses, le *Petit Futé* vous a déniché quelques-unes de ces adresses à tester sans plus attendre.

Allergie, maladie cœliaque/ intolérance ou sensibilité ?

Difficile de comprendre les différences entre tous ces termes « à la mode », quand il semble qu'une véritable

Le débat autour des OGM

L'Europe a commencé les recherches et investi des sommes conséquentes sur le sujet des OGM à partir des années 1990. Les tout premiers OGM ont vu le jour il y a plus de 20 ans sur les bactéries et les levures. Longtemps, la France a été l'un des premiers pays à cultiver des OGM en Europe. Après avoir évité la question pendant plusieurs années, l'Hexagone a fini par adopter, en 2008, le projet de loi sur les OGM en transposition du règlement européen de 2001.

Qu'est ce qu'un OGM ? Un OGM (organisme génétiquement modifié) est un organisme vivant donc une plante, un animal, un micro-organisme, une bactérie... dont on a modifié le patrimoine génétique. Le but de ces modifications est de doter l'organisme de propriétés qu'il n'avait pas à la base. L'organisme vivant peut être modifié à l'aide de deux types de gènes : des gènes dits « homologues » c'est-à-dire qu'ils proviennent d'une même espèce ou à l'aide de « gènes hétérologues », issus cette fois-ci d'une espèce totalement différente. Attention : Un organisme transgénique est un OGM puisque de nouveaux gènes étrangers lui ont été ajoutés, en revanche, un OGM n'est pas forcément un organisme transgénique, car il existe d'autres techniques que la transgénèse pour fabriquer un OGM.

Quels sont les risques ? Le risque le plus important aujourd'hui lorsque l'on parle d'OGM, c'est le développement d'allergies. Les scientifiques qui travaillent sur le sujet craignent aujourd'hui une multiplication des allergies et de certaines maladies ou virus de plus en plus résistants aux antibiotiques en lien avec les OGM présents dans l'alimentation. Selon Greenpeace, en 2007, une étude réalisée en France par le CRII-GEN (Comité de recherche et d'information indépendante sur le génie génétique) a montré que des rats nourris pendant 90 jours avec du maïs MON863, présentent des anomalies au foie, aux reins et au sang qui pourraient être des signes de toxicité. De plus un autre phénomène présente des aspects inquiétants : la pollution génétique, terme fréquemment utilisé par les opposants aux OGM pour parler de la diffusion des caractères modifiés des champs OGM aux champs « naturels ». C'est une diffusion non contrôlée, accidentelle et naturelle des gènes modifiés aux champs voisins ou encore aux espèces sauvages donnant ainsi naissance à des mutations. Cela peut se produire par les semences, le pollen, les moissonneuses ou dans les silos... Il semble impossible pour beaucoup d'agriculteurs, notamment en Union européenne, de maintenir ces deux filières parfaitement étanches. A terme, toute l'agriculture pourrait être contaminée. Qui peut prévoir à long terme les conséquences sur l'environnement ? En outre l'écosystème est déjà perturbé : les OGM ont pour but d'évincer les nuisibles des cultures, mais auraient également un impact négatif sur les insectes utiles comme les abeilles. Conçus pour résister aux herbicides et aux insectes, il semblerait que les OGM puissent leur être nuisibles aussi, par exemple sur le papillon Monarque en Amérique du Nord qui disparaît plus vite depuis quelques années. Mais le lien entre ces phénomènes n'étant pas prouvé, les avis restent très divisés sur la question.

crise sanitaire se déroule autour du gluten. On voit souvent fleurir les termes « intolérance », « allergie », « sensibilité » et « hypersensibilité » au gluten, tous utilisés à tort et à travers dans les médias, alors qu'il existe des différences importantes entre tous ces qualificatifs et ce qu'ils désignent réellement. Rétablissons ici les bonnes définitions !

L'allergie au blé (et non au gluten)

Le gluten, nom générique, désigne une substance composée de diverses protéines de réserve contenues dans diverses céréales telles que le blé, l'orge, le seigle ou le maïs... Il fait partie de la liste des 14 allergènes alimentaires les plus courants. Une allergie est une réponse de votre système immunitaire qui réagit à la présence d'un corps considéré comme « étranger » (ici un aliment). Les symptômes d'une allergie peuvent être respiratoires (toux, difficulté à respirer...) cutanés (picotements, démangeaisons, urticaire, œdèmes du visage), digestifs (vomissements, diarrhée, douleurs abdominales) ou, dans les cas les plus sévères, un choc anaphylactique qui peut être fatal si la personne ne reçoit pas rapidement une injection d'adrénaline. Le diagnostic d'une allergie doit être réalisé par un allergologue. L'allergie au blé est une allergie à certaines protéines contenues dans le gluten de cette céréale (gliadines et gluténines). Si vous êtes allergique au blé, vous devez éviter le blé sous toutes ses formes et vous pourriez également vous révéler allergique à l'orge, à l'avoine et au seigle.

Le cas «gluten»

Des milliers de personnes optent chaque jour pour une alimentation sans gluten, que ce soit pour des raisons de santé (intolérance ou allergie au gluten), par conviction de sa nocivité, ou tout simplement par désir de mieux-être. Au-delà des 1 % estimés de population atteints de malades cœliaques (intolérants au gluten), les scientifiques estiment que 20 à 30 % de la population serait touchée par une certaine sensibilité au gluten. Il ne se passe pas une seule journée sans que les médias n'évoquent un « régime sans gluten » paraissant sacrifier à un phénomène de mode ou mettre en avant un nouvel argument marketing... Problèmes de santé publique, carences, perte de poids, allergie, mieux-être digestif, on nous sert du gluten à toutes les sauces... les évocations sont diverses et variées avec leurs lots d'imprécisions et

de contradictions. Alors, reprenons ici les notions de base de l'intolérance au gluten et les règles essentielles pour bien vivre avec ce régime.

Qu'est-ce que le gluten ?

Autrefois appelé glutine, le gluten est une pâte collante obtenue à partir d'un ensemble de protéines de réserve de graines de céréales panifiables classées en prolamines et glutélines. Sa consommation affecte les personnes atteintes de la maladie cœliaque ou qui souffrent d'une sensibilité au gluten. Ces prolamines sont la gliadine pour le blé, la sécaline pour le seigle, et l'hordenine pour l'orge. Le terme « gluten » vient du latin et signifie « glue », « colle », « gomme ». C'est cette « colle » qui entre en jeu dans la réaction auto-immune de la maladie cœliaque. Elle qui semble de moins en moins bien tolérée à la digestion pour les personnes sensibles au gluten. Comme l'origine de son nom l'indique, le gluten a la propriété de donner, de la consistance et de l'élasticité aux produits alimentaires, notamment aux produits de boulangerie. Il est très utilisé pour donner leur moelleux aux pains, leur onctuosité aux plats préparés en sauce, leur fondant aux gâteaux industriels... Bref on peut le qualifier d'omniprésent dans notre alimentation dans laquelle le blé a atteint une place prépondérante.

Des allergènes dans nos assiettes

Publiée au *Journal officiel* du 19 avril 2015, la liste des allergènes présents dans nos assiettes doit être communiquée aux consommateurs d'après les modalités d'application du règlement européen. En effet, depuis le 1er juillet 2015, les restaurants et les cantines sont dans l'obligation de diffuser par écrit auprès de leurs clients la présence d'allergènes dans leurs plats. Concernant les aliments achetés en magasin, la liste des allergènes doit être indiquée sur l'étiquetage. Les denrées alimentaires présentées en vrac ou déjà cuisinées doivent aussi faire l'objet d'une mention écrite avec les allergènes éventuels. C'est valable notamment pour les restaurants, traiteurs, boucheries et plus largement dans les lieux où sont proposés des plats à consommer sur place.

L'intolérance au gluten – La maladie cœliaque

La maladie cœliaque est une intolérance génétique au gluten assez commune, mais souvent mal diagnostiquée. Une intolérance n'est pas une allergie. Même si, comme dans le cas de la sensibilité ou hypersensibilité au gluten, l'ingestion de ce dernier provoque des symptômes similaires au niveau de la digestion, ce sont deux choses différentes. En effet, lorsque quelqu'un est atteint de maladie cœliaque, ce n'est pas contre le « corps étranger » (ici le gluten) que l'organisme se retourne, mais contre les cellules de son propre corps. C'est pourquoi on dit que la maladie cœliaque est une maladie auto-immune. Elle provoque des dommages sévères dans l'intestin grêle qui induisent une mauvaise absorption des nutriments et provoquent une multitude de complications qui touchent aussi bien le système digestif que d'autres parties du corps, ce qui rend le diagnostic de la maladie très difficile et long. Selon l'AFDIAG, (association française des intolérants au gluten) 1 % de la population serait atteinte par la maladie, mais 80 % environ des personnes atteintes ne seraient pas encore diagnostiquées. Pour mettre ces chiffres en perspective : la maladie cœliaque est plus courante que la maladie de Crohn, la sclérose en plaques, la maladie de Parkinson ou la mucoviscidose cumulées. On ne sait pas vraiment pourquoi la maladie se déclenche chez certaines personnes ni qui va la développer, mais les scientifiques savent que le cumul de 3 facteurs peut la déclencher :

- **Une prédisposition génétique :** notamment la présence de deux gènes HLA DQ2 et HLA DQ8 retrouvés chez plus de 90 % des patients.
- **Une exposition, par l'alimentation, au gluten.**
- **Un facteur environnemental déclencheur** (grossesse, deuil, accident, divorce, perte d'emploi, maladie, opération, traumatisme émotionnel...).

La maladie peut se déclarer à tout âge, mais ne peut être que tardivement diagnostiquée. Il arrive souvent que les personnes atteintes de cette maladie ne soient diagnostiquées que 10 ans après son déclenchement...

Où se cache le gluten ?

Il est présent dans tous les produits de consommation courante qui contiennent entre autres de la farine de blé comme le pain, les pâtisseries, les biscuits, les pâtes, les barres de céréales, les gâteaux, les crackers... Dans les aliments préparés, il est, depuis peu, obligatoirement identifié dans la liste des ingrédients, par le nom de la céréale dont il est issu. On peut donc le retrouver dans les yaourts aux fruits, la crème glacée, les bouillons cube, les sauces préparées, les viandes en conserve, le jambon sous vide, les sauces tomates, les saucisses, la bière et même les bonbons à base de réglisse. Pour le débusquer, il faut apprendre à connaître la liste des produits autorisés et interdits dans le cadre d'un régime sans gluten et prendre la peine de bien lire les étiquettes de ces produits...

Bien vivre sans gluten

Pour éviter de prendre du poids et de développer des carences, il est important de suivre un régime sans gluten équilibré et sain. Petit récapitulatif des bonnes pratiques pour garder la forme, la santé et la ligne :

- **Supprimez pour les intolérants (ou réduisez pour les personnes sensibles) les aliments contenant du gluten.** Il vous rend malade !
- **Faites attention à vos apports en glucides** en privilégiant ceux des légumes et des fruits.
- **Limitez votre consommation de produits sans gluten** industriels qui sont très riches en sucre et donc en mauvais glucides. Une consommation excessive d'aliments aux indices glycémiques élevés augmente le risque de développer d'autres pathologies comme le diabète.
- **Limitez votre consommation de produits sucrés en général et de sel** (on ne se rue pas tous les jours sur des gâteaux sans gluten même s'ils sont faits maison !).
- **Privilégiez les aliments à faible charge glycémique.**
- **Mangez des protéines végétales.**
- **Intégrez des fibres à votre alimentation.**
- **Variez vos apports en céréales.** Ne vous limitez pas au trio riz, pomme de terre, maïs.
- **Privilégiez les aliments frais et sans conservateurs et les aliments non transformés :** légumes et fruits, viandes, poissons, fruits de mer.
- **Aujourd'hui, de nombreuses initiatives voient le jour pour aider à vivre mieux sans gluten :** restaurants et entreprises comme Les Recettes de Céliane, Léa Nature, Jardins Bio', etc. vous aideront à vivre pleinement et sereinement ce régime alimentaire.

La vie sans gluten en 20 mots-clefs

- **Alcools.** Mis à part la bière, le panaché et les boissons à base de malt d'orge, de blé ou de seigle, la plupart des boissons alcoolisées sont autorisées dans le cadre d'un régime sans gluten. Rhum, cognac, cidre (pur uniquement), brandy, gin, vodka, tequila, whisky, vins et champagnes... les options sont nombreuses pour vos apéritifs et repas de fête ! Et pour le plus grand bonheur des amateurs de bière, il existe de la bière sans gluten ! Bon à savoir : le processus de distillation élimine complètement tout gluten. Vous pouvez consommer les alcools distillés.
- **Amidon et dextrose de blé.** Ces deux composés suscitent de nombreuses interrogations chez les intolérants ou sensibles au gluten. Le dextrose extrait du blé est un sucre et non pas une protéine (comme le gluten) et est donc sans danger pour les intolérants au gluten et les allergiques au blé. L'amidon de blé est un sucre issu du blé mais dont le taux de protéines toxiques résiduelles est trop important dans un produit courant. Par contre, l'amidon de blé d'un produit sans gluten est autorisé s'il correspond à la réglementation en vigueur qui oblige les fabricants à indiquer sur l'emballage l'origine de la céréale utilisée et si elle ne convient pas aux intolérants au gluten (par exemple amidon de blé).

Donc si vous trouvez seulement les mentions « amidon » ou « amidon modifié », ces amidons sont sans gluten. Les normes européennes considèrent également que la quantité d'amidon de blé utilisé comme excipient de certains médicaments n'est pas toxique pour les intolérants au gluten mais pas pour les allergiques.

Arômes. Grâce à la nouvelle législation concernant les allergènes, tout arôme qui pourrait contenir du gluten doit être indiqué comme tel sur les emballages. Les scientifiques et les associations d'intolérants au gluten pensent pourtant qu'ils ne représentent pas de risque pour les malades cœliaques. L'arôme de malt d'orge est donc autorisé.

Avoine. Longtemps interdite dans le cadre du régime sans gluten car elle pouvait être contaminée par d'autres céréales, l'avoine pure non contaminée est autorisée depuis peu par l'AFDIAG, pour la majorité des intolérants au gluten, si sa consommation journalière ne dépasse pas 50 g. On peut trouver des produits contenant de l'avoine estampillés du logo d'épi de blé barré. Dans ce cas, ils peuvent être consommés en toute sérénité.

Carences. On reproche souvent (certains nutritionnistes, diététiciens et médias) au régime sans gluten de provoquer des carences chez ses adeptes. Qu'en est-il ? Si vous êtes réellement intolérant au gluten, la paroi de votre intestin est endommagée (atrophie des villosités) avant de commencer le régime sans gluten, ce qui provoque une malabsorption des nutriments. Cela entraîne des carences, le plus souvent en fer, en folates et en vitamines B. En adoptant un régime sans gluten, votre intestin « guérit », vos villosités se reconstituent, et vos carences disparaissent. En suivant un régime sans gluten sain, varié, équilibré et suivi, vous ne devriez plus souffrir de ces carences. Mais si vous optez pour une substitution systématique des produits traditionnels par leurs équivalents sans gluten (pâtes, pizzas, gâteaux) ou un régime à base d'aliments à fort indice glycémique, vous serez exposé à développer un surpoids. Alors, comme pour toute personne voulant bien se porter, mangez équilibré, réduisez votre consommation de produits transformés industriels et de sucres et faites-vous accompagner pour la mise en place de votre régime par un médecin spécialiste ou un diététicien.

Céréales interdites. Les céréales contenant du gluten sont :
- Blé et ses dérivés (froment, couscous, boulgour, semoule, seitan, blé dur) ainsi que ses semblables : kamut, épeautre, petit épeautre.
- Avoine (actuellement autorisée, mais pouvant parfois être contaminée).
- Orge et ses dérivés comme son malt, mais qui s'appellera « malt d'orge ».
- Seigle (qui n'est pas une céréale).
- Triticale (hybride de blé et de seigle).

Bon à savoir : un aliment sans blé n'est donc pas forcément sans gluten. L'amidon de blé est un amidon dont le gluten a été retiré mais il reste trop de gluten résiduel pour que, dans les produits courants seulement, il soit consommable.

Diabète. Les intolérants au gluten (cœliaques) ont plus de risque de développer d'autres maladies auto-immunes comme le diabète de type 1. On estime à environ 6 % le nombre des diabétiques de type 1 qui souffrent également de maladie cœliaque. Grâce à un régime sans gluten équilibré et qui privilégie des aliments à faible indice glycémique, aussi bien les cœliaques que les diabétiques peuvent réguler plus facilement leur glycémie.

Dermatite herpétiforme. La dermatite herpétiforme est une pathologie grave et chronique de la peau (avec démangeaisons et cloques) reconnue comme une manifestation de la maladie cœliaque. Elle est, tout comme la maladie cœliaque, associée à une atteinte des villosités de l'intestin grêle et se soigne uniquement par le régime sans gluten. Elle se diagnostique par une biopsie de la peau qui peut être accompagnée des mêmes tests sanguins et biopsies intestinales que la maladie cœliaque.

FODMAPs. Les FODMAPs (Fermentable, Oligo-, Di-, Mono-saccharides and Polyols) sont des sucres fermentescibles présents dans l'alimentation notamment le fructose, le lactose, le galactose, le sorbitol et le mannitol. Ces sucres, mal tolérés, qui fermentent dans l'intestin, entraînent des troubles digestifs (gaz, ballonnements, douleurs...) qui peuvent rappeler les symptômes de l'intolérance et de la sensibilité au gluten mais aussi le syndrome du colon irritable. Certains chercheurs pensent que la sensibilité au gluten non cœliaque serait en réalité due en partie aux FODMAPs, ingérés en trop grandes quantités. Les produits contenant des FODMAPs peuvent aussi contenir du gluten. Si malgré un régime sans gluten vos symptômes digestifs persistent, c'est une piste à envisager.

Glycémie. Les produits sans gluten (pains, pâtes, gâteaux...) sont souvent fabriqués à partir de farines à fort indice glycémique. Ils peuvent provoquer une augmentation rapide de votre taux de sucre dans le sang (glycémie). Votre corps produit alors plus d'insuline pour gérer ces pics de sucre. Lorsque le pic est passé, vous avez de nouveau faim (c'est l'effet fringale). Un excès d'insuline fait stocker plus de graisse par votre corps, et vous prenez alors du poids qu'il vous sera difficile de perdre, même en faisant du sport. Mais pas seulement. Les personnes cœliaques ont plus de risques de développer du diabète de type 1 (maladie auto-immune également) et doivent veiller à maîtriser leur apport en sucres et à avoir une alimentation variée en favorisant les aliments à faible indice glycémique. Une fringale ? Prenez un fruit ou une petite poignée d'amandes !

Hygiène et cosmétiques. Cosmétiques, maquillages, les produits d'hygiène sans gluten débarquent dans les rayons de nos supermarchés. Alors, effet de mode ou nécessité ? Eh bien plutôt effet de mode ! Le gluten n'est pas adsorbé par la peau. Ce n'est que son ingestion qui pose problème aux intolérants (même en cas de dermatite herpétiforme). Alors, à moins d'avaler des quantités astronomiques de rouge à lèvres, de gloss ou de dentifrice, voire de shampoing au blé ou au lait d'avoine, vous ne risquez rien. Sauf peut-être une réaction cutanée si vous êtes allergique à une autre substance utilisée dans le produit.

ÊTRE DIFFÉRENT
Seule source indépendante et familiale
SODIUM 0,001g/L
Convient pour un régime pauvre en sodium
Idéale pour la préparation des biberons.
Légère, très faiblement minéralisée: 50 mg/L, Celtic est particulièrement recommandée aux femmes enceintes.
La résistivité élevée de 8930 ohms témoigne d'une pureté exceptionnelle.
Au coeur du Parc Naturel des Vosges du Nord classé Réserve Mondiale de Biosphère par l'UNESCO.
Demandez-la dans votre magasin bio !
Celtic®
L'eau minérale idéale
Distribué par :
Moulin des Moines
Tél : 03 90 29 11 80
info@moulindesmoines.com
www.moulindesmoines.com

En vente dans votre magasin bio !
MOULIN DES MOINES
Pionnier du bio
Depuis 1970
Le spécialiste de l'épeautre et du petit épeautre !
Farines
Galettes
Mueslis
Pâtes
Gateaux
Chocolats
Bières
Biscuits salés
AB
AGRICULTURE BIOLOGIQUE
MOULIN DES MOINES
101, route de Wingersheim - F-67170 KRAUTWILLER
Tél. : 03 90 29 11 80 - Fax: 03 88 51 00 18 - info@moulindesmoines.com
www.moulindesmoines.com

Indice glycémique (IG). L'indice glycémique d'un aliment mesure l'augmentation du taux de glycémie que l'aliment entraîne en comparaison à celle que produirait l'ingestion de la même quantité de glucose pur dont l'indice est fixé à 100. Plus l'indice glycémique d'un aliment est élevé, plus celui-ci peut provoquer un pic de sucre dans le sang. Plus l'indice sera bas, moins l'aliment aura d'impact sur votre glycémie. Une association d'aliments peut faire baisser l'index glycémique de chacun d'eux pris séparément. Dans le cadre d'un régime sans gluten sain, il faut veiller à choisir des aliments dont l'indice glycémique est faible car les céréales de substitution les plus utilisées dans les produits sans gluten et les plus courantes dans les supermarchés ont souvent des indices glycémiques plus élevés que le blé (IG 45) : riz blanc (IG 87), maïs (IG 75), pomme de terre (IG 85). Privilégiez au maximum par exemple le quinoa (IG 35), le sarrasin (IG 54), le riz brun (IG 50).

Intolérance au lactose. On trouve de plus en plus de produits sans gluten et sans lactose dans les rayons des supermarchés. Qu'en est-il de l'intolérance au lactose ? Une personne sensible au gluten n'est pas forcément intolérante au lactose mais il est vrai qu'il existe un lien entre les deux. En cas de maladie cœliaque, lorsque les villosités de l'intestin ont été atrophiées par l'ingestion de gluten, une intolérance au lactose temporaire a pu se développer. En effet, c'est sur les villosités de votre intestin qu'est produite la lactase, l'enzyme qui permet de digérer le lactose.

Médicaments. Les experts et autorités de santé européens considèrent que tous les médicaments, même ceux contenant de l'amidon de blé, sont consommables par les malades cœliaques. Mais nombreux sont les individus qui semblent indisposés par la prise de certains médicaments qui en contiennent (car l'amidon peut provoquer plus de gaz). Faites en fonction de votre tolérance. Et si vous êtes allergique au blé (et non intolérant), veillez à ne pas consommer de médicaments ayant pour excipient de l'amidon de blé bien sûr !

Poids. Oui, on peut perdre du poids avec un régime sans gluten, mais aussi en prendre avec un tel régime. Comment expliquer ce paradoxe ? D'un côté, en réduisant votre consommation d'aliments contenant du gluten, en mangeant des protéines et en favorisant des aliments à faible charge glycémique, vous allez mieux contrôler votre poids et maigrir. Certaines personnes cœliaques souffrent d'un surpoids. L'ingestion du gluten provoque chez elles un déséquilibre métabolique. Une fois au régime, elles perdent leurs kilos en trop. De l'autre côté, si vous êtes réellement sensible ou intolérant au gluten, avant de commencer votre régime, votre corps n'absorbe pas correctement tous les nutriments (et vous pourriez être un peu trop maigre). Lorsque vous adoptez un régime sans gluten, votre intestin se «répare» et vous allez reprendre quelques kilos. Il va sans dire que si vous ne mangez que des produits sans gluten industriels (pains, pâtes, gâteaux), vous allez prendre beaucoup plus de poids que les autres !

Régime paléolithique. On l'appelle aussi le régime paléo ou le régime des chasseurs-cueilleurs. Cette approche de l'alimentation est fondée sur le principe de base que les êtres humains ne mangeaient auparavant que ce qu'ils pouvaient chasser ou cueillir, ce à quoi leur corps était adapté. Le développement rapide de la production agricole et de l'élevage n'aurait pas laissé le temps à l'ADN humain de s'adapter. Il serait donc plus judicieux d'opter pour ce régime composé de viandes maigres, de poissons et fruits de mer, de fruits et légumes non farineux, de noix et graines, mais qui ne contient pas du tout de céréales, de légumineuses, de produits transformés ni de produits laitiers. De nombreux nutritionnistes conseillent, en cas d'intolérance ou de sensibilité au gluten, de suivre un régime paléo modéré, qui inclut des céréales sans gluten et des produits laitiers (chèvre et brebis mais pas lait de vache) plusieurs fois par semaine. Cela permettrait d'avoir un régime nutritionnellement équilibré.

Remboursement des produits sans gluten. Dans le cas d'une maladie cœliaque reconnue (par un test sanguin et une biopsie intestinale positive), l'assurance maladie, en France, prend en charge une partie de vos dépenses mensuelles en produits sans gluten (en 2019, plafond à 33,54 €/mois pour un enfant et 45,73 €/mois pour un adulte, en général 60 % de ces sommes). Le protocole de prise en charge est un peu compliqué comme toute procédure administrative et il vous faudra coller vos factures d'achats de produits et vos vignettes de remboursement disponibles sur les produits chaque mois sur des feuilles de la CPAM avant de renvoyer le tout. Ce type de remboursement (produits pouvant être achetés en dehors du traditionnel circuit pharmaceutique) est spécifique à la maladie cœliaque et n'est pas toujours bien compris par les caisses d'assurance maladie. Pour plus d'informations sur l'ensemble du protocole et son actualité, vous pouvez vous adresser à votre caisse d'assurance maladie ou à l'AFDIAG qui propose un *Petit guide de remboursement des produits sans gluten.*

Transglutaminase. Les transglutaminases sont des enzymes qui dégradent la glutamine (acide aminé) pouvant provenir de la gliadine du gluten en acide glutamique, créant ainsi un antigène. Cet antigène active le système immunitaire qui produit alors des anticorps et une réaction inflammatoire. Ce sont ces anticorps qui sont recherchés dans le test sanguin pour diagnostiquer une maladie cœliaque.

Villosités. Les villosités intestinales, formées de microvillosités, sont des replis de la muqueuse de l'intestin grêle qui forment une sorte de tapis. Ces replis, en augmentant la surface de la paroi intestinale, permettent d'augmenter les processus d'absorption des nutriments et facilitent leur passage vers le sang. Chaque villosité mesure environ 1 millimètre de long.

Zonuline. La zonuline est une protéine sécrétée par les entérocytes (un des quatre principaux types de cellules de la muqueuse intestinale) qui régule les jonctions serrées des cellules assurant ainsi la perméabilité intestinale. Elle est un peu la gardienne de la porte d'entrée qui accède au sang circulant, laissant passer les nutriments et molécules utiles à votre corps. En cas d'intolérance au gluten, l'excès de zonuline induit par l'ingestion de gluten s'accompagne d'une ouverture trop importante de cette porte d'entrée, augmentant la perméabilité intestinale et laissant passer des toxines et des molécules qui ne sont pas présentes habituellement dans votre sang.

LES PANIERS BIO

Qu'est-ce qu'un panier bio ? Non, il ne s'agit pas d'un panier tressé à partir de végétal biologique ! L'appellation « panier bio » désigne un concept de consommation responsable, faisant appel à des notions d'écologie, de développement durable et naturellement à des qualités gustatives indiscutables... Ce principe du panier bio a été mis en place grâce aux AMAP (associations pour le maintien d'une agriculture paysanne), des groupements de consommateurs qui se réunissent autour d'un projet commun afin de faire travailler des producteurs locaux. Chacun s'engage à commander chaque semaine un panier bio, c'est-à-dire un panier de produits issus de l'agriculture biologique, sur une saison, printemps/été ou automne/hiver.
Ainsi l'agriculteur peut prévoir à l'avance sa production, maîtrisant de ce fait ses coûts et cela permet une véritable équité pour le producteur comme pour le consommateur, avec la garantie d'un prix avantageux. Aujourd'hui, le concept du panier bio connaît un succès grandissant et de nombreux entrepreneurs privés ont repris ce principe en offrant souvent plus de souplesse quant au rythme des commandes (souvent sans engagement de durée) voire même des livraisons à domicile.

La Ruche qui dit Oui, le panier 2.0

Bzzz, ça bourdonne dans nos villes et nos campagnes. Après les AMAP (associations pour le maintien d'une agriculture paysanne) et les « paniers fermiers » venus inaugurer l'ère des circuits courts, instruments de libération d'une agriculture prise en otage par la grande distribution, voici venu le temps des « Ruches qui disent Oui » ! Lancée en 2011, le réseau de la Ruche qui dit Oui ne comptait qu'une dizaine de structures locales en France. Dès le début, elle proposait une plateforme en ligne qui constitue aujourd'hui un vrai réseau, dans le but de créer des liens directs entre les producteurs et les consommateurs.
Et sur le terrain, ça donne quoi ? Une personne ou un groupe décide d'ouvrir une Ruche dans un lieu qui peut être un café, une école, une salle des fêtes, la maison d'un particulier… : c'est le responsable de la Ruche. Il contacte alors des fermiers et artisans locaux et constitue un groupe qui approvisionnera la Ruche en fruits, légumes, viandes, pains, produits laitiers, vins, etc. En résumé : du 100 % local (les producteurs sont tous implantés dans un périmètre maximum de 250 km autour de la Ruche), du bio souvent, même si ce n'est pas un prérequis, tout dépend en fait de l'abeille en chef, seul maître à bord en ce qui concerne la qualité et la diversité des produits.
En parallèle, il a réuni une communauté d'acheteurs invités chaque semaine à faire leurs courses via une sélection d'articles proposés sur le site de la Ruche. Auparavant, les producteurs ont eux-mêmes fixé le prix de la marchandise, garantie, selon la maison mère parisienne, d'une juste rémunération des fermiers-artisans. A noter qu'avec ce système, l'exploitant encaisse 83,3 % du prix de ses produits, beaucoup plus qu'avec la grande distribution et sa myriade d'intermédiaires, et un peu moins qu'en AMAP (où il n'est cependant pas déchargé du travail d'organisation des ventes comme il l'est avec la Ruche qui dit Oui). Les 16,7 % restants reviennent pour moitié au responsable de la Ruche en rétribution de son activité logistique et à la maison mère en échange du développement des outils Internet en perpétuelle évolution.
Revenons au consommateur qui n'a plus qu'à faire défiler sur son écran les pages présentant les produits en vente et cliquer pour remplir un panier virtuel qui deviendra réel quelques jours plus tard. Le paiement s'effectue aussi en ligne. Le vrai plus : ici, pas d'abonnement, pas d'obligation d'acheter un panier complet quand on a juste envie d'acheter des aubergines et des tomates. Lors du marché éphémère, réuni en général une fois par semaine, tout ce petit monde se retrouve dans un grand bourdonnement joyeux où le client, tout en récupérant ses courses, peut échanger sur l'origine des denrées, leur mode de production… Dorénavant, à Paris, il est même possible de se faire livrer à domicile ! Et pour ceux qui vivent en province et ne sont pas disponibles le jour du marché, une autre nouveauté : vous pouvez dorénavant commander à plusieurs, ce qui permet de s'arranger entre voisins pour aller chercher les victuailles !
Cinq ans après la construction des premières alvéoles, la Ruche qui dit Oui a essaimé. 160 000 personnes s'approvisionnent auprès de 5 000 producteurs locaux via les plus de 1 000 Ruches présentes sur tout le territoire français. Et on va au-delà du panier de légumes, certains producteurs proposent du chocolat, des bières ou encore des cosmétiques ! Des Belges, des Allemands, des Espagnols, des Italiens et même des Anglais l'ont adoptée… Et vous, êtes-vous prêt à vous lancer dans une aventure qui, aux côtés d'autres formes de circuits courts, permet à une agriculture diversifiée et respectueuse de l'environnement de reprendre des couleurs ?

Plus d'informations : www.laruchequiditoui.fr

Pourquoi choisir un panier bio ? Le panier bio fait travailler les producteurs de votre département, vous évite de passer par des intermédiaires inutiles, vous assure une consommation de fruits et légumes de saison, en diminuant ainsi des frais de transport et en évitant la pollution liés à ces transports de produits. Le panier bio garantit aussi la fraîcheur des fruits et légumes, de la viande, des œufs, du beurre, du fromage... Votre panier est à retirer selon des horaires précis dans un point de retrait unique. Il vous permet de consommer des fruits et légumes issus de l'agriculture biologique, sans OGM, ni pesticides, et respectant les cycles naturels de l'environnement. Il existe des AMAP dans toute la France, vous en avez donc forcément une proche de chez vous !

Les AMAP

Une AMAP, association pour le maintien d'une agriculture paysanne, est fondée par la rencontre d'un groupe de consommateurs et d'un producteur prêts à entrer dans la démarche de l'offre et de la demande pour une livraison hebdomadaire de produits frais et sains. Ils établissent entre eux un contrat en accord avec les deux saisons de production : printemps/été et automne/hiver, définissant la diversité et la quantité de denrées à produire pour la saison. Ces denrées peuvent être aussi bien des fruits, des légumes, des œufs, du fromage, de la viande... La diversité est primordiale, car elle permet aux partenaires de l'AMAP de consommer une grande variété d'aliments, d'étendre la durée de la saison, et de limiter les risques dus aux aléas climatiques et aux éventuels problèmes sanitaires. Pendant la saison, et ce de manière périodique (par exemple, une fois par semaine), le producteur met les produits frais (les fruits et légumes sont récoltés le matin même de la distribution) à disposition des partenaires, ce qui constitue leur panier. Le contenu de ce dernier dépend des produits arrivés à maturité. Les consommateurs peuvent échanger les produits entre eux selon leurs préférences. Contrairement à la grande distribution, les consommateurs en AMAP accordent moins d'importance à la standardisation des aliments ; tout ce qui est produit est consommé (alors que dans l'autre cas, ce peut être jusqu'à 60 % de la récolte qui reste au champ). Ce principe est d'une part très valorisant pour le producteur, et d'autre part il permet de diminuer le prix des denrées en reportant les coûts sur la totalité de la production. Le groupe de consommateurs et l'agriculteur se mettent également d'accord sur les méthodes agronomiques à employer. Ces dernières s'inspirent de la charte de l'agriculture paysanne et du cahier des charges de l'agriculture biologique (les producteurs possèdent souvent le logo AB). La démarche d'une AMAP vise à rechercher des aliments sains, produits dans le respect de l'homme, de la biodiversité et du rythme de la nature. Les AMAP participent ainsi à la lutte contre les pollutions et les risques de l'agriculture industrielle et favorisent une gestion responsable et partagée des biens communs. Le prix du panier est fixé de manière équitable : il permet au producteur de couvrir ses frais de production et de dégager un revenu décent, tout en étant abordable par le consommateur. Le prix est assez proche de celui d'un panier composé de la même manière en grande surface, mais présente l'avantage de posséder une qualité nutritionnelle et gustative supérieure : dégagé du soucis de rendement et de vente, le producteur recherche la satisfaction des consommateurs en privilégiant les variétés végétales – ou animales – de terroir ou anciennes reconnues pour leur qualité gustative. Ce prix bas se justifie du fait de l'absence de gâchis au niveau des produits, de l'absence d'intermédiaires entre le producteur et les consommateurs, et d'un emballage minimum voire absent. Les AMAP se revendiquent comme « un principe écologiquement sain, socialement équitable, et économiquement viable ». Afin de permettre la participation de tous à l'AMAP, et notamment des consommateurs à faible revenu, différentes possibilités de règlement existent, avec des modalités souples, comme la mensualisation des encaissements des chèques ou la réduction du prix du panier en échange d'une aide à la distribution. En achetant leur part de production à l'avance, les consommateurs garantissent un revenu au paysan. L'AMAP participe ainsi au maintien d'une agriculture de proximité et à la gestion de la pression foncière. Aujourd'hui, le réseau national recense plus de 2 000 AMAP sur l'ensemble du territoire français, même si une grande majorité est regroupée en Ile-de-France et dans la région Rhône-Alpes-Auvergne (290 associations)... Il n'attend plus que vous pour grossir les rangs des éco-consommateurs et éco-producteurs adeptes d'une agriculture locale, saine, respectueuse de l'homme et de son environnement.

PRODUITS ALIMENTAIRES TRANSFORMÉS

La préparation des aliments comprend un ensemble d'étapes, de la production agricole jusqu'au produit fini alimentaire proposé en rayon à la vente. Le principe des produits alimentaires biologiques transformés est d'utiliser des procédés de transformation respectueux de l'environnement et de la qualité des aliments dans le cadre de la réglementation européenne. Un produit bio contient toujours au moins 95 % de matières premières agricoles biologiques. Les matières premières agricoles non bio autorisées par la réglementation européenne figurent obligatoirement sur une liste positive et elles ne peuvent en aucun cas dépasser 5 % de la composition finale du produit. Il s'agit de matières premières non disponibles en bio, telles que les noix de cola ou certains minéraux... Ces produits doivent être référencés par l'annexe IX du règlement CE n° 889/2008, ou être autorisés par une dérogation du ministère de l'Agriculture après que leur indisponibilité en bio ait été prouvée pour une durée supérieure à un an. Attention toutefois car cette liste a bien évolué depuis sa parution en 2008 et comporte de nombreux amendements (la framboise y figure par exemple, alors qu'elle peut aujourd'hui être produite par l'agriculture bio). Cependant, une grande partie des produits proposés à la vente sont 100 % bio. Par ailleurs, la filière biologique limite au maximum l'emploi des additifs, et les remplace par des

La boulangerie biologique

BIOFOURNIL
Le Puiset-Doré
La Camusière
MONTREVAULT-SUR-ÈVRE
✆ 02 41 56 70 74
www.biofournil.com
contact@biofournil.com
Boulangerie 100 % biologique depuis 40 ans ! Pas de vente en direct.
A l'origine, c'est une boulangerie familiale créée en 1902. Petit à petit, la petite entreprise grandit pour s'engager dans la fabrication de pain bio dès 1978 avec un ingrédient clef qui voit le jour en 1980 : le levain à l'ancienne. Une histoire longue et durable, de même que son investissement dans une consommation saine et raisonnée. 40 ans plus tard, Biofournil a créé plus de 95 emplois. L'entreprise a triplé sa surface de production ces 10 dernières années et investi dans de nouveaux outils adaptés à ses exigences de qualité. Aujourd'hui, Biofournil produit des pains cuits, des pains précuits à faire dorer de toutes sortes, y compris sans gluten. Une gamme de pains de mie, de brioches, biscuits et viennoiseries est également disponible dans les magasins distributeurs dont la carte est disponible sur son site internet.

ingrédients naturels et des pratiques alternatives. Dans la filière conventionnelle, il est possible d'avoir recours à plus de 450 additifs, souvent chimiques ou artificiels (n'ayant pas d'équivalent dans la nature). On retrouve ainsi des conservateurs de synthèse, des exhausteurs de goût, des agents de texture, des colorants artificiels... En bio, il y a seulement une quarantaine d'additifs qui sont autorisés. Il s'agit bien souvent de produits naturels ou de vitamines comme la vitamine C, l'agar agar, produit gélifiant obtenu à partir d'algues, ou encore la gomme arabique qui est un exsudat de sève d'arbres de la famille des acacias. Ce sont souvent les ingrédients et non les arômes qui donnent leurs goûts aux aliments. Si nécessaire, on ajoutera des arômes naturels ou bio comme de la poudre de vanille est non de la vanilline synthétique. Pour la coloration, on utilise des ingrédients bio qui présentent naturellement une forte coloration comme la betterave rouge ou la carotte. Bien souvent, les ingrédients non raffinés sont privilégiés, comme le sucre roux ou le miel. L'Agriculture Biologique est aussi le seul circuit de qualité qui garantit l'absence d'OGM et de produits élaborés à partir d'OGM dans la fabrication des produits. En outre, une attention particulière est portée aux procédés de transformation, dans le respect de l'environnement : les modes de préparation utilisés en agriculture biologique sont basés sur des procédés physiques et mécaniques, ou dits de « chimie verte » ; ils préservent au maximum le goût et les qualités nutritionnelles naturellement présents dans la matière première (vitamines, minéraux...) et préviennent ou réduisent la création de substances néfastes lors du procédé de transformation. Seuls les auxiliaires qui s'avèrent indispensables à la préparation de certains produits sont autorisés en bio. Il s'agit essentiellement de composés naturels tels que des huiles végétales ou de la cire d'abeille (agents de graissage, lubrifiants). Sont interdits les agents anti-moussants, agents décolorants, rétenteurs d'eau, agents de charge... Dans la filière conventionnelle, il est également possible d'avoir recours à l'ionisation (source radioactive). Interdit en bio, ce procédé est, dans le cas de la conservation des herbes aromatiques et épices, remplacé par une injection de vapeur d'eau suivie d'un séchage par le vide. La conservation en général est assurée par des procédés physiques comme la stérilisation ou le stockage à des températures ne permettant pas le développement d'insectes ou de champignons afin de ne pas utiliser d'insecticides ou de fongicides.

LE BIO ALIMENTAIRE EN CHIFFRES

Depuis 2015, la croissance de la consommation de produits alimentaires bio en France a été exponentielle jusqu'en 2019.

- **Le bio alimentaire, représente un marché estimé à 9,7 milliards d'euros** TTC en 2018 (+ 15,7 % par rapport à 2017), soit 5 % du total des achats alimentaires des ménages. Il se répartit en 9,14 milliards d'euros TTC consommés à domicile par les ménages et 555 millions d'euros d'achats HT de produits bio servis en restauration hors domicile (soit + 28 % en restauration collective et + 14 % en restauration commerciale par rapport à 2017).

- **Il est important de noter que 69 % des produits bio consommés sur le territoire national en 2018, comme en 2017, sont produits en France (contre 71 % en 2016)**, ce qui marque une stabilisation par rapport aux produits bio importés. Parmi ces derniers, la moitié proviennent du territoire européen et l'autre moitié, du monde entier, avec notamment des produits exotiques, comme le cacao ou le café, qui ne peuvent pas être produits sur le territoire français.

Bioplanète, leader des huileries bio

BIOPLANÈTE
Route de Limoux, BRAM
✆ 04 68 76 70 60
www.bioplanete.com
contact@bioplanete.com
Ouvert du lundi au vendredi de 9h à 12h30 et de 13h30 à 17h.
Très souvent primées, et encore récemment lors de la cérémonie des Meilleurs Produits Bio 2019, les productions de Bioplanète, la plus ancienne huilerie bio d'Europe, sont savoureuses et d'une qualité irréprochable. La distinction Meilleur Produit Bio de l'année est la plus prestigieuse en Europe dans ce secteur d'activité. Une belle récompense pour l'entreprise fondée, dans l'Aude, au milieu des années 1980 par Franz J. Moog et aujourd'hui dirigée par sa fille, Judith Moog, et son associé Jérôme Stremler. En presque trente ans, les deux associés ont fait grandir leur outil de production, sans jamais toutefois renier l'histoire de la maison et ses convictions environnementales en favorisant les productions locales et le commerce équitable. Bioplanète, dont les ateliers sont installés sous un champ de panneaux solaires qui produisent 20 % de la consommation annuelle d'électricité du site, continue de moudre graines, noix, fruits, pépins et noyaux issus de l'agriculture biologique. Des champs jusqu'à la mise en bouteille, l'entreprise assure l'ensemble des étapes de fabrication de ses huiles de manière artisanale. La gamme compte plus de soixante-dix huiles différentes, haut de gamme, toujours pressées à froid mécaniquement : tournesol, colza, olive, coco pour la cuisine de tous les jours ; cacahuète, avocat, sésame, pépins de courge, noisette ou noix par exemple pour les gourmets ; mais aussi germe de blé, chia, cumin noir, lin, chanvre ou cameline pour ceux qui souhaitent mieux prendre soin de leur santé. S'y ajoutent des produits plus récents et innovants tels le Ghee, beurre clarifié bio, et la gamme de farines et compléments petit-déjeuner. Des produits parfaitement bio de première qualité que l'on retrouve en magasins bio ou spécialisés.

- **Un secteur d'activité qui fournit plus de 118 000 emplois** (soit 2,4 % de tous les emplois agricoles) dans les exploitations agricoles, les structures de transformation de matières premières, les entreprises de distribution et les organismes certificateurs.
- **49 % des ventes de produits bio ont été réalisées via les supermarchés et hypermarchés** (GMS), 34 % par les magasins spécialisés, 12 % directement du producteur au consommateur et 5 % par les artisans-commerçants (+ 10,3 % grâce à l'engagement de nombreux artisans boulangers). La vente directe conserve ses parts de marché avec une croissance de 12,8 % qui ne repose pas que sur le vin comme en 2017.

Chiffres extraits de la documentation de l'Agence Bio.

LES VINS BIO

L'appellation courante de vin biologique recouvre en fait trois réalités différentes. Des vins élaborés à partir de raisins issus de l'agriculture biologique, ceux qui ont une vinification biologique, et des vins issus de l'agriculture biodynamique. Quelles sont leurs différences et lesquels méritent vraiment le label de vins bio ?
La certification « vin bio », exige d'un cru que sa production obéisse à la fois à deux réglementations complémentaires : celle de l'agriculture biologique pour la culture de la vigne, et celle de la vinification bio réalisée depuis les vendanges de 2012. A noter qu'on trouve aussi, pour les vins, le label de l'Association des vins naturels (AVN), qui interdit l'usage de tout intrant, et également, les certifications par Nature et Progrès ou la Fédération nationale interprofessionnelle des vins de l'agriculture biologique (FNIVAB).

Les vins naturels

Le vin naturel n'a pas d'existence légale reconnue dans l'U.E. Son logo n'est également pas reconnu. Une association, l'Association des Vins Naturels, (www.lesvinsnaturels.org), regroupant une cinquantaine de vignerons est à l'origine de cette appellation. Ils ont défini entre eux un cahier des charges très exigeant qu'ils se doivent de respecter et basé sur : une culture bio ou biodynamique de la vigne ; des vendanges manuelles ; l'utilisation de levures indigènes uniquement pour la fermentation (levures qui sont naturellement présentes sur les grains de raisin) ; l'absence de toute utilisation de techniques agressives lors de la vinification (telles qu'osmose inverse, flash pasteurisation…) ; l'absence totale d'intrants œnologiques lors de la vinification hormis un minimum de sulfites ajoutés (voire pas du tout !). Soit pour comparaison : de 0 mg/l à 30 mg/l maximum (contre 150 mg/l autorisé par l'E.U.) pour les rouges et effervescents, et de 0 mg/l à 40 mg/l maximum (contre 200 mg/l à 400 mg/l autorisé par l'E.U.) pour les blancs.

Quid des sulfites ?

Traditionnellement utilisés en viticulture pour stopper la fermentation des vins dans les cuves, les sulfites sont souvent la cause de troubles plus ou moins prononcés pour les amateurs (brûlures d'estomac, maux de tête...). Aussi les producteurs bio s'efforcent-ils d'en minorer la

présence dans leurs vins. Voici par exemple la différence entre les différentes démarches de production de vins bio :
- vins conventionnels, normes E.U : de 150 à 200 mg de soufre/litre
- vins issus de l'agriculture biologique : de 100 à 150 mg de soufre/litre
- vins Demeter (ou biodynamique) : de 70 à 90 mg de soufre/litre
- vins Association des vins naturels : de 30 à 40 mg de soufre /litre
- vins S.A.I.N.S* : traces ! (seuls sont présents les sulfites naturels)

* Association des vins Sans Aucun Intrant Ni Sulfite. https://vins-sains.org/

Techniques

Les productions dites « biologiques » , en Europe depuis 1991, doivent exclure l'emploi de pesticides et d'engrais de synthèse. Elles interdisent aussi tout usage d'OGM. Le stockage de ces produits doit être spécifique pour éviter tout mélange ou contamination. Si la production n'obéit qu'à ces règles, les vins sont dits « issus de l'agriculture biologique », ou « issus de raisins AB ». Leur étiquetage porte alors le logo AB. En France, c'est l'INAO qui est chargé de contrôler l'application de la réglementation AB. Le processus de conversion en bio pour la viticulture dure trois ans.

La vinification bio : pour bénéficier de cette appellation sont interdits l'emploi de raisins non issus de l'agriculture biologique, l'usage de la concentration à froid, la pratique de l'électrodialyse ou le traitement aux colonnes échangeuses d'ions. Sont autorisés dans certaines limites divers procédés et produits chimiques : pour les sulfites au maximum 100 mg par litre pour le vin rouge, et 150 mg/l pour les vins blancs et rosés. Si la teneur en sucre résiduel est supérieure à 2 g/l, ces limites sont repoussées de 30 mg/l. Sont pleinement autorisés : pour l'acidification les acides tartrique et lactiques, et pour la clarification l'ovalbumine, la caséine, la bentonite ou la colle de poisson. Pour la décoloration des vins rouges ou les blancs issus de raisins noirs, le charbon actif.

En résumé, un vin bio est élaboré sans recours à des produits chimiques, de synthèse ni d'OGM, pour la culture de ses vignes, en appliquant des mesures préventives pour diminuer l'atteinte des vignes par les maladies, puis en ne les traitant qu'avec des produits d'origine naturelle ou de lutte biologique et en ne les désherbant que de manière mécanique. Ensuite, lors de sa vinification, tous les ingrédients agricoles employés (raisins, sucre, alcool) doivent eux-mêmes être certifiés bio. De plus, certains procédés physiques comme la désalcoolisation sont interdits et les additifs et auxiliaires de vinification autorisés doivent appartenir exclusivement à une liste établie par l'INAO. Enfin, les niveaux de sulfites tolérés sont inférieurs à ceux utilisés en vinification classique.

Le vin biodynamique

La viticulture biodynamique reprend les règles de la viticulture biologique, mais sa charte prévoit des exigences supplémentaires. En effet, les vignerons qui utilisent cette méthode essaient de vivifier le sol afin d'améliorer les échanges avec la plante. Ils se servent pour cela de l'adjonction d'infusions, macérations à base de plantes, qu'ils dynamisent pour tonifier la vigne et l'aider à mieux se développer (sur le même principe que les traitements homéopathiques préventifs des affections). Ils tiennent également compte du calendrier lunaire pour une combinaison optimisée entre le développement de la plante, le sol et les influences lunaires. C'est Rudolf Steiner (1861-1925) qui instaura les bases de ce courant philosophique appelé anthroposophie. Autre différence, la viticulture biodynamique permet le collage du vin, la filtration et, uniquement pour les pétillants, la chaptalisation (ajout de sucre). Par contre, elle préconise des doses de soufre inférieures à celles des vins bio. Deux organismes certificateurs, Demeter ou Biodyvin contrôlent la bonne application de sa charte à la viticulture.

Données chiffrées

Selon l'Agence Bio, le marché des vins bio en France représente plus 1,2 M de chiffre d'affaires en 2019. Sa progression est importante car il a triplé sur 7 ans. Ce boom est tiré par une offre dynamique (avec un nombre important d'exploitations en conversion) et une demande intérieure de plus en plus soutenue (pour l'export également). Et, de plus, ce marché est approvisionné à 98 % par la production nationale (au lieu de 80 % seulement pour les vins conventionnels). Cette croissance est d'autant plus intéressante qu'en parallèle, celle des vins conventionnels stagne.

Pour l'instant, ce marché représentant toujours un marché de niche en France avec 3,7 % du marché total des vins, sa marge de progression demeure importante.

Selon l'IWSR, la différence de prix entre une bouteille de 75 cl de vin biologique et celle d'un vin conventionnel s'élevait en 2017 en moyenne à 33 %, soit à 6,14 € contre 4,62 €.

© Egon69 - iStockphoto.com

LE BIO NON ALIMENTAIRE

Quand on parle de bio non alimentaire, il faut être vigilant. La réglementation en agriculture biologique ne s'applique pas aux produits non agricoles et non alimentaires. La labellisation en bio de ces produits est cependant possible s'il y a un lien direct avec des ingrédients certifiés issus de l'agriculture biologique. Pour nous aider à nous y retrouver, les ministères concernés ont édité un « guide pratique des allégations environnementales » destiné aux professionnels comme aux consommateurs pour préciser les conditions d'autorisation de l'emploi de la mention bio. Il existe également, pour certaines catégories de produits (cosmétiques, textiles…), des initiatives privées spontanées qui peuvent faire l'objet d'un contrôle par un organisme indépendant. Comme nous allons le voir dans les pages suivantes, les labels qui estampillent un produit non alimentaire « bio » ont des exigences plus ou moins élevées sur le pourcentage d'ingrédients ou de matériaux issus de l'agriculture biologique qu'ils doivent contenir. C'est cependant une démarche en constante évolution qui tend à devenir de plus en plus exigeante afin de proposer des produits de plus en plus en accord avec les normes écologiques en vigueur. Certains labels reconnus par les autorités, tels que le label européen de l'agriculture biologique ou le label Ecocert, ont des mentions et critères spécifiques dans leurs chartes pour des produits non alimentaires. Et quand bien même un produit non alimentaire dit « biologique » ne serait pas composé à 100 % de matériaux bio, il semble toutefois que l'on aille dans la bonne direction.

BEAUTÉ – BIEN-ÊTRE

Au quotidien, du matin au soir, nous utilisons des produits cosmétiques qui peuvent s'avérer toxiques, chargés en substances indésirables parfois identifiées comme carrément cancérigènes ou classées en tant que perturbateurs endocriniens. Les cosmétiques bio proposent une solution alternative aux produits chimiques en utilisant des produits naturels. Mais attention aux étiquettes marketing, une seule façon d'être sûr d'acheter le bon produit : fiez-vous aux labels reconnus et lisez attentivement la liste des composants. Les recettes à base de miel, d'avoine, d'amande, d'avocat, de beurre de karité, d'aloe vera, d'huile de coco et autres fleurs et plantes généreusement créées par la nature, se multiplient. Ces produits biologiques s'avèrent souvent bien plus efficaces que les produits habituels à l'image des teintures naturelles qui protègent bien mieux les cheveux. Et les professionnels, eux aussi, l'ont bien compris. Pour notre bien-être, les spa, instituts de beauté et salons de coiffure sont de plus en plus nombreux à afficher leur souci écologique. Une bonne nouvelle pour l'impact écologique et pour notre santé !

Les différents labels

Les labels et les logos qui garantissent un cosmétique réalisé à base d'ingrédients naturels et issus de l'agriculture biologique sont indiqués directement sur l'emballage ou le flacon du produit. Ils attestent d'une fabrication selon des critères définis par un des cahiers des charges privés reconnus en France et au niveau européen. L'industrie du cosmétique bio étant en pleine expansion, c'est un paysage qui change rapidement. Quelques labels

La slow cosmétique

On en entend parler de plus en plus, c'est la tendance montante, dont l'appellation fait un clin d'œil à la slow food. Qu'est-ce donc ? Créé en 2012 par Julien Kaibeck, le concept s'est transformé en une association de consommateurs actifs engagés dans la lutte pour un mode de consommation naturel, sain et raisonnable de la cosmétique. La mention slow cosmétique est une récompense attribuée par l'association qui indique un produit réalisé par une marque répondant à des critères qui prennent en compte le bio, mais pas seulement. La slow cosmétique est d'abord un mouvement qui cherche à amener le public à comprendre les besoins de sa peau et de son corps, et à y répondre de manière adéquate. Il propose des solutions simples et efficaces souvent à contre-courant de la course aux cosmétiques et propose quelques produits de base, non transformés, qui fonctionnent mieux qu'une crème hors de prix ! Son label est décerné aux entreprises qui créent des produits répondant à cette approche et ce, en utilisant un minimum d'ingrédients pour une efficacité maximale. Le concept de la slow cosmétique vise également une approche raisonnée et éthique de la cosmétique, dans tous les aspects de la création à la distribution de la marque. Ainsi l'entreprise qui reçoit la récompense, en plus de proposer des produits respectueux de la nature, portera une attention particulière à ses employés, au packaging de ses produits afin de limiter les déchets qui pourraient en être issus, et doit proposer des produits qui répondent à de vrais besoins et ne font pas de fausses promesses ! Plus d'informations sur : www.slow-cosmetique.org

Pour le bien être animal

La démarche de l'agriculture biologique comprend également un engagement pour assurer le bien-être animal. Ce n'est malheureusement pas le cas de la plupart des cosmétiques vendus, qui sont encore testés sur les animaux dans des conditions parfois intolérables. Ces tests s'apparentent trop souvent à de la cruauté inutile entraînant la souffrance ou la mort de l'animal cobaye. Le label One Voice offre une véritable garantie pour s'assurer que le produit acheté n'est pas testé sur des animaux et lutte également contre l'exploitation animale, par exemple celle des singes pour le ramassage des noix de coco. Il se présente actuellement par un logo de couleur orange ou bleue qui sera entièrement remplacé d'ici 2020 par un logo représentant un tigre avec l'inscription One Voice. Vous pouvez vous engager plus activement dans cette démarche de lutte pour le bien-être animal. Pour cela rendez-vous sur le site www.one-voice.fr
D'autres labels tels que PETA Cruelty-Free, IHTK, Choose Cruelty-Free et Leaping Bunny permettent aussi d'identifier des produits non testés sur les animaux. Si vous recherchez un produit ne contenant aucune substance animale, vous pourrez vous tourner vers les produits labellisés Eve Vegan ou Vegan Society.

sont cependant utiles pour s'y repérer un peu : Ecocert bio, Cosmebio, Nature & progrès, Eurofeuille, BDIH, NaTrue, Cosmos et Demeter. La filière biologique étant en pleine évolution, cette liste n'est pas exhaustive. Nature et BDIH sont d'importants regroupements de marques et de produits bio. Quant au label Wild Harvest, il signale un produit à base d'ingrédients poussant spontanément dans la nature (non cultivés) et récoltés à la main. Mais tous suivent cinq règles principales : des principes de fabrication respectueux de l'homme et de l'environnement, l'interdiction d'utiliser des substances comme des conservateurs (triclosan, parabens, phénoxyéthanol…), des colorants, des filtres chimiques, des sels d'aluminium… Ils garantissent l'emploi d'ingrédients végétaux faisant partie du strict minimum d'ingrédients synthétiques autorisés, le non emploi de matières premières dont la fabrication nécessite la mort d'un animal ou de faire tester les produits sur des animaux vivants. Il est important de savoir que ces labels ne garantissent pas tous le 100 % bio ou 100 % naturel. Il demeure donc indispensable de bien lire d'abord la liste des composants de chaque produit cosmétique que vous souhaitez acheter.

COSMEBIO

www.cosmebio.org

Cosmébio est l'association française de la cosmétique bio. Créée en 2002, la Charte Cosmébio fut sa première réalisation, suivie du cahier des charges techniques avec l'aide d'Ecocert et du Bureau Veritas. Le cahier des charges Cosmos sert de référence pour les produits labellisés Cosmébio. Le label Cosmébio se décline actuellement en trois variantes selon le type de produit qui le porte : le logo vert initial Cosmébio qui indique que le cosmétique est bien bio selon le 1er cahier des charges créé par l'association. Un logo bleu avec Cosmos Natural qui certifie que le cosmétique est composé *in fine* de 95 % minimum d'ingrédients d'origine naturelle. Et le troisième, qui complète le premier par l'adjonction de « Cosmos Organic » et qui atteste, à la fois, 95 % minimum d'ingrédients d'origine naturelle, 95 % minimum d'ingrédients bio sur l'ensemble des ingrédients pouvant être bio et 20 % minimum d'ingrédients bio sur le total du produit. L'association regroupe aujourd'hui plus de 400 adhérents en France et à l'étranger, soit 450 marques et une sélection de 9 000 produits. Il n'y a pas de vente en ligne sur son site, mais des informations précieuses et actualisées concernant un marché en pleine expansion où il est parfois bien difficile de séparer le bon grain de l'ivraie.

ECOCERT

www.ecocert.fr

Créé en 1991, le label français indépendant Ecocert certifie des produits issus de l'agriculture biologique. Il a développé également une charte particulière pour les cosmétiques écologiques ou biologiques. Deux labels Ecocert peuvent être attribués aux produits cosmétiques, le premier « Ecocert Cosmétique Biologique » lorsqu'ils contiennent au moins 95 % d'ingrédients végétaux issus de l'agriculture biologique et 10 % au moins du total des ingrédients issus de l'agriculture biologique. Le second, « Ecocert Cosmétique Écologique » lorsqu'ils contiennent 50 % au moins d'ingrédients végétaux issus de l'agriculture biologique et 5 % au moins du total des ingrédients issus de l'agriculture biologique. Certains ingrédients sont totalement interdits comme les OGM, parabens, silicone, phénoxyéthanol, les parfums et colorants de synthèse, les glycols ou encore matières provenant d'animaux (à l'exception des produits issus de l'apiculture et du lait). Actuellement 967 produits cosmétiques sont certifiés.

NATURE & PROGRÈS

www.natureetprogres.org

Cette association rassemble des consommateurs, agriculteurs, producteurs et transformateurs qui cherchent, comme son nom l'indique à associer le respect de la nature et une dynamique de progrès. Créée en 1964, elle promeut l'agriculture biologique en France et en Belgique notamment à travers sa marque de certification Nature & Progrès. Les règles de cette certification sont parmi les plus strictes en la matière. Entre autres, les matières premières végétales et animales doivent provenir à 100 % de l'agriculture biologique, les ingrédients chimiques, OGM et huiles de palme sont interdits. Les méthodes de fabrication, la gestion environnementale et le lieu de production font l'objet d'exigences très restrictives, et doivent prendre en compte, entre autres, l'éthique humaine, la gestion des déchets, l'économie locale, et le bien-être animal. Vous trouverez habituellement les produits certifiés Nature & Progrès en magasins bio, boutiques écologiques ou en parapharmacies.

ECO GARANTIE

www.ecogarantie.eu/fr

Cette marque belge est détenue et gérée par l'Union nationale interprofessionnelle des transformateurs et distributeurs de produits de l'agriculture biologique qui représente et défend le secteur biologique alimentaire et non alimentaire. Ainsi, le label ne peut être apposé sur des produits cosmétiques uniquement s'ils respectent un cahier des charges très précis qui comprend la durabilité sociale, économique et écologique notamment en respectant les droits de l'Homme, en appliquant un prix équitable pour le producteur, en cultivant biologiquement ses matières premières, en ne faisant aucun essai du produit fini sur les animaux, en excluant les OGM et la pétrochimie et encore en favorisant le recyclage par tous les moyens. Pour bénéficier du label, les entreprises intéressées doivent impérativement notifier leur activité auprès d'un organisme de contrôle accrédité par le ministère régional de l'Agriculture. Chaque cosmétique Eco Garanti est biodégradable et composé d'un minimum de 95 % d'ingrédients naturels ou d'origine naturelle et d'un minimum de 50 % d'ingrédients végétaux issus de l'agriculture biologique.

MODE

Le monde de la mode est éphémère, futile, parfois scandaleux, notamment lorsque l'on y voit des mannequins faméliques, ou lorsque des enfants des pays en voie de développement travaillent pour une misère et dans des conditions terribles, à façonner des pièces qui seront vendues fort cher aux plus riches consommateurs des pays dits développés. Sans parler des matériaux textiles employés et de leurs colorants qui suscitent de plus en plus de réactions allergiques, qui agressent la peau et l'empêchent de respirer, ou de l'exploitation animale pour créer nos chers chandails en angora ou nos cols en fourrure... Mais la mode peut aussi se montrer plus déontologique. Avec l'émergence de la mode éthique, certains créateurs foisonnent d'idées et d'innovations intelligentes pour rendre la mode plus juste. La mode dite éthique a deux préoccupations principales : le respect de l'environnement, de l'animal et le respect de l'humain. Certains créateurs font le choix de travailler exclusivement des matières écologiques, biologiques ou recyclées : coton, lin, bambou, chanvre, fibre de bananier ou d'ortie, soie... Ce sont généralement les mêmes qui se soucient, en outre, de faire travailler les artisans des pays du sud dans de bonnes conditions, dans le cadre d'un commerce équitable. Certains créateurs s'associent dans des concepts-stores affichant nettement leur engagement pour une certaine éthique de la mode et pour un commerce équitable. On peut donc aussi s'habiller en toute connaissance de cause et en toute bonne conscience. Le choix de sa garde-robe est une prise de position claire pour signifier que l'on refuse de subir les excès de la société de consommation. Aux consommateurs de plébisciter ces créateurs et ces boutiques qui ont le souci d'un monde meilleur, plus humain et plus respectueux de l'environnement. L'autre manière de lutter contre ces excès et le gaspillage induit, c'est le développement du recyclage ! N'oubliez pas d'aller farfouiller dans les recycleries, les dépôts-ventes, les magasins de vêtements d'occasion, les puces, les vide-greniers...

Les différents labels

Le secteur de la mode est l'une des industries les plus mondialisées, soumise à des échanges entre pays incessants et à une chaîne de fabrication complexe. Actuellement, le textile concentre une soixantaine de labels dans le monde. Il est parfois difficile de différencier les marques respectables des filières opportunistes qui jonglent habilement avec les labels et les faux-semblants pour tirer à elles la couverture du marché vert. Un vrai méli-mélo pour les *green fashion addicts* qui ne savent plus à quel saint écolo se vouer ! Tout d'abord, précisons que ce sont des organismes de certification et de contrôle indépendants, reconnus par l'État, qui accordent les labels. Un label bio considère d'abord les techniques de production de la fibre (coton principalement, mais aussi chanvre, soie, lin...). Au-delà de l'emploi d'une forte proportion de substances naturelles, c'est l'impact de leur production sur l'environnement qui est pris en compte. Une utilisation raisonnée des ressources naturelles, le respect des espèces et de la condition animale, un usage réduit et responsable de produits chimiques, des efforts dans la façon de produire et le recyclage, une recherche de la qualité intrinsèque du produit sont autant de paramètres qui pèsent dans la balance de la certification. L'environnement social n'est pas oublié : les conditions sanitaires, sociales et économiques des acteurs de la filière sont examinées. Ces critères de certification varient selon les pays. Voici notre sélection futée.

- **GOTS ou Global Organic Textile Standard** est un label qui tend à instaurer une norme mondiale de fabrication textile écologique. Il associe de nombreuses organisations internationales, comme IVN (International Association Natural Textile Industry) pour l'Allemagne, la Soil Association au Royaume-Uni, l'Organic Trade Association pour les États-Unis, la Japan Organic Cotton Association, le Control Union des Pays-Bas, Ecocert en France, ICEA pour l'Italie et ETKO pour la Turquie.

- **Le label EKO** est délivré par la société Skal. Cet organisme hollandais de renommée internationale se soucie de la transformation du coton ou de son emballage. L'utilisation du chlore est bannie ainsi que les teintures à base de colorants cancérigènes, de substances allergènes ou de métaux lourds. La fabrication doit se dérouler dans le respect des droits de l'homme. L'entreprise suisse Remei AG a ajouté dans ses conditions de labellisation une composante originale : la notion de commerce équitable.

- **Le label bioRe** a élaboré un cahier des charges social pour le coton. Il garantit l'interdiction du travail des enfants, la fixation de minima sociaux et l'encadrement des horaires de travail. L'achat de sa récolte au cultivateur se fait à un prix supérieur de 20 % à celui du marché pendant cinq ans. Depuis 1996, bioRe s'est vu remettre plusieurs prix pour ses initiatives, en particulier concernant le développement durable.

- **Eco-label** est le label écologique de l'Union européenne. Son système d'homologation unique est destiné à aider les consommateurs européens à discerner les produits et services favorables à l'environnement en dehors des denrées alimentaires et des médicaments.
- **Le label Textile biologique** est contrôlé depuis 2006 par Ecocert, organisme français de certification biologique internationale. Il concerne les tissus dont 95 % au moins des fibres sont issues de l'agriculture biologique (coton, laine, soie, chanvre). Le label « Textile à base de fibres biologiques » n'en requiert que 70 à 95 %. Dans les deux cas, au maximum 5 % de fibres synthétiques sont acceptées. En l'absence de normes de commerce équitable, il existe des normes produits et services françaises (Iso 9001 et Iso 14001) ou des référentiels internationaux comme SA 8000, WRAP (la plus répandue pour l'industrie textile). Ces normes sont fondées sur une évaluation de la qualité environnementale et sociale.
- **Le Label Fairtrade de Max Havelaar** n'est pas uniquement spécialisé dans les produits alimentaires. Ce mouvement international, qui regroupe des ONG et des producteurs, milite pour un commerce équitable, une juste rémunération des producteurs et une limitation de l'impact environnemental. En ce qui concerne le textile, il collabore avec des marques connues et reconnues qui doivent pourtant montrer patte blanche pour obtenir sa licence. Son cahier des charges prévoit des critères stricts à respecter à chaque étape de la production pour espérer la labellisation. Un salaire et des conditions de travail décents pour les travailleurs doivent être assurés ainsi que, entre autres, l'utilisation de coton certifié Fairtrade et de fibres durables. Pour retrouver les marques qui collaborent avec le label, rendez-vous sur le site www.maxhavelaarfrance.org.
- **Naturleder** est depuis 2008 le premier label, qui garantit au niveau international un cuir réalisé de manière biologique. Il garantit notamment la fabrication du cuir à base de produits naturels ou biodégradables, de colorants sans métaux lourds, de conditions de travail éthiques, et veille à ne pas fabriquer de cuir issu d'animaux protégés ou d'espèces menacées.
- **Le Point vert ou le logo Préserve la couche d'ozone** sont d'autres exemples de labels et sigles. Mais le point vert ne signifie en aucun cas que l'emballage est écologique ou recyclable ! Il signifie simplement que l'entreprise verse une cotisation pour la valorisation des déchets d'emballage ! Chacun de ces sigles a une signification précise mais leur mention sur un emballage ne garantit en rien la mise en œuvre d'une démarche environnementale poussée comme les labels bio. Alors... restez vigilants et bon shopping !

HABITAT

La crise du logement face à la croissance de la population pose depuis quelques années la question de l'éco-construction. On parle de maisons autonomes, de normes écologiques, mais qu'en est-il vraiment, dans la construction, le fonctionnement quotidien et aussi la destruction, si elle devient nécessaire ? Il existe énormément de labels, de mentions indicatives concernant la production plus ou moins écologique des matériaux de construction, les techniques de chauffage et la production de l'énergie, et pléthore de réglementations spécifiques. Voici quelques labels qui prennent en compte la totalité du processus.

Les différents labels

EFFINERGIE
www.effinergie.org/web

C'est une association née en 2006 qui gère 5 labels différents, sur la construction en neuf, la rénovation et les constructions à venir anticipant des réglementations futures encore plus strictes. Le label Effinergie +, créé en 2013, est décerné à des bâtiments dont la consommation énergétique est encore plus basse que celle du label BBC. Il existe 4 autres labels, versions améliorées ou spécifiques de ce dernier, dont trois créés en 2017 pour répondre à une demande d'efficacité supérieure et des problématiques liées à la construction de bâtiments dits à énergie positive. En 2019, Effinergie lance un nouveau label expérimental Effinergie Patrimoine dont l'objectif est de concilier préservation du patrimoine et réhabilitation énergétique.

LE LABEL BBC

Le label BBC ou Bâtiment à Basse Consommation, attribué par Effinergie, existe depuis 2000. Il a pour but d'accompagner des constructeurs afin de créer des bâtiments dont la consommation énergétique ne dépasse pas les 50 kWhEP/m²/an. Cette consommation d'énergie s'applique à 5 domaines dont la gestion de la température, de l'air, l'éclairage et la production d'eau chaude. Cela passe par une attention toute particulière portée à l'isolation du bâtiment et l'utilisation d'énergies renouvelables.

LE LABEL BBCA
www.batimentbascarbone.org/label-bbca

Né en 2015, ce label réunissant différents corps de métiers liés à la construction (architectes, bureaux d'études, promoteurs immobiliers...) repose sur le fait qu'aujourd'hui l'industrie du bâtiment est la première productrice de CO2 en France. Un bâtiment émet du gaz à effet de serre tout au long de sa vie, depuis la fabrication des matériaux de construction, leur acheminement, l'usage du bâtiment, jusqu'à, pour finir, sa destruction...

L'objectif de cette association est de participer à la construction de projets immobiliers collectifs ayant une empreinte carbone divisée par deux, d'où son nom : Bâtiments à Bas Carbone. Elle devrait bientôt s'orienter vers la rénovation de bâtiments, de manière raisonnée. Ce label a 3 niveaux de performance : BBCA Standard, BBCA Performance et BBCA Excellence.

LE LABEL HQE

www.hqegbc.org/accueil

Le label HQE signifie Haute Qualité Environnementale, et existe depuis les années 1990. Il cherche à promouvoir une construction confortable et qualitative qui soit harmonieuse au sein de son environnement et limite son impact sur ce dernier. Cela passe par une gestion éthique et responsable des déchets et des énergies. Pour obtenir ce label, la construction doit répondre à 14 critères précis dont le fait d'utiliser des matériaux écoresponsables, de s'intégrer esthétiquement au sein de son environnement et de ne pas dépasser les 50 kWh par an et par mètre carré de consommation énergétique.

JARDINS

Les différents labels

- **ECOLABEL EUROPEEN :** créé en 1992, l'écolabel européen est le seul label officiel certifié par l'Union européenne et utilisable dans tous ses pays membres. La certification est accordée également par l'AFNOR. Pour en bénéficier, les entreprises doivent en faire la demande et favoriser le recyclage des matériaux, encourager l'utilisation de matériaux renouvelables et recyclés et réduire la pollution des sols et des eaux en limitant les concentrations de métaux lourds. Sur les produits, le label garantit la réduction des risques pour l'environnement et la santé humaine, la limitation de l'utilisation de substances dangereuses et toxiques et l'augmentation de leur biodégradabilité.
- **AB :** label garantissant des produits fabriqués au moins pour 95 % à partir de matières premières issues de l'agriculture biologique et donc sans pesticides, sans engrais chimiques ni OGM.
- **NF ENVIRONNEMENT :** créée en 1991, la marque NF Environnement est l'écolabel français, délivré par AFNOR Certification, organisme certificateur indépendant. Ce label certifie des produits qui présentent, tout au long de leur cycle de vie, des impacts moindres sur l'environnement avec une aptitude à l'usage au moins équivalente à celle d'autres produits similaires, un minimum de 60 % de matières recyclées et une limitation des métaux lourds dans les plastiques. Les entreprises qui souhaitent l'obtenir peuvent en faire la demande auprès de l'AFNOR.
- **FFP (Fair Flowers Fair Plants) :** une certification MPS (label hollandais) concernant les fleurs coupées et les plantes, garantit une production respectueuse de l'environnement.
- **LE POINT VERT :** ce label n'atteste que de la participation du fabricant de l'emballage au financement de la filière du recyclage. Il ne signifie pas qu'il est lui-même recyclable.
- **ECO-EMBALLAGE :** il certifie que le fabricant verse une contribution à la société Eco-Emballage.
- **FSC (*Forest stewardship council*) et TFT :** ces labels concernent les produits en bois (comme les meubles de jardin) et garantissent que le bois utilisé provient de forêts gérées de manière écologique.

VOYAGES

Voyager écolo ? Oui certes mais comment ? Prendre l'avion, le train, le ferry ou la voiture pollue. Alors comment faire ? Tout le monde ne rêve pas de partir en vacances à pied et de marcher sur les routes du pèlerinage de Saint-Jacques-de-Compostelle, ou de remonter le sentier côtier des douaniers de la Vendée à la Normandie. Mais ça reste des options ! Le voyage à vélo en est une autre, qui fera, de plus, du bien à votre ligne, tout en ménageant peu votre fessier. Toutefois en dehors de ces éventualités, il existe différents moyens de minimiser son impact écologique lorsque l'on voyage :

- **Le covoiturage** qui permet également de faire des rencontres intéressantes (la plupart du temps) :
www.blablacar.fr
www.gomore.fr
(ou le stop pour les plus téméraires et les plus patients)

Kokopelli

Il s'agit d'une marque de semences. Fondée en 1999, l'association Kokopelli lutte contre l'hégémonie des géants de la production de semences sélectives et stériles, et s'engage par différentes actions pour la restauration d'une agriculture fertile et pour une refertilisation du sol. Par un système de parrainage et de tuyaux d'adhérents et de recettes vieilles comme le monde, elle a réussi à rassembler une collection inégalée de semences de variétés anciennes, libres de droits pour une libération des diktats du commerce dit « vert ». Elle organise également des stages et séminaires afin de former le public à des techniques de culture et de production de semences non toxiques et écologiques. Elle propose à la vente des semences fertiles et produites de manière écologique ou biodynamiques pour plus de 1 500 variétés de légumes, fruits, fleurs, plantes médicinales, graminées, etc. Une démarche saluée par certains et contestée par d'autres.

Plus d'infos : kokopelli-semences.fr

- **Le déplacement à dos d'âne ou de cheval** (de nombreux structures proposent toutes sortes de randonnées équestres).
- **Le bateau sans moteur thermique**, avec moteur électrique, voile ou avirons.
- **Et l'écotourisme !** Un nombre incalculable de sites Internet proposent des voyages dits écologiques ou éthiques, à vous de faire le tri et de choisir celui qui vous convient. Il faut souvent y mettre le prix... Ci-dessous vous trouverez une liste non exhaustive de lieux en France qui sont recensés comme éco-gîtes ou qui s'inscrivent dans une démarche de protection de la nature et valent le détour. On vous souhaite bon voyage !

LES ÉCOGÎTES FLORÉALE
22 bis, rue Jean-Mermoz, AUDENGE
✆ 06 08 83 03 73
www.lesecogitesfloreale.com

Ecogîtes. Gîtes de France (2 épis). Ouvert toute l'année. Trois gîtes de 550 € à 775 € la semaines. Spa 1h1/4 50 €. Chèque Vacances. Label Tourisme & Handicap. Accessible pour les PMR mais non labellisé. Garde d'enfants. Possibilité de SPA. Salon de jardin, lave-linge, lave-vaisselle. Parking clos. Equipement bébés. Possibilité de baby-sitting.

Pour un séjour qui allie confort, nature et charme, les écogîtes Floréale sont idéaux. Au cœur du Bassin dans la petite commune d'Audenge, les trois gîtes jouissent d'un cadre magnifique. Pour un plus grand respect de la nature, ils ont été bâtis dans une véritable démarche écologique. Par ailleurs les toilettes sont alimentées via une cuve de récupération des eaux de pluie et l'aspirateur est centralisé afin d'éviter tout risque d'allergie. Vous serez littéralement séduit par le jardin, écologique lui aussi, qui respire la poésie. On ne compte pas le nombre de variétés : azalée, rosiers, lavande, rhododendron, passiflore... Retrouvez également un jardin aromatique et un jardin de plantes médicinales. Mme Cornu se fera un plaisir de partager sa passion en vous faisant découvrir les bonnes pratiques du jardinage bio. Les trois gîtes sont parfaitement équipés et décorés avec goût. En définitive vous résiderez dans un écrin de verdure et de nature pour un séjour qui vous ressourcera. Les plus : sur place Spa et sauna Floréabe. De plus, Claude propose du baby-sitting, afin que vous puissiez passer une soirée en amoureux.

NATURA LODGE
Chemin de Brugas, BARJAC
✆ 04 66 24 54 77
www.ardeche-detente.com
resa@ardeche-detente.com

Fermé du 12 novembre au 1er mars. Nuit en yourte à partir de 75 €, en cabane 100 €, en avion 90 €. Gîte à la semaine de 480 € à 810 € selon saison. Restauration sur place sous forme de panier repas de 12 € à 35 €/personne. Sauna 20 €/heure et par personne.

Une adresse qui plaît ! Ici, on réalise un rêve d'enfant : dormir dans une cabane dans les chênes. Perché à quatre mètres du sol, que ce soit en couple ou avec un ou deux enfants, vous serez séduits par ces vacances insolites dans un des deux écolodges, labellisés refuges LPO, engagés dans une démarche écologique certifiée Clé verte et Eco

© Rémy MASSEGLIA – Fotolia

Jardin bio.

Leader Argent. Vous bénéficierez de l'accès, durant votre séjour, à une piscine sécurisée et à sa pataugeoire aux beaux jours. La cabane est équipée d'une cuisine d'été et la salle commune dispose de jeux de société et d'une bibliothèque. Les cabanes sur pilotis sont construites avec des matériaux naturels et certifiés PEFC. Les plus : les yourtes mongoles, les roulottes, les séjours à thème et une table d'hôtes avec des produits naturels du terroir, le plus souvent bio.

GÎTE DE SAINT ALBAN
Saint-Alban
CHÂTEAUROUX-LES-ALPES
✆ 04 92 45 10 40
www.gite-saint-alban.com
contact@gite-saint-alban.com

Ouvert toute l'année. De 700 € à 2 500 € la semaine selon saison. Chambres d'hôtes de 40 € à 116 € pour 4 personnes. Restauration.

Annick et Daniel vous accueillent chaleureusement et généreusement dans leur magnifique gite labellisé « écogite » et porteur des valeurs Oasis, mouvement des Colibris. Adossé à la forêt dans un petit hameau de montagne, tout près du lac de Serre-Ponçon, vous serez sublimés par la magie des lieux, au pied du parc national des Ecrins. Spacieux et confortable, le gite de Saint Alban s'est lové dans une ancienne ferme rénovée avec des matériaux pour la plupart écologiques. Il offre huit chambres de 1 à 5 lits simples ou doubles équipés de couettes et de draps. La spacieuse pièce à vivre est tout simplement magnifique et donne sur une belle terrasse avec vue panoramique plein sud. Un espace pour yoga, massages, méditation et relaxation est également disponible. A l'extérieur, des jardins biologiques et des chemins de balades. Parmi les plus écologiques : eau chaude sanitaire et chauffage solaires, boiserie en mélèze des Hautes-Alpes, peintures et revêtements écologiques et sans émanations toxiques, literie anti-allergique et des produits d'entretien respectueux des personnes et de l'environnement.

HÔTEL LA GOURMANDINE
22, avenue du Président Wilson
CHÂTELLERAULT
✆ 05 49 21 05 85
www.la-gourmandine.com
info@la-gourmandine.com
Chambres de 107 à 147 € / nuité.
La Gourmandine est un hôtel de charme situé dans une maison bourgeoise du XIXe siècle au cachet certain. La différence avec la plupart des hôtels de standing de ce type ? Les propriétaires croient fermement qu'on peut allier confort moderne, luxe et respect de l'environnement ! Réhabilité en suivant les recommandations européennes en vigueur, le bâtiment est constitué de matériaux nobles et naturels, et l'équipe est engagée dans une démarche éco-responsable pour faire tourner l'établissement. Les suites et chambres sont aménagées avec un goût classique, intemporel et un luxe discret à l'ancienne. Pour compléter une expérience sortant de l'ordinaire, la Gourmandine propose, pour des groupes, trois salles de restaurant aux atmosphères différentes avec une cuisine gastronomique élaborée quasi exclusivement à base de produits locaux !

EQUILOISIRS
Laffite
FABAS
✆ 05 61 96 41 32
www.equiloisirs09.fr
bohinnathalie@wanadoo.fr
Ouvert toute l'année. Se renseigner selon les activités par téléphone. Tarifs : promenade à 25 €/1h30, 30 €/2 heures. Forfait initiation 10h : 225 €, demi-journée : 38 €, journée entière (pique-nique offert) : 65 € à 78 €. Possibilités de randonnées sur plusieurs jours. Camping à la ferme 6€/ adult., gratuit pour – de 4 ans. CB non acceptée. Chèque Vacances. Camping à la ferme et gite rural.
Nathalie Bohin, accompagnatrice et guide de tourisme équestre, et François Meyer vous accueillent dans leur ferme-centre équestre pour mieux assouvir votre passion du cheval. Ils élèvent eux-mêmes, sur 30 hectares de prairies bio et abris naturels, les pur-sang arabes, les chevaux castillonnais et les poneys landais qu'ils mettent à votre disposition. Que vous soyez adulte débutant ou enfant confirmé (ou le contraire !), Equiloisirs aura la formule qui correspond à votre niveau. Partez à la découverte des superbes paysages du Volvestre et des environs, sur le dos de « la plus belle conquête de l'homme ». Des promenades à thèmes vous emmènent de 1h30 à la journée pour admirer la chaîne des Pyrénées sur le sentier des crêtes, parcourir l'histoire sur le sentier de verriers, toujours l'œil aux aguets pour découvrir traces et empreintes d'animaux sauvages, surprendre un chevreuil filant à travers bois et s'étonner d'une flore aussi variée. La ferme possède, en outre, six emplacements de camping pour mieux prolonger votre immersion en milieu équestre ainsi qu'un gîte rural d'une capacité d'accueil de 20 personnes. Deux douches spacieuses, deux WC à bio compostage composent le local sanitaire tout en bois, éclairé grâce à des panneaux photovoltaïques. Attention, pas d'électricité aux emplacements. Sur place un beau choix de produits 100 % bio et locaux. Retrouvez toute l'actualité sur leur site internet.

LE FERME EUROPÉENNE DES ENFANTS
Le Hamel
GRANDCOURT
✆ 02 35 94 70 90
www.la-fee.org
laferme.europenne@wanadoo.fr
Ouvert toute l'année. Trois gites de 16 chambres au total. Tarifs sur demande, via le site internet.
Les enfants vont s'en donner à cœur joie mais la Ferme européenne est également ouverte aux adultes. C'est sur un site exceptionnel de trente hectares, situé en Haute-Normandie, qu'est venue élire domicile la Ferme Européenne des Enfants (la FEE), créée en 1990. Nous la découvrons se déployant autour d'un manoir du XVIIIe siècle. Le domaine est traversé sur deux kilomètres par une rivière, classée en première catégorie, avec son moulin, qui fait l'objet d'un projet pédagogique international de développement durable. Vos enfants âgés de cinq à douze ans pourront s'y rendre pendant les vacances scolaires et côtoyer d'autres petits Français mais aussi des Anglais, des Espagnols… Ensemble, ils découvriront la beauté de la nature avec, entre autres, un bois de quatre hectares, la musique, le potager, le poulailler, le dessin, le cirque, le théâtre, le sport et s'initier pourquoi pas à l'architecture du patrimoine local et à l'utilisation des énergies renouvelables, avec des ateliers de création comme celui de la construction de bateaux solaires ou encore la découverte du blé au gâteau et du mouton à la laine. Une propriété exceptionnelle par sa biodiversité et son accueil.

LA FRÊNAIE
34, route de Courçon
LA GRÈVE-SUR-MIGNON
✆ 09 81 67 40 37
www.lafrenaie.org
Ecocamping La Frênaie : Le village des toiles ✆. 05 46 67 14 77 ouvert du 1er mai au 15 octobre. La Fabrication de yourtes ✆. 09 81 67 40 37.
La Frênaie est une association tenue par une équipe de jeunes parents engagés qui propose la fabrication artisanale et la location de yourtes et de tipis et d'habitat écologique ainsi que des animations nature et des hébergements sous yourte. Pour La Frênaie, la yourte est un concept d'habitat qui doit être accessible par tous. L'équipe s'efforce donc de proposer des formules économiques et participatives. Autant que possible, les matériaux utilisés sont locaux et exploités de manière cohérente et tenant compte des enjeux de biodiversité. Par exemple, pour fabriquer les trois yourtes d'accueil du camping, ils ont prélevé 450 perches de frêne dans un taillis d'arbres de deux hectares âgés d'une dizaine d'année, sélectionnant les plus droites. Soit un prélèvement d'1 perche pour 50 m^2. Une yourte représente environ un stère de bois sur pied. Les toiles des yourtes sont en coton issu de l'agriculture biologique en attendant le chanvre…

JARDINS DE L'ALBARÈDE
SAINT-CYBRANET
✆ 05 53 28 38 91
www.jardins-albarede.com
jardins.albarede@wanadoo.fr

Jardin remarquable. Fermé d'octobre à mai. Ouvert tous les matins, de 9h à 12h30, de début juin juin à fin septembre ou sur rendez-vous préalable. Gratuit jusqu'à 12 ans. Adulte : 6 €. Location du gîte : à partir de 250 € / semaine. Visite guidée (pour les groupes supérieurs à 15 personnes).
Sur un hectare, dans le vallon de l'Albarède, Serge Lapouge et Brigitte son épouse, amoureux de la nature et de la botanique, ont créé ce jardin intime, entre vieilles pierres et senteurs florales : potager d'anciennes variétés associées aux fleurs annuelles, jardin à l'anglaise, jardin de senteurs, verger fleuri, terrasses de topiaires... sans oublier des variétés de roses anciennes. On comprend pourquoi ce jardin a gagné un classement quatre étoiles dans le guide Jardins de charme. Les visites sont soit libres soit guidées, sur rendez-vous, pour des groupes. D'autre part, sur ce lieu bucolique à souhait, vous avez la possibilité de séjourner dans un charmant gîte, pour 4 personnes maximum, d'avril à fin octobre.

LA FERME DE SAUTE LIÈVRE

SAINT-VICTOR
✆ 04 75 06 10 17
http://fermedesautelievre.fr
edith.mignot@gmail.com

Ouvert toute l'année. Label Accueil Paysant. Chambres 2 personnes de 55 à 65 € (avec petit déjeuner), 20 € / personne supplémentaire.. Repas 20 € (à partir de 16 ans. Enfants selon l'âge.
La belle adresse d'Edih Mignot. Encore du bio authentique. Mais il est vrai que ce site isolé dans la montagne est si beau qu'il serait dommage de le polluer avec des herbicides et autres insecticides. Voici un refuge pour les abeilles et les citadins en mal de bon air et de vrais saveurs. A la ferme de Saute Lièvre (élevage de porcelets bio et champs de lavande), Edith vous accueille pour faire vos provisions d'huile essentielle de lavande, de produits dérivés de la lavande et de quelques produits fermiers (miels, saucissons, pâtés, confitures). Elle vous propose aussi un système d'échange style SEL : vous mettez la main à la pâte pour récolter la lavande et autres travaux des champs, on vous héberge et vous nourrit. Cela s'appelle le woofing, *in english*, une formule venue du nord. Mais vous pouvez aussi choisir de résider en hôte payant sans participer aux activités de la ferme. Vous pouvez aussi venir en camping-car (4 au maximum). Le plus : ouvert toute l'année. Bien pratique lorsque tout est fermé ailleurs sur le plateau ardéchois !

MAS NOVIS

VABRES
www.mas-novis.com
mas-novis@mas-novis.com

4 éco-gîtes confortables et indépendants à partir de 395 € la semaine pour deux personnes.
Sur six hectares, quatre gîtes écologiques et bio dans un grand mas historique remarquablement écorénové, au sud-est des Cévennes, à 420 mètres d'altitude, dans un cadre fait de cirque montagneux habité de châtaigniers et chênes verts, le ressourcement est garanti. On y vient en famille, entre amis ou seul dans ce bout du monde où le chemin ne mène nulle part. Chaque gîte dispose d'une terrasse, d'une entrée indépendante, d'espaces extérieurs avec fauteuils et transats. Vous choisirez entre balades,

© pawel.gaul

jeux, repos, flânerie ou encore vous participerez aux stages de poterie, profiterez des conseils d'une naturopathe ou encore de massages, cours de yoga et randonnées. Le Mas Novis répond aux attentes de toute la famille !

MOULIN DU VAL D'AMOUR

5, rue du Moulin
VAUDREY
✆ 03 84 81 50 33

100% Bio. Ouvert du lundi au vendredi de 8h à 12h et de 14h à 18h ; le samedi de 9h à 12h. Groupes tous les jours sur réservation. Parcours anglais et allemand. Parking autocars. Livraison possible (salle de réceptions 60 personnes. Boutique produits régionaux). Visites guidées : Adulte 8 €/ personne. Enfant -12 ans 4 €. Avantage carte «Pass'Malin». Groupes 3 €/personne.
Ce vieux serviteur tourne et tournera encore longtemps. Seul moulin « bio » du Jura (labellisé Ecocert) et dernier moulin à eau de Franche-Comté, il n'en finit pas d'émerveiller petits et grands. La famille Magdelaine en est la propriétaire depuis 7 générations. Mais il apparaît dans des actes en 1362, entrant dans le partage du seigneur local Eudes de Vaudrey. Construit sur la Cuisance, un affluent de la Loue, flanqué de sa roue à palettes, sa meule en pierre broie les grains inlassablement pour léguer des farines de blé, de seigle, d'épeautre et de sarrasin. De type 45 et 55, elles conviennent aux pâtes classiques ou à pain, soit 500 tonnes par an. Un grand mérite revient à ses responsables d'avoir instauré un circuit avec visites libres ou guidées pour transmettre cette mémoire du patrimoine médiéval. Au final un passage à la boutique « produits régionaux » comblera les plus exigeants. Portes ouvertes de surcroît le troisième dimanche de juin chaque année. A ne pas rater ! Y compris pour les groupes qui peuvent disposer d'une salle de réception de 60 couverts.

Points clés pour vivre bio

Vivre bio est en réalité bien plus simple que beaucoup ne l'imaginent, et surtout ludique ! Il s'agit simplement d'adopter un mode de vie en harmonie avec l'environnement et d'avoir les bons réflexes au bon moment ! Des petits riens qui font une grande différence... Mais attention : vivre bio exige un comportement global, qui ne se limite pas à votre alimentation ou à votre garde-robe ! Il faut remettre en cause entièrement sa façon de vivre, à commencer par son habitat et ses moyens de transport... Voici les 10 commandements de base pour vivre bio et futé !

- **Ta maison tu éco-penseras** (bonne isolation, matériaux de construction, façade bien orientée, récupération de l'eau de pluie, chauffage solaire, ampoules basse consommation, enduits naturels, etc. (Cf dossier spécial habitat écologique)
- **Les transports en commun autant que possible tu privilégieras :** métro, boulot, écolo ! Avec la marche à pied et le vélo tu renoueras et les sites de co-voiturages tu consulteras : covoiturage.fr, blablacar.fr, etc. Si possible, les nouvelles technologies tu adopteras : voiture électrique, liseuse numérique (votre sac de voyage n'en sera que plus léger)...
- **Les déchets tu limiteras** (sacs en tissus réutilisables plutôt que sacs en plastique, mouchoir brodé plutôt que jetable, couches lavables, cup menstruelle au lieu des multiples tampons et serviettes hygiéniques qui sont un cauchemar pour l'écologie !) et tu trieras, car comme disait nos grand-mères : « on ne mélange pas les torchons avec les serviettes et encore moins le plastique avec le verre ! ».
- **Apprendre à réparer les choses** est aussi une bonne manière de limiter les déchets, commencez petit, et prenez le pli : pourquoi ne pas apprendre à réparer

Cantines bio dans les écoles

Une loi votée en avril 2018 impose aux cantines et restaurants collectifs publics d'augmenter leur part de produits issus de l'agriculture biologique à hauteur de 50 % d'ici 2022. Ils devront également intégrer des produits issus de l'écolabel « pêche » et des produits portant le label rouge pour une meilleure qualité de protéines animales. Depuis 2012 une première loi créée par le Grenelle leur imposait déjà de se fournir à 20 % en produits bio. C'est ce qui a été le point de départ d'un sursaut dans les communes de France. Avec la crise de la vache folle et plus généralement les problèmes d'insécurité alimentaire, la restauration scolaire a souffert d'une remise en cause de la qualité des plats proposés sur le plan sanitaire et diététique. Dans ce contexte, le bio est progressivement en train de prendre de l'importance. Pourtant, il existe encore beaucoup d'obstacles à franchir. On peut distinguer deux principaux obstacles : la rareté des surfaces agricoles dédiées aux cultures biologiques d'une part, et, d'autre part, le temps que requiert la constitution de filières reliant les producteurs locaux aux restaurations municipales. Il y a donc un décalage que les maires dénoncent entre les objectifs fixés au niveau national, et les possibilités d'approvisionnement auprès des agriculteurs, afin de pouvoir les appliquer au niveau local. Heureusement, les initiatives se multiplient partout en France. A chaque établissement, sa méthode. Il y a ceux qui font intervenir des infirmiers dans les classes. Et d'autres qui se déplacent directement dans les fermes à la rencontre des agriculteurs et producteurs. Et puis il y a aussi ceux qui comptent sur les instituteurs pour prêcher la bonne parole alimentaire. Bref, tous les moyens sont bons pour éduquer les petits à la qualité du contenu de leur assiette. Un bon point. N'oublions pas qu'instaurer des cantines bio dans nos écoles, c'est aussi une manière d'initier les enfants au goût, de leur faire découvrir de nouveaux aliments et ceux qui les cultivent, et d'obtenir une génération future plus sensible aux questions environnementales. Le WWF et le syndicat national de la restauration collective préconisent une transition en douceur. Deux options : introduire progressivement des ingrédients certifiés AB, comme le pain, les légumes et les fruits, ou proposer un menu bio une fois par mois, puis une fois par semaine. Par exemple, depuis le lundi 5 janvier 2015, toutes les écoles de la ville de Grenoble proposent des repas bio et composés avec des produits locaux aux enfants. La Mairie écologiste annonce vouloir passer au 100 % bio au quotidien, progressivement, en 2020. Outre le fait de préserver la santé de ses enfants, la ville s'engage aussi afin de réduire le gaspillage et d'aider les plus démunis. Grenoble a en effet mis en place un partenariat avec la Banque alimentaire de l'Isère pour que les aliments non consommés dans les écoles soient récupérés et redistribués aux associations caritatives. Enfin la ville lance également un programme de réduction des affiches publicitaires, et en vous promenant dans la rue vous pourrez tomber sur un photomaton à capteur solaire, proposant des photos d'identité « écolos ». Une initiative à saluer !

© Andresr

votre vélo au lieu d'en racheter un neuf ! Encore une fois vous ferez des économies !

- **Les fruits et légumes de saison et locaux tu consommeras :** une brusque envie de fraises, même bio, en plein hiver, nécessite 5 litres de gasoil avant d'arriver dans notre assiette !
- **L'eau et l'électricité tu économiseras :** fermer le robinet pendant qu'on se lave les mains ou brosse les dents, éteindre la lumière quand l'on sort d'une pièce, utiliser le fond de thé ou de café froid pour arroser les plantes...
- **Les remèdes de grand-mère tu appliqueras** (cf. dossier spécial)
- **Le recyclage tu prôneras :** papier, vêtements, verre, sans oublier l'importance du compostage, possible aujourd'hui même en ville et même en appartement !
- **Vers le commerce d'occasion tu te tourneras :** ne sous-estimez pas la richesse des ressourceries, brocantes et autres marchés aux puces qui regorgent d'objets n'attendant qu'une seconde vie, et auxquels vous pouvez participer pour vider vos armoires au lieu de tout jeter ! Sans oublier les friperies, bouquinistes, et même les enseignes revendant de l'électroménager recyclé. De plus votre porte-monnaie vous remerciera.
- **Tes enfants tu sensibiliseras**, car il n'y a pas d'âge pour voir la vie en bio !

LE BIO EN 20 MOTS CLÉS

Agriculture biologique

Mode de production qui repose sur des pratiques culturales et d'élevage respectueuses des équilibres naturels, l'agriculture biologique exclut l'usage de produits chimiques de synthèse et d'OGM et limite l'emploi d'intrants étrangers à une exploitation (produits apportés aux terres et aux cultures). L'obtention de labels est soumise au contrôle d'organismes certificateurs accrédités (Qualité France, Ecocert...).

Agriculture biodynamique

C'est en 1924 que l'Autricien Rudolf Steiner, fondateur de l'anthroposophie, a posé les fondements de l'agriculture biodynamique. Cette dernière développe une approche particulière du vivant, en privilégiant la santé du sol et des plantes pour procurer une alimentation saine aux animaux et aux hommes, et en prenant en compte les influences de la lune, du soleil, des planètes... La ferme, considérée comme un « organisme agricole », doit avoir la plus grande autonomie de production possible.

Agriculture raisonnée

L'agriculture raisonnée (traduction du concept anglo-saxon « Integrated Farming », qui signifie « agriculture intégrée ») est le fruit de démarches globales de gestion d'une exploitation qui visent à renforcer les effets positifs des pratiques agricoles sur l'environnement et à en réduire les effets négatifs, sans menacer la rentabilité économique des exploitations. La principale différence avec l'agriculture biologique est que l'agriculture raisonnée n'interdit pas l'utilisation de produits chimiques de synthèse. Connaissance de l'environnement de l'exploitation ; santé et sécurité au travail ; contribution de l'exploitation à la protection des paysages et à la diversité biologique ; fertilisation minérale et organique ; mise en œuvre de pratiques culturales permettant la préservation des sols et limitant les risques de pollution ; santé, bien-être et alimentation des animaux sont quelques-unes des 103 exigences qui composent le référentiel.

Anthroposophie

Doctrine philosophique élaborée par l'Autrichien Rudolf Steiner, l'anthroposophie (du grec *anthropos*, l'homme, et *sophia*, sagesse) est conçue comme « une science de l'esprit ». Steiner considère l'anthroposophie comme une forme plus large de la connaissance scientifique, qui mène du « spirituel en l'homme jusqu'au spirituel dans l'univers ». Son hypothèse est que « derrière le monde visible existe un monde invisible qui est tout d'abord caché aux sens, ainsi qu'à la pensée liée à ces sens » et « qu'il est possible à l'homme de pénétrer dans ce monde caché s'il développe certaines facultés qui sommeillent en lui ». Tout un chacun pourrait donc acquérir les facultés lui permettant d'accéder aux mondes supérieurs. Ces principes sont notamment appliqués dans l'agriculture biodynamique et la médecine anthroposophique.

Bilan carbone

Méthode de comptabilisation des émissions de gaz à effet de serre mise en place par l'ADEME (Agence de l'Envi-

ronnement et de la Maîtrise de l'Énergie). Le diagnostic Bilan Carbone permet de mesurer les émissions directes ou indirectes de gaz à effet de serre lors de l'activité des entreprises, administrations et collectivités (il s'applique également aux territoires).

Biodégradabilité

La biodégradabilité est la capacité intrinsèque d'un matériau à être dégradé par une attaque de micro-organismes, qui simplifie progressivement sa structure et finalement le convertit en eau, CO_2 et/ou CH_4 et éventuellement en sous-produits (résidus, nouvelle biomasse) non toxiques pour l'environnement.

Biodiversité

La biodiversité est la variété de toutes les formes du vivant, à ses différents niveaux d'organisation : écosystèmes, espèces, gènes. On parle aussi de diversité biologique. Le maintien de la biodiversité est l'une des composantes essentielles du développement durable.

Commerce équitable

Le concept de commerce équitable est défini dans l'article 94 de la loi du 31 juillet 2014 ainsi que dans le décret du 17 septembre 2015. Il a pour objectif d'organiser les échanges commerciaux entre les pays développés et les pays en développement pour mieux équilibrer le rapport producteur/consommateur. Son but est de changer les modes de production et de consommation pour assurer aux petits producteurs et artisans des pays en développement un travail mieux rémunéré, et exercé dans de meilleures conditions. Il repose notamment sur la création d'opportunités pour les producteurs économiquement en situation de désavantage, la transparence et la crédibilité des informations, le paiement d'un prix juste, l'égalité entre les sexes, le respect de la Convention des Nations Unies relative aux droits des enfants, la promotion de bonnes pratiques environnementales...

Consommation responsable

En consommant responsable, le consommateur devient « consom'acteur » : son acte d'achat prend une dimension éthique. L'éco-consommateur ne consomme que si c'est nécessaire, et prend en compte les conséquences environnementales et sociales de ses achats. Cela passe par une bonne information sur les produits et leur origine, la lecture attentive des étiquettes et la consommation privilégiée, lorsque c'est possible, de produits issus du commerce équitable.

Cosmétique biologique

Les cosmétiques bio contiennent un maximum d'ingrédients d'origine naturelle issus de l'agriculture biologique, transformés au moyen de procédés autorisés par les cahiers des charges des différents organismes

de certification. Le recours aux silicones, aux parfums, colorants et pigments de synthèse est interdit, de même que l'emploi de conservateurs trop puissants, de matières premières non renouvelables (comme les huiles minérales), ainsi que d'ingrédients obtenus par des procédés de fabrication non respectueux de l'environnement. Les produits ne sont pas testés sur les animaux, mais sur des personnes volontaires. Différents labels (aux échelles nationale et européenne) certifient le caractère écologique des cosmétiques bio et garantissent la traçabilité des ingrédients, des processus de fabrication et des produits finis.

Cycle de vie

Le cycle de vie désigne l'ensemble des étapes que traverse un produit, depuis l'extraction des matières premières nécessaires à sa fabrication jusqu'à son devenir après usage (élimination ou recyclage). Les écolabels prennent en compte l'ensemble du cycle de vie d'un produit.

Développement durable

C'est en 1980 qu'est né le concept de développement durable, proposé par l'Union internationale pour la conservation de la nature (UICN). En 1987, Gro Harlem Brundtland, Première ministre en Norvège et présidente de la Commission Mondiale sur l'Environnement et le Développement, a défini le développement durable (Sustainable Development) comme : « un développement qui répond aux besoins du présent sans compromettre la capacité des générations futures à répondre aux leurs ». Après la conférence de Rio (1992), la plupart des États se sont engagés à élaborer une stratégie nationale de développement durable. Le développement durable concilie économie, écologie et social, pour un développement économiquement efficace, socialement équitable et écologiquement tolérable.

Écoconception

Démarche préventive, l'écoconception prend en compte les impacts environnementaux induits par la conception et le développement d'un produit et intègre les aspects environnementaux tout au long de son cycle de vie. L'objectif est d'améliorer la qualité écologique du produit tout en conservant sa qualité d'usage.

Éco-responsabilité

L'éco-responsabilité intègre les aspects environnementaux et sociaux dans la gestion du patrimoine et le fonctionnement des administrations publiques. Les collectivités s'inscrivent ainsi dans une démarche d'exemplarité, en privilégiant les écoproduits ; en favorisant la réduction de leur consommation d'eau, d'énergie et de papier ; en améliorant la gestion de leur patrimoine bâti et non bâti, ainsi que leurs moyens de déplacement, et en sensibilisant leur personnel aux problématiques du développement durable.

Écolabel

Reconnaissance officielle de la qualité écologique d'un produit, les écolabels, mis en place sous l'impulsion des pouvoirs publics, sont délivrés par des organismes certificateurs. L'écolabel peut être national (« NF-Environnement » en France, « Ange bleu », « Blauer Engel », en Allemagne) ou supranational (Ecolabel européen). La marque NF-Environnement, propriété d'AFNOR Certification, garantit la « qualité du produit » et ses « performances environnementales ».

Écosystème

Un écosystème est un ensemble géographique, à diverses échelles (flaque, étang, coin de jardin, ville, forêt...) où des conditions physico-chimiques assez homogènes favorisent l'apparition et le développement d'un ensemble d'organismes vivants (animaux, végétaux...) qui lui sont adaptés

Empreinte écologique

L'empreinte écologique est une mesure de la pression qu'exerce la présence de l'Homme sur la nature environnante. Elle évalue la surface nécessaire à une population donnée pour répondre à ses besoins en diverses ressources et pour absorber ses déchets.

Mode éthique et bio

La mode dite éthique s'inspire du modèle du commerce équitable : les créateurs cherchent à diminuer leur empreinte écologique en privilégiant les matières écologiques, biologiques ou recyclées, et en veillant à optimiser leurs process de production (notamment en faisant le choix d'une logistique responsable). Les aspects sociaux reprennent les principes du commerce équitable : respect des droits des travailleurs, salaire décent, interdiction du travail des enfants, respect des animaux pour la production de textiles issus de matières animales...

OGM

Les OGM (organismes génétiquement modifiés) sont des organismes vivants dont le patrimoine génétique a été obtenu par modification par l'Homme (et non produit par multiplication ou recombinaison naturelle) afin de leur conférer de nouvelles propriétés. Ils peuvent être utilisés dans de nombreux secteurs : médecine, industrie, agriculture... Si l'agriculture biologique française milite pour une absence totale d'OGM dans les produits certifiés, le label bio européen autorise la présence (fortuite) d'OGM dans la limite de 0,9 %. Le seuil de détection des OGM est fixé à 0,01 %.

Paraben

Le terme anglais paraben (parabène en français) désigne un ensemble de molécules de conservateurs qui sont des esters de l'acide parahydroxybenzoïque, permettant de stabiliser des produits en évitant que ne s'y développent des bactéries et autres moisissures. Parmi les parabènes les plus couramment utilisés, on rencontre le méthylparabène (E218), l'éthylparabène (E214), le propylparabène (E216) ou le butylparabène. Sujets à polémique, tout comme le phénoxyéthanol (EGPhE), les parabènes tendent à être remplacés par des conservateurs naturels ou le choix de formules de produits favorisant naturellement une bonne conservation.

GRANDES ENSEIGNES BIO ET NATURE

Bio c'bon

Après l'ouverture en 2008 d'une poignée de boutiques en région parisienne, la dernière-née des chaînes bio a vite pris ses marques, multipliant les points de vente un peu partout en France. Aujourd'hui, l'enseigne qui se veut accessible par ses prix modérés et sa politique commerciale est devenue, en 2019, le numéro 3 en France derrière Naturalia (173 points de vente) et Biocoop (500 points de vente). Elle compte 121 magasins dans notre pays où elle s'est implantée dans les Hauts-de-France, en Normandie, en PACA, en Rhône-Alpes, en Grande-Aquitaine et Occitanie. Vous retrouvez aussi des points de vente ailleurs en Europe, notamment en Italie, en Belgique et en Espagne. Et plus largement dans le monde avec l'ouverture en 2016 du premier magasin japonais. Ses magasins proposent une large gamme de fruits et légumes de saison, des pains frais variés, des fromages à la coupe, des plats traiteur, et un bar à vrac (céréales, fruits secs, biscuits...) qui permet d'acheter juste ce dont on a besoin sans en rajouter côté emballages et déchets. Des rayons spécialisés sans lactose et sans gluten viennent compléter cette offre de produits déjà riche et variée. En ce qui concerne les produits non alimentaires, un rayon beauté et bien-être permet de trouver un large éventail de produits pour adultes et bébés. Le petit plus ? Les produits d'entretien et d'hygiène pour la maison. En prime : les conseils avisés d'un personnel qualifié. Futé : liste et adresse des boutiques sur le site www.bio-c-bon.eu

Fin 2020, Bio c'Bon a été racheté par Carrefour.

- **Plus d'infos sur :** www.bio-c-bon.eu

Biocoop

Premier réseau de magasins bio en France avec environ 500 points de vente en 2019, Biocoop existe depuis 1986. En 2016, l'enseigne a fêté ses 30 ans. Coopérative atypique dont la gouvernance est composée de producteurs agricoles, dirigeants de magasins, salariés et consommateurs, le réseau œuvre au développement d'une agriculture biologique exigeante et milite pour une consommation responsable et solidaire. Ainsi Biocoop partage des projets de défense de l'environnement avec de nombreuses structures associatives et militantes. Au travers d'une convention de partenariat avec la FNAB (fédération nationale pour l'agriculture biologique) signée en 2000, le réseau a mis en place une démarche de construction de filières équitables et durables en France intitulée « Ensemble Solidaires avec les Producteurs ». Celle-ci assure la transparence, la qualité et la pérennité des productions et approvisionnements et garantit une juste rémunération de chaque acteur de la filière. Des fruits et légumes, produits épicerie, frais, surgelés mais également un rayon vrac proposant des biscuits, céréales, fruits secs, farines, pâtes, légumineuses, condiments, produits pour bébé, compléments alimentaires, produits cosmétiques ou encore pour la maison : 8 000 produits y sont référencés en grande partie issus du commerce équitable. La priorité est donnée aux approvisionnements locaux et de saison : chaque Biocoop travaille directement avec des producteurs de sa région. Les produits sont garantis sans OGM ni transport par avion.

- **Plus d'infos** sur www.biocoop.fr

Biomonde

Biomonde regroupe 200 magasins – en moyenne de 220 mètres carrés – répartis dans toute la France, plutôt en province qu'en région parisienne, et fonctionne selon un système coopératif : chaque magasin membre du réseau garde son indépendance et son ancrage local, tout en mettant en commun ses forces avec une communauté de professionnels qui s'engagent à défendre les valeurs authentiques du bio. La coopérative est née en 1992 sous l'impulsion d'un groupe de commerçants passionnés qui se sont unis pour développer un réseau de magasins bio de proximité. Vous avez donc dans ces magasins des commerçants du pays et des producteurs du cru associés pour servir une clientèle généralement fidèle, exigeante et satisfaite. Les adhérents Biomonde s'engagent à encourager une consommation responsable, sélectionner des produits selon des critères rigoureux de qualité et de traçabilité, conseiller avec compétence et sincérité, pratiquer des prix équitables, etc. Les adhérents qui souhaitent ouvrir leur magasin bio sous l'enseigne Biomonde bénéficient de formations, d'une assistance technique et d'un soutien logistique au départ. Chaque magasin commercialise des fruits et légumes, produits frais, des produits d'épicerie, une sélection de boissons, des produits d'hygiène, des cosmétiques, des produits d'entretien pour la maison, des compléments alimentaires mais aussi des produits adaptés aux régimes spéciaux, sans gluten, végétarien, sans lactose.... Souvent, vous y trouvez aussi un espace librairie, quelques jouets et vêtements. Ne manquez pas « Les essentiels », la sélection de produits du quotidien à petit prix. Faciles à reconnaître, ils sont étiquetés en jaune.

- **Plus d'infos sur** www.biomonde.fr

Comptoirs de la Bio

Les Comptoirs de la Bio, c'est 150 établissements indépendants en France qui se sont fédérés et qui ont plus de 12 000 références de produits bio en magasins. L'idée « Les Comptoirs de la Bio » est née de l'envie de fédérer des magasins indépendants pour leur permettre d'affronter l'avenir et de résister face aux mutations fortes du marché.

Ils soutiennent une Bio moderne, en accord avec les attentes des consommateurs d'aujourd'hui : consommer sainement, mais pas au détriment du plaisir et de la convivialité, mais aussi une Bio décontractée : rassurante sans être moralisatrice. Une Bio qui n'est pas un sacrifice, mais un plaisir et une découverte. Avec une charte de qualité que chaque magasin adhérent et producteur respectent. Et cela toujours dans un esprit de convivialité et de proximité pour être à l'écoute des attentes des clients.

- **Plus d'infos sur :** www.lescomptoirsdelabio.fr

Grand Panier Bio

C'est en 1997, à Clermont-Ferrand (63) que le premier magasin a ouvert ses portes. L'enseigne compte aujourd'hui 19 magasins répartis sur toute la France. Mais aussi une histoire de famille : Jean Pérot, père de l'actuel Président Directeur Général, Bertrand Pérot, a ouvert son premier magasin bio en 1997. En 2009, père et fils décident de changer le nom de l'enseigne : Le Grand Panier Bio est né. En 2010, l'enseigne prend un tournant et ouvre son premier magasin en franchise. Avec 13 000 références, l'enseigne couvre tous les besoins de ses clients. Et depuis 2018, elle propose un Drive dans la plupart des magasins pour faciliter les commandes. Elle garde son esprit familial dans le réseau franchisé qu'elle développe et les personnels de leurs magasins sont des acteurs locaux qui participent à la vie des villes et villages où ils sont implantés. Les magasins favorisent d'ailleurs au maximum les produits locaux et proposent, parfois, des rayons traditionnels (boucherie, poissonnerie, fromages à la coupe).

- **Plus d'infos sur :** www.grandpanierbio.bio

La Vie Claire

L'histoire de La Vie Claire, pionnière de la distribution de produits biologiques, commence il y a plus de 60 ans : en 1946 paraissait le journal La Vie Claire, créé par Henri-Charles Geoffroy, qui faisait la promotion d'une alimentation saine et naturelle. Deux ans plus tard, la première coopérative La Vie Claire voyait le jour à Paris et commercialisait des produits au détail et en gros. Le réseau de franchises s'est rapidement développé. La Vie Claire a été le premier distributeur à faire certifier son activité de distribution de produits biologiques par un organisme certificateur agréé par les pouvoirs publics français. L'enseigne compte aujourd'hui plus de 275 magasins répartis dans toute la France. Les magasins La Vie Claire proposent près de 6 000 références bio, héritées ou inspirées de la nature : produits d'épicerie, produits frais, pains bio, fruits et légumes, produits d'hygiène, cosmétiques labellisés Cosmébio, compléments alimentaires et produits d'entretien, dont 1 600 références exclusives à la marque La Vie Claire. Plus de 120 nouveautés par an sont commercialisées sous la marque La Vie Claire. Afin de permettre au plus grand nombre d'accéder à une alimentation bio, les magasins proposent les « Petits Prix Bio® », une gamme de produits de consommation courante à des prix accessibles. Depuis plusieurs années, l'enseigne s'est engagée dans une démarche de reconnaissance de ses produits, estampillés à sa marque, par la Vegan Society. Aujourd'hui, 26 produits végans et bio, de la marque la Vie Claire, sont reconnus. Ils sont garantis sans produit d'origine animale, ne sont pas testés sur les animaux, garantis sans OGM et fabriqués séparément des produits non vegan.

- **Plus d'infos :** www.lavieclaire.com

Les Matériaux Verts

Plutôt coopératif que grande distribution, plutôt militant que commercial, le monde de la bio et particulièrement de la construction écologique se débrouille pour trouver des matériaux écologiquement corrects. Longtemps il fallut se déplacer vers l'Allemagne ou d'un bout à l'autre de la France pour trouver des peintures bio, une isolation en chanvre, des billes d'argile expansée, etc. Désormais, les grandes enseignes de bricolage ont leur rayon plus ou moins bio. Parallèlement apparaissent des regroupements de consommateurs, ou/et de professionnels de l'habitat sain, qui s'unissent pour l'achat et la livraison de matériaux. Et s'ajoutent désormais des enseignes spécialisées dont Les Matériaux verts. Réseau logistique de distribution, l'enseigne propose tous les matériaux écolos pour construire, isoler, rénover, décorer et équiper votre maison et vos bâtiments. Vous trouverez notamment des isolants naturels (laine de bois, ouate de cellulose, chanvre, laine de mouton, fibre de lin…), tout pour l'étanchéité intérieure et extérieure, des panneaux de bois, de la peinture, des revêtements de sol et des équipements pour votre système de chauffage, entre autres. Après avoir fait ses courses via le site Internet www.les-materiaux-verts.com, l'éco-constructeur que vous êtes n'a plus qu'à se rendre dans l'une des 54 agences partenaires présentes sur le territoire français. Et si vous n'êtes pas satisfait, vous disposez de 14 jours pour vous faire rembourser.

- **Plus d'infos sur :** www.les-materiaux-verts.com

Les Nouveaux Robinson

La chaîne de supermarchés coopératifs de produits biologiques et écologiques Les Nouveaux Robinson a ouvert son premier magasin à Montreuil, en 1993, suivi par deux autres à Neuilly et Boulogne-Billancourt, trois ans plus tard. Un espace dédié aux éco-produits ainsi qu'une première boutique consacrée à la beauté et à la santé sont venus enrichir l'offre proposée à Montreuil. Les Nouveaux Robinson sont également implantés à Ivry et Montrouge et la coopérative comptait en 2017, 2053 sociétaires. Engagements auprès des petits producteurs, fonctionnement coopératif, distribution au prix le plus juste : Les Nouveaux Robinson affirment leur volonté de respecter tous les intervenants de la chaîne, de l'agriculteur au consommateur. Les Nouveaux Robinson se sont bien implantés à Paris et dans sa proche banlieue avec 19 magasins en Ile-de-France. Les magasins Les Nouveaux Robinson, ce sont plus de 8 000 produits en rayon (alimentation, boucherie, boulangerie, fruits et légumes, crémerie, épicerie, céréales en vrac, plats préparés, boissons, produits sans gluten, produits d'entretien, cosmétiques et produits de bien-être, diététique

© VLG - iStockphoto.com

et compléments alimentaires, ustensiles de cuisine, librairie...) des sacs en bioplastique biodégradables et une moyenne de 300 m² par magasin. Le panier Robinson, composé de 75 articles de base, permet au consommateur de composer un « panier » complet au prix le plus juste.

Plus d'infos : www.nouveauxrobinson.fr

L'Eau Vive

L'un des pionniers des chaînes bio, L'Eau Vive, née à Grenoble en 1979 fête cette année ses 40 ans ! Aujourd'hui, l'enseigne compte 56 magasins situés majoritairement en Rhône-Alpes, mais pas que... puisque plusieurs commerces ont récemment ouvert leurs portes dans le reste de la France. Pas de standardisation chez les franchisés qui font preuve d'une grande diversité : implantés en centre-ville ou dans des centres commerciaux, se déployant dans de petites boutiques ou sur de grandes surfaces. Il s'agit d'un réseau très vivant comme son nom l'indique à juste titre avec chaque mois des promotions, des animations, des foires aux vins, aux tomates, aux fruits secs, des jeux-concours... Le réseau joue la carte des producteurs de proximité en établissant des partenariats avantageux pour tous, le producteur, le magasin, le consommateur, et pour les produits exotiques en participant au développement du commerce équitable. Les magasins de L'Eau Vive ont un personnel compétent qui peut vous conseiller notamment en diététique et en naturopathie, sans pour autant se prendre pour des médecins ou des gourous ! Le plus, une offre en boulangerie et un concept de pain bio cuit en magasin avec le Fournil de L'Eau Vive.

Plus d'infos sur www.eau-vive.com

Naturalia

Créée en 1973 par un ancien agriculteur, Naturalia fut la première enseigne spécialisée de produits biologiques et naturels alors qu'on ne parlait alors pas encore de Bio, mais plutôt d'une forme alternative d'agriculture. Rachetée en 2008 par le groupe Monoprix, lui-même filiale du groupe Casino, la chaîne s'est développée et souhaite désormais s'imposer comme une référence nationale. Aujourd'hui, ses boutiques proposent une offre de proximité diversifiée avec près de 5 000 produits (dont plus de 4 000 produits alimentaires labellisés bio). Afin de rendre le bio plus accessible, l'enseigne a développé sa propre marque, « Naturalia », composée de produits de consommation courante (condiments, jus de fruits, pâtes, riz...). Outre les rayons frais et épicerie (avec notamment un rayon bébé), on trouve dans les boutiques Naturalia un rayon dédié aux produits sans gluten, des produits cosmétiques et d'hygiène (Weleda, Lavera, Logona, Melvita, Senteurs du sud, Cosmo Naturel, Sanoflore, Thémis, Guayapi Tropical, Cattier, Le Sens des Fleurs...), des produits pour la maison (produits d'entretien, ustensiles de cuisine...), des produits pour animaux et des livres. Un rayon « produits complémentaires » propose des compléments alimentaires, des huiles essentielles... Certains magasins disposent d'un espace « snacking » avec smoothies, salades du jour, sandwiches, quiches, tartes salées et sucrées pour se restaurer sur le pouce. En 2017, Naturalia a ouvert 3 magasins bio et 100 % vegan à Paris et à Vincennes. Le plus de l'enseigne : une boutique en ligne (prix identiques à ceux pratiqués en magasin, frais de livraison variables selon le poids du colis).

Plus d'infos sur www.naturalia.fr

Nature & Découvertes

Dès l'ouverture de sa première boutique en 1990, Nature & Découvertes a privilégié un commerce différent, tant par la sélection des produits que par la démarche, basée sur la pédagogie, la qualité de l'accueil et du conseil et l'agencement des boutiques. Son concept : faire connaître la nature, la respecter, et reconnecter l'homme à la nature, en lui faisant profiter de ses bienfaits et en éveillant sa curiosité.

L'enseigne compte aujourd'hui 95 magasins dans toute la France et en Europe, notamment en Allemagne. Bien-être, cosmétiques, jardin, décoration, saveurs, randonnée et plein air, météorologie et horlogerie, astronomie et microscopie, bijoux, librairie, musique et vidéos : l'offre, destinée à satisfaire petits et grands, est vaste, et de nombreux produits sont certifiés AB ou « Cosmétique écologique et biologique ». Pour aller plus loin, des activités, conférences et rencontres sont organisées toute l'année en partenariat avec des associations et des experts. La fondation Nature & Découvertes, créée en 1994, reçoit chaque année 10 % des bénéfices nets annuels de l'entreprise, ce qui lui permet de soutenir des projets associatifs qui contribuent à la protection et à la connaissance de la biodiversité. Depuis 2003, Nature & Découvertes édite *Canopée*, un magazine annuel qui explore les grands sujets de société et le rapport de l'homme à son environnement. Le plus : possibilité de commander en ligne sur le site Internet.

Plus d'infos sur www.natureetdecouvertes.com

Natureo

Né en 2007, Natureo Bio part d'une volonté de regrouper des produits bio éthiques dans un même lieu. Avec plus de 10 000 marques regroupées dans 50 magasins partout en France, Natureo se veut fédérateur. Mais aussi accessible avec des conseillers de vente qui sont formés pour les rayons qu'ils conseillent ou encore des naturopathes qui vous orientent comme il faut pour vos produits cosmétiques. C'est aussi un engagement pour la planète qui se décline dès la sélection des partenaires et sur chaque étape de distribution pour favoriser les procédés utilisant les ressources naturelles de manières responsables et limitant le gaspillage. Et ça marche puisqu'aujourd'hui, Natureo Bio compte plus de 500 collaborateurs.

Plus d'infos sur : www.natureo-bio.fr

Satoriz

Satoriz, comme satori, l'illumination chez les bouddhistes ! Sans aller jusque-là, cette chaîne de magasins bio est née avec l'ouverture d'un premier magasin en 1990. Mais la graine mit d'abord dix ans à germer. En effet, Georges Quillet, l'un des deux fondateurs, initia ce concept coopératif en 1981, à Albertville en Savoie, en vendant sur les marchés, équipé uniquement de sa 4L, de deux tréteaux en planche, quelques produits bio du pays, approvisionnés auprès d'un petit cercle de connaissances. Une clientèle fidèle se créa et Georges Quillet ouvrit une petite épicerie bio en 1984. Puis Serge Ancillon, client et ami de Georges, monta un magasin bio à Annemasse, en Haute-Savoie. En 1990, les deux amis décidèrent de mettre en commun leurs biens. Ils s'implantèrent alors à Sallanches, Thonon, Grenoble, etc. Toujours dans l'esprit initial du « bio pour tous », qui reste la devise de l'enseigne, ils s'attachent à proposer des prix les plus justes possible. Et en restant dans un esprit coopératif : pas de capitaux extérieurs. Les deux amis et quelques autres des débuts qui les ont rejoints gardent les rênes de l'enseigne coopérative et poursuivent l'aventure tous ensemble ! Aujourd'hui, Satoriz, c'est 36 magasins pour l'essentiel dans la région Rhône-Alpes, mais aussi dans les Bouches-du-Rhône et jusqu'à Montpellier. Les magasins Satoriz proposent une gamme vraiment complète dans tous les rayons : l'alimentation, les cosmétiques, les produits d'entretien, la libraire, les ustensiles de cuisine... Le plus : un magasin de vente de produits biologiques en ligne.

Plus d'infos sur www.satoriz.fr

Presse

Outre un rayon déjà très fourni sur les thèmes écologiques (habitat bio, nourriture bio, mode équitable et bio, volontariat, associations, etc.), la presse d'aujourd'hui, qu'elle soit bio ou non, se soucie d'écologie (impression sur papier recyclable avec de l'encre propre par exemple) et surtout chaque titre développe sa petite rubrique engagée... La presse se met au vert et c'est tant mieux.

LA MAISON ÉCOLOGIQUE
✆ 02 99 37 06 97
www.lamaisonecologique.com
contact@lamaisonecologique.com
C'est le premier magazine entièrement dédié à l'éco-construction dans toute la France. Depuis sa création en février 2001, ce bimestriel complètement indépendant et n'appartenant à aucun groupe de presse, dédie ses pages, en papier 100 % recyclé et blanchi sans chlore, à la construction écologique et saine, l'économie d'énergie, la gestion de l'eau, et aux énergies renouvelables (solaire, éolien, bois...), bref à l'habitat vert dans tous ses aspects. Pratique, concrète, rédigée d'une plume légère, vivante et joyeuse, illustrée de dessins et photos en couleurs et très engagée, La Maison écologique se révèle une alliée de taille pour votre vécu quotidien bio et pour vous accompagner tout le long de votre chantier « éco-pensé ».

VIVRE BIO
1, place Paul-Verlaine
BOULOGNE-BILLANCOURT
✆ 01 77 61 22 74
www.adventiss.com/?page_id=163
contact@adventiss.com
Abonnement téléphonique au 03 88 66 86 40. Achetable à l'unité en ligne à : www.epresse.fr/magazine/vivre-bio. 1,69 € le numéro.
Edité par la société Adventiss, le bimestriel *Vivre Bio* est tiré à 85 000 exemplaires distribués partout en France. Il est le leader de la presse généraliste bio. C'est un magazine « bien-être bio » qui couvre toutes les facettes du biologique et du développement durable et cible un public de 35 à 65 ans. Au fil des pages, vous découvrirez des articles sur l'actualité du bio et de l'écologie, des renseignements pratiques, des lectures bio et les dernières tendances dites « green ». Futé, pour le découvrir, vous pouvez feuilleter gratuitement un numéro hors-série, sur sa page internet !

L'ÉCOLOGISTE
Bureau B. 1397
CHANTILLY
✆ 04 70 66 25 43
www.ecologiste.org
contact@ecologiste.org
Vendu en kiosques et maisons de presse. Abonnement en ligne ou par chèque à L'Ecologiste – Bureau B. 1397 - 60643 Chantilly. Abonnement 1 an : 34 €.
Édition française du trimestriel anglais *The Ecologist*, revue de qualité consacrée à l'environnement. Ce titre est organisé autour d'un dossier central et aborde des thématiques sur l'écologie, la santé, le bien-être, la préservation de l'environnement, etc. Elle est complétée par la parution régulière de numéros spéciaux tels que récemment : «La nature est votre meilleur médicament», «La décroissance», «Homo domesticus» ou «Comment l'Empire romain s'est effondré»...

L'ÉCOLOMAG
Lieu-dit Peyrediaque
Chemin de Loou
LA ROQUEBRUSSANNE
✆ 04 94 77 45 45
www.ecolomag.com
6 numéros de l'Ecolomag par an. Parution tous les deux mois. Abonnement annuel : 26,90 €, également diffusé gratuitement dans certains magasins spécialisés en bio.
Bimestriel sur l'écologie qui apporte des solutions pratiques aux consommateurs en leur proposant des bons plans écolos, astuces pour la maison, santé, beauté, éducation, tourisme, loisirs, arts de la table... Ce titre se positionne comme étant le journal des écolo-pratiques ! *L'Ecolomag* est diffusé gratuitement dans les magasins indépendants spécialisés en produits écologiques, naturels, issus de l'agriculture biologique ou du commerce équitable ainsi que dans les chaînes de magasins bio.

OXYTANIE
MARSSAC-SUR-TARN
https://oxytanie.com
redaction@oxytanie.com
Abonnement : 32€ pour 1 an/ 59€ pour 2 ans. 7,90€ le numéro.
Un magazine local qui s'adressera aussi bien aux habitants de la région Occitanie qu'aux touristes s'intéressant à la région aussi bien qu'aux curieux ! Un magazine engagé qui se veut local jusqu'à sa fabrication, qui traite de développement durable, d'écologie, d'engagement et du bio. Hors des sentiers battus, ils explorent la région à la rencontre des acteurs de nouvelles initiatives pour proposer, chaque trimestre, des reportages, des portraits, mais aussi des décryptages et des infos utiles. *Oxytanie* est un magazine qui prend de la hauteur et qui prend son temps, avec des reportages long-format et une large place donnée à la photo et à l'illustration. *Oxytanie* est un objet positif et inspirant, qui peut accompagner des moments de curiosité, de réflexion ou de détente.

LES 4 SAISONS DU JARDIN BIO
Domaine de Raud
MENS
✆ 04 76 34 80 80
6 € le numéro. abonnement 36 € par an pour 6 numéros et 3 hors série. Vente en kiosques, magasins bio ou directement en ligne.

Un pionnier et un incontournable que ce magazine trimestriel de 200 pages ! Créé par sept militants de l'écologie en 1980, *Les 4 Saisons du jardin bio* fut le premier magazine à expliquer aux particuliers comment, concrètement, jardiner sans produits chimiques. Depuis, le magazine édité par Terre vivante, maison d'édition 100 % bio et naturelle publiant des ouvrages dédiés à des choix de vie plus respectueux de l'environnement, expérimente les techniques de jardinage bio et propose des solutions pratiques pour : faire son compost, économiser l'eau, traiter les maladies de façon naturelle... Potager, verger, ornement, basse-cour, portraits de jardiniers... Au fil des saisons, la rédaction partage ses secrets et techniques pour obtenir un jardin productif et foisonnant. Parce que le jardin a des prolongements dans la vie quotidienne, la revue s'intéresse aussi au monde qui l'entoure : habitat écologique, consommation responsable, alimentation saine, santé naturelle...

BIO INFO

65, rue Claude-Bernard (5e)
PARIS
✆ 01 40 46 00 46
www.bio-info.com

Ce magazine thématique consacré à l'ensemble de l'actualité des cultures bio est édité par la société Santé Port Royal / Ginkgo Média qui existe depuis plus de 20 ans. Il est rédigé par une équipe de journalistes et de collaborateurs composés d'aromathérapeutes, de phytothérapeutes, d'herboristes qui partagent avec ce journal leur savoir et leur expérience des plantes et de leurs vertus (mais pas seulement). Egalement appelé *Plantes et Santé*, il est distribué gratuitement auprès de magasins diététiques, coopératives biologiques et praticiens de médecines douces. Au programme : alimentation, santé et bien-être, beauté, famille, maison et environnement, actualités, toujours en rapport avec le bio et l'environnement. Son site internet, ergonomique, permet de parcourir un large éventail de thématiques.

UP LE MAG

FAR
15, rue de la Fontaine du Roi (11e)
PARIS
✆ 01 58 30 52 41
www.up-inspirer.fr
info@groupe-sos.org

Abonnement annuel au magazine papier : 26 € ou numérique : 17 €. Achat possible à l'unité sur le site internet.

Créé en 2013, *UP le mag* est le média expert sur les questions de développement durable, d'innovation sociale, de consommation responsable et d'économie sociale et solidaire. C'est un magazine trimestriel publié en versions papier et numérique, complété par un site internet. Dossiers, reportages, interviews relatent tout ce qui touche à nos modes de consommation, à la protection de l'environnement et aux technosciences dans le cadre de sa ligne éditoriale.

REVUE D'ÉCOLOGIE LA TERRE ET LA VIE

SNPN
9, rue Cels (14e)
PARIS
✆ 01 43 20 15 39
www.snpn.com/laterreetlavie
snpn@wanadoo.fr

Accès à la revue : http://documents.irevues.inist.fr/handle/2042/54106. Adhésion et abonnement sur : www.snpn.com/agir-ensemble/adherer-et-sabonner/.

La Société nationale de protection de la nature (SNPN) a été créée en 1854, ses fondateurs étant déjà conscients et alarmés par la responsabilité de l'homme sur la disparition des espèces animales. *La terre et la vie* est l'une de leurs 3 revues.

C'est l'une des plus prestigieuses revues de recherche dans le domaine de l'écologie. Pionnière dans son domaine, elle publie régulièrement les actes des réserves naturelles qui témoignent de l'intense travail scientifique coordonné par la SNPN. Depuis 2015, afin de s'engager plus avant dans une démarche écologie, la revue a supprimé son format papier et n'existe plus qu'au format numérique !

LA REVUE FUTURIBLES

47, rue de Babylone
PARIS
✆ 01 53 63 37 70
www.futuribles.com

Revue bimestrielle pluridisciplinaire sur les grands enjeux du monde contemporain et ses évolutions possibles, elle couvre une large palette de thématiques : développement durable, économie, environnement, écologie, géopolitique, nouvelles technologies, politique, sociologie, etc. Elle est éditée par l'association Futuribles qui est un centre de réflexions et d'études prospectives pour une intégration efficace du temps long dans les décisions et les actions.

VALEURS VERTES

21, avenue de la Motte-Picquet
PARIS
✆ 01 40 62 96 49
www.valeursvertes.com
contact@valeursvertes.com

Prix de vente ou de e-lecture : 6 €. Abonnement web 32 €/an ; web + papier 40 € : an.

En 1992, Danielle Nocher fonde le magazine *Valeurs Vertes*. Depuis, la publication n'a jamais dévié de sa ligne éditoriale : concilier économie et environnement pour un futur durable, démarche originale et peu répandue, effectuée avec sérieux et compétence. Le magazine, vendu en kiosque ou par abonnement, paraît tous les deux mois. Deux à trois hors-séries sont publiés chaque année. Chaque numéro contient un dossier spécial sur des sujets liés à l'écologie (agriculture, habitat, transports, énergie, etc.) *Valeurs Vertes* fait appel à des chroniqueurs reconnus dans leur domaine : Jean-Paul Escande, professeur indépendant, pour la rubrique « santé environnement » ; Ivan Grenetier, consultant-enseignant responsabilité sociétale, pour la rubrique « carbone » ; Christian Brodhag, directeur de Recherche École Nationale Supérieure des Mines de Saint-Étienne, président de Construction21 international, pour la rubrique « éco-conception » et Jérôme Beilin, responsable du développement chez *EcoAct*, pour la rubrique « économie collaborative ».

TOP NATURE

La Fompeyre
PLAZAC
✆ 05 53 50 80 40
www.topnature.com
info@topnature.com

Abonnement 6 numéros pour un an : 20 €. Par chèque.

Ce magazine bimestriel thématique créé il y a une quinzaine d'années se consacre à la notion universelle du « bio », de l'alimentation au mode de vie en passant par l'environnement. Disponible gratuitement dans les magasins bio et par abonnement hors frais de port, il est destiné à un large public. Diffusée à 100 000 exemplaires sur tout le territoire national, cette revue est également consultable gratuitement en ligne.

ÉCHO BIO MAGAZINE

Editions Fitamant
2, rue Félix-le-Dantec
QUIMPER
✆ 02 98 98 01 40
www.echobio.fr

Ce magazine s'affiche comme étant celui de la génération bio, du consommateur bio et de la vie en bio. Il souhaite accompagner et orienter ceux qui décident de mieux consommer pour la santé de la terre donc de ses habitants. *EchoBio*, qui a vu le jour en 2007, est le petit frère de la revue professionnelle *BioFil* qui, depuis des années, soutient avec détermination le développement de cette filière éthique et novatrice. L'objectif d'*EchoBio* est d'informer, en toute transparence, sur le mode de vie bio. Au fil des pages et des saisons, l'univers bio dévoile ses spécificités : actualités, mode de production et de transformation bio contrôlé et certifié, nouveautés en cosmétiques et produits d'hygiène naturels, tendances de l'habitat, de la décoration et du jardin écologiques, écotourisme… Le magazine et son site Internet riche en infos sont réalisés par une équipe de journalistes spécialisés, en lien avec des professionnels de la santé, du bien-être, de l'habitat et du jardinage écologiques. On le trouve dans les magasins bio. Le plus : sur son site Internet, vous pouvez charger et imprimer des invitations gratuites pour les salons bio.

Radio

RADIO ETHIC

www.radioethic.com

Radio Ethic, une radio environnement, bio et nature. Créée en 2015, *Radio Ethic* est une web radio accessible à tous via son site Internet, mais aussi une radio numérique terrestre (RNT) diffusée à Monaco et à Nice. Elle est située dans une exploitation oléicole biologique des Alpes-Maritimes, au cœur d'une nature préservée. Cette radio met en avant les initiatives locales, nationales et internationales en faveur du bio, des valeurs humaines et du développement durable. Émissions, chroniques, entrevues permettent d'approfondir des sujets de réflexion dans tous les domaines : alimentation, jardin, santé, habitat…

Internet

ACTU ENVIRONNEMENT

www.actu-environnement.com

Un site où les professionnels de l'environnement comme les particuliers trouvent toute l'actualité concernant la protection de l'environnement, les énergies renouvelables, les matières recyclées, la réhabilitation des sites pollués, notre impact sur l'environnement... entre autres sujets et des dossiers sur ces mêmes sujets. Quelques exemples : les panneaux solaires chinois, le recyclage des lampes de bureau, la prévention des risques naturels... En prime, l'agenda des rencontres nationales et internationales sur ces thèmes.

ADEME

www.ademe.fr

L'ADEME est l'Agence de l'Environnement et de la Maîtrise de l'Energie. Un établissement public précieux pour s'informer, trouver les bons diagnostics, les bons outils, les subventions auxquelles vous pouvez prétendre dans le cadre d'une démarche bio, les bonnes techniques pour économiser l'énergie, mais aussi traiter au mieux les déchets, lors d'une nouvelle construction ou d'une rénovation. Sur son site vous trouverez de nombreux guides et fiches pratiques à télécharger gratuitement ! Il y a des points d'accueil ADEME dans toutes les villes de France avec des conseillers prêts à vous aider. Le plus : tout ceci est public et gratuit.

L'AGENCE BIO

www.agencebio.org

C'est le site de référence du bio en France. L'Agence française pour le développement et la promotion de l'agriculture biologique existe depuis 2001 comme plate-forme nationale d'information et d'actions qui s'inscrit dans une dynamique de développement, de promotion et de structuration de l'agriculture biologique française. Un bel outil vert, donc. En septembre 2014, l'agence bio lance une plate-forme web participative, « La Bio des 4 Saisons » co-financée par l'Union européenne, qui rassemble toutes les animations de sensibilisation et d'information sur l'agriculture biologique, dans toute la France et tout au long de l'année. Une plate-forme attractive, interactive et participative qui vous permet en un seul « clic » de trouver une animation dans votre région, voire d'alimenter la base de données d'une animation en région. Plus récemment, une application mobile « La bio en poche », directement reliée à « La Bio des 4 saisons » permet d'identifier un lieu de vente, un restaurant ou un événement bio avec son smartphone.

ALIM'AGRI

www.agriculture.gouv.fr

C'est le site officiel du ministère de l'Agriculture, de l'Agroalimentaire et de la Forêt. Tout est dit ! C'est une mine d'informations sur les différentes filières, mais pas forcément 100 % bio ! Pour les engagements et les initiatives plus franchement bio et nature, mieux vaut se reporter à un autre site gouvernemental, celui du ministère concerné, celui donc de l'Environnement, de l'Energie et de la Mer (www.developpement-durable.gouv.fr).

BIO DYNAMIE

www.bio-dynamie.org

C'est le site Internet du Mouvement de l'Agriculture Biodynamique (MABD), une fédération d'organismes régionaux, nationaux et francophones de l'agriculture biodynamique qui regroupe environ 1 500 adhérents, consommateurs et jardiniers et 400 adhérents professionnels de la biodynamie. Ce site s'adresse à tous, jardiniers, agriculteurs et consommateurs intéressés par l'approche biodynamique. Le MADB est représenté localement par plusieus associations dont les activités sont assurées par des jardiniers bénévoles. L'objectif du mouvement est le développement et la promotion du jardinage et de l'agriculture biodynamiques en France. Sur le site, vous trouvez le coin « Jardinier », le coin « Agriculteur » et le coin « Consommateur ».

ECOLOGIQUE-SOLIDAIRE

www.ecologique-solidaire.gouv.fr

C'est le site officiel du ministère de la Transition écologique et solidaire qui donne accès à de multiples informations sur les législations, les actualités, les actions et les objectifs de ce ministère. De nombreuses rubriques au choix : énergie, air, climat ; eau et biodiversité ; prévention des risques ; développement durable ; transports ; bâtiment et villes durables ; mer et littoral...

NÉOPLANÈTE

www.neoplanete.fr

Fondé par Yolaine de la Bigne, ce magazine, un temps publié sur papier, a évolué vers un web radio, entièrement dédié au développement durable. Il présente l'écolo-attitude de façon pédagogique, positive et même glamour ! Il est gratuit afin d'être accessible et de sensibiliser le plus grand nombre au développement durable. Néoplanète diffuse des interviews de personnalités engagées, des brèves et des infos autour du bio, des reportages, une sélection d'initiatives originales, etc.

PRODUITS LAITIERS ET VIANDE BIO

www.produitslaitiersetviandebio.com

Vous êtes bio mais pas végétariens ! Ce site Internet est fait pour vous. Voici un site d'information dédié, comme son nom l'indique, aux produits laitiers et à la viande issus de l'agriculture et de l'élevage biologiques. Vous y trouvez des infos précises et approfondies sur ces filières. Mais aussi des chiffres clés, des adresses près de chez vous, et même des recettes ou encore des jeux pour les enfants. Également au programme : les dates des conférences professionnelles et des événements grand public.

ZEGREENWEB

www.zegreenweb.com

ZeGreenWeb est un portail grand public d'information de consommation et de loisirs, interactif et communautaire, dédié à l'écologie, au développement durable et au bio. Il peut vous être très utile car si nous sommes de plus en plus convaincus qu'il est grand temps d'agir pour préserver notre environnement, la plupart d'entre nous ne savent pas forcément comment il faut s'y prendre. D'où l'idée de la création de ce portail d'information, un site Internet sérieux, sur lequel on peut venir apprendre comment, concrètement, agir tous les jours pour participer à la sauvegarde de notre environnement, sans être contraint de révolutionner complètement notre mode de vie.

ACHETER À LA SOURCE.COM

16, rue colonel Denfert Rochereau
GRENOBLE
www.acheteralasource.com

Portail internet accessible 24h / 24.

Ultra futé, ce site a référencé un grand nombre de producteurs et cultivateurs français afin de favoriser l'achat direct auprès de producteurs proches de votre domicile pour vous approvisionner en circuit court de produits frais et de qualité. La recherche peut se faire par régions ou par types de produits allant des fruits et légumes aux œufs, viandes (bœuf, agneau, porc), poissons en passant par les fromages ou le miel... On le répète, c'est très pratique et futé.

BIOADDICT.FR

Vieira Publishing
42, rue Madeleine-Michelis
NEUILLY-SUR-SEINE
✆ 01 46 37 15 49
www.bioaddict.fr
technique@bioaddict.fr

Ce webzine consacré au bio, à l'écologie et au développement durable, a été lancé en 2009. Il est reconnu officiellement comme service de presse en ligne par la commission paritaire des publications et agences de presse. L'objectif de ce magazine est double : diffuser une information claire et fiable, de manière accessible et attractive, auprès de toutes les générations, et sensibiliser les internautes à la cause écologique et à la protection de la planète. Bioaddict.fr s'articule autour de six rubriques : maison, alimentation, beauté, loisirs, environnement et réglementation, et propose également des interviews, des analyses de fond et des conseils pratiques pour consommer responsable. Deux newsletters disponibles par abonnement (une pour le grand public, une autre pour les professionnels) viennent compléter l'offre éditoriale du site.

ALTERNATIVE SANTÉ

100, rue de Patay (13e)
PARIS
✆ 01 40 46 00 46
www.alternativesante.fr

Abonnement version numérique 24 € / mois. (ou par tel au 01 55 56 70 51).

Site du magazine *Alternative Santé*, l'un des 20 titres, publiés par la société Santé Port Royal / Ginkgo Média. Indépendant des pouvoirs publics et des laboratoires pharmaceutiques, ce magazine, 100 % numérique est consacré aux méthodes alternatives de traitement des maladies. Il parcourt l'actualité de la santé dans de nombreux domaines tels que l'acupuncture, le bien-être, l'homéopathie, les médecines douces, mais aussi la phytothérapie, la psychologie, la médecine naturelle, etc. En plus du contenu publié sur le site web, il est consultable sur smartphone, tablette et ordinateur par abonnement. A noter qu'il est possible, par abonnement spécifique, de recevoir le magazine en version papier directement dans votre boîte aux lettres.

CONSOGLOBE.COM

ROUBAIX
✆ 03 20 73 89 36
www.consoglobe.com

Site web grand public axé sur la consommation tout en respectant l'environnement. Pour tout savoir de l'actualité du développement durable : des bons plans, des infos, des conseils pratiques, des recettes avec des produits bio, des portraits de marques. Consoglobe.com souhaite se faire le promoteur d'une nouvelle consommation responsable grâce à son shopping humanitaire en ligne.

BÂTIR SAIN

4, rue des Coteaux
VERRIÈRES-LE-BUISSON
www.batirsain.org
info@batirsain.org

Ce site Internet d'information est géré par une association loi 1901 fondée en 1984 par trois architectes et composée de professionnels et d'amateurs éclairés. Indépendante, elle est animée par une équipe d'experts dans le domaine de la construction et de l'architecture écologique. Son but est de sensibiliser à la construction saine et écologique et en faire la promotion auprès de tous les publics. Vous trouvez de nombreuses informations pratiques sur ce site Internet et l'association est présente lors de salons organisés autour de l'écoconstruction, et à travers des conférences, visites, voyages d'études, formations. *Bâtir Sain* donne aussi rendez-vous aux habitants de l'agglomération des Hauts-de-Bièvre à la mairie de Verrières-le-Buisson (Essonne) les premiers samedis du mois pour rencontrer gratuitement un expert qui répond à leurs questions sur l'écoconstruction et l'habitat sain. *Bâtir Sain* est signataire de la charte du Réseau écobâtir et de celle de la Construction en Paille.

ACHETER SUR INTERNET

Sélection futée

BELLE AU NATUREL.FR

www.belleaunaturel.fr

Expédition gratuite à partir de 29,90 € d'achat.

Cette box de cosmétiques nouvelle génération assure l'envoi de 4 à 6 produits bio, directement en boîte aux lettres, une fois par mois, soit pour offrir en cadeaux soit pour soi-même. A l'intérieur du colis, des produits de beauté et bien-être labellisés bio, notamment du maquillage, des produits détox et des gourmandises... Bon à savoir : les produits sont en grand format, garantis non testés sur les animaux et les marques sont françaises.

BIOTYFULL BOX.FR

www.biotyfullbox.fr

De 29,90 € à 32,90 € selon la Box.

Oui à la beauté, non aux diktats et à l'uniformité ! La Biotyfull Box, c'est chaque mois une boîte à surprises remplie de quatre à cinq produits de beauté naturels, bio et originaux... Vous n'aviez jamais pensé laver vos cheveux avec du rhassoul, les nourrir avec de l'argan, la Biotyfull Box vous en donne l'idée et la possibilité. Maquillage, produits capillaires, soins pour la peau, 100 % des articles sont fabriqués en France par des marques sélectionnées pour la qualité de leurs articles et leur engagement en faveur d'une beauté respectueuse de l'homme et de son environnement. Le plus : un questionnaire pour établir votre profil beauté et vous faire parvenir des soins qui répondent à vos envies et à vos besoins et des offres imbattables très régulièrement !

CAPITAINE NAT.COM

www.capitainenat.com

Capitaine Nat est une boutique de vente en ligne qui propose des conserves de poissons sauvages préparés à l'aide d'ingrédients biologiques certifiés par le label Qualité-France. L'entreprise pêche en pleine mer de manière traditionnelle, à l'aide de chalutiers qui n'endommagent pas les fonds marins. L'idéal pour les écolos férus de poissons mais qui s'en privent après avoir lu des reportages dénonçant de sanglantes pêches au thon ou encore vu certains documentaires terribles sur la perche du Nil. Ici, pas de contrainte, vous pouvez vous régaler les yeux fermés et dans le respect de l'environnement ! Alors en avant toute pour déguster selon vos envies filets de sardines, maquereaux ou anchois, des soupes en bocaux, des plats préparés comme les sardines à la camarguaise et même des tapas et des produits sans sel pour les régimes spéciaux. Le site propose également des recettes originales à base de poisson pour ceux qui seraient à court d'idées !

GREENWEEZ.COM

www.greenweez.com

Fondé en 2008 en Haute-Savoie, Greenweez propose, sur son site internet, plus de 15 000 produits bios et écologiques pour 1 112 marques, issus de l'univers de la maison, de l'enfant, de la cuisine, de l'épicerie, de la santé et du bien-être. Le but étant de démocratiser la consommation des produits bio du quotidien, même pour les personnes n'ayant pas de point de vente à proximité, ou cherchant des références précises. Pour affiner votre recherche, il est possible de faire une recherche de produits par régime spécifique, à savoir sans gluten ou végan. Ils livrent partout en France, dans la plupart des pays d'Europe, les DOM TOM et peut faire des colis à destination du reste du monde. Un vrai bon plan !

HERBORISTERIE DU VALMONT.COM BELGIQUE

✆ 03 66 89 04 29

www.herboristerieduvalmont.com

contact@herboristerieduvalmont.com

Livraison gratuite à partir de 75 €.

L'Herboristerie du Valmont est une herboristerie qui se veut traditionnelle, dont les produits sont issus de plantes cultivées selon les principes de l'agriculture biologique principalement en France et en Allemagne. Les produits qu'elle propose touchent principalement aux domaines de la beauté, la santé et les compléments alimentaires. Elle référence également des fleurs de Bach, des tisanes, des produits spécifiques pour les jeunes et futures mamans, et des encens. Livraison disponible dans toute l'Europe. Une adresse pratique et qualitative !

HERBORISTERIE LOUIS.COM

✆ 03 74 47 33 84

www.louis-herboristerie.com

info@louis-herboristerie.com

Livraison à partir de 2,90 €, gratuite à partir de 65 €.

Louis Gobron, herboriste formé en Belgique, a ouvert son herboristerie certifiée biologique en ligne, qui regorge de références afin de trouver des solutions naturelles à vos maux. Tisanes, huiles végétales, huiles essentielles, phytothérapie, remèdes de grands-mères, produits de la ruche ou encore de beauté, c'est le meilleur des plantes au service de votre bien-être. Et comme une herboristerie n'a pas lieu d'être sans conseils, des fiches techniques sont disponibles avec chaque produit, et une aide en ligne et téléphonique se tient à votre disposition pour vous orienter sur le produit qui correspondra le mieux à votre organisme ! Livraison en France, en Suisse, au Luxembourg et en Belgique, et elle est aussi possible dans d'autres pays sur demande.

MODETIC.COM

✆ 04 82 32 60 41

www.modetic.com

contact@modetic.com

Frais de port offerts dès 50 € d'achat.

Modetic c'est un concept né en 2007 à Romans sur Isère. C'est l'avenir de la mode, à savoir des vêtements conçus écologiquement dans le respect du commerce équitable et éthique. En ce sens, Modetic propose des vêtements de marques triées sur le volet. Celles-ci conçoivent des vêtements et accessoires écologiques qui préservent à la fois l'environnement et votre santé. Parmi elles : KanaBeach Biologik, Made in Romans, Peau Ethique et El Naturalista, qui peuvent également répondre à des chartes complémentaires comprenant le commerce équitable, le traitement naturel des cuirs, ou des produits végan, etc. Vous trouverez des vêtements et des chaussures de styles variés et modernes, sortis des clichés sur les fringues bio considérées comme trop « roots » par le grand public. Ils disposent également de 4 boutiques réparties entre Romans sur Isère, Nantes, Grenoble et Lyon.

PARANATURA.BIO
✆ 05 62 89 78 52
www.paranatura.bio
contact@paranatura.bio
Carte de fidélité. Livraison gratuite à partir de 59 €.
Un site complet et ergonomique proposant une sélection d'articles naturels, bio pour la plupart. Associé au réseau Biomonde, le site propose des produits alimentaires, des cosmétiques et produits d'hygiène, mais aussi des tisanes, des fleurs de Bach, des produits diététiques et de régime, des compléments alimentaires, des produits pour la maison écologiques, etc. Promotions régulières. Idéal pour faire ses courses bio depuis son canapé.

NUOO.COM
1, rue de la Cerche
ORLÉANS
www.nuoobox.com
Ouvert du mardi au vendredi de 13h à 19h ; le samedi de 10h à 12h et de 13h à 19h. Vente également sur la boutique en ligne. Livraison gratuite dés 55 € d'achat.
Sur le site Internet de Nuoo, découvrez plus de 2 000 références de produits cosmétiques naturels et de qualité. Certains sont bio, d'autres estampillés *cruelty free* ou végans. Des cosmétiques à la composition vérifiée par les fondateurs qui assurent avoir tout testé avant de mettre en boutique. L'aventure Nuoo, qui a également mis au point un système de box beauté mensuelle par abonnement, est orléanaise, et c'était donc une évidence d'ouvrir une boutique dans cette ville, en complément de sa e-shop. Son espace vente est agréablement mis en valeur et les cosmétiques sont rangés sur des présentoirs en bois. Mariane est là pour vous conseiller : elle se fera également un plaisir de vous accueillir lors des ateliers beauté qui y seront organisés prochainement.

EKYOG.COM
6, rue de Rohan
RENNES
✆ 02 99 79 02 73
www.ekyog.com
Ouvert du mardi au samedi de 10h15 à 13h30 et de 14h30 à 19h. Frais de port offerts des 80 € d'achat.
Cette marque *made in* Rennes est réputée pour avoir su populariser le vêtement écolo avant l'heure... En effet, la marque est née en Bretagne, en 2003, de la volonté d'un couple de créer une marque de mode qui soit respectueuse de la nature et des hommes. Depuis plus de 15 ans, elle propose à ses clientes des collections possédant un supplément d'âme car alliant mode et éthique. Des vêtements « doux », pour le corps et pour la planète. A des prix raisonnables pour une robe, un pantalon ou un pull, vous vous sentirez bien dans votre peau. Sa collection de prêt-à-porter féminin est composée de vêtements sobres, simples, à ambiance femme d'affaires bohème avec quelques petites touches d'originalité. Vous trouverez sur le site Internet une e-boutique et la liste des boutiques Ekyog de France.

CONCEPT FIBRES & FORMES.COM
15/17, Rue Sainte-Madeleine
STRASBOURG
✆ 09 51 32 64 01
www.vetementbio.com
Concept fibres & formes est une entreprise familiale installée en Alsace il y a plus de 20 ans et qui possède une boutique à Strasbourg, complétée par un site Internet de vente en ligne. Ainsi, où que vous soyez en France, vous avez la possibilité de commander des vêtements bio, en matières naturelles non traitées (coton bio, laine KBT, lin, chanvre, fibres de bambou ou d'eucalyptus), fabriqués selon les règles du commerce équitable et dans le respect de l'environnement. Pour toute la famille, des vêtements d'été et hiver, au style sobre et chic, parfois inspiré de l'esthétique hippie mais pas seulement !

DOSSIER SPÉCIAL « SECRETS DE NOS GRANDS-MÈRES »

LES INDISPENSABLES

Le bio possède ses « green stars » et ses incontournables présents dans la nature et prêts à nous offrir leurs multiples vertus. Cependant, qui dit « secrets de grand-mère » imagine immanquablement des remèdes poussiéreux et peu ragoûtants, alors que parmi ces étoiles de la nature on trouve aussi des alliés de charme, ne vous inquiétez pas ! De l'huile de coco en passant par le citron, la nature n'oublie pas de vous parer de ses plus beaux atours !

Ail

Condiment très connu et utilisé dans le monde entier depuis des millénaires, l'ail est l'une des stars de notre liste de produits naturels utiles ! Et pour cause, ses vertus médicinales étant nombreuses : il aide à lutter contre les rhumes grâce à ses propriétés antiseptiques. Il est aussi traditionnellement utilisé comme vermifuge, contre les maux d'estomac, les douleurs dentaires, les cors au pied, les poussées d'acné, fortifiant, et pour ses propriétés antioxydantes... L'ail cru étant plus actif que lorsqu'il est cuit, de nombreux adeptes des médecines douces conseillent d'en consommer au moins 2 gousses par jour pour obtenir un effet préventif contre de nombreuses maladies.

Aloe vera

Pas vraiment locale sauf au bord de la Méditerranée ou dans les DOM-TOM, cette plante vivace pousse cependant très bien en appartement, où elle peut être fort utile et vit très longtemps. Son gel, apparaissant lors de la coupe d'une feuille, est connu pour ses vertus utilisées en cosmétique, pour nourrir, matifier, purifier et retendre la peau. En cas de brûlure ou de coup de soleil, vous pouvez l'appliquer directement sur la peau. Le gel d'Aloe vera soulagera la douleur liée à la brûlure et aidera la peau à se régénérer.

Argile

L'utilisation de l'argile dans les soins de beauté et la médecine remonte à la nuit des temps. Par voie orale, diluée dans de l'eau, l'argile verte ou l'argile blanche peuvent soigner les maux de ventre et agir contre la diarrhée. En cataplasme, elle soulage les rhumatismes, les entorses et autres douleurs articulaires et limite la rétention d'eau.

Comme masque pour le visage, l'argile verte est la plus connue, mais il en existe plusieurs autres formes : la blanche est la plus douce, efficace sur les peaux fragiles comme celle des bébés ; la rose et la rouge s'utilisent sur les peaux sensibles, sèches et/ou matures. Avez-vous déjà vu les mains d'un potier ? Elles sont lisses et sans tâches ! Ses vertus principales sont de diminuer l'acné et l'apparition des rides car elle est cicatrisante et purifiante. En cosmétique, l'argile est également employée pour des soins capillaires ou les dentifrices !

Banane

La chair et la peau de la banane sont riches en vitamines A, B et C, en amidon, en glucides et en potassium. Manger des bananes soulage les maux d'estomac, les courbatures, les crampes et vous remet d'aplomb un lendemain de fête. Mûre, c'est un bon remède contre la diarrhée, et verte, elle agit comme un laxatif.

Sa peau soulage les brûlures superficielles, atténue les points noirs, nourrit le cuir et se révèle être un excellent engrais dans le potager. Tout est bon dans la banane ! Attention cependant, c'est un fruit calorique (90 Kcal / 100 g, à consommer de préférence avant le sport ou dans la matinée pour ceux et celles qui surveillent leur ligne...

L'ail noir, un super aliment

Venu d'Asie dans les années 2000, l'ail noir est obtenu par un procédé spécifique. C'est un ail bruni à basse température et cela durant 2 à 3 semaines. Enrichi en antioxydant, il devient un super aliment et est utilisé en cuisine pour ses vertus et son goût. Il perd la toxicité de l'ail blanc et est utilisé également en médecine douce pour stimuler le système immunitaire ou protéger le cœur. En France, quelques producteurs le cultive et le transforme pour en faire des produits de consommation. Parfois avec une certaine imagination.

ELSAIL
CAMPAGNAC
✆ 06 62 34 46 59 – www.ail-noir.com
missgarlic@elsail.fr

ELSAIL, est né d'une passion dévorante pour l'ail noir au détour d'une dégustation inoubliable. Ses super pouvoirs sur la santé ont séduit Florence Marco qui a souhaité le partager. « Parce que l'Ail Noir est un super aliment et un super alicament, il mérite notre plus grande attention dans son procédé de fabrication », explique-t-elle. « Pour ses multiples vertus, l'ail noir est un allié santé extraordinaire. A utiliser en cures régulières, à raison de un à trois mois, deux fois par an. L'ail rose de Lautrec Label Rouge, maturé pendant 45 jours puis affiné pendant 30 jours, sera votre compagnon bien-être. Pour les amateurs du Bio, nous proposons également, un ail noir issu de la Drôme. »

Bicarbonate de soude

Le bicarbonate de soude, antiacide, est connu surtout pour aider à la digestion et plus largement venir à bout des troubles intestinaux. Mais ce n'est là qu'un échantillon de ses nombreuses qualités. Peu onéreux, le bicarbonate de soude est un allié précieux pour le ménage, pour nettoyer, décaper (bicarbonate technique), désodoriser et blanchir tout à la fois. Il se glisse à merveille dans les recettes de pâtisserie pour faire monter un gâteau, assainit les dents et l'haleine et sera également utile dans le jardin en tant que fongicide naturel. Mélangé à du citron, il permet de retirer une tâche de transpiration, en les laissant agir 45 min avant de mettre le linge à la machine à laver. Utilisé comme shampoing, le bicarbonate de soude lutte aussi contre les pellicules. Il s'utilise dorénavant dans la fabrication de déodorants et de dentifrices ou d'autres cosmétiques faits maison. Un sans-faute ! Notez cependant que bien qu'il soit parfaitement comestible, le bicarbonate de soude ne doit être utilisé comme médicament qu'occasionnellement seulement. En cas de troubles intestinaux chroniques, il est préférable de consulter un médecin ou d'avoir recours à d'autres remèdes de grand-mère plus adaptés.

Chou

C'est évidemment le chouchou de nos grands-mères ! Le chou possède de nombreuses vertus. Il est riche en fibres, vitamines, chlorophylle et minéraux. Il régule le transit intestinal et c'est un bon anti-anémique (grâce à ses vitamines B), favorisant la production de globules rouges. Consommé cru, il soulage les affections bronchiques et pulmonaires bénignes et les douleurs de l'arthrose. Il contient de la vitamine C, précieuse pour la cicatrisation des muqueuses. Enfin il est souvent conseillé par les diététiciennes pour des cures amincissantes. A consommer avec modération compte tenu cependant de ses effets secondaires odorants...

Citron

Notre coup de cœur ! Une fois son acidité apprivoisée, il deviendra votre botte secrète au quotidien. Il est riche en vitamine C, antioxydant, efficace contre le mauvais cholestérol, facilite la digestion, assainit et purifie, agit comme un tonique en cas de fatigue, aide à soigner les rhumes et les états grippaux, etc. D'une manière générale, il figure simplement dans quasiment toutes les recettes, de cuisine, de soins et de beauté de nos grands-mères... Devenu à la mode, il est le nouvel allié minceur, pressé dans un verre d'eau tiède à jeun le matin. Un must absolu !

Gingembre

Connu depuis l'Antiquité, le gingembre possède de multiples vertus médicinales. Outre ses aspects connus comme stimulant sexuel, il est anti-inflammatoire, soigne les maux de gorge et les rhumes, soulage les nausées, atténue les douleurs articulaires et sa haute concentration en anti-oxydant en ferait un allié de choix pour prévenir l'apparition des cellules cancéreuses !

Huile de coco

S'il y avait un seul produit à choisir pour partir vivre sur une île déserte, ce serait celui-ci. L'huile de noix de coco sert absolument à tout. Divine dans les préparations culinaires, réparatrice, adoucissante pour la peau, elle est également antifongique, cicatrisante, dotée d'une senteur paradisiaque et pénètre rapidement la peau. Elle peut être utilisée pour les soins capillaires, les soins de la peau, comme démaquillant, et entre dans la composition de déodorants naturels (accompagnée de bicarbonate de soude) ou de dentifrices solides, et elle est idéale pour soigner des égratignures, irritations... C'est le parfait compagnon au quotidien.

Huile d'olive/d'argan/d'amande douce

Ce trio gagnant d'huiles végétales est incontournable ! La plus coquette, l'huile d'amande douce, s'utilise pour les soins cosmétiques, particulièrement pour apaiser les peaux fragiles et abîmées. Elle est idéale pour les massages du corps ! La plus précieuse, l'huile d'argan, venue du Maroc, parfumera d'une saveur particulière et d'une pointe orientale vos recettes de beauté et de cuisine. Elle possède des vertus anti-âge très réputées. La plus gourmande, l'huile d'olive, aux mérites vantés par le régime crétois, ingrédient phare des grands chefs italiens, est parfaite pour une cuisine saine et se révèle pratique au quotidien grâce à des astuces futées, comme pour ôter les résidus de cire après une épilation ou venir à bout d'une tache de résine.

© grafvision

Huile essentielle de lavande

L'huile essentielle de lavande, outre son odeur délicieuse qui nous plonge au pays des cigales, est utile et riche en bienfaits. Elle possède, entre autres, des vertus apaisantes et purifiantes, aidant ainsi à soigner les troubles du sommeil, l'acné ou encore les états grippaux. En cuisine, elle s'utilise pour sophistiquer des desserts simples comme la glace ou la crème brûlée. Dans les vieilles maisons en Provence, la tradition veut que l'on accroche des bouquets de lavande séchée aux fenêtres, pratique supposée chasser les scorpions. Quelques gouttes sur un mouchoir sous votre oreiller vous apporteront un sommeil paisible, et dans votre bain, elles vous aideront à vous détendre après une dure journée.

Miel

Longtemps oublié, il tend à revenir sur le devant de la scène en même temps que l'on redécouvre ses multiples vertus. Antiseptique, purifiant, cicatrisant, réparateur, il peut être utilisé en cosmétiques comme en remède pour un certain nombre de maux tels que les plaies, les infections ou inflammations. N'hésitez pas à vous laver le visage et le corps au miel de temps à autre pour nourrir et rééquilibrer votre peau ! Et c'est sans dire la douceur de son goût, variable selon son origine, en dessert où dans vos recettes salées sucrées où il fait une alternative, plus saine, au sucre !

Propolis

Un indispensable des pharmacies, pour ses puissants effets médicinaux. Produit par les abeilles, la propolis possède des vertus antiseptiques hors du commun, et peut être utilisée pour traiter les problèmes de peau et des muqueuses ! Infections, piqûres d'insectes, mycoses, verrues, et pléthore d'autres maux seront traités miraculeusement… Elle possède également le pouvoir de renforcer votre système immunitaire. Pensez-y à l'arrivée de l'hiver ou dans les périodes de fatigue. Un remède ancestral qui n'a pas fini de nous épater !

Savon noir

Utilisé depuis des siècles au Moyen-Orient, c'est un des nouveaux favoris de la cosmétique bio, et de l'entretien naturel de la maison comme des adeptes de traitements bio au jardin. Originellement utilisé dans les hammams, vous pouvez l'en faire sortir et vous en servir comme d'un nettoyant au quotidien, car il laisse une peau douce et hydratée pour la peau. Dilué dans de l'eau chaude, il est idéal pour effectuer le ménage dans toute la maison, qu'il s'agisse des sols ou des autres surfaces. Pour finir il sert à lutter contre les pucerons dans votre jardin, dilué dans l'eau et vaporisé directement sur vos plantes.

Thé vert

Un simple bol de thé vert chaque matin peut faire des miracles pour votre santé. En effet, force est de constater que parmi les peuples qui en consomment le plus, notamment en Chine et au Japon, les individus sont bien moins sujets aux cancers, au vieillissement prématuré de la peau, au diabète, à l'obésité et aux maladies cardio-vasculaires. Il existe des variétés infinies de thé vert, plus ou moins raffinées et onéreuses. Les amateurs apprécient entre autres le Sencha Ariake et le Matcha de cérémonie. En poudre, il vous permettra de réaliser des plats originaux, en suivant les recettes ancestrales venues du Japon. Astuce beauté : réutilisez vos sachets de thé vert comme remède anti-poches et anti-cernes des yeux. Après les avoir laissés refroidir dans le réfrigérateur, appliquez-les directement sur vos yeux fermés pendant 10 minutes. Si vous préférez des saveurs plus subtiles encore, le thé blanc possède des vertus exceptionnelles aussi, de même que le thé bleu, connu sous le nom de oolong.

Thym

En Égypte antique, le thym était fréquemment utilisé dans les onguents médicinaux. Plus tard, les Étrusques et les Romains s'en servaient pour assainir leurs intérieurs. L'huile essentielle de thym, appliquée sur une zone douloureuse, soulage les maux de tête de manière spectaculaire. Aujourd'hui, qu'on la cueille lors d'une randonnée ou qu'on l'achète chez l'épicier, cette plante odorante reste omniprésente dans notre quotidien. En infusion pour la digestion, en inhalation pour traiter les troubles respiratoires, ou encore dans l'huile d'olive pour faire mariner votre feta ou sur vos brochettes, il est intéressant d'en avoir un plan sur le rebord de sa fenêtre !

Vinaigre

Les différentes sortes de vinaigres présentes sur le marché possèdent de nombreuses propriétés : décapant et blanchissant pour le vinaigre blanc (mélangé à du bicarbonate de soude, des huiles essentielles de citron et de menthe poivrée et à de l'eau, il lutte parfaitement contre le calcaire), repoussant les poux, lustrant capillaire pour le vinaigre de vin ou encore ingrédient de cuisine pour les vinaigres de cidre, de framboise, ou balsamique !

Il est important de prendre soin de sa peau et de la « chouchouter », surtout pour ceux et celles qui vivent en ville et sont exposés à la pollution. Évidemment, ceci est valable pour les femmes comme pour les hommes. Mais pour cela, il n'est pas nécessaire d'avoir recours aux produits chimiques, à la graisse de baleine, aux crèmes et lotions hors de prix ou encore aux cosmétiques industriels testés sur des animaux. Nos grands-mères prenaient soin d'elles tout en respectant leur santé et l'environnement. Pour rayonner au naturel, voici nos coups de cœur parmi leurs précieux secrets de beauté. Au rythme des saisons et de vos envies, soyez glamour, sans artifices… et sans vous ruiner !

Peau de pêche

Pour commencer, il est important de bien analyser le type de peau à traiter et avant de lui appliquer le soin adapté parmi les suivants.

- **La guerre des boutons n'aura pas lieu** si vous suivez ces conseils : utilisez comme nettoyant quotidien un savon au *tea tree*, ou arbre à thé, qui est un atout majeur pour les peaux grasses à tendance acnéique. Pratiquez une fumigation, une à deux fois par semaine : portez à ébullition deux litres d'eau avec une poignée de romarin ou de menthe fraîche. Versez l'infusion dans un grand saladier, ajoutez-y le jus d'un demi-citron. Placez-vous au dessus du saladier, pas trop près pour ne pas vous brûler, recouvrez-vous la tête d'une serviette de bain et humez les vapeurs durant 3 à 5 minutes. Faites, une à deux fois par semaine, un masque, en alternant les trois combinaisons suivantes : argile verte et miel/ pomme de terre cuite et de banane écrasée/bicarbonate de soude et eau. Laissez poser 15 minutes et rincez à l'eau fraîche. Réalisez, une à deux fois par semaine, un gommage : prenez un demi-yaourt nature, ajoutez une poignée de poudre d'amande et une cuillère à café d'huile d'amande douce. Frottez délicatement ce mélange sur votre visage en faisant de petits mouvements circulaires. Pour les plus pressés, réalisez la même chose avec une purée de fraise, tout simplement ! Hydratez votre peau tout les soirs avec de l'huile de noisette (idéale pour combattre les excès de sébum), ce n'est pas parce que votre peau est grasse qu'il faut la laisser se dessécher, au contraire ! Enfin, usez et abusez de ces remèdes tout simples : appliquez sur votre visage pendant 10 minutes des tranches de tomates ou de pommes bouillies, ou encore des feuilles de fraisier.
- **Mettre un point final aux points noirs** devient un jeu d'enfant grâce à ce masque : montez en neige un blanc d'œuf, ajoutez un trait de citron, remuez délicatement puis appliquez la préparation sur votre visage et laissez sécher. Rincez ensuite avec de l'eau fraîche additionnée de citron. Vous pouvez également réaliser un gommage avec miel/citron/sucre roux.
- **Une crème gourmande pour peau sèche** ? Plutôt que de l'acheter en magasin, réalisez-la vous-même : faites chauffer au bain-marie 2 cuillères à café d'huile d'amande douce et une de cire émulsifiante. Lorsque le mélange est homogène, ajoutez à l'aide d'un fouet, 2 c. à café d'eau minérale chaude puis 2 c. à café d'eau de fleur d'oranger et 3 c. à café de gel d'aloe vera. Laissez reposer quelques minutes puis ajoutez 3 gouttes d'huiles essentielles de lavande, de géranium et de carotte, 4 gouttes de vitamine E. Une dizaine de gouttes d'extraits de pépins de pamplemousse permettra de conserver la crème, pendant plus de deux mois, au frais toutefois. Pour le corps, utilisez du beurre de karité ou de la crème de calendula, tout deux très nourrissants.
- **Une peau détoxifiée et revitalisée :** une fois par semaine, après un gommage, effectuez un masque à l'argile pour votre visage. En fonction de votre type de peau, utilisez la verte pour les peaux acnéiques, la rose pour les peaux sensibles, la rouge pour les peaux matures, et ajoutez quelques gouttes d'huile végétale aux vertus complémentaires. Vous doutez de l'efficacité de la méthode ? Regardez les mains d'un potier !
- **Une peau jeune, longtemps**, c'est possible en choisissant les bons alliés : l'avocat, l'huile d'argan et la gelée royale comptent parmi les meilleurs ennemis des rides. Glissez une cuillère de gelée royale dans votre crème de jour, nourrissez votre visage tout les soirs avec de l'huile d'argan. Deux fois par semaine, réalisez un masque : mixez un avocat mûr avec une cuillère à café d'huile d'argan et une c. à soupe de gelée royale. Si le mélange est trop liquide, ajoutez un peu de farine. Étalez la pâte obtenue sur votre visage et laissez poser 10 minutes.

Cheveux au vert

Comme pour les soins de peau, veillez avant de « mettre la main à la pâte » à bien analyser votre type de cheveux et le soin qui s'y adapte.

- **Faire disparaître les pellicules comme neige au soleil**, un rêve possible au naturel ? Tentez le soin suivant : repartissez sur vos racines 2 cuillères à soupe d'huile d'amande douce et 4 gouttes d'huile essentielle de lavande, frottez doucement avec des mouvements circulaires. Laissez poser une heure ou deux, voire une demi-journée. Lavez vos cheveux avec un shampoing au rassoul (vous pouvez le préparer vous-même : en mélangeant un œuf, une cuillère à soupe de poudre de rassoul, le jus d'un demi-citron et une cuillère à café de miel) et rincez avec une décoction de romarin froide. Astuce futée : piquez une tête dans les vagues ! Les pellicules ont horreur de l'eau de mer.

Potion magique pour cheveux secs : mixez un avocat, deux jaunes d'œufs et une cuillère à soupe de rhum, posez en masque sur les racines et toute la chevelure, enveloppez dans une serviette humidifiée à l'eau chaude et laissez agir 25 minutes. Rincez abondamment.

Vos cheveux sont gras ? Mettez-les au yaourt ! Mélangez 4 gouttes d'huile essentielle de citron avec un yaourt nature bien frais, repartissez sur le cuir chevelu, laissez agir 10 minutes, rincez à l'eau froide avec le jus d'un demi-citron. Solution express futée : un shampoing sec sur le pouce. Saupoudrez votre cuir chevelu de poudre d'argile, attendez 5 minutes et enlevez les résidus au brossage.

Embellir sa chevelure en dormant, un rêve tiré des *Mille et une nuits* ? Pas du tout ! Si on parle encore aujourd'hui de crèmes, masques et autres soins nocturnes pour le visage, à l'heure du sommeil on oublie bien souvent les cheveux. Et pourtant, quelques gestes simples peuvent faire une grande différence. Sans revenir aux bonnets de nuit (quoique la tendance pourrait faire fureur dans la sphère de la mode écolo), il est conseillé d'adopter une coiffure de prévention, tel un chignon souple au sommet du crâne ou deux tresses lâches, pour de jolies ondulations au réveil. Pour éviter l'agressivité du fer à lisser et gagner du temps le matin, il est également possible de dormir avec les cheveux roulés dans un « kardoune ». Ce long foulard en fibre de soie tissé à la main est un secret de beauté ancestral venu du Maghreb, à acheter en ligne ou à confectionner soi-même avec un bas en voile. Question literie, rien de tel que des housses d'oreiller en soie ou satin qui préservent l'hydratation de votre crinière, à la différence du coton, très absorbant. Enfin, sachez que les eaux florales sont vos alliées, surtout en été. Quelques pshitts soir et matin suffisent. Choisissez-la avec soin : camomille pour les blondes, lavande et menthe contre les pellicules, sauge pour éviter les chutes, etc. Ce n'est pas Shéhérazade qui dira le contraire, avec ça c'est sûr : le marchand de sable va couper les cheveux en quatre... Bonne nuit !

Pointes sèches et abîmées ? Enduisez vos pointes d'un peu d'huile de coco après le lavage. Pour un effet encore plus puissant, faites un « bain d'huile » à base d'huile de ricin, en enduisant vos pointes en longueurs avant de dormir et lavez au réveil. Répétez l'opération 2 fois par semaines pour une récupération express en profondeur, cette huile est tout bonnement miraculeuse !

Cosmétiques nature et maison

Des jambes de reine de Saba en créant votre propre cire orientale ! Préparez un caramel en faisant cuire à feu très doux 2 verres de sucre roux, le jus d'un demi-citron et un quart de verre d'eau. Ajoutez 2 cuillères à soupe de miel en dehors du feu. Laissez refroidir quelques minutes, vérifiez la température puis étalez de petites boules sur vos jambes, et retirez-les d'un geste énergique dans le sens contraire de la pousse du poil. Après l'épilation, rincez vos jambes avec de l'eau tiède et citronnée. Si des traces de cire persistent, faites-les partir avec un coton imbibé d'huile d'argan ou d'amande douce.

Pour les jambes lourdes, mélangez de l'huile de coco avec de l'huile essentielle de menthe poivrée. Vous pouvez le conserver au frigo pour un double effet kiss-cool lors de l'usage !

Déodorant nature express : faites fondre du bicarbonate de soude dans de l'huile de coco, et une fois le mélange froid, ajoutez de l'huile essentielle de palmarosa. Appliquez sur les aisselles comme une crème, résultat garanti !

Rouge à lèvre maison pour sourire ravageur : faites fondre au bain-marie 5 cuillères à café d'huile d'amande douce et 3 cuillères à café de copeaux de cire d'abeille naturelle. Ajoutez une cuillère à café de miel liquide, sortez du bain-marie et mélangez énergiquement. Diluez dans la pâte obtenue une goutte de vitamine E, 2 gouttes d'huile essentielle de carotte et 3 de noyaux d'abricot. En fonction de la couleur désirée, ajoutez quelques gouttes de jus de betterave ou autres colorants naturels. Laissez refroidir et versez dans de petits pots, utilisables pendant 3 mois.

BERGA'SENS
7, rue Henri-Bazin
NANCY
© 06 03 52 37 03
bergasens.nancy@orange.fr
Ouvert du lundi au vendredi de 9h30 à 17h. Possibilité d'assister à la fabrication de savons, sur réservation. Savons de 25 g, 80 g ou 250 g entre 3 € et 10 €. Coffrets et éditions limitées.

« Je suis comme un arbre dont les racines s'ancrent en Afrique et dont les fruits mûrissent en Lorraine. » Berga'Sens est à l'image de cette jolie phrase prononcée par son créateur : empli de poésie ! Des savons-soins fabriqués de manière totalement artisanale, à partir de produits naturels, aux douces senteurs de bergamote, cerises, fleur d'oranger, rose ou jasmin. La rencontre de l'huile d'argan et de la mirabelle, le soleil du Maroc qui se love dans les traditions de Nancy. Et si ces produits sont à la fois authentiques, nobles et uniques, ils ont aussi des allures d'objets de collection, bien ancrés dans le patrimoine de la cité ducale, puisque c'est en 2005, lors du retrait des pavés de la place Stanislas, qu'Abdel Azzab a l'idée de réaliser un savon reprenant la forme de la mythique pierre, et de lui donner la douce senteur de la bergamote. On ne pouvait faire plus symbolique !

SANTÉ

La nature est bien faite ! Bien avant les antibiotiques et les vaccins qui ont révolutionné la médecine, nos ancêtres puisaient dans les larges ressources des plantes sauvages et autres produits riches en bienfaits et ne manquaient pas d'astuces pour rester en bonne santé. Aujourd'hui, certains de ces remèdes sont toujours aussi efficaces. En voici une sélection... pour éviter de courir à la pharmacie au moindre bobo et faire de vous un véritable guérisseur des temps modernes ! Attention cependant, si douées que soient nos grands-mères pour soigner les petits maux, dans les cas sérieux il convient de consulter un médecin.

Remèdes miracles

Il existe tellement de recettes magiques et autres remèdes miracles depuis la nuit des temps que les soins listés ci-dessous ne représentent qu'un maigre échantillon des connaissances médicinales de nos ancêtres. A vous de poursuivre les recherches...

- **Contre les angines blanches** : trois gouttes d'huile essentielle de thym linalol dans une cuillère à soupe de miel (ou sur un cachet neutre), en une prise ou petit à petit au cours de la journée.
- **En cas de coup de froid ou de rhume : le grog !** Il existe plusieurs variantes, mais les traditions s'accordent sur un mélange de rhum, eau chaude, citron et miel. Cul sec avant d'aller au lit ! Vous devriez suer vos microbes et vous réveiller frais comme une rose.
- **Pour apaiser les règles douloureuses**, misez sur les tisanes : l'alchémille, l'armoise ou encore l'ortie sont très efficaces. Vous pouvez également faire une cure d'huile d'onagre pendant un mois.
- **Contre la constipation** : le matin à jeun, buvez un grand verre de jus d'oranges pressées mélangé à une cuillère à café d'argile. Laissez agir quelques minutes puis mangez 5 pruneaux que vous aurez laissés macérer toute la nuit dans un bol d'eau. Pendant les repas, croquez quelques asperges avec un filet d'huile d'olive. Enfin, laissez la moutarde vous monter au nez : c'est une alliée de taille contre la constipation. Si la moutarde vous pique trop, utilisez-la en graines dans vos plats et avalez-les sans croquer. Vous pouvez également faire une cure de figues, très efficaces dans ce cas-là !
- **Contre la diarrhée** : le sempiternel plat de secours : riz/carottes est bien entendu toujours aussi efficace. Mais vous pouvez également appeler à la rescousse le thé à la myrtille et le son, qui régulent à merveille le transit intestinal (en cas de constipation également).
- **Pour diminuer le cholestérol** : des pommes à croquer et des gélules d'huile de foie de morue. Faites de temps à autre, pendant une durée d'un mois, des cures d'infusion de racines fraîches de pissenlit, à raison d'une tasse après chaque repas.
- **Pour soulager les courbatures** : il convient bien sûr de s'hydrater avant, pendant et après l'effort pour les éviter. Mais si vous en souffrez, mangez des bananes, prenez des bains avec soit une poignée de gros sel, soit un demi-tube d'aspirine ou encore 2 tasses de bicarbonate de soude, buvez des décoctions de camomille romaine et enfin, ajoutez une goutte d'huile essentielle de noix de muscade dans votre huile corporelle et massez vigoureusement la partie endolorie.
- **Pour soigner les brûlures superficielles et les coups de soleil** : ayez toujours sur vous un tube de Biafine. A défaut, étalez sur les parties touchées un blanc d'œuf monté en neige et faites des pansements de peau de banane, la partie intérieure posée contre la plaie, à renouveler matin et soir.
- **Pour soulager les jambes lourdes,** passer ses jambes sous le jet de douche tiède puis froide, de façon circulaire en commençant par les chevilles puis remontez. Evitez les produits diurétiques ou trop riches en sel. Portez des vêtements amples.
- **Pour soulager une tendinite**, nos grands-mères utilisaient les cataplasmes d'argile. Mélangez 3 cuillères à soupe d'argile verte concassée à de l'eau.

Trucs et astuces

- **Mal de dents** : avant votre rendez-vous chez le dentiste, si vos dents vous font trop souffrir, essayez d'appliquer sur la partie douloureuse une rondelle d'ail frais et des clous de girofle.
- **Toux sèche** : faites bouillir une gousse d'ail dans du lait. Buvez un grand verre de ce breuvage avant d'aller dormir, ce n'est pas très bon, mais efficace ! Pas de problème pour l'haleine ensuite, prenez une cuillère de miel !
- **Toux grasse** : sirop de thym maison ! Réalisez une infusion de thym, ajoutez le même volume de sucre que d'eau, faites cuire à petit feu pendant une heure, conservez le mélange au réfrigérateur.
- **Gueule de bois** : nos amis festifs vont adorer cette potion magique vraiment efficace. Le lendemain d'une soirée un peu trop arrosée, préparez le mélange suivant : ajoutez dans un verre d'eau fraîche (ou chaude en hiver) le jus d'un demi-citron, un demi-cachet d'aspirine, une cuillère à café de bicarbonate de soude et une cuillère à café de miel. Remuez énergiquement et servez accompagné d'une banane coupée en tranche dans un demi-yaourt nature (saupoudrez d'une cuillère à café de sucre roux pour les gourmands) en guise de petit déjeuner.
- **Entorse, rétention d'eau et épanchement de synovie** : dormez avec un pansement de feuilles de chou crues, que vous aurez préalablement passées au rouleau à pâtisserie pour en faire sortir le suc, sur la région atteinte. Le lendemain vous apprécierez une amélioration notoire.
- **Piqûre de guêpe**, réagissez rapidement en passant sur la piqûre une goutte d'huiles essentielles de lavande aspic.

HABITAT ET JARDIN

Une cuisine et une salle de bains nickel chrome, de l'engrais pour votre potager ? Ras le bol des détergents et autres produits chimiques ? Pas de problème ! Parez votre environnement et votre quotidien d'une « green touch » en suivant ces quelques conseils 100 % nature et 100 % efficaces.

Home, Green Home

Canalisations bouchées : pour un nettoyage efficace, versez dans un seau deux litres d'eau chaude et deux cuillères à soupe de cristaux de soude. Laissez agir une heure avant de faire couler de l'eau claire.

Taches d'huile : si vous renversez de l'huile sur le sol, saupoudrez rapidement la tache de farine, qui absorbera la graisse. Pour les murs, l'émail et la robinetterie, frottez-les avec un mélange de bicarbonate de soude et d'eau, laissez agir une heure et rincez. Pour la batterie de cuisine, utilisez de l'eau chaude avec quelques cristaux de soude et 10 cl de vinaigre blanc, ou encore nettoyez-les avec une éponge et du marc de café. La pierre d'argile est également un très bon dégraissant écologique.

Argenterie : trempez vos couverts un quart d'heure dans du vinaigre chaud pour faire partir les taches noires. Pour la rouille, frottez avec un oignon cru coupé en deux et imbibé de sucre en poudre. Vous pouvez également nettoyer avec de la cendre.

Cuivre : nettoyez avec du jus de citron mélangé à du sel.

Aluminium : faites cuire de l'oseille dans vos récipients en aluminium qui retrouveront leur éclat d'antan !

Faire briller les miroirs : frottez-les avec un citron ou une pomme de terre coupés en deux puis essuyez immédiatement avec un chiffon sec.

Tapis et paillassons : un nettoyant maison ! Mélangez une cuillère à soupe de savon de Marseille à 40 cl d'eau chaude, ajoutez 10 cl de vinaigre et 3 gouttes d'huile essentielle de sauge. Après avoir ainsi nettoyé vos tapis, vous pouvez également les frotter avec du gros sel et du marc de café avant de passer l'aspirateur. Le résultat est bluffant !

Calcaire : difficile de vous débarrasser des résidus de calcaire dans votre bouilloire ? Faites-la bouillir deux fois avec du vinaigre blanc. Rincez à grande eau. Tout le calcaire partira. Attention cependant à bien la nettoyer avant de vous en servir à nouveau, si vous ne voulez pas que votre thé n'ait un fort goût de vinaigre !

Cuvette de toilettes entartrée : mettez du bicarbonate de soude dans votre cuvette de toilettes puis versez du vinaigre blanc bouillant par dessus, laissez poser une heure.

Vitres limpides : vaporisez un mélange d'eau et de vinaigre blanc, frottez, raclez et essuyez l'excédent avec un chiffon en microfibres.

Pour un linge parfaitement blanc, utilisez le savon de Marseille aux nombreuses propriétés bienfaitrices. Il aide non seulement à blanchir les vêtements, mais aussi à faire disparaître les taches de jaunissement. Le jus de citron peut être aussi efficace en l'ajoutant dans le linge trempé dans de l'eau bouillante. Pour les taches jaunes, le lait est un très bon allié.

Pour se débarrasser des mites dans le linge, utilisez tout simplement une petite poignée de clous de girofle que vous déposerez dans un mouchoir, avant de la replier et de former un petit sachet avec une attache.

Ayez la main verte !

Plantes en appartement : ouvrez la chasse à la poussière en nettoyant leurs feuilles avec un mélange de lait et de bière, 100 % de brillance garantie !

Bouquet en vase : coupez la tige des fleurs en biais et ajoutez dans l'eau du vase une cuillère de miel liquide et un cachet d'aspirine pour qu'elles gardent la tête haute !

Fortifier vos plantes en pots : arrosez-les avec l'eau de cuisson de vos légumes, après l'avoir laissé refroidir, le but du jeu n'est pas d'ébouillanter vos vertes amies ! Utilisez aussi votre reste de café froid pour les booster !

Faire fuir les vers de votre potager : humidifiez la terre avec un mélange d'eau et de farine de moutarde.

Pour repousser les insectes : vaporisez sur la plante à traiter un mélange de savon noir et d'eau.

Trucs et astuces

Taches d'encre : posez dessus une rondelle de tomate qui absorbera l'encre. Les traces de stylo bille sur les tee-shirts blancs de vos bambins partiront grâce au jus de citron chaud. Quant aux traces de feutre qui colorent les petits doigts des jeunes artistes, frottez-les avec l'intérieur d'une peau de banane.

Taches de transpiration : les traînées jaunes laissées par la transpiration sous les manches de vos tee-shirts blancs, très peu pour vous ? Essayez de les laver avec du vinaigre blanc. De manière plus générale, laissez tremper les vêtements blancs jaunis dans du bicarbonate de soude avec un peu d'eau pendant au moins une heure et rincez.

Taches de sang : déposez dessus un glaçon, ou laissez tremper dans une bassine d'eau bien froide dans laquelle vous aurez au préalable laissé dissoudre un cachet d'aspirine.

Taches de vin : saupoudrez de sel les parties concernées puis faites bouillir dans du lait.

Plus de cirage ? Utilisez une peau de banane, riche en amidon, côté blanc, pour nourrir et faire briller le cuir. L'huile de coco peut également faire l'affaire !

Comment fabriquer son propre savon liquide maison, il suffit de prendre du savon de Marseille à l'huile d'olive que vous découperez finement. Vous y rajouterez un demi-litre d'eau chaude, 30 ml de glycérine végétale naturelle et pour le plaisir quelques gouttes d'huile essentielle de lavande. Laissez passer 24h avant de l'utiliser.

Cuisiner bio, c'est avant tout adapter votre nouriture au rythme des saisons et adopter les bons réflexes, ces petits riens qui font toute la différence dans l'assiette, sur la balance et pour votre porte-monnaie ! Contrairement aux idées reçues, une cuisine saine et écologique n'est pas forcément beaucoup plus onéreuse que les plats traditionnels. C'est une simple question d'organisation. Quelques astuces pourront également mettre toute la famille d'accord si certains refusent d'abandonner les frites ou les brownies. Suivez le guide...

Recettes d'antan

- **Bonbons pour la gorge.** Faites chauffer à feu doux 2 cuillères à soupe de miel, 1 cuillère à soupe et demie de sucre roux, 1 cuillère à soupe et demie d'infusion de thym. Augmentez la température de cuisson jusqu'à ce que le mélange mousse et brunisse légèrement. Attention à bien humidifier les bords de la casserole pour que le sucre ne s'y cristallise pas. A l'aide d'un thermomètre de cuisine, vérifiez que la préparation dépasse 160 °C. Coupez la cuisson, et versez la préparation dans des petits moules en silicone beurrés ou huilés au préalable. Une fois refroidis, sortez les bonbons de leurs moules et enrobez-les de sucre glace mélangé à un peu de la maïzena. A conserver au frais et consommer dans les jours suivants.
- **Des frites à l'ancienne :** nos grands-mères trempaient les frites dans du lait mélangé à un jaune d'œuf et les roulaient dans la farine avant de les faire cuire. Elles s'imbibent ainsi moins de graisse, sont plus légères et vraiment délicieuses.
- **Secret pour hachis parmentier aérien :** suivez la recette classique, mais ajoutez simplement à votre purée de pommes de terre deux blancs d'oeufs montés en neige avant de mettre au four. Le résultat est à tomber !

Trucs et astuces

- **Pour éviter les éclaboussures d'huile** à la cuisson, ajoutez dans votre préparation une pincée de sel.
- **Des gâteaux light et délicieux**... Ni vu ni connu ! Commencez par diviser par deux les quantités de beurre, et retirer au moins un quart des doses de sucre et utilisez du sucre roux ou sucre glace plutôt que du sucre blanc. La famille n'y verra que du feu, vous y compris, c'est promis ! Mais la balance saura faire la différence... Vous pouvez également remplacer la moitié de la farine par de la fécule et ajouter un blanc d'œuf monté en neige à votre préparation. De cette façon, le gâteau sera plus « aéré » et chaque part sera moins calorique.
- **Pour verser moins de larmes en épluchant les oignons**, passez la lame de votre couteau sous l'eau froide pendant une dizaine de secondes.
- **Pour remédier à l'haleine d'ail** après un bon repas, croquez dans un quartier de citron.

LA FRANCE BIO
ET NATURE

CHARENTE

Alimentation

■ **AU MEILLEUR DE LA FRANCE**
1, place des Halles, ANGOULÊME
✆ 05 45 95 30 54
aumeilleurdelafrance.com
Ouvert du mardi au samedi de 9h30 à 12h30 et de 15h à 19h30. Ouvert le dimanche (de 10h à 13h).
Cette boutique recèle une sélection des meilleurs produits du bio. Elle ne vend que des produits issus de l'agriculture et de l'artisanat bio, sélectionnés avec le plus grand soin que ce soient les fruits, légumes, viandes, charcuterie, etc. Côté épicerie fine, c'est le même souci, et on y déniche des petits bonheurs qu'on ne trouve nulle part ailleurs dans le Sud-Ouest : des huiles d'olive, des foies gras de qualité supérieure, et des vins de producteurs bio qui savent encore ce que bien vinifier veut dire. Les produits d'entretien et d'hygiène présents sont de la même veine. D'ailleurs, pour distinguer l'extrême sélection des produits qu'elle propose, cette boutique a créé depuis 1966 sa propre marque « au meilleur de la France » avec laquelle elle les estampille !

■ **LA LOCO BIO**
8, avenue de la gare, CHALAIS
✆ 05 45 78 67 44 – lalocobio.blogspot.com
lalocobio@gmail.com
Ouvert le lundi et du mercredi au samedi de 9h à 12h30 et de 15h à 19h. Fermé les mardi et dimanche.
Produits frais, fruits et légumes, épicerie, vrac, vins, fromages et spécialités des terroirs, entretien, beauté et santé au naturel... Il y a de tout à La Loco Bio ! Stéphane et Camille ont décidé de monter cette coopérative bio en 2016. Elle réunit aujourd'hui 47 membres et propose des produits bio pour tous les domaines de la vie. Indépendante et se voulant accessible et non austère, cette boutique privilégie évidemment les productions locales. Notez que son but n'est pas de faire du chiffre, car il s'agit d'une association d'intérêt collectif qui se veut avant tout éthique, solidaire et 100 % bio !

■ **LA FERME DE CHASSAGNE**
La Chassagne, VILLEFAGNAN
✆ 05 45 29 57 18
www.giefermedechassagne.fr
ferme@campingdechassagne.fr
Boutique à la ferme ouverte le mardi et le vendredi de 10h à 20h.
La ferme de Chassagne est devenue un petit coin d'agriculture bio, depuis les années 70, avec l'arrivée d'agrobiologistes volontaires et motivées. Après avoir restauré le hameau de Chassagne, elles ont ouvert un camping et implanté une ferme. Cette ferme de polyculture de 70 hectares est bio depuis 45 ans. Elle est aussi le siège d'un groupement de 15 producteurs bio charentais, le GIE Ferme de Chassagne. Une boutique ouverte deux fois par semaine et un marché paysan bio, organisé le premier vendredi de chaque mois, permettent de s'approvisionner avec les belles denrées produites par le GIE, toutes cultivées et transformées localement dans le respect de la nature et de l'homme. Sur les étals : des huiles de tournesol et cameline, des légumineuses (lentilles, pois chiches, pois cassés, haricots blancs et rouges, flageolets...), des farines (d'épeautre et de petit épeautre, de lentille, de pois chiche, de blé, de sarrasin...), mais aussi du pain pétri et cuit à la ferme. Vous pouvez retrouver ces produits aux emballages siglés d'une jolie fermière dans de nombreux magasins bio et épiceries fines de la région.

Restaurants bio

■ **AU JARDIN**
5, rue Ludovic-Trarieux
ANGOULÊME
✆ 05 45 90 07 97
https://restau-aujardin.fr
au.jardin16@orange.fr
Ouvert toute l'année. Du lundi au vendredi le midi. De juin à août, restaurant ouvert du lundi au vendredi le midi + lundi, mardi jeudi soirs. Terrasse. Vente à emporter.
Au jardin comme si vous y étiez. Pourtant, ici, c'est bien le centre-ville mais la proposition fait rêver. Installés dans des fauteuils autour de petites tables colorées choisies avec goût, on hésite entre plat du jour, soupes chaudes, gaspachos, desserts maison... Tous ces bons petits plats proposés sont composés avec des produits de saison, de producteurs locaux, et bio lorsque c'est possible. Des produits du cru pour une cuisine unique qui s'adapte à tous les goûts, notamment ceux des végétariens, végétaliens et régimes sans gluten. Si vous êtes adeptes de salade, vous ne serez pas déçus. Vous pourrez la composer vous-même en choisissant vos ingrédients à la carte, ainsi que votre vinaigrette. De quoi manger sain chaque jour, sans se lasser. Et s'il y a à manger, il y a aussi à boire : vins bio, jus de fruits frais, thés et café... Idéal pour un déjeuner léger. On vous conseille de réserver au printemps pour une place en terrasse.

Mode et bien-être

■ **SAINBIOZ**
17, place des Martyrs de l'Occupation
RUFFEC
✆ 05 45 30 71 82
www.bio-sainbioz.fr
sainbiozruffec@outlook.fr

Ouvert du mardi au samedi de 9h30 à 12h30 et de 14h à 18h30.

Virginie Doron est spécialiste du bien-être sous toutes ses formes. Dans sa boutique elle propose des consultations pour votre bien-être physique et psychique, des prestations de réflexologie plantaire, des massages ré-équilibrants, des modelages californiens, des massages ayurvédiques ou tuina, des soins reiki, et du magnétisme. Vous pourrez également découvrir sa sélection de produits naturels et bio tels que des huiles essentielles, des cosmétiques, des infusions et des articles ésotériques. Toutes ses prestations ont pour but de vous faire trouver l'harmonie intérieure, l'équilibre, retrouver votre énergie et soulager vos maux.

CHARENTE-MARITIME

Alimentation

BRINDILLE

7, rue de la Poste
DOLUS-D'OLÉRON
✆ 05 46 47 49 53
www.brindille-oleron.fr
naturile17@yahoo.fr

Ouvert du lundi au samedi de 9h30 à 13h et de 15h30 à 19h30 ; le dimanche de 10h à 13h. Ouvert tous les jours en juillet et août.

Cette boutique fondée en 2005 par Sylvie détient tout un stock de produits bio, alimentaires, cosmétiques, pour la maison et l'entretien et même pour vos animaux. Elle dispose également d'un rayon livres et d'articles pour bébé. Des arrivages nouveaux réguliers et un dynamisme local sympathique !

LE PANIER À SALADES

3, rue de l'Aqueduc
LA ROCHELLE
amap.lepanierasalades@laposte.net

Distribution chaque jeudi de 18h45 à 19h30.

Les AMAP (comprenez associations pour le maintien d'une agriculture paysanne) ont le vent en poupe à La Rochelle. Le Panier à Salades est la quatrième association à s'ouvrir et vise elle aussi à rapprocher producteur et consommateur. Ici, pas question de se poser des questions sur l'origine et la qualité des produits, ils sont tous bio ! Parmi les producteurs, on citera par exemple les légumes du groupement agricole Chalogne à la Ronde, les œufs de Saint-Ouen-d'Aunis, le porc de la Cochonne Rit à Dompierre-sur-Mer. Difficile de trouver de la tomme de brebis en Charente-Maritime, le fromage vient du Pays basque. Une fois l'adhésion payée, chacun repart avec son panier.

RAYONS VERTS

67, boulevard André Sautel
LA ROCHELLE
✆ 05 46 07 41 00
www.rayonsvertslarochelle.com
photex@wanadoo.fr

Ouvert du lundi au samedi de 9h à 19h30. Carte bancaire à partir de 10 €.

C'est l'un des supermarchés bio de La Rochelle et le logo AB est là pour le rappeler. L'un des avantages de ce magasin est sa proximité avec le centre-ville, idéal pour y venir à vélo mais aussi son accessibilité grâce à son parking. En entrant, vous serez surpris par la grandeur du lieu, près de 300 m² réservés exclusivement aux produit bio. Nul doute, vous aurez le choix : pas moins de 6 000 références sont proposées. Dès votre entrée, vous trouverez tout pour prendre soin de vous : des crèmes de beauté, des compléments alimentaires pour oublier le stress et des shampoings. Et pourquoi pas du vin bio ? Le rayon est conséquent et compte des grands crus, pommard, chablis, pineau. Les enfants ne sont pas oubliés et se désaltéreront avec des sirops ou des jus de fruits au goût inimitable. Mais au fait, que mange-t-on ce soir ? À vous de choisir parmi des produits frais, des légumes, du pain, des fruits et même des surgelés toujours siglés Agriculture biologique. Pensez également à votre animal de compagnie et à ses croquettes bio ! Petit plus ? Richard, Frédéric et toute l'équipe de Rayons Verts seront à votre écoute pour toute demande.

DUMATOS

L'HOUMEAU
✆ 06 78 99 64 92

En vente dans les bars, restaurants (de 3 € à 7.5 €) et grandes surfaces (à partir de pack de 3 bouteilles : 4.5€).

Cette toute nouvelle boisson non alcoolisée créée par un Rochelais, Fred Chevalier, peut être dégustée par tous. Elle allie un mélange subtil entre le citron et le gingembre, légèrement sucrée au sirop d'agave, le tout finement bullé. L'acidité du citron et du gingembre est adoucie par le sirop d'agave pour une boisson désaltérante qui ne ressemble à aucune autre. Dumatos est issue de l'agriculture biologique, sans colorants, sans conservateurs, ni additifs, elle est conditionnée soit dans une bouteille en verre ou en plastique et vous pouvez l'acheter dans tous les commerces revendeurs du département ainsi que dans les grandes surfaces. Futé : l'essayer c'est l'adopter !

BIOCOOP ROCHEFORT

9, rue Villeneuve Montigny
ROCHEFORT ✆ 05 46 99 64 07
www.biocoop-rochefort.com
biocoop@micrologiciel.com

Ouvert le lundi de 10h à 19h30 ; du mardi au samedi de 9h à 19h30.

Les amateurs de produits biologiques connaissent bien ce magasin créé il y a 15 ans à l'entrée de Rochefort. Non seulement il y est facile d'accès, mais en plus il est bien aménagé permettant de flâner entre les rayons. L'accueil est agréable, le personnel prodigue des conseils intéressants. Vous pourrez ainsi vous fournir en produits d'épicerie, en céréales, pain, fruits et légumes, produits laitiers, charcuteries et en produits écologiques. Le rayon vrac composé de produits locaux et de légumes fait de nombreux adeptes puisqu'il permet d'acheter uniquement ce que l'on consomme, sans surplus ni déchets.

ROYAN VRAC
30, rue Gambetta
ROYAN
✆ 09 54 74 13 73
Ouvert le samedi jusqu'à 19h. Basse saison : du mardi au samedi de 9h à 12h45 et de 15h15 à 19h15. Haute saison : du mardi au samedi de 9h à 13h et de 15h à 20h.
Cette boutique située en plein cœur de Royan proche du front de mer, nouvellement installée depuis mai dernier, propose un concept de produits en vrac : épices, thés, cafés, céréales, pâtes, riz, farines, huiles, vinaigres, produits d'entretien et d'hygiène, mais également des conserves, fruits et légumes, des produits frais, fromage à la coupe, en bio et en local. Vous pouvez également trouver des idées cadeaux cosmétiques et autres zéro déchet ou accessoires originaux. Les produits végans ou sans gluten sont aussi mis à l'honneur. Une adresse à retenir pour son accueil et son côté très tendance écolo qui limite les emballages. Futé : livraison à domicile possible.

Restaurants bio

MAHA PRANA
20, route du Large
Vertbois
DOLUS-D'OLÉRON
✆ 05 46 75 38 37
www.mahaprana.fr
mahapranaoleron@yahoo.fr
Fermé de septembre à avril. Ouvert en mai, juin et septembre les week-ends, du jeudi soir au samedi soir à partir de 19h30, et vendredi et dimanche midi. En juillet et août tous les soirs à partir de 19h30. Fermeture hebdomadaire le lundi. Basse saison : ouvert du jeudi au samedi à partir de 19h30. Réservation recommandée. Menus de 23 € à 25 €. Menu enfant : 10 €. Terrasse. Végan-friendly.
Valérie et Samuel vous invitent à déjeuner ou dîner dans leur maison zen et reposante. Un lieu atypique où la cuisine, elle aussi, est originale. En effet, la carte met les saveurs de l'Inde à l'honneur. Non seulement les recettes sont exotiques mais en plus elles sont 100 % bio, végétariennes et faites maison, y compris le pain, les boissons et les glaces. Les légumes viennent chaque jour des exploitations des maraîchers bio de l'île d'Oléron, il n'y a pas plus frais ! Evidemment, les fruits et légumes sont donc toujours de saison. On apprécie le service rapide et surtout des mets qui ravivent les papilles. Dans cet îlot de saveurs, vous découvrirez plusieurs menus et des plats qui varient selon le temps et l'humeur : Rassam (soupe indienne), Raïta (crudités, menthe, yaourt), Samossa (chausson de légumes) et des desserts comme le Malaï, un flan coco et gingembre.

FERME AQUACOLE DE L'ÎLE MADAME
Île madame
TRIZAY
✆ 05 46 84 12 67
Du 1er avril au 15 novembre : tous les jours, de 11h à 18h, sauf le dimanche. Du 15 novembre au 31 mars : du lundi au vendredi de 14h à 17h. En juillet et août : tous les jours de 11h à 18h sauf le lundi. Attention ces horaires sont tributaires des marées et des conditions météorologiques. Service uniquement le midi, sur réservation obligatoire uniquement.
Difficile de faire plus authentique qu'une ferme isolée sur une île et accessible au gré des marées ! La Ferme Aquacole de l'île Madame élève et produit, en agriculture biologique, des palourdes, huîtres, salicornes et également du sel. Elle propose également à la vente des produits agricoles cultivés sur les terres de l'île. Pour une immersion totale, vous pouvez effectuer une visite des cultures, vous restaurer sur place et déguster des produits locaux. Difficile d'avoir une démarche plus proche de son environnement et plus complète dans son interaction avec lui !

Mode et bien-être

HÉLIANTHÈME
16, rue Bletterie
LA ROCHELLE
www.heliantheme.bio
contact@heliantheme.bio
Ouvert du mardi au samedi de 10h à 13h et de 14h à 19h.
Mathilde et Bernard ont ouvert cette échoppe dans le but de transmettre leur passion des traitements naturels. Petit commerce de proximité indépendant, il regorge de trouvailles pour chacun de vos besoins de santé, beauté et bien être. Soucieux de la qualité de leurs produits, Mathilde et Bernard les sélectionnent rigoureusement en fonction des processus liés à leur fabrication. Ils disposent d'une gamme très large de produits végans, non testés sur les animaux, et de « raw food », produits réalisés sans cuisson. Difficile de ne pas y trouver son bonheur si l'on est exigeant pour ses achats !

Habitat et jardin

BIOCASTOR
Z.A. Les Champs Breuillet
CORME-ROYAL
✆ 05 46 91 07 07
www.biocastor.fr
contact@biocastor.fr
Entrepôts ouverts tous les jours, sur rendez-vous.
Pour « bâtir ensemble un futur sain », Biocastor est né d'une volonté de contribuer à faire avancer le bâtiment dans un sens vrai et utile sur ce secteur géographique de la Charente-Maritime où peu d'offre existait pour l'éco-constructeur. Vous trouverez sur place un stock de produits et matériaux sains, naturels et écologiques. L'entreprise fonctionne grâce au relationnel, sur une base d'écoute, d'échange de confiance avec les clients. Les principes du développement durable appliqués au bâtiment incitent à utiliser des matériaux qui sont issus de matières premières renouvelables, produits de façon économe d'un point de vue énergétique, qui durant toute leur phase de vie ne génèrent pas de nuisance pour la santé et l'environnement et qui puissent se recycler facilement et de façon naturelle. Ainsi en isolation écologique, les éco-matériaux ont des caractéristiques comparables à celles des matériaux conventionnels mais possèdent des spécificités qui leur donnent des atouts

supplémentaires dans la construction, la restauration ou la rénovation. Biocastor fournit des fiches complètes, techniques et de mise en œuvre, avec la composition exacte de la plupart des produits.

DUCIELÔPUITS
3, rue du Champ-Truchot
ECHILLAIS
www.ducielopuits.com

Ducielôpuits fabrique des réservoirs souples aux tailles et formes adaptées à votre réservoir. Ce procédé unique permet de transformer un puits asséché en collecteur d'eau de pluie par la mise en place d'une toile enduite épousant les formes de l'emplacement de destination. Réalisés sur mesure, fabriqués en France dans nos ateliers, les réservoirs et récupérateurs Ducielôpuits sont accessibles à tous pour un coût parmi les plus bas du marché au m^3 d'eau collectée. De plus leur installation est simple et écologique. Des déclinaisons complémentaires sont également disponibles comme l'adaptation à des cavités désaffectées (caves, anciennes fosses...), des créations souterraines lors de projet de construction de maisons individuelles, lotissements... Toute implantation particulière peut être réalisée par le bureau d'études. Pour toute étude ou demande de renseignement sans engagement, n'hésitez pas à contacter l'équipe par mail.

CORRÈZE

Alimentation

LES RÉCOLTES LOCALES
Sabilhavoup, 1, rue du Fraysse
NAVES
✆ 09 54 82 86 46
contact@recolteslocales.fr

Ouvert du mercredi au samedi de 9h30 à 13h et de 14h30 à 19h.

Le magasin « Récoltes locales » a ouvert il y a quelques années à Naves sur le projet de Mylène Tartarin. L'idée : favoriser la diffusion de produits sélectionnés de qualité et si possible issus de l'agriculture biologique, en circuit court, encore peu présents en Corrèze à des prix abordables. Les étals sont garnis par les productions de près de 80 agriculteurs partenaires des alentours (Uzerche, de Seilhac, Naves, Sainte-Fortunade et Chaumeil). Vous y trouverez des légumes, des fromages, des conserves et de la viande, dont très étonnamment le bœuf Galloway, cette espèce originaire d'Ecosse qui s'adapte pourtant très bien au climat corrézien. Parmi les nouveaux venus : le Moulin de Grainbech où Colin produit les céréales (blé, grand épeautre et sarrasin) en bio et les transforme en farine. A noter que le magasin accepte la nouvelle monnaie locale limousine : le Pelou.

DOMAINE DE LA GARDELLE
La Gardelle
SAINT-JULIEN-MAUMONT
✆ 05 55 25 61 68
jm1904@hotmail.fr

Tarifs en envois sur demande.

Jean Molène est le 6e d'une longue lignée de vignerons qui travaillaient la terre au domaine de la Gardelle depuis le XIXe siècle. Dans le respect de la terre et de l'environnement et le maintien des traditions avec la réintroduction de chevaux de trait pour des travaux du sol légers, il produit en agriculture bio plusieurs vins de grande qualité. Des vins paillés présents en Corrèze des 1850 à partir de merlot et cabernet-sauvignon pour le rouge et de chardonnay et sauvignon pour le blanc dignes des plus grands vins liquoreux français. Ses autres vins, rosé (à base de Gamay) rouge et blanc sont particulièrement typiques et fruités.

LES VERGERS BIO DE VERTOUGIT
26, Vertougit, VOUTEZAC
✆ 05 55 25 09 57
www.lesvergersbiodevertougit.com

Productions disponibles au marché de Brive en saisons fruitières mardi, jeudi et samedi matin. Vente à la ferme tous les après-midi de juin à septembre et sur rendez-vous le reste de l'année.

Les Grenier, père et fils, sont les héritiers d'une longue tradition familiale. Un terroir de coteaux occupé par ses ancêtres depuis trois siècles et un verger mis en culture par les arrière-grands-parents de Fabien (le fils de Denis donc), converti à l'agriculture biologique depuis 1992. Dans le respect du lien sol-plante-animal, ils font pousser des kiwis, pommes, kiwaï, cassis, noix, marrons, myrtilles aux saveurs exceptionnelles. Vous trouvez aussi des pêches, proches du bio mais pas labellisées. Vous pouvez acheter les fruits bruts ou transformés à l'image du vinaigre de pomme et du jus de kiwi.

Restaurants bio

DELICATETZEN
Place Jean-Paul-Lartigue
BRIVE-LA-GAILLARDE
✆ 06 59 98 65 88
isabelle@delicatetzen.fr

Ouvert du lundi au vendredi de 11h45 à 15h. Menu unique à 15,60 €. Carte : 9 € environ.

Une place calme, une déco simple et lumineuse, quelques livres, quelques cadres aux images appétissantes... Un écrin de sérénité pour un établissement qui nous emmène à travers sa cuisine vers un monde délicat et zen. Dans les assiettes du bio dans ce qu'il y a de plus original, sans être prétentieux. On mange bien et bon pour des prix très abordables. La carte suit le cours des saisons. La patronne, très souriante, saura vous conseiller. Les assiettes colorées nous mettent en joie : soupes, salades, omelettes aux légumes, jus de fruits ou légumes-fruits parfumés... Le plus : des plats sans gluten et sans lactose. Pour un choix original, optez pour le buffet à salades ! Pensez à demander votre plat à emporter, ce qui permet de manger sur le pouce sans négliger la qualité de son repas !

AUTREMENT
7, boulevard de la Prade
USSEL
✆ 05 55 94 40 65
www.autrement-ussel.com
Suivre la direction « sous-préfecture ».

Ouvert du lundi au samedi le midi. Menus-carte 25 € environ. Plat du jour : 9,80 €. Formule du midi (entrée, plat, dessert) à 14,80 €. Chèque Vacances, Chèque Restaurant. Boutique.

Cet établissement est situé dans le « complexe » Biomonde qui compte aussi un institut de beauté et une boutique bio. L'Autrement est une adresse à retenir pour la qualité de ses produits bio et frais. Il s'agit du premier restaurant 100 % bio à avoir ouvert en Corrèze. Les viandes sont issues d'un élevage bio local. La décoration est sobre sur des tons chauds et le cadre reposant. On y sert une cuisine à la fois fine et traditionnelle. La carte, resserrée, change souvent mais vous pourrez y trouver, selon les saisons, un millefeuille de foie gras au pain d'épices, un émincé de magret de canard et sa crème d'ail douce, et un macaron à la rose et noix de coco. Et si vous n'aimez pas les surprises, inscrivez-vous à la mailing-list pour recevoir le menu du jour par mail ! Pour l'accompagnement, les vins sont également bio. L'établissement propose aussi d'organiser vos repas d'affaires, baptêmes, mariages, communions... avec une capacité de 60 convives. Terrasse agréable en été.

Mode et bien-être

BEAUTY GARDEN
Le Bourg
AURIAC
✆ 05 55 17 39 19
www.beautygarden.com
hello@beautygarden.com

Beauty Garden c'est une petite équipe composée d'un jardinier, d'un créateur, d'une herboriste et d'une bio addict, qui ont décidé de s'associer pour créer des produits en accord avec leurs envies et à partir de produits de leur potager. Ce sont des tisanes et des cosmétiques dans un packaging détonnant, et surtout des recettes atypiques : des crèmes à la tisane ou à la pâquerette, des fluides à la pensée et des gommages à la betterave, des tisanes pour vivre cent ans ou pour lutter contre la gueule de bois... Une sacrée découverte ! Des cosmétiques et breuvages d'inspiration locale et de saison, on aime ! Ces produits sont en vente en ligne ou dans diverses boutiques partenaires. A noter, cet Auriac se situe bien en Corrèze et non dans le Cantal !

EQUAE
Villemaux
BEYSSENAC
✆ 06 84 78 65 53
www.equae.fr
delphine.decadolle@gmail.com

Equae possède une écurie qui regroupe des juments de race Haflinger et Connemara, nourries selon les préceptes de l'agriculture biologique. Leur lait collecté de juillet à novembre est ensuite immédiatement congelé. Il devient alors l'ingrédient de base utilisé pour la fabrication de savons doux aux vertus hydratantes puissantes. Tous sont réalisés artisanalement à Limoges. Equae en propose un large choix aux formes et couleurs originales. A noter que depuis 2015, ce lait est aussi commercialisé pour un usage alimentaire car, étant le plus proche du lait humain par sa composition, il est particulièrement adapté aux personnes allergiques au lait de vache ou autres ruminants. Ces produits sont en vente en ligne sur son site internet.

Habitat et jardin

ASSOCIATION LE BOIS SACRÉ
La Combe Noire
LAMAZIÈRE-BASSE
✆ 05 55 95 88 31
http://boisbrut.free.fr
boisbrutinfo@orange.fr

Vous voulez construire en bois brut ? Depuis 1990, l'association Le Bois Sacré a pour but toutes les opérations visant à favoriser l'utilisation artisanale du bois de pays et des matériaux naturels dans la construction. Elle se donne en particulier pour tâches : l'étude et la recherche tant sur le plan technique qu'historique et sociologique de l'évolution de la forêt et de l'utilisation du bois dans la construction. Faire des recherches sur les sociétés paysannes et forestières, sur l'utilisation du bois et des matériaux naturels dans l'habitat, sur les techniques artisanales de constructions et sur les moyens de les adapter à l'artisanat et à l'habitat d'aujourd'hui. Faire connaître et promouvoir ces techniques et de former à leurs pratiques pour favoriser l'utilisation de bois de pays et de matériaux naturels et le développement de constructions artisanales de qualité adaptées au monde actuel. La mise au point technique de matériel favorisant la construction artisanale en bois de pays et matériaux naturels. Plus futé : journées d'information, animation, conférences, expositions...

ART ET TRADITION DU CHAUME
Le bourg
MONESTIER-PORT-DIEU
✆ 05 55 94 41 88
www.chaumier.com
info@chaumier.com

Imaginez une chaumière. Voila qui fait rêver... Commencez par faire le choix d'un toit en... chaume. De là découle l'appellation. Mais l'habitat modeste de nos ancêtres les gaulois s'est grandement modernisé. La chaumière est devenue plus grande. Quant au toit de chaume, ancestral, noble et naturel, délaissé au profit de l'ardoise, la tuile ou la tôle, il reste une alternative écologique et esthétique originale, et des artisans en gardent le savoir-faire. Ainsi cette entreprise de Monestier-Port-Dieu qui vous propose de réaliser des toits de chaume dans le cadre de rénovation de vos bâtiments anciens, mais aussi des couvertures végétales sur constructions neuves. Associée à la pierre, au torchis, au pisé ou au colombage, la toiture de chaume trouve toujours une place naturelle dans l'environnement.

CREUSE

Alimentation

■ BIO CREUSE

Avenue de l'Europe, GUÉRET
✆ 05 55 52 50 50 – www.biocreuse.fr
Ouvert du lundi au samedi de 9h à 19h.
Dans les rayons de ce magasin d'alimentation, le bio s'invite ainsi que le frais et le local lorsque c'est possible. Très complet, Bio Creuse propose à la fois des produits d'épicerie, des produits végans, des laitages frais, des viandes locales, des fruits et légumes dont une large sélection provient du coin, des surgelés, des compléments alimentaires, des cosmétiques et des produits sportifs. Sans oublier les vins et les bières bio qui surprendront vos convives. En résumé, vous trouvez ici tout ce qui se fait de mieux en bio.

■ LE VERGER DE LASCOUX

18, Lascoux
SAINT-AGNANT-DE-VERSILLAT
✆ 05 55 63 81 46
cecilethierry.lambert@yahoo.fr
Cueillette libre en saison tous les jours de 10h à 12h et de 15h à 18h30.
Ce verger qui produit des fruits rouges et noirs, myrtilles, fraises et cassis, ainsi que des confitures, jus, sirops et purée. Les produits sont disponibles chez Bio Creuse à Guéret (23) et à la Biocoop Feytiat (87) et sur le marché de La Souterraine (23) tous les samedis de juin à octobre. Mais le plus intéressant est que vous pouvez aller vous-même réaliser votre cueillette de fruits sur place ! Une super astuce qui n'est réalisable qu'à la bonne saison cependant !

■ LE RUCHET CREUSOIT

Le Theil, SAINT-HILAIRE-LE-CHÂTEAU
✆ 06 42 59 79 70
www.mieldulimousin.com
michel.blassel@mieldulimousin.com
Catherine et Michel Blassel, apiculteurs depuis 15 ans produisent un miel de montagne bio qui a été élu saveur d'Or Nouvelle-Aquitaine 2017. Cette entreprise apicultrice réalise une production de miel et de produits dérivés à base de pollens d'espèces de plantes classiques ou moins classiques telles que le châtaignier, le tilleul ou encore le pissenlit et la ronce. De ces ruches, dont les produits sont récoltés à la main pour assurer le bien-être des abeilles, ils tirent un florilège de bonnes choses à manger ou pour la santé. Venez donc découvrir leur savoir-faire, et déguster le miel en rayon, le nougat, le pain d'épice, l'hydromel, ou tester les crèmes, savons et apprendre les vertus du pollen et de la gelée royale et de la propolis. Car depuis quelques années ils partagent leur passion à travers la pratique du woofing !

■ LE VERGER ROUTARD

Lieu-dit Massoubrot
SAINT-MARTIN-CHÂTEAU
✆ 06 20 22 66 96
Vente sur les marchés de Peyrat-le-Château, Beaumont-du-Lac, Saint-Léonard-de-Noblat et sur rendez-vous.
En 2015, la ferme du Massoubrot a changé de propriétaires... mais pas de vocation. Ici on trouve toujours du bio, des pommes, des myrtilles, du cassis, des groseilles, de la rhubarbe et des productions dérivées à se damner. Confitures, gelées, sirops, coulis et jus concoctés sur place, toujours de manière artisanale, qui ont comme qui dirait le vrai goût du fruit ! Et bientôt, à ces saveurs s'ajouteront celles des pêches, des prunes, des kiwis et kiwaïs plantés à leur arrivée par Camille Decle et Jean-Baptiste Pareyt. La petite nouveauté : un pressoir à pommes est maintenant disponible pour ceux qui voudraient venir y transformer leurs récoltes en jus !

Restaurants bio

■ UTOPAILLE

23, Les Chiers – Les Ribière
LA CELLE-DUNOISE
✆ 06 65 49 27 11
www.utopaille.fr
L'ambition d'Utopaille est d'être un jardin-restaurant bio-écologique. Fruits et légumes y sont produits selon les principes de la permaculture. Ils constituent l'essentiel des ingrédients des repas servis au restaurant soit dans le jardin, soit dans la salle dont les baies vitrées donnent directement sur celui-ci ! Pour le moment il n'est ouvert qu'environ deux fois par mois à l'occasion d'événements, d'ateliers de cuisine ou de repas concert. Une démarche originale à découvrir !

Habitat et jardin

■ JARDIN DE SAUVETERRE

6, Laboutant
MOUTIER-MALCARD
✆ 05 55 80 60 24
www.jardindesauveterre.com
jardindesauveterre@gmail.com
Livraison gratuite en France à partir de 35 € d'achat.
Ancien apiculteur, Jacques Girardeau est un précurseur qui s'est lancé dans l'agriculture biologique très tôt. En effet, depuis 1995, il produit de la semence de fleurs sauvages bio et labellisée Ecocert. Jacques possède environ 100 espèces éparpillées sur 12 000 m^2 de terrain. Jacques et sa compagne Colette vous proposent des graines de multiples espèces. Leur catalogue foisonnant, remis à jour chaque année, vous explique comment cultiver au mieux ces fleurs sauvages et pourquoi. La raison principale est l'envie d'avoir un jardin vivant qui attire les abeilles, les coccinelles et les papillons. A la vente sont proposés des mélanges de semences de fleurs sauvages, de fleurs de jardins naturels, de fleurs des champs et des moissons, de jachères fleuries, de fleurs des prairies, de fleurs de milieux secs, de milieux humides, de rives, de lisières, de milieux riches... Une très large sélection qui convient à tous, quelle que soit son ambition jardinière et bucolique. Si le jardin ne se visite plus, il est toujours possible de commander en ligne !

DEUX-SÈVRES

Alimentation

LA CLEF DES CHAMPS

Zone de la Mude, Rue du Vieux-Platane
BESSINES
✆ 05 49 17 35 84
la-clef-des-champs@orange.fr

Ouvert du lundi au samedi de 10h à 19h30.

La Clef des Champs, installé dans la zone d'activité de Bessines en pleine expansion, est un magasin bio spacieux et agréable. De plus, il est pratique et bien achalandé avec plus de 14 000 références, dont 5 000 en soins naturels. Bien organisé et rangé, vous vous repérez facilement parmi les nombreux produits frais bio, produits d'épicerie bio, soins naturels, produits d'entretien écologiques et le rayon culture et bien-être. Le magasin met également à votre disposition un salon de thé bio pour se détendre ainsi qu'une salle de soin où des intervenants naturopathes, nutritionnistes, masseurs ou encore réflexologues tiennent des ateliers. Le magasin en lui-même est agréé Ecocert, que demander de plus ? Sans doute des produits spécialisés sans gluten… sachez qu'il y en a aussi ! Enfin les vendeurs sont disponibles et compétents. Une adresse qui répondra à vos attentes.

ÉPICERIE FERMIÈRE

10, avenue du Commandant Bernier
MELLE
✆ 05 49 07 32 59
http://epicerie-fermiere.com

Ouvert le lundi de 15h à 19h30 ; du mardi au samedi de 9h à 12h30 et de 15h à 19h30 ; le dimanche de 9h30 à 12h30. Livraison à domicile sur demande.

Voici une épicerie bien présente dans sa région et son époque. En relation avec plus de 120 producteurs régionaux, dont beaucoup vendent des produits issus de l'agriculture biologique, l'épicerie fermière propose tous les aliments habituels d'une épicerie classique. Produits frais, de crèmerie, fromages, produits secs, mais aussi pains, viandes, volailles, vins, jus de fruits, liqueurs, thé, tisanes, cafés. Toutes vos courses peuvent se faire dans cette boutique qui propose aussi un service de livraison à domicile. Bien plus qu'un simple commerce, c'est un magasin militant avec une volonté affirmée de faire redécouvrir une consommation locale, qui fait se rapprocher consommateurs et producteurs du terroir picto-charentais. Pour promouvoir cette démarche, l'épicerie fermière propose régulièrement des dégustations et animations. Et puisque l'idée est bonne et pleine d'avenir, offrez un de ses paniers garnis à votre entourage ! Ce sera votre façon de participer à cette démarche initiée par l'épicerie fermière.

Restaurants bio

LA POTÉE OSE

21, rue de la Chapellerie
SAINT-MAIXENT-L'ECOLE
✆ 05 49 05 38 31 – http://lapoteeose.fr

Ouvert le midi, du jeudi au dimanche et le soir, du jeudi au samedi. Carte : entrées 4 à 7 €. plats 9 à 16,50 €, desserts 4 à 5 €. Formules-carte (entrée-plat-dessert) 14 € à midi en semaine, et 25 € le week-end.

Depuis 10 ans, Marie-Laure élabore une cuisine militante à base de produits frais et locaux de saison. Variétés locales ou anciennes, sont d'origine fermière, des environs et bio si possible. Son ambition : faire redécouvrir leurs saveurs oubliées à travers une carte resserrée changeant chaque semaine. Plats mijotés, potées en hiver et assiettes fraîcheur découverte en été sont au programme. Sa cuisine savoureuse s'adresse à tous, végans et végétariens inclus. Pour les régimes sans gluten, prévenir à l'avance. Vous pourrez prendre place dans la salle climatisée de 25 à 30 couverts, ou aux beaux jours sur l'agréable terrasse ou dans le jardin au milieu de plantes aromatiques, fleurs et fruitiers. A découvrir ou redécouvrir pour s'alimenter sainement dans un cadre bucolique sans renoncer aux plaisirs d'une bonne table !

DORDOGNE

Alimentation

CHÂTEAU CHAMPAREL

1637, che du Hameau de Pécharmant
BERGERAC ✆ 05 53 57 34 76
champarel@wanadoo.fr

Situé sur une colline dans la campagne des environs de la ville de Cyrano, ce domaine du Château Camparel est cultivé en agriculture biologique. Son vin tire tout son caractère d'une part de son implantation en coteau et d'autre part de son sous-sol particulier dont la roche mère, appelée « Tran », est un calcaire datant du mésozoïque et riche en fer. Le domaine produit un vin rouge sec labellisé AOC et AOP Pécharmant, rentrant dans la catégorie du vin tranquille. Il est planté, depuis 1975 sur 6 hectares, de cépages noirs identiques à ceux des cabernets Franc et Sauvignon ainsi que du Merlot.

BIO JOLI

31, rue Puyjolie-de-Meyjounissas
BRANTÔME-EN-PÉRIGORD
✆ 05 53 53 76 52 – https://biojoli.com/fr
biojoli@orange.fr

Ouvert le lundi de 15h à 19h ; du mardi au samedi de 8h30 à 13h et de 15h à 19h ; le dimanche de 10h à 12h30. Livraison offerte à partir de 100 € d'achat.

Stéphane Lagrange a quitté le monde du golf pour celui du bio. Son épouse Wendy a posé ses valises après avoir pas mal voyagé pour son boulot. Le bio n'est plus simplement une mode et ils se sont rendu compte qu'il existe un véritable marché aujourd'hui. Ils se fournissent auprès de producteurs locaux pour les légumes et fruits frais. Sur les étagères l'épicerie fine est en bonne place : confitures, condiments, huiles parfumées, vinaigres, farine sans gluten, etc. sans oublier les vins naturels ou bio.

L'ESCARGOT DU QUEYLOU

Le Queylou, LES EYZIES-DE-TAYAC-SIREUIL
✆ 05 53 06 93 44
aurelie.binot@orange.fr

Visite gratuite de l'élevage tous les mercredis en juillet et aout de 16h à 18h et sur rendez-vous en dehors de ces horaires.

L'héliciculture, c'est l'élevage des escargots. Aurélie Binot élève des « gros gris », dont le nom scientifique est Hélix Aspersa Maxima. Dans son parc, ensemencé de trèfles, de radis fourrager et d'un complément céréalier, elle gère un cheptel de 250 000 « bêtes à cornes » hors de toute pollution. Ces contions d'élevage exceptionnelles leur confère une chair tendre et goûteuse. Ses escargots sont ensuite cuisinés en coquilles de multiples façons, au beurre persillé en petits feuilletés ou mis en conserves d'escargots aux olives, à la truffe du Périgord, en confits pour être dégustés sur une salade, à la périgourdine, à la tomate... Les produits finis sont en vente sur plusieurs marchés de la région et dans plusieurs boutiques de producteurs des environs. Et si vous voulez en savoir plus, n'hésitez pas à vous rendre sur place pour visiter le site. Il est possible de prendre rendez-vous pour une visite en dehors des horaires de visite programmés !

BIOCOOP LASCAUX

Route des Eyzies – Les Rives
MONTIGNAC
✆ 05 53 51 22 91
www.biocoopmontignac.fr
biocoop@micrologiciel.com

Ouvert du mardi au vendredi de 9h30 à 13h et de 14h30 à 19h ; le samedi de 9h30 à 19h.

L'enseigne Biocoop spécialisée dans les produits bio, sans OGM, est installée à Montignac depuis 2017 à côté de l'Intermarché et du Leader Price. On le voit de loin avec sa devanture en lattes de bois naturel. Il s'étend sur une surface de vente de 270 m² et vous propose une large gamme de produits bio, sans gluten et végan. Vous trouverez aussi des fruits et légumes frais, des produits d'épicerie et des produits en vrac. Une adresse futée proche des grottes de Lascaux.

BIOCOOP LE GRAIN D'OR

7, rue Salinière
PÉRIGUEUX
✆ 05 53 53 17 73
www.biocoop.fr
le.grain.dor@wanadoo.fr

Ouvert du mardi au samedi de 9h30 à 12h30 et de 14h30 à 19h30.

Au cœur du quartier piéton, entre le marché de la place de la Claustre et le marché de la place du Coderc, la boutique, tenue par Marie-Josée Dalix fut une pionnière du bio à Périgueux puisqu'elle a ouvert en 1992. Elle propose des produits frais, légumes frais ou secs, des céréales, des compléments alimentaires et des produits cosmétiques totalement bio. Il y a même un espace réservé aux produits d'entretien bio. Cette boutique a les mêmes fournisseurs, Biocoop, que ses deux autres espaces de vente, celui de Trélissac et l'autre point de vente à côté de Jardiland à Chancelade.

LE MILLE FEUILLE

Lotissement Cordestieux, PLAZAC
✆ 05 53 50 79 01
http://lemillefeuilles.business.site

Ouvert du lundi au samedi de 10h à 13h et de 14h15 à 19h.

Dans le bourg, tout près de l'église, cette sympathique boutique est spécialisée dans les produits issus de l'agriculture biologique, et adhère à une charte éthique du réseau Biomonde. Elle est propice à faire un plein de bonnes choses : épicerie, fruits et légumes, rayon frais, surgelés, produits en vrac, végan, sans gluten, mais aussi écoproduits d'entretien, produits cosmétiques et de bien-être, diététique, etc. Et du pain frais.

LA CIGALE ET LA FOURMI

Bourg
SAINT-CYBRANET
✆ 05 53 29 19 49
lacigale-et-lafourmi@orange.fr

Ouvert le lundi de 15h à 19h30 ; du mardi au vendredi de 9h à 13h et de 15h à 19h30 ; le samedi de 9h à 13h et de 15h à 19h. + en été, le dimanche de 10h à 13h. Et sur le marché de Sarlat les mercredi et samedi.

Dans ce tout petit village, en pleine nature, existe une adresse futée : La Cigale et la fourmi. Depuis 2006, cette supérette spécialisée dans le bio et dans les produits locaux propose une gamme complète de produits : vins, jus de fruits, compléments alimentaires, sans gluten, cosmétiques labellisés Cosmebio, produits d'entretien écologiques, produits d'épiceries dont les fruits et légumes frais ainsi que pains et viennoiseries tout droit sortis du terminal de cuisson. En tout et pour tout, 280 m² de produits sains sur des étagères exclusivement en bois. Un petit creux ? Passez au rayon des pizzas bio qui sortent du four, à déguster en terrasse avec une belle vue sur le château de Castelnau. A noter qu'un grand parking sur place permet de se garer facilement.

CHÂTAIGNES GOURMANDES

Rue du Château, VARAIGNES
✆ 05 53 56 24 65
www.producteur-chataignes-varaignes.fr
denis.bourgin@sfr.fr

Ouvert sur réservation.

Les châtaignes sont la spécialité de Denis Bourgin, producteur en bio depuis 15 ans, il les propose pelées sous vide, en purées, crème de marrons, marrons glacés, confiture marrons-pommes, marrons-poires. Sa méthode d'épluchage est particulière : le fruit ne touche jamais l'eau pour garder tous ses arômes et saveurs. Denis Bourgin vend sur les marchés, en magasins de producteurs (Ferme de Vialard à Sarlat, Campagne Production à Périgueux), sur les foires bio et non bio. Mais on peut bien sûr s'arrêter chez lui, où il loue aussi deux chambres d'hôtes. Sur 8 hectares de châtaigneraie, composée de 15 variétés différentes, il récolte de fin septembre à mi-novembre. On peut visiter la plantation en été, sur réservation.

Restaurants bio

UNE CUILLÈRE POUR MAMAN

10, place du Feu
BERGERAC
✆ 05 53 27 29 83

Ouvert toute l'année. Basse saison : du lundi au jeudi le midi. Haute saison : du lundi au samedi le midi et le soir. Plat du jour : 12,50 €. Et les formules : petites bouchée à 8,50 €, moyenne bouchée à 11,50 €, grande bouchée à 14,50 €.

Anne-Marie Tarascon a choisi ce petit coin de Bergerac car il lui ressemble : il est authentique. Cette chef travaille des produits bio à l'ardoise et sa cuisine s'inspire des saveurs du monde. Vous avez ainsi le choix entre un, deux ou trois plats. La carte varie en fonction des produits de marché et les végétariens ne sont pas oubliés. Les enfants sont invités à venir picorer tous ensemble autour d'une table « tableau noir » où ils peuvent même dessiner à la craie. Un assortiment de petites bouchées salées et sucrées leur est proposé – ils peuvent même manger avec les doigts –, le tout accompagné d'une boisson de leur choix. L'été ils jouent sur la terrasse où papa et maman prennent le temps d'apprécier la cuisine d'Anne-Marie. Coup de cœur !

Habitat et jardin

ALTAÏR PLANTES

Hameau d'Eyssal, LIORAC-SUR-LOUYRE
✆ 05 53 23 21 20
contact@altairplantes.com

Boutique en ligne permettant de commander directement. Voir les GGV.

Bénéficiaire du label déméter, Altaïr qui tient son nom de la principale étoile de la constellation de l'aigle est une marque qui appartient à un petit groupe de jardiniers cueilleurs d'Auvergne et du Périgord, et suivant les principes de la biodynamie. Altaïr Plantes implanté à Liorac-sur-Louyre, propose des plantes condimentaires, aromatiques et médicinales, des infusions et autres tisanes, des élixirs floraux. Les mélanges harmonisant quant à eux sont réalisés pour apporter le maximum de leurs vertus, et recréer le lien entre l'homme et la nature.

GIRONDE

Alimentation

LE BLÉ EN HERBE

8, rue Saint-Sernin
BORDEAUX
✆ 05 57 30 81 42

Ouvert du lundi au samedi de 8h à 20h.

Ce boulanger a été formé dans la meilleure école qui soit, par monsieur Demaître, (boulangerie Pain Maître), Aristide Koné tient une boulangerie discrète que les amateurs de bon pain et de produits bio connaissent bien. Ici vous trouvez une large gamme de pains bio certifiés, du pain au levain naturel sans adjonction de levure chimique, cuit au feu de bois dans un four datant de 1800. A noter une belle variété de pains aux céréales. Mention spéciale pour le « triple alliance » qui alterne en un pain moulé tournesol, pavot et sésame. On trouve également une large sélection de produits biologiques (thé, café, confiture, jus de raisin, miel), snacking bio, jus de fruits bio faits à l'extracteur, boissons végétales, choix varié de sandwichs, tartes salées, viennoiseries.

© Jay YUNO - iStockphoto.com

BOULANGERIE AMANDINE 1900

365, avenue du Maréchal-de-Lattre-de-Tassigny
BORDEAUX
✆ 05 57 78 16 22
www.amandine1900.fr
contact@amandine1900.fr

Ouvert tous les jours et les jours fériés de 7h à 13h ; le mardi et le vendredi de 7h à 13h et de 16h à 19h. Retrouvez les délicieux pains bio tous les samedis sur le marché de Mérignac, les dimanches sur le marché d'Eysines et sur le marché des Capucins à Bordeaux du mardi au vendredi de 10h à 13h et du samedi au dimanche de 8h à 14h.

Au cœur du quartier Caudéran à Bordeaux, il existe une boulangerie artisanale qui ne confectionne que des pains bio cuits au feu de bois à la saveur inimitable. En passant à pied devant la vitrine de la boulangerie Amandine 1900, l'envie irrésistible de rentrer s'empare de vous : une bonne odeur de pain chaud vient vous chatouiller les narines. Une fois à l'intérieur, le choix est vaste. Les différents pains de toutes les formes, au levain naturel, au sésame et aux céréales), à la croûte dorée et craquante et une mie bien épaisse, sont réalisés à base de farine complète, issue de l'agriculture biologique, de grande qualité nutritive. Les plus de la farine bio ? Elle est facile à digérer et riche en fibres, elle fournit à l'organisme une variété équilibrée de vitamines et de minéraux (calcium, phosphore, fer et magnésium). Pour les plus gourmands, les viennoiseries – notamment le croissant au beurre – ou le Cramique, un pain brioché fourré de raisins secs, sont à tomber. La boutique est ouverte sur le fournil et on peut voir Eric Augier et son équipe en train de travailler. Cet artisan boulanger a été initié par Jan Demaître, une référence en la matière, maître formateur des compagnons du devoir et président de l'association La femme du boulanger, un temps présidée par feu Jean-Pierre Coffe, s'il vous plaît !

DESTINATION BIO

5-11, rue Yves-Glotin
BORDEAUX
✆ 05 56 11 27 47
www.destination-bio.com
contact@cdc-destination.com

Ouvert du lundi au vendredi de 10h à 14h et de 16h à 19h.

Créée en 1999 à Bordeaux par Christophe Lambard et par Jeffrey Schopper, Destination Bio est une entreprise centrée sur la transformation, la torréfaction, le conditionnement et la distribution de produits issus de l'agriculture biologique et du commerce équitable. Du café au thé, aux infusions, sucre, cacao, fruits, biscottes, sirops, etc., ces passionnés de voyages et d'expériences gastronomiques vous font partager les plus belles découvertes et les producteurs qu'ils ont rencontrés au quatre coins du monde, le tout à des prix abordables. Destination Bio, c'est une invitation au voyage des sens avec un seul leitmotiv : une exigence gustative et esthétique.

DESTINATION GRAND COMPTOIR

30, rue Yves-Glotin
BORDEAUX
✆ 05 56 32 65 38
www.destinationgrandcomptoir.com
commandes@destinationgrandcomptoir.com

Ouvert du lundi au samedi de 8h30 à 18h. Vente en ligne sur le site internet.

Destination Grand Comptoir : sortez votre plus beau service à thé ou à café pour déguster leurs produits ! Cette entreprise implantée à Bordeaux remplit les tasses de toute la France avec ses produits de qualité. Cafés, infusions, thés, cacaos, mais également sucres bio, miels bio, confitures, ainsi que sirops bio, jus de fruits ou *smoothies* bio… Bref, une quantité de produits à tester et à chaque fois une véritable découverte ! Ces professionnels établissent une sélection rigoureuse de leur matière première (feuilles de thé, tisanes…), ils parcourent le monde entier pour dénicher les meilleurs producteurs. Ils élaborent ensuite dans leurs ateliers bordelais des produits d'exception. Destination Grand Comptoir c'est faire le choix de la qualité, de la saveur et d'une torréfaction artisanale. Ce savoir-faire 100 % français qui fait ses preuves depuis de nombreuses années auprès des professionnels de l'hôtellerie, de la restauration ou même des particuliers.

MAISON HEGARA

14, cours Portal
BORDEAUX
✆ 05 56 30 18 91
www.maisonhegara.com
maisonhegara@gmail.com

Ouvert du mardi au samedi de 9h30 à 13h30 et de 15h30 à 19h30.

C'est beau, c'est bio ! Encore une épicerie bio de plus ? Pensez-vous… Oui, mais pas que, car celle-ci est différente et son concept est le suivant : du bio, du vrac, du local exclusivement. La belle devanture de l'épicerie bio d'Hélène Galy-Ramounot met en avant des produits sains pour une bonne alimentation et pour lutter contre le gaspillage en proposant la vente au poids et sans emballage, des produits bio et locaux comme les légumes secs, pâtes, riz, huiles et vinaigres, sirops, thé, café… En ce qui concerne les fruits et légumes, elle se déplace chaque matin chez ses producteurs bio pour rapporter des produits de saison toujours frais au magasin !

MARCHÉ BIOLOGIQUE DES QUAIS

Quai des Chartrons
BORDEAUX
www.bordeaux.fr
contact@mairie-bordeaux.fr
Tram B – CAPC.

Ouvert le jeudi de 6h à 14h.

Tous les jeudis, une version réduite du marché du dimanche a lieu sur le même emplacement des quais des Chartrons. Une vingtaine de commerçants et artisans, dont le nombre augmente régulièrement, propose uniquement des produits d'origine biologique : fruits, légumes, vins et jus de raisin, stand Biocoop, fromages, viandes, charcuterie, poissons, huiles, cafés, thés, tisanes, miels, confitures, volailles, œufs, huîtres, plus de produits d'entretien pour la maison, savons artisanaux, fleurs… Ce circuit court attire de plus en plus d'acheteurs, de plus les prix des producteurs sont attractifs et les légumes extra frais !

LA RECHARGE

38, rue Sainte-Colombe
BORDEAUX
www.la-recharge.fr
guillaume.desanderval@la-recharge.fr
Ouvert du mardi au samedi de 10h30 à 19h30.
Nous adorons le concept ! Voici la première épicerie sans emballages jetables : tous les produits du quotidien sont vendus en vrac ou dans des contenants consignés. Le client apporte ses propres contenants (Tupperware, pots, sachets...) pour transporter les produits achetés ou pour les recharger ! Fini donc les emballages jetables et les gâchis. La Recharge déclare travailler directement avec les producteurs pour réduire les emballages jetables. Elle propose des petits prix grâce à des achats auprès des fournisseurs en gros et sans intermédiaires superflus. En s'associant à plusieurs dizaines de producteurs, La Recharge a constitué un panel de produits variés : pomme de terre d'Eysines, kiwis de l'Adour, porc gascon, noix du Périgord, farines de blés régionaux, vinaigre de Dordogne, lait du Médoc, lessive 100 % Gironde... 100 % bravo !

TISTA

3, rue Camille Sauvageau
BORDEAUX
Ouvert du mardi au samedi de 10h à 19h30.
Anaïs Asteggiano et Héloïse Ledin, deux Paloises, ont misé sur une épicerie locavore, c'est-à-dire que tout est vendu sans emballage que ce soit la lessive, les pâtes, le chocolat, l'huile, le miel, les fruits et légumes, etc. Elles privilégient les produits locaux et les conserves consignées. Elles mettent aussi en avant des fromages (fromages de chèvre de Villenave-d'Ornon), des fromages frais à la louche, de la charcuterie bio (jambon blanc sans conservateur, lonzo, pâté de campagne), des poulets de cent trente jours, des pleurotes bio cultivés dans un ancien blockhaus du quartier Bacalan et des vins bio. Enfin elles ont quelques produits de beauté bio, des sprays anti-moustiques ou des dentifrices à fabriquer soi-même, etc. Au fait Tista signifie panier en occitan...

LA VIE SAINE

8-10, rue Ravez
BORDEAUX
✆ 05 56 44 57 50
www.laviesaine.fr
Ouvert du lundi au samedi de 9h30 à 19h30.
Attention, vous rentrez ici dans un des plus grands «marchés» bio de la ville ! Le Grand Marché Bio est reconnaissable à sa longue vitrine entre le cours Alsace-Lorraine et le palais des sports. Consommateurs bio, vous trouverez ici (presque) tout : confitures, fruits et légumes, compotes et purées, sauces, cafés, boissons (jus de fruits, limonade, vin, sirop) et biscuits. Sur une démarche volontaire et personnelle, le magasin est certifié Ecocert, ce qui assure à la clientèle la qualité de produits correspondant aux critères du bio. Goûtez le pain bio : un délice ! À côté des rayons alimentaires, vous trouverez également variété de compléments alimentaires, de produits d'entretien ménager, ainsi qu'une large gamme bien-être et cosmétique (savons, laits corporels, huiles essentielles...) et même un rayon librairie ! L'équipe est très agréable et de bon conseil. Bref, quand vous y aurez goûté, vous ne pourrez plus vous en passer !

LE MARCHÉ DE LÉOPOLD

317, avenue du Médoc
EYSINES
✆ 05 56 57 70 12
www.lemarchedeleopold.com
contact@lemarchedeleopold.com
Ouvert du lundi au samedi de 9h30 à 19h15. Vente en ligne.
C'est en 2008 que Le Marché de Léopold a vu le jour à Langon. L'idée du créateur, Benjamin Quiras, était de mettre en avant les produits biologiques. En 2010, fort du succès, un deuxième magasin a ouvert à Eysines puis une dizaine d'autres dans le Sud-Ouest, de Mont-de-Marsan à La Roche-sur-Yon en passant par Poitiers. Ici, dans ce magasin bio indépendant, vous trouverez plus de 9 000 références bio, un bar à vrac, un service traiteur, un rayon surgelés et bien sûr de nombreux produits locaux. Au Marché de Léopold en Gironde, les producteurs locaux et eysinais sont bien sûr à l'honneur ! Le service est efficace et les prix à peine plus chers qu'en grande surface.

LE MARCHÉ DES DÉLICES

Le Bouscat
1, rue Ferdinand-Buisson
A l'angle de la rue Godard
LE BOUSCAT
✆ 05 56 50 12 16
www.delicesbio.fr
contact@delicesbio.fr
Ouvert le lundi de 14h à 19h30 ; du mardi au samedi de 9h30 à 19h30.
Le Marché des délices propose toute l'alimentation bio : fruits et légumes, fruits et légumes secs, boucherie, charcuterie, pains artisanaux, produits laitiers, alcool bio, mais aussi des produits sans gluten, des cosmétiques et produits ménagers. Vous l'aurez compris, on trouve de tout, et tout bio, dans ce supermarché où les prix sont raisonnables.

CHÂTEAU DES ANNEREAUX

3, rue des Annereaux
LALANDE-DE-POMEROL
✆ 05 57 51 03 01
www.annereaux.com
contact@annereaux.com
Ouvert du lundi au vendredi de 9h à 12h et de 14h à 17h30. Visite et dégustation gratuites en semaine sur rendez-vous, possibilité le week-end sur rendez-vous également.
C'est une bien belle histoire que nous raconte ce château construit en 1598, appartenant à la famille Annereau présente sur ces terres depuis 1390 et dont l'architecture actuelle date de 1912. Le propriétaire Dominique Hessel n'a eu de cesse de faire perdurer le travail entamé. Il a instauré dès 2005 la démarche d'agriculture raisonnée pour finalement obtenir le label Agriculture Biologique dans les années suivantes (Certification Ecocert). D'ailleurs, aujourd'hui, la relève semble assurée, son fils Benjamin l'a rejoint aux commandes. Trois vins

sont conçus au château, le Grand Vin Le Château des Annereaux, le Second Vin le Château des Biscarrats et le vin de bordeaux, l'Ane mort. Le domaine s'étend sur 25 ha, dont 22,7 sont réservés à l'appellation Lalande de Pomerol donc constitué de 85 % de merlot, 11 % de cabernet franc et 4 % de cabernet sauvignon et 2,3 ha à l'appellation Bordeaux, avec 80 % de merlot et 20 % de verdot. L'élevage du vin dure 12 mois en barriques, il est même possible de venir visiter le processus de fabrication, le temps d'une charmante visite guidée. Il est possible d'acheter le vin directement à la propriété, à tarif préférentiel. A noter que le château est régulièrement récompensé.

CAFÉ MICHEL ET TERRA ETICA

5, avenue Louis de Broglie
PESSAC
✆ 05 56 93 13 83
www.cafemichel.fr
contact@cafemichel.coop

Ouvert du lundi au vendredi de 9h à 17h30.

La SCOP Café Michel sélectionne et torréfie traditionnellement des cafés de haute qualité, bio et équitables, dans l'atelier de Pessac, puis il vend ses produits sur place, sur son site internet et dans quelques réseaux de vente bio comme Biocoop, La Vie Saine et Les Nouveaux Robinson. Vous choisirez selon vos goûts entre le Pérou, la Bolivie, l'Ethiopie ou encore le Mexique. Les mélanges sont également d'une rare finesse : doux, équilibré ou corsé. Les amateurs pourront également s'approvisionner en tisane de café vert, qui en plus d'être délicieuse est une véritable potion magique énergisante, drainante et détoxifiante ! La maison propose aussi d'adorables tasses et cafetières et des machines à café automatiques livrées avec un kilo de café et... une tablette de chocolat, miam ! Car outre ses produits caféinés, Café Michel vend des douceurs pour gourmets, chocolats, thés et sucres de la marque Terra Etica. Enfin, n'hésitez pas à visiter en famille l'atelier de torréfaction, pour une expérience gourmande et conviviale !

Restaurants bio

NATURE ET DES COURGETTES

Piscine municipale «Les Bains»
2, rue Carnot
BÈGLES
✆ 05 56 87 94 77
www.natureetdescourgettes.fr
natureetdescourgettes@orange.fr

Ouvert du lundi au samedi de 12h à 14h30. Brunch le dimanche. Prix au poids de l'assiette : 26 €/kg. Desserts : 4 €. Vente à emporter.

Après quelques longueurs, une séance de hammam ou une baignade en famille à la piscine « Les bains » de Bègles, que diriez-vous d'aller manger un bout chez Nature et des Courgettes ? Au sein de la piscine, mais parfaitement accessible si la natation n'est pas votre truc, ce restaurant propose une cuisine faite maison et bio. Marqueur du passé oblige, la grande salle et haute de plafond a su conserver une ambiance Art déco assez caractéristique. C'est dans ce cadre quelque peu original, que tous les midis un buffet froid et chaud au poids de l'assiette est servi. Crudités, tartes de légumes à tomber, dips, poisson... Les recettes hautes en couleur changent avec l'humeur. Toujours est-il que ce jour-là, le guacamole était extra, et que dire de la tarte aux oignons ! Attention à ne pas avoir les yeux plus gros que le ventre. Pour terminer votre repas, les desserts (vendus à l'unité) ont tout bon eux aussi. Chez Nature et des Courgettes, végétariens et végétaliens sont forcément les bienvenus.

CHAT NOIR CHA VERT

47, rue des Faures
BORDEAUX
✆ 05 57 95 93 32

Salon de thé & restaurant bio. Ouvert tous les jours de 9h à 23h (service le midi et le soir). Menus de 16 € à 18 € (sauf soir et week-end). Plats : 13,50 €. CB non acceptée. Chèque Restaurant. Terrasse.

Sur la place Saint-Michel, Chat Noir Cha Vert est à la fois un salon de thé et un restaurant bio (et gourmand). Les habitués ne s'y trompent pas et dès les beaux jours, ils occupent la grande terrasse. Dans un décor original, le chef propose du 100 % fait maison avec des assiettes « santé » qui s'adaptent à tous les types de régimes, carnivores comme végétaliens. Les recettes sont simples à l'image de la salade de falafels, de la brick 4 fromages, du saumon mariné ou du confit de canard. Il y a aussi des assiettes à partager que l'on accompagne souvent d'une boisson fraîche ou d'un thé à la menthe. C'est aussi simple que ça ! L'ambiance est décontractée, ici, on ne fait pas de chichi ici.

LA CUISINE D'HÉLÈNE

44, cours Anatole France
BORDEAUX
✆ 05 56 35 81 03
www.lacuisinedhelene.com
contact@lacuisinedhelene.com

Ouvert toute l'année du lundi au vendredi de 12h à 15h. Sur place ou à emporter. 12 à 15 € environ selon boisson. Buffet au poids : 23 € le kg sur place et 21 € à emporter. Soupe 3 €, accompagnement salé, cakes au sarrasin ou au riz, muffins à partir de 3 €. Desserts de 3,50 € à 4 €. Accueil des groupes (sur réservation). Vente à emporter. Gluten-free friendly et vegan.

Dans ce joli restaurant de pierres blondes, Hélène et Marine régalent les papilles avec des plats sains et savoureux. Produits locaux, végétaux et issus de l'agriculture biologique sont à l'honneur. Chaque midi en semaine, une entrée, un plat et un dessert sont proposés. Ici, pas de formule, mais un buffet dont le prix varie selon le poids : velouté de panais, mafé et riz basmati semi-complet, salade de lentilles corail... Chaque dessert propose des options sans gluten ou sans lactose. Cette formule au poids permet ainsi de réduire le gaspillage alimentaire. Un *doggy bag* est proposé aux clients trop ambitieux. L'engagement d'Hélène ne s'arrête pas l'assiette. Dans une démarche écoresponsable, elle est ambassadrice du label Green Food et s'engage, entre autres, à trier les déchets, revaloriser les déchets organiques et utiliser des produits écologiques pour le nettoyage. Suivons le mouvement !

MUNCHIES
21, rue des Augustins
BORDEAUX
✆ 05 56 21 82 61
munchiesbordeaux@gmail.com

Service continu du lundi au vendredi de 12h à 16h. Ouvert le jeudi et le vendredi le soir en été. Formules de 10 à 15 €. Terrasse. Vente à emporter. Service traiteur.

Munchies est l'un des fast-food végan de Bordeaux qu'il faut connaître, car on y mange bien à petit prix. Melissa vous y accueille en reprenant les codes de la cuisine américaine revisitée à la sauce végane et bio. Tous ses produits proviennent de producteurs locaux. Vous y savourerez des saucisses végétales dans du bon pain boulanger bio à l'huile d'olive, avec des légumes marinés de saison, des coleslaws ou des tartares d'algues. Le rapport qualité-prix est également au top et l'ambiance, cosy et branchée. Le lieu est idéal pour les déjeuners sur le pouce et les goûters. L'été, Munchies ouvre ses portes également le jeudi et le vendredi le soir à 19h. On n'est jamais déçu, tout y est bon !

LE P'TIT CHEZ MOI
46, rue Notre-Dame
BORDEAUX
✆ 05 56 06 47 56
leptitchezmoi.business.site
contact@leptitchezmoi.fr

Ouvert du mardi au vendredi de 12h à 15h ; le samedi de 12h à 17h. Carte : 6 € environ. Vente à emporter.

Le P'tit Chez Moi, un snack-lounge accueillant, propose à l'ardoise des plats 100 % bio, faits maison et le plus souvent végétaux et sans gluten. Il met à votre disposition un buffet au poids, en libre service, ainsi que des tartes salées, des tartinades. Dans le buffet, taboulés, salades de courgettes, coleslaw, quinoa, tzatziki, légumes rôtis… avec un large choix. Tous ces mets sont élaborés sur place et inspirés d'une cuisine du monde. Les herbes, aromates et épices rehaussent la saveur de produits uniquement de saison et issus pour la plupart de la production locale. Vous pouvez, selon votre souhait, consommer sur place ou emporter vos achats. L'ambiance y est très chaleureuse. Vous pourrez prendre place sur un canapé, à la lumière d'une guirlande et vous accorder un moment zen.

LES VAILLANT
4, place Saint-Pierre, BORDEAUX
✆ 07 62 13 87 81
www.lesvaillant.com
hello@lesvaillant.com

Ouvert du mardi au samedi de 12h à 14h et de 19h à 22h30. Carte : 35 € environ. Formule du midi : 21 € (plat du jour à 13 €).

C'est dans le centre historique de Bordeaux que Stéphane et Carl Vaillant ont ouvert leur restaurant. Installé sur la place Saint-Pierre, l'établissement jouit d'une superbe terrasse ensoleillée avec vue sur l'église. L'accueil est particulièrement agréable et soigné. Père et fils proposent une cuisine gourmande et saine, mettant en valeur les producteurs locaux, accompagnée de vins biodynamiques et naturels. Produits frais et de saison, pêche raisonnée… Les Vaillant sont engagés dans une démarche écoresponsable ! Dans l'assiette, les saveurs sont au rendez-vous : c'est beau, bon et copieux. En plus de la carte, tous les jours, le chef propose une formule du midi bio et à prix accessible.

VERY TABLE
51, rue Judaïque, BORDEAUX
✆ 05 56 01 26 97
www.very-table.com
verytable.rest@gmail.com

Ouvert du lundi au jeudi de 9h à 18h ; le vendredi de 9h à 22h. Atelier de cuisine du lundi au jeudi à partir de 16h. Menus de 30 € à 32 €. Formule du midi : 18,50 €. Atelier de cuisine : 70 €/personne. Accueil des groupes. Terrasse. Vente à emporter.

Le Very Table est un restaurant bio gastronomique. Dès que l'on entre dans les lieux, on tombe sur François – ancien de chez Ducasse – derrière les fourneaux de sa cuisine grande comme un mouchoir de poche, et Marion, sa compagne, en salle qui est aussi une excellente pâtissière. Dans cet espace aux murs bruts on se régale d'une cuisine inventive, réalisée à base de produits uniquement bio, de saison, issus pour la plupart du terroir. Tout marche par deux dans le menu et la demi-portion permet de goûter les deux plats... Ce soir-là, le cannelloni de concombre, mini ratatouille, chèvre et basilic rivalisait avec le velouté de carottes, poivrons confits, menthe, petit épeautre et olives noires.

Bébé bio

ÉCO BÉBÉ
9, lieu-dit Migelane, SAUCATS
✆ 09 72 43 86 43 – www.eco-bebe.com

Service clients par téléphone (non surtaxé) du lundi au vendredi de 12h30 à 15h. Commande en ligne uniquement.

Eco bébé est né de la passion d'un couple de parents découvrant des articles de puériculture différents comme les couches lavables ou les écharpes de portage qu'il a utilisées pour ses bébés. Ils ont souhaité partager leur expérience et vous faire découvrir des produits bébé alternatifs, écologiques et originaux. Cette boutique en ligne propose un très large choix de couches lavables et de produits écologiques et biologiques pour bébé. En quelques clics sur son site Internet, vous découvrez des alternatives que vous ne connaissiez même pas comme les voiles biodégradables pour protéger les couches lavables. Le choix de vêtements écologiques est aussi assez impressionnant : chaussons, chaussures, maillots de bain, bottes, écharpes, leggings… Malins les kits ludiques d'apprentissage de la propreté, on ne peut plus s'en passer. Pendant votre grossesse, le site est aussi tout indiqué. Vous trouverez de nombreux soins bio pour votre bien-être.

En plat, le merlu de ligne ultra frais avec son fenouil confit, artichaut, épinards et citron confit avait en face de lui un bœuf mariné à la sauce soja, foie gras poêlé, bouillon au gingembre, légumes nouveaux et ciboulette. Que du plaisir pour les yeux et les papilles ! En dessert le dôme au chocolat et framboises est une petite bombe... Sur place, vous pouvez également prendre des cours de cuisine (2 personnes maxi), déclinés selon des thèmes particuliers.

Mode et bien-être

ART ET NATURE

59, cours pasteur, BORDEAUX
✆ 06 63 43 42 45
mariette.art.nature@gmail.com

Ouvert le mardi de 9h à 12h et de 14h à 21h ; le mercredi de 9h à 14h ; le jeudi et le vendredi de 9h à 19h ; le samedi de 9h à 17h. Coupe énergétique (1h) homme/femme : 75 €. Consultation homme/femme (1h30) : 120 €.

Mariette est une coiffeuse énergétique, comme ses coupes ! Sa pratique, en plus de sa dimension artistique, va agir globalement sur vos cheveux (brillance et souplesse), sur votre corps (via les méridiens) et sur votre esprit au niveau de l'inconscient grâce à un outil de coupe vibratoire et à la mise en pratique de ses connaissances en médecine traditionnelle chinoise. Une pratique Rémi Portrait à découvrir pour se faire sa propre opinion. Pour prendre soin de vos cheveux, Mesdames, Messieurs, Mariette utilise des produits naturels ainsi que des colorations végétales. L'expérience d'une visite chez elle vous réconciliera, c'est certain, avec l'art de la coiffure, ainsi qu'avec vous-même !

MATSAÏ MARA

20, rue du Pas-Saint-Georges
BORDEAUX
✆ 05 57 91 26 45
www.matsai-mara.com
hello@matsai-mara.com

Ouvert le lundi de 13h à 19h ; du mardi au dimanche de 11h à 19h. Appels de 9h30 à 17h. Vente également en ligne sur le site internet.

Les adeptes de mode éthique et bio apprécient cette charmante adresse nichée dans la rue du Pas Saint Georges. Depuis 2008, la créatrice de Matsaï Mara présente dans sa boutique des marques choisies avec soin : Ambrym, Misericordia, Kami Organic ou encore les Fées de Bengale. Les bijoux proposés font leur effet : des joncs avec fil de soie déclinables en plusieurs couleurs, des colliers avec pendentifs qui allient simplicité, finesse et prix raisonnables ! Des créations éthiques par Ombre Caire et Koukos. Et pour parfaire votre tenue, ne manque plus qu'un peu de parfum et de maquillage, là encore, Matsaï Mara s'occupe de tout grâce aux marques bio Butter London, Dr. Hauschka et REN Clean Skincare. Un sans-faute. Le plus : vous pouvez découvrir ces créations en ligne ainsi que leurs prix. Vous pouvez même les commander directement en ligne.

Habitat et jardin

ARBOGA

Prés du restaurant l'Entre-deux-Mers
15 bis, route de Bergerac
CAMARSAC
✆ 05 56 30 15 98
www.arboga.pro
contact@arboga.pro

Ouvert du lundi au vendredi de 9h à 12h30 et de 14h à 18h30. Fermeture la dernière quinzaine d'août.

Si l'enseigne est connue pour sa vente en ligne, elle dispose aussi d'un magasin d'exposition qu'il serait dommage de ne pas découvrir. Pour construire « en accord avec la nature », François et Maxime Bénézet vous proposent, chez Arboga, une approche globale de votre habitation respectant santé et environnement. Les matériaux utilisés sont choisis pour leurs performances, leur durabilité et leurs qualités écologiques. Grâce aux conseils de Maxime et François et à vos propres souhaits, vous pourrez étudier et choisir ensemble les solutions les plus adaptées, le choix des différents matériaux, leur mise en œuvre, leurs performances. Vous pourrez ensuite effectuer une étude chiffrée de votre habitation et enfin sur place, choisir les mises en œuvre les mieux adaptées aux différentes structures, suivant vos besoins, vos moyens, vos envies. Plus futé, chez Arboga, pas de rupture de stock ! Le dépôt de stockage se déploie sur 600 m^2. Bon à savoir, vous pouvez passer directement commande en ligne sur le site www.arboga.fr

HAUTE-VIENNE

Alimentation

LES PERLES DE MONTINTIN

La Chapelle
CHÂTEAU-CHERVIX
✆ 05 55 48 99 82

Vente à la ferme sur rendez-vous. Se renseigner pour l'autocueillette. Journées découverte Bienvenue à la ferme.

Ce sont des jolies petites perles rouges et parfumées, qui ne servent pas à faire des colliers, mais de succulentes confitures, cuites de façon artisanale dans un chaudron en cuivre. Dans sa ferme biodynamique et biologique, Céline Leyssenne-Lespagnol produit fraises, framboises, groseilles, cassis, mûres, qu'elle transforme ensuite sur place en nectars, coulis et surtout en nombreuses variétés de confitures extra. Il est aussi possible de déguster ces fruits tout juste cueillis, et de participer à la cueillette. Des potimarrons sont aussi disponibles à l'automne. Adhérente au réseau Bienvenue à la ferme, des visites de la plantation et du laboratoire sont au programme lors des journées portes ouvertes. On retrouve Céline et ses perles sur les marchés et foires bio de la région dont vous trouverez la liste et le calendrier sur son site internet ainsi que dans divers magasins qui y sont également indiqués. Elle collabore également avec l'association locale le Panier de Germaine.

HUILERIE ARTISANALE IN-FINÉ
La Réserve – Le Petit Tuquet
LA ROCHE-L'ABEILLE
✆ 06 50 55 76 63 – www.huilerieinfine.com
Vente directe à l'huilerie et dans différentes boutiques bio de la région (voir la liste sur le site). Possibiliter de commande en ligne et d'expédition.
Huile de noix, de noisette, d'amande, de pistache, de chanvre ou de sésame... voilà quelques-unes des spécialités de l'huilerie In-Finé. Ouvert au cours de l'été 2015, l'établissement propose une gamme d'huiles vierges biologiques première pression à froid aux saveurs étonnantes et aux qualités nutritionnelles d'exception. Toutes les matières premières sont bio et une grande partie d'entre elles, comme le colza, le tournesol ou la cameline, a été produite localement. En écolo convaincu, Pierre-Louis Lacore a aussi fait le pari du zéro déchet. Ainsi, les résidus issus du système de pressage sont réutilisés pour faire d'un côté des farines de tourteaux – un régal pour vos pâtisseries ! – et de l'autre des compléments alimentaires pour les animaux. A noter : le meunier propose aussi des sachets de graines et de fruits torréfiés ou encore des huiles cosmétiques, comme celle de nigelle.

PLANÈTE NATURE
15, rue Hoche, LIMOGES
✆ 05 55 79 77 26
www.planete-nature-limoges.fr
Ouvert du lundi au samedi de 10h à 19h.
Avec trente années d'expérience, Planète Nature est un pionnier de la distribution des produits biologiques à Limoges. Situé dans une rue discrète entre la place Carnot et la place Marceau, ce magasin compte 8 000 références bio et écolo pour répondre à tous vos besoins alimentaires, hygiéniques et domestiques. Ses primeurs, pains au levain, son miel, ses céréales et autres produits laitiers y sont sélectionnés le plus localement possible. Lentilles, riz, pois chiches, fruits secs... peuvent s'acheter en vrac. Un rayonnage est réservé aux produits sans gluten, un autre plutôt conséquent aux cosmétiques. Bébé y possède aussi sa gamme. Les produits d'entretien sont à base végétale, respectueux de l'environnement et biodégradables. Outre les marques classiques que l'on trouve dans tous les magasins verts, nos coups de cœur vont aux cafés Michel et ceux du Centre de caféologie de Bordeaux, aux tisanes Le Jardin du Centaure, aux savons de Solignac Douce Nature, aux céréales Grillon d'Or, et à la très belle gamme des Jardins de Gaia (idéale pour offrir). On peut aussi y rencontrer régulièrement les producteurs. Le plus : on vous propose désormais la livraison à domicile !

LE RELAIS FERMIER
15, avenue de la Libération
RILHAC-RANCON ✆ 05 44 20 24 63
www.le-relais-fermier.jimdo.com
Ouvert le vendredi de 15h30 à 19h30. Sauf jours fériés. Caissettes à réserver entre 11,50 € et 18 €. Drive.
Le Relais fermier est le magasin de 4 producteurs bio qui se sont regroupés. On y trouve de la viande sur commande (porcs, bovins de la ferme de Panlat à Rilhac-Rancon) ou sur place sans commande, de la viande de mouton de Saint-Ouen sur Gartempe (Aude de Roffignac), ainsi que des œufs et des légumes d'Ambazac (Olivier Breuil), des plantes aromatiques et médicinales du Domaine du Mazet (Aude de Roffignac). Le magasin propose également d'autres produits issus d'autres producteurs bio et locaux : jus de pomme, bière, miel, volailles, pain et, depuis peu, du fromage. Désormais, tous les vendredis, vous pouvez y récupérer, sur commande préalable, des paniers de viande (agneau, bœuf, porc). Pour cela, il vous suffit de remplir en ligne votre commande directement sur le site internet.

MA CUEILLETTE BIO
10, rue de grateloube
SAINT-JUST-LE-MARTEL
✆ 06 85 39 87 42 – www.marecoltebio.fr
contact@marecoltebio.fr
Livraison possible (frais de livraison offerts). Panier bio petit format à partir de 15 €. Grand Format à partir de 28 €.
Le Panier Ma Cueillette Bio est une AMAP de fruits et légumes bio. Rien de plus simple pour commander votre panier. En quelques clics, votre panier Bio est commandé. Il ne vous reste plus qu'à aller le chercher chez un des commerçants partenaires à Limoges et aux alentours (Isle, Couzeix, Feytiat, Panazol, Saint-Just-le-Martel). Vous en trouverez le détail sur le site internet. Vous avez le choix entre 2 formules : Récolte ou Cueillette. Avec la Récolte, vous précommandez 4 paniers Bio. Ces derniers vous sont livrés au rythme que vous choisissez. L'avantage ? Vous pouvez en moduler le contenu ! Les fruits et légumes Bio proposés changent toutes les semaines pour suivre les récoltes de vos producteurs. Mais on peut également commander à l'unité ou en duo ratatouille, œufs (par 6), melons, pâtes, lentilles vertes... Tous ces produits sont bio et locaux.

Restaurants bio

ADÈLE BISTRO
55, rue Montmaillet, LIMOGES
✆ 09 87 78 04 40
Ouvert du lundi au samedi le midi. Réservation recommandée. Plat du jour 10,50 € ; Formules (entrée-plat ou plat-dessert) 14,50 €, (entrée-plat-dessert) 16 €. Chèques non acceptés.
Adèle Da Costa prépare une cuisine traditionnelle française simple, mais délicieuse. Elle utilise des produits bio et de saison. Le restaurant, qui a déménagé en 2018 au 55 rue Mont maillet, vous accueille dans une salle moderne claire à la décoration minimaliste garnie d'un mobilier de tables noires et de confortables sièges beiges. L'ambiance y est cosy. L'accueil est chaleureux et le service efficace ; on se régale avec une bavette au bleu ou un feuilleté de poisson, de la blanquette de cabillaud ou des frites maison. En dessert, des douceurs classiques bien réalisées : baba au rhum, pain perdu... Une bonne adresse de plats faits maison où il est prudent de réserver.

Mode et bien-être

LE JARDIN DE PROVENCE
7, place du Poids-Public
LIMOGES
✆ 05 55 77 49 43
Ouvert le lundi de 10h à 12h et de 14h à 19h ; du mardi au samedi de 9h à 12h30 et de 13h30 à 19h.

Créé en 1997 par Daphné Samit, ce magasin propose des produits d'entretien naturels pour la maison ainsi que des produits d'hygiène ou des cosmétiques sains ou bio. La gamme Florame est représentée avec ses huiles essentielles utilisées en parfums d'ambiance, en aromathérapie, ses cosmétiques bio, ses savons et autres produits de soin. On trouve aussi des bougies dans cette jolie petite boutique engagée dans le commerce équitable, ainsi que des produits diététiques naturels.

LANDES

Alimentation

LES 4 SAISONS

488, place Aristide-Briand
PEYREHORADE
✆ 05 58 97 22 79
www.les4saisonspeyrehorade.fr
les4saisons@gmail.com
Ouvert du mardi au samedi de 8h30 à 12h30 et de 15h30 à 19h. Livraison possible.

Sur une idée d'Aldiana, *Les 4 saisons* est une épicerie familiale qui offre la possibilité de s'approvisionner facilement en produits locaux. En clair : « de consommer plus simplement ». *Les 4 saisons* vous permet ainsi de faire le plein de fruits, légumes, viande et fromage. Sans oublier la petite épicerie pour répondre à vos besoins. Directement approvisionné par des producteurs locaux, l'établissement souhaite vous offrir le meilleur de son terroir dans un rayon de 50 km (Port-de-Lanne, Tartas, Saint-Lons-les-Mines, Biarrotte, etc.). En collaboration avec des producteurs des Landes et du Pays basque, vous aurez accès toute l'année à des produits de saison issus de l'agriculture raisonnée et de l'agriculture biologique à des prix accessibles à tous ! Outre les fruits et légumes du terroir, vous y trouverez un rayon vrac avec la possibilité d'acheter de l'huile, une large gamme de produits laitiers, un grand choix de produits provenant de la boulangerie bio et artisanale de Cauneille et aussi de nombreuses farines. Retrouvez les goûts des saveurs d'antan !

BIO PAYS LANDAIS

Le panier biologique
293, rue du pays de Gosse
SAINT-GEOURS-DE-MAREMNE
✆ 05 58 77 73 38
www.bio-pays-landais.com
biopayslandais@bio-pays-landais.com
Ouvert du lundi au vendredi de 7h30 à 17h30 ; le samedi de 7h à 13h. Commande et paiement sécurisés en ligne. Livraison & drive. Paniers composés de 9 € à 29,99 €.

Créée en 1999, la SICA Bio Pays Landais regroupe plus de 60 producteurs de fruits et légumes d'Aquitaine et Midi-Pyrénées certifiés en agriculture biologique dont 20 sont sociétaires de la SICA. Ouvert en décembre 2016, le Panier Biologique est un drive vous permettant de venir chercher votre commande faite sur le site Internet. Pour cela, rien de plus simple ! Vous devez seulement créer un compte, puis choisir votre panier : « ACE » (carottes, oranges, citrons), « gratin » (patates douces, pommes de terre, chou-fleur...), « bébé », « accompagnements » (bocal de petits pois et carottes, sachet de lentilles, de haricots, de quinoa...), familiale », « duo », etc. Côté légumes, ils sont facturés à la botte, à l'unité ou au poids. Le panier biologique, c'est aussi une épicerie où vous trouverez des fruits secs, des huiles, du miel, des œufs, des légumes secs, de la confiture, de la farine, de la sauce tomate, des jus de fruits... 2 heures plus tard, vous pouvez venir chercher votre commande. Et toujours de saison !

VRAC AND BIO

Résidence Les Marronniers Bat A Place de la Mairie
TOSSE
✆ 09 73 52 24 33
contact@vracandbio.com
Du lundi au samedi de 9h à 19h30. Le dimanche de 8h30 à 12h30.

Vrac and Bio se situe au centre-ville de Tosse. C'est une épicerie de produits bio vendus en vrac. Ses produits sont pour la plupart en provenance de la région dans un rayon d'environ 200 km maximum. De quoi vous nourrir sainement sans « nourrir » votre poubelle. Il s'agit également d'un lieu d'échanges, où l'on peut se restaurer avec des produits de saison faits maison ou simplement se poser pour déguster une pâtisserie tout en lisant. A signaler que cet établissement organise aussi des ateliers pour adultes et enfants autour de la thématique Zéro-déchet (calendrier de l'Avent en *up-cycling*, création de produits d'entretien...).

Mode et bien-être

HUMAN & TEE

5346, route de la gare
BÉNESSE-LÈS-DAX
✆ 06 43 04 21 69
www.humanandtee.com
contact@humanandtee.com
Boutique en ligne. Livraison offerte dès 55 €.

Considérez que les vêtements sont votre seconde peau et que vous portez une seconde peau synthétique, potentiellement à base de produits chimiques depuis votre naissance ? C'est exactement le postulat de Human & Tee. C'est pourquoi on vous propose, sur la boutique en ligne, des vêtements 100 % bio, labellisés par plusieurs organismes certificateurs, mais également détenteurs du label « air wear foundation », pour une fabrication textile éthique et respectueuse de l'humain. Cette entreprise a développé une ligne de vêtements pour toute la famille, aux coupes simples et élégantes, sobres et confortables.

LOT-ET-GARONNE

Alimentation

L'OASIS DE MALARTIC

Lieu-dit Malartic
BAZENS
✆ 06 46 36 17 36
loasisdemalartic.jimdo.com
loasisdemalartic@gmail.com

Retrait à la ferme le jeudi soir entre 17h et 19h ou à l'AMAP du Florida à Agen le mardi soir. Pour un autre point de livraison prendre contact. A partir de 12,20 € le petit panier à 25 € le grand panier sans abonnement. Réductions si abonnement.

Créée en 2016 dans le petit hameau de Malartic près de Bazens, cette ferme est gérée par Marielle, maraîchère qui cultive tous ses fruits et légumes (de saison) à la main, selon les principes de l'agroécologie. Trois tailles de paniers sont proposées : le petit panier de 2 à 4 kg, le panier moyen de 4 à 6 kg avec, par exemple en juin, un bouquet d'aromates, une botte de carottes, une botte de radis, une botte de navets, un concombre, 800 g de courgettes, deux fenouils, un kilo de pommes de terre nouvelles, une laitue, 400 g de petits pois.

Et le grand panier, de 6 à 8 kg de produits. Deux abonnements, l'un de 10 semaines et l'autre annuel (40 semaines) sont proposés, plus avantageux. Sinon, le panier est toujours disponible à l'unité avec une commande à passer avant le dimanche soir pour la semaine à venir. Règlement à la livraison, en chèque ou en espèces. Authenticité des produits garantie !

BIOCOOP PRÉ VERT BOÉ

22, avenue de la Capelette
BOÉ
✆ 05 53 47 57 02
www.biocoop-lot-et-garonne.fr
contact@biocoop-prevert.fr

Ouvert du lundi au samedi de 9h30 à 20h.

Petit frère de celui d'Agen, le magasin Pré Vert Boé, appartient lui aussi au réseau Biocoop, premier réseau de magasins bio en France. Sur 300 m^2, vous y trouverez un large choix de produits naturels issus de l'agriculture biologique et du commerce équitable, ainsi qu'une large gamme d'éco-produits. Fruits et légumes de saison, épicerie, produits de beauté et d'entretien, cave, crèmerie...

Comme dans tout magasin Biocoop, l'accent est mis sur la proximité des fournisseurs, le respect de l'environnement et des producteurs et la responsabilisation des consommateurs. Le Petit Futé aime bien le rayon « vrac » qui permet d'acheter la quantité de produit dont on a besoin et de réduire les emballages. Le magasin Pré Vert est une société coopérative et participative (SCOP), c'est-à-dire que ce sont les salariés qui détiennent le capital. Ils sont donc maîtres de leur entreprise tout comme le « consomm'acteur » est maître de sa consommation.

BIOCOOP PRÉ VERT AGEN

6, impasse de Trignac
CASTELCULIER
✆ 05 53 96 42 71
www.biocoop-lot-et-garonne.fr

Ouvert le lundi de 13h à 19h ; du mardi au vendredi de 10h à 19h ; le samedi de 9h à 19h.

Le magasin Pré vert d'Agen, tout comme son petit frère de Boé, appartient au réseau Biocoop, premier réseau de magasins bio en France. Vous y trouverez un large choix de produits naturels issus de l'agriculture biologique et du commerce équitable, ainsi qu'une large gamme d'éco-produits. Fruits et légumes de saison, épicerie, produits de beauté et d'entretien, cave, crèmerie... Comme dans tout magasin Biocoop, l'accent est mis sur la proximité des fournisseurs, le respect de l'environnement et des producteurs et la responsabilisation des consommateurs. Le Petit Futé aime bien le rayon « vrac » qui permet d'acheter la quantité de produit dont on a besoin et de réduire les emballages. Le magasin Pré Vert est une société coopérative et participative (SCOP), c'est-à-dire que ce sont les salariés qui détiennent le capital. Ils sont donc maîtres de leur entreprise tout comme le « consomm'acteur » est maître de sa consommation.

BIOCOOP LE MARMANDAIS

ZAC de la Plaine
8, rue Einstein
MARMANDE
✆ 05 53 20 84 43
marmande.biocoop.net
biocoopmarmande@gmail.com

Le magasin Biocoop du Marmandais vous accueille dans un bel espace moderne, et vous propose des produits labellisés bio ainsi qu'un vaste choix d'éco-produits. Vous y trouverez des produits frais comme des fromages, des fruits et légumes frais ou secs, des céréales, des compléments alimentaires et des produits cosmétiques bio. Il y a même un espace réservé aux produits d'entretien certifiés. Le magasin est membre du réseau Biocoop qui est engagé dans la défense d'une agriculture biologique, paysanne et de proximité. L'équipe travaille avec des producteurs locaux, comme les vignerons du domaine Les Hauts de Riquet à Baleyssages (AOC Côtes-de-Duras), la ferme écologique du Chaudron Magique à Brugnac, le Potager du Bio'Heur à Montpouillan ou encore le GAEC des flots blancs. C'est un commerce responsable, tout comme le consommateur, acteur de sa consommation « durable ».

VITAMONT

ZA. Fon de Pommier
MONFLANQUIN
✆ 05 53 36 50 63
www.vitamont.com
vitamont@vitamont.com

Ouvert du lundi au vendredi de 9h à 18h.

Au pied de la bastide de Monflanquin, il est une usine qui produit des jus et des boissons 100 % Bio. La société Vitamont est engagée dans une démarche bio pour la production et l'embouteillage de purs jus de fruits et légumes. Située au cœur des vergers du Lot-et-Garonne, c'est auprès des agribiologistes de Nouvelle-Aquitaine que Vitamont s'approvisionne et presse jusqu'à 2 000 tonnes de fruits et légumes bio par an pour embouteiller 6 millions de bouteilles. Pas d'additif, pas d'ajout de sucre, les fruits et légumes sont simplement pressés sans filtration du jus. Après la mise en bouteille Vitamont utilise la technique de la flash pasteurisation afin de mieux conserver les qualités gustatives et nutritionnelles des jus. La gamme des produits Vitamont est extra-large, elle comprend les jus de fruits, les jus de légumes, des smoothies, des nectars, des boissons comme la limonade ou le cola bio et des sirops... Vous pourrez retrouvez tous les jus et boissons de Vitamont chez les revendeurs bio comme certains magasins Biocoop mais pas seulement.

FROMAGERIE DE LA LEMANCE

Z.A. du Haut-Agenais
MONTAYRAL
✆ 05 53 41 74 06
www.fromagerie-lalemance.com
lalemance@wanadoo.fr

Ouvert du lundi au vendredi de 9h à 12h30 et de 14h à 18h. Attention, fermeture à 17h le vendredi.

La fromagerie de la Lémance fabrique des fromages à base de lait de vache, de brebis ou de chèvre. Elle est depuis avril 2016 associée à la laiterie de la Lémance installée en Vendée, au Vendéopole de la Verrie. Toute la production porte le label Agriculture biologique. La majeure partie des fromages sont des fromages de chèvre : c'est ainsi que vous pourrez goûter au crottin, à la bûche et au cabretin... Des fromages oubliés remis au goût du jour grâce au savoir-faire d'anciens maîtres fromagers réputés. La réputation des fromages de la Lémance a dépassé nos frontières : une bonne partie de la production est vendue en Allemagne, en Espagne et même en Angleterre. Pas besoin d'aller si loin en chercher, vous trouverez les fromages de La Lémance dans les cinq magasins Biocoop du département (Agen, Boé, Marmande, Nérac et Port-Sainte-Marie), mais aussi sur place à Montayral où une boutique propose les fromages de la gamme normale ainsi que des déclassés (pour défaut de forme, par exemple) à un tarif très intéressant !

BIOCOOP L'ALBRET VERT

Z.A. de Larrousset
Route de Condom
NÉRAC
✆ 05 53 97 27 18
www.biocoop-nerac.fr
biocoopnerac@gmail.com

♿

Ouvert le lundi de 15h à 19h ; du mardi au vendredi de 9h30 à 13h et de 15h à 19h ; le samedi de 9h30 à 13h et de 14h30 à 18h. Magasin généraliste de produits bios et locaux, rayons frais viandes et fromages, vrac et pains.

L'Albret Vert appartient au réseau Biocoop ; on peut y acheter des produits certifiés bio, mais également choisis parmi les producteurs locaux et dans un pays aussi séduisant que le Lot-et-Garonne, ils sont nombreux ! Les rayons frais le prouvent avec crèmerie et de belles spécialités de fromages, de chèvre notamment, de la viande dont un nouvel éleveur de porc, fruits et légumes – avec l'accent mis sur leur saisonnalité...Vous retrouvez les produits régionaux à travers des conserves, mais aussi le rayon des produits secs vendus en vrac, récemment agrandi : céréales, pâtes, riz, fruits secs, pois cassés, haricots, lentilles... Il permet de réduire les emballages. Retrouvez en rayon les pains frais, dont un issu d'un paysan-boulanger local, viennoiseries et pâtisseries fabriqués avec des farines bio, et aussi des produits de cosmétique, d'hygiène et des produits ménagers respectueux de l'environnement. Notez qu'il existe un rayon librairie. Une équipe à l'écoute saura vous conseiller lors de votre visite et de vos achats.

BIOCOOP GAIA

Le Ponchut RD 813
PORT-SAINTE-MARIE
✆ 05 53 66 77 47
www.biocoop-gaia.fr
biocoopgaia@orange.fr

Ouvert le lundi de 14h30 à 19h ; du mardi au jeudi de 9h à 13h et de 14h30 à 19h ; le vendredi et le samedi de 9h à 19h.

Le magasin est géré depuis sa création sous forme de coopérative par une équipe rassemblée par des valeurs communes. En tant que membre du réseau Biocoop, le magasin s'engage dans le respect d'une charte commune en soutenant le développement de l'agriculture biologique et équitable, en partenariat avec les groupements de producteurs. Les produits sont rigoureusement sélectionnés par le réseau et ils répondent aux cahiers des charges de l'agriculture biologique, commerce équitable et écoproduits. Situé près du village de Port-Saint-Marie, au cœur d'un bassin de production, les achats en direct des producteurs locaux sont privilégiés. Chez Gaïa, vous trouverez un grand choix de fruits et légumes frais de saison, une large gamme de céréales, légumineuses, fruits secs et biscuits en vrac, un bel assortiment de cafés en grain (moulu sur place), thés en vrac, pains frais (livraisons quotidiennes par boulangers locaux). épicerie, fromages, crèmerie, charcuterie, produits frais à base de soja, jus de fruits, vins, etc. Egalement, librairie, idées cadeaux, produits d'entretien, compléments alimentaires, soins corporels, et conseils nutritionnels....

FERME BIO DE NICOY SUD

Lieu-dit Villes
Nicoy Sud
PUJOLS
✆ 06 87 43 44 32
www.ferme-bio-de-nicoy.fr
contact@ferme-bio-de-nicoy.fr

Vente et visites à la ferme : mardi et vendredi de 17 à 19h. Volailles à réserver avant le mercredi 16h. Tous les dimanches sur le marché de Pujols de 9h à 13h (il est conseillé de résever pour les poulets). Visites sur rendez-vous le samedi.

Depuis 1969, Cathy et Michel Artisié travaillent en agriculture biologique. Petit Futé a beaucoup apprécié sa visite à la ferme située dans la verte vallée du Mail à Pujols. Des poulets dodus et peu farouches sont venus l'accueillir avec curiosité avant d'être rejoints par les maîtres des lieux. C'est un réel plaisir d'écouter Cathy et Michel présenter leurs produits et parler de leur travail. Dans la toute petite boutique ouverte 2 soirs par semaine, vous pourrez trouver leurs poulets cuisinés, transformés en pâtés, rillettes, en gelée, mais également des œufs, des farines de blé, seigle, sarrasin, lentilles (demandez donc à Cathy la recette des financiers à la farine de lentilles !), des pâtes alimentaires, des huiles (tournesol, colza, cameline, lin, carthame) et des légumes secs (lentilles, pois chiches). Ils proposent également des poulets rôtis le dimanche matin au marché de Pujols. Cathy et Michel approvisionnent aussi en farine la boulangerie bio Lo Pan del Puech à Saint-Quentin-du-Dropt. Une adresse 100 % bio.

■ LO PAN DEL PUECH
Le Bourg
SAINT-QUENTIN-DU-DROPT
✆ 05 53 36 04 55
www.lopandelpuech.blogspot.fr
lopandelpuech@yahoo.fr
Ouvert le lundi, le mardi et le vendredi de 18h à 20h ; le mardi de 8h à 13h. Présent sur les marché bio de Villeneuve-sur-Lot, place d'Aquitaine le mercredi matin et d'Agen, place des Laitiers, le samedi matin,.
Lo Pan del Puech, c'est « le pain de la colline » en occitan, un pain bio fabriqué à l'ancienne et cuit au four à bois par Laurent Pouget. Laurent a pas mal bourlingué, notamment aux Etats-Unis où il a travaillé pendant plusieurs années, avant de venir s'installer dans le petit village de Saint-Quentin-du-Dropt. Il y reprend l'ancienne boulangerie, équipée d'un four en briques réfractaires chauffé directement au bois et décide de faire du pain bio. Joli programme dans lequel cet homme passionné se lance avec énergie. Il travaille avec des agriculteurs locaux certifiés bio : le domaine de Nicoy à Pujols, la ferme de Priedieu à Bournel, le domaine de Rouquet à Galapian et le domaine de Boussac à Bazens. Sensible à la problématique de l'intolérance au gluten, il emploie des variétés de blé à moindre teneur en protéines, effectue un pétrissage doux et une fermentation longue au levain naturel. Résultat : des pains à haute valeur nutritive et au goût unique. Dernière création en 2020 : le nordique, un pain 100 % seigle et graines de courge grillées, fermentation lente de 20h au levain naturel. Conseil Futé : venez l'un des soirs d'ouverture dès 18h « à la sortie du four ».

■ BIOCOOP CHAMP LIBRE
401, avenue de Bordeaux
VILLENEUVE-SUR-LOT
✆ 05 53 01 95 76
https://biocoopchamplibre.biocoop.net
biocoopchamplibre@gmail.com
Ouvert du lundi au vendredi de 9h30 à 13h et de 15h à 19h ; le samedi de 9h30 à 19h.
Le magasin Biocoop Champ Libre de Villeneuve-sur-Lot vous accueille dans un cadre clair et convivial. Vous y trouverez des produits issus de l'agriculture biologique, des produits locaux et de saison, un large choix de fruits et légumes, du fromage à la coupe dont de nombreuses AOC et du pain frais sans oublier le rayon vrac : céréales et fruits secs au détail (économique et écologique !). Biocoop Champ Libre dispose également d'un rayon épicerie conséquent, toute une gamme sans gluten, des laits végétaux, un rayon frais et surgelés, mais aussi une gamme de compléments alimentaires, d'huiles essentielles et cosmétiques, des produits d'hygiène et d'entretien pour la maison. Emilienne et Laurent, les gérants, sont très impliqués dans la « consomm-action » et organisent des animations régulières avec, notamment de fréquentes expositions d'artistes. Pour un moment de détente et de partage, la magasin offre un café ou un thé lors de vos visites.

Restaurants bio

■ AU P'TIT BONHEUR
Quartier des cinémas
Place du Pin
AGEN
✆ 05 53 96 72 63
contact@brasserie-populaire.fr
♿
Ouvert toute l'année. Tous les jours de 12h à 22h. Réservation recommandée. Carte : 12 € environ. Formule du midi : 14,90 € (entrée et plat ou plat et dessert. 16,90 € entrée, plat et dessert. 12,90 € plat du jour seul. 6 € entrée ou dessert seul). Vin au verre. Chèque Restaurant. Terrasse.
Référence agenaise installée au pied des cinémas, chaleureuse et design, cette brasserie dite populaire séduira les papilles des amateurs de circuits courts et de mets biologiques. a sa tête, une figure bien connue dans la région. Ancien responsable du cinéma Carnot, organisateur d'événements festifs, mais également musicien reconnu, Yan Douady a encore une fois réussi ce nouveau pari en mettant à l'honneur la richesse du terroir lot-et-garonnais. Avec sa compagne Julie Modat, il a créé un lieu simple, familial en bref : épicurien. Des soupes du jour alléchantes comme ce velouté de lentilles avec crème montée vanille et 4 épices aux plats du jour qui le sont tout autant, comme ce poulet coco ou ce wrap d'omelette aux épinards et béchamel pour les végétariens, tout est confectionné avec les produits estampillés bio. Les saisons sont mises à l'honneur et vous pourrez par exemple déguster le bœuf bio gras de Bazas sous toutes ses coutures (tartare, bourguignon, côte, entrecôte, faux-filet). Petit plus : le service est ici souriant et assez causant et des tables à langer permettent d'accueillir facilement les familles. La maison dispose également d'un joli choix de vins parmi lesquels les chouchous du Futé : un Domaine de Michelet (buzet bio), mais aussi La Pie Colette ou La Grange aux Garçons (Duras). La bière bio lot-et-garonnaise (blonde ou ambrée) est également disponible en pression. Aux beaux jours, la large terrasse permet de profiter de la chaleur lot-et-garonnaise, du ciel à l'assiette.

■ **LE CAFÉ CANTINE**
3, rue de la Convention
VILLENEUVE-SUR-LOT
✆ 09 86 15 73 73
www.benevoles47.jimdo.com
les_benevoles_du_47@yahoo.fr
Ouvert toute l'année. Du jeudi au samedi le midi. Pour le café et/ou les animations, ouverture possible tous les jours de la semaine, du matin jusqu'au soir, selon la disponibilité des bénévoles. Réservation recommandée. Menu complet (entrée + plat + dessert) : 12 € pour les adhérents à l'association/14 € pour les non adhérents ; entrée + plat ou plat + dessert 10 €/12 € ; plat seul : 8 €/9 €. CB non acceptée. Animations. Salon de thé.
Bio, local, solidaire... difficile de résumer en quelques mots le Café Cantine ! C'est à la fois un lieu de rencontre et de partage, d'initiatives, de pratiques alternatives où l'on vient pour déjeuner ou prendre une boisson et un gâteau, pour suivre des cours de cuisine, des ateliers économiques (création de produits d'hygiène, de beauté, ménagers...), pour assister à des concerts, des rencontres et débats... Bref, un lieu à part ! Porté par des membres de l'association Les Bénévoles du 47, le Café Cantine a aussi pour objectif de rendre accessible la nourriture saine et de faire la promotion des produits locaux. On vous y propose une cuisine familiale et généreuse, où tout est fait maison avec des produits bio et majoritairement locaux ou issus du commerce équitable. Tous les midis, vous avez un choix entre 2 entrées, 2 plats chauds, dont un végétarien, et plusieurs desserts. Ce jour-là, le rougail est ainsi proposé avec ou sans viande. Petit Futé a particulièrement apprécié le café gourmand avec une belle sélection des desserts du jour dont une délicieuse tarte chocolat-banane. Le cadre est agréable et lumineux, l'ambiance conviviale et l'accueil et le service sont d'une très grande gentillesse. Pensez à réserver, c'est souvent complet !

PYRÉNÉES-ATLANTIQUES

Alimentation

■ **FERME LA CLÉ DES CHAMPS**
625, chemin de Falay
CASTEIDE-CANDAU
✆ 06 79 43 35 47
contact@givres-des-pres.fr
Prendre la direction de Casteide-Candau.
Juillet et août, du lundi au samedi de 14h30 à 18h30. Fermé le dimanche et jours fériés. Le reste de l'année les mercredi et vendredi de 14h30 à 18h30. Le samedi de 10h à 12h et 14h30 à 18h30. Possibilité de rendez-vous. Contact téléphonique ou mail : Jean-Louis LAFITTEAU. Vente sur les marchés et dans de nombreux points de vente locaux.
Cette ferme laitière labélisée Agriculture biologique est née de l'association de quatre agriculteurs ayant une passion commune pour l'élevage bovin de qualité. Leurs vaches laitières sont nourries à l'herbe et aux céréales de la ferme et logées dans une étable en bois. Lancée en 2010, leur gamme de produits, tous élaborés sur place, vise les circuits courts. Ils vous proposent du lait, de la crème, des pâtisseries et des glaces qu'ils valorisent eux-mêmes. Vous pourrez les retrouver sur différents marchés locaux de la région et dans les magasins Point Vert de Lescar, Morlaàs, Soumoulou, Coarraze, Nay, Idron, Oloron... Sur place, ils accueillent aussi des centres de loisirs et des écoles, car leur ferme se veut pédagogique. Des ateliers peuvent même être organisés sur place. Un passage à la ferme qui permet de découvrir les coulisses d'une vraie production bio !

© Julief514 - iStockphoto.com

Marché bio de Pau

Il se tient tous les mercredis et les samedis de 8h à 12h30, sur la place du Foirail de Pau. Un espace convivial et coloré, émanation de l'association du Marché biologique de Pau qui s'est donné pour objectifs de promouvoir l'agriculture biologique, de contrôler les exposants, d'animer la halle, de favoriser l'entraide. Si vous souhaitez adhérer au marché bio, il suffit de vous adresser à un producteur qui recueillera quelques informations vous concernant ainsi que votre participation. Bien entendu, les consommateurs peuvent remplir leur panier de bons fruits et légumes, de pains et de fromages, de miels et de vins, de viandes et de volailles, le tout estampillé bio, sans être adhérents à l'association. Mais c'est un plus ! A noter que l'association a décidé de renommer ce marché Le Marché Bio de Billière, sans rien changer d'autre.

■ CHÂTEAU PEYROS
9, chemin du Château
CORBÈRE-ABÈRES
✆ 05 59 68 10 51
contact@maisonleda.fr
Ouvert sur rendez-vous.
C'est en 1999 que Jean-Jacques Lesgourgues reprenait cette magnifique propriété, ancien couvent du XVIe siècle. Depuis 20 ans l'entreprise familiale Lesgourgues (3e génération) n'a eu de cesse de mettre en valeur son domaine. Fervents adeptes de la culture raisonnée, ils ont réduit l'utilisation de produits de traitement de plus de 40 % depuis que la Famille Lesgourgues est à la tête de la propriété. Autant d'efforts sont aujourd'hui récompensés par de nombreuses médailles et citations élogieuses. Le vin frais, aromatique, bien structuré du Château Peyros doit laisser le temps au temps pour encore plus d'épanouissement. A déguster : le Vintage 2007 cité dans de nombreux guides et honoré de médailles !

■ ONA'TA BIO
ZAC Ordokia
ITXASSOU / ITSASU
✆ 05 59 93 85 64 – onatabio@gmail.com
♿
Ouvert du lundi au samedi de 9h à 13h et de 15h à 19h30 ; le dimanche de 9h à 13h. Terrasse (café et thé à 1 €), salades composées, jus de fruits avec les produits de saison « abîmés ». Livraison possible (aux alentours). Monnaie locale Eusko acceptée. Chèques cadeaux Pays Basque au cœur. Parking gratuit.
Elles l'ont rêvé, elles l'ont fait ! Chantal et Fabienne ont ouvert la première épicerie bio du village à deux pas du centre d'Itxassou. Et depuis 2017, clients locaux et de passage viennent découvrir l'établissement. De la pastèque au spray solaire, tout est bio : légumes, fruits, produits laitiers, fromages, épicerie, vins, produits cosmétiques, compléments alimentaires, etc. Egalement un rayon vrac et le développement du 0 déchet – shampoings et dentifrices solides –, et une livraison de pain le lundi et le jeudi – avec très bientôt du sans gluten – . Cette petite épicerie a tout d'une grande. Les producteurs locaux ont ici une belle vitrine pour promouvoir les saumons, yaourts, fromages de vache... et les bières Arrobio. C'est le succès assuré grâce à leur volonté et leur dynamisme dans le développement du circuit court.

■ BIO BÉARN
41, rue Fouchet
PAU
✆ 05 59 13 81 81
www.sedona.bio/pau
pau@sedona.bio
Ouvert du lundi au samedi de 9h à 19h30. Magasin avec 6 000 références bio, rayon frais, rayon surgelés. Produits d'entretien, cosmétiques et d'hygiène. Nouveauté : espace bien-être et santé avec conseillers spécialisés.
Les adeptes du bio et des produits issus de l'agriculture locale connaissent bien ce magasin : depuis 1992, Bio Béarn est le spécialiste dans ce domaine et même un des précurseurs. Aujourd'hui ce ne sont pas moins de 6 000 références qui représentent une manière de vivre et de consommer, une diversité qui, doublée de la qualité, a bâti le succès de l'enseigne. Vous êtes ici dans la même représentation qu'un supermarché conventionnel sauf que, vous l'aurez compris, tout est bio ! On apprécie le large choix des fruits et légumes, dont la crème des récoltes régionales, des produits frais comme la viande, la charcuterie, le lait et le tout nouveau rayon fromages à la coupe, il faut dire que le site ne rechigne jamais à évoluer. Pour preuve, l'ouverture d'un espace bien-être diététique et santé où des conseillers professionnels vous guident. Des produits surgelés à ceux d'entretien, des cosmétiques aux soins pour les bébés, vous trouverez tout ce qu'il faut pour faire un shopping intelligent, tant pour le goût que la santé et l'environnement.

■ SALTUS
Pelosastrea
SAINT-MARTIN-D'ARROSSA / ARROSA
✆ 05 59 37 93 56
www.saltus.fr
mieletsafran@saltus.fr
Ouvert toute l'année avec visite et vente directe, sur RDV uniquement. Boutique en ligne et nombreux points de vente déclinés sur le site internet : à Ossès, Saint-Jean-Pied-de Port etc. Certifié agriculture biologique par Ecocert.
Saltus est productrice récoltante de safran, de miel, de pollen et de propolis biologiques. Installée à Saint-Martin-d'Arrossa au Pays basque, il s'agit d'une exploitation familiale qui cultive une safranière et élève une centaine de ruches peuplées d'abeilles noires des Pyrénées. Quelle bonne idée d'Eric et Argitxu que d'avoir ainsi créé pour notre plus grand plaisir et aussi celui de leurs abeilles cette exploitation à flanc de ces collines verdoyantes. Le saltus est aussi le nom d'une zone de moyenne montagne située en marge des terres cultivées et des forêts. C'est un terroir riche en espèces et en processus naturels. Au Pays basque, la culture du safran n'est pas une pratique traditionnelle même si la précieuse épice fait partie de la gastronomie locale. Toutes sortes de recettes sont déclinées avec l'épice ; moules, pennes, verrines de saumon, tagliatelles, coquilles Saint-Jacques, risotto,

crème brûlée, etc. Que ce soit sur l'exploitation ou au magasin d'Ossès (Kaiku Borda) et sur le site internet, vous retrouverez un beau choix de ces produits.

Restaurants bio

■ LA CANTINE DE L'EAU VIVE
RN10 (face à l'Intermarché)
Route de Bayonne
BIDART / BIDARTE
✆ 05 35 45 97 50

Ouvert toute l'année. Du lundi au samedi de 9h à 19h30. Service continu sur place et à emporter. Formule petit déjeuner, déjeuner, menu enfant ou pause goûter. Accueil des groupes. Terrasse. Boutique. Wifi. Retrait en magasin, livraison à domicile.
La Cantine de L'Eau Vive propose une alternative aux « fast-foods » en offrant une cuisine fraîche et locale. C'est le credo des lieux : du bio, du bon et du local ! Ces « fast-goods », comme on les nomme maintenant, ne proposent que des viandes ou des poissons du coin et des légumes sans OGM. Des formules déjeuner, des menus enfant, en passant par des petits déjeuners ou des pauses goûters, vous aurez le choix toute la journée. L'idée verte et écologique de la cantine : servir les plats dans des bocaux en verre consignés. Sur place ou à emporter, plat du jour, soupe du jour, salades, sandwichs, galettes préparées à la commande, desserts et verrines sans gluten, ici c'est une véritable échappée saine et vitaminée, idéale pour une alimentation équilibrée. Le restaurant met également à votre disposition une salle tout équipée pour des cours de cuisine. Se renseigner au magasin pour la location et les tarifs. Un excellent moyen de découvrir la cuisine bio, de l'entrée au dessert (120 recettes de plats bio) ce qui ne fera jamais de mal. Des plats bio, veggie et sans gluten savoureux et originaux.

■ LES AMANTS DU MARCHÉ
1, rue Bourbaki, PAU
✆ 05 59 02 75 51
www.lesamantsdumarche.fr
contact@lesamantsdumarche.fr
Ouvert toute l'année. Du mardi au samedi de 12h à 14h et de 19h à 21h30. Menu unique à 23 € (+ formules (entrée-plat) ou (plat-dessert) 18 €). Formule du midi : 15 € (grande assiette composée). Vin au verre. Menu cinéma : 26,90 € avec une place pour le cinéma Le Méliès. Labélisé Végan Friendly. Terrasse. Boutique.
Célèbre restaurant végétarien de la ville, Les Amants du Marché a été repris en 2013 par une charmante équipe, qui a su relever le défi avec brio puisque le lieu est resté une référence sur Pau. Dans un cadre simple et convivial, à la décoration très personnelle, chaleureuse et originale, vous pourrez retrouver tout au long de l'année des expositions de peintures et sculptures d'artistes locaux. Le menu lui se compose de différents plats du jour toujours copieux. Au choix, 3 entrées, 3 plats, 3 desserts... Les noms des mets font découvrir une grande variété de céréales et de légumes totalement méconnus, inattendus, associés et préparés avec goût. Rien de ce qui est proposé n'est commun ou quelconque et tout est toujours une bonne et belle découverte. La carte change souvent et propose des plats aussi succulents qu'atypiques, et bien sûr totalement végétariens et bios ! Ici vous voguez dans un parfait métissage d'originalité, de qualité et de saveurs venues d'ailleurs. Pour compléter l'ambiance bio, le restaurant propose l'accès à une boutique vendant des vêtements et jouets issus du commerce équitable. Vous y passerez un bon, beau et bio moment ! Unique à Pau.

Mode et bien-être

■ GREENKY BIARRITZ
Parvis des Halles de Biarritz
Place Sobradiel
BIARRITZ / MIARRITZE
✆ 06 23 58 06 08
www.greenky.fr
greenkyvintage@gmail.com
Ouvert du mardi au samedi de 9h30 à 13h30. Boutique en ligne.
Cette boutique du quartier très animé des Halles vous propose une mode différente, *vintage* et de créateurs français, une mode engagée, dans une ambiance intime et *girly*. Vous trouvez ici des pièces uniques, éclectiques, d'inspiration poétique, rock'n'roll ou rétro. Un bon plan pour trouver des vêtements, des sacs, des accessoires, des bijoux, de la déco. Une boutique en ligne vous permettra de trouver d'autres jolies pièces. Le rendez-vous vintage à Biarritz.

VIENNE

Alimentation

■ CANNELLE CITRON
26, place Maréchal-Leclerc, MONTMORILLON
✆ 05 49 48 88 13
www.cannellecitron86-biomonde.fr
Ouvert le lundi de 14h30 à 19h ; le mardi, le jeudi et le samedi de 9h à 12h45 et de 15h à 19h ; le mercredi et le vendredi de 9h à 19h.
Voilà un petit magasin bio qui fait envie. Il y a un peu de tout, fruits et légumes de saison, produits frais, pains bio et farines (nous vous recommandons d'ailleurs la farine de châtaignes pour vos pâtisserie et rayon d'épicerie. Vous y trouverez également force bougies et objets de décoration. Les cosmétiques ou produits d'hygiène sont également largement déclinés dans le magasin. Bien évidemment les traditionnels « alicaments » tels que les capsules à la gelée royale ou au ginseng sont présents. Le plus du magasin, la possibilité de livraisons à domicile sur Montmorillon et alentour, sur demande. Pour cela, appelez-nous tous les jours, entre 9h et 19h, au 05 49 48 88 13 ou remplissez le formulaire en ligne.

BIOCOOP LE POIS TOUT VERT
7, place Charles de Gaulle
POITIERS
✆ 05 16 83 83 14
www.biocooplepoistoutvert.fr

Ouvert du lundi au samedi de 9h30 à 19h30. -10% pour les étudiants sur présentation de la carte.

Le Pois Tout Vert, c'est notre biocoop locale. Dans ses six supermarchés présents à Poitiers et Châtellerault, on voit la vie en bio ! Dans ces coopératives, producteurs et consommateurs ont leur mot à dire et établissent une charte pour faire respecter leurs valeurs (aucun transport aérien, des produits issus du commerce équitable et environ 30 % de produits locaux). On y trouve absolument de tout, autant pour les enfants que pour les parents, pour les animaux de compagnie que pour les nettoyages divers (linge, vaisselle…). On achète des céréales en vrac en usant des sacs en papier mis à votre disposition (quinoa, boulgour, riz complet…), des légumes, des produits laitiers, du pain dont plusieurs fournisseurs apportent leur production, quelques compléments alimentaires et autres jus de radis ou de pissenlit pour drainer. Une question ? Vous serez aimablement conseillé. Lorsqu'on vient ici, on a envie de prendre son temps. Aujourd'hui, le bio est à la portée de tous et Le Pois Tout Vert, magasin du réseau Biocoop, vous permet de sélectionner des produits abordables grâce au label « nos prix engagés » et aux produits conçus par Biocoop, présents dans les rayons.

CANON
44, rue Ferdinand Foch
POITIERS
✆ 07 66 86 47 61

Ouvert le mardi de 15h à 20h ; le mercredi de 10h30 à 20h ; le jeudi et le vendredi de 10h30 à 21h30 ; le samedi de 10h à 20h. Bar à vin jeudi et vendredi de 18h à 21h30.

Pourquoi voir le verre vide quand on peut le boire plein ? Quand Antoine Sauvignon sélectionne une bouteille, soyez-en sûr, elle est canon ! Dans sa petite cave installée tout au bout de la rue Magenta, sur ses étagères en bois fabriquées dans le Fablab des Usines de Ligugé, il met à l'honneur des vins artisanaux, biologiques, au goût originel, issus d'une vinification sans intrants. Ses expériences professionnelles passées lui ont ouvert des portes qui lui permettent de proposer des vins qu'il est difficile de se procurer ailleurs. En fin de semaine, pensez à réserver pour profiter du bar à vin. Régulièrement, il convie des vignerons pour des dégustations. Des planches de produits locaux accompagnent votre canon !

LE MARCHÉ DE LÉOPOLD
50, avenue du 11-novembre
SAINT-BENOÎT
✆ 05 49 42 73 14
www.lemarchedeleopold.com

Ouvert du lundi au samedi de 9h30 à 19h15.

Un petit carré de verdure où il fait bon faire ses courses au calme : bienvenue chez Léopold ! Ou plutôt, sur son marché ! Convaincus des bienfaits du bio sur la santé, les commerçants à l'origine de l'enseigne prônent une philosophie de vie et de consommation. Ils proposent des produits en respectant leurs cycles naturels et la saison pendant laquelle on peut les trouver. Ainsi, vous ne pourrez pas acheter de fraises à Noël chez Léopold, mais plutôt des poires, des noix, des épinards ou encore du panais. Démarche pédagogique, remplir le frigidaire dans ce magasin vous réapprendra le véritable calendrier de production de vos aliments. Dans le même esprit, un large rayon de produits achetables en vrac est mis à votre disposition. Le bio est accessible pour tous les jours : depuis l'assiette jusqu'aux produits d'entretien pour nettoyer sans polluer. En ce qui concerne la partie bien-être, beauté et soin du corps, un ou une naturopathe saura vous conseiller dans vos achats en fonction de votre demande. A noter que l'enseigne participe à la lutte contre le gaspillage alimentaire au travers de l'application *Too Good To Go.*

LA BAIE DES CHAMPS
Lavault
27, route d'Anxaumont
SÈVRES-ANXAUMONT
✆ 06 21 53 37 15
vente.bdchamps@orange.fr

Ouvert le mercredi de 16h à 18h ; le vendredi de 14h à 18h ; le samedi de 9h à 13h. Porc frais sur commande une semaine à l'avance.

Voilà un magasin de produits fermiers où les amateurs de cochonnaille se réjouiront de dénicher les bonnes viandes, charcuteries et conserves de la Baie de Champs. Depuis 100 ans, la famille Debien élève des porcs en agriculture raisonnée et en IGP Porc du Sud-Ouest. Nés sur site, les 5 000 porcelets sont nourris avec les céréales de la ferme. En boutique, vous trouverez de la viande fraîche (à précommander) mais aussi des recettes imaginées par Juliette sous forme de pâté ou de filet mignon séché (un régal). Ne repartez pas sans un saucisson (que vous aurez du mal à garder entier jusqu'à la maison) et du jambon de Bayonne, transformé à côté de Pau, avec du bon sel de Salies-de-Béarn. Et ne soyez pas étonné de trouver d'autres spécialités du sud comme de l'axoa ou du pâté de boudin réalisé avec les porcs de la ferme. Dans la boutique, plusieurs autres producteurs proposent leurs produits : pâtes, fromages, bières, jus de pomme, volaille, huile. Le maraîcher bio Thomas Portron y installe aussi son étal le week-end. Vous n'aurez plus aucune raison de prendre la clé des champs !

TOMATES ET POTIRONS
Lavault
27, route d'Anxaumont
SÈVRES-ANXAUMONT
✆ 06 14 47 35 34
thomas.portron@gmail.com

Ouvert le vendredi de 14h à 18h ; le samedi de 9h à 13h. Devant le magasin de producteurs La baie des champs. A retrouver également chez La nature et des couverts, magasin de producteurs à Saint Julien l'Ars.

Vous le verrez œuvrer au beau milieu de ses choux le long de la route d'Anxaumont, ou peut-être sera-t-il en train de chouchouter ses pieds de tomates dans l'une de ses deux serres installées sur les terres du producteur de porc la Baie des champs. Thomas Portron nous régale dans quelques restaurants de Poitiers de ses très bons légumes bio. A la main, sans engrais, ni tracteur, il cultive une cinquantaine de légumes différents, des exotiques patates douces et cristophines, aux variétés anciennes de panais, de carottes oranges, jaunes et rouges sang, ou encore des élégantes betteraves chioggia roses et blanches. Passez-lui commande pour un panier ou venez découvrir sa production le week-end, devant le magasin de la Baie des Champs.

Restaurants bio

LES ORANGERIES
12, avenue du Docteur Dupont
LUSSAC-LES-CHÂTEAUX
✆ 05 49 84 07 07
www.lesorangeries.fr
accueil.orangeries@orange.fr
Maître Restaurateur. Basse saison : ouvert du mardi au vendredi le midi et le soir ; le samedi soir ; le dimanche midi. Haute saison : tous les jours de 12h à 13h30 et de 19h à 21h. Formule du midi : 19,50 €. Menu de 1 à 5 services : de 24 € à 50 €. Jardin. Terrasse. Menu végétarien et sans gluten sur demande.
Plus qu'un simple repas, c'est tout un art de vivre qui vous est proposé aux Orangeries. De l'atmosphère bucolique qui se dégage de cette splendide et charmante maison de campagne rénovée du XVIIIe siècle, jusqu'au plaisir des yeux et des saveurs offerts avec délicatesse dans votre assiette, un véritable voyage sensoriel. La touche féminine apportée par la directrice de l'établissement, Olivia Gautier, diffuse ce qu'il faut d'audace à cette cuisine « faite maison », certifiée par le label Maître Restaurateur. Tout est réalisé avec soin et sens et élaboré avec des produits minutieusement sélectionnés, bio et issus de producteurs fermiers locaux. Le restaurant fait partie des meilleures tables gastronomiques aux alentours de Poitiers. Pour les fins gourmets qui mettent aussi la main à la pâte, le chef donne des cours de cuisine. Profitez de la terrasse et du jardin, et prolongez pourquoi pas cette halte exquise par une nuit dans l'hôtel 3 étoiles !

Mode et bien-être

AUTOUR DES PLANTES
63, rue de Longerolle
MIGNÉ-AUXANCES
✆ 09 83 36 01 32
www.autourdesplantes.fr
contact@autourdesplantes.fr
En 2012, Sylvain et Antoine, deux amis qui se sont rencontrés en fac de biologie, se sont lancés dans l'aventure d'Autour des Plantes. A la fois producteurs et fabricants, ils cultivent 65 variétés de plantes aromatiques et médicinales, base de plusieurs gammes de produits : tisanes, sels aromatisés, baumes, savons, sachets senteurs et cosmétiques (crème hydratante, huile de massage...), le tout est 100 % bio et produit de façon artisanale. Pour se procurer leurs produits, rendez-vous sur le marché Notre-Dame à Poitiers le dernier samedi de chaque mois. Certaines tisanes sont distribuées dans 15 épiceries solidaires de la région et les autres produits, dans des magasins bio de l'Ouest. Mais vous pouvez évidemment les commander en ligne sur leur site internet. Ils vous seront alors expédiés rapidement.

Habitat et jardin

FUTUR' ÉCO
70, avenue de Bordeaux
JAUNAY-MARIGNY
✆ 05 49 55 40 53
www.futureco-materiaux.fr
contact@futureco-materiaux.fr
Ouvert du lundi au mercredi et le vendredi de 9h15 à 12h30 et de 15h30 à 18h30 ; le samedi de 9h30 à 12h30. Le jeudi sur rendez-vous.
L'enseigne Nature et Développement fête son dixième anniversaire. Son établissement Futur'Eco matériaux de Jaunay propose aux professionnels, ainsi qu'aux particuliers, des matériaux écologiques et des énergies renouvelables, pour construire et rénover un habitat et se penche sur la question des nouveaux modes de construction : maison bioclimatique, HQE (haute qualité environnementale). L'entreprise est engagée dans une démarche environnementale basée sur la mutualisation des volumes autour de dix produits phares de très haute qualité et pour la plupart naturels. L'éventail de la gamme, allant de la structure à l'isolation pour finir par la décoration, permet de regrouper les différents besoins et de limiter de manière importante les émissions de CO2. N'hésitez pas à expliquer votre projet et à vous laisser guider par les vendeurs et leurs conseils compétents lors de vos achats.

TOILETTES & CO
RD 20 Les Petits Prés
SAINT-GEORGES-LES-BAILLARGEAUX
✆ 09 72 56 18 33
www.toilettesandco.com
contact@toilettesandco.com
Toilettes & Co est une entreprise de location, vente et entretien de toilettes sèches pour chantiers ou événements. Les toilettes sèches, aussi appelées toilettes à compost, n'utilisent pas d'eau et traitent nos déjections par compostage. Toilettes & Co vous accompagne et vous conseille dans le choix de votre système de toilettes, que ce soit pour un événement, un chantier, votre logement, un espace public ou un immeuble collectif. Pour chaque situation existent des solutions confortables pratiques écologiques et économiques. Pour la fabrication des produits, Toilette & Co privilégie des matériaux locaux, certifiés écologiques, recyclés ou recyclables. De même, les fournisseurs sont sélectionnés pour leur engagement écologique et social. Toutes les assises de toilettes sèches sont fabriquées par un établissement et service d'aide par le travail (ESAT). Les produits d'entretien utilisés (ou conseillés) sont respectueux de l'environnement et fabriqués en Poitou-Charentes. Toilettes & Co fait partie du réseau de l'assainissement écologique : www.rae-intestinale.org

AUVERGNE – RHÔNE-ALPES

AIN

Alimentation

CÔTÉ RUE CÔTÉ JARDIN
65, rue Gambetta
CHÂTILLON-SUR-CHALARONNE
✆ 04 74 23 41 89
www.magasin-bio-chatillon.fr
coterue-cotejardin@orange.fr
Ouvert mardi de 9h à 12h et de 15h à 19h30, mercredi, jeudi, vendredi de 9h à 12h et de 15h à 19h, samedi de 9h à 12h30 et de 15h à 18h. En juillet-août, du mardi au vendredi de 9h à 12h et de 15h à 19h ; le samedi de 9h à 13h.
Un agréable magasin bio situé à Châtillon-sur-Chalaronne, à 25 km seulement de Villefranche-sur-Saône, de Mâcon et de Bourg-en-Bresse et à trois quarts d'heure de Lyon. Il vous propose des produits alimentaires : épicerie bio et produits frais bio de producteurs locaux, des produits de beauté et santé (dont ceux des marques Logona et Biofloral), de l'aromathérapie, des articles en textile bio, des livres, ainsi qu'un beau rayon vrac. Le plus : des animations régulières organisées pour petits et grands, et un espace salon de thé à l'ambiance zen !

LES PANIERS DE SERGY
SERGY ✆ 04 50 42 11 22
lespaniersdesergy.com
lespaniersdesergy@gmail.com
Bulletins d'adhésion sur le site Internet.
La petite association loi 1901 du Pays de Gex les Paniers de Sergy fonctionne grâce aux efforts d'une poignée de bénévoles qui organisent l'achat de commandes groupées en produits bio locaux et régionaux, donc en circuits courts. Viandes de veau, de porc, de bœuf, volailles de Bresse mais aussi fruits et légumes provenant de l'Ain et de la Haute-Savoie font le régal d'une centaine de familles de la région. Le groupement ne cherche pas à se développer – sa taille réduite étant gage de qualité – mais il reste quelques places pour ceux qui souhaitent profiter de la saveur des bons produits de leur région. Pour la contacter ou s'inscrire, il suffit de se rendre sur son site Internet où vous pourrez également prendre connaissance du calendrier des activités du groupement.

Restaurants bio

BIO DÉLICES
10, boulevard John Kennedy
BOURG-EN-BRESSE
✆ 04 74 55 72 15
biodelicesbourg@gmail.com
Ouvert du lundi au samedi le midi. Service restauration le midi uniquement, salon de thé de 10h à 19h.
Cet établissement a deux activités complémentaires, restaurant le midi, salon de thé le reste de la journée. Il propose une cuisine bio végétarienne ou végétalienne avec des mets sans gluten. Il met également à votre disposition de savoureux plats à emporter confectionnés maison. Des prix abordables et une atmosphère minimaliste et zen raviront les épicuriens. Côté salon de thé, les thés de la marque Alveus et les café Dagobert, issus de la culture biologique et du commerce équitable, s'accorderont parfaitement avec leurs biscuits faits maison !

Mode et bien-être

LE COCON DE CLÉA
Les Raviers
340, les Ripettes
SAINT-BÉNIGNE
✆ 03 85 30 62 14
www.lecocondeclea.fr
contact@lecocondeclea.fr
Ouvert le mardi, le jeudi et le vendredi de 9h à 18h30 ; le samedi de 9h à 16h.
Le Cocon de Cléa vient juste de déménager dans le quartier des Raviers près du camping de Saint-Bénigne. Cet institut propose des soins de beauté et de bien-être bio et naturels. Une excellente idée ! Sur sa boutique en ligne, vous trouverez une large gamme de produits bio, pour sublimer votre beauté, harmoniser votre intérieur, soulager vos maux, etc... Et qui n'est pas tenté par la perspective d'un hammam suivi d'un soin bio ? Quoi qu'il en soit Cléa est à votre écoute, soit sur place au centre, soit par téléphone, pour vous prodiguer des conseils adaptés !

Habitat et jardin

POTAGER ET VERGER CONSERVATOIRE DU MUSÉE DU REVERMONT
40, rue Principale
VAL-REVERMONT
✆ 04 74 51 32 42
Le verger, potager conservatoire est ouvert de début avril à fin octobre tous les jours de 10h à 12h30 et de 13h30 à 18h ; fermé le mardi et le mercredi ; ouvert les jours fériés sauf le 15 août. Gratuit jusqu'à 6 ans (et tous les premiers dimanches du mois). Adulte : 7 €. Groupe (10 personnes) : 5 € (visite libre et 7 € visite guidée). Le tarif d'entrée est valable pour le musée et le potager, verger conservatoire. En partie accessibles aux PMR mais pas partout (potager par exemple).. Accueil enfants (livret-jeu remis gratuitement à la billetterie). Visite guidée (sur rendez-

Le concept du Bio-Motel

Des boutiques bio, des restos bio et maintenant... des hôtels bio ! Voici un concept intéressant s'adressant aussi bien aux déplacements d'affaires qu'au tourisme vert. Bio-Motel® est le premier motel en France à proposer un concept global en matière d'éco-hébergement. Une orientation qui s'intègre parfaitement au sein du parc industriel de la Plaine de l'Ain, premier parc européen certifié ISO 14001 et enregistré EMAS (*Environmental Management Audit System*) pour sa gestion de l'environnement. Le Bio-Motel® de l'Ain vous accueille sur un site verdoyant à 30 minutes seulement du centre de Lyon. Et l'établissement n'est pas uniquement bio, il est également confortable et design et affiche sans complexe ses trois étoiles nouvelles normes. Bien entendu, les petits déjeuners sont 100 % bio (et copieux !). Un concept amené à se développer.

■ **BIO-MOTEL*****
Avenue des Bergeries
SAINT-VULBAS
✆ 04 74 36 31 59
www.bio-motel.eu
contact@bio-motel.com
Ouvert toute l'année. Fermé 15 jours en août, se renseigner. 25 chambres (2 suites). Chambre simple 79 € ; chambre double 90 €. Petit déjeuner : 10 € (petit déjeuner bio). Wifi gratuit.
Le développement durable, le bio, ça vous parle ? Et ça vous parle davantage depuis la crise sanitaire qui a montré l'importance des interactions entre l'homme et son environnement naturel. A vous de changer vos habitudes et de choisir Bio-Motel pour votre prochain séjour dans la région. A 30 minutes de Lyon, à proximité de l'aéroport de Lyon Saint-Exupéry et à côté de grandes entreprises de la Plaine de l'Ain, le Bio-Motel créé par Christophe Humenny est un concept global d'éco-hébergement qui correspond parfaitement à nos attentes de confort et à nos valeurs écologiques. Dans un cadre charmant de nature, le Bio-Motel profite d'une ossature bois, d'énergies renouvelables, de consommations régulées (eau, électricité...) et de produits d'entretien bio. Respect de l'environnement, mais aussi respect des personnes avec un accès adapté aux personnes porteuses d'un handicap, moteur ou autre, notamment grâce à l'attention un personnel adorable. Pour un séjour d'affaires ou pour découvrir cette belle région, le Bio-Motel est l'adresse qui nous correspond vraiment. Les fans de Johnny réserveront la suite n° 14 où le chanteur séjourna en juillet 2016...

vous. Durée : 1h30 environ. Nombre de personnes minimum : 10). Boutique. Guide du musée : 8,50 €.
Ce jardin a été créé en 1986, entre Jura et rivière d'Ain, au cœur du village de Cuisiat, par le musée départemental du Revermont, musée installé dans l'ancienne école-mairie réhabilitée, pour témoigner des variétés et des pratiques culturales anciennes. Le jardin du musée propose une visite surprenante. Près de 650 variétés locales de plantes, curieuses ou odorantes sont cultivées dans le verger-potager conservatoire dans le respect des normes de l'agriculture biologique : légumes anciens ou insolites, plantes à odeur, pommiers divers et variés, roseraie... Au long des allées, vous découvrez les usages d'antan et contemporains des plantes domestiques, la transmission des savoir-faire et la biodiversité. Outre le verger-potager conservatoire, vous pouvez découvrir au musée la vie quotidienne en Revermont aux temps anciens, dont l'activité viticole qui se décèle encore aujourd'hui à travers ses pentes reboisées, jalonnées de « murgers », et les maisons vigneronnes. On apprend aussi que le Revermont fut une terre d'accueil pour les enfants abandonnés, terre argileuse également pour la célèbre faïence de Meillonnas, terre fertile pour les cultures de variétés locales spécifiques...

ALLIER

Alimentation

■ **MOULIN GRIBORY**
Lieu-dit Gribory, RD171
CHÂTELUS ✆ 04 70 55 01 24
www.moulin-gribory.com
moulin.gribory@gmail.com
Ouvert du lundi au jeudi de 8h à 12h et de 14h à 18h ; le vendredi de 8h à 12h et de 14h à 17h. Fermé samedi, dimanche et jours fériés.
A l'origine, ce moulin banal et son pressoir à huile appartenaient au seigneur de Châtelus. En 1693, Claude Lallias s'installe comme meunier huilier. Le moulin reste dans la même famille puis Jean-Philippe Clément le reprend en 2020. Il fabrique toujours des farines issues des céréales de l'agriculture biologique certifiées Demeter. L'huilerie se trouve dans le sous-sol du moulin où sont fabriquées à façon, pour les particuliers, des huiles de noix, de colza et de noisette. Venez assister à la fabrication et repartez avec votre huile.

BOUTIQUE DES BENEDICTINES DE CHANTELLE
14, rue Anne-de-Beaujeu
CHANTELLE
✆ 04 70 56 62 69
boutique.benedictines-chantelle.com/fr
info@benedictines-chantelle.com
Ouvert tous les jours de 9h45 à 11h30 et de 14h à 17h sauf le lundi matin.
Depuis plus d'une soixantaine d'années, les bénédictines fabriquent et développent des produits cosmétiques. A la boutique, vous trouverez toute la gamme de leurs produits pour le visage (crèmes, lotions, laits...), soins du corps et cheveux, parfumerie et trousses spéciales fêtes. Ajoutez à cela des confitures, sirops, biscuits, confiseries, huiles et épices, thés et tisanes, ainsi que des accessoires pour la toilette. Un bel espace est dédié aux produits bien-être et des monastères, comme la gamme *Germaline* des moines de l'abbaye de Sept-Fons. Profitez de votre passage pour visiter l'abbaye Saint-Vincent, située sur le chemin de Saint-Jacques-de-Compostelle, et dont les chapiteaux et le chevet de style roman auvergnat méritent le détour.

CROC'BIO
32, rue de Romainville
CUSSET
✆ 04 70 97 04 69
Ouvert du mardi au jeudi de 9h30 à 13h et de 15h à 19h ; le vendredi et le samedi de 9h30 à 19h.
Le magasin Croc'Bio, situé en haut de la ZI de Cusset, est le spécialiste des produits alimentaires bio, avec plus de sept mille produits. Conserves, biscuits, laitage, condiments, vins, épicerie, compléments alimentaires, mais aussi produits d'entretien et cosmétiques. Les fruits et les légumes de saison viennent de la Montagne bourbonnaise. Choix de pains, comme ceux au levain du fournil bio Pomme de Mie, la baguette Tradition, leurs pains Pomme de Mie, aux graines, complet et au petit épeautre. Les sodas bio en cannette issus du commerce équitable sont disponibles en quatre versions, cola, limonade, ice-tea et pomme gingembre. Vous les trouverez au rayon jus de fruits et également au rayon frais. Le jeudi Biacavore Foodtruckbio Certifié est présent devant le magasin à partir de 11h30. C'est un bar à salades, bar à soupes, avec entrées, plats et desserts, le tout fait maison, régalez-vous. Chaque mois profitez des nouveautés en bio comme la gamme de céréales granola bio de Favrichon en trois versions, l'original, six noix et chocolat-noisettes, et de réductions sur une sélection de produits, soupes, gâteaux, pâtes, conserves, diététiques et produits sans gluten.

FERME DE PRIRODA
Barbenan Village
DROITURIER
✆ 06 56 69 10 40
Label Nature & Progrès. Ouvert le mercredi de 17h à 20h.
La Priroda est la ferme pédagogique de Vicky et Maxime, qui ont plusieurs cordes à leur arc. Ils sont tout d'abord maraîchers, avec une serre de 200 m², et quelque 1 300 m² de cultures sans pesticides ni engrais chimiques, en plein champ, sans tracteur, seulement avec Déols, le petit âne bourbonnais. Chaque mercredi, ils proposent à la vente leur production de fruits et légumes. On peut aussi se procurer des plants. Ils pratiquent l'élevage d'ovins, de caprins, de lapins et de poules, à visée conservatoire, avec pour des races anciennes et rustiques ou rares.

Restaurants bio

SÉRÉNI'THÉ
1, rue de Maupertuis
DOMÉRAT
✆ 04 70 08 69 76
www.bioconviv.com
bioconviv@orange.fr
Ouvert le lundi de 14h30 à 19h ; du mardi au samedi de 9h30 à 19h. Menus de 11,20 € à 13 €. Menu enfant : 6 €. Plat du jour : 8,50 €. Boutique.
Le magasin Bio Conviv' comprend aussi un salon de thé, avec espace de restauration d'une quinzaine de couverts ouvert le midi, pour consommer sur place des produits sains. Trois formules équilibrées vous sont proposées. Dégustez par exemple le gaspacho de tomates, poivrons et concombres, les tartes aux légumes de saison, le taboulé, puis le risotto de poivrons, champignons, panna cotta aux olives et salade verte, la pizzalenta ratatouille aigre-douce, le burger végan, le tagine aux légumes d'été, les croquignoles provençales, pour finir avec le crumble pommes-prunes, la tarte aux poires ou le moelleux au chocolat. Vous pouvez aussi y faire une pause pour siroter un jus de fruits et de légumes de saison, réalisé sur place avec un extracteur de jus, ou prendre un encas après vos courses. Des animations variées et des expositions y sont régulièrement proposées : atelier d'initiation à la découverte des vins, découverte de la sophrologie ou de l'hypnose, expositions de pierres roulées naturelles, vente de minéraux... Sur place, une naturopathe vous prodiguera tout un tas de conseils fort utiles. Une charmante adresse où l'on sait ce que l'on mange, avec une équipe au top !

TOUJOURS ORIGINALE CRÉATIVE
14, rue François-Péron
MOULINS
✆ 09 83 22 08 59
www.restaurant-toc.fr
tocrestaurant@gmail.com
Ouvert du lundi au jeudi le midi ; le vendredi midi et soir. Menu unique à 20 €. Carte : entrée 6 €, plat 11 €, dessert 6 €. Formule du midi : 15 €. Accueil des groupes (le soir, sur réservation, pour 12 personnes minimum). Terrasse. Boutique.
Le restaurant de Carole est convivial et atypique avec sa quinzaine de couverts, et sa déco tendance. Elle fait la cuisine et le service, tout en gérant sa boutique à côté. Sur réservation, à midi, elle prépare des plats mijotés et végétariens ou végans faits avec des produits locaux de qualité, volailles fermières d'Allier, viandes de la Sicaba, les légumes, thés et cafés sont biologiques. Dès les beaux jours, déjeunez au calme sur la terrasse, dans l'arrière-cour. Le vendredi soir elle propose une formule tapas.

Habitat et jardin

BEAUFILS PATRIMOINE

Z.A. La Pièce du Chêne
1, impasse de la Pièce du Chêne
COULANDON
✆ 04 70 44 97 97
www.beaufilspatrimoine.fr
info@beaufilspatrimoine.fr

Cette entreprise de qualité est une référence dans la région. Beaufils dont la création remonte à 1991 est spécialisée dans la restauration de patrimoine ancestral (taille de pierre, couverture, maçonnerie, travail en hauteur), dans l'éco-construction (construction écologique, conception bio-climatique, isolation) et dans l'énergie solaire (études et installations de tous systèmes photovoltaïques). Un trio très écologiquement correct. Valoriser le patrimoine dans le respect des techniques anciennes, construire avec des matériaux sains et naturels et mettre en œuvre des installations solaires, trois compétences précieuses pour les particuliers soucieux de l'environnement.

ARDÈCHE

Alimentation

MIELLERIE DE BOISSY

485, route de Chaussinand, ACCONS
✆ 04 75 29 30 66 – www.miellerieboissy.fr
molle-christian@outlook.fr

En été, ouverture pour la vente des produits tous les jours de 9h à 12h et de 15h à 19h. Visite de la miellerie les jeudis et vendredis à 17h30 du 1er juillet au 31 août, Fermé le dimanche et le 15 août. Hors saison, vente sur rendez vous. Magasins du producteur La Grange St peray – 07130 (Ardèche) Ouverture du magasin : du mercredi au samedi de 8h à 19h.

Catherine et Christian Molle, apiculteurs installés ici depuis plus de 30 ans, ouvrent les portes de leur miellerie et proposent la dégustation : produits de la ferme : miels, pains d'épices, nougats, noix et huile de noix, viande bovine. Une ruche vitrée permet de permet de découvrir la vie secrète des abeilles. Et vous apprenez tout de l'extraction du miel, de l'importance de la cire, des différents miels. En famille, vous pouvez emprunter au départ de la miellerie, le sentier de l'ours, sentier pédestre thématique autour du miel et des abeilles, pour une petite heure de marche. Feuille de route à la miellerie. Pour joindre l'utile à l'agréable, ces charmants hôtes proposent un grand gîte d'une quinzaine de personnes. Ainsi, à demeure, vous aurez tout loisir de profiter des lieux lors d'un séjour d'une durée à votre convenance.

▶ **La Miellerie de Boissy** fait partie de l'association Viande bio directe 07 qui regroupe deux autres producteurs (Daniel Peyrard à Désaignes et Edouard et Dominique Charmette aux Nonières). Sachez enfin que le site abrite un gîte qui peut accueillir jusqu'à 15 personnes.

LE TERREAU

Route des Serres, CRUAS
✆ 04 75 54 61 75 – www.leterreau.org
contact@leterreau.org

Fondée en 2006, cette association cultive la solidarité et les fruits et légumes bio. Des bénévoles l'animent et vous pouvez vous y fournir en panier hebdomadaire bio, local et de saison issus de 10 hectares travaillés en agriculture bio. Le Terreau mobilise une dizaine de bénévoles et emploie 34 personnes dont 24 sont ouvriers maraîchers en parcours d'insertion. Une belle manière de produire, distribuer et consommer autrement.

GAEC FERME DE PRESLES

Presles
DESAIGNES
✆ 06 14 52 96 48
www.fermedepresles.com
r.nathael@hotmail.fr

Stand sur le marché du terroir de Lamastre tous les samedis matin.

L'exploitation agricole de Presles se transmet de père en fils depuis des générations. Nathaël Reboullet et sa compagne Audrey ont repris le flambeau et produisent de savoureux fromages au lait de chèvre, picodons AOP élaborés dans la tradition ancestrale. Nathaël et Audrey produisent également : les picotins, le caillé doux, la fourme, les tommettes, le vivarais. On retrouve tous ces délicieux fromages certifiés AB sur les foires de la région, le marché de Lamastre mais aussi dans diverses boutiques de Lamastre, Valence, Grenoble et même Paris.

FROMAGERIE ARTISANALE DU VAL D'ORMEZE

Ferme de la Passa
GILHOC-SUR-ORMÈZE
✆ 04 75 06 21 31
fromagerieduvaldormeze.com
contact@fromagerieduvaldormeze.com

Paypal – en 24/48h colissimo la poste. Magasin : brebis, chèvre, vache que du lait Bio Label Agriculture biologique.

Pionnier du bio, ce producteur est estampillé en agriculture biologique depuis 1978. Pionnier aussi avec la transformation, dès 1984, du lait produit sur la ferme – 500 brebis laitières – en fromage de Brebisbio, de type lactique inconnu dans la catégorie brebis mais connu dans notre région avec le Picodon de chèvre. Cette entreprise familiale collabore au développement de cette production biologique de fromages avec passion. Une collecte complémentaire de lait biologique permet à la fromagerie du Val d'Ormèze de proposer toute une gamme de fromages biologiques issus d'une fabrication traditionnelle. Il s'agit de fromages à pâte molle élaborés à la louche à partir de caillé lactique. Tomme de Mamounette, tomme de Brebisbio, picodons, saint-marcellin, crottin, tomme fraîche... La fromagerie, taille familiale, emploie 12 salariés et 3 des enfants de la maison contribuent au développement. Ici règnent la passion et l'envie de bien faire.

DOMAINE DU MAZEL
Le Village
VALVIGNÈRES
✆ 04 75 52 51 02
Sur rendez-vous.
En 1983, Gérald et Jocelyne Oustric ont repris ce domaine viticole de 22 hectares. Comme la quasi-totalité des vignerons d'ici, ils vendent alors leur production à la cave coopérative de Valvignères. En 1997, une rencontre avec Marcel Lapierre et Jacques Néauport, tous deux chantres des vins naturels, va tout changer. Sous leur patronage, Gérald décide de s'affranchir partiellement de la coopérative pour vinifier la production de 7 hectares. Il apprend à vinifier sans souffre, à produire des vins les plus naturels possibles et très représentatifs de leur terroir, faciles à boire. En 2002, il se retire complètement de la cave coopérative et peaufine les quelque 11 cuvées qu'il propose désormais. Les vins du Mazel, naturels, sans filtration ni flash pasteurisation, ni intrants autre que le SO2 et de rendement moyen de 30 hectolitres à l'hectare se déclinent en flacons très abordables ou en cuvées plus prestigieuses.

DOMAINE SALADIN
Les Pentes de Salaman
SAINT-MARCEL-D'ARDÈCHE
✆ 04 75 04 63 20
www.domaine-saladin.com
contact@domaine-saladin.com
Ouvert du lundi au samedi de 9h à 12h et de 14h à 19h. Et sur rendez-vous pour les visites de cave. Le week-end, il est conseillé de téléphoner avant.
Ce domaine se transmet de père en fils et de père en fille depuis 1422 ! Louis Saladin et ses filles – Elisabeth, Marie-Laurence et Annick – représentent la 19e et 20e générations de vignerons de ce site ardéchois. Qui dit mieux ? Le domaine se déploie sur 18 hectares et voit se déployer 13 cépages vendangés à la main, cultivés et vivifiés en bio. De quoi jongler et assembler avec finesse pour créer des vins naturels (côtes-du-rhône ou vin de pays) fort intéressants et qui sont proposés dans les trois couleurs soient au total sept bouteilles : cinq rouges, un rosé, un blanc. Et ces délicieux breuvages ont de très jolis noms : Fan dè lune, Tralala, Per El, Loï (Louis en patois), etc.

DOMAINE OLÉICOLE ET MOULIN DE PONTET-FRONZÈLE
Les Riailles
LAGORCE
✆ 04 75 37 19 98
www.pontet-fronzele.fr
contact@pontet-fronzele.fr
Boutique ouverte du lundi au samedi de 15h à 19h, en été de 11h à 12h et de 15h à 19h du lundi au samedi. Commande possible en direct par le site Internet (formulaire) Visite guidée sur rendez-vous pour des groupes, compter environ 1h30. Petite participation demandée pour la visite en fonction du nombre de personnes (3 € en général). Visite tous les jeudis à 17h en juillet et août. Le domaine abrite également des éco-hébergements où l'on peut séjourner.
« *On a la main verte dans la famille* ». C'est sans doute grâce à cette prédisposition que Jean-Noël Berneau, instituteur de son état, a planté sans problème 20 hectares d'oliviers sur les terres escarpées de son domaine ardéchois. Un domaine que ce Bourguignon occupe avec sa femme Geneviève depuis 1983. Il a ainsi recréé les terrasses aux murets si caractéristiques du terroir et planté 4 000 arbres. Une trentaine de variétés sont ainsi présentes formant un véritable conservatoire des variétés ardéchoises répondant aux doux noms de grosse violette, blanche de Payzac, rougette ou négrette. Mais si ces variétés s'épanouissent chez lui, l'aglandau, la bouteillan et même le cailletier niçois « *s'y plaisent également énormément* ». Seules une quinzaine de variétés sont dédiées à la fabrication d'huiles monovariétales afin de proposer « *un panel contrasté* ». Car depuis 2005, l'exploitation a pris un tournant : « *Quand mon fils a émis le souhait de reprendre un jour l'exploitation, il a fallu penser à l'aspect économique* ». Il a ainsi converti le domaine en agriculture biologique et investi dans un moulin. Depuis, son fils Jean s'est installé avec ses parents. « *C'est un artiste de la taille* », précise son père, également président du Syndicat des oléiculteurs de l'Ardèche. Lui aussi a la main verte...

Restaurants bio

AU PRÉ D'ICI
6, montée du Savel
ANNONAY
✆ 09 80 82 44 04
Fermeture : lundi samedi et dimanche, le vendredi de 9 à 23h sinon 17h. Ouvert du mardi au jeudi le midi de 12h à 14h ; le vendredi midi de 12h à 14h et le soir de 19h30 à 21h30. Réservation recommandée. Carte : 18 € environ. CB non acceptée. Accueil des groupes. Terrasse. Bar.
Une cuisine traditionnelle, des plats recherchés avec un excellent rapport/qualité/prix, avec chaque jour une assiette de saison ou un plat du jour et une petite carte du type «cantine à saveur du coin». Le plus : la subtilité des mélanges. Ex : le risotto d'épeautre aux agrumes, le crumble d'agneau, purée de topinambour sans parler du fromage de brebis battu... avec financier et compose de pommes au poivre. Les légumes, fromages et viandes sont de saison, et les produits locaux et bio le plus souvent. Les bières sont artisanales, les vins bio, même le diabolo grenadine est maison du fait des limonades artisanales, le sirop de fraise made in Ardèche et cafés et thés issus du commerce équitable. Vous l'avez compris ici le mot d'ordre est éco-responsable et bio ! La carte est épurée, la cuisine soignée et raffinée. Ce restaurant est un petit coin tranquille où l'on peut manger aussi bien en famille, entre amis ou en amoureux dans un cadre sympathique et bohème.

LA CIGALE ET LA FOURCHETTE
Place du Village
LARNAS
✆ 09 70 35 96 97
www.lacigaleetlafourchette.fr
Ouvert du jeudi au mardi de 10h à 15h et à partir de 18h. Vin au verre. Menu complet 28 €. Entrée/plat ou plat/dessert : 19 €.
La cigale a posé sa fourchette à Larnas et bien lui en a pris ! Voici l'une de ces adresses charmantes qui animent

vraiment un village ! Tout à la fois bistrot, restaurant, bar, traiteur, épicerie de produits issus de l'agriculture biologique... La Cigale et la Fourchette est installée dans une grange restaurée, sous les mûriers platanes. Sa table met les producteurs locaux à l'honneur. Les ingrédients, le vin et la bière sont locaux et tendance bio. Selon l'arrivage, le chef, Alexandre Gauthier, vous régale de muffins à la crème de picodon et chips de pancetta, d'un dos de cabillaud rôti au pesto, d'une bouillabaisse de poulet fermier au piment d'Espelette et pour finir une mousse de marron, crumble de spéculoos, sorbet myrtille, pour ne citer que quelques exemples parmi les trois entrées, trois plats et trois desserts renouvelés toutes les semaines. Quant au reste, cette cigale multiplie les occasions de passer un bon moment : le matin avec l'odeur des croissants frais, à midi au frais sous la nouvelle pergola le soir à l'apéro sous les étoiles... Également des concerts certains soirs.

LA GUINGUETTE DE LA PLAGE

Plan d'eau de Gluiras
SAINT-SAUVEUR-DE-MONTAGUT
✆ 06 32 92 41 55
www.laguinguettedelaplage.fr
gil@laguinguettedelaplage.fr

Ouvert en été. Soirées animées les mardis et jeudis. Menus de 4,50 € à 6 €.

Envie de nager dans une rivière, de prendre le soleil d'été sur une plage tranquille, de profiter de l'ombre de grands arbres pour boire un verre, manger un morceau. Envie d'apprécier en famille le calme apaisant de la nature ardéchoise dans un espace préservé. Sur la plage de Fontugne au bord de la Glueyre, c'est le bon site agrémenté d'une très charmante guinguette, buvette et snack, qui anime le plan d'eau avec des tartines et des salades bio, les glaces Adélice, boissons bio et plein de propositions à la plage : balade découverte de la faune et de la flore, yoga, aquagym, cours de natation, jeux, consultations de naturopathie, balades naturalistes, soirées concert. On apprécie les petits prix. Ambiance conviviale et jolie décoration.

Mode et bien-être

MELVITA

La Fontaine du Cade
LAGORCE
✆ 04 75 88 78 00
www.melvita.fr
reservations.visites@melvita.com

Ouvert le lundi de 10h à 12h et de 13h30 à 18h. Du mardi au vendredi de 10h à 18h30. Le samedi de 10h à 12h et de 13h30 à 18h. Visites guidées, réservations obligatoire par téléphone ou mail.

Depuis 1983, Melvita, à la façon des abeilles, sélectionne de purs ingrédients pour en faire des nectars de beauté : des soins naturels et biologiques pour toute la famille. C'est au cœur de la nature sauvage et préservée de l'Ardèche, nichée à flanc de collines, que Melvita vous ouvre les portes de son usine éco-construite. A quelques kilomètres de la Caverne du Pont-d'Arc, venez donc découvrir les secrets de la fabrication des produits de cosmétique bio Melvita et profitez-en pour craquer pour leurs produits certifiés bio au sein de la jolie et lumineuse boutique du site qui offre des prix remisés.

CAPUCINE ET COMPAGNIE

Ferme de Fau
POURCHÈRES
✆ 06 17 19 11 26
www.capucineetcie.com

Produits en vente sur place ainsi que dans 8 boutiques listées sur le site internet. Egalement sur les marchés de producteurs des Mas des Fougères de Saint Julien de Serres et au marchés de Darbres. Boutique en ligne sur le site internet.

Cécile est une jeune créatrice de cosmétiques bio inspirée par la nature ardéchoise. Fille d'apiculteurs, elle utilise les produits issus des ruches familiales pour créer ses produits et y ajoute des extraits de plantes et de fleurs qu'elle cueille dans la nature. On peut presque parler de start-up écolo version campagne ! Des produits au coquelicot, des huiles de massage et soulageant les douleurs, des savons à la propolis, baumes à la gelée royale.... On aurait presque envie de les manger, et pour ne rien gâcher, les prix sont tous doux.

Habitat et jardin

LA ROSERAIE DES POMMIERS

Rue Fontaine-des-Pommiers
RUOMS
✆ 04 75 88 30 56
http://roseraie-des-pommiers.com
eleonore@roseraie-de-berty.com
♿

Ouvert de début juillet jusqu'à fin septembre. Arboretum en accès libre. Ouvert tous les jours et les jours fériés de 11h à 15h et de 18h à 23h. Gratuit. Des dîners concerts sont programmés tout au long de l'été. Accessibles aux PMR mais non labellisé. Visite guidée (sur rendez-vous). Restauration. Les chiens doivent être tenus en laisse.

C'est le dernier-né d'Eléonore Cruse, créatrice de la fameuse Roseraie de Berty (Largentière). Ce magnifique jardin compte plus de 1 000 variétés et espèces, florales et alimentaires. La créatrice a voulu qu'il réponde à six critères : la biodiversité, la résistance aux maladies, l'entretien minimum, l'accessibilité, l'esthétique et l'intégration dans le paysage agricole ardéchois. Une merveille à découvrir en famille. Plus futé : venez en automne, la Roseraie se pare alors de couleurs superbes, les dernières roses exhalent leurs parfums tandis que quelques rayons ensoleillés ajoutent une note de féerie et de chaleur au tableau. Et, le plus : le restaurant original et savoureux, avec un super rapport qualité-prix.

LA ROSERAIE DE BERTY

366, chemin de Berty, Tauriers
LARGENTIÈRE
✆ 04 75 88 30 56
www.roseraie-de-berty.com
eleonore@roseraie-de-berty.com

Jardin remarquable. Ouvert de 10h à 18h à partir de mai à juin. Les chiens doivent être tenus en laisse. Gratuit. Salon de thé, pique-nique possible au bord de l'eau.

On vient de loin pour découvrir cette roseraie, également pépinière, implantée à 3 km de Largentière, dans une vallée sauvage, petit coin de paradis où l'on peut découvrir 700 variétés. D'ailleurs, mieux vaut ne pas suivre votre GPS et regarder sur le site l'accès recommandé. Une multitude de couleurs, de parfums et de façons pour la reine des fleurs d'organiser ses pétales. Berty ? En fait, la propriétaire et magicienne des roses se nomme Eléonore Cruze, une poétesse, une artiste, mais aussi une paysagiste professionnelle qui peut vous aider à dessiner vos jardins d'agrément. La Roseraie de Berty a reçu le label Jardin remarquable. Le plus : vous pouvez même louer un gîte. Une seconde roseraie est désormais visible (sur rendez-vous uniquement) : la Roseraie des pommiers à Ruoms avec un restaurant. Délicieux ! Et vous pouvez acheter des rosiers de Berty.

CANTAL

Alimentation

■ **L'ECHO PAYSAN**
Maison du Bâtiment, rez-de-chaussée
15, allée Georges-Pompidou
AURILLAC
✆ 04 71 64 22 83
www.produitsfermierscantal.com
Ouvert du mercredi au samedi de 10h à 13h et de 15h à 18h. Commande en ligne et livraison au drive. American Express.
L'Écho Paysan, anciennement Coin de campagne, est un magasin de produits fermiers sélectionnés pour leur qualité et vendus en direct. L'éventail des produits proposés est large : charcuterie, produits de la ruche, œufs, légumes, pâtés, soupes, viandes, fromages et crèmerie ou encore truites, légumes maraîchers. Une large sélection de produits de qualité et locaux si possible même si L'Écho Paysan ne ferme pas sa porte à certains producteurs, 90 au total actuellement, installés hors des limites du département. Vous retrouverez, entre autres, la charcuterie Bouquier, le miel de David Pigeon ou encore les fromages du Gaec de Niocel pour ne citer qu'eux. La philosophie du magasin : proposer en circuit court des produits de qualité à des prix justes mais raisonnables. Futé, vous pouvez prendre connaissance des promotions du moment sur sa page Facebook.

Restaurants bio

■ **AUTREMENT**
7, boulevard de la Prade
USSEL
✆ 05 55 94 40 65
www.autrement-ussel.com
Ouvert du lundi au samedi le midi. Menu unique à 14,80 € (plat du jour à 9,80 €). Terrasse.
Sur la terrasse avec vue sur la montagne ou à l'intérieur de la grande salle pouvant recevoir 60 couverts, vous pourrez déguster une cuisine à base de produits frais et entièrement bio, apéritifs compris ! Des recettes savoureuses et traditionnelles, cuisinées au jour le jour, toujours fraîches et à base de produits locaux. Pour plus de flexibilité à vos habitudes, vous pouvez aussi commander à emporter ou vous faire livrer. Comme les menus changent souvent, ils ont même imaginé une astuce : vous pouvez vous abonner au menu numérique et recevoir chaque jour sa composition !

Mode et bien-être

■ **MAAEMA**
6, rue marchande
AURILLAC
✆ 04 71 49 81 72
la-boutique-maaema.blogspot.com
maaema15@gmail.com
Ouvert du mardi au vendredi de 14h à 18h ; le samedi de 10h à 12h30 et de 14h30 à 18h30.
Voici une boutique au double engagement écologique et éthique. Revendeuse de produits pour le nourrisson et sa maman issus de marques bio et éthiques telles que Fantazia, Peau éthique, Colimaçon & Cie ou Lulu nature, elle dispose également d'une partie dépôt-vente de puériculture. Cela permet de donner une seconde ou même une troisième vie à ces objets qui deviennent trop vite obsolètes, afin de préserver notre environnement et notre empreinte carbone en évitant leur surproduction systématique !

DRÔME

Alimentation

■ **LE DAUPHIN**
Rue du Puits Communal, ZA La Palun
BUIS-LES-BARONNIES
✆ 04 75 28 01 08
www.tisane-ledauphin.fr
contact@tisane-ledauphin.fr
Vente au Lou Viei Moulin d'Oli.
Au pays du tilleul, Le Dauphin est tisanier depuis 1953. Cette griffe propose des produits biologiques et se revendique créateur d'infusion artisanale à base de plantes cultivées et assemblées en France. Plus personne n'ignore aujourd'hui les bienfaits des plantes et le Dauphin vous en propose une large collection en sachets, en infusettes et en vrac. Au menu : détox, digestion, harmonie, zénitude, légèreté, tonique... Des mélanges, mais aussi des plantes vedettes qui se suffisent à elles-mêmes comme le thym

de Provence, la verveine de la Drôme provençale, le tilleul des Baronnies... Pas de visite sur place de la fabrique, mais vente des produits au Moulin du Puy Communal et bien entendu dans de nombreuses boutiques, particulièrement les magasins bio de la Drôme et d'Ardèche.

FAÇON CHOCOLAT

32, rue Archinard
CREST
✆ 09 77 04 88 24
www.faconchocolat.fr

Basse saison : ouvert du lundi au vendredi de 8h30 à 12h et de 14h à 18h30 ; le samedi de 9h30 à 12h30 et de 15h30 à 18h30. Haute saison : du lundi au jeudi de 9h à 12h et de 14h à 19h ; le vendredi et le samedi de 9h30 à 12h et de 15h30 à 19h.

Le chocolat sans façon ! Voici des chocolats rustiques mais festifs, sobres mais inventifs, et surtout estampillés 100 % bio. La boutique donne sur l'atelier. Ici officient des chocolatiers experts. Les fèves de cacao viennent d'Amérique latine et se déclinent en praliné, ou avec de la pâte d'amande, pâte d'agrumes, de fruits rouges, framboises et groseilles épépinées, gingembre, orange amère... On découvre aussi un petit musée dédié à la gloire de Quetzalcóatl. Façon chocolat est également distribué dans les magasins bio du sud-est de la France et en région parisienne. A la boutique, on peut boire un vrai chocolat, manger une crêpe au chocolat à la Chandeleur et d'autres gourmandises au fil des saisons.

LE PAIN DE SOPHIE

111, rue Camille-Buffardel
DIE
✆ 04 75 21 47 08
www.lepaindesophie.com
lepaindesophie@gmail.com

Gluten-free friendly. Ouvert du lundi au samedi de 6h à 13h et de 15h à 19h. Les jours de marché, mercredi et samedi, la boulangère et sa petite terrasse ferment à 14h. Formules petits déjeuners, déjeuners, goûters.

Une devanture charmante avec petite terrasse de bois dans la rue principale de Die et une ambiance dioise conviviale. Vous pouvez vous y fournir en pains bio et y prendre un petit déjeuner, un thé, un café ou un chocolat, essentiellement estampillés bio, car c'est le choix de Sophie, le bio. Pain de blé, de seigle ou d'épeautre, aux graines de tournesol, de pavot ou de sésame... La farine est locale, les graines viennent de la Carline, la coopérative bio voisine, le four à pain est derrière le comptoir. Mercredi et samedi, jours de marché, Sophie fait des pains sans gluten. En rayon, pissaladières, pizzas, croissants au chèvre et brunchs le samedi, sans oublier les biscuits bio *made in* Vercheny.

À TRAVERS CHAMPS

70, chemin de Bras-de-Zil
LORIOL-SUR-DRÔME
✆ 04 75 55 27 85

Ouvert les mardi, mercredi et vendredi de 9h à 12h30 et de 15h à 19h. Le samedi de 9h à 12h30.

Implanté dans la zone artisanale des Blaches, ce magasin de producteurs en vente directe réunit une quarantaine d'exploitations agricoles bio situées dans un rayon de 100 kilomètres autour de Loriol. Une initiative de Joël Fauriel, agriculteur loriolais, producteur de fruits, de légumes et de céréales sur un domaine d'une douzaine d'hectares. En rayon : fruits, légumes frais et secs, viandes, pains, miels, mais aussi plantes aromatiques et médicinales, fromages de vache, de chèvre et de brebis, spécialités à base de châtaigne, viennoiseries, vins, confitures... Des produits 100 % bio et locaux, que demander de mieux ?

DOMAINE ROCHEVILLE

117, route de Montélimar
RD 538
NYONS
✆ 04 75 26 35 20
www.domainerocheville.com
contact@domainerocheville.com

Ouvert du lundi au samedi de 10h à 12h30 et de 14h à 19h.

Ce domaine du Nyonsais, désormais estampillé bio, est dans la même famille depuis quatre générations. Nous sommes en Drôme provençale, ici fructifie la vigne et les oliviers. Jean-Marc et Guillaume Rocheville mènent un vignoble de 11 hectares en agriculture biologique et vinifient et mettent en bouteille leur production. Les vignes sont vendangées à la main. Possibilité de visiter le domaine, son vignoble, son oliveraie à travers un sentier facile avec un dépliant explicatif. Puis dégustation et vente dans la boutique éco-construite.

ESPRIT BISCUIT

90, chemin de Veronne
PONTAIX
✆ 04 75 22 03 09
www.espritbiscuit.fr

Cette petite entreprise bio et artisanale est située dans le village médiéval de Pontaix, en surplomb de la Drôme. Sa production est diffusée dans les magasins bio et dans les grandes surfaces de la région : petits biscuits salés ou sucrés, sablés, cookies, lingots, spirales à la châtaigne, au chocolat, au crémant, vanillé, meringué, curry/épeautre, cumin/épeautre, salé/lentille, oignon/Piment, tomate/thym toute une collection très appréciés dans le Diois et dans le Crestois au moment de l'apéritif, du café, du thé ou de la tisane.

CAVE ACHARD-VINCENT

Le Village
SAINTE-CROIX
✆ 04 75 21 20 73
www.domaine-achard-vincent.com

Ouvert du lundi au samedi de 9h à 12h et de 14h à 19h. Dimanche sur rendez-vous. Vente directe au domaine.

Thomas Achard est désormais aux commandes de ce domaine déployé sur 11 ha et qui a déjà vu six générations se succéder. Les Achard sont les pionniers de la clairette de Die bio. Leur engagement en agriculture biologique (Ecover) et en biodynamie (Demeter) remonte à 1971 ! Un jubilé… et un vrai historique de la viticulture bio en France. Le grand-père débuta le bio selon la méthode Lemaire-Bouchet. Son fils, Jean-Pierre, poursuivit selon le cahier des charges des vins bio de Nature et Progrès de 1982 à 2009. La relève avec Thomas s'est engagée dans la certification Demeter en 2008. Le domaine est situé à Sainte-Croix en surplomb de la Drôme, juste à l'entrée de la vallée de Quint. On vient de loin, de Grenoble et de Lyon, pour acheter la clairette Achard-Vincent qui a ses fidèles. On aime son goût de muscat prononcé et sa légèreté. Egalement des crémants très agréables. Et l'occasion de découvrir une belle région puisque le village de Sainte-Croix qui surplombe la rivière Drôme est à l'entrée de la magnifique vallée de Quint.

DOMAINE DU RIEU FRAIS

120, chemin du Rieu-Frais
SAINTE-JALLE
✆ 04 75 27 31 54
www.domaine-du-rieu-frais.com
jean-yves.liotaud@wanadoo.fr

Ouvert de 9h à 12h et de 14h à 18h. Visite gratuite des chais mardi et vendredi à 10h et 16h. Fermé le dimanche de début novembre à fin février. Dégustation gratuite.

C'est la troisième génération de vignerons qui se succède pour élaborer ce vin bio, une référence locale. Les vignes du domaine du Rieu-Frais s'épanouissent sur les terres marneuses de la belle vallée ensoleillée de l'Ennuyée. Un terroir qui est à la fois aride et généreux et contraignant les plants à s'enraciner solidement pour trouver de l'eau et donne sa typicité au raisin et à son jus. La culture se fait biologiquement, dans le respect absolu de la nature, sur 30 hectares de vignoble, avec pas moins de neuf cépages à découvrir. La vinification aussi se fait biologiquement et artisanalement. S'ajoute le savoir-faire du vigneron qui vous propose des visites gratuites des chais, caves de vinification et de vieillissement en pierre avec fûts et foudres de chêne, cours d'œnologie en prime. Le domaine, exploité en agriculture biologique produit les vins de pays des coteaux des Baronnies, notamment un cabernet sauvignon vieilli en fûts de chêne de grande valeur et un chardonnay très aromatique. On apprécie les vins proposés en cubitainer (*bag in box*) dans les trois couleurs avec un bon rapport qualité-prix.

DOMAINE LA ROSIÈRE

Route de Buis-les-Baronnies
SAINTE-JALLE
✆ 04 75 27 30 36
www.domaine-la-rosiere.com
contact@domaine-la-rosiere.com

Ouvert tous les jours de 8h à 12h et de 14h à 18h30.

Ce domaine, créé en 1978 par les parents de l'actuelle propriétaire Valéry Liotaud, propose toute la palette des vins et cépages de pays coteaux des Baronnies. Tous de grande qualité. En rouge, la syrah, le merlot et le cabernet sauvignon.

En blanc, le viognier, le chardonnay. En toute poésie : Confidence, Héritage, Chardonette et la Vertue. Ces vins de terroir sont également proposés en agriculture biologique, rouge, rosé et blanc sous la dénomination de Bio'ronnies. Le domaine la Rosière s'étend sur 25 ha vacillant entre 450 et 680 m d'altitude. Valéry poursuit le travail de ses parents avec talent et passion. Elle vous explique comment marier ses vins avec les produits du terroir, olives de Nyons, tapenade, grillades, gibier… de l'apéritif au dessert.

Restaurants bio

■ MOUN PAIS

Ecosite du Val de Drôme
EURRE
✆ 04 75 25 21 88
www.mounpais.fr

Ouvert du lundi au vendredi de 12h à 14h. Menu enfant : 12 €. Formule du midi : 19 € (plat du jour 11 €). Vin au verre. Entrée/plat ou plat/dessert 15,50 €. Assiette végétarienne 14 €.

Implanté sur l'écosite du Val de Drôme qui a fait ses preuves dans le développement économique et la mise en valeur de l'environnement où les entreprises peuvent se mettre au vert, ce restaurant a ses habitués, parmi lesquels de nombreux salariés de la zone. A deux pas de Crest, le restaurant à l'avantage de permettre un stationnement facile. On peut même, avant ou après le repas, faire une petite balade en bord de Drôme. Côté cuisine, c'est tout bio. Moun pais travaille avec de nombreux producteurs ou boutiques, principalement de la Drôme. Entre autres, truites de l'Archiane, fromages Gaec de la Grange, volailles de la ferme de Ventabren à Montoison, safran des Trois Rousses à Die, picodon de Bouvières, bières de Poët Laval ou Chabeuil. A l'ardoise selon les jours le gratin de ravioles au poisson, la pintade à la crème et aux petits légumes, le gâteau au chocolat... Pour arroser ce bel ensemble, des vins tout aussi bio. Également disponible, un service « traiteur ». Moun Pais qui porte bien son nom régale nos papilles et défends les paysans.

■ LA TABLE D'ANGÈLE

Angélina et Benjamin Mroz
Ferme de l'Astière
LA MOTTE-CHALANÇON
✆ 06 08 04 37 70
www.fermemroz.com

Ouvert toute l'année. Uniquement sur réservation. Menu complet : 21 €.

Table d'hôtes, table paysanne, table campagnarde... Venez manger à la ferme. De l'étable à la table ! Angélina et Benjamin Mroz et leurs 30 vaches de race limousine vous accueillent sur leur exploitation estampillée agriculture biologique. Vous dégusterez la viande de bœuf locale et notamment celle de broutard (jeune bovin de 18 mois élevé sous la mère puis en pâturage, puis au foin en hiver). Une viande tendre et goûteuse... Les autres produits qui servent à élaborer les repas de cette table de ferme sont tous issus de l'agriculture biologique. Un vrai moment savoureux, authentique et futé, tout en bénéficiant d'une vue magnifique. Vous pouvez aussi acheter de la viande bio à la ferme en vente directe.

■ COMME TROIS POMMES

335, chemin de l'Olagnier
PORTES-LÈS-VALENCE
✆ 09 53 07 44 03
www.commetroispommes.fr
contact@commetroispommes.fr

Ouvert du lundi au samedi le midi de 12h à 14h. Formule du midi : 15 € (entrée/plat/dessert ou 13 € : entrée/plat ou plat/dessert). A emporter : 11 € ou 9 €.

À l'entrée de la nouvelle épicerie bio du même nom, quelques tables bois vintage attendent les convives au moment du déjeuner. Chacun met sa table, façon table d'hôtes. Le menu du jour est affiché avec trois formules différentes. Ce jour-là dans l'assiette, trio d'entrées, velouté de butternut, tartine de fromage frais et algues, salade de chou, puis plat végétarien ou porc rôti avec choux de Bruxelles, marrons et pommes de terre grenailles, et pour finir pavlova aux fruits frais ou cheesecake à la chocolade. Le tout, bien entendu, 100 % bio, éthique et le plus possible locavore. C'est sain, savoureux, généreux, l'ambiance est conviviale et vous pouvez en profiter pour faire vos courses bio.

■ UN AIR DE FAMILLE

1, place de la Dragonne
VALENCE
✆ 04 75 43 44 90
www.unairdefamille-valence.fr

Ouvert du lundi au mercredi de 8h à 15h ; le jeudi et le vendredi de 8h à 0h. Plat du jour : 10 €. Plat du jour et dessert : 13 €.

Une adresse précieuse, alternative et plurielle. Resto le midi, bar à tapas le soir, bar à jeux de société (200 jeux !) jeudi et vendredi après-midi, bar polyglotte le temps d'un apéro et tout le temps très chaleureux. Il y a des animations tous les soirs et tous les jours de la semaine, et à midi on peut s'installer autour de tables colorées sans chichis pour déguster des plats frais avec deux plats au choix, dont un végétarien, et plusieurs desserts à base de 25 % d'ingrédients biologiques au minimum. Au comptoir, on peut déguster une petite mousse brassée au pays. On rigole, on papote, on parle de la pluie et du beau temps sans oublier de refaire le monde. 100 % coup de cœur.

■ CHEZ MON JULES

Le village
VESC
✆ 04 75 04 20 74
www.chezmonjules.com
chezmonjules@gmail.com

Basse saison : ouvert du jeudi au dimanche le midi et le soir. Haute saison : tous les jours le midi et le soir. Menus de 34 € à 57 €. Menu enfant : 14 €. Formule du midi : 25 €.

Petite adresse gourmande et pleine de charme, façon bistrot de village. Déco chinée et *vintage*, à table une cuisine de terroir (sauf le bar de ligne que le chef aime bien cuisiner !), à forte tendance bio et vocation gastronomique, en terrasse une ambiance guinguette, quelques soirées musicales. Exemple de menu gourmand : risotto de petit épeautre, ou un carpaccio de bœuf, de l'agneau confit ou le poisson du moment avant, côté sucré, de se laisser tenter par une délicieuse panna cotta. Les ingrédients sont réunis pour passer un bon moment. Alors forcément, certains viennent à Vesc juste pour aller chez ce Jules ! Et si l'adresse vous plaît vous pouvez prolonger le séjour et dormir sur place, dans l'une des deux grandes chambres d'hôtes de grand confort, avec terrasse, de la Vieille auberge.

Mode et bien-être

DISTILLERIE BLEU PROVENCE
58, promenade de la Digue, NYONS
✆ 04 75 26 10 42
www.distillerie-bleu-provence.com
info@distillerie-bleu-provence.com
D'avril à octobre : 7j/7 9h30-12h30 et 14h-18h30. En juillet et août : 7j/7 9h30-12h30 et 14h-19h. De novembre à mars : 7j/7 9h30-12h30 et 14h-18h.Visites guidées 5,50 € par adulte, 4 € pour les moins de 12 ans, gratuit pour les moins de 8 ans. Atelier savon sur réservation pour les 6 à 12 ans : 9,50 €.
Un ambassadeur de la lavande et une escale de choix. Depuis 1939 à Nyons, cette maison distille la lavande et les plantes aromatiques pour en extraire des huiles essentielles biologiques. C'est aujourd'hui un partenaire privilégié du développement durable et de l'économie locale. La Distillerie dévoile l'alchimie qui transforme l'emblématique et bénéfique lavande en huile essentielle, la botanique et l'histoire de cette manne locale, au même titre que l'olive de Nyons ou les vins AOP. Quant à la jolie boutique, elle décline la production maison estampillée « Calaya » d'huiles essentielles de lavande et autres plantes aromatiques et médicinales, tisanes, eaux de toilette, cosmétiques… Coups de cœur pour les deux ateliers maison sur réservation (durée 2h). L'atelier Savons, dédié au 6-12 ans, pour apprendre la fabrication du savon et les secrets des plantes et des parfums de la Provence, en été, tous les mercredis et vendredis à 10h, et durant les vacances de Pâques et de Toussaint. L'atelier parfums s'adresse aux amateurs de jus dès 16 ans et propose la découverte des huiles essentielles du monde et l'apprentissage de la composition d'un parfum, en juillet et en août pour les groupes constitués (10 personnes).

LA BOUTIQUE ÉTHIQUE
10, Grande-Rue, VALENCE
✆ 06 20 32 07 43
www.boutiquethique.fr/magasins
boutiquethiquedunet@archer.fr
Ouvert du lundi au jeudi de 9h à 18h.
Ce concept store du centre piéton de Valence s'articule autour de trois engagements clés : le local, le biologique, l'équitable. Ici l'objectif n'est pas seulement de vendre ! Cette grande boutique, à la devanture vert amande, a des exigences avant tout éthiques. Vous trouvez en rayon, une large gamme de prêt-à-porter, chaussures, cosmétiques et accessoires pour les femmes, les hommes et les enfants. Cette adresse vraiment complète propose des pièces originales et tendance qui feront la différence dans votre dressing et aussi pour la planète ! Découvrez l'attrait des vêtements en chanvre et les conseils pour leur entretien. Sont également présents des articles issus du recyclage. Faites-y souvent un passage pour profiter des déstockages réguliers sur une sélection d'articles et découvrir ce que porte le mannequin nommé Frida à l'entrée de la boutique.

DE TOUTE BIOTÉ
39, rue Madier-de-Montjau, VALENCE
✆ 06 15 08 51 74
www.detoutebiote.fr
florianne@detoutebiote.fr
Ouvert le lundi, le mardi et du jeudi au samedi de 9h à 18h. Fermé le mercredi.
Le joli institut De toute Bioté continue de ravir les addicts du bien-être version bio. On pousse la porte de sa belle devanture framboise pour pénétrer dans un espace où les soins sont faits maison à base de fruits et de légumes frais, les épilations se font à la cire bio, au citron et à la résine de pin... De savantes compositions à base de menthe fraîche, d'avocat, de concombre, d'argile, de miel de lavande, de kiwi et même de fraises bio (de variété gariguette) pour nous rendre plus belle, plus détendue, plus mince.. Modelage, épilation, cure minceur, masque jeunesse, on adore ! De toute Bioté utilise aussi les produits de la marque cosmétique bio et naturelle Fées en Provence qui travaille avec les producteurs locaux. Au menu, des soins à base de miel des Calanques, clémentine Corse, mélisse de Provence, etc. On y trouve aussi le maquillage naturel et minéral de Miss Watson, 100% bio et local. Bref, le bonheur.

Habitat et jardin

QUINT'ESSENCE
Quartier Brunelle
231, rue du Jardin des artisans
EURRE
✆ 04 75 40 78 36
www.quintessence-ecohabitat.fr
quintessence-scop@orange.fr
Ouvert du lundi au vendredi de 8h à 12h et de 14h à 18h.
Cette SCOP implantée dans un petit village de la Drôme, à proximité de Crest, et dans de beaux bâtiments écolos bardés de bois, propose à prix relativement intéressants (surtout pour les grandes quantités) tous les matériaux de construction et de décoration intérieure biologiques. Du sol au plafond vous y trouvez tout ce qu'il faut pour réaliser le chantier de votre maison au naturel. Pensez également à la location, Quint'essence propose quelques outils qui peuvent s'avérer très utiles.

CHAUX POZZO NUOVO
10, rue Puits-Neuf
MONTÉLIMAR
✆ 04 75 53 23 95
www.pozzonuovo.fr
Vente via un réseau de distributeurs, liste disponible sur le site Internet de l'entreprise.
C'est l'un des rares fabricants français de chaux en pâte. Une chaux en pâte, pure, naturelle, sans adjuvant, réalisée selon des techniques ancestrales et artisanales dans ses ateliers. Elle est idéale pour les peintures, les enduits fins, les stucs et les tadelaks. Le calcaire exceptionnellement microporeux choisi pour l'élaboration de la pâte de chaux Pozzo Nuovo offre un produit d'une résistance et d'un pouvoir couvrant supérieurs à la moyenne. Cette chaux est appréciée des professionnels du bâtiment, mais aussi des artistes pour la réalisation et la restauration de décors, des centres de formation et bien entendu des particuliers. Ce n'est pas une chaux en poudre d'exportation reconditionnée, mais bien une vraie chaux en pâte fabriquée dans le Sud-Est. En cela elle est vraiment 100 % écologique ! Vous retrouverez les produits Pozzo Nuovo partout en France, chez certains distributeurs dont la liste est déclinée sur le site Internet de la société.

HAUTE-LOIRE

Alimentation

NATURE ET TERROIR
6, route de Tence
LE CHAMBON-SUR-LIGNON
✆ 04 71 65 42 59

Ouvert du mardi au samedi de 9h15 à 12h5 et de 15h à 19h.

Ce magasin d'alimentation biologique, de produits du terroir et régionaux permet de se fournir en fruits et légumes de saison, produits frais, mais aussi d'apporter votre contenant (bocal, boîte, pot...) pour vous servir en vrac. Il suffit juste de penser à faire faire la tare en caisse, avant de vous servir. En période estivale, livraison supplémentaire de pains croustillants, en plus du mardi matin, le jeudi après-midi. Vous trouverez également des cosmétiques (crèmes, huiles, base lavande neutre à enrichir ou non en huiles essentielles, selon vos envies), et des produits d'entretien. Pendant la période des fêtes de fin d'année, douceurs, bûches glacées Terre Adélice, thés et infusions Les Jardins de Gaia, coffrets Pukka, chocolats Dardenne, pâtes de fruits d'Auvergne et les papillotes et marrons glacés Père Louis vous attendent. Nature et Terroir travaille essentiellement avec des producteurs locaux et contribue, de ce fait, à dynamiser l'économie locale. Vous n'y trouverez pas de tomates en hiver, mais le goût des légumes de saison, que vous prendrez à la place, vous rappellera que la nature, elle aussi, a un cycle.

À LA SOURCE
Rond point de Lachamp
SAINT-PIERRE-EYNAC
✆ 04 71 00 56 71
alasource43@laposte.net

Ouvert le vendredi de 10h à 19h ; le samedi de 10h à 14h30. Commandes aux heures d'ouverture ou auprès du producteur concerné.

A la Source est un point de vente collectif d'un groupement de producteurs engagés en agriculture biologique. Il est situé entre Yssingeaux et le Puy-en-Velay, au rond-point de Lachamp sur la N88. Ils y proposent des produits frais ainsi que des produits transformés en conserve.

Restaurants bio

LA MAISON DE FLO
Place du marché couvert
4, impasse du Couvert, LE PUY-EN-VELAY
✆ 06 01 49 95 69
alamaisondeflo@gmail.com

Ouvert du mardi au samedi le midi ; du mercredi au samedi le soir. Menus de 10 € à 18 €. Carte : 14 € environ. Terrasse.

Juste à côté du marché, ce restaurant sans prétention a placé la barre haut : élaborer une cuisine maison, bio, locale, vegan et sans gluten ! La spécialité ici, c'est la crêpe ou la galette garnie de bons produits sains. Elles se déclinent version salée et sucrée. Vous trouverez aussi, selon l'humeur, des tartes et des desserts gourmands.

Mode et bien-être

L'INSTITUT 43
43, boulevard Saint Louis
LE PUY-EN-VELAY
✆ 07 83 48 27 20
www.linstitut43.fr
contact@linstitut43.fr

Ouvert le lundi de 14h à 18h ; le mardi et le mercredi de 10h à 19h ; le jeudi et le vendredi de 10h à 20h ; le samedi de 10h à 18h.

Cet institut futé a trouvé le parfait équilibre pour votre beauté ! Il propose des soins bio, pour le corps et le visage, des épilations, des massages ainsi que des prestations de beauté des mains et pieds... Mais pas seulement ! Pour vous permettre d'avoir des produits adaptés à votre peau, vous pourrez y apprendre à fabriquer vos propres cosmétiques ! Apprentissage ludique garanti !

Paniers Bio

AMAP ABSOLU
impasse Dr Guillaume Court, BRIOUDE
✆ 06 81 18 53 61
www.absolu.info
amap@absolu.info

Distribution le mercredi de 17h30 à 18h30.

Cette AMAP existe depuis 2007. C'est une association – l'association Absolu – qui regroupe des consommateurs de la région de Brioude qui veulent développer la vente directe de produits locaux issus de l'agriculture biologique et promouvoir une économie conviviale, solidaire et durable, en partenariat avec une quinzaine de producteurs bio. Vous pouvez mettre dans vos paniers des légumes, des fruits, de la viande, des œufs, du miel, du pain, des lapins, de l'huile de colza, des lentilles, du fromage, des canards, des pintades et bien d'autre produits encore ! L'association organise des visites dans les exploitations des producteurs locaux, partage ses connaissances des produits et des modes de production, défend l'agriculture locale respectueuse de l'environnement. Cela vaut bien une adhésion !

Habitat et jardin

INOVATERRE
Le Bourg
LORLANGES
✆ 04 71 50 96 27
www.inovaterre.fr
inovaterre@orange.fr
Ouvert du lundi au vendredi de 7h à 18h30. Le samedi sur rendez vous.
Laine de mouton, chanvre, cellulose, fibre de bois, liège, etc. Ce distributeur de matériaux pour la construction écologique (BBC, massive...) est implanté dans la Haute-Loire. Vous y trouverez des isolants, de la menuiserie, tout pour la ventilation, l'électricité, l'étanchéité, les murs et les cloisons, le chauffage, et même de la vaisselle biodégradable.
Quelques marques distribuées : les peintures Tassili et les peintures Biocryl, Mavi étanche, menuiserie Defix et Internorm... Vente sur place mais aussi possible en ligne sur le site Internet et fiches pratiques... bien commodes !

NATURELHOME
Lieu-dit Les Roches
ROCHE-EN-RÉGNIER
✆ 06 10 39 10 92
www.naturel-home.fr
Renseignements et inscriptions aux diverses formations en ligne sur le site internet.
Voici une entreprise avec un bureau d'étude qui peut vous aider lors de la construction de votre maison à ossature bois et isolation paille, mais aussi des partenaires artisans pour réaliser votre chantier si vous ne vous sentez pas d'attaque ou si vous n'avez pas le temps de le faire vous-même. L'entreprise peut aussi vous fournir des kits d'autoconstruction de maison en paille et des matériaux pour des maisons à ossature bois selon la technique dite d'ossature à plate forme. Vous souhaitez construire une yourte ? C'est le bon interlocuteur pour cela ! Elle propose des stages d'auto-construction. C'est aussi le fabricant du Modulopaille, des panneaux écologiques pré-assemblés destiné à recevoir un isolant de fibre végétale de forte épaisseur. Et également des kits pour fabriquer son éolienne ou des poêles de biomasse.

HAUTE-SAVOIE

Alimentation

LA SOURCE
49, avenue Gambetta
ANNECY
✆ 04 50 23 87 23
Ouvert du lundi au vendredi de 8h30 à 19h30 ; le samedi de 9h à 19h30.
Cette aventure verte ne date pas d'hier ! A l'origine c'était une boulangerie ouverte en 1993 qui a fermé ses portes en 2011. Le rayon épicerie a ouvert en 1998. Puis est venue la pizzeria en 2007. Le tout en bio bien entendu. La Source propose une sélection de produits biologiques, parfois locaux : des produits alimentaires d'épicerie et de produit frais, mais aussi des aliments diététiques pour les régimes particuliers (sans sel, sans sucre, sans gluten...) et de cosmétiques. On y fait son petit marché avec des fruits et légumes frais et bio, et on s'arrête à son rayon boulangerie pour un bon pain bio. Le must du surgelé bio, des couches pour bébés bio. Du 100 % bio à tous les rayons ! Et même à l'extérieur, avec un distributeur de pizzas 24h/24, bio, maison et fraîches délivrées chaudes en seulement 4 minutes. Ce n'est pas qu'une simple épicerie, mais bel

Paniers Bio

MON PANIER POTAGER BIO
1210, route de Chainaz
ALBY-SUR-CHÉRAN
✆ 06 33 58 79 07
sylviecaron74@free.fr
Contact, adhésion par le site internet. Retrait des panniers dans 3 points relais à Annecy, à Saint Félix, et à Alby sur Chéran. Détails pratiques sur le site.
Il existe trois types de paniers les petits (3 kg) pour une ou deux personnes, les moyens (6 kg) pour les familles et les grands (9 kg) pour les grandes familles ! Tous ont été composés avec soin avec des produits de saison proposés par deux cultivateurs bio de la région. Chaque panier est composé de sept produits, à savoir cinq sortes différentes de légumes et deux variétés de fruits. En été, Mon panier potager bio ajoute à cela les melons, prunes, pêches en provenance d'un groupement d'agriculteurs bio provençaux.
Livraison des paniers à Annecy et dans toute la région annécienne à domicile, en entreprise et en point relais à Annecy, Saint-Félix et Alby-sur-Chéran.

et bien une Source de bien-être pour le reste de notre corps et de notre esprit avec un espace cosmétique et librairie intéressant.

AQUARIUS
10, rue de la Paix
ANNECY
✆ 04 80 94 50 40
www.aquarius74.fr
contact@aquarius74.fr
Ouvert du lundi au samedi de 9h à 19h30. Livraison à domicile à vélo.
Membres du réseau Biocoop, les quatre magasins coopératifs Aquarius en appliquent la philosophie écologique et citoyenne. Priorité est donnée aux relations directes avec les producteurs, ce qui permet aux exploitants de moins rogner sur leurs marges et aux milliers de coopérateurs, ainsi qu'à de nombreux « non sociétaires » de consommer régional. Le choix est intéressant dans tous les rayons. Des fruits et légumes irréprochables, de la viande – parce que bio ne signifie pas végan –, des produits laitiers, du vin sans sulfate, de la bière locale et du pain de qualité. Une enseigne qui veille depuis plus d'une trentaine d'années sur notre bien-être alimentaire.

LES FRUITIÈRES DES BORNES
Fruitière d'Arbusigny
274, route de la Muraz
ARBUSIGNY
✆ 04 50 94 50 79
Ouvert tous les jours de 17h30 à 19h30. Du 1er avril au 30 septembre, visite libre sur réservation, tous les mercredis de 9h à 11h.
Depuis 1985, le fromager Jacky Capt (dont la famille est originaire de Suisse) s'est associé à la coopérative d'Arbusigny pour préserver la tradition de la fraîche coulée (lait sitôt trait, sitôt livré, matin et soir, 365 jours par an). N'ayant subi aucun refroidissement avant transformation, le lait frais garde sa flore lactique naturelle et donc la richesse de ses arômes subtils. Le lait des Fruitières des Bornes, celui des fermes des Bornes et notamment de celles d'Arbusigny, ainsi que celles de Menthonnex-en-Bornes et d'Evires est certifié AB. Les fromagers y fabriquent leurs fromages et les affinent dans les caves de la fruitière. Il s'agit de reblochon, d'abondance, de tomme de Savoie, de fromage à raclette... La fruitière se visite sur rendez-vous (vous apprendrez tout sur le long processus de transformation du lait en fromage) et vend sur place ses excellents produits. Depuis 1994, on y propose des fromages certifiés bio (reblochon, tommette, Abondance) fabriqués dans le traditionnel chaudron en cuivre, à partir du lait issu de fermes respectant les règles de production de l'agriculture biologique.

GRANDE CAVE CREPY MERCIER
Douvaine
BALLAISON
✆ 04 50 94 01 23
www.domaine-crepy-mercier-74.com
contact@domaine-crepy-mercier-74.com

Le Cola des montagnes

Fabriqué à l'eau des Alpes, le Yaute Cola est un cola bio aux bulles fines. Légèrement sucré et citronné, il est en vente en épicerie bio, dans les bars et en ligne : www.brasseurs-savoyards.fr/yaute-cola

Ouvert du lundi au samedi de 8h30 à 12h et de 13h30 à 18h.
Une belle lignée de vignerons qui, de surcroît, est à l'origine de l'obtention de l'AOC Crépy en avril 1948, grâce à Léon Mercier. Depuis 1890, elle perpétue la tradition d'un savoir-faire tout en associant les dernières technologies. Ce domaine familial de 39 ha, mené par Claude Mercier, ingénieur œnologue diplômé d'Etat, représente à lui seul la moitié de la superficie de Crépy. Il se situe sur Douvaine, Loisin et Ballaison. Maintes fois cité et primé, le domaine produit 350 000 bouteilles par an, issues d'un cépage unique, le chasselas doré. Il possède aussi une cave de 6 à 7 m sous terre, avec des foudres de capacité allant jusqu'à 30 000 l, véritable curiosité qui a su émerveiller des milliers de visiteurs. Un proverbe affirme que pour produire de bons vins, les vignobles doivent tous regarder le lac Leman, tel est le cas ici. C'est ainsi que naît, entre autres, ce remarquable crépy Goutte d'or, élevé en cuvée verrée de plus de 25 ans, aux odeurs d'aubépine et d'amandes grillées. Précisons que ces vignerons travaillent selon deux méthodes respectueuses de l'environnement : la culture en lutte raisonnée et la biodynamie.

LE SANGLIER PHILOSOPHE
361, route de Chainaz
CUSY
✆ 06 15 76 89 41
www.plantes-biologiques.com
sanglierphilosophe@wanadoo.fr
Sur rendez-vous. Boutique en ligne et revendeurs.
Benoît Claude est un philosophe au naturel. La nature sauvage, celle que les sangliers grattent avec enthousiasme de leur groin aux bords des talus et dans les sous-bois, représente tout ce qu'il aime. C'est au pied du massif des Bauges où il fait la plupart de ses cueillettes aromatiques – dont la gentiane à l'automne -, qu'il a ouvert en 1997 son atelier de fabrication de liqueurs, sirops, tisanes et autres aromates. Il ne s'interdit pas pour autant le ramassage dans les massifs voisins – thé des Alpes, en Aravis ; absinthe, en Maurienne -, les cultures biologiques de menthe, verveine, mauve, calendula et... génépi à Viuz-la-Chiésaz, au pied du Semnoz. Il ouvre volontiers les portes de son domaine, sur rendez-vous, mais diffuse facilement ses bons produits, dans les boutiques bio, épiceries fines, fruitières, etc., et sur son site en ligne. Dès la récolte de printemps, ne manquez pas la dégustation de pesto à l'ail des ours ou, en été, les productions à base d'hysope, de plantes locales et sauvages. A découvrir, sur les marchés ou en ligne, sans modération !

BRASSERIE LA ROCHOISE
89, impasse de La Vernaz
LA ROCHE-SUR-FORON
✆ 06 20 51 41 16
bierelarochoise@gmail.com
La Rochoise est une brasserie de bière qui utilise la technique du multipalier, la technique traditionnelle utilisée pour fabriquer les fameuses bières belges. 100% biologiques, leurs bières se déclinent selon plusieurs robes : blanches, blondes, rousses et brunes, et au niveau du goût c'est celui de la famille des «ales». Pour couronner son engagement exemplaire, cette brasserie n'utilise que des énergies renouvelables pour fabriquer ses produits !

Restaurants bio

ARMONY SAVEURS
19, rue Guillaume-Fichet
Les Haras
ANNECY
✆ 06 69 55 97 21
Mai-septembre. Ouvert du mercredi au dimanche de 10h à 22h. Carte : 16 € environ. Brunch : 20 €. Jardin.
Une adresse rare, saisonnière, un lieu de vie et de détente où l'on vient en toute simplicité manger bio. Un déjeuner sur l'herbe et en musique, une cantine estivale en plein air qui respecte l'environnement, un espace culturel né pour la mixité et le bien-être, c'est un peu tout cela Armony Saveurs. Et si l'on ne sait pas encore ce que nous réservera la saison 2018 (notre guide étant écrit pendant l'hiver...), on sait déjà tout le plaisir que l'on aura à partager un repas en harmonie avec la nature. Le végétal mis à l'honneur, sur des planches à composer pour l'apéro avec des bâtonnets de légumes frais, de la mozzarella, des fromages de nos régions alpines ou de la charcuterie de qualité. Salades elles aussi bien composées, des burgers, dont un végétal, et à l'heure des desserts un gâteau au chocolat sans gluten. Aux beaux jours, on s'installe librement aux tables et bancs de bois du jardin aux arbres séculaires, proches du chapiteau dans lequel on se réfugie en cas de baisse de température ou de pluie de saison. Une bibliothèque et quelques jeux feront patienter avec plaisir les impatients ou les familles avec enfants. Animations à surveiller sur les réseaux sociaux. La vie est belle.

YOGOLICIOUS
25, rue Sainte-Claire
ANNECY
✆ 09 53 29 26 16
http://yogolicious.fr
b.v.yogo@gmail.com
Ouvert tous les jours de 11h30 à 23h30.
L'idéal pour une pause fraîche et gourmande qui offre un grand choix de glaces ! Ici tout est fun et bio, à l'exception près de quelques bonbons qu'on peut choisir d'ajouter sur son yaourt glacé. Attention : encas sucré mais note facilement salée !

Habitat et jardin

ALPES ÉCOLOGIE
31, rue Jean-Mermoz
CLUSES
✆ 04 50 98 21 67
www.alpesecologie.fr
contact@alpesecologie.fr
Ouvert du lundi au vendredi de 9h à 12h et de 14h à 18h, le mercredi de 14h à 18h.
Au cœur de la Haute-Savoie et du triangle Chamonix, Genève et Annecy, Alpes Ecologie vous propose une gamme de matériaux écologiques pour construite ou/et rénover votre maison de manière saine et naturelle. Vous avez sur place les conseils nécessaire pour accompagner au mieux vos projets de construction et de rénovation. En rayons : bloc de chanvre, ouate de cellulose, liège, peintures et pigments naturels, huiles et lasures à l'eau, poêles à granulés...

ISÈRE

Alimentation

BIÈRE DU VERCORS
67, route de la Sure
La Galochère
AUTRANS-MÉAUDRE EN VERCORS
✆ 06 32 56 57 24
www.biereduvercors.fr
Située au cœur du Vercors, cette initiative vaut d'être savourée ! Sur 1,7 hectare, la belle équipe de la Bière du Vercors cultive du chanvre et du houblon biologique utilisés dans la fabrication de leurs produits. Non contents de réaliser des bières originales (au chanvre par exemple !), ils proposent également d'autres boissons telles que leurs limonades 100 % bio, ou leur whisky Wercors, tous deux lauréats de médailles. Ils proposent également des nourritures innovantes notamment pour l'apéritif (!), réalisés à partir de leurs cultures. Le conseil du *Futé* : allez les rencontrer sur place (tours les jours de 16h à 19h pendant les vacances scolaires). Joyeuse ambiance garantie.

LES BIÈRES DU TEMPS
85, allée des Acacias
CHAMPIER
✆ 04 74 79 52 96
www.lesbieresdutemps.com
contact@lesbieresdutemps.com
Ouvert du mardi au vendredi de 17h à 19h ; le samedi de 10h à 12h30 et de 15h à 19h. Se renseigner horaires d'été.
Les Bières du Temps est une fabrique artisanale de bières biologiques installée dans les Terres Froides, au cœur du village de Champier, depuis 2011. Dans les règles de l'art, cette fabrique brasse 5 types de bières : blonde, brune, blanche, ambrée et une Indian Pale. Bières spéciales

variant selon les saisons, d'où le nom évocateur de cette enseigne, notamment une bière de Noël ou une bière du Voyageur au printemps... Les bouteilles sont vendues sur place en différentes tailles.

BOUCHERIE MALHERBE
114ter, avenue Jean-Perrot
GRENOBLE
✆ 04 76 25 76 05

Ouvert du mardi au samedi de 7h30 à 12h30 et de 15h à 19h15 ; le dimanche de 8h à 12h30.

Il n'y a pas qu'en hypercentre que l'on peut trouver des commerces de haute qualité. Cette boucherie de quartier réputée pour la qualité de ses viandes (certifiées AB ou Label Rouge) et de l'accueil attire une large clientèle. Aux heures d'affluence, armez-vous de patience. Mais l'ambiance est très sympa et vous ne verrez pas le temps passer. La boutique est connue pour ses viandes biologiques, notamment d'origine auvergnate (Sicaba/Cœur de Terroir) et ses charcuteries maison. A noter que la boucherie Malherbe tient un stand sur deux marchés bio de l'agglomération grenobloise : celui de Meylan, le mercredi après-midi, et celui de Tavernolles, le mardi après-midi.

LA CHARRETTE BIO
GRENOBLE
✆ 06 58 14 72 09
www.lacharrettebio.fr
lacharettebio@gmail.com

Système de distribution de produits bio et locaux du bassin grenoblois, la Charrette bio, c'est une vingtaine d'exploitations agricoles du bassin isérois produisant selon le cahier des charges de l'agriculture biologique regroupées pour vous proposer le meilleur de leurs fermes : légumes, fruits, pains, œufs, farine, miel, huile, escargots, viande et charcuterie de porc, viande de bœuf, volailles et poisson, bière, fromage de chèvres, truites, huile de noix... Vous commandez directement sur le site Internet (avant samedi 12h) ce que vous souhaitez pour la semaine suivante. Vous venez ensuite récupérer et régler votre commande sur le point de livraison que vous avez choisi... Ceci sans contrat ni engagement.

MIELLERIE HYDROMELLERIE DE L'ABBAYE
Place de l'Abbaye, SAINT ANTOINE L'ABBAYE
✆ 04 58 22 00 04
www.miellerieabbaye.com

Du 10 février au 31 décembre le magasin est ouvert tous les jours sauf les lundi et mardi. En juin : ouvert du mardi au dimanche soir. Semaine : de 10h30 à 12h et de 14h à 17h30. Samedi et dimanche : de 10h30 à 12h et de 14h à 19h. En juillet et aout ouvert tous les jours. Semaine : de 10h30 à 12h et de 14h à 18h30. Samedi et dimanche de 10h30 à 12h et de 14h à 19h.

Besoin de douceurs ? Besoin de retrouver des forces ? Direction la Miellerie Hydromellerie de l'Abbaye. Au cœur du beau village de Saint-Antoine-l'Abbaye, des apiculteurs passionnés, Jean-Marc et Katy Renevier ainsi qu'Anthony Gallay, vous reçoivent depuis plus de 30 ans pour découvrir le meilleur, le plus complet, le plus bienfaisant des produits naturels : le miel, avec ses dérivés. Car aujourd'hui, il n'y a plus du miel dans cette belle maison, mais des produits «transformés» à partir d'une sélection des meilleurs miels. A commencer par l'hypocras (fameuse boisson médiévale de vin sucré avec du miel) et l'hydromel (boisson fermentée composée d'eau et de miel, des pains d'épices, du vinaigre de miel). De l'hypocras qui se décline en blanc, rouge et rosé, alors que l'hydromel se présente en pétillant (même tradition que le champagne) avec la cuvée Saint-Antoine, une cuvée Prestige, demi-sec, brut et vieillissement prolongé. Dans la boutique, d'autres produits locaux et gourmands : des pains d'épices (orange, tradition, figues/gingembre, noix et marrons) qui restent moelleux longtemps, mais encore des confitures artisanales, de l'huile de noix du Moulin Léon, des huiles essentielles, des cartes postales, des bougies, des jouets ou un déguisement médiéval pour se fondre dans le décor. Une adresse qui fait partie du patrimoine gourmand de Saint-Antoine-l'Abbaye.

LA FRANCE BIO ET NATURE

Paniers Bio

La semaine des paniers bio de la Charrette bio

Mardi

- **16h30 - 19h :** « Panier Fraîcheur » – sur le parvis de l'entrée de la gare SNCF de Grenoble Attention, ne sont pas disponibles en commande pour le point de vente de la gare de Grenoble : alcools, volailles

Mercredi

- **12h – 14h :** l'Île verte (devant la salle polyvalente) – 3, rue du Maréchal-Randon – Grenoble
- **17h – 19h :** la Maison des Jeux – 48, quai de France (Porte de France) – Grenoble
- **16h – 19h30 :** épicerie Locavore – 1, place Jacqueline-Marval (quartier Championnet) – Grenoble (attention, chèques restaurant non acceptés, mais cartes bancaires oui)

Jeudi

- **16h – 17h :** Campus universitaire (derrière la cafeteria La Verrière) – 120, rue des Universités – Saint-Martin-d'Hères
- **18h – 19h :** Chambre d'agriculture – 40 avenue Marcelin Berthelot (camion à l'arrière, côté rue Gustave-Flaubert) - Grenoble

LA FERME DES MAQUIS
165, route des Maquis
SAINT-MARTIN-D'HÈRES
✆ 04 56 17 40 91
fermedesmaquis.fr
fermedesmaquis@yahoo.fr
Ouvert le mercredi, le vendredi et le samedi de 16h à 19h. Fermeture en hiver.
Bâtie en 2013 à l'initiative de la communauté d'agglomération grenobloise aux portes de la ville – sur les coteaux secs des Balcons de Belledonne – dans le but de préserver la faune et la flore qui l'entourent, cette ferme est occupée et animée par Céline, François et Anna qui y élèvent leurs chèvres dans le respect des valeurs de l'agriculture biologique. Ils réalisent en saison – de début février à fin novembre – des fromages variés et des faisselles que vous pouvez acheter directement à leur boutique ou trouver sur les marchés de Gières et de Saint-Ismier. Ils reçoivent également les scolaires pour les sensibiliser au travail à la ferme et à l'agriculture biologique.

LA FERME DES SAVEURS
160, chemin des Boréas
VOREPPE
✆ 04 76 50 68 76
www.la-ferme-des-saveurs.fr
ferme.des.saveurs@orange.fr
Ouvert du mardi au samedi de 9h à 19h.
Une ferme des saveurs haute en couleur, pour voir la vie en rose ! La boutique propose des produits de la ferme directement du producteur ou de l'éleveur au consommateur. Pas d'intermédiaire ! Vous y trouverez un large choix de fromages, de la viande, des poissons, des légumes et des fruits frais, des miels et confitures variés, des aliments secs (lentilles...), du pain frais tous les jours, des huiles et condiments, des farines, des boissons et même des cosmétiques ! Sans oublier les coffrets cadeaux thématiques à offrir aux citadins. Ils sont parfois composés d'épices équitables, parfois de produits aux noix et parfois composés spécialement pour l'apéritif. Le plus, vous pourrez y rencontrer, pour échanger, les producteurs qui sont présents à tour de rôle chaque jour.

Restaurants bio

À L'ENVERS
3, rue d'Alembert
GRENOBLE
✆ 04 76 48 62 83
www.a-lenvers.com
contact@a-lenvers.com
Ouvert le lundi de 12h à 15h ; du mardi au jeudi de 10h30 à 15h et de 18h à 23h ; le vendredi de 10h30 à 15h et de 18h à 22h. Plat du jour : 12,80 €.
Bien plus qu'un restaurant. Un bistrot, une boutique, un lieu où l'on peut créer des événements, se retrouver et partager. Côté cuisine, A l'Envers va dans le bon sens. Produits bio, locaux, de saison cuisinés de manière douce pour préserver saveurs et nutriments. Lieu éclectique où l'on aime se retrouver à de larges horaires pour coworker, papoter et manger dans des espaces chaleureux. Aux commandes : Valérie, Annabelle (pâtisseries), Xavier et Pierre, chef passé par la Corne d'Or. Plats du jour maison changeant chaque semaine à midi, tapas dînatoires en soirée, bières locales et vins bio. Toujours de bons produits à la boutique épicerie. Événements surprenants, programmation à suivre.

LE TONNEAU GOURMAND
Eco Centre
441, rue Charles-de-Gaulle
CROLLES
✆ 06 79 67 71 80
www.tonneau-gourmand.fr
contact@tonneau-gourmand.fr
La cave à vins est ouverte du mardi au samedi de 11h à 16h, et du jeudi au samedi de 18h à 22h. Ouvert du lundi au mercredi ; le vendredi et le samedi le midi et le soir. Jeudi soir sur réservation. Menus de 18,50 € à 23,50 €. Plats à la carte de 18 € à 30 € le soir. Plat du jour : 13,50 €.
Le Tonneau gourmand est à la fois une cave, un bar et un restaurant locavore. Côté cave, pas moins de 300 références de vins la plupart en bio, biodynamie ou nature. Vous pouvez aussi vous asseoir au bar pour déguster au verre l'un de ces merveilleux élixirs. Le choix est large et la carte en constante évolution. Et pour accompagner tout ça, il est toujours possible de commander des plateaux de charcuteries et de fromages ou d'aller s'attabler pour déguster un savoureux repas. C'est probablement le meilleur de cette cave à manger. En effet, les plats sont faits maison, avec des produits bruts et frais en provenance des producteurs de la région. Plats du jour, plats végétariens, les recettes de burgers sont originales, les paellas sont surprenantes, les couscous sont colorés... et parfois de grands classiques sont revisités comme les profiteroles salées garnies de sorbet maison à la tomate. En prime, chaque jour, un plat végétarien est proposé à l'ardoise ! Une excellente adresse.

Mode et bien-être

ISA BIO COSMETIC
29, avenue du 22 août 1944
LA MURE
✆ 04 76 83 34 99
isabio-cosmetic.com
Ouvert du lundi au jeudi de 9h à 12h30 et de 14h à 19h30 ; le vendredi et le samedi de 9h à 19h30. Le dimanche sur réservation.
Un spa certifié bio dédié au bien-être, dont le personnel est engagé de par sa formation en bio-esthétique ! Dans l'écrin de la montagne vous pourrez bénéficier d'une parenthèse détente entre sauna, hammam, et soins de beauté et de détente divers. Les soins s'adressent aussi bien aux mesdames qu'aux messieurs, et des prestations mariage sont également à la carte ! Futé, le bar à maquillage que l'on peut privatiser à partir de 8 personnes !

Habitat et jardin

ALLIANCE 4
975, chemin du Bas-Villarnoud
COMMELLE
✆ 04 74 54 39 90
www.alliance4.fr
valerie@alliance4.fr

Ouvert le mardi, le jeudi et le vendredi de 9h à 12h et de 14h à 19h. Tous les 1er samedis du mois de 10 à 12h.

Cette entreprise, qui a plus de 10 ans, est bien connue des auto-constructeurs écolo de l'Isère et des départements limitrophes. Mais aussi au-delà puisqu'il est possible de se faire livrer. On peut s'y fournir à prix compétitifs en matériaux bio, mais aussi y suivre des stages de formation, enduits à la chaux, terre crue, etc. Implantée dans un petit hameau isérois, depuis 2005, cette entreprise familiale est totalement indépendante. Elle cherche à transmettre l'art de construire avec des matériaux nobles formulés sur place. Animé par la passion du bâti et désireux de démocratiser les savoirs constructifs, Alliance 4 milite pour un habitat réellement écologique... Le bureau et le magasin sont attenants à l'habitation en terre. Sur le terrain d'un hectare, plus de 300 tonnes de matériaux sont disponibles en permanence. Les ventes à distance représentent deux tiers de l'activité. Le tiers restant concerne des ventes locales. A l'activité de négoce viennent s'ajouter des activités de transformation (criblage, broyage, ensachage), de fabrication (brique de chanvre, adobes) et de formulation. Possibilité aussi de louer des mélangeurs.

CHANVRIBLOC
ZI des Marais
LA MURE
✆ 04 76 30 93 00
www.chanvribloc.com

Renseignements et contacts par le site internet.

Chanvribloc est un bloc de béton... au chanvre (chaux et chanvre) très isolant utilisé pour la construction de maisons neuves écologiques, maisons BBC... Sans aucune isolation complémentaire, il offre une solution efficace et écologique. Il est très utilisé aussi en intérieur en cloisons et convient également parfaitement en rénovation pour l'isolation thermique par l'extérieur (ITE) comme par l'intérieur. C'est un matériau de construction « bio-sourcé », constitué de chènevotte et de liants hydrauliques naturels. Sachez que la chènevotte est obtenue par défibrage de la paille de chanvre. Pour faire appel à l'entreprise et à son savoir-faire pour la construction complète de votre maison, il faut jeter un œil du côté d'Atticora, entreprise créée par le même patron que Chanvribloc. Site Internet : www.atticora.fr

LOIRE

Alimentation

AUX 6 LEVAINS
Lieu-Dit Le Mas
CHAZELLES-SUR-LAVIEU
✆ 06 27 67 44 13
www.aux6levains.com
aux6levains@live.fr

Tournées locales (5 km) : Gumières, Saint-Jean-Soleymieux, Boisset-Saint-Priest ; le vendredi, Verrières-en-Forez, Chazelles-sur-Lavieu, Margerie-Chantagret.

Un boulanger engagé qui privilégie la précommande pour lutter contre la gâchis, et à 95 %... ça marche ! Sylvain Thiéry, ingénieur mécanicien, a décidé de se reconvertir en artisan boulanger. Son pain est confectionné à partir d'une variété ancienne de blé, le grand épeautre Oberkulmer, qui ne se façonne que difficilement à la main. Loin des minoteries industrielles, il privilégie les farines écrasées à la meule de pierre ou avec un cylindre d'acier. Il fabrique différents pains : l'ordinaire, la graine, le campagnard, le kamut, le provençal... La particularité de ce pain ? Il se garde 15 jours sans rassir ! Pour les personnes qui habitent Chazelles-sur-Lavieu ou dans un périmètre de 5 km, Sylvain peut même livrer votre pain dans des boîtes à pain (deux tournées le mardi et le vendredi). Seule contrainte : penser à commander son pain. Pour les autres, vous pourrez le trouver dans divers dépôts des environs : le mardi la Biocoop de Montbrison et Sorbiers, à Satoriz Saint-Etienne, le vendredi au marché bio du Jardin de Cocagne Oasis chemin des Muats à Saint-Just-Saint-Rambert.

LE BOULANGER BIO
29, avenue de la Libération
LE COTEAU
✆ 04 77 68 01 04

Ouvert du mercredi au samedi de 6h à 13h30 et de 15h à 19h30 ; le dimanche de 6h à 13h.

Cette boulangerie bio tenue pendant plusieurs années par la famille Corneloup a été reprise en début d'année 2019 par Michel Léglise. Celui-ci perpétue l'activité de son prédécesseur et propose uniquement du pain biologique mais aussi, gourmandise oblige, des pâtisseries, des viennoiseries et des chocolats 100 % bio. Il y a même des pains et pâtisseries sans gluten ! Son pain est fabriqué à la farine Borsa, au levain naturel, avec du sel de Guérande, de l'eau purifiée et façonné à la main... Avouons sans détour un faible pour ses tourtes d'Auvergne et Saveurs des Champs, rustiques et généreuses, qui sentent bon le seigle, le miel et les fleurs des champs et qui se conservent la semaine... Même les chocolats sont bio. Côté innovation, il vient de lancer une nouvelle baguette et une flûte 100 % biologiques, les Bio'Stelloises, qui connaissent un franc succès. Et, pour les goûters gourmands, il a en projet la bio'choco, avec des pépites de chocolat !

APRÈS LA PLUIE
2, place Villebœuf
SAINT-ETIENNE
✆ 04 77 57 94 32
www.biomonde.fr

♿

Ouvert du lundi au samedi de 9h à 12h et de 15h à 19h. Livraison gratuite dès 90 €.

Après la Pluie est une supérette bio qui vous propose, à proximité du centre-ville, de nombreux produits. Vous y trouverez plus de 3 600 références de produits bio du quotidien : alimentation biologique, fruits et légumes, épicerie, produits frais, surgelés, produits sans gluten, jouets, cosmétiques, droguerie écologique... Ce commerce propose également du café participatif. Le plus : la gamme des Essentiels de la Bio, gamme de produits du quotidien à prix réduits, qui a pour vocation de mettre le meilleur du bio à la portée de chacun. L'objectif de cette boutique est de démocratiser le bio tout en demeurant une épicerie de proximité pour les habitants du quartier.

BIOCOOP LES ARCADES
13, rue Président Wilson
SAINT-ETIENNE
✆ 04 77 33 27 27
www.biocoop-lesarcades.fr

Ouvert le lundi de 12h à 19h30 ; du mardi au samedi de 9h30 à 19h30.

La Biocoop de la SCOOP Bionacelle, gérée par Pierrick de Ronne, face aux arcades de l'hôtel de ville, rend bien des services dans le centre en proposant des produits d'épicerie bio, des fruits et des légumes, beaucoup d'articles en vrac comme les céréales et les produits liquides vendus dans des contenants consignés. Pratique et écologique. Le click & collect est disponible, mais sur site n'hésitez pas à demander des conseils, les vendeurs seront ravis de vous renseigner, et pour consommer plus responsable, consultez le calendrier de saisonnalité ! Ici, pas d'OGM, et des produits locaux pour diminuer l'empreinte carbone et une solidarité avec les agriculteurs ! On partage leurs valeurs !

BOUCHER BIO DENIS MOSNIER
147, rue des Alliés
SAINT-ETIENNE
✆ 04 77 33 14 14
d.mosnier@wanadoo.fr

Ouvert le mardi, le jeudi et le vendredi de 6h à 12h et de 16h à 19h.

Boucher de père en fils et passionnée par son travail, la famille Mosnier propose des produits de qualité labellisés «Agriculture biologique» depuis plus de 15 ans. Dans cet établissement tout est bio et issu d'exploitations locales de la Loire ou de la Haute-Loire. Les bêtes arrivent entières à la boucherie avant d'être travaillées. Une maturation longue est observée afin de donner la meilleure qualité gustative à la viande. On y trouve des viandes classiques mais aussi des recettes atypiques comme par exemple des brochettes de kefta d'agneau aux orties, des brochettes de porc aux fruits secs... Les circuits courts sont privilégiés pour garantir fraîcheur et qualité aux consommateurs.

AU GRAIN DE BLÉ
25, rue Gambetta
SAINT-ETIENNE ✆ 04 77 90 69 90
augraindeblestetienne@gmail.com

Ouvert le lundi de 14h à 19h ; du mardi au samedi de 9h à 19h.

Vous la connaissez sûrement, car cette boutique Nature & Conseils existe depuis 42 ans ! Ceci étant, on aime toujours y faire un tour. Derrière sa nouvelle façade, dont le vert d'eau reflète le calme et la volupté, se trouve une profusion de produits cosmétiques et diététiques, pour certains proches des médecines alternatives. Au Grain de Blé vend également des articles de ses partenaires : Néobulle avec ses produits naturels et ses écharpes porte-bébé fabriquées dans la Loire, la gamme d'épicerie Supersec ou les pierres de l'atelier lapidaire Agate et Lune... Merci à la nouvelle propriétaire, Céline Chosson, de continuer à faire vivre cette belle épicerie bien-être en centre-ville !

VRAC EN VERT
7, rue Roger-Salengro
SAINT-ETIENNE ✆ 09 86 66 57 41
www.vracenvert.fr
contact@vracenvert.fr

Ouvert le lundi de 14h30 à 19h30 ; du mardi au samedi de 9h30 à 19h30. Livraison possible.

Située en bas du Crêt de Roch, l'épicerie bio Vrac en Vert propose un maximum de produits en vrac. Les clients doivent apporter leurs contenants – avec des solutions sur place pour les étourdis. Une façon de n'acheter que le produit, et pas son contenant. Les denrées sont issues des circuits courts. La boutique propose des paniers de légumes et fruits de saison avec fiches recettes. Des stages sont organisés pour faire soi-même ses produits d'entretien. Aménagé par Franck Stindel, de l'Arrière-cour, le magasin a été primé lors du concours design de la ville

Restaurants bio

LE BOUGRE D'ÂNE
26, rue du Grand-Gonnet
SAINT-ETIENNE
✆ 09 83 66 72 74
www.lebougredane.com
contact@lebougredane.com

Ouvert du lundi au vendredi le midi. Réservation recommandée. Menu dégustation à 42 €. Carte : entrées de 5 à 8 €, plats de 12 à 21 €, desserts ou fromages de 5 à 7 €. Plat du jour : 11 €.

Loïc a intitulé son restaurant du nom dont l'affublait sa grand-mère lorsqu'il regardait mijoter les marmites. Dans une ambiance agréable avec une décoration industrielle, il propose une cuisine traditionnelle et créative, à base de produits essentiellement bio et frais, concoctée dans une cuisine complètement ouverte. Formé chez de grands noms de la restauration comme Régis Marcon au Rouf en Corse, Kevin Thornton à Dublin ou encore le Comptoir de Thomas à Lyon, Loïc propose une carte évolutive selon les saisons très appréciée des gastronomes. Chaque jour la carte offre le choix entre 3 entrées, 3 plats (dont 1 viande et 1 poisson) et 3 ou 4 desserts ou fromages. Pensez à réserver !

VERSION NUMÉRIQUE
OFFERTE
Obtenez votre guide numérique en scannant le QR code
ou rendez-vous sur le site
www.ebookfute.com
avec le code avantage
CPWDUL
petit futé
2021
FRANCE
BIO
TOUTES LES BONNES ADRESSES EN FRANCE
OFFERT
WWW.PETITFUTE.COM
OFFRE VALABLE JUSQU'À L'ARRÊT DE COMMERCIALISATION DU TITRE EN FRANCE MÉTROPOLITAINE ET DANS LE MONDE ET SOUS RÉSERVE QUE LE NOMBRE DE TÉLÉCHARGEMENTS SOIT INFÉRIEUR OU ÉGAL AU NOMBRE D'EXEMPLAIRES DE GUIDES PAPIER IMPRIMÉS. FORMATS DISPONIBLES POUR SMARTPHONES, TABLETTES, LISEUSES ET ORDINATEURS PC OU MAC.
© PERFECTLAB - SHUTTERSTOCK.COM

LE C
26, rue Brossard
SAINT-ETIENNE
✆ 04 77 34 03 49
sivetcaroline@hotmail.com
Ouvert du mardi au samedi le midi. Le soir sur réservation uniquement pour 12 personnes au minimum. Menus du soir, 24 à 28 €. Plat du jour : 14 € (entrée (ou dessert) + plat : 18 € / entrée + plat+ dessert : 22 €). Formule grande entrée + dessert : 17 € ; Grande entrée 13 €. Accueil des groupes (réservation hors horaires d'ouverture à partir de 12 personnes).
Le C propose des plats traditionnels bio tout au long de l'année pour un repas du terroir. Vieilles tables en bois, banquettes, pierres apparentes... On se croirait dans un petit restaurant de campagne, mais en plein centre-ville de Saint-Étienne !
Les fournisseurs de ce restaurant ? Des établissements proposant tous des produits locaux ou issus de l'agriculture biologique. Ici, Caroline et Julien proposent une cuisine traditionnelle française rehaussée d'une touche plus exotique. Ce restaurant vous propose des menus végétaliens, végétariens, sans gluten et sans produits laitiers si le cuisinier est prévenu au moins 24 heures à l'avance. C'est bon, c'est bio et c'est original !

Mode et bien-être

MACASPORT
135, allée Charles de Gaulle
RIORGES
✆ 04 77 69 05 10
www.tissus-ecologique.fr
Vente sur place ou sur la boutique en ligne.
Cet établissement a été transféré, après rachat par la société MACASPORT, de Dole dans le Jura à Riorges dans la Loire où se poursuit toute son activité. Tous les tissus de ce producteur, que l'on retrouve sur nombre de salons bio, sont fabriqués à base de chanvre ou de coton bio. Il est possible de les commander sur sa boutique en ligne. Que vous soyez un particulier ou un professionnel, vous pouvez bénéficier d'un tarif préférentiel pour toute commande de plus de 30 mètres. Vous avez avec cette cantate l'assurance de beaux tissus, costauds, naturels, agréables à travailler et à porter. Et c'est toute la filière chanvre que vous soutenez !

PUY-DE-DÔME

Alimentation

L'EAU VIVE
23, avenue de Cournon
AUBIÈRE
✆ 04 28 70 15 25
www.eau-vive.fr
evaubiere@gmail.com
Ouvert du lundi au samedi de 9h30 à 19h30.
Après dix ans d'existence, le succès du magasin de Fontgiève aboutit à l'ouverture d'un second lieu à Aubière. Mais attention : vous n'entrez pas dans une simple supérette bio ! Car l'Eau Vive matérialise toute la philosophie de vie chère à son gérant, Raphaël Hourdin, où chacun de nos choix de consommateurs ont leur impact. En découle un bel espace où de grandes affiches présentent des producteurs d'ici, des rayonnages de fruits et légumes, surgelés, épicerie, et un superbe espace vrac. Il est complété par un coin de jeux pour enfants et un coin détente où l'on peut feuilleter des magazines et déjeuner ou siroter l'infusion du jour. Bref, vous ne ferez plus vos courses de la même manière !

BIO MASSIF
1, route des Lacs
BESSE-ET-SAINT-ANASTAISE
✆ 04 73 83 33 17
bio-massif.business.site
Ouvert le lundi de 10h à 13h ; du mercredi au samedi de 15h à 18h30.
Ouvert en février 2018, il s'agit d'un des premiers points de vente entièrement bio créé à l'initiative de producteurs du Puy de Dôme. Soutenu par le département, il permet de centraliser les produits des 12 producteurs qui se relaient pour vous conseiller dans la boutique. Il vous est aussi proposé des produits de départements limitrophes provenant d'autres producteurs engagés. Vous y trouverez une grande variété de produits fermiers, du yaourt à la bière en passant par le pain et le vin, et un concept qui espère donner le ton dans la région pour sensibiliser les générations futures : des productions locales et responsables à un prix raisonnable, avec une juste rémunération des producteurs.

LE PRÉ DU PUY
80 bis, route de Gerzat
CÉBAZAT
✆ 06 61 12 34 39
www.lepredupuy.com
lepredupuy@gmail.com
Déjeuner et salon de thé, du mercredi au vendredi de 12h à 18h ; le samedi de 10h à 14h, brunch. Réservation recommandée. Menus de 10 € à 15 €. Boutique mêmes horaires. Visites thématiques. Sur réversation uniquement.
Gabriel et Maria vous proposent fruits et légumes bio et, de juin à octobre, vous pouvez en profiter pour faire une visite de l'exploitation. Chaque visite a son thème comme «Découverte du potager» ou «Découverte du métier d'agriculteur». Vous pouvez également prendre un excellent déjeuner chez ce chouette maraîcher : le midi des formules sont proposées avec une carte différente chaque semaine, l'après-midi c'est salon de thé et le samedi, c'est brunch ! Un superbe bâtiment écologique et durable accueille les visiteurs. Ses larges baies vitrées permettent de déjeuner au milieu des champs de poireaux ou de choux. La salle de restaurant est aussi une boutique de légumes et de produits locaux.

ÉPICERIE FINE & BIO

1, rue Lufbery
CHAMALIÈRES
✆ 04 73 10 20 33
epicerie-finebio@outlook.fr
♿

Ouvert du lundi au samedi de 8h30 à 12h30 et de 15h à 19h.

Offrir un lieu de proximité dédié aux produits bio et en vrac en plein cœur de Chamalières : c'est l'idée pleine de bon sens de Jean-Philippe Perret et de Marc Filliat, déjà associés pour la création de la Ferme auvergnate à Mozac et le rachat de la boucherie Dugast à Chamalières. Dans ce petit espace, les arbres suspendus au plafond sont un rappel à la nature. Ici, on trouve les mêmes produits que dans une épicerie classique mais aussi des plus spécifiques, notamment pour ceux qui ont des régimes alimentaires. Se mélangent ainsi les algues avec les yaourts, le thé avec le malt..., rien d'étonnant pour ceux qui fréquentent déjà les enseignes bio. Pour les autres, c'est l'occasion de s'y mettre.

LA COOP DES DÔMES

103, rue d'Aulteribe
CLERMONT-FERRAND
✆ 04 43 57 47 29
www.coopdesdomes.fr

Ouvert le mardi de 15h30 à 19h ; le mercredi et le samedi de 10h à 18h ; le jeudi et le vendredi de 15h30 à 19h. Pour pouvoir participer il faut adhérer, et pour faire ses courses il faut « contribuer », 2 heures 30 par mois.

Le magasin coopératif et participatif de Clermont-Ferrand. Ici pas de clients mais des coopérateurs. Chaque membre adhère et donne bénévolement deux heures et demie de temps tous les mois pour le faire fonctionner. En retour, il accède aux produits du magasin. Le magasin est à but non lucratif et à gestion démocratique, appartient à ses membres qui en sont les seuls décisionnaires ! Toutes les courses du quotidien sont ici des produits de qualité locaux, bio, équitables, sains, un panier entre 20 à 40 % moins cher à qualité équivalente dans un lieu convivial géré par et pour ses membres ! Parfait pour soutenir une relation saine avec les producteurs et consommer autrement.

LE GRAND PANIER BIO

19, avenue de l'Agriculture
CLERMONT-FERRAND
✆ 04 73 42 49 10
www.grandpanierbio.bio

Ouvert du lundi au samedi de 9h à 19h. Paniers bio pour 2, 3 ou 4 personnes de 19 € à 29 € à venir récupérer au magasin, sur abonnement. Chèque Restaurant.

Ce sont deux adresses, 30 boulevard Jean-Jaurès et dans la zone du Brezet, sur le thème « Tout le monde peut manger bio. » Plus de 12 000 références sont présentées : les fruits et légumes frais ; un coin boucherie proposant des viandes de la filière « Cœur de terroir » qui respectent un cahier des charges strict et un prix garanti pour les éleveurs ; un rayon « vrac » pour diminuer nos déchets ; une épicerie fine ; un espace beauté-santé avec des produits naturels mais aussi un rayon sans gluten plutôt bien garni. Vous trouverez, en plus, un coin papeterie et un rayon alimentaire pour les animaux. Le rapport qualité/prix est intéressant, encore plus si on se sert de la carte fidélité.

BIAU JARDIN

Lieu-dit Le Moulin du Roy, GERZAT
✆ 04 73 90 00 98
www.lebiaujardin.org

Ouvert le mercredi de 13h30 à 19h ; le jeudi et le vendredi de 8h30 à 19h. Boutique : fruits et légumes / divers produits bio. Tarifs mensuels : demi-panier : 39 € ; panier entier : 59 €. La part de fruit : 26 €. La part d'œuf : 12 €. La part de pain : 20 €.

Créée en 1997, l'entreprise d'insertion Biau Jardin produit des produits biologiques sur une surface de 17 ha. L'offre est complète : légumes et fruits de saison, œufs issus de l'agriculture biologique, pains, produits équitables, produits de beauté-santé naturels et épicerie fine. Tout est proposé à la boutique, qui accepte d'ailleurs la doume, la monnaie locale. Biau Jardin propose chaque semaine, avec un système d'abonnement, des paniers remplis de légumes et de fruits de saison. Pour en bénéficier, il suffit simplement de s'inscrire sur le site internet ou par téléphone puis de récupérer son panier dans les lieux de dépôt, plus d'une trentaine, jusqu'à la Bourboule.

LA RUCHE DES VOLCANS

Le Corneloux
SAINT-SAUVES-D'AUVERGNE
✆ 06 82 93 11 06
www.ruchedesvolcans.com
elisabeth@ruchedesvolcans.com

Ouvert du lundi au samedi de 9h à 18h. Egalement vente en ligne sur le site internet et livraison rapide.

Tout a commencé en 1885. C'est donc une histoire riche et intense que celle de la miellerie, aujourd'hui plus que centenaire, et toujours tenue par la même famille ! C'est Elizabeth, apicultrice certifiée Agriculture Biologique, qui s'occupe aujourd'hui des 250 ruches avec son fils Johann, en utilisant un savoir-faire ancestral. Grâce à ses abeilles, elle produit non seulement des miels, mais également des cosmétiques, des bougies, des confiseries, des sirops, un tonic en ampoules, à base de miel, gelée royale, cire et propolis... Comme elle n'utilise que les miels issus de sa propre récolte, tous les miels et produits ne sont pas disponibles chaque l'année, certaines récoltes n'ayant lieu que tous les trois ans, selon les caprices de la météo.

Restaurants bio

LA BERGAMOTHÉE

1, place du Mazet, CLERMONT-FERRAND
✆ 09 72 37 70 71
www.labergamothee.fr
nathalie@labergamothee.fr
Bus, tram, parking de la mairie.
♿

Ouvert le mercredi à midi uniquement (service jusqu'à 13h30) et du jeudi au samedi de 12h à 22h (service jusqu'à 21h). Ouvert du jeudi au samedi de 12h à 22h (dernier service à 21h). 1er et 3ème dimanche du mois : brunch. Animations certains samedi. Réservation recommandée. Plats uniques à 12 €, desserts de 3 € à 7 €. Boissons de 2,50 € à 4,50 €. Nombre de places limité. Pour réserver envoyez un sms au 06 43 97 77 70. Vegan.

LA FRANCE BIO ET NATURE

La Bergamothée est un café culturel alternatif à la restauration zen et faisant salon de thé en dehors des services. Établissement aux saveurs d'ailleurs, il s'approvisionne principalement auprès de producteurs locaux. Il propose au choix des mets pour végétariens, végétaliens ou végans. Engagé, l'établissement laisse percevoir ses causes au gré de bouquins, affiches et autres cadres éparpillés. Le décor est original, la cuisine parfumée et savoureuse. Ainsi, le bol de ramja aux haricots rouges et tofu bio laisse échapper ses senteurs d'épices indiennes. Sa découverte est surprenante, vous invitant au voyage. Le mariage des ingrédients est particulièrement affûté. En sous-sol, la salle accueille des concerts et expositions.

BOUGNAT BURGER

10, boulevard Léon-Malfreyt
CLERMONT-FERRAND
✆ 07 60 12 00 63
www.bougnatburger.fr
bougnatburger@hotmail.fr

Ouvert toute l'année. Du lundi au jeudi de 12h à 14h et de 19h à 22h ; le vendredi et le samedi de 12h à 14h et de 19h à 23h. Réservation recommandée. Menu enfant : 9,90 €. Burger de 11,90 € à 18,90 € (avec frites maison et salade). Vegan-friendly. Accueil des groupes. Terrasse.

On ne change pas une recette qui marche. Le Bougnat Burger l'a bien compris et nous sert depuis déjà quelques années des burgers à la sauce auvergnate et aux steaks hachés bio toujours aussi copieux. Le « Mefia te » est composé de saint-nectaire et de jambon, « Lo Vulcanc » contient de la sauce chili... Un burger végétarien s'ajoute également à la liste avec sa galette de pomme de terre. Il y en a pour tous les goûts ! A noter que tous les steaks peuvent être remplacés par une galette de pomme de terre. Les bières sont locales et les frites faites maison accompagnées de sauces saint-nectaire ou bleu. Le service est souriant et rapide, le rapport qualité-prix plutôt bon et la qualité est là. Pensez à réserver si vous le pouvez, car la salle et la terrasse sont très vite complètes !

MYRTILLE

4, petite rue Saint-Pierre
CLERMONT-FERRAND
✆ 04 73 39 09 97
www.cafemyrtille.com
contact@cafemyrtille.com

Ouvert du mardi au samedi de 10h à 18h. Réservation recommandée. Formules de midi : entrée-plat ou plat-dessert 15 €, entrée-plat-dessert 19 €. e. Soupe + plat : 15,50 €. Plat du jour : 11 €. Vin au verre. Salade

Paniers bio

MARÉCHAL FRAÎCHEUR

Chemin de Rosarge, Vancia
RILLIEUX-LA-PAPE
✆ 04 72 01 11 23
www.marechal-fraicheur.fr
contact@marechal-fraicheur.fr

Commandes directement en ligne jusqu'à 15h la veille du jour de livraison. Contact téléphonique du lundi au vendredi de 9h à 17h. Livraison en points relais selon les jours à Lyon, Caluire, Collonges, Villeurbanne, Tassin-la-Demi-Lune, Meyzieu, etc. Récupération possible de vos paniers sur l'exploitation du mardi au vendredi de 12h30 à 18h30.

Cinq générations en maraîchage sur ces terres cultivées par la même famille depuis 1886. Paul Maréchal qui gère la distribution de paniers de fruits et légumes sur toute la région est issu d'une famille paysanne implantée à Vancia, aux portes des Dombes, dans la ceinture verte de Lyon. Ses grands-parents étaient agriculteurs en polyculture avant de se tourner petit à petit vers le maraîchage en cultivant des salades, carottes, choux, poireaux, oignons, épinards, etc. et en commercialisant leurs produits sur l'historique quai Saint-Antoine. La spécialité de la maison aujourd'hui ce sont les plantes aromatiques en bio, en pots ou en bouquets frais. Les fruits et légumes ne sont pas bio mais produits en agriculture raisonnée et en circuit court. C'est déjà beaucoup mieux qu'en grande surface... De plus, il est le seul producteur de la Région Rhône-Alpes à vous livrer en direct, à la carte et sans abonnement !

POTAGER CITY

5, route du Fief
TOUSSIEU
www.potagercity.fr
contact@potagercity.fr

Abonnement et commande en ligne sur le site internet.

Potager City est l'un des leaders en Rhône-Alpes en ce qui concerne la distribution de paniers fraîcheurs. Chaque semaine, les adhérents reçoivent, en fonction des récoltes, une composition de fruits et légumes frais, de saison, accompagnée de recettes de chefs pour ponctuer les repas d'idées gourmandes. Il est même possible de consulter la liste des producteurs sur le site Internet. Rapide, pratique, engagée, variée et adaptable, cette offre est déployée sur plus de 170 points de livraison chaque semaine, dont au moins un dans chaque arrondissement de Lyon.

ou Soupe 4,50 € la petite, 8,50 € la grande. Dessert 3,80 €. Terrasse. Vegan friendly.
Au cœur de la ville, face au marché Saint-Pierre, Myrtille vous accueille dans sa jolie salle à la déco soignée et signée Fabienne Cinquin, illustratrice puydômoise de talent. Marie-Laure, journaliste, a changé de mode de vie pour ouvrir ce restaurant végétarien, végétalien, local et bio ! Elle élabore ses mets à partir de produits frais glanés chez les producteurs du coin ou au supermarché bio d'à côté. Avec l'aide de son équipe, elle vous propose de vous initier aux falafels, aux lasagnes végétales, aux pâtisseries sans gluten, au *carrot cake*, ou encore aux soupes multicolores et réconfortantes... Que ce soit pour un petit déjeuner, un déjeuner ou un goûter, ses confitures maison, tisanes locales et gourmandises diverses sont idéales pour bien manger, végétal et local.

Mode et bien-être

■ NATURELLEMENT
2, rue Tranchée-des-Gras
CLERMONT-FERRAND
✆ 04 73 24 51 99
www.boutiquenaturellement.com
naturellement63@hotmail.com
Ouvert le mardi, le vendredi et le samedi de 10h à 18h30 ; le mercredi et le jeudi de 10h à 12h30 et de 14h30 à 18h30.
« L'écologie à fleur de peau » déclare l'enseigne de cette discrète boutique située à deux pas de la cathédrale. Car ici, tout ce qui est proposé provient de collections biologiques et issues du commerce équitable, de fabricants tels qu'Ardelaine, Art Atlas, Lama, Living Crafts, Leela, El Naturalista... Le choix n'en est pas moins large, car vous trouverez aussi bien des basiques en pulls, pantalons et tee-shirts, qu'en sous-vêtements, pour les petits comme pour les grands, sans oublier les accessoires. Côté matières, goûtez à la douceur de la fibre de bambou, au confort du coton bio, du chanvre, de la laine, soie, et alpaga. Les vêtements pour petits sont vraiment jolis et originaux.

Habitat et jardin

■ COCON
Lieu-dit Les Granges
SAINT-BABEL
✆ 06 08 02 06 36
www.cocon-materiaux-ecologiques.fr
info@cocon-materiaux-ecologiques.fr
Un cocon au cœur de l'Auvergne ! Vous trouvez à Saint-Babel (et sur le site Internet) tous les matériaux pour améliorer votre habitat ou construire votre maison avec des matériaux écologiques. Parmi les produits disponibles : isolation, finition et traitement, cloisonnement et parement, revêtement de sol et mural, maçonnerie, toilettes sèches... Et même des stages d'initiation pour mettre tout ceci en œuvre par vous-même ! Le conseil en plus fait toute la différence entre une simple démarche commerciale et un engagement militant...

RHÔNE

Alimentation

■ JIBISCUS BY GLOBAL 2F
5, allée des Prés
GRÉZIEU-LA-VARENNE
✆ 06 25 13 44 41 – www.jibiscus.fr
remi@jibiscus.fr
Ouvert du lundi au vendredi de 9h à 18h ; le week-end de 11h à 15h.
Global 2F est une jeune entreprise familiale, lyonnaise, qui conçoit et commercialise une boisson à base de fleur d'hibiscus sous la marque Jibiscus. L'hibiscus est l'ingrédient principal dans la création du bissap : boisson traditionnelle sénégalaise à partager entre amis mais surtout lors d'événements festifs (mariages, fêtes...). Boisson-fleur naturelle à base d'hibiscus aux multiples vertus bienfaisantes, Jibiscus se déguste nature ou en cocktail.

■ BANASTOU & FOURQUET
73, cours de la Liberté, LYON
✆ 09 81 91 86 62
www.banastouetfourquet.fr
contact@banastouetfourquet.fr
Ouvert du mardi au jeudi de 15h à 20h ; le vendredi et le samedi de 10h à 20h.
Une adresse futée pour les découvreurs et amateurs de vins bios et de bières artisanales issus de circuits courts. Une véritable cave qui communique directement avec le producteur sans intermédiaire superflu. C'est l'occasion de faire de belles découvertes et de changer de mode de consommation. Sur place, outre un magnifique choix, vous trouverez des conseils avisés et la possibilité de dégustations régulièrement organisées. Derrière cette adresse, la même équipe que celle qui est aux commandes de l'épicerie de circuit court nommée De L'autre Côté de la Rue, installée juste à côté et à l'origine de cette cave peu ordinaire.

■ BOUCHERIE BELLO
54, rue de la Charité, LYON
✆ 04 78 37 04 20
www.boucherie-bello.fr
bello.frederic@gmail.com
Ouvert du mardi au vendredi de 8h15 à 13h et de 15h30 à 19h30 ; le samedi de 8h30 à 19h.
La boucherie Bello nous propose des bêtes sélectionnées dans les meilleurs élevages en agriculture biologique, le savoir-faire et l'expérience d'excellents bouchers qui préparent des viandes de caractère. Le bœuf, qu'il soit Aubrac, Salers, Angus..., est bio. L'agneau, le veau, le porc fermier d'Auvergne, les volailles sont bio. Alors oui, c'est un peu plus cher, mais puisque vous mangez moins de viande, autant qu'elle soit de qualité. Spécialité maison : les viandes maturées. Charcuterie lyonnaise et étrangère. Epicerie. Bello, le bon goût de la viande.

UN GRAIN DANS LE GRENIER
1, rue du Mail
LYON
✆ 04 78 23 60 15
www.grain-grenier.fr
contact@grain-grenier.fr
Ouvert le lundi de 15h30 à 19h30 ; du mardi au samedi de 10h à 13h et de 15h à 19h30.
Je pars avec mon sac et mes bocaux sous le bras pour Un grain dans le grenier. Une épicerie différente pour consommer « intelligemment » en achetant des produits biologiques, solidaires et équitables. Tout pour remplir vos armoires de produits, vous nourrir de manière saine et équilibrée, mais surtout pour vous régaler de bonnes choses : épices, cafés, thés et chocolats bio bretons, quinoa, riz et pâtes, plats cuisinés, confitures, gâteaux salés et sucrés, biscuits, jus de fruits, bières, vins... Panier composé de produits de saison.

OREXIS BIO
10, rue Chavanne
LYON
✆ 04 78 28 52 52
www.orexisbio.com
contact@orexisbio.com
Ouvert du mardi au vendredi de 9h à 13h et de 14h à 19h ; le samedi de 9h à 19h.
Cette boutique bio indépendante est installée au même endroit depuis 1975 ! En plein cœur de la Presqu'île, un vaste choix de produits bio présentés sur 100 m^2, le plus grand choix de toute la Presqu'île en la matière. A commencer par de délicieux pains frais, mais encore tout un choix de produits frais en libre-service, façon marché. Légumes, fruits, et en conditionnement des laitages ou l'inévitable tofu. Bien adapté à l'alimentation végétarienne, ce magasin offre de nombreux produits estampillés AB, dont ceux des marques Priméal ou Bonneterre. Produits d'entretien écologiques et produits de bien-être au naturel complètent un libre-service où les vendeuses savent se montrer souriantes.

API ENVIRONNEMENT
Les Veyssières
370, boulevard de Balmont
LYON
✆ 06 21 70 30 02
www.api-environnement.fr
contact@api-environnement.fr
À seulement quelques minutes du centre lyonnais, retrouvez la miellerie de Laurent Desmichel et son atelier de conditionnement. Celui-ci a développé également une apiculture urbaine en implantant des ruches dans des structures privées dans le but de produire du miel pour ses partenaires. Afin de sensibiliser le plus grand nombre à l'apiculture, Laurent ne lésine pas sur les actions pédagogiques et l'animation de stages. Il prépare et vend également les miels qu'il produit dans ses propres ruchers. Le plus prisé est le miel de châtaignier mais il y a aussi du miel de bourdaine, d'acacia ou de fleurs, certifiés en agriculture biologique. Sans oublier le pain d'épices, les gelées et confitures aux fruits (rhubarbe, groseille, framboise, pomme, mûre, prune, cassis, mirabelle, etc.). Vous pouvez commander via le site Internet.

3 P'TITS POIS
124, rue Sébastien-Gryphe
LYON
✆ 09 54 18 54 64
www.3ptitspois.fr
contact@3ptitspois.fr
Ouvert le lundi de 13h à 20h ; le mardi, le mercredi, le vendredi et le samedi de 10h à 20h ; le jeudi de 10h à 13h et de 15h à 20h.
Une enseigne à la démarche éthique et écologique. 3 P'tits Pois est une coopérative de distribution de produits bio, locaux et équitables sur la Métropole lyonnaise. L'épicerie est ouverte à tous les publics voulant s'approvisionner de produits en vrac toutes catégories avec plus de 500 références : fruits et légumes frais, fromages et lait frais en bouteilles consignées, charcuterie... A noter, 3 P'tits Pois fonctionne également pour les groupements d'achats collectifs et les professionnels. Venez avec vos bocaux et régalez-vous.

LA SUPER HALLE
105, avenue Jean Jaurès
OULLINS
✆ 04 78 56 69 72
www.lasuperhalle.fr
contact@lasuperhalle.fr
Ouvert du lundi au vendredi de 10h à 20h ; le samedi de 10h à 19h. Restaurant ouvert les midis du lundi au vendredi de 12h à 14h.
Un super concept de magasin indépendant super grand avec une épicerie bio, un restaurant traiteur..., proposant des produits locaux, en lien avec leurs producteurs ! A la Super Halle, on peut faire ses courses, discuter avec son épicier, acheter son pain, découvrir lors de dégustations organisées régulièrement des produits de producteurs de la région, mais aussi bouquiner, participer à une conférence-débat. De plus, on peut aussi déguster un plat savoureux entre 12h et 14h. Un lieu super convivial, gourmand et culturel !

Restaurants bio

LE JARDIN INTÉRIEUR
2, rue Belfort
LYON
✆ 04 72 00 03 02
www.restaurantjardininterieur.fr
Gluten-free friendly. Ouvert toute l'année. Du lundi au samedi le midi ; du mardi au samedi le soir. Fermeture dimanche toute la journée et lundi midi. Congés en août. Assiette découverte : 18 €. Formule découverte : 24 €. Menu végétarien : 25 €. Menu traditionnel : 27 €. Vente à emporter.
«Cuisine artisanale et créative à base de produits bio et locaux». Comment mieux résumer la cuisine proposée par le Jardin Intérieur que par cette annonce affichée sur la façade fleurie de cette maison de la Croix-Rousse ? Une maison recommandée depuis fort longtemps par le *Futé* qui apprécie l'authenticité et les saveurs de ce Jardin gourmand cultivé par Elisa. Dans un décor ravissant, chacun trouve sa bonne raison d'aimer le Jardin Intérieur. Il y a les personnes intolérantes au

© Filkina Natalia - iStockphoto.com

gluten, de plus en plus nombreuses, celles qui ont d'autres intolérances alimentaires et les végétariens qui peuvent se faire plaisir avec des plats adaptés à leur régime et/ou à leurs convictions. Il y a les militants de la bio qui apprécient la sélection de produits régionaux pour manger sain et locavore à la fois dans le cadre d'un développement équitable et durable. Et puis, il y a toutes celles et tous ceux qui aiment simplement bien manger une cuisine réalisée maison, encore meilleure parce qu'elle crée une harmonie de « bien vivre » et de « bien-être » entre le monde extérieur et notre jardin intérieur. Dans les cuisines de cette belle maison, on épluche, on gratte, on coupe, on lave et l'on prépare des assiettes savoureuses, et toujours de saison, servies avec le sourire. Quelques plats à l'ardoise de cet été : gaspacho de tomates, concombres, poivrons et tartine de tapenade, risotto au lait végétal, artichauts, coriandre, pistaches, un sauté de volailles aux olives ou un filet de sole poêlé aux dés de tomate et câpres. L'Assiette Découverte est un autre incontournable de la maison. Carte de vins bio. Possibilité d'emporter tous les plats de la carte. Le Jardin Intérieur organise également des ateliers (tous les troisièmes mercredis du mois) de cuisine pour partager recettes et astuces. Une adresse naturellement recommandée.

■ TOUTES LES COULEURS

26, rue Imbert-Colomes
LYON
✆ 04 72 00 03 95
www.touteslescouleurs.fr
info@touteslescouleurs.fr

Gluten-free friendly. Congés en août jusqu'au 20. Ouvert du mardi au samedi le midi ; le vendredi et le samedi le soir. (menu complet). Plat du jour : 9,90 €. Formule découverte entre 24 et 27 €. Vente à emporter. Végan-friendly.

C'est bien bio tout ça sur les pentes de la Croix-Rousse ! Toutes les Couleurs faisait déjà du bio quand personne n'en parlait. Par conviction. En effet, le restaurant existe depuis 12 ans. Alors que le bio est aujourd'hui synonyme de bien-être, Toutes les Couleurs prouve qu'il est avant tout source de bien-manger. Car ici, contrairement à de nombreux « restaurants », on cuisine vraiment. Et ça travaille derrière les fourneaux pour préparer les excellents ingrédients tous certifiés AB ou Nature et Progrès... D'ailleurs, le restaurant lui-même est labellisé Nature & Progrès. Donc, le plat du jour est garanti 100 % bio et végétarien, réalisé selon la saison et les arrivages de producteurs locaux. Difficile donc de vous dire précisément ce que vous trouverez à l'ardoise de ce restaurant multicolore le jour de votre repas puisque chaque semaine apporte dans son panier un nouveau menu Découverte. Les vins aussi sont nature et bio, tout comme les jus de fruits fermiers et les bières bio et artisanales. Notons également que les personnes suivant des régimes sans gluten, sans œufs ou sans laitage pourront se régaler et en voir de Toutes les couleurs.

Mode et bien-être

■ LOLA MENTHE

85, grande rue de la Croix Rousse
LYON
✆ 04 78 30 56 35
lola-menthe.fr
contact@lola-menthe.fr

Ouvert du lundi au vendredi de 10h à 19h ; le samedi de 9h à 18h.

Lola Menthe est un salon bio qui existe depuis 2003 ! Ce salon avant-gardiste propose des soins pour hommes comme pour femmes, en employant une large gamme de cosmétiques certifiés bio et d'origine naturelle. Ses bio-esthéticiennes ont pour ambition de vous prodiguer des soins alliant relaxation, douceur et efficacité grâce à des trésors de beauté naturels.

■ **LE BIOCAL**
24, rue Paul-Verlaine, VILLEURBANNE
✆ 04 27 01 40 21
contact@lebiocal.fr
Métro A station Gratte-Ciel
Ouvert du mardi au samedi de 10h à 12h30 et de 15h à 19h.
Des circuits courts dans une boutique de proximité où le vrac est à l'honneur. Un Biocal uniquement consacrée aux produits biologiques et écologiques fabriqués le plus localement possible. Au premier rang de ceux-là, les cosmétiques avec des produits de soin, d'hygiène, de maquillage, d'huiles essentielles, mais encore des produits pour la maison avec du linge, des ustensiles de cuisine et des produits pour cuisiner bio, des objets de déco, des objets pour les enfants... Sans oublier les livres pour y voir plus clair dans le monde de l'écologie.

SAVOIE

Alimentation

■ **AIXE TRAITEUR**
620, boulevard Lepic
AIX-LES-BAINS
✆ 06 46 66 19 75
www.aixetraiteur73.com/
Ouvert du mardi au vendredi de 7h à 12h30 et de 15h à 19h ; le samedi de 7h à 12h30 et de 15h à 18h30. Parking gratuit.
La maison, Aixe Traiteur, prestataire pour tous types d'évènements, propose une cuisine faite de bons produits de terroir. Non seulement l'enseigne cuisine pour vous mais en plus elle vous propose un coin épicerie, un espace charcuterie et un service complet de boucherie bio. La viande est estampillée Sicaba, le distributeur spécialisé en viande bio qui a créé le label bio Cœur de Terroir. Au cœur des Alpes, la Savoie abonde en produits de terroir typés et savoureux. La fameuse tomme de Savoie, le reblochon au lait des alpages, la roussette de Savoie, le chignin, le jambon cru, le saucisson fermier, le miel de montagne... Les producteurs sont sélectionnés pour la qualité de leurs produits, riches d'arômes et de parfums.

■ **ALPINA SAVOIE**
209, rue Aristide Bergès
CHAMBÉRY
✆ 04 79 68 54 00
www.alpina-savoie.com/fr
Ouvert du lundi au vendredi de 9h à 17h.
Alpina Savoie est le plus ancien semoulier-pastier de France. Elle possède l'un des cinq derniers moulins à blé dur de l'Hexagone. Son savoir-faire est reconnu par le label Entreprise du patrimoine vivant et, en 2018, par le label Entrepreneurs + Engagés.

- **Histoire.** Tout commence en 1844, alors qu'Antoine Chiron implante son moulin à Chambéry. La Savoie appartient alors au royaume de Piémont-Sardaigne, Etat indépendant. Le Duché de Savoie sera cédé à la France en 1860. L'élaboration de pâtes démarre quant à elle en 1892. L'activité se développera à partir de 1918 avec la transformation du moulin à blé tendre en semoulerie.

A la fin du XXe siècle, l'entreprise construit la nouvelle usine de pâtes et de couscous sur Chambéry-Bissy, puis le moulin à blé dur le plus moderne d'Europe et a créé une filière blé dur 100 % spécifique France.
L'entreprise prendra le nom Alpina Savoie en 2003 avec la fusion entre la société Chiron-Moulins de Savoie et sa filiale C. Richard – Pâtes Alpina. En 2008, elle devient le premier fabricant bio de pâtes.

- **Les produits.** Pâtes, crozets, polenta, trompettes, taillerins, farine...
- **Emploi.** 140 employés.

■ **LA COOPÉRATIVE DU TREMBLAY**
Le Tremblay
615, route de l'Ecole du Tremblay
LA MOTTE-SERVOLEX
✆ 04 79 25 00 62
www.cooptremblay.fr
coop.tremblay@wanadoo.fr
Ouvert du lundi au samedi de 9h à 12h et de 14h à 18h30. Commandes à effectuer à J + 1. Parking.
Créée en 1946 et ne vendant alors que les cerises localement produites, aujourd'hui, la coopérative regroupe 25 producteurs locaux adhérents, élargissant du même coup la gamme des produits du terroir vendus au magasin ou à mettre dans le panier : fruits et légumes, miel, jus, soupe, œufs, glace, vin, escargots, champignon, volailles et bien sûr l'incontournable ronde des fromages. Toute une gamme bio est désormais proposée. De plus, le pain du Gaec du Bon Pain est livré le mercredi et le vendredi !

■ **LA CHÈVRERIE DES TANNES ET GLACIÈRES**
Le Martinet, LE CHÂTELARD
✆ 06 72 94 20 41
Ouvert tous les jours du lundi au dimanche de 10h à 18h. Visites guidées à 10h et à 14h sur réservation. Boutique en ligne d'articles en mohair.
Cédric et Mélanie élèvent deux races de chèvres : les chèvres chamoisées pour leur lait et les chèvres angora pour leurs longs poils appelés mohair. A la ferme-atelier, on fabrique des produits laitiers, des yaourts (dont des recettes du monde comme le yaourt au bissap), des fromages évidemment, du savon et des produits textiles à la douceur incomparable. Car oui, l'angora que vous connaissez dans les pulls est bien celui qui est issu du pelage de cette race précise de chèvres ! Vous pouvez venir découvrir leur vie au rythme des saisons, participer à une visite explicative de la ferme et de ses activités, et déguster leurs produits !

■ **PRODUCTEURS DE SAVEURS**
ZI de la Baronnie
LE PONT-DE-BEAUVOISIN
✆ 04 76 66 10 90
www.producteurs-savoie-mont-blanc.com
Ouvert du mercredi au vendredi de 9h à 12h30 et de 15h à 19h ; le samedi de 9h à 12h30 et de 15h à 18h. Parking. Points de vente collectifs.

Paniers Bio

LES TRIANDINES
Route de Saint-Cassin, COGNIN
✆ 04 79 96 33 32
www.lestriandines.org
lestriandines@wanadoo.fr
L'association les Triandines participe à la réinsertion d'une vingtaine de personnes chaque année en leur permettant de cultiver des légumes biologiques. Sur trois hectares de maraîchage, ils produisent des légumes bio pour 380 adhérents qui, en échangent d'une cotisation, bénéficient chaque année de 47 paniers hebdomadaires, garnis de produits locaux de qualité qui suivent les saisons. Il faut être adhérent pour pouvoir bénéficier d'un panier pour 4 personnes ou d'une demi-part pour deux personnes. Des points de dépose des paniers se font dans l'agglomération chambérienne et on peut aussi aller chercher son panier à Cognin le jour suivant sa préparation. D'excellents légumes, bons pour la santé, et qui participent à une action solidaire ! A noter que, dans le cadre de son partenariat avec la Ferme du Grand Duc, l'association offre aussi l'opportunité de commander de la viande de porc issue de l'agriculture biologique.

Des exploitants agricoles de la région qui vendent leurs produits de leur ferme en direct : du producteur au consommateur. Regroupés dans ce magasin, ils vous servent, conseillent et vous parlent de leurs produits. Ils vous proposent uniquement des produits frais de qualité rythmés au fil des saisons : légumes, fruits, viande bovine et d'agneau, volailles, poissons, fromages et produits laitiers, œufs, miels, champignons, tisanes, confitures mais aussi des conserves ou des surgelés, élaborés localement comme les escargots, les soupes et les vins de Savoie.

Restaurants bio

BIO DÎNER
7, rue Sainte-Barbe
CHAMBÉRY
✆ 04 56 29 12 17
www.biodiner.fr
biodiner@me.com
100% Bio. Ouvert du lundi au vendredi de 10h30 à 14h30. Carte : plats de 11 à 12 € ; desserts 3,50 € ; boissons de 1,50 à 3,50 €. Suggestion du jour : 14 € (plat + dessert). Service traiteur. Terrasse. Vente à emporter. Boutique.
L'adresse est à la fois un traiteur, un restaurant et un service de vente à emporter. En effet, la Chef, Pascale, propose des plats à déguster où vous le souhaitez, fraîchement cuisinés avec des produits issus de l'agriculture biologique et locaux lorsque c'est possible. D'ailleurs l'enseigne est labellisée Agriculture Biologique depuis peu. Pour un événement personnel ou professionnel, pensez à Bio Dîner. Vos convives seront ravis de déguster un buffet éco-responsable et bio avec des plats aussi délicieux qu'une terrine végétale ou qu'un tartare de saumon à la mangue. La carte est très complète et l'ardoise change chaque jour.

LE BRUIT QUI COURT
87, rue Sainte-Rose
CHAMBÉRY
✆ 04 56 29 52 24
www.bruitquicourt.fr
contact@bruitquicourt.fr
Ouvert toute l'année. Du lundi au vendredi le midi de 12h à 14h ; du mardi au samedi le soir de 19h à 21h30. Reservation recommandée le midi. Pas de réservation le soir. Formule pièce de bœuf selon arrivage avec accompagnement 17 €. Carte : desserts de 2,50 à 6 €. Tapas le soir de 4 à 15 €. Plat du jour, végétarien ou viande, de 11 à 13 €. Terrasse.
Un peu excentré du centre-ville et situé non loin de la piscine municipale, ce bar à tapas-restaurant-café-concert cumule les étiquettes. Fondé par quatre amis devenus cogérants de la SCOOP, ce lieu haut en couleur se veut écologique et solidaire, à la fois dans les menus bio et locaux qu'il propose, mais aussi dans son engagement associatif (addition solidaire reversée à des associations d'aide aux personnes en difficulté sociale, café à prix libre). La décoration faite en partie d'objets récupérés donne un cachet particulier à ce bar qui pourra convenir pour déjeuner le midi (produits frais et vrai menu végétarien), ou le soir avec des tapas, ou simplement passer un bon moment entre amis. La terrasse située à l'arrière du bar, est à la fois intimiste et conviviale. Concerts, spectacles ou projections ont lieu régulièrement et le programme peut être consulté sur leur site internet pour planifier sa visite. La solidarité, oui, mais avec beaucoup de convivialité.

Habitat et jardin

LE JARDIN D'ARCLUSAZ
33, rue du Carnavet
SAINT-JEAN-DE-LA-PORTE
✆ 04 79 36 28 58
www.lejardindarclusaz.com
le.jardin.arclusaz@orange.fr
Ouvert du lundi au vendredi de 9h à 18h. Sur rendez-vous. Fermé en été.
Cette exploitation produit des plants vivaces telles que l'edelweiss, des plans d'aromates et des plantes aux usages plus… récréatifs ! On y trouvera avec plaisir du houblon pour les brasseurs en herbe, du genépi, mais également des plantes vivaces de montagne. La production de houblon a d'ailleurs permis l'installation d'une brasserie juste à côté appelée la Roteuse !

BOURGOGNE – FRANCHE-COMTÉ

CÔTE-D'OR

Alimentation

■ LE B
2, rue des Grandes-Varennes
AHUY
✆ 03 80 66 27 72
Ouvert le lundi de 16h à 19h30 ; du mardi au samedi de 10h à 19h30.
Dans la zone commerciale située juste à l'entrée d'Ahuy, reconnaissable au centre commercial Géant Casino, s'est installé le B, une boulangerie bio qui a fait de nombreux adeptes. Et pour cause, tout ici est fabriqué artisanalement avec des produits exclusivement bio. Le Patron connaît très bien le sujet et n'hésite pas à répondre à toutes vos questions concernant la fabrication et la composition de leurs produits. Vous saurez tout sur le pain bio au levain naturel, sur le petit épeautre ainsi que sur les recettes sans gluten que l'on vous propose. Le bio ne limite pas les possibilités, bien au contraire ! En plus, la boutique est moderne et très agréable.

■ LES COMPTOIRS DE LA BIO
Route de Dijon
AHUY
✆ 03 73 45 00 89
www.lescomptoirsdelabio.fr
♿
Ouvert du lundi au samedi de 9h à 19h30 ; le dimanche de 9h30 à 12h30.
Ouvert toute la semaine, dont le dimanche matin, rendez-vous à Ahuy, au meilleur supermarché bio de l'agglomération dijonnaise. Pour une alimentation saine et équilibrée, c'est aux Comptoirs de la Bio qu'il faut faire son marché. Géré par Yves Erpicum, le magasin propose produits locaux, épicerie sucrée et salée, produits de la mer, cave à vin, sans oublier cosmétiques et produits d'entretien pour la maison dans ses rayons. Sur place naturopathes et diététiciennes-nutritionnistes vous conseillent si vous avez des questions. Ne ratez pas les promos qui sont régulièrement mises en avant sur la page Facebook et les rencontres avec les producteurs qui sont régulièrement organisées.

■ L'ÉPICERIE D'ARNAY
14, place Bonaventure des Périers
ARNAY-LE-DUC
✆ 03 80 84 02 69
http://lepiceriedarnay.canalblog.com
lepiceriedarnay@gmail.com
Ouvert le lundi, le mardi et le jeudi de 9h30 à 13h30 et de 14h30 à 19h ; le mercredi de 9h30 à 13h ; le vendredi de 14h30 à 19h ; le samedi de 9h30 à 18h.
Mélanie Mellier, qui a créé l'Epicerie d'Arnay en 2017, a dans son ADN un regard sur notre monde qui semble coller parfaitement au mode de consommation qu'on commence à nous inculquer. Manger sain, donc bio si possible, privilégier les produits en circuits courts issus de producteurs locaux, même s'ils ne sont pas bio et enfin opter pour le zéro déchet avec des produits vendus en vrac ou «solides» pour les cosmétiques, solides car un shampoing, un dentifrice sera présenté comme un savon, avec un minimum d'emballage et surtout naturel voire végan. Mélanie est à la page de tout ce qui est bon pour nous et notre planète, elle peut nous accompagner pour évoluer vertueusement dans nos habitudes et nos a priori. L'Épicerie d'Arnay respecte donc une charte stricte dans ces domaines, on y trouve tout pour faire son marché, les légumes de saison, des fromages frais, de la viande, de la charcuterie et surtout toute l'épicerie en général, biscuits, thés, cafés, confitures, conserves... Le rayon alcool est présent avec vins et bières locaux et bio. Le mardi après-midi c'est le rendez-vous du pain bio frais. L'Épicerie d'Arnay est bien plus qu'une épicerie, il faut s'y rendre pour le comprendre !

■ DE LA TERRE À L'ASSIETTE
1, route de Dijon
AUXONNE
✆ 06 83 55 41 42
www.de-la-terre-a-lassiette.fr
Retrait des paniers le mardi après midi, mercredi et jeudi. Points de retraits sur le site internet. Paiement par prélévements automatiques. Boutique en ligne depuis juin 2019. Petits ou grands paniers, paniers de fruits, paniers de légumes...Détails et tarifs sur le site internet.s. CB et chèques non acceptés.
Envie de manger bio tout en vous simplifiant la vie ? Des producteurs locaux de Varois-et-Chaignot, Sacquenay, Brochon, Flagey-lès-Auxonne, Sellières et Rahon (dans le Jura) se sont associés pour vous livrer une fois par semaine des paniers de fruits et légumes bio, en point relais ou sur votre lieu de travail ! ! Le principe est simple et souple : vous vous abonnez et vous vous engagez pour 4 paniers au minimum. En cas d'absence, vous pouvez interrompre votre abonnement. Vous avez le choix entre trois tailles de panier et pouvez recevoir votre panier toutes les semaines ou tous les 15 jours. Ce sont les producteurs qui définissent le contenu du panier, en fonction de ce qu'ils ont à proposer. Fraîcheur garantie et deux recettes sont proposées pour vous aider à cuisiner les produits. En évitant les intermédiaires et en limitant les transports, De la Terre à l'Assiette vous garantit des produits frais, locaux et à un juste prix. On adore ! A noter : de nombreux partenariats sont organisés avec les entreprises, les écoles et les communes de Côte-d'Or. Voir la liste sur le site Internet.

LA FERME DU RABUTIN

21, rue du Château, BUSSY-LE-GRAND
✆ 03 80 96 85 99
lafermedurabutin@orange.fr

En été boutique ouverte tous les vendredis de 14h30 à 18h30. L'hiver les 1er et 3e vendredis de chaque mois.

Marie-Christine et Jean-Pierre Donet ont choisi de se lancer dans l'agriculture en 1998, en reprenant la ferme familiale d'une centaine d'hectares. Les productions ont été orientées bio, vers la culture céréalière et l'élevage de bovins. Installée au pied du château de Bussy-Rabutin disposant d'une petite boutique, c'est l'endroit rêvé pour acheter directement des produits de la ferme 100% bio et parfois même sans gluten. Vous y trouvez des farines de blé tendre, d'épeautre, de petit épeautre ou de sarrasin préparées avec leur petit moulin. Ces farines servent de base aux diverses variétés de pâtes artisanales fabriquées sur place par Marie-Christine Donet. Sur les étals, il y a aussi des nectars et coulis de cassis concoctés par Emmanuelle Baillard, des lentilles, des cassettes de viande sur commande... Un lieu à découvrir pour consommer local ! Fraîcheur et qualité garanties !

LA BOUTIQUE DES PRES VERTS

Rue de la Porte Huillier, CHÂTEAUNEUF
✆ 03 62 02 21 21
www.laboutiquedespresverts.com
contact@laboutiquedespresverts.com

Ouvert tous les jours de 10h à 22h. Vente en ligne. Bistrot, terrasse.

La Boutique des Prés Verts est née dans la continuité de l'hôtellerie de luxe que développent Jérémy Leleu et Lucie Onno. Depuis toujours ils servent dans les petits déjeuners et paniers-repas des produits de première qualité, salés, sucrés et destinés aux amateurs de bières et vins. On peut dorénavant se les procurer dans la charmante boutique de Chateauneuf ou en ligne. Vous trouvez aussi une gamme complète de produits de soin et bien-être et des objets de décoration artisanaux.

LA CORBEILLE AUX SAVEURS

2a, rue Darcy, CHEVIGNY-SAINT-SAUVEUR
✆ 03 80 46 04 05
www.lacorbeilleauxsaveurs.fr
lacorbeilleauxsaveurs@orange.fr

Ouvert le mardi de 15h à 19h ; le mercredi et le jeudi de 9h à 12h30 et de 15h à 19h ; le vendredi de 9h à 19h ; le samedi de 9h à 12h. Membre du réseau Les épouvantails, un réseau de circuit-courts regroupant plus de 1000 producteurs, maraîchers, artisans.

Depuis sa création en 1996, La Corbeille aux Saveurs s'est imposée comme une référence de vente directe et de circuit court. Jean Pierre Mignot dirigeant le GAEC de la Chenevière et de la Corbeille aux Saveurs est très attaché à la qualité de l'accueil des clients comme à celle des produits qu'il sélectionne. Le rayon boucherie-charcuterie, spécialité de Jean-Pierre Mignot, est très apprécié. Chaque semaine il transforme 7 à 8 porcs et 1 bœuf tous les 15 jours. Tout préparé en pièces nobles ou en charcuteries dans son laboratoire de la Chenevière par son charcutier. Vous pouvez commander des caissettes de viandes de porc et de bœuf et les préparations charcutières qui changent au fil des saisons. Les volailles élevées en plein air sont dorénavant en provenance de la Ferme de Bouhans avec le poulet de Bresse AOP, mais aussi des dindes et des pintades de premier choix. Demandez conseil à Christelle pour garnir votre panier. Les produits maraîchers fraîchement cueillis et le rayon crèmerie et fromages garni de comtés, cancoillottes du Jura, yaourts et fromages blancs d'Origny-sur-Seine, fromages de brebis de Didier Loison sont autant de bonnes raisons de revenir. Le rayon épicerie fiine regorge de bonnes idées, farines, miels, confitures, chutneys, limonades, cidres, pains d'épices, vins, Crémant et nectars de fruits.... Certains produits sont emballés sous vide pour permettre leur conservation une quinzaine de jours. Tous les jeudis, la Corbeille aux Saveurs est approvisionnée en pains bio de Sacquenay et tous les premiers mercredis du mois, ce sont les fameuses truites de Veuxhaulles-sur-Aube qui font une furtive apparition. Une réponse complète à la demande des consommateurs exigeants que nous devenons.

FROMAGERIE DE SAUNIÈRE

Halles centrales, DIJON
✆ 03 80 49 23 47
www.fromageriedesauniere.fr
contact@fromageriedesauniere.fr

Ouvert le mardi, le vendredi et le samedi de 7h30 à 13h.

Acheter des fromages de la fromagerie de Saunière, c'est la garantie d'avoir de bons produits fabriqués dans le respect des traditions et de la nature. La fromagerie, qui obtient le label Ecocert dès 1983, vous propose des spécialités au lait bio de vache comme les faisselles, le beurre, la crème, les yaourts mais aussi des fromages au lait bio de chèvre avec par exemple de la tomme et enfin des produits issus d'un lait bio de brebis comme la brousse. De quoi se faire plaisir avec de bons produits ! Alors n'hésitez pas à faire un tour et rejoignez le club des bons vivants responsables !

MISS TERRE VERTE

3, rue Pasteur, DIJON
✆ 03 80 31 89 38
www.missterreverte.com

Ouvert du mardi au vendredi de 8h30 à 12h30 et de 14h30 à 19h30 ; le samedi de 8h30 à 12h30 et de 14h30 à 18h. Egalement vente en ligne sur le site internet.

Bénédicte a hérité de cette passion du respect de la nature de sa mère qui travaillait déjà dans un magasin bio en 1967. C'est donc tout naturellement que Bénédicte s'est orientée vers une carrière de naturopathe puis vers la création de sa propre boutique bio à Dijon. Miss Terre Verte, c'est donc avant tout une affaire de famille et de conscience écologique. Ici, vous trouverez toutes sortes de produit, pour tous vos besoins. En ce qui concerne l'esthétique, découvrez en premier lieu une gamme complète de cosmétiques : crèmes, parfums sans alcool, maquillage entièrement bio ainsi que des compléments alimentaires bénéfiques à votre corps pour favoriser votre bien-être. En ce qui concerne les désagréments du quotidien comme l'angoisse, le stress ou encore la dépression, il y a ce qu'il vous faut : élixir, fleurs de Bach (extraits liquides de plantes), tisanes ayurvédiques... Passons aux plaisirs des papilles avec le côté alimentation : céréales, pains et produits Bonneterre. Chacun trouvera son bonheur, personnes âgées et enfants y compris. Par-dessus tout, les conseils de Bénédicte et Daniel sont avisés et agréables.

PHENIX
4, boulevard de Verdun
DIJON

Application anti-gaspi gratuite à télécharger.

Consommer responsable sans se ruiner ? C'est possible en quelques clics avec l'application anti-gaspi Phenix. Fini le gâchis et la perte à tout va, avec Phenix, on met fin au gaspillage alimentaire en profitant de paniers d'invendus à prix cassés, et ce grâce à un réseau de commerces de quartier responsables et engagés. Comment ça marche ? L'appli vous géolocalise et vous propose une liste de commerçants autour de vous. Primeurs, boulangers, traiteurs, fromagers, épiceries vrac, etc. Choisissez un commerce et un type de panier : surprise ou thématique (bio, halal...), payez en toute sécurité et récupérez chez le commerçant votre panier pendant la tranche horaire indiquée. Facile et solidaire !

LECLERC BIO
Dijon Fontaine
10, boulevard des Allobroges
FONTAINE-LÈS-DIJON
✆ 03 80 10 01 40

Ouvert tous les jours à partir de 9h et jusqu´à 19h30.

Laurent Gautherot, bien connu sur Dijon (c'est lui qui est à la tête du Leclerc Dijon/Saint-Apollinaire) a ouvert un magasin 100 % bio. Le premier Leclerc Bio en France, qu'on se le dise ! Sur 400 m², le magasin propose les rayonnages habituels d'une grande surface, avec des produits frais, d'épicerie (au détail ou en vrac), et une partie boucherie. La marque BioVillage est bien représentée, mais sont aussi référencés un grand nombre de producteurs locaux, notamment pour les fruits et légumes. Un joli magasin, au décor végétalisé, de quoi adoucir la corvée des courses. « Le bio doit être réservé à tous », un slogan, mais pas que : la facture reste très correcte. Très large choix aussi en cosmétiques, avec shampoings, dentifrices solides, et un large rayon d'huiles essentielles. L'accent a aussi été mis sur les produits nécessaires au quotidien.

DOMAINE BRUNO DANGIN
« Sur la petite vigne », Route de Mézière
MOLESME
✆ 06 88 87 19 79
www.bruno-dangin.com
bruno-dangin@live.fr

100% Bio. Vignobles et Découvertes. Visite sur rdv tous les jours.

Bruno Dangin et son fils Mathieu sont dans la lignée de la famille Dangin, cinquième génération de vignerons de cœur et de métier. Un domaine de 4,50 hectares certifié bio depuis 2014 qui produit une gamme complète, du vin tranquille à l'effervescent. Fort de son expérience des différentes étapes de la création des champagnes Bruno fait naître aujourd'hui des crémants selon la méthode traditionnelle champenoise. Soucieux du respect du terroir et des traditions, ses vignes enracinées dans un sol calcaire, sont toutes gérées en bio, ce qui en fait un crémant d'exception. Des crémants aux arômes subtils, profonds, que Bruno exporte et met à l'honneur lors des différents concours ou à la carte de restaurants prestigieux, comme le Eleven Madison Park à New York où est servi le célèbre « Prestige de Nacès ». C'est Mathieu qui dirige le domaine et assure la transmission des valeurs, en proposant ses vins à la dégustation et en offrant ses précieux conseils sur les accords mets et vins. Le bourgogne pinot noir et le bourgogne aligoté viennent compléter l'offre du domaine.

LES CHAMPS DU DESTIN
7 B, rue de la Montolle
SACQUENAY
✆ 03 80 75 95 60
www.leschampsdudestin.com
boulangerie@leschampsdudestin.com

Ouvert le jeudi et le vendredi de 15h30 à 18h30. + marché de Dijon Gare le Jeudi après-midi, marché de Dijon Halles le vendredi matin (intérieur) et samedi matin (extérieur), marché de Besançon le vendredi matin, marché de Beaune le samedi matin. + boutiques bio dans le 21, 52, 70, 90, 25 + restaurants à Beaune et Dijon. Pains, viennoiseries et chocolats bio.

Les Champs du Destin, c'est le nom original de ce fournil installé à Sacquenay depuis 2011, une boulangerie 100 % bio créée par Céline Sobole et Jérôme Bruet qui font du bien au bio. Ils s'approvisionnent en farine auprès la ferme la Gauloise qui cultive blé, épeautre, engrain et seigle anciens, de manière naturelle, sans produits chimiques mais de manière moderne sur les terres du village préservées depuis de très nombreuses années. On peut venir en direct à Sacquenay voir les deux fours d'une capacité respective de 150 miches en action et acheter le pain encore chaud. Les Champs du Destin produisent une vingtaine de pains différents aux graines insolites, lin, mélilot, avoine, petit et grand épeautre, colza, luzerne, trèfle, des brioches, des galettes, des viennoiseries... On trouve aussi ces produits sur les marchés, dans les magasins bio et même dans les restaurants en quête de « vrai ».

Boulanger bio depuis 1994, Jérôme Bruet regorge de projets, il participe à des programmes de développement avec Agro Sup Dijon et l'INRA. Le laboratoire de chocolat complète la production par des sujets saisonniers réalisés à base de pâte de cacao sans lécithine enrichie des meilleures amandes, noisettes et autres fruits bio. Parmi les sujets dont on peut parler, il y a celui de produire un chocolat au lait végan préparé avec un lait végétal. Bonne nouvelle, il devrait y avoir à Sacquenay un salon de petite restauration. Enfin la bière des Champ du Destin est en gestation, le houblon bio et de Sacquenay, la bière sera brassée par la Brasserie de la Choue en Haute-Marne.

AU COIN BIO
2 bis, rue de la chaume au Menelot
SEMUR-EN-AUXOIS
✆ 03 80 89 09 27
En plein centre de la ville médiévale

Ouvert le lundi de 15h à 19h ; du mardi au samedi de 9h30 à 12h15 et de 15h à 19h. Présence d'une naturopathe le lundi après-midi.

Vous cherchez des produits bio ? Vous allez trouver votre bonheur à Semur-en-Auxois, au Coin Bio qui vient de changer d'adresse pour s'agrandir. Le nouveau magasin de Marie-Luce Rousseau est une véritable supérette bio parfaitement achalandée avec encore de nouveaux produits. On y trouve en effet tout ce qu'il faut pour remplir son panier. Produits et pain frais, rayon fromages et crèmerie très complet, un peu de viande, fruits de saison et produits maraîchers à foison ! Beaucoup de ces produits sont naturellement locaux. Au rayon épicerie, sucré ou salé, le choix est également très riche et comme pour les produits frais, farines, miels ou confitures : tout est du coin ! Le rayon cosmétique et bien-être occupe aussi une belle place. N'hésitez pas à demander conseil à Marie-Luce Rousseau qui a près de 10 ans d'expérience dans l'éthique bio. Tous les lundis après-midi, elle est secondée par Jacqueline Huot, naturopathe. Elle vous donne de précieux conseils sur les compléments alimentaires ou les produits paramédicaux. Bienfaisant !

Restaurants bio

RESTAURANT BIO LA VIE SAINE – LE COIN CUISINE

6, rue des Frères-Montgolfier
CHENÔVE
✆ 03 80 51 16 51
www.laviesaine.fr

Ouvert du mardi au samedi de 11h45 à 15h. Menus de 6,90 € à 10,90 €. Carte : 7 € environ. Plat du jour : 5,50 €.

Dans ses nouveaux locaux, la Vie Saine à Chenôve dispose de plus de place, de plus de rayons, de plus de produits et aussi d'un espace restaurant-snack qui vaut le détour. Comme son nom l'indique, le Coin Cuisine vous invite à déguster des plats bio à destination des petites et grandes faims. Le plat proposé est toujours certifié « du jour » et change chaque jour. Le jour où nous sommes passés, l'ardoise était alléchante : veau au jus de viande et poêlée de légumes pour un rapport qualité-prix imbattable. Pour ceux qui préfèrent un burger ou un bagel, c'est à l'ardoise également. Quant aux entrées et aux desserts, les propositions sont multiples et laissées au choix de chacun : crudités, potage, mousse au chocolat, tiramisu... Alors pourquoi ne pas faire une pause déjeuner en même temps que les courses ?

LA PETITE MARCHE

27-29, rue Musette
DIJON
✆ 03 80 30 15 10
www.laviesaine.fr/restaurants/61/dijon

Ouvert du lundi au samedi le midi. Réservation recommandée. Carte : 13 € environ. Pour les enfants de moins de 10 ans. Vin au verre. Entrée ou dessert avec plat du jour végétarien : 11,90 €. Grandes salades : environ 12 €. Plats chauds : environ 10 €. Menu pour les petits : 7,90 €. Terrasse.

La Petite Marche, c'est le restaurant très convivial situé au-dessus du magasin et épicerie bio La Vie Saine. Installé idéalement, le restaurant profite d'un environnement sympa, à savoir une rue piétonne encore pavée en plein cœur du centre-ville, un arrêt de bus à quelques pas et un arrêt de tramway guère plus loin. Facilement accessible et pourvue d'un charme certain, la Petite Marche surplombe le centre-ville du haut de son premier étage. Vous l'aurez deviné, ici les plats sont 100 % bio et souvent végétariens bien que la viande soit à la carte et les poissons aussi. Chaque jour, les propositions changent selon les inspirations de l'équipe et du chef mais aussi en fonction des saisons. En tout cas, on ne manque pas d'imagination. Oubliez les légumes fades et mal assaisonnés, la Petite Marche change tous vos a priori et vous apprend à nouveau à aimer la nourriture saine. Les carottes redeviennent gourmandes lorsqu'elles sont présentées sous forme de gâteau, le fromage se décline en tarte, les poireaux en flan et les tomates cerises en clafoutis ! Vous serez surpris mais pas déçu puisque le bio peut être gourmand. La preuve la plus évidente ? Les desserts, on adore le tutti frutti ! Que diriez-vous d'un entremets façon forêt noire ou d'une panna cotta aux fruits exotiques ou d'un délicieux smoothie mangue-coco ? Une belle adresse futée qui prend soin de vous, à l'excellent rapport qualité-prix. Nous adorons !

Mode et bien-être

BAUM' PLANTES

Rue Lanal
BAULME-LA-ROCHE
✆ 06 83 27 79 75
baumplantes21@gmail.com

Visites sur réservation. Possibilité de vente par correspondance sur commande par téléphone ou directement en ligne. Points de vente déclinés sur le site internet.

A 25 km à l'ouest de Dijon se situe Baulme-La-Roche et le merveilleux site de production et de transformation de Baum'Plantes. C'est là-bas que Claude Soutenet cultivait et transformait des plantes médicinales et aromatiques avant de passer le flambeau à Stéphanie Parizot et à Jean-François Guilloteau. Depuis janvier 2015, ces deux passionnés travaillent en respectant les cycles naturels et les principes d'une agriculture biologique. Ils vous proposent de profiter des vertus des plantes sous diverses formes : tisanes, sirops, aromates, gelées ou confitures... Succulents et peu sucrés, les sirops sont un concentré de plantes fraîches cueillies lors de la floraison. Au thym et au citron, à la fleur de sureau, à la mélisse ou encore à la menthe poivrée... ils feront une boisson originale et très désaltérante. Depuis que Stéphanie et Jean-François ont pris le relai, la production se situe à Baulme-la-Roce mais aussi à Fromenteau. Au total, environ 30 plantes aromatiques et médicinales sont transformées. Parmi elles l'aubépine, la reine des prés ou encore la sauge.

BIOSTUDIO

136, rue d'Auxonne
DIJON
✆ 03 80 68 26 56
www.biostudio.fr
biostudiodijon@gmail.com

Ouvert le lundi de 14h à 20h ; du mardi au vendredi de 10h à 20h ; le samedi de 10h à 17h. Parking gratuit devant l'institut. Epilation : 20 € les demi-jambes, 13 € les aisselles. Soins visage de 15 à 85 €. Soins du corps à partir de 35 €. Avec la carte de fidélité, gratuite et valable six mois : – 5 % à partir de la deuxième visite et – 40 % pour la sixième visite.

Voilà un institut dans lequel vous serez bien reçu et qui s'occupera de vous, de votre bien-être et de votre beauté ! Céline et son équipe très professionnelle dispensent des soins pour le visage, le corps, vous épilent, vous maquillent... Du côté bien-être, la carte du spa vous propose de véritables évasions : épopée indienne, massage thaï ou indien... Bref, vous avez le choix ! Soin du visage et du corps sont aussi de mise. En outre, la gamme des soins (épilation, cosmétiques, manucure, etc.) s'adresse également aux hommes. Le salon utilise exclusivement des produits bio. Enfin, Biostudio vous propose un excellent service de maquillage sur place ou à l'extérieur. Une très bonne adresse.

MISS TERRE VERTE
3, rue Pasteur
DIJON
✆ 03 80 31 89 38
Voir page 117.

AUX PTIOTES PELOTES DE LAINE
Ruelle du four
FLAVIGNY-SUR-OZERAIN
✆ 09 66 95 19 23
chantal.blancher0481@orange.fr
Chantal Blancher est une spécialiste de la laine de mouton. Dans son élevage de moutons, certifié agriculture biologique, elle produit de la pure laine vierge issue de 4 races différentes, l'Ile de France, la solognote, South-Down et Mérinos, qu'elle file à la main ! Elle effectue elle même ses teintures naturelles et propose à la vente des pelotes aux multiples coloris ou des produits finis, tels que des bonnets et des écharpes pour ne citer que les plus classiques...

Habitat et jardin

THERMASSE
2, rue de la Chaintre
Hameau de Saizerey
MISSERY
✆ 01 85 08 57 05
www.thermasse.fr
info@thermasse.fr
Documentation et boutique en ligne.
Cet artisan fabrique et installe des poêles de masse à accumulateur de chaleur. On sait bien désormais que ce type de poêle allie confort, économie d'énergie et respect de l'environnement. Guillaume Desjeux propose de nombreux services : conception, fabrication, aide au montage, vente au particulier. Une belle collaboration pour vous aider à installer un chauffage économe, de belle allure et respectueux de l'environnement.

COMPIL SERVICES
Jean-Pierre Mouret
17, Grande-Rue
CHAMPDÔTRE
✆ 03 80 39 41 45
idecolo.42stores.com
jean-pierre.mourey178@orange.fr
Contact par téléphone ou par e-mail. Modèles et tarifs sur le site internet.
Une adresse précieuse pour les amateurs de vie saine et de maison écologique. Vous trouvez chez ce distributeur des kits pour toilette sèche et la cabane qui va avec, les WC de camping écologique, des économiseurs d'eau, tous les accessoires pour toilette sèche, des marmites norvégiennes (voir encadré) et même des composteurs. Vous pouvez acheter en ligne et profiter des bonnes affaires régulièrement proposées. Vous trouvez aussi sur le site Internet des fiches pratiques et des infos. De bonnes idées écolo.

TUILERIE LAURENT
n°3 RD 108, La tuilerie
NAN-SOUS-THIL
✆ 03 80 64 52 75
www.tuilerie-laurent.fr
tuilerielaurent@orange.fr
Sur la D70 de Vitteaux à Avallon 4 km avant Precy Sous Thil. GPS : la tuilerie sur la commune de Nan Sous Thil.
Ouvert du lundi au jeudi de 8h à 12h et de 13h30 à 17h30 ; le vendredi de 8h à 12h. Les vendredi après midi et samedi sur rendez-vous. Il est préférable de téléphoner avant de venir. Salle d'exposition ouverte 7j/7. Entrée libre.
Maison fondée en 1862, la tuilerie Laurent est le dernier fabricant de tuiles artisanales de Côte-d'Or et de Bourgogne. Elle s'est spécialisée dans la rénovation du patrimoine. Par ailleurs, elle vous propose diverses créations artisanales : tuiles, briques et tomettes à l'ancienne de toute beauté, des poinçons, des carrelages, des casiers à vin. Il est possible de visiter la tuilerie gratuitement lors des journées du Patrimoine. La salle d'exposition est ouverte 7 jours sur 7. Rendez-vous aussi sur le site internet !

NATUREL 21
VIÉVY
✆ 03 80 84 86 40
http://www.naturel21.com
Ouvert le lundi et le vendredi de 9h15 à 16h15 ; le mardi et le jeudi de 9h15 à 13h ; le mercredi de 9h à 11h30. Sur rendez-vous en dehors des heures d'ouvertures du magasin.
Naturel 21 est un spécialiste des matériaux sains qui permet à chacun de choisir des solutions les plus naturelles possible pour construire, aménager ou rénover son habitat. Que ce soit pour des aménagements extérieurs ou intérieurs : matériaux de construction, isolants phoniques et thermiques, revêtements et finitions, les services proposés sont très variés, de l'électricité biocompatible à la décoration et aux finitions, ou encore la location de machines pour réaliser vos travaux. Pierre Chevalier est distributeur agréé de diverses marques soucieuses de votre bien-être et de la planète ! Et si vous n'avez pas la possibilité de vous déplacer, vous pouvez même vous faire livrer ! Naturel 21 est toujours présent sur les salons de l'habitat régionaux, mais un petit tour par Viévy peut s'avérer utile pour bien comprendre la dimension de la construction « naturelle ». A noter que Pierre Chevalier est aussi à votre disposition pour des travaux de menuiserie, son premier métier, totalement compatible avec ses valeurs !

DOUBS

Alimentation

PATRICE CARQUILLE

42, rue du professeur Haag
BESANÇON
✆ 03 81 50 19 29
www.carquille-traiteur.fr
pv.carquille@aliceadsl.fr

Ouvert du mardi au samedi de 7h30 à 12h30 et de 14h30 à 19h ; le dimanche de 8h à 12h.

Natif de Besançon, Patrice Carquille a repris en 2000 la boucherie de la rue Haag, créée après-guerre, où il a travaillé auprès de Christian Jacquet. Il y a alors développé l'activité traiteur. Depuis il s'est orienté vers des animaux issus pour la plupart de fermes biologiques de Franche-Comté ou limitrophes. Le bœuf est bio de race limousine ou charolaise (distribué par SICABA), le veau de lait certifié bio, l'agneau est bio, des Coteaux Ugier ou de pays, le porc est Label Rouge de La Ferme de Vallegrain, la volaille est bio (Le Picoreur, le Fermier Landais ou Ferme des Minimes). Ce boucher propose de nombreuses spécialités bouchères crues : morillade comtoise, poulet de Bresse en médaillons farcis aux morilles et au Vin Jaune, canette de Barbarie désossée farcie aux agrumes, épaule d'agneau à la provençale, filet de porc aux pruneaux, rôti de bœuf au Roquefort, etc. Le plus : tous les jours des plats, dont certains gastronomiques, sont préparés pour emporter. Dans sa boutique vous pourrez également trouver un coin épicerie avec des champagnes, des grands crus, des fruits et légumes, des biscuits, et bien d'autres spécialités réalisées dans la région par des producteurs locaux...

LA FERME DES 3 RIVIÈRES

Place de la Mare
CHEMAUDIN ET VAUX
✆ 03 81 58 45 55
lafermedes3rivieres.chez.com

Ouvert le mercredi et le jeudi de 14h30 à 19h ; le vendredi de 9h30 à 19h ; le samedi de 9h30 à 12h30.

La ferme des trois rivières est un collectif qui réunit une trentaine de producteurs pour une vente directe mais variée de produits de la ferme ! Leur magasin situé à Chemaudin propose une large sélection de produits de boucherie, charcuterie, fromages et produits laitiers, jus de fruits, soupes et alcools, ainsi que des fruits et légumes, avec quelques surprises en plus !

LES JARDINS DE COCAGNE

3, chemin de la Combe Balland
CHALEZEULE
✆ 03 81 61 22 76
www.cocagneboutique.org
contact@cocagneboutique.org

Ouvert le vendredi de 10h à 19h. Adhésion et commandes directement en ligne.

Voici l'adresse pour des légumes bio ultra frais autour de Chalezeule ! L'association Julienne Javel, qui fait partie du réseau des Jardins de Cocagne, a été créée en 1991. Elle a mis en place des exploitations maraîchères locales tout en intégrant des personnes en réinsertion. Pas de boutique mais un système de livraison à proximité de votre domicile. En effet, il suffit de vous inscrire auprès de l'association en indiquant le nombre de personnes composant votre foyer. Vous récupérez ensuite chaque semaine votre panier chez un commerçant proche de chez vous. La boutique à Chalezeule permet de choisir les produits maraîchers, mais offre également une sélection de jus de fruits en grands et petits formats, réalisés par les chantiers d'insertion de l'association.

LA VIE AU NATUREL

22, rue Jacques Foillet
MONTBÉLIARD
✆ 03 81 32 02 33
www.montbeliard-magasin-bio.fr
vienat@wanadoo.fr

Ouvert du mardi au jeudi de 9h30 à 12h30 et de 14h30 à 19h ; le vendredi de 9h30 à 19h ; le samedi de 9h30 à 12h30 et de 14h à 18h.

Voici une supérette présente à Montbéliard depuis 28 ans, et qui propose de tout en bio ! Articles de puériculture, de jardin, maison, cosmétiques, produits pour animaux domestiques, sans oublier les aliments avec même une sélection de produits surgelés ! De nombreuses animations sont également proposées pour vous accompagner dans votre vie bio !

VRAC

6, Rue Sainte Anne
PONTARLIER
✆ 03 81 89 68 53
vrac.pontarlier@gmail.com
♿

100% Bio. Ouvert du lundi au vendredi de 7h30 à 12h30 et de 14h30 à 19h30 ; le samedi de 7h30 à 19h30.

Ici tout est en vrac, dans le bon sens du terme. Ce nouvel espace, dans la rue la plus « alimentaire » de la capitale du Haut-Doubs est dédié aux produits exclusivement bio. Pas d'emballage, à vous de venir avec. Rassurez-vous, Hélène HANROT et David BONNET vous dépanneront si vous êtes en panne de contenant. En ouvrant ce bel espace élégant et très fonctionnel, les propriétaires ont souhaité mettre l'accent sur les circuits les plus courts possible. Les références sont importantes et couvrent tant l'épicerie, les fruits et légumes, produits d'entretien et soin du corps. Mais ce n'est pas tout, vous avez également des boissons alcoolisées (avec modération) ou non. Bocaux et bouteilles sont consignés. Côté tisanes et thés, une belle palette aromatique garnit les étagères, pour le café il est torréfié sur place. Conseils avisés et accueil vous seront dispensés pour vous accompagner dans une démarche d'éco-citoyenneté tout en vous fournissant d'excellents produits.

Restaurants bio

BÊTISES ET VOLUP'THÉ

79, rue des Granges
BESANÇON
✆ 03 81 50 83 45

Ouvert toute l'année. Sauf les jours fériés. Du mardi au samedi de 12h à 22h. Plats chauds de 9,50 € à 18 € ; salades de 10 € à 13 €, desserts de 4 à 6 €. Végan-friendly.

Entrer chez Bêtises et Volup'thé, c'est plonger dans l'univers d'Alice au Pays des Merveilles ! Un univers très féminin fait de légèreté, dans une déco baroque aux tons gris et roses. Vous y découvrirez une atmosphère enchanteresse faite de tasses de thé disséminées çà et là, parsemées de plumes et de nuages de mousse. Un lieu tout en douceur, à l'ambiance cosy, où on a envie de se poser, de prendre son temps, et d'arrêter de poursuivre le lapin blanc. Une féminité et une légèreté qui se retrouvent dans les assiettes : les plats marient originalité et spécialités végétariennes et véganes, avec des dénominations qui vous laissent rêveur. La présentation est soignée et inventive, et le plaisir gustatif est au rendez-vous à chaque bouchée. À l'heure du thé, prenez le temps de goûter l'une des très nombreuses références, qui vient accompagnée d'une petite douceur.

MONSIEUR VICTOR

Comptoir biologique
41, rue de Belfort
BESANÇON
✆ 03 81 82 06 18
www.monsieur-victor.eu
contact@monsieur-victor.eu

Ouvert du mardi au samedi de 11h à 15h et de 17h30 à 23h. Menus de 30 € à 41 € (business lunch à midi et menu dégustation le soir en week-end). Burgers et planches de 13 à 15 € le soir. Plat du jour 11,50 € et formule du jour à 15,50 € ; Carte selon l'ardoise du jour.

Monsieur Victor, c'est le comptoir biologique à Besançon ! Au menu, du 100 % bio, 100 % maison, des produits frais découpés et cuits en direct, pour des plats qui raviront les végétariens et végétaliens, sans pour autant oublier les carnivores : variations autour du wok ou des burgers... Une formule snack avec tartines, sandwichs ou petites douceurs sucrées, à consommer sur place ou à emporter... Il n'y a décidément que ce bon vieux Victor pour allier de la sorte qualité et simplicité, gourmandise et convivialité ! En plus, un petit drapeau coloré sur la porte qui signifie que tout le monde est le bienvenu chez Victor – alors n'attendez plus, venez goûter à la poésie de ses petits plats !

PIZZA DELOS BIO

123 bis, rue de Dole
BESANÇON
✆ 06 52 98 29 90
www.pizzadelos.fr
pizzadelos@gmail.com

Ouvert le dimanche et le lundi le soir ; du mardi au vendredi le midi et le soir.

Yannick Delos est un pizzaiolo hyper engagé ! Tout ce qu'il fait est bio depuis sa farine à sa sauce tomate en passant par le levain qu'il utilise pour faire lever sa pâte ou le fromage, la viande et les légumes, sans oublier les boissons ! Et pour votre plus grand plaisir, Yannick vous propose 54 recettes de pizza différentes ! Possibilité de commander à emporter. Pour accompagner, il propose aussi des boissons bio, des vins ou des sodas.

Mode et bien-être

SAMELIE PLANTES

2, Combe Benoit
VILLE-DU-PONT
samelieplantes.com
contact@samelieplantes.com

Produits disponibles dans de nombreuses enseignes bio (liste sur le site interne) et également sur leur boutique en ligne.

Samélie Plantes est un créateur de cosmétiques bio situé dans le haut Doubs. Ses produits, créés au minimum à partir de 70 % de produits issus de l'agriculture biologique, sont réalisés à partir de plantes cultivées localement. Samélie Plantes s'appuie sur les vertus des plantes des montagnes environnantes et propose des cosmétiques destinés à tous les usages, du shampooing au déodorant en passant par des baumes et autres crèmes.

HAUTE-SAÔNE

Alimentation

LE POTAGER BIO

Les serres de la saône Jolie
Route de Bougnon
PORT-SUR-SAÔNE
✆ 09 67 09 68 82
www.lepotagerbio.eu

Ouvert du lundi au vendredi de 15h à 19h. Détails sur commandes et livraisons sur le site internet. Panniers de 8 à 12 €.

Marayat et Sylvie produisent des légumes et des plants certifiés bio dans leur exploitation de Port-sur-Saône. Ils pratiquent la vente directe à la ferme ainsi que la vente sur les marchés du jeudi et du samedi à Vesoul. Ils proposent également des paniers, comprenant entre quatre et six légumes, à récupérer sur place le mardi ou livrés (avec un point de livraison à Vesoul). Leurs légumes sont issus de races anciennes afin de vous garantir le meilleur du goût !

FERME BIO DE THEY

They en sorans
SORANS-LÈS-BREUREY
✆ 03 84 91 81 33
www.fermebiothey.fr

Boutique bio ouverte le mercredi de 14h à 19h ; le vendredi de 9h à 12h et de 14h à 19h ; le samedi de 9h à 12h.

Possibilité de visiter la ferme librement avec vos enfants avant ou après vos achats.

La ferme du They est une exploitation certifiée bio depuis 1996, qui produit des substances animales et végétales. Grâce à leurs cultures, ils proposent à la vente dans leur boutique différentes farines, des pommes de terre, et de par leurs élevages, obtiennent une large gamme de viandes de porc, de veau, de volaille, et ont des poules pondeuses, ainsi que des ruches ! Il y a même des chevaux mais ceux-ci ne finissent pas dans l'assiette, en effet ils rentrent dans le cadre de leur seconde activité : le gîte écologique ! En matériaux naturels et alimentés par des énergies renouvelables, ils sont fort cosy et ont une capacité d'accueil de 24 couchages à eux deux. Hors vacances, ils peuvent vous accueillir par chambre en semaine. Si vous y séjournez, vous pourrez en plus profiter de la piscine à sel, du bain bouillonnant, du sauna, et demander un soin rééquilibrant ! Pour explorer les alentours, vous pourrez louer un vélo électrique et le soir profiter du home cinéma ! Que demander de plus ?

JURA

Alimentation

■ **DOMAINE DE LA PINTE**
8, rue de l'Hôtel de Ville
ARBOIS ✆ 03 84 37 42 62
www.lapinte.fr
contact@lapinte.fr

100% Bio. Ouvert tous les jours de 9h30 à 12h et de 14h30 à 19h. Boutique fermée 3 semaines en janvier. Vente en ligne sur le site web. Visite du domaine sur rendez-vous. Dès 13 € la bouteille.

Précurseur, car sa conversion à l'agriculture biologique remonte à 1999, ce domaine a évolué 10 ans plus tard en biodynamie, certifié Demeter. Les années en « 9 » sont donc décidément de grandes années pour ce vignoble de 34 hectares, recréé en 1949 par Roger Martin, entrepreneur BTP bourguignon, sur une exploitation abandonnée après les ravages du phylloxéra et les guerres. En 1959, de belles caves voûtées se sont dressées en pierres du pays et accueillirent l'une des plus belles récoltes du siècle. Aujourd'hui, elles abritent une quantité de pièces en vieillissement. Si le savagnin est majoritaire (14 hectares plantés en 1953), tous les cépages jurassiens sont représentés et toute la gamme des vins arboisiens. Vous les retrouverez dans l'espace commercial au centre-ville. Beaucoup de références sont régulièrement en rupture de stock. Nous avons aimé ce chardonnay 2018 laissé 13 mois en foudre : une robe dorée reflet de ce beau millésime ensoleillé, un nez de fruits à pépins confiturés, une bouche tout en rondeur qui s'achève sur des notes épicées un peu torréfiées.

Bien manger pendant la grossesse

Durant une grossesse, l'organisme a des besoins très spécifiques. Pendant cette période, l'alimentation doit être revue non pas en quantité, mais surtout en qualité, pour s'assurer que la future maman et le bébé se portent bien et limiter la prise de poids superflue. Pour commencer, il faut s'écouter, et s'autoriser les fameuses fraises à 4 heures du matin, mais attention, se faire plaisir ne rime pas avec gloutonnerie ! Il ne s'agit pas de manger comme deux, mais d'être deux fois plus vigilante sur la qualité des plats. Pour un bon équilibre, continuez si possible à pratiquer un minimum de sport et adoptez une alimentation variée, qui permettra d'apporter tout les nutriments nécessaires à la croissance de votre bébé, et d'éviter les surcharges. Mangez avec plaisir, et surtout lentement, un peu de tout. Une prise de poids normale et harmonieuse se situe entre 10 et 15 kilos, ni plus ni moins. Ensuite sachez que les toxines traversent le placenta ! Alors pas de cigarette (attention le tabagisme passif est aussi nocif !) ni d'alcool. Évitez aussi les aliments contenant des colorants, additifs, conservateurs et autres pesticides. Préférez les produits frais, de saison et bio. Dans la mesure du possible, mangez une cuisine maison plutôt que des plats préparés dans le commerce ou des pâtisseries industrielles. Vous aurez besoin de protéines de bonne qualité. Alternez viandes, poissons, œufs, mais aussi des légumineuses et céréales complètes. Pour les lipides, consommez des huiles végétales vierges de première pression à froid pour les acides gras essentiels : colza, olive, sésame, tournesol, noix, chanvre… Autorisez-vous aussi les poissons gras et le beurre, à raison d'un maximum de 20 grammes par jour. Pour les glucides, privilégiez les sucres appelés couramment sucres lents ou féculents : des céréales complètes ou semi-complètes, des pommes de terre, des légumineuses, haricots, lentilles, fèves, famille des pois, etc. Consommez des aliments riches en calcium en fer et en vitamines, les fruits secs notamment. Et surtout, buvez beaucoup d'eau, au moins un litre et demi par jour. Autre point important : les papilles du bébé se forment déjà *in utero*, certaines molécules supportant le goût étant capables de passer la barrière placentaire. Alors pour réserver un futur de fin gourmet à votre bébé, usez et abusez de la diversification alimentaire, qui de plus vous rendra la grossesse plus agréable et aisée. Une démarche à poursuivre bien évidemment lors de l'allaitement. C'est parti pour 9 mois gourmands, avant que votre bébé ne croque la vie à pleines dents, version bio bien entendu !

■ DOMAINE DE LA TOURNELLE
5, Petite-Place
ARBOIS
✆ 03 84 66 25 76
www.domainedelatournelle.com
domainedelatournelle@wanadoo.fr
100% Bio. Domaine : Visite et dégustation sur rendez-vous. Bistrot de la Tournelle ouvert du 21 juin au 31 août. Du lundi au samedi de 11h à 14h30 et de 18h à 22h. Le dimanche de 17h à 21h. En juin, ouvert uniquement le soir des vendredi, samedi et dimanche. Réservation ✆ 06 43 54 54 94.
Evelyne et Pascal Clairet sont des passionnés. Ils montrent leur métier de vigneron et ont choisi de travailler leurs 6 hectares en culture biologique certifiée et en biodynamie. Différents cépages sont représentés, tous les vins rouges et blancs d'Arbois sont produits, pour des élevages plus ou moins longs. Il est possible de découvrir leurs cuvées dans le caveau de dégustation, mais aussi, en été, au Bistrot de la Tournelle qu'ils ont ouvert dans leur jardin. Chaises et tables en fer forgé, en surplomb de la Cuisance, vieilles pierres, quelques tapas à grignoter et leurs vins.

■ CAVES JEAN BOURDY
41, rue Saint-Vincent
ARLAY
✆ 03 84 85 03 70
www.cavesjeanbourdy.com
cavesjeanbourdy@wanadoo.fr
Vignobles et Découvertes. 100% Bio. Ouvert du lundi au vendredi de 9h à 17h. Samedi et dimanche sur rendez-vous. Livraison possible (parking bus. Visites groupes sur réservation. Anglais parlé).
Les Bourdy peuvent se vanter d'être l'une des plus vieilles familles vigneronnes de France, leur installation se situant entre 1475 et 1500 dans cette commune, propriété pendant longtemps des ducs de Bourgogne. 15 générations se sont succédé depuis sous les voûtes des caves du XVIe. Le domaine s'étend sur 10 hectares en côtes-du-jura et château-chalon. Les Bourdy se sont ainsi taillés une réputation de conservateurs de vieux millésimes, puisque grâce à leurs aïeux, les crus remontent jusqu'à 1781 ! Ils conservent également secrètement la plus ancienne recette de macvin, celle-là même des chanoinesses de Château-Chalon qui l'avaient copiée sur parchemin. Elle comportait rien moins que 25 épices ! Depuis 2010 l'exploitation est agréée « biodynamie » (Demeter). Il faut découvrir aussi ici le crémant, le vin de paille, le savagnin et le vin jaune dont nombre d'antiques années sont encore à la vente.

■ LE CLOS DES GRIVES
100, chemin des Pendaines
CHILLE
✆ 03 84 44 87 17
caveau@leclosdesgrives.fr
100% Bio. Ouvert tous les jours. Sur rendez-vous. Sur rendez-vous : visite des caves et vignes, dégustation (5 €), accueil de groupes, vente directe de vins. Espace enfant.
Suzanne Petite et son mari ont racheté en 2009 ce domaine de 5 ha environ à un vigneron passionné de son métier. Claude Charbonnier fut un pionnier du bio, voici 30 ans et un des premiers à obtenir l'agrément. Le Clos des Grives, classé Ecocert, un label très encadré, effectue donc toutes ses vendanges à la main de façon à trier chaque grappe. La vinification, fidèle au respect des normes, est réalisée dans les caves du domaine par le maître de chais Michel Monnoyeur. Ici, toutes les productions emblématiques du Jura en appellation côtes-du-jura ont leur place, du savagnin au vin jaune. Ces nectars d'excellence ne sont pas laissés pour compte lors de la dégustation sur place, pas plus que le macvin fort en bouche et le vin de paille très aromatique. Ils se retrouvent d'ailleurs dans les meilleurs restaurants. Le caveau, attrayant, accueille les particuliers comme les groupes (30 personnes maximum).

■ DOMAINE ANDRÉ ET MIREILLE TISSOT
Quartier Bernard
15, quartier Chanoux
MONTIGNY-LÈS-ARSURES
✆ 03 84 66 08 27
www.stephane-tissot.com
100% Bio. Uniquement sur rendez-vous. Livraison possible. Caveau ouvert tous les jours à Arbois.
Stéphane a repris avec son épouse Bénédicte, les rênes du domaine d'André et Mireille Tissot créé dans les années 60. Il l'a résolument orienté vers la viticulture bio, initiée dès 1998. Aujourd'hui, les 46 ha sont en biodynamie, certifiée par l'agrément Demeter. Cette méthode demande des efforts constants et minutieux de la part des 15 personnes qui travaillent toute l'année sur le domaine : *« un vin c'est comme tout, plus on passe de temps et d'énergie à le produire, meilleur il est, et plus il a de succès »*, proclame Stéphane. Son vignoble est en AOC Arbois et Côte du Jura. Les différentes parcelles sont en savagnin et chardonnay pour les blancs, poulsard, trousseau et pinot noir pour les rouges. Le domaine a aussi ses crémants et un macvin. Un incontournable.

■ AU CHALET MODÈLE – FRUITIÈRE DU TEMPS COMTÉ
1, route Napoléon, MONTROND
✆ 03 84 51 75 31
http://fruitiere-du-temps-comte.fr
fruitieredutempscomte@orange.fr
Ouvert du lundi au samedi de 9h30 à 12h et de 15h à 19h ; le dimanche de 16h à 19h. Commande en ligne et par mail. Expédition dans toute la France.
Le Chalet Modèle installé à Montrond est l'une des deux boutiques de la Fruitière du Temps comté. L'atelier de fabrication et le magasin du même nom se situent, eux, à Pont-du-Navoy. Cette coopérative de plus de 200 ans d'existence mérite amplement le label AB. Le Chalet met à l'honneur le comté (4 âges différents) et les produits laitiers (beurre, crème, fromage blanc) issus de la fruitière. Elle propose aussi toutes les autres AOP franc-comtoises, tels le morbier et le mont d'Or. S'y ajoutent les fromages du cru (cancoillotte, tomme des montagnes du Jura...). Les produits locaux (yaourts, charcuteries, vins, liqueurs, salaisons, miels, confitures...) ne sont pas non plus oubliés. Pas plus que certaines spécialités de différentes régions, tout aussi authentiques et savoureuses (saint-nectaire en direct d'Auvergne, bleu de Gex, lentilles du Puy...). Envoyées par leurs producteurs, elles garnissent de

jolis paniers pour une belle idée cadeau. Le Chalet fait également office de dépôt de pain, sauf le lundi. C'est bien pratique pour préparer un pique-nique complet pour une balade jurassienne.

DOMAINE ROUSSET-MARTIN

54, rue du Moulin
NEVY-SUR-SEILLE
✆ 06 08 58 14 78
francoisrousset@wanadoo.fr

100% Bio. Téléphoner de préférence. Livraison possible. A partir de 15 €.

François Rousset-Martin a repris l'exploitation de son arrière-grand-père René voici 13 ans, après avoir obtenu son diplôme d'oenologue à Dijon. Il eut été dommage qu'elle disparaisse, sachant que sa dizaine d'hectares déborde en conséquence sur l'appellation de Château-Chalon, et parmi les plus cotés : Sous Roche, Puits Saint-Pierre, Vigne aux Dames… Ayant livré plusieurs saisons sa vendange à la coopérative de Voiteur, la forte personnalité de ce vigneron ne pouvait que l'amener au travail en solo. Fervent défenseur du bio, labellisé Ecocert, le professionnel s'inspire aussi du calendrier lunaire pour conduire ses ceps avec respect du parcellaire. Les ceps de trente ans d'âge en moyenne produisent des blancs au rendement faible de 20 hl / hectare, avec un intérêt prononcé pour le savagnin, sous voile de préférence, mais avec quelques exercices en vins ouillés. Les vendanges manuelles (15 000 bouteilles par an) livrent des jus qui séjournent 3 à 4 ans en pièces de 228 l ou en demi-muid. La filtration a été abandonnée, le soufre utilisé *a minima*.

DOMAINE PHILIPPE CHATILLON

3, rue de la Glacière
POLIGNY
✆ 03 84 51 33 76
www.vins-philippechatillon.com
domainechatillon@gmail.com

100% Bio. Ouvert tous les jours. Sur rendez-vous. Anglais parlé. Livraison possible (visites et stages caves et vignes). Dès 15 € la bouteille.

Philippe Chatillon est un artisan vigneron au sens le plus noble du terme. De la terre au verre, tout n'est que sueur, observation, petits soins, patience pour atteindre le Graal. Les 4 hectares, dont 2/3 en Arbois, sont piochés et soignés à l'atomiseur à dos. Aucun intrant chimique. Les vendanges triées s'effectuent manuellement. Le jus ne subit ni collage ni filtration. Depuis 2013 quand il s'est installé, l'exploitant œuvre en biodynamie et pousse l'expérience jusqu'en bio-harmonie (vibration des sons). Le Polinois a fait ses armes au château d'Arlay puis a été régisseur de La Pinte pendant dix-huit ans. Ses caves du XVIIe siècle hébergent surtout des pièces (228 l) dont les rejetons se prénomment Sage-Vagnin, Y a pas de, mais, Les Nouvelles... L'amateur d'originalités trouvera du gamay (vendu en vin de France) et le confidentiel melon à queue rouge de sa vigne en côtes-du-jura à la puissance aromatique et tout en dentelle en bouche. Notre choix s'est porté sur un côtes-du-jura chardonnay vieilles vignes 2015. Cette cuvée « La Grande chaude » porte bien son nom, millésime de canicule, au nez entre prune et poire, du velours au palais et soyeux en finale. Atypique, mais remarquable.

DOMAINE THILL

11, rue Principale, TRENAL
✆ 03 84 44 82 87
www.vinsjurathill.weebly.com
vinsdujura.ebthill@orange.fr

100% Bio. Ouvert tous les jours et les jours fériés. Ouvert tous les jours sur rendez-vous. Anglais et allemand parlés. Livraison possible (port offert dès 24 bouteilles). Visite de caves sur rendez-vous. Accueil groupes.

Ce jeune couple a quitté son Alsace viticole pour le Jura viticole. L'aventure jurassienne de Bérengère et Eric débute en 2007 pour une première vendange en 2009. Si leur caveau se situe à Trenal, l'essentiel de leurs vignes croissent à côté, sur la commune de Gevingey. Nous sommes dans le Sud-Revermont. Reconverti en bio depuis 2012 et agréé en 2015, le domaine Thill cultive le chardonnay, le savagnin, le pinot noir et le poulsard. Toutes les cuvées en côtes-du-jura sont de monocépages et de ceps dépassant les 35 ans d'âge. Le chardonnay domine les 5,5 hectares. Le duo privilégie des vins fruités, tout en fraîcheur. La vinification sans assemblage est signée de la patte d'Éric. Il bloque la fermentation par une combinaison à basse température, volontairement, au juste moment, pour respecter l'équilibre en sucre, acidité et alcool. Le crémant maison mûrit régulièrement plus de 20 mois sur lattes, quant au vin de liqueur, il n'est élaboré qu'avec de la «fine», et non du marc.

Mode et bien-être

OTOUR DES PLANTES

7, route des cascades
LA CHAUX-DU-DOMBIEF
✆ 06 85 18 22 05 – www.otourdesplantes.fr
contact@otourdesplantes.fr

Vente sur les marchés et également vente directe sur la boutique en ligne.

Marie-Laure Guerry est une créatrice de cosmétiques artisanaux basée dans le Jura. Recherchant un équilibre entre sa philosophie de vie et ses connaissances des vertus des plantes, elle a décidé de créer sa propre marque Otour des Plantes. Elle s'appuie sur le principe que les cosmétiques peuvent aussi soigner, et la croyance que tout le savoir passé, loin de la chimie a encore une place aujourd'hui. Ses produits sont des combinaisons d'ingrédients simples et qualitatifs (la cire d'abeille présente dans presque tous les produits, la Goutte d'or, huile de tournesol des plateaux jurassiens, les extraits de plantes locales, etc.). Pas besoin d'en faire des tonnes pour obtenir un bon produit, C'est souvent le contraire qui prévaut, la preuve ici ! D'ailleurs Marie-Laure a obtenu la mention Slow Cosmétique pour ses produits, car ils répondent à de vrais besoins de la peau, sans la polluer avec des substances inutiles. Les « précieuses » en sont l'illustration : un mélange tout droit inspiré des concepts de la Slow Cosmétique pour prendre justement soin de sa peau, en s'accordant à ses exigences. Autour des Plantes est certifiée bio par Nature et Progrès, et Marie-Laure met ses compétences au service des femmes pour sublimer naturellement leur beauté. Produits de soin et maquillage (dans des pots en verre !) sont là pour vous parer de leurs atours naturels, en associant confort et bien-être dans un usage quotidien !

Habitat et jardin

■ **BIO BATIR CONCEPT**
33, rue des Deux-Ponts
SELLIÈRES
✆ 03 84 44 31 66
http://biobatir-concept.chez-alice.fr
scop@biobatir-concept.fr
Spécialisée dans l'habitat bioclimatique et l'écoconstruction, cette SCOP est un bureau d'études, prestataire de services pour assister des maîtres d'ouvrage désirant construire ou rénover des bâtiments d'habitation ou agricoles. Il apporte son aide au niveau de la conception technique des structures ossature bois et de la thermique du bâtiment. La SCOP intervient aussi auprès d'architectes ou d'artisans qui ne possèdent pas leur propre bureau d'études et bien entendu auprès d'auto-constructeurs. Bio Bâtir Concept intervient lors de la conception de bâtiments neufs, ou de la réhabilitation d'anciens, dans une démarche qui associe conception bioclimatique, utilisation des énergies renouvelables, etc. Biobâtir Concept peut vous accompagner tout au long de votre projet : des premiers coups de crayon jusqu'au jour où vous rentrerez dans vos nouveaux murs, en passant par les phases de calcul, de dessin et de suivi du chantier. Elle peut aussi participer à des projets de conception bioclimatique par l'étude de systèmes constructifs efficaces, peu consommateurs de ressources et économes en énergie. Son objectif est aussi l'emploi d'éco-matériaux d'origine locale et la collaboration avec des artisans proches.

NIÈVRE

Alimentation

■ **LA GRAINETERIE**
2, rue de la Monnaie
CLAMECY
✆ 03 86 27 93 64
lagraineterie.com
la-graineterie@wanadoo.fr
Ouvert du mardi au vendredi de 10h à 13h et de 15h à 19h ; le samedi de 8h30 à 13h et de 15h à 17h30.
La Grainerie est une épicerie associative engagée pour promouvoir et distribuer des produits bio, et rétablir le lien entre le consommateur et les producteurs locaux. Inscrite dans le projet de la Maison Citoyenne de Clamecy, association qui lutte pour sensibiliser le public à la protection de l'environnement, elle est approvisionnée chaque semaine par 25 producteurs locaux tous certifiés bio. Vous allez pouvoir envisager autrement la façon de faire vos courses !

■ **PANIER BIO DE LA FERME DU VAL D'OSSEUX**
Nadine et Jean-Paul Loisy
Osseux
ROUY
✆ 03 86 60 20 63
www.levaldosseux.fr
Ouvert le lundi, le mardi et du jeudi au samedi de 9h à 12h et de 15h à 18h ; le mercredi de 9h à 12h. Parking. Aire Camping-Car.
Pour arriver à la Ferme du Val d'Osseux, suivez les panneaux qui se trouvent sur la D132, vous arrivez sans soucis. La Ferme a ouvert à Pâques 2014 sa boutique de produits bio régionaux. Ici c'est toute une philosophie qui anime le quotidien de la ferme depuis la prise de conscience de 2007 qui a amené Nadine et Jean-Paul Loisy à évoluer en agriculture biologique et obtenir la certification en 2012, l'année des 50 ans de la fromagerie. Depuis lors, les 80 vaches laitières sont soignées par homéopathie. Elles sont nourries de foin séché en grange grâce à l'énergie solaire récupérée dans le sous-plafond. Ni insecticide, ni herbicide ne sont utilisés pour la culture des céréales. Ainsi les vaches (Holstein et Jersiaise) produisent du bon lait qui sert à fabriquer les fromages de ferme : le Nivernais au cœur coulant, la Tommette et le Val d'Osseux. Outre les bons produits de la ferme du Val d'Osseux, il est possible de faire son petit marché et repartir avec un panier garni de produits bio divers : confitures, huiles, jus de pommes, miels, tisanes, œufs, lentilles... Une ferme familiale très active au sein de divers réseaux et qui n'a pas son pareil pour vous accueillir ! En repartant, jetez un œil au système de vasques communicantes qui permet d'oxygéner et régénérer l'eau puisée dans le sols avant de remplir les abreuvoirs des vaches. Une adresse à ne pas manquer !

■ **BIO NAT**
18, route nationale
SAINT-LÉGER-DES-VIGNES
✆ 03 86 25 30 83
www.bio-nat.net
contact@bio-nat.net
Enlèvement des produits au magasin ou expédition "collissimo 48h".
Cette boutique en ligne propose de tout en bio ! Des produits alimentaires de la terre, de la mer, des cosmétiques, des produits d'entretien, bien-être, santé, des articles de jardinage et pour les animaux domestiques, et bien d'autres. Sur le site vous avez également accès à des recettes ! Les produits sont également disponibles au magasin bio à Saint-Léger-les-Vignes.

Mode et bien-être

■ **BIO BIBRACTE**
Pierrefitte
Le Quart du bois
POIL
✆ 03 85 82 51 87
www.bio-bibracte.com
contact@lait-de-jument.fr
Visite de la ferme : de 15 € à 100 €. Achat en ligne.

Nathalie et Xavier Niaux ont quitté leur vie trépidante pour venir s'installer en plein cœur du Morvan et vivre pleinement leur passion pour les chevaux. Sur leur domaine, les chevaux de Mérens sont rois ! Cette race traditionnelle des Pyrénées ariégeoises, l'une des plus vieilles races de France, s'est parfaitement adaptée aux terres et au climat de ce coin de Nivernais. Elevés en toute liberté selon les pratiques de l'agriculture biologique (ferme entièrement certifiée bio), les chevaux montrent ici toute leur beauté et leur robustesse. Le lait des juments se révèle alors être une formidable ressource sur le plan cosmétologique : ainsi, Nathalie et Xavier proposent à la vente différentes variantes du lait, en gélule, lyophilisé et cru, mais également des savons, des shampooings, des soins beauté du visage et du corps, et ce pour tous les membres de la famille. Vous pourrez à loisir choisir de visiter la ferme selon vos envies du moment et votre temps : initiation au feutre et une journée découverte avec dégustation des produits de la ferme. Une belle reconversion !

SAÔNE-ET-LOIRE

Alimentation

■ **AUX SAVEURS D'AUTREFOIS**
1315, route du jura
LOUHANS
© 03 85 75 22 24
Ouvert le lundi, le mardi, le jeudi et le vendredi de 7h à 19h ; le mercredi de 8h à 12h30 ; le samedi de 8h à 19h ; le dimanche de 8h à 12h. Distributeur de pain 7/7, 24/24.
Cette fromagerie se trouve sur la route qui mène au Jura, département voisin, à la sortie de Louhans. Rien de surprenant si l'enseigne propose à la fois les bons produits de la Bourgogne et de la Franche-Comté réunis, car des bons produits il y en a ! Fromages, vins, confitures et confits, produits laitiers et produits régionaux en tout genre. Ici on prône le bon et si possible le bio. Les vins et spiritueux s'exposent en rayon, bien doré pour le vin de paille ou vin jaune, vert pour le vin aux bourgeons de sapin côté Jura, des bières artisanales aussi issues des brasseries jurassiennes. Les jolis pots de confiture rappellent ceux de nos grands-mères. Petit pot de crème ou de lait, comté extra ou morbier, pain cuit au feu de bois, pour un peu on se prendrait pour le Chaperon rouge. Les murs en bois confèrent à ce lieu un parfum d'hier, un plaisir d'autrefois quand les courses se faisaient chez les commerçants du coin et non dans la froideur des supermarchés. Une bien belle adresse !

■ **MARCHÉ BIO**
TOURNUS
Tous les mercredis : Horaires d'été de 16h à 19h à partir de début avril. Du 1er novembre au 31 mars : de 16h à 18h.
Ce marché bio créé à l'initiative de la municipalité de Tournus regroupe, les mercredis après-midi, une dizaine de producteurs, sur la place Carnot. Maraîchers, producteur d'huile végétale, boulanger, vignerons, producteurs de viande, tous ont leur ferme ou maraîchage à moins de 30 km de Tournus et vendent leur propre production, issue de l'agriculture biologique.

■ **NATURE SANTÉ**
31, rue Jean-Jaurès
TOURNUS
© 03 85 51 28 29
Situé juste à côté du grand parking de la place du Champ de Mars au centre de Tournus.
Ouvert du mardi au samedi de 9h à 12h et de 14h30 à 19h.
Nature Santé est une des adresses les plus naturelles de Tournus. C'est la boutique où vous trouverez les plantes qui vont vous délivrer d'un mal de tête, de douleurs articulaires et autres. Bien situé, à l'entrée du centre-ville et à proximité du grand parking de la Place du Champ de Mars, Nature Santé propose toute une gamme de produits pour la plupart bio, à des prix abordables, allant de l'épicerie fine (gâteaux, pains d'épices, biscuits, jus de fruits bio, miel), aux cafés et thés également issus de l'agriculture biologique ou du commerce équitable. Le magasin propose aussi des produits bien-être et de diététique, des cosmétiques et des maquillages. Depuis son ouverture, Nature Santé a trouvé son rythme de croisière et compte maintenant une clientèle fidèle. La qualité des produits a suffi à alimenter le bouche-à-oreille.

Restaurants bio

■ LA PIERRE VIVE
33, rue de Lyon
CHALON-SUR-SAÔNE
✆ 03 85 93 26 50
lapierrevive.com
lapierrevive@live.fr

Fermeture annuelle en août. Ouvert du lundi au vendredi de 11h30 à 14h30. (desserts : 2,20 €). Buffet chaud et froid à volonté à 13,80 €. Vente à emporter : 12 € le kilo. Chèque Vacances, Chèque Restaurant. Accueil des groupes. Vente à emporter. Climatisation. Animaux acceptés.
État d'esprit convivial, ambiance chaleureuse et façon comme à la maison, tel est ce restaurant végétarien. Situé dans une petite rue cachée entre la Saône et la mairie. On pourrait passer sans le voir, pourtant à croire la grande affluence aux heures de pointe, l'adresse est très connue des Chalonnais et pour cause ! Les petits plats faits maison avec des produits pour la plupart locaux, bio et rigoureusement de saison, sont cuisinés avec brio. La formule qui permet de choisir ce que l'on veut dans le buffet est idéale pour goûter à tout. Et qui dit végétarien ne veut pas dire cuisine fade. Terrine au soja jaune, crudités parfaitement bien assaisonnées, gratin de légumes aux épices, soupe de saison, le choix est grand. On ne boudera pas non plus les desserts avec de jolies tartes, crumble de fruits et autres crèmes dessert. Excellent accueil et rapport qualité-prix et l'on appréciera d'autant mieux la convivialité des lieux avec les grandes tables en bois, que le feu qui crépite dans la cheminée dès les premiers frimas. Très sympa !

■ LE PAIN SUR LA TABLE
1, Pont de l'Etang
CLUNY
✆ 03 85 59 24 50
www.lepainsurlatable.fr
Ouvert toute l'année. Restaurant ouvert le dimanche midi en été. Congés au mois d'août. Du mardi au samedi le midi de 8h à 19h. Restaurant ouvert de 12h à 14h. Boulangerie ouverte tout au long de la journée. Plat du jour : 12 €. Plat + café : 13 €. Entrée + plat : 16 €. Plat + dessert : 17 €. Entrée + plat + dessert : 20 €. Terrasse. Boutique.
Le Pain sur la Table, situé au bord de la Grosne, juste à l'entrée de Cluny, est un bel établissement où le bois et les matériaux durables ont toute leur importance. Le Pain sur la Table est un restaurant bio où l'on savoure des plats faits maison réalisés avec des produits bios, provenant de producteurs locaux. La carte suit l'inspiration des cuisiniers et varie au gré des saisons. Pénétrez sous un vaste porche et traversez la cour. Le restaurant vous tend les bras.L'établissement possède aussi une boulangerie qui sent bon le pain sorti du four et un salon de thé où l'on déguste jus de fruits frais, thés, tisanes et des bières soigneusement sélectionnés. Entreprise sociale, le Pain sur la Table est plus qu'un restaurant, c'est la concrétisation d'un projet qui défend aspect social, respect de la nature et de l'environnement, une agriculture de proximité et de qualité. Egalement lieu culturel, Le Pain sur la Table comprend un café-librairie où on peut découvrir les coups de cœur de l'équipe, assister à des conférences, admirer une expo ou encore participer à une séance de dédicaces. Un lieu vivant et charmant. L'équipe est vraiment accueillante et souriante, ce qui ajoute au charme du lieu. Un lieu, bio, bon et beau qui fait du bien. A découvrir absolument.

Mode et bien-être

■ HAIR ESSENTIEL
34, rempart Saint Pierre
CHALON-SUR-SAÔNE
✆ 03 85 48 47 49
hairessentiel.com
Du lundi au samedi. Le mercredi, uniquement sur rendez-vous.
Bien plus qu'un coiffeur, Hair Essentiel est un salon de bien-être capillaire. L'équipe, très engagée dans la démarche écologique, a reçu le label développement durable pour la façon dont le salon est géré, en prenant garde aux déchets et en nettoyant avec des produits biologiques. Chaque rencontre avec votre coiffeuse sera un rituel beauté naturel pour vous recentrer et prendre soin de vous, à l'aide d'huiles naturelles, de colorations végétales et des produits de la gamme hairborist, certifiée écocert. Le salon peut également prolonger ce moment bien être grâce à des massages et des soins de mise en beauté des mains, des pieds et du visage.

■ ALORS ÇA POUSSE ?
1067, rue du Coreau
SAILLENARD
✆ 06 58 30 84 11 – www.alorscapousse.com
contact@alorscapousse.com
Visites le samedi matin de 9h à 12h et sur rendez vous. Vente directe des produits en ligne sur la e-boutique. Possibilité de participer à des ateliers aprés inscription à partir de 5 personnes..
Gaëlle Péchot est une créatrice de haute cosmétique artisanale holistique. A un tournant de sa vie, elle découvre les fleurs de Bach, les rapports vibratoires entre les végétaux, les minéraux et nos cellules, et elle plaque tout... Pour appliquer son savoir à la beauté féminine (et masculine) ! « Alors ça pousse » est sa création de A à Z, depuis la culture biologique des plantes à leur transformation. Elle travaille en biodynamie, suivant les cycles lunaires, et créé ses produits avec des extraits floraux réalisés à la manière du Dr Bach. Ces techniques ont pour but d'opérer une synergie entre les plantes, afin d'agir sur l'être à travers sa peau, miroir de nos émotions. Ainsi, le produit obtenu est bien plus qu'un cosmétique, c'est un soin de l'être, de son apparence et de ses maux. Et en fonction de nos états d'âmes, on peut se tourner vers l'un ou l'autre : les baumes, véritables onguents de beauté aux puissantes senteurs terriennes, agissent ainsi pour vous relaxer, vous donner un coup de « boost », et réharmoniser votre corps et votre esprit. Ils sont d'ailleurs prisés dans des spas et espaces dédiés au bien-être naturel. On s'émerveille devant le baume de terre, dont l'aspect évoque un philtre de beauté, qui s'applique le soir ou en masque et détend en profondeur le visage, ravive la peau et procure un sommeil réparateur ! On salue le savoir-faire et l'audace de Gaëlle, (et nous ne sommes pas les seuls puisqu'elle a reçu la mention « slow cosmétique ») en espérant bientôt en découvrir davantage !

LA FIN DES ABEILLES ?

La mortalité des abeilles ne cesse d'augmenter. Or, l'enjeu de ce phénomène est de taille. On sait que les abeilles sont chargées de polliniser les plantes. Faute de pollinisation, les arbres ne produisent plus de fruits et tout l'écosystème se retrouve ainsi menacé. Les causes de ce phénomène de raréfaction sont multiples. Plusieurs facteurs déjà anciens sont connus. Le Varroa destructor, acarien parasite des abeilles, prolifère de façon anormale. Ce parasite, originaire d'Asie et arrivé en Europe au début des années 1980, s'attaque surtout aux ruches déjà affaiblies. Par conséquent, il est surtout considéré comme facteur aggravant d'une crise plus profonde. Venue du sol américain, la loque américaine bactériose très contagieuse se traite avec des médicaments et peut être enrayée (tout comme la loque européenne). Malgré cela la mortalité importante des butineuses se poursuivant force est d'incriminer l'action néfaste de... l'homme. Parmi les avancées technologiques de notre temps, nombreuses sont nocives, voire fatales pour les reines du miel. Par exemple, les impulsions électromagnétiques émises par les antennes-relais semblent agir sur les abeilles comme des brouilleurs. Les ouvrières, désorientées, incapables de se déplacer correctement, perdent le chemin de la ruche et meurent. La théorie est pertinente, car ces insectes, à l'instar de nombreux autres animaux, utilisent le champ magnétique terrestre pour s'orienter. La question des pesticides est aussi à soulever. Même si pris séparément, certains produits employés sont en théorie inoffensifs pour les abeilles, combinés, ces insecticides et ces fongicides utilisés à grande échelle pour protéger les cultures se révèlent néfastes. Seules les butineuses les plus solides parviennent à survivre à leurs actions. Mais elles rapportent à la ruche des pollens contaminés, fatals pour les larves. Ceci est actuellement un grand sujet de discorde entre agriculteurs et apiculteurs. Tandis que ces derniers dénoncent l'utilisation abusive de produits toxiques pour leurs abeilles, les premiers cherchent des méthodes de culture économiquement viables pour leur exploitation. Le problème concerne aussi les agriculteurs : sans abeilles, pas ou moins de pollinisation et donc une baisse sensible des productions de fruits et de légumes. D'autre part les OGM (organismes génétiquement modifiés), ne sont pas non plus bénéfiques pour nos bourdonnantes amies. Ainsi, certains OGM, comme pour la culture du maïs produisent un insecticide destiné à combattre la Pyrale du maïs. Ce modèle d'agriculture non favorable à l'écosystème l'est par extension, pour les abeilles. Mais il est actuellement difficile d'établir les conséquences exactes occasionnées par la culture d'OGM sur les essaims. Les études en laboratoire et sur le terrain sont peu nombreuses sur ce sujet et tous les discours concordent pour souligner que ces effets s'avèrent très difficiles à mesurer, surtout en conditions naturelles. En fin les dérèglements climatiques récents, avec la multiplication d'épisodes de sècheresse précoces, rendent le nourrissement des ruches plus difficiles. Quoi qu'il en soit, les amateurs de miel ont raison de s'inquiéter... Et les autres feraient bien d'en faire autant !

■ UN TOIT POUR LES ABEILLES
✆ 05 17 26 10 23
www.untoitpourlesabeilles.fr

Il en coûte au parrain (particulier) de 8 € à 25 € par mois, selon le nombre d'abeilles concernées. Et pour les entreprises c'est à partir de 900 € par an et par ruche.

Cette association a initié un procédé audacieux et engagé : la sauvegarde des abeilles et le développement de leurs colonies grâce à un système de parrainage. Les particuliers comme les entreprises ont la possibilité de prendre symboliquement en charge une part plus ou moins grande, voire l'intégralité, d'une ruche (environ 40 000 abeilles). Une entreprise ou un particulier très motivé peut chaperonner une ruche entière et en choisit la couleur, le logo, ainsi que le nom. Les particuliers choisissent généralement de prendre 4 000 abeilles sous leur aile. Ce qui est déjà pas mal. Tous peuvent suivre l'actualité bourdonnante des ruches au fil des saisons et recevoir en bonus gourmand une récole de miel en pot à l'effigie de leur ruche. Il est possible pour les parrains d'aller à la rencontre de l'apiculteur et de ses ouvrières. Chacun peut frapper ses pots aux couleurs qu'il entend honorer et ainsi faire des cadeaux originaux et éthiques. On participe non seulement à la sauvegarde des abeilles mais aussi à celle... des apiculteurs ! Par le biais de cette association, ce sont plus d'un millier d'entreprises et près de 27 500 parrains particuliers qui soutiennent 155 millions d'abeilles.

TERRITOIRE DE BELFORT

Alimentation

L'EAU VIVE

5, rue des prés
ANDELNANS
✆ 03 74 95 10 89
www.eau-vive.com/magasin-bio-belfort/

Ouvert du lundi au samedi de 9h à 19h.

Cette grande supérette bio d'Andelnans est un magasin faisant partie de l'enseigne de magasins bio L'Eau Vive. Elle propose un très large choix de produits alimentaires, de santé et de bien-être, d'entretien de la maison, etc., notamment de provenance régionale. Un rayon important intitulé le Fournil est dédié aux pains et viennoiseries frais et bio. Vous pouvez découvrir tous ces produits bio ainsi que leurs prix sur le site Internet dédié à ce magasin. Et également de nombreuses recettes et conseils. Enfin, vous pouvez acheter directement en ligne aux mêmes prix qu'en magasin pour retirer ensuite sur place...

LE BIAU POTAGER

51 bis, Grande-Rue
REPPE
✆ 03 84 23 83 44
www.biaupotager.fr
biaupotager@orange.fr

Ouvert le vendredi de 17h à 18h30 ; le samedi de 15h à 17h.

Le Biau Potager est une des pépites belfortaines ! Denis et Christophe produisent des légumes sur 6 ha, dans le Sundgau, entre Belfort et Altkirch. L'agriculture biologique y est pratiquée depuis la création du « potager » en 1989 : compost comme seul amendement, haies variées, traitements limités en cas de problèmes (mildiou, doryphores, acariens, limaces) à base de produits végétaux ou de produits minéraux. L'équipe, toute en sourires, est complétée en été par quelques saisonniers. Outre la vente directe pratiquée le vendredi et le samedi après-midi, les maraîchers viennent proposer leurs bons produits le jeudi matin au marché des Vosges (Belfort) et au marché de Sochaux ; le samedi matin au marché Fréry (Belfort). Ils complètent leur offre en achetant ailleurs d'autres produits biologiques (fruits, fruits secs, œufs, farine, etc.). La liste des fruits et légumes de saison est disponible sur le site Internet, la provenance étant spécifiée quand elle est étrangère.

Restaurants bio

MAMA VEGAMIAM

1, place de l'arsenal
BELFORT
✆ 03 70 42 02 19

Ouvert du Mardi au Samedi : 12h-16h45 Brunch les premiers Dimanche du mois : 12h-15h30

Voici un concept comme on les aime : cantine le midi, salon de thé l'après-midi, et bar à jus et à smoothie entre temps, le tout accompagné d'une épicerie bio et d'un espace méditation ! Une cuisine entièrement bio, faite pour les végétariens, végétaliens, intolérants au gluten, et tous leurs sympathisants. Des pâtisseries créatives et modernes, des plats aux saveurs colorées, bref, un mélange sain, moderne et savoureux !

YONNE

Restaurants bio

LE POIRIER AU LOUP

7, rue du Maréchal-Foch
AVALLON
✆ 03 86 46 95 63
www.poirier-au-loup.fr

Ouvert toute l'année. Fermeture en janvier. Jours et horaires d'ouverture aléatoires voir sur le site Internet. Réservation impérative. Menus de 12 € à 17 € (selon les jours). Vin au verre. Chèque Restaurant. Accueil des groupes (jusqu'à 20 personnes). Chaises bébé. Jardin. Boutique. Animations.

Un restaurant « concept » à Avallon qui a reçu le prix 2018 du Développement durable pour les hôtels-restaurants. Le Poirier au Loup est un « Rest-ô-livre », un lieu unique où vous mangez au cœur d'une librairie à table avec tous les convives. Les livres côtoient les bons petits plats, nourriture de l'âme et du corps. On vient ici pour manger, pour lire, flâner, partager... Il y a aussi les cafés tricot certains lundis à 15h (vérifier sur le site). Le Poirier au Loup possède une ambiance toute particulière : c'est la convivialité qui prime, on vous accueille comme à la maison. Hélène saura vous mettre à l'aise et vous expliquer son Rest-ô-livre et sa cuisine. Tout est bio, tout est local. Un menu unique comme celui de la rentrée 2019 qui était une chandeleur : une bonne galette de sarrasin avec farine bio, jambon de Nitry et fromage de la Pierre-qui-Vire, suivie d'une crêpe sucrées à votre façon. On a craqué pour la confiture de lait tout juste sortie du feu ! On a fait sauter les crêpes en cuisine et dégusté aussi brioche, pain d'épice et pain frais du jour. Joli moment gourmand, une adresse e à découvrir et où se laisser surprendre !

BRETAGNE

CÔTES-D'ARMOR

Alimentation

■ L-CHANVRE
2, route de Plounevez-Quintin
GOUAREC
✆ 02 96 36 57 12
www.lchanvre.com
contact@lchanvre.com
Congés de mi juillet à mi-août. Achats en direct sur la boutique en ligne ou liste de magasins partenaires sur le site internet.
Aujourd'hui L-Chanvre est spécialiste du chanvre bio, 100 % français et breton. Il le propose sous forme de produits alimentaires. Vous trouverez aussi bien de l'huile que des graines entières ou décortiquées, de la farine, du chocolat, des pâtes... tout cela à base de chanvre ! Mais aussi quelques cosmétiques, notamment des huiles. Pour vous procurer les produits, vous pouvez passer commande en ligne où vous fournir dans vos magasins bio.

■ LES PRAIRIES BIO
6, rue Parc An Feunteun
GRÂCES
✆ 02 96 23 68 08
www.les-prairies-bio.fr
Ouvert le mardi, le mercredi et le vendredi de 9h30 à 12h30 et de 14h30 à 19h ; le samedi de 9h30 à 12h30 et de 14h30 à 18h.
Les Prairies bio est un magasin bio créé par un regroupement de producteurs locaux certifiés bio afin de privilégier la vente de leur production en circuit court. Ce magasin bio vous propose une large gamme de produits issus de l'agriculture biologique locale, provenant de paysans et artisans respectueux des animaux et de l'environnement : produits de boucherie, de charcuterie, produits frais, boulangerie, légumes locaux et un rayon d'épicerie en circuit court.

■ FERME DU GOAZIO
13, Kerhonn- Goazio
POMMERIT-LE-VICOMTE
✆ 02 96 35 14 47
fermedugoazio@orange.fr
Cueillettes de mai à octobre le lundi, mercredi, vendredi de 14h à 19h + le samedi de 10h à 13h et de 14h à 19h. Un marché de producteurs bio et locaux est organisé à la ferme, le samedi de 10h à 13h.
Dans cette ferme, située à 10 km seulement de Guingamp, vous avez la possibilité de venir cueillir vous même des fruits et légumes dont vous avez besoin. Vous avez selon la saison le choix entre fraises (parmi 5 variétés dont la fameuse gariguette), framboises, haricots et petits pois... Les autres choix du moment sont présentés sur le site internet. Sur celui-ci vous pouvez également acheter des œufs de poules de races rustiques, (Marrans et Sussex), et le samedi matin, venir faire votre marché auprès d'autres producteurs bio du coin !

■ BIO ARTISANAL
SAINT-AGATHON
✆ 09 63 41 30 69
contact@bioartisanal.com
Les éleveurs Unebio ont repris cette boucherie avec pour objectif de faire perdurer l'esprit bio tout en étant davantage présents (ainsi Bio artisanal s'est développé sur les marchés locaux), et proposent également un service de traiteur. Toujours 100 % bio et une volonté de maîtriser la filière complète, du producteur au consommateur.

■ VOISINS DE PANIERS
Odile Collet –
Voisins de Paniers
Place du Cèdre
TRÉDANIEL
✆ 02 96 73 44 41
www.voisinsdepaniers.org
vdp22@orange.fr
Côtisation à l'année 18 € + un forfait / commande de 3 € TTC.
Ce site internet associatif propose une gamme de produits bio et de qualité, fournis directement par des producteurs locaux. Vous pourrez ainsi y faire votre commande jusqu'au mardi 13h. L'association la transmet ensuite aux producteurs puis rassemble les produits commandés. Elle les répartit en paniers hebdomadaires qui sont ensuite distribués dans un dépôt de proximité le vendredi suivant. Il ne vous restera plus qu'à aller chercher votre panier et à concocter de bons petits plats.

Restaurants bio

■ D'ICI DELÀ
14, rue des Rouairies
DINAN
✆ 02 96 39 13 04
www.d-ici-de-la.bzh
contact@alio-web.com
Ouvert toute l'année. Du lundi au vendredi de 8h à 15h30. Service sur place en continu de 11h30 à 15h. À emporter jusqu'à 15h30. Sans réservation. Formule Végée : Entrée + plat + dessert : 13€ / Formule Carnée Entrée + plat + dessert : 15€. Vente à emporter.

Le concept de « fast good » connaît un succès national et il est aussi promis à un bel avenir dans sa déclinaison dinannaise. Située à quelques mètres de la place Duclos, l'adresse promeut en effet la restauration saine et locavore. L'idée : une sélection de produits locaux, de saison, le plus souvent bio, cuisinés simplement avec respect, et présentés dans des bocaux. Deux menus sont au choix chaque jour. L'un est entièrement végétarien, voire végétalien, et l'autre carné. Toute la journée, il est aussi possible d'y boire des jus de légumes et/ou de fruits, et d'y acheter quelques produits d'épicerie fine de qualité. Un établissement tendance qui fait rimer nourriture saine avec plaisir gustatif. On peut également commander en ligne sur leur site et venir chercher son déjeuner healthy sur place. A tester d'urgence.

TOO TI BON

10, rue de Keriavily
LANNION
✆ 02 96 14 65 72
tootibonlannion@gmail.com

Fermé en avril. Ouvert du lundi au vendredi de 11h30 à 14h30. Assiette 12 € ; Formules : (entrée-plat) ou (plat-dessert) 15 € ; menu complet 17,80 €. Menu enfant : 10,50 €. Vin au verre. A emporter : assiette 7 €. Chèque Restaurant. Chaises bébé.

C'est une denrée rare dans la région : un restaurant végétarien et végan, le Too Ti Bon, situé dans le cœur historique de Lannion, peut ravir tous les palais, tant les plats de légumes et de céréales sont goûteux et bien assaisonnés. Le buffet d'entrées en est une belle démonstration. En guise de plat principal, deux assiettes sont proposées chaque jour : une jaune, végan et sans gluten, et une bleue. Les jeunes patrons, qui ont glané leurs inspirations lors de leurs voyages autour du monde, ont à cœur de proposer une cuisine exotique, à base de mélanges d'épices maison et de produits locaux, bio et de saison. En été, on pourra ainsi déguster une moussaka aux graines germées, ou un curry de courges en automne. Dans cette cantine où l'on se sert soi-même (sauf le plat principal), la cuisine est entièrement ouverte sur la salle de restauration. Comme à la maison.

Mode et bien-être

PASSION MARINE

Rue Gustave Eiffel –
ZA de Kergadic
Laboratoire Uspalla
PERROS-GUIREC
✆ 02 96 92 94 87
https://passionmarine.fr
laboratoire@uspalla.fr

Produits en vente sur de nombreux sites internet revendeurs tels que cosmébio.org, algoa.com, comptoir de la mer.org etc.

La marque de cosmétiques bio Passion Marine était une petite marque émergente lorsqu'en 2012, Jeremy Zariffa décida de la reprendre. Fort de son expérience dans le domaine des produits issus de la mer dans l'agroalimentaire, il n'avait qu'un pas à faire pour mettre ses compétences au service de la beauté. Comme le dit l'adage : Il ne faut pas mettre sur son visage un produit qu'on ne mangerait pas... En 2013, il est rejoint par sa sœur Marion, et c'est ensemble, associé à une équipe qui compte aujourd'hui 5 personnes, qu'ils développent le concept. Les fondements de Passion Marine figurent dans son nom : il s'agit de cosmétiques à base d'actifs marins, qui apportent à la peau et aux cheveux une solution re-minéralisante. Ces actifs sont extraits d'algues mais pas que, ils proviennent également de plantes de bord de mer bretonnes et parfois de l'eau de mer elle-même ! Dans les compositions on retrouve un minimum de 27% de produits bio (pour un maximum de 97% dans certains produits) et une odeur végétale et sucrée. C'est atypique, et on devient rapidement adepte ! Les gommages aux sels marins, les shampooings sans sulfates et les crèmes sont particulièrement agréables à utiliser et laisseront une impression de douceur et de légèreté. Vous pourrez retrouver ces atouts de beauté bretons dans les magasins de produits régionaux et les boutiques du bord de mer.

CENTRE NATURO ESTHÉTIQUE

4, rue Baratoux
SAINT-BRIEUC
✆ 02 96 33 05 25
nath.julian@orange.fr

Ouvert le mardi, le jeudi et le vendredi de 9h à 19h ; le mercredi et le vendredi de 9h à 17h.

Ce centre esthétique tenu par Alexandra et Maxime réunit deux concepts : la beauté au naturel et la bio énergétique. Vous pourrez y vivre un moment de bien-être et de détente, basé sur les philosophies issues de la médecine chinoise et des sciences ayurvédiques. Les soins biologiques et naturels sont fait de manière à harmoniser votre corps et votre esprit. Vous y trouverez les prestations classiques d'un salon esthétique mais revisitées selon cette philosophie !

Habitat et jardin

FINN OUEST

2, Palinaizou
SAINT-AGATHON
✆ 02 96 40 65 52
finnouest@free.fr

Ouvert du lundi au vendredi de 9h à 19h ; le samedi de 9h à 12h.

Depuis 2008, Finn Ouest importe de Finlande et monte des maisons en madriers contrecollés de bois. La première maison construite par Finn Ouest fut la maison familiale, une belle aventure et une belle rencontre avec le fournisseur finlandais qui déboucha sur le désir d'en construire d'autres pour des clients. Et la petite affaire fonctionne bien ! Les maisons sont à ossature bois, en isolants exclusivement écologiques tels que le lin, le chanvre, la ouate de cellulose ou la laine de bois... Les toitures sont bien souvent agrémentées d'une couverture végétale, et l'entreprise vous accompagne jusque dans les finitions, de la terrasse à l'aménagement intérieur, en bois, évidemment !

FINISTÈRE

Alimentation

DAY BY DAY

Halles Saint Louis – rue de Lyon
BREST
✆ 02 98 42 84 20

Ouvert du mardi au samedi de 10h30 à 12h30 et de 15h à 19h.

Day by Day a vu le jour il y a déjà 4ans ! Le projet d'épicerie « vrac » de Didier est né d'un constat simple : réduire la montagne de déchets que génère une famille. Ici, on consomme avec la notion de plaisir : on peut se servir des petites quantités et s'amuser à mixer, mélanger, tester... Tout est possible ! Vous vous en donnerez à cœur joie notamment avec la gamme apéro ! On trouve d'ailleurs de tout, parmi les 750 références de Day by Day : épicerie sucrée, salée, droguerie, hygiène... Des solutions de contenus sont à disposition à la boutique : bocaux, sacs en papier, tissu... Et les écopacks : des boîtes lavables, réutilisables et beaucoup plus légères que le verre, futé !

ICCI

85, rue de Paris
BREST
✆ 02 98 38 98 97
http://icci.bzh
icci.contact@gmail.com

Ouvert du mardi au jeudi de 9h30 à 13h et de 14h30 à 19h ; le vendredi et le samedi de 9h30 à 19h ; le dimanche de 9h30 à 12h.

Ce magasin d'alimentation en court-circuit est un concept innovant et réfléchi, avec une démarche 100 % éco-responsable. La marchandise proposée vient essentiellement de producteurs qui ont généralement parcouru moins de 50 km. Il y a donc une vraie traçabilité sur les produits proposés et sur leurs origines. Il viennent donc tous de Bretagne ou de France, pour certains. Vous y trouverez une alimentation de qualité et de saison (pour les fruits et légumes), achetés au prix juste. Le choix est assez important, vous retrouvez du pain, des produits laitiers (de la ferme de Traon Bihan par exemple), de la charcuterie, de l'alcool (les bières de la Brasserie du Baril de Brest par exemple), pour n'en citer que certains. Attention, cependant, la grande majorité des produits de ICCi sont locaux, mais ils ne sont pas forcément tous biologiques ! Une adresse fortement recommandée, avec de bons produits et parfois originaux !

NATUR'PHIL

23, rue Louis-Pasteur
BREST
✆ 02 98 44 86 05

Ouvert du mardi au vendredi de 9h30 à 12h30 et de 14h30 à 19h ; le samedi de 9h30 à 12h30 et de 14h30 à 18h30.

Située en plein centre de Brest, cette enseigne vous propose des produits bio, naturels, diététiques, sans gluten ou sans sucre... voilà tout ce que propose cette enseigne sérieuse, qui officie depuis plus de 30 ans ! Du complément alimentaire aux produits diététiques en passant par la cosmétique bio ou les produits d'entretien, il y a chez Natur'Phil une belle sélection de produits. Les végétariens, ainsi que les végétaliens, trouveront ici un large choix de terrines végétales, de céréales (quinoa, avoine, blé...), des produits à base de soja et des légumes bio. Cette boutique agréable et bien agencée propose également du pain et quelques produits bio surgelés.

LE JARDIN DE KERJEAN

Kerjean
GUILERS
✆ 02 98 07 42 81
domblanchard@wanadoo.fr

Ouvert le mardi et le vendredi de 15h à 19h ; le mercredi et le samedi de 9h à 18h. Vente en direct. commande par mail recommandée.

Ce producteur situé à deux pas du bois de Kéroual entre la route de Plouzané et la route de Saint-Pierre vend des légumes et des fruits de saison, issus de l'agriculture raisonnée et cultivés en pleine terre. Selon les saisons vous trouverez pommes de terre, poireaux, carottes, betteraves rouges, concombres, tomates, courgettes... et pour les fruits, des fruits rouges essentiellement : fraises, framboises, groseilles.

Spécialisé dans la vente en gros, le Jardin de Kerjean est ouvert à la vente directe pour offrir la qualité et la fraîcheur au prix du direct. Il s'est associé avec d'autres producteurs pour compléter son offre et propose également des produits laitiers issus de la ferme de Kéroudy et Gwel ar Mor, des œufs de Milizac et du miel de Guipavas. Votre corps vous remercie déjà de lui fournir d'aussi bons produits.

BOULANGERIE LE SIGNOR

4, impasse des Ecureuils
LANDIVISIAU
✆ 02 98 24 73 92
www.boulangerie.bio
contact@boulangerie.bio

Ouvert le vendredi de 16h à 19h. Vente également sur les marchés et en magasins bio spécialisés : liste sur le site internet.

Les pains d'Yves et Grégory sont tous issus de l'agriculture biologique et se retrouvent sur les marchés ou en coopératives biologiques. Mais il n'y a pas que du pain (bien que celui-ci soit très varié et se renouvelle tous les mois), il y a également des brioches cuites au feu de bois. Leur technique consiste en un faible pétrissage, une longue fermentation et un façonnage à la main. Ce qui fait absolument toute la différence quand on croque dans la tendre mie encore chaude... N'oublions pas toute la gamme de pâtisseries et les macarons, tous bio bien évidemment. Et les personnes sensibles au gluten ou au lactose n'ont pas été oubliées pour leur pain quotidien !

LE JARDIN POTAGER

Lieu dit Hent Croaz
LOCTUDY
✆ 06 99 79 23 54
www.lejardinpotagerdeloctudy.fr
beatrice.ledouce@wanadoo.fr

Ouvert le lundi et du mercredi au samedi de 9h30 à 12h30 et de 15h à 19h. + en juillet-août le dimanche de 9h30 à 12h30.

Le Jardin potager, c'est avant tout l'histoire de la famille Larnicol et son implantation maraîchère en pays bigouden depuis 1951. Aujourd'hui Luc Larnicol et sa femme Béatrice cultivent exclusivement des légumes sur cette exploitation certifiée biologique et qui fonctionne de façon autonome. En 2015, le Jardin potager ouvre ses portes et propose à la vente non seulement les légumes et aromates de la ferme maraîchère du couple, mais également les produits d'autres producteurs locaux, qui entrent en complémentarité pour fournir une offre variée ainsi que des produits d'épicerie, mais toujours en bio.

BIO DU MINOU

Lieu-dit Langoulian
PLOUZANÉ
✆ 02 98 48 59 67
www.bioduminou.fr

Vente directe le vendredi 9h à 13h sans commande. Mardi, mercredi, jeudi et vendredi de 9h à 13h et de 14h à 17h sur commande et samedi de 14h à 16h sur commande. Présence sur de nombreux marchés listés sur le site internet.

Ce fournisseur de viande bio fera des heureux parmi les carnivores. Si c'est votre cas, sachez qu'ici, le must en ce qui concerne la viande et la charcuterie vous est proposé. Vous pouvez acheter la viande bio du Minou au détail sur les marchés (de Landerneau, Brest Kérinou, Châteaulin, Kimper, Releccq-Kerhoun et, bien sûr, Plouzané), sous vide dans des magasins bio de Brest mais également en venant sur place le vendredi matin. Si vous êtes un véritable amateur, que ce soit de viande de bœuf, de porc, d'agneau, ou autres, voilà une adresse faite pour vous. Vous pourrez également commander des caissettes de 10 kg ! Le Bio du Minou a de quoi ravir vos papilles avec une viande de qualité.

Restaurants bio

BLEV HIR

23, rue Émile-Zola
BREST
✆ 02 98 80 14 04
www.creperiebrest.fr

Ouvert du mardi au samedi à partir de 12h et à partir de 19h. Réservation recommandée. Blé noir, de 2,90 € à 8,80 €. Carte : 15 € environ. Chaises bébé.

Sous-titrée « Crêperie militante », Blev Hir porte haut les saveurs de la Bretagne avec ses crêpes des « *Mamm-gozh de Breizh-Izel* », ses produits frais et de saison, mais qui plus est en local (en direct avec les producteurs finistériens), de terroir donc, et bio ! Qui dit mieux ? Rares sont les restaurants de spécialités régionales qui cumulent tout cela à la fois ! Et c'est bien dans cet esprit que Nolwenn et Stéphane avaient monté leur crêperie sur Plougastel. Après un fort succès sur la presqu'île, Stéphane s'est associé à un autre Stéphane pour migrer sur la grand-ville, et les voilà installés sur Brest depuis novembre dernier. On leur souhaite de militer aussi fort bon par ici !

JARDIN D'HIVER

7, rue Amiral-Linois
BREST ✆ 09 85 60 88 29
www.jardin-hiver.fr

100% Bio. Ouvert toute l'année. Du lundi au samedi le midi et le soir. Fermeture à 23h en semaine ; à minuit le vendredi et le samedi. Carte : 15 € environ. Vin au verre. Entrée-Plat ou Plat-Dessert : 18€. Entrée-Plat-Dessert : 24€. Jardin.

Bienvenue dans ce restaurant totalement insolite et verdoyant. En voulant nous faire partager l'histoire du jardin d'hiver de sa grand-mère Marie-Paule, David a créé un lieu bercé de lumière, apaisant et végétal. De belles plantes vivaces et les chants des oiseaux vous transporteront dans un monde à part, loin des agitations de la ville. Quant aux plats gourmands servis dans de magnifiques assiettes chinées, ils sont préparés uniquement à base de produits frais, locaux et bio.

Que l'on ait la main verte ou non, se rendre au Jardin d'hiver est la promesse de vivre un moment unique, dans un environnement naturel et chaleureux, une façon de « changer d'atmosphère, dans mon jardin d'hiver »....

LES MARAÎCHERS

7, rue Boussingault
BREST
✆ 02 29 62 79 23
jo.oulhen@gmx.fr

Ouvert toute l'année. Du lundi au vendredi de 12h à 15h ; le vendredi de 19h à 22h. Réservation recommandée. Vin au verre. Entrée : 6 €. Plat : 13 €. Dessert : 5 €. Formules entre 8 € et 18 € (entrée+plat, plat+dessert, entrée+plat+dessert, soupe+dessert, entrée+dessert). Tarif réduit sur la vente à emporter (contenant personnel bienvenu). American Express, Chèque Vacances, Chèque Restaurant. Accueil des groupes. Vegan-friendly, menu sans lactose et sans gluten à la demande.

Bienvenue dans l'une des plus sympathiques adresses végétariennes du Finistère ! Dans cet établissement, tenu par un père et son fils, deux plats au choix : l'Assiette Voyage, invitant à la découverte de la cuisine du monde, et l'Assiette des Maraîchers, teintée de notes traditionnelles. Ces plats changent tous les jours, au gré des envies des deux cuistots et du marché de saison, tout comme les entrées et les desserts. Une soupe est également proposée en automne/hiver. Diverses formules étant proposées, petites et grandes faims seront satisfaites. Les plats sont beaux, succulents et réconfortants, accompagnés d'un sourire ou d'un mot gentil. Bref, courez-y !

LE LABO GUSTATIF

11, Rue Génot
QUIMPERLÉ
✆ 07 83 77 86 71
www.labo-gustatif.fr
contact@labo-gustatif.fr

Ouvert toute l'année. Du mardi au samedi de 12h à 14h ; du mercredi au samedi de 19h à 21h. Ouvert toute l'année. Du mardi au samedi de 12h à 14h et le soir de 19h à 21h.

Pas de service le mardi soir. Menus de 14,50 € à 18,50 €. Menu enfant : 7,50 €. A la carte : entrée à 6 €, plat à 11 €, dessert à 6 €.
Dans ce restaurant novateur par son approche de la gastronomie, géré par une structure associative, l'accent est mis sur la volonté de concilier saveur gustative, aliment-santé et micro-agriculture expérimentale. L'objectif ? Manger bon et sain, pour un prix tout à fait raisonnable. Autant de raisons de visiter ce restaurant ouvert début 2019 et installé à proximité de la place Saint-Michel. Le menu proposé est renouvelé toutes les semaines, avec la possibilité de manger végétarien. Les légumes sont produits par l'association, ainsi que le grand choix de « jeunes pousses » proposées à la vente à emporter. Un concept original que nous vous encourageons à tester !

■ POMODORO & BASILICO
8, rue Saint Marc
QUIMPER
✆ 02 98 53 84 06
Ouvert le lundi midi ; du mardi au samedi le midi et le soir. Carte de 7 à 13 €. Egalement vente à emporter.
Flavio et son équipe vous reçoivent pour vous faire découvrir leurs pizzas, pâtes et salades, fraîches, réalisées à partir de produits bio. Les végétariens sont les bienvenus et les végétaliens n'y sont pas oubliés.

Mode et bien-être

■ DOUJAN
15, rue de l'Oratoire
PLOUÉGAT-GUÉRAND
✆ 06 63 66 76 45
www.doujan.fr
Atelier ouvert sur rendez vous, du lundi au vendredi de 9h30 à 17h, le mercredi de 9h30 à 12h. Boutique en ligne.
Doujañ est un atelier breton de fabrication de couches lavables 100 % bio et certifiées, de A à Z : tissus, fils, pressions, étiquettes, teintures... Cette coopérative de femmes, toutes ou presque mères, a été créée en 2008 par deux sœurs, Clémentine et Rose-Anne, qui se sont mises à confectionner leurs premières couches à la naissance de leurs enfants et ont choisi le nom « doujan » qui signifie protéger et respecter dans la langue bretonne. On aime l'esprit familial, local et engagé de cette adresse, avec un clin d'œil pour le site Internet délicieusement rétro avec ses petites hirondelles... Et il n'y en a pas que pour les bébés, on a aussi pensé à des produits pour des problématiques purement féminines, serviettes hygiéniques, protège-slips réutilisables, et lingettes démaquillantes.

Habitat et jardin

■ ACACIA BOIS
Z.A.C. de Bel-Air
LANDÉDA
✆ 02 98 04 85 75
www.acacia-bois.fr
contact@acacia-bois.fr
Ouvert du lundi au jeudi de 8h à 17h30 ; le vendredi de 8h à 16h30.
Ces professionnels du bois de la SCOOP Acacia sont des spécialistes de l'éco-habitat. Ils construisent votre maison en bois, réalisent des extensions et des rénovations. Leur atelier de construction bois est installé dans le Finistère depuis de nombreuses années et emploie des compagnons tous passionnés par le bois et leur métier. Cette structure artisanale prend le temps de réfléchir avec vous à la faisabilité de votre projet. Il est toujours utile de se poser les bonnes questions : la nature du terrain, son environnement, bien évaluer ses besoins en espace, leur nature, quels matériaux utilisés, quel budget, etc.

ILLE-ET-VILAINE

Alimentation

■ BRASSERIE SKUMENN
8, impasse des charmilles
CESSON-SÉVIGNÉ
✆ 06 41 68 40 51
www.skumenn.com
stephane.leboucher@skumenn.com
Ouvert le samedi de 14h30 à 19h.
La brasserie Skumenn déménage et prend de l'ampleur. Jeune brasserie qui fait la fierté des Rennais, elle a été fondée par Thomas Cléraux et Stéphane Le Boucher, deux amis d'enfance, qui décident de commencer à brasser de la bière dans leur garage. Skumenn, qui signifie « écume » en breton est un nom qui reflète toute la poésie qui se déploie sur nos papilles à chaque nouvelle gorgée... et qui est certifiée biologique ! Elle se rapproche de la ville pour décupler sa capacité de production face à une demande toujours croissante, et nous prépare l'ouverture d'un bar au sein de la brasserie pour l'été 2020 ! On sait déjà que vous pourrez y déguster de la bière en ayant une vue panoramique sur l'espace de production, en plus de pouvoir en acheter en direct ! La brasserie produit aujourd'hui plusieurs bières différentes, avec l'ajout d'une bière spéciale en série limitée de temps en temps, aux goûts fleuris et corsés, parfois affinées en fût de cognac pour ajouter à la saveur, et d'autres surprises au gré des saisons et de l'inspiration de ces messieurs, ou des collaborations avec d'autres brasseurs de la région.

■ BRIN D'HERBE
Zone des 4 vents
Route de Châteaugiron
CHANTEPIE
✆ 02 99 41 48 95
www.brindherbe35.fr
brindherbe35@orange.fr
Ouvert le mardi, le mercredi et le vendredi de 9h à 19h ; le samedi de 9h à 17h. Le site ne permet pas de commander directement. Téléphoner au magasin où vous souhaitez réceptionner votre commande.

Ce magasin de paysans regroupe une vingtaine de producteurs qui proposent leurs bons produits fermiers. On n'a aucun doute sur l'origine et la qualité des produits. C'est vraiment une autre façon de consommer, respectueuse des hommes et des femmes qui travaillent au quotidien pour produire des aliments de qualité. Le respect de l'environnement s'accompagne aussi d'une belle convivialité. Dans le nouveau magasin, dès l'entrée, on peut s'arrêter prendre un café, casser la croûte en famille pendant que les enfants s'amusent de leur côté avec les jeux mis à disposition. C'est donc bien de la proximité qui est proposée en ces lieux avec 70 % de produits bio et 30 % de produits fermiers provenant directement de la région. On adore ! Vous serez bien servis par les producteurs eux-mêmes. Côté bio, vous trouverez des œufs, des fruits et légumes, des produits laitiers comme du fromage de brebis, du miel, du pain, mais aussi du cidre et du jus de pomme, ainsi qu'un rayon épicerie toujours bio : goûtez le rougail saucisse. Autre bon plan, les tarifs sont vraiment intéressants. N'oublions pas les rendez-vous variés : animations autour des produits de la ferme en compagnie des producteurs, fête des voisins ou ateliers sur le thème de la cuisine.

LE CHAT BIOTTÉ

Z.A. Moulin Madame
8, allée des Ecotais
Biocoop
COMBOURG
✆ 02 23 16 40 97
www.biocooplechatbiotte.com

Ouvert du lundi au jeudi de 9h à 13h et de 14h30 à 19h ; le vendredi et le samedi de 9h à 19h.

Implanté dans la Zone artisanale du Moulin Madame, ce magasin d'alimentation biologique et d'écoproduits appartient au réseau Biocoop. Une halte qui s'impose pour les amateurs, sachant aussi que vous trouverez aussi de nombreuses produits de producteurs locaux et donc quelques souvenirs du coin à faire goûter à votre retour : vins, fromages... A voir pour les fondus de bio car il y a de nombreuses références en matière d'alimentation, d'hygiène, de cosmétiques, d'écoproduits.... Les produits sont sans produits chimiques, sans OGM et dans le respect des saisons. En plus, un rayon dédié aux pains, aux savons au lait d'ânesse, aux poissons fumés, aux confitures, aux conserves maison, aux bières, au miel et aux algues plaira à ceux qui veulent goûter les produits du coin. Bref le goût du bon, du vrai et de la qualité. Accueil très sympathique et personnel de bons conseils.

Autre adresse : 15, boulevard Deminiac – Dol-de-Bretagne ✆ 02 99 46 13 17

BRIN SAUVAGE

DOUARNENEZ
✆ 06 82 18 37 77
www.brinsauvage.com
contact@brinsauvage.com

Delphine Besse est une créatrice qui, inspirée par ses voyages, a décidé en 2010 de créer sa propre marque de vêtements pour enfants et nourrissons ou leurs mères. Jeune maman, elle a commencé à créer des vêtements pour ses propres besoins, en souhaitant respecter une philosophie de création écologique et éthique, cela a naturellement mené à la naissance de Brin Sauvage. La boutique en ligne est très étoffée et permet de trouver facilement son bonheur, et également des pièces réalisées par d'autres créateurs, mais bio également ! Petit plus créatif : Delphine propose des ateliers de peinture végétale pour les tout petits sur demande ! N'hésitez pas à prendre contact avec elle.

DROGUERIE MAMIE MESURE

1 bis, rue Poullain-Duparc
RENNES
✆ 02 99 74 95 60
https://mamiemesure.fr
maud.amandine@mamiemesure.fr

Ouvert le lundi de 14h à 19h ; du mardi au samedi de 11h à 19h.

Et si nos grands-mères avaient raison de racler les fonds de dentifrice et de ne pas gaspiller ? Au-delà du souci économique, c'est une réflexion plus profonde que Maud et Amandine ont soulevée, celle de revoir notre mode de consommation et d'adopter la démarche « zéro déchet ». Mamie Mesure est une droguerie nouvelle génération qui regroupe environ 70 fournisseurs labellisés pour beaucoup Nature & Progrès et 400 produits du quotidien à utiliser en cuisine ou en cosmétique. Et finalement, c'est en découvrant les produits – couches lavables, shampoing solide, produits en vrac – et en assistant aux ateliers que de nouvelles habitudes de consommation émergent. Et le comble, c'est qu'on est emballé !

L'ÉPICERIE AU GRAND AIR

Place de la Rotonde
RENNES
✆ 09 81 95 40 40
www.lepicerieaugrandair.com

Ouvert du mardi au samedi de 10h à 19h30 ; le dimanche de 10h à 13h. Dépot de pain le dimanche.

Frédérique tient cette épicerie bio de proximité comme les échoppes d'antan. On y fait ses provisions tout en partageant les nouvelles du quartier. Ici on a bien compris que manger local, bon et bio c'était élémentaire ! Alors on y vient une à deux fois par semaine pour chercher des légumes frais du maraîcher de Pipriac, l'excellente charcuterie Kervern, s'approvisionner en pâtes, légumineuses et graines en vrac, acheter les délicieuses tisanes d'Anaïs, les salicornes de Marinoé, la bière DRAO ou un bon pain bio. Les produits sont issus d'une vingtaine de producteurs locaux. On y a aussi découvert les savons artisanaux bio de la savonnerie Aubergine à Saint-Thurial. Une belle adresse !

VEGESTAL

12, rue de la visitation
RENNES
✆ 02 99 63 74 22
www.vegestal.fr
contact@vegestal.fr

Végéstal est la première épicerie rennaise à proposer des produits alimentaires, cosmétiques, d'hygiène et d'entretien 100% végétaux ni testés sur les animaux !

Horaires : Mar : 10h-13h/14h30-19h. Mer : 14h30-19h. Jeu : 10h-13h/14h30-19h. Ven : 10h-13h/14h30-19h. Sam : 10h-13h30/14h30-18h. Fermé le dimanche. Accès handicapé.

Lola Dumont est engagée depuis toujours envers la cause animale. Assistante vétérinaire de formation, elle retourne la question du soin envers les animaux directement à la source, par le biais de cette boutique végan, unique en son genre à Rennes. Dans la petite échoppe fournie avec soin, on découvre sur les étals des produits en tous genres, et voués à tous les usages pour éviter l'usage de produits issus de l'exploitation animale et respecter l'environnement. Et il ne s'agit pas seulement de tofu ou de fromage végétal, (comme les clichés nous le radotent si souvent) même si le rayon est bien présent. Cela passe par des bougies à la cire de soja (donc sans cire d'abeille), aux cosmétiques bio et végétaux, aux aliments variés sans œufs et sans beurre, aux préparations qui permettent de vivre de manière équilibrée son régime végan, ainsi que le mode de vie qui y est associé (beauté et entretien de la maison compris). On y trouve même des glaces véganes désormais. Un accueil chaleureux sans être pesant et des renseignements experts. La bonne surprise qui met fin aux clichés : nous avons testé sans nous cacher de notre régime alimentaire classique, et personne ne s'en est offusqué ! Une chouette adresse !

■ BIOCOOP SAINT-MALO
Zone Patton – Aquarium
44, rue du Général-Patton
SAINT-MALO
✆ 02 23 16 99 81
https://saintmalo.biocoop.net/
contact@biocoopsaintmalo.fr

Ouvert du lundi au jeudi de 9h30 à 13h30 et de 14h30 à 19h30 ; le vendredi et le samedi de 9h30 à 19h30.

Vous trouverez dans le magasin Bio éco-géré de Saint-Malo de l'alimentation 100% Bio évidemment, mais pas que... fruits et légumes 100 % de saison, café, chocolat, thé... Commerce équitable, refus du transport par avion, refus des OGM, priorité aux producteurs locaux, construction de filières bio françaises, objectif zéro déchet... Pour éviter les emballages, nombreux produits en vrac (céréales, légumineuses, biscuits, café, thés, épices...) et possibilité de moudre son café gratuitement sur place.

■ LA COOP BIO – LA GRASSINAIS
P.A. de la Grassinais
5, allée de la Grassinais
SAINT-MALO
✆ 02 99 81 41 28
www.lacoopbio.com

Ouvert du lundi au samedi de 9h à 19h. En été, fermeture à 19h30.

C'est la première boutique La Coop Bio à avoir ouvert ses portes dans la région, dès 1993. Aujourd'hui, la Coop Bio est aussi présente à Dinard et à Dinan, et a inauguré fin 2018 un nouveau magasin dans un autre quartier de Saint-Malo, 13 boulevard de l'Espérance. De quoi contenter ses nombreux et fidèles clients, soucieux de faire leurs courses dans une enseigne qui porte en elle de grandes valeurs éco-responsables : les 70 adhérents à cette coopérative participative, dont 40 sont associés, forment cette structure complètement indépendante. Ici pas de centrale d'achat, pas d'enseigne. Loin des diktats de la Grande distribution classique, l'approvisionnement est avant tout bio, et le plus local possible. Car l'ambition de la Coop Bio est bien de rendre accessible tous les produits biologiques et de défendre au maximum les producteurs locaux ! Produits d'alimentation, frais, épicerie, traiteur, vins.... cosmétiques, espace bien-être, bébé, produits de la vie courante et entretien, librairie, cuisine, jardinage... Il ne manque rien. Les achats se font en direct et au plus près, 100 % bios ! On aime l'engagement citoyen de ces points de vente très bien achalandés !

■ MIEUX-VIVRE EN BIO
67, boulevard Rochebonne
SAINT-MALO
✆ 02 99 21 33 19
mieuxvivreenbio.fr
contact@mieuxvivreenbio.fr

Ouvert du mardi au vendredi de 9h à 13h et de 15h à 19h45 ; le samedi de 9h à 13h et de 15h à 19h.

Il a été le premier magasin bio à voir le jour à Saint-Malo en 1976 ! Le rayon alimentation, exclusivement consacré à des produits sains et naturels, avec un rayon crémerie attrayant et de beaux légumes plutôt bon marché. On y trouve aussi des éco-produits d'entretien, produits cosmétiques et de bien-être, des produits diététiques, des livres, des accessoires... L'accueil y est particulièrement aimable. N'hésitez pas à demander conseil, c'est avec plaisir que l'on répondra à votre demande.

Restaurants bio

■ LA TABLE DU MARAIS
3, place de la Gare
LA FRESNAIS
✆ 02 99 58 73 76
www.restaurantlatabledumarais.fr

Ouvert du mardi au dimanche le midi et le soir. En période de vacances scolaires ouvert 7j / 7. Formules : (entrée-plat) ou (plat-dessert) 19 € ; (entrée-plat-dessert) 23 €. Carte : 20 € environ. Formule du midi : 14 €.

Pascal Raffray, ancien chef de cuisine au grand hôtel Barrière de Dinard et chef de partie aux Maisons de Bricourt, vous accueille dans son joli restaurant à l'ambiance bistrot situé à deux pas de l'église. Ce professionnel de l'art culinaire, qui ne travaille qu'avec des producteurs locaux et dans le respect des saisons, offre aux convives une cuisine du marché, originale et élaborée. Son restaurant est labellisé Clé verte. Coquilles Saint-Jacques en croûte de sel de la ferme Saint-Goudas, homard bleu du vivier rôti au beurre citronné entier, papillote de saint-pierre aux agrumes, caquelon de souris d'agneau de 12 heures à la bière artisanale « Lancelot » ou encore côte de cochon du Pré-Bois en ventrue d'oignons caramélisés crème de foie gras sont des exemples de plats de haut vol que vous propose le chef. Des plats aux intitulés dignes d'une dictée scolaire ! Et d'ailleurs, Pascal vous accueille dans un cadre écolier des années 1940... Des ruches et un poulailler complètent cette orientation nature. À signaler que le chef donne des cours de cuisine aux personnes intéressées.

■ CINÉ CAFÉ
12, quai Jean-Bart
REDON
✆ 02 99 72 95 64
www.cinecafe.fr

Ouvert le midi hors vacances scolaire. Tous les soir toute l'année, jusqu'à 23h les vendredi et samedi. Menu enfant : 6 € (-12 ans). Carte : – Le midi : (entrée-plat) ou (plat-dessert) 13,50€ ; (entrée-plat-dessert) 16€ – Le soir : (entrée-plat) ou (plat-dessert) 15€ ; (entrée-plat-dessert) 18€ – Tartes et tartines de 7 à 8€ avec formules avec ou sans alcool à 12 € et 10 €. Végan-friendly.

Ciné Café est un bar et salon de thé l'après-midi qui devient restaurant le soir. La cuisine travaille uniquement avec des produits bio, sourcés localement. La carte est principalement végétarienne mais propose également quelques plats végans, sucrés ou salés. Tout est fait maison, et la carte change au gré des saisons. Vous pourrez profiter de nombreux concerts en terrasse l'été et des soirées au piano, avant ou après être allé regarder un film au cinéma associatif auquel l'endroit doit son nom.

■ LE COUCOU RENNAIS
20, rue d'Antrain
RENNES
✆ 09 73 14 88 72
www.coucourennais.fr
lecoucourennais@gmail.com

Ouvert du lundi au vendredi de 12h à 14h15 et de 19h à 22h ; le samedi de 12h à 15h et de 19h à 22h. Menus de 7,50 € à 13,50 €. Sandwichs à 7, 50 €.

Si Le Coucou Rennais s'est fait connaître pour ses bons produits locaux issus des fermes environnantes et notamment sa poule coucou, une race bretonne réputée pour sa chair, ce serait réducteur de le résumer autant. Ici, c'est toute une philosophie qui se transmet chaque jour, celui de bien manger au prix juste. Les plats d'Ismet se gorgent de saveurs puisées au cours de ses 15 années d'expérience en cuisine à Londres et autres. On y déguste des plats végans comme des steaks de lentilles corail, servis avec des falafels, du houmous, du caviar d'aubergines, un bon burger avec des haricots rouges ou un dahl de poulet mariné, avec une bonne bière locale et enfin un café digne de ce nom ! Un endroit chaleureux et humain, tout simplement.

■ CRÊPERIE LA CLÉ DES CHAMPS
1, boulevard de Laval
VITRÉ
✆ 02 23 55 24 40
www.creperie-vitre.fr

Qualité Tourisme. Ouvert toute l'année. Du mardi au dimanche le midi ; du jeudi au samedi le soir. Pendant les vacances scolaires ouvert également le mardi et le mercredi soir. Carte : 11 € environ. Menu enfant : 10,90 €. Formule du midi : 13,90 €. Label Tourisme & Handicap. Crêperie bio.

Si vous êtes de passage à Vitré, n'hésitez pas à vous rendre dans cette ravissante crêperie. Au sein d'une charmante demeure, à l'allure modeste mais bien entretenue, on découvre une salle lumineuse et joliment décorée. Une odeur appétissante de bonnes galettes en train de cuire parvient de la cuisine ouverte. Y sont confectionnées des spécialités de galettes et crêpes avec des produits issus de l'agriculture biologique. Parmi nos préférences, laissez-vous tenter par la Birette avec andouille, fromage de chèvre et filet de miel, ou par la Super avec jambon, œuf, emmental, champignons et crème fraîche. La gourmandise vous fera succomber à la crêpe de la maison, la Clé des champs, composée de délicieuses pommes poêlées, d'un caramel maison à la fleur de sel, de glace vanille et de chantilly. Une adresse à ne pas louper !

Mode et bien-être

■ CONOUCO
RENNES
✆ 07 81 28 90 72
conouco.fr
contact@conouco.fr

Ouvert du lundi au vendredi de 9h à 19h. Vente dans les Biocoop et autres magasins bio de Bretagne.

Hugo a créé sa marque, Conouco, dans laquelle tout est fait en lin bio. Des vêtements qui poussent en France, ça ne court pas les rues ! Ici du lin certes, mais dans toute la noblesse que la coupe de cette matière peut apporter, du sobre chic, pour elle et pour lui !

■ NOMINOË
RENNES
✆ 01 42 28 68 81
www.nominoe.eu
contact@nominoe.eu

C'est une histoire qui s'ancre en Bretagne, et qui a vu le jour sur les sentiers côtiers du Morbihan. C'est le fruit d'une révélation, un déclic : pourquoi parcourir le monde à la recherche d'une herboristerie exotique alors que devant les deux créateurs de Nominoë s'offrait l'incroyable richesse botanique des bocages, des landes et des dunes de Bretagne ? Parmi ces plantes se trouve la criste marine, petite ombellifère des bords de mers, une des rares plantes capables de résister aux assauts de la marée haute. Très riche en sels minéraux, son eau florale se retrouve notamment en forte concentration dans les deux crèmes hydratantes de la gamme visage, appelés les « philtres ». Privilégiant les fournisseurs de la région, Nominoë assure une fabrication de ses produits 100 % bretonne et s'engage ainsi à participer au maintien de l'emploi local. Marque indépendante, n'appartenant à aucun groupe cosmétique, Nominoë revendique un développement lent de sa gamme, afin de faire maturer des formules d'exception. Et lorsqu'on les essaie on comprend en quoi prendre son temps permet d'arriver à des solutions parfaites : les textures atypiques sont le propre de ces produits, que ce soit le gommage sans grain à la texture crémeuse, la mousse nettoyante aérienne, ou le masque qui semble être un concentré de nacre liquide iridescent, on trouve un plaisir particulièrement ludique dans leur utilisation. Semblables à une ode olfactive au blé noir, à l'ajonc, à la criste marine et au chardon bleu des dunes, la gamme des soins pour le corps et le visage est un univers de bien-être et de sérénité, la meilleure recette de la beauté !

MORBIHAN

Alimentation

BIOCOOP LA BELZ'SAISON

ZA du Suroît
1, Rue du Suroît
BELZ
✆ 02 97 59 44 00
belzsaison@gmail.com

Ouvert du lundi au jeudi de 9h à 13h et de 14h30 à 19h ; le vendredi et le samedi de 9h à 19h.

La Biocoop de Belz se situe dans un nouveau bâtiment éco-construit encore plus grand. Avec une clientèle déjà bien établie, le magasin propose ici un maximum de produits issus des exploitations locales, comme pour les fruits et légumes. On y trouve également un rayon de produits en vrac, idéal pour ne prendre que le nécessaire… Et pour les amateurs de café, sachez que celui-ci est torréfié et moulu sur place. La Belz'Saison propose également un rayon avec les produits adaptés aux soins du corps, ainsi qu'une cave à vin. Pas besoin de chercher ailleurs, la biocoop vous fournit tout le nécessaire et ce dans un esprit de partage et de coopérative…

BIOCOOP LES 7 ÉPIS

Parc de Manébos
20, rue Jean-Marie-Tjibaou
LANESTER
✆ 02 97 76 77 00
www.les7epis.fr
biocoop.lanester@les7epis.bzh

Ouvert du lundi au samedi de 9h30 à 19h.

Petite sœur de la Biocoop de Lorient avec qui elle travaille en étroite collaboration, la boutique des 7 Epis à Lanester propose près de 10 000 références dont beaucoup de produits locaux. Les 3/4 des fruits et légumes sont cultivés dans le département. Vous trouverez au rayon frais d'excellents poissons bios ou sauvages, fumés artisanalement à la pointe du Raz (dans le département voisin). Le rayon vrac propose près de 200 références en céréales, légumineuses, farines, gâteaux salés et sucrés… Un espace épicerie fine présente, dans un joli meuble à tiroirs, toutes sortes d'épices, de tisanes et thés en vrac. Il est également possible de moudre son café. Retrouvez l'huile et le vinaigre disponibles au distributeur, ainsi que le savon main, le shampoing et gel pour le corps à se servir dans des contenants réutilisables. Une fontaine à eau est également présente dans le magasin.

LA CUEILLETTE

Corn er Houët
PLOËREN

Basse saison : ouvert le lundi, le mercredi et le vendredi de 9h30 à 12h30 et de 16h à 18h ; le samedi de 9h30 à 12h30. Haute saison : le lundi, le mercredi et le vendredi de 9h à 12h30 et de 16h à 19h ; le mardi, le jeudi et le samedi de 9h à 12h30. De juin à septembre et de novembre à mars. CB non acceptée.

La Cueillette vous permettra à la belle saisons de cueillir, cuisiner et déguster des produits bio, naturels, directement du producteur à votre assiette. Cueillette de courgettes, haricots verts, petits pois, radis, salades, tomates en tout genre, fraises et framboises. Vente à l'étal de légumes de producteurs voisins : aubergines, blettes, choux, etc. Attention les horaires varient et ne sont pas les mêmes en été et en hiver où même s'il n'y a plus de cueillette, l'étal demeure.

CARNET DE VINS

10, boulevard Maréchal Joffre
LORIENT
✆ 02 97 84 95 07
www.carnetdevins.fr
contact@carnetdevins.fr

Egalement vente directe en ligne sur le site. Ouvert tous les jours sauf le dimanche et le lundi matin.

C'est LE caviste spécialisé en vin naturel à Lorient ! Un joli choix de vins naturels donc, mais aussi des crus issus de l'agriculture biologique. Ici, le vin est bon et bon pour la santé ! Vous trouverez des appellations de toutes les régions de France, mais aussi de l'étranger. On y va pour la belle sélection de bouteilles, mais également pour les précieux conseils et la bonhomie d'Hervé, le caviste. Une adresse à adopter d'urgence !

LAITERIE DE KERGUILLET

1, rue Victor Hugo, PLOUAY
✆ 02 97 33 06 83

Ouvert du lundi au vendredi de 7h à 17h. Produits également en vente dans divers magasins bio de la région et de France..

Créée en 1920, cette entreprise artisanale se trouvait à l'origine à Lorient où elle a d'ailleurs conservé une boutique. Mais depuis 1999, les produits sont fabriqués à Plouay. En rayon : spécialités bretonnes, notamment le lait ribot, le beurre en baratte et produits laitiers plus classiques comme les yaourts, les fromages frais nature et fruits et la crème fraîche... Vous trouverez également un assortiment de délicieux fromages d'autres producteurs et des œufs frais. Les produits sont, pour plus de la moitié d'entre eux, estampillés biologiques.

VANNES NATURE

25, rue des Halles, VANNES
✆ 02 97 54 11 22
www.vannesnature.fr
vannes.nature@wanadoo.fr

Ouvert le lundi de 14h à 19h ; du mardi au samedi de 9h à 19h. Institut ouvert du mardi au samedi.

Au cœur de la vieille ville, cette boutique est depuis plus de 30 ans un allié précieux pour tous les adeptes du bio. Vous y trouverez toute l'alimentation de base (conserves, farines, biscuits, miels, céréales, huiles, café, épices, sans gluten...), une gamme complète de cosmétique bio (maquillage, crème de soins, savons, eaux de toilette...) ainsi qu'un grand choix de complément alimentaires, huiles essentielles, élixirs floraux de Bach, thés et tisanes, herboristerie... Une équipe très professionnelle répondra à toutes vos questions et qui vous propose également des soins de beauté bio à la même adresse, sous l'enseigne Dame Nature du mardi au samedi.

Restaurants bio

ASPHODÈLE

Rue du Presbytère
ILE-AUX-MOINES
✆ 02 97 26 32 52
www.asphodele.com
info@kerisa.com

Restaurant ouvert de Pâques à la Toussaint. Haute saison : ouvert tous les jours de 12h à 19h. Carte : 20 € environ. Accueil des groupes. Jardin. Terrasse.

Du nom d'une plante protégée, que l'on trouve uniquement en Bretagne et très présente à l'Ile-aux-Moines, vous êtes accueillis dans ce petit havre de paix dans un charmant jardin ou dans une salle à la décoration délicate. Ici, c'est le royaume du produit frais bio et des tartes qui sont toutes servies sur un lit de douze crudités. Tarte saumon et poireaux au cidre, feuilleté au chèvre et cumin, tarte feta légumes du midi, salade de la mer, burger frites maison, tartare de bœuf, tarte au citron meringuée ou encore tiramisu, sont de véritables petits plaisirs pour les papilles, à déguster sans modération, et pourquoi pas accompagnés d'un délicieux jus de betteraves et carottes fraîches. C'est simple, savoureux, on mange dans la quiétude, que demander de plus ?

LE VÉGÉTARIUM

Moulin de La Gacilly
Le Bout-du-Pont
LA GACILLY
✆ 02 99 08 37 37
www.maisonyvesrocher.fr
contact@maisonyvesrocher.com

♿

Ouvert toute l'année. D'octobre à mars, du mardi au dimanche de 10h à 18h ainsi que le samedi soir. D'avril à septembre, 7 j./7 de 10h à 19h ainsi que le samedi soir. Du 21 juin au 30 septembre, ouvert le jeudi soir pour les apéros-concerts, avec formules spéciales. Réservation recommandée. Carte : 22,50 € environ (plat et dessert). Menu enfant : 10,50 €. Formule : 21 € (entrée + plat ou plat + dessert. 26 € pour entrée, plat et dessert). Plats «sur le pouce» : 10,50€ à 13,50€. Chèque Vacances, Chèque Restaurant. Accueil des groupes. Chaises bébé. Terrasse. Animations.

Situé dans l'enceinte de la Maison Yves Rocher, le Végétarium propose une carte simple. Côté saveurs, on s'oriente vers la fraîcheur et l'originalité : citons, à la carte de l'automne 2020, le couscous végétalien ou le médaillon de courge spaghetti farcie à l'effiloché de porc braisé, ou encore le fondant au chocolat et crème de marrons. Dans une atmosphère lumineuse et naturelle, au jardin d'hiver ou sur la terrasse, vous serez séduit par les formules et l'ambiance. Le Végétarium décline quelques plats «sur le pouce» et à petits prix, pour les plus pressés.

CROC'ÉPI

2, rue Antoine-de-Saint-Exupéry
LORIENT
✆ 02 97 88 31 38
www.les7epis.fr
crocepi@orange.fr

♿

Ouvert toute l'année. Du lundi au samedi le midi. Suggestion du jour : 9,50 €. Chèque Vacances, Chèque Restaurant. Label Tourisme & Handicap.

Premier restaurant certifié bio à Lorient, Croc'Epi propose tous les jours de la semaine, le midi uniquement, un plat végétarien ou végan et une viande ou un poisson. L'idée, c'est de rendre le bio accessible à tous et de le faire découvrir au plus grand nombre. Proposés en self-service, les plats sont travaillés avec des produits locaux et de saison évidemment : cuisse de poulet au citron, légumes et céréales, samossas de légumes, sauce aigre douce et riz basmati... Croc-Epi propose également tous les jours un buffet de crudités, des entrées et des desserts variés. Futé pour les plus pressés : l'espace snacking avec sandwichs, tartes, quiches, salades composées, soupes et desserts (à consommer sur place ou à emporter).

LES POTES AU FEU

Zone du Poulfanc
7 bis, rue d'Alsace
SÉNÉ
✆ 02 97 62 15 80
restaurantlespotesaufeu@gmail.com

Ouvert du lundi au samedi de 12h à 14h30. Carte de 9 à 18 €. Chèque Vacances, Chèque Restaurant. Végan-friendly.

Bébé bio

■ **NATURIOU**
Zone artisanale du Moustoir
4, rue Henri-le-Dorée
CRACH
✆ 09 81 90 32 03
www.naturiou.fr
contact@naturiou.fr
Ouvert du lundi au vendredi de 9h à 16h. Et vente en ligne sur son site internet.
Cette boutique et son site de vente en ligne 100 % green proposent un large choix de produits écologiques et bio en puériculture. On aime les jouets en bois articulé, bien faits et de bonne qualité, qui n'ont rien à envier aux grands magasins, les biberons rigolos et colorés, les couches lavables... Mais la grande spécialité de Naturiou, c'est le porte-bébé. Avec plus de 300 références, on les trouvent adaptés à différents âges, de différentes marques et dans différents styles.

Avant d'être un jeu de mots, Les Potes au feu, c'est avant tout une cuisine traditionnelle élaborée à partir de produits bio et locaux. L'établissement propose également des plats sans gluten, végans et crus ! Le tout se présente sous forme de cantine/buffet, et c'est à vous de composer votre plat ; toutes les combinaisons sont possibles, du moment que cela rentre dans votre assiette ! On déguste ensuite cette dernière, dans une ambiance agréable.

■ **KINOA BIO GOLFE**
ZC de Luscanen
7, avenue Louis de Cadoudal
PLOEREN
VANNES
✆ 02 97 62 20 86
www.biogolfe.org/restaurant-kinoa
nathalie.kinoa@gmail.com
♿
Ouvert toute l'année. Fermé 3 semaines en août -. Du lundi au samedi le midi. Service de 12h jusqu'à 14h30. Sans réservation. Menus de 8 € à 16,90 €. Menu enfant : 6,50 €. Vin au verre. Terrasse. Vente à emporter.
Du bio, du fait maison, du végétarien, du végétalien, du sans gluten, du sans lactose : ici, libre à vous de tester de nouvelles saveurs ! On vous dirait même plus : c'est encouragé ! Tentez, vous aimerez ! Chaque midi, le restaurant propose une tarte du jour et des menus à prix midi (un plat végétarien et un poisson ou une viande). On en ferait volontiers sa cantine. Sain et savoureux, que demander de plus ? Une terrasse couverte pour manger les pieds dans l'herbe ? Ils l'ont fait ! Le petit plus : vous pouvez emporter votre repas !

■ **M'JOY CAFÉ**
9, avenue Pompidou
VANNES
✆ 02 97 47 17 57
contact@mjoy.bzh
En face de l'Intermarché.
Ouvert toute l'année. Du lundi au vendredi de 7h à 15h. Sur place, à emporter et en livraison. Menus de 6,50 € à 10,50 €. Formule du midi : 12,90 € (entrée + plat + dessert). Accueil des groupes. Terrasse. Vente à emporter.
M'Joy Café, comme son nom l'indique, est un lieu joyeux et simple. L'établissement propose une restauration rapide, saine et savoureuse. Mitonnée à base de produits bio et locaux, la cuisine est fraîche et inventive. Ici, on aime revisiter soupes, salades, tartes et quiches, mais aussi plats traditionnels. Tous les jours, l'ardoise décline des entrées, plats, quiches, salades et desserts, avec chaque fois des mets végétariens. Le plaisir d'une gourmandise sans complexes !

Mode et bien-être

■ **ANÂKI ESTHÉTIQUE**
A domicile
VANNES
✆ 07 81 83 03 87
www.institut-beaute-anaki.fr
anaki.esthetique@gmail.com
Sur RDV du mardi au vendredi de 9h à 19h, le lundi de 14h à 18h, le samedi de 9h à 16h. Centre Pilote Bretagne pour Kaliom Aromayurvedics® Produits bio français Rituels Soins Visage-Corps & Massages bien-être personnalisés d'après diagnostics selon la loi des 5 éléments de la médecine chinoise ou des Doshas de la médecine Indienne Maquillage.
Anne Sophie Hubert est spécialisée en esthétique bio énergétique. Ses techniques esthétiques et bien-être, utilisées pour réaliser les soins sont des approches douces et basées sur les principes de la médecine chinoise. Anne Sophie vous propose des soins personnalisés qui s'appuient sur l'émotionnel et votre équilibre énergétique, partant du principe que votre peau est le reflet des maux de l'être. Les produits utilisés sont sélectionnés avec exigence parmi les cosmétiques biologiques et slow cosmétique.

■ **RODOLPHE&CO**
66, rue Victor-Hugo
VANNES
✆ 02 97 63 58 62
www.coifferbio.com
contact@coifferbio.com
Ouvert le lundi de 14h à 19h ; du mardi au vendredi de 9h à 17h ; le samedi de 9h à 19h. Vente de produits de soin en ligne. Coupe (à partir de) : femme 38 €, homme 23 €.

Dans ce joli salon aux tons bleu et chocolat, Rodolphe et son équipe prennent soin de vos cheveux... au naturel ! Que vous souhaitiez un changement de tête avec les colorations naturelles Natulique aux dix extraits bio, ou dorloter votre crinière fatiguée avec le Rituel Aroma Simply Organic, vous êtes à la bonne adresse ! Et pour continuer à mettre vos cheveux au vert à la maison, faites une petite virée *shopping* au salon ou sur la boutique en ligne : vous ne pourrez plus vous passer du *spray* Rejuvenating, qui allie orange douce, citron, raisin pour la brillance et camomille pour la douceur, ou de l'après-shampooing EveryDay ou encore du remède miracle contre les fourches : Rituel Split Ends !

Habitat et jardin

JARDIN BOTANIQUE YVES ROCHER

5, La Croix-des-Archers, LA GACILLY
✆ 02 99 08 37 36
www.jardinbotanique-yvesrocher.fr
contact@maisonyvesrocher.com

Entrée libre et gratuite. Visite conseillée de juin à octobre. Juillet et août : visites guidées, ateliers, rencontres : Gratuit du lundi au vendredi. Programmation en ligne sur www. maisonyvesrocher.com.

Partez à la découverte du jardin botanique riche de plus de 1 500 espèces végétales pour y apprendre les usages étonnants de ces plantes : l'alimentation, la parfumerie, la cosmétique, la teinture, la médecine... et parcourez des espaces remarquables tels que la bambouseraie, l'arboretum ou encore la collection d'armoises. Côté animations, le programme varie chaque année, mais conserve toujours ses visites guidées pour un voyage ethnobotanique sensoriel étonnant.

TERRACHANVRE

La Métairie, La Villeneuve-Jacquelot
QUISTINIC
✆ 02 97 39 86 23
www.terrachanvre.fr
contact@terrachanvre.fr

Fabricant de chanvre issu de l'agriculture biologique, Terrachanvre est bien connu des éco-constructeurs privés ou professionnels. Terrachanvre collabore avec 25 agriculteurs qui produisent du chanvre biologique sur 150 hectares. Une aubaine pour les producteurs : le prix d'achat de la récolte est garanti à l'ensemencement. Terrachanvre a constitué un partenariat avec des professionnels distributeurs motivés par sa démarche : écologie, bioconstruction, circuit court. Outre la disponibilité des produits, ces artisans spécialisés et dépositaires qualifiés peuvent donc vous apporter une assistance à la mise en œuvre ou la réalisation complète de votre chantier. Terrachanvre produit du granulat de chanvre fibré long idéal pour réaliser des murs banchés (chanvre et chaux) et des dalles. Idéal pour construire, rénover, décorer... Local et écologique !

La beauté au naturel

En 1959, Yves Rocher, précurseur par ses positions écologiques, créait son entreprise de produits cosmétiques en pleine campagne, dans son village natal de La Gacilly. Une démarche délibérée pour éviter l'exode rural et pour pouvoir lutter contre la suppression des haies champêtres. Son fils, Jacques Rocher, lui a succédé avec ses frères et ses neveux. Se qualifiant de « planteur d'arbres », Jacques prend le relais en créant la Direction du développement durable et de l'environnement de l'entreprise, puis la fondation Yves Rocher, il y a plus de vingt ans. Cette fondation a pour vocation de rendre la planète « plus verte » en s'engageant à aider des projets de conservation et de valorisation du patrimoine végétal. Son prix Terre des Femmes permet à des femmes d'œuvrer pour le bien être de la collectivité au travers de projets ayant un lien direct avec les plantes. En outre, sa participation dans la campagne lancée en 2007 par les Nations unies « Plantons pour la planète » est couronnée d'un franc succès. Parmi tout ses engagements, le jardin botanique Yves Rocher, créé en 1975, est un véritable coin de paradis de cinquante hectares ouvert au public. C'est un observatoire des plantes médicinales et des plantes utiles à l'homme, riche de plus de mille espèces classées par grands domaines d'utilisations. Depuis la fin des années 1990, tout les champs de fleurs sont cultivés en bio, succédant ainsi au principes de la culture raisonnée employée auparavant. Les champs de culture ne sont pas arrosés, peu d'engrais sont utilisés, tous issus de l'agriculture biologique. La rotation des cultures, indispensable, est complétée avec des semis d'engrais verts tels que la phalécie, le lupin ou la luzerne, de façon à avoir une couverture permanente des sols. Pour ne pas avoir recourt à des herbicides, le désherbage est effectué à la main. Le Jardin botanique Yves-Rocher est adhérent à Jardins botaniques de France (JBF) et des Pays francophones, ainsi qu'à *Botanical Garden Conservation International* (BGCI). A la Gacilly, les usines sont intégrés dans l'environnement grâce à une réflexion menée dès le départ par des paysagistes et architectes. Les chemins ne sont pas goudronnés et très peu fauchés pour former des couloirs écologiques favorables aux insectes et à la petite faune. Des recherches sont menées autour des plantes médicinales, en partenariat avec le Conservatoire des plantes médicinales de Milly-la-Forêt, ainsi que des ateliers de parfums, en été, à l'abbaye de Chaalis. Non loin, au sein de l'éco-hôtel spa Yves-Rocher, la grée des landes, le restaurant Les jardins sauvages, propose une table bio et locale avec une carte qui évolue en fonction des saisons, imaginée par le chef Gilles Le Gallès, pour une cuisine non seulement savoureuse, mais aussi économe en énergie, stockage et transport. De plus l'entreprise Yves Rocher s'engage à travers le monde, au travers de sa fondation et vise à développer des partenariats impliquant des prises de position à long terme sur la protection de la nature et sa biodiversité.

CENTRE – VAL DE LOIRE

CHER

Alimentation

BIOCOOP AU BOURGEON VERT
121, Boulevard de l'avenir, BOURGES
✆ 02 48 21 19 01
www.biocoopaubourgeonvert.fr/
Ouvert du lundi au samedi de 9h30 à 19h30.
Le Bourgeon Vert est l'une des boutiques bio les mieux achalandées de Bourges avec des prix très bien étudiés grâce à son affiliation au réseau national Biocoop qui existe depuis 32 ans. Ici tout est bio, pas d'OGM, des produits locaux (à raison de 70 producteurs locaux distribués) et des prix négociés pour soutenir l'activité agricole et notre pouvoir d'achat. Vous trouverez des produits tout à fait traditionnels : fruits et légumes de saison, laitages, viandes et poissons sous vide, vins et bières, céréales, thé et café, cosmétiques, produits d'entretien, un peu de vaisselle... La force du Bourgeon Vert réside dans les produits proposés pour les «sans gluten» et les allergiques de toute nature avec des conseils de pointe donnés par une équipe engagée. Les non-initiés se poseront quelques questions sur l'incroyable gamme de farines, les protéines de soja ou les gammes pour les végétariens et végétaliens et prendront rapidement l'habitude de ramener leur sac en papier pour le vrac : légumineuses, fruits secs, sucre, céréales... Un espace enfants a été aménagé avec des jeux en bois : ils adorent et nous aussi ! Une salle dédiée est mise à disposition de 121 associations qui développent des projets culturels et culinaires.

BIO NATURE ET SANTÉ
La Vie Claire, 9, rue du Docteur-Coulon
SAINT-AMAND-MONTROND
✆ 02 48 96 30 43
Ouvert du mardi au vendredi de 9h à 12h30 et de 15h à 19h ; le samedi de 9h à 12h30 et de 15h à 18h.
Bio Nature et Santé est un vaste magasin de produits bio à l'enseigne de La Vie Claire. On y trouve de tout, de l'alimentation aux cosmétiques en passant par les produits ménagers. Fromages, légumes, graines, huiles variées, boissons saines... Les amateurs de naturel trouveront ici leur bonheur. De quoi dénicher de bonnes céréales pour le petit déjeuner, les gâteaux zéro culpabilité du goûter et de bons produits sains à cuisiner. Pour les amoureux de la nature ou les curieux de *green culture*.

DIÉTÉTIQUE PLUS
66, rue d'Auron
BOURGES
✆ 02 48 24 58 64
Ouvert du mardi au samedi de 9h30 à 12h30 et de 14h à 19h30.
« Que ton aliment soit ton premier médicament », disait Hippocrate. Cette citation résume la philosophie de Diététique Plus, magasin de diététique et de produits naturels implanté à Bourges depuis une quinzaine d'années. Dans cette boutique du centre-ville, vous trouvez une large gamme de produits cosmétiques finement sélectionnés et 100 % naturels, d'huiles essentielles, de produits sans gluten, sans sel et sans sucre pour les régimes spéciaux mais aussi des aliments et vins biologiques, du thé et du café. Diététique Plus pense aussi à votre santé et vous propose des alternatives naturelles aux problèmes de douleur, aux désagréments liés à la ménopause, à la fatigue, au stress...

L'UNIVERS BIO
664, rue de Malitorne
SAINT-DOULCHARD
✆ 02 48 16 77 02
luniversbiostdoulchard@orange.fr
Ouvert du lundi au samedi de 9h30 à 19h. Restaurant ouvert de 10h à 18h.
En 2016, l'enseigne indépendante l'Univers Bio s'est installée à Saint-Doulchard dans un grand espace qui compte même un service de snacking élaboré. En cuisine, Eloïse Monziès, la cheffe, concocte des plats évidemment bio avec une offre adaptée aux végétariens et aux personnes allergiques au gluten. Dans l'espace épicerie, vous trouverez tout ce que l'on peut imaginer voir se décliner en version bio. Un espace vrac permet d'atteindre l'objectif zéro déchet et zéro gaspillage que l'on peut se fixer. En plus des produits alimentaires, l'Univers Bio vous propose des produits santé, bien-être et des cosmétiques. Le bonus, c'est le large choix de pain frais et bio.

Mode et bien-être

SYNERGIE BEAUTÉ
6, rue Auron
BOURGES
✆ 02 48 70 39 54
www.institutbio-synergiebeaute18.com
Ouvert du mardi au vendredi de 9h à 19h ; le samedi de 8h30 à 17h. Uniquement sur rendez-vous.
Depuis plus de 20 ans, l'institut Synergie Beauté contribue à la beauté des Berruyères. La particularité de cet endroit dédié au soin et au bien-être tend à l'utilisation de produits bio et naturels et d'un maquillage minéral. Les soins et rituels beauté sont inspirés des civilisations des quatre coins du monde, et une offre existe pour les messieurs également. A noter : l'établissement dispose d'un sauna à infrarouges, idéal pour se détendre et se purifier. Agréable aussi en plein hiver pour s'offrir une petite cure de chaleur !

BIOSIRIS
Ferme de Dady
MASSAY
www.biosiris-cosmetiques.com
contact@organic-lab-cosmetic.com
Vente en direct sur la boutique en ligne. Gamme également disponible en pharmacies, boutiques bio, salons esthétiques et boutiques spécialisées dont la liste se trouve sur le site internet.
Sabrina Vonnet-Feuillet a commencé la fabrication de cosmétiques alors qu'elle était à la recherche de produits adaptés à sa peau et à celle de ses enfants. De fil en aiguille, le phénomène a pris de l'ampleur jusqu'à la création de la marque Biosiris labellisée Nature et Progrès ! Chimiste de formation, Sabrina met au point ses propres formules à base d'huiles végétales et d'hydrolats floraux. Sa gamme de produits s'adapte aux peaux sensibles et atopiques, et elle dispose même d'une ligne de produits pour nourrissons.

EURE-ET-LOIR

Alimentation

BOUTIQUE DE LA FERME D'ORVILLIERS
17, rue Saint Martin
BROUÉ
✆ 06 13 35 38 49
www.fermedorvilliers.fr
contact@fermedorvilliers.fr
Vente directe à la boutique tous les mardi et vendredi de 16 à 19h. Egalement sur le marché de Dreux et grâce à diverses AMAP.
La ferme d'Orivilliers a une longue histoire derrière elle ! Aujourd'hui, elle est tenue par deux frères, Adrien et Benjamin, qui se sont associés pour cultiver la terre et en tirer les fruits. A la ferme on fait pousser des semences rustiques du terroir, afin d'en tirer du grain, puis de la farine qu'ils obtiennent dans leur propre moulin, et avec laquelle ils fabriquent du pain ! Ces paysans boulangers ont mis au point plusieurs types de pains, à base de farine de blé, de seigle, de sarrasin et d'engrain, ainsi que des brioches. On fait difficilement plus court comme circuit boulanger !

AMAPETITE CAGETTE
CHARTRES
✆ 02 37 35 66 63
amapetitecagette.frama.site
amapetitecagette@gmail.com
Distributions le jeudi soir, au foyer jeunes travailleurs 4, place St Brice à Chartres de 17h30 à 19h30. Adhésion à l'amap : 12 €. Contrat légumes (engagement sur 9 mois au minimum) : 10 € le panier pour 1 à 2 personnes, 5 € le petit panier. CB non acceptée.
Devenir amapien, membre d'une AMAP – association pour le maintien d'une agriculture paysanne – c'est opter pour des produits sains et savoureux. Mais c'est aussi un engagement solidaire. Le principe ? Partager les risques avec les producteurs, et accepter de financer à l'avance la totalité de sa propre consommation, sur une période donnée. Par exemple, pour les paniers de légumes, distribués toutes les semaines, le contrat est établi sur la base de 9 mois au minimum. En signant ce contrat, l'amapien s'engage non seulement à régler l'ensemble de ses paniers au moment de son inscription, à venir chercher son panier chaque semaine, mais aussi à assurer au moins une distribution par trimestre. Néanmoins, ces contraintes ne doivent pas vous décourager : la qualité et la solidarité n'ont pas de prix. Amapetite cagette regroupe une douzaine de producteurs bio, proposant fruits et légumes, viande de bœuf, veau, viande de porc, œufs, volailles, vins, bières et cidres, fromages de chèvre, produits laitiers (lait de vache ou lait de brebis), pains, huiles, légumes secs, farines... Un panier bien garni !

LA FERME AU COLOMBIER
2, rue d'Ormoy
NÉRON
✆ 02 37 82 74 85
ferme-au-colombier.com
francoiselhopiteau@wanadoo.fr
Vente sur place à la ferme Le samedi de 10h à 12h30 et de 14h à 18h.
Toutes les productions végétales et tous les produits transformés de la ferme du Colombier sont certifiés bio par Ecocert. Cette pionnière du bio dans l'Eure-et-Loir produit : avoine, lentillons, haricots, farines de blé issu des meilleures variétés panifiables supérieures, farines de seigle, orge, épeautre, cinq céréales, sarrasin, légumes (pommes de terre Ditta, oignons jaunes centurion), jus de pommes confectionnés avec les fruits du verger, œufs de poules de plein air, miel. La ferme du Colombier approvisionne, entre autres, l'AMAP « Ptite terre » de Chartres, ainsi que quelques biocoops : L'Arbre de vie au Plessis-Robinson (Hauts-de-Seine), La Menthe poivrée à Gometz-le-Châtel (Essonne), Plein Champ dans la ville de Montigny-le-Bretonneux (Yvelines) et Échonature à Anet (Eure-et-Loir).

Mode et bien-être

DIVINE ET BIO
8, rue du moulin à Tan
CHARTRES
✆ 06 51 41 33 61
www.divineetbio.com
divineetbio@gmail.com
Ouvert du lundi au samedi de 9h à 19h.
Audrey est esthéticienne écoresponsable, qui se déplace à votre domicile et vous propose de vous cocooner en suivant les principes de la slow cosmétique. Épilation douce, soins du visage, massages... : tous ses soins sont exécutés selon une approche en symbiose avec votre peau et individualisée selon vos besoins. Elle propose même d'organiser pour vous des ateliers de fabrication de cosmétiques, pour particuliers et entreprises !

INDRE

Alimentation

HUILERIE VIGEAN
1, rue des Varennes, CLION
✆ 02 54 38 64 49 – www.huilerievigean.com
Ouvert le samedi de 8h à 12h et de 13h30 à 17h30. Le samedi fermeture à 17h30. Fermé dimanches et jours fériés.
Depuis 1930, la famille Vigean cultive l'art de faire de l'huile ! Une tradition, un savoir-faire de Maître Artisan Huilier qui se transmet de père en fils depuis trois générations pour le plaisir de nos papilles… Au fil des ans, l'entreprise familiale s'est investie pour proposer à ses clients des huiles artisanales et diététiques, produites dans le respect de l'environnement, d'une éthique sociale et des goûts et des couleurs ! Car pour Philippe et Eric Vigean, l'huile, comme le bon vin, se juge à sa saveur en bouche et aux reflets de sa robe. Découvrez dans leur jolie boutique une sélection tout en finesse : huiles de colza, de noix ou d'argan, d'olives d'Italie ou de Grèce, parfumées à l'ail, au basilic, à l'estragon, au citron ou encore aux herbes de Provence… Et pour faire des merveilles avec ces « échantillons de soleil », les moutardes et vinaigres, inspirez-vous des recettes gourmandes proposées sur le site internet de la maison. En salades légères, viandes en sauce ou desserts originaux, l'huile est une convive de choix dans nos assiettes !

JEAN HERVÉ
Rue de la République, CLION
✆ 02 54 38 66 03 – www.jeanherve.fr
Du lundi au jeudi de 9h à 12h et de 13h30 à 17h30 ; le vendredi de 8h à 12h et de 13h30 à 16h30. Egalement boutique en ligne sur son site internet. Autre boutique de vente sur le deuxième site : ZI Le Montet – Boussac-Bourg.
Jean Hervé s'est lancé dans la fabrication de Tahin et de purée d'amandes dès 1976 ! A l'époque, il les utilisait comme un complément alimentaire au sein du régime végétarien de sa famille. Séchées au feu de bois et broyées sur une meule de pierre, la technique initiale traditionnelle a persisté pour garantir le goût et les qualités des produits. En effet, les noix et fruits secs regorgent de nutriments dont les bienfaits nous sont aujourd'hui accessibles grâce à la large gamme commercialisée et qu'on retrouve dans la plupart des magasins bio. Aujourd'hui aux côtés du fameux Tahin (qu'on utilise notamment dans la fabrication du Houmous), on trouve avec bonheur des pâtes à tartiner aux noix diverses et au cacao. Chez Jean Hervé, entreprise reprise par ses enfants qui furent les premiers testeurs de ses produits, vous aurez l'occasion de découvrir des dérivés des noix de cajou, de noisette, d'amandes, de sésame et bien d'autres, ainsi que des compléments alimentaires, des alternatives saines aux produits sucrants, et on en passe. Une référence connue et appréciée des amateurs !

LES VINS VIVANTS
4, la Babuchonnière, MÉRIGNY
✆ 02 54 38 99 92
www.lesvinsvivants.jimdo.com
Visite et dégustation sur rendez vous.
Grâce à ce professionnel qui se définit comme « caviste-animateur en bullant et en campagne », alias Dominique Mourrain, vous découvrez les vins naturels dans une large gamme de leurs expressions. Avec Les Vins vivants, les vins naturels viennent à vous, de foires en marchés, de dégustations en conférences, en bouteilles ou en *bag in box*, autour de la Brenne, dans un secteur compris entre Châteauroux, Poitiers, Montmorillon et Châtellerault, et ponctuellement en région parisienne, dans le Finistère, à Bordeaux ou même à Bruxelles. Rappelons que sans être estampillés bio, les vins naturels sont élaborés dans le respect de la nature et du consommateurs : sans ajouts artificiels, sans excès de sulfites, en vinification naturelle. Des vins conviviaux qui expriment bien leur terroir. Les vins vivants vous proposent des bouteilles venues de Loire, du Bordelais, du Sud-Ouest, du Languedoc, du Rhône.

LES P'TITS METS BIO
La Rabotterie, NEUVY-PAILLOUX
✆ 02 54 49 50 82 – lesptitsmetsbio@orange.fr
Vente sur les marchés de Argenton-sur-Creuse et de Chateauroux.
Claire Evano fabrique des pâtisseries bio, labellisées par Ecocert. Vous trouverez ses délicieux croquants aux noisettes sur les marchés de producteurs, marchés bio et les marchés de Noël. Elle y présente également de savoureux financiers à la jolie forme triangulaire et aux nombreux parfums (vanille, orange confite, pépites de chocolat, citron, fleur d'oranger…), mais aussi des tartelettes aux noix et plusieurs autres sortes de petits gâteaux, tous aussi appétissants les uns que les autres. Les P'tits mets bio ont un étal le samedi matin au marché d'Argenton-sur-Creuse, ainsi qu'à celui de Châteauroux, place de la République.

INDRE-ET-LOIRE

Alimentation

BOUCHERIE DES ÉLEVEURS BIO
6, rue Balzac
LOCHES
✆ 02 47 19 76 31
Mardi, jeudi, vendredi et samedi 7h30-13h et 15h-19h. Mercredi 7h30-13h et dimanche 8h-13h.
A Loches, de la viande biologique est disponible à la Boucherie des éleveurs bio. Après avoir lancé une première boutique aux halles de Tours, Christophe Taillandier, directeur de la Boucherie bio tourangelle, a décidé d'en ouvrir une seconde, à Loches. L'enseigne est rattachée à Unébio (Union des éleveurs bio) qui est un groupement national de 2 500 éleveurs. L'objectif est de rester en circuit court avec un approvisionnement régional.

GRAINES DE LOIRE
32, rue Carnot
LANGEAIS
✆ 02 47 45 57 89

Ouvert du mardi au samedi de 10h à 19h. Épicerie 90% bio – Menus 14,50 € – Librairie – Salon de thé.

Ouverte depuis décembre 2018, la boutique de Cécile fait bouger les choses avec une belle démarche qui favorise le commerce équitable ! Dans cette épicerie bio, ce sont les circuits courts et locaux qui sont mis en avant. Des produits locaux naturels, en vrac dans le respect de la démarche «Zéro déchet». Vous pourrez aussi profiter du salon de thé et de la petite librairie. Le midi, Cécile propose des petits plats simples et pas chers comme une tarte fondante au chèvre ou bien des gratins, faits maison bien sûr. N'ayez pas peur de pénétrer dans cette belle boutique où l'accueil est charmant, vous y trouverez votre bonheur bio !

BIOCOOP – SALUT TERRE
15, rue Arthur-Rimbault
TOURS
✆ 02 47 51 95 76
www.biocoop37.com
contact@biocoop37.com
Bus : lignes 2A, 2B et 10 (arrêt Fusaparc).

Ouvert du lundi au vendredi de 10h à 19h30 ; le samedi de 9h30 à 19h30.

Dans ce magasin, des produits biologiques pour tous. Alimentation, cosmétique, puériculture, nourriture pour animaux... Tous les standards de la grande distribution sont ici déclinés en version bio, avec pour certains des rayons en vrac où quantité rime avec qualité et libre-service. Pour ceux qui souhaitent faire attention à leur alimentation, à leur santé et à leur budget, le label « La Bio Je Peux ! » permet d'acheter des produits bio à petits prix. Voici donc un supermarché pas comme les autres où les producteurs engagés dans une démarche de développement durable diffusent leurs articles, et où les consommateurs soucieux de la planète et de leur santé trouveront leur bonheur. Des actions en faveur de la défense de l'environnement y sont régulièrement organisées : « Pesticides non merci » en juin 2017, « Emballages zéro déchet » en juillet 2019... Rendez-vous sur la page Facebook.

BOUCHERIE BIO TOURANGELLE
Halles centrales (entrée B)
Place Gaston-Paillhou
TOURS
✆ 02 47 55 86 54

Ouvert du mardi au vendredi de 7h à 13h et de 15h à 19h30 ; le samedi de 7h à 19h30 ; le dimanche de 8h à 13h.

Depuis 2019, Christophe Taillandier a repris la boucherie bio située sous les Halles centrales, place Gaston Paillhou. Venez découvrir une délicieuse viande bio et locale, de qualité premium. En direct avec les éleveurs certifiés en agriculture biologique, le boucher connaît parfaitement leurs produits : ici on sait d'où provient la viande, avec une traçabilité sérieuse. Vous achetez des produits en toute confiance, les yeux fermés, sur leurs conseils ou ceux de leur équipe. La qualité est omniprésente tout comme l'assurance d'acheter un produit bio qui respecte des règles strictes. Un beau et succulent rayon de charcuterie est à l'honneur également avec des boudins, rillettes et autres spécialités faites maison. A découvrir sans plus tarder ! Un artisan comme on les aime, sincère, aimable et qui sait ce qu'il vend.

COOP NATURE
17, rue Chalmel
TOURS
✆ 02 47 66 77 77
www.coopnature.com
tours-grenier-nature@wanadoo.fr

Ouvert le lundi de 14h à 19h ; du mardi au samedi de 9h à 19h. Marché bio place Beaujardin les samedis matins et place Coty les mercredis matins (sauf en août). Livraison possible.

Coop Nature, c'est 3 magasins dans l'agglomération tourangelle et une des plus importantes coopératives bio de France. Née du militantisme d'un groupe d'amis soucieux d'une alimentation saine, de l'environnement et porteurs de valeurs comme la priorité aux producteurs locaux et la qualité des produits, l'enseigne propose de l'alimentation, ainsi que des produits diététiques, cosmétiques, d'entretien et des livres. En devenant sociétaire, vous bénéficiez de 10 % de remise sur vos achats (5 % sur la boucherie et le pain) et pouvez vous investir au sein du conseil d'administration afin de contribuer au mieux consommer. Des animations sont également proposées tout au long de l'année.

PLEINE FORME
10, rue de la Grandière
TOURS
✆ 02 47 20 49 17
www.pleine-forme.net
contact@pleine-forme.net

Ouvert le lundi de 14h à 19h ; du mardi au samedi de 9h à 19h.

Pleine Forme, c'est le petit paradis du naturel et du bio, situé entre les Halles et la rue Marceau. Cécile, la gérante, est accompagnée d'une diététicienne et d'un naturopathe et tous trois vous apportent de précieux conseils, tout simplement pour prendre soin de votre santé. La boutique propose une épicerie bio avec des produits sans gluten, sans sucre ou sans sel, des cosmétiques bio ainsi qu'un espace avec des CD de musique relaxante, des sièges ergonomiques, des bougies... Le petit plus, vous pouvez être reçu individuellement pour des conseils par les professionnels, et des ateliers autour du bien-être sont fréquemment organisés (conférences, création de cosmétiques naturels...).

BOUCHERIE DES ÉLEVEURS BIO
16, rue de la république
VOUVRAY

Ouverture du mardi au samedi, de 8h à 12h30 et de 15h30 à 19h, et le dimanche, de 8h à 12h30.

Depuis septembre 2020, la boutique cédée par Noël Vavasseur à Yvan est passée en label bio avec une production 100 % bio. De la fourche à la fourchette donc. Avec une production locale, un nouveau dynamisme et un nouveau visage, la boucherie ne s'arrêtera pas là et devrait fait peau neuve dans les prochains mois pour s'adapter.

Restaurants bio

■ EASY BY O

Pôle de la Maison
15, rue Arthur-Rimbaud, TOURS
✆ 02 47 51 28 10 – www.easybyo.com
contact@easybyo.com

Ouvert toute l'année. Du lundi au samedi de 12h à 14h. Carte : cocottes à 6,65 €, desserts de 2 à 4,95 €. (de 13,60 à 15,28 €). Tarification au poids pour les crudités et accompagnements des plats.

Surprenant ! Ce restaurant situé en pleine zone commerciale, au nord de la ville, offre une cuisine délicate, très parfumée et confectionnée à 100 % à partir de produits frais, de saison et biologiques. Les crudités croquent (hé oui, ce n'est pas toujours le cas dans les restaurants). Le poulet à l'estragon fond dans la bouche. Le gratin de fenouil vaut le détour. Malgré la salle un peu triste et trop légèrement décorée, et malgré l'emplacement, entre grandes surfaces et concessionnaire, l'ambiance est chaleureuse. Tout le monde se connaît, tout le monde se parle. Les clients habitués se voient saluer par leur prénom. Et ils sont nombreux, certainement employés des entreprises environnantes. Un lieu plein de surprise à découvrir. On y ajouterait juste un peu de musique et quelques tableaux sur les murs.

■ LA P'TITE PAUSE DES HALLES

33, place Gaston-Paillhou
TOURS
✆ 02 47 05 66 04

Ouvert le lundi, le mardi et du jeudi au samedi le midi et le soir. Réservation recommandée. Assiette complète 12,90 €. Formule midi 16,90 €. Chèque Restaurant. Accueil des groupes. Terrasse. Vente à emporter.

Les légumes sont à la fête dans ce restaurant végétarien-flexitarien qui ne dit pas son nom ! La viande et le poisson jouent en effet les invités, si le cœur vous en dit, mais le végétal constitue le noyau dur des plats proposés. Dans la petite salle intimiste et conviviale, Marion et Fred ont concocté une carte simple : au choix, l'assiette complète avec divers petits mets, la tartine garnie, le fromage fondu et ses légumes (et charcuterie pour les amateurs), ou une grosse salade composée. Vins du coin et desserts maison complètent cette offre qui évolue toute l'année, en fonction des produits de saison. Du bio, du local, et surtout du bon ! Si bon qu'il faut réserver pour y goûter...

Mode et bien-être

■ INSTITUT DE BEAUTÉ BIEN ÊTRE

49 ter, boulevard Preuilly
TOURS
✆ 02 34 36 00 45
www.aureliefabreinstitut.com

Ouvert du lundi au vendredi de 9h30 à 19h.

Cet institut de bien-être proche de la nature propose des prestations de qualité non chronométrées, prodiguées par une équipe accueillante. Découvrez ses soins visage bio Dr. Hauschka et Absolution. Il choisit ses fournisseurs rigoureusement en accord avec ses valeurs. Ses cosmétiques sont tous bio et cruelty free, très très majoritairement d'origine végétale et leurs emballages sont soit recyclables soit réutilisables. De plus leur nouveau local, isolé avec des fibres de bois, est quasiment passif ! Grâce à Aurélie Fabre et à son équipe, vous pouvez prendre soin de vous sans culpabiliser.

Habitat et jardin

■ CONSERVATOIRE NATIONAL DE LA TOMATE

Château de la Bourdaisière
25, rue de la Bourdaisière
MONTLOUIS-SUR-LOIRE
✆ 02 47 45 16 31 – www.labourdaisiere.com
contact@chateaulabourdaisiere.com

Jardin et boutique ouverts au public du 1er au 30 avril et du 1er au 31 octobre de 11h à 18h et du 1er mai au 30 septembre de 10h à 19h. Gratuit jusqu'à 10 ans. Adulte : 7,50 €. Boutique, salon de thé ou « Bar à tomates » selon la météo. Visite guidée. Restauration.

C'est le prince jardinier Louis-Albert de Broglie qui a fondé, en 1998, sur ses terres châtelaines et à proximité de Tours, ce conservatoire aujourd'hui unique au monde. L'idée a germé lors de voyages en Inde et en Asie, d'où furent rapportées les premières graines de tomates. Les collectionneurs et les jardins botaniques du monde entier ont ensuite permis d'enrichir le conservatoire. Rondes, allongées ou en forme de cœur, noires, vertes ou jaunes, ces tomates anciennes portent des noms étonnants : Cornue des Andes, Rouge d'Irak, Dix doigts de Naples, Erika d'Australie... La collection du château rassemble 700 variétés de tomates, offrant ainsi un panorama inédit de ce fruit aux richesses insoupçonnées. Le potager de tomates du Prince est cultivé selon les normes de l'agriculture biologique. Les pieds de tomates sont plantées à la mi-mai et les premières variétés sont à maturité mi-juillet. La production s'étale ensuite jusqu'à octobre... Ce conservatoire est agréé par le CCVS, Conservatoire français des Collections Végétales Spécialisées. Mettant en avant la richesse naturelle de notre planète, Louis-Albert de Broglie souhaite permettre à un large public de regarder, comprendre et apprendre les enjeux de la préservation de cette biodiversité afin de transmettre aux générations futures les fondements essentiels à la survie des espèces. Bel objectif. Essentiel !

■ OSEZ L'OSIER

Joël Rouillé, VILLAINES-LES-ROCHERS
✆ 02 47 45 33 14
www.joel-rouille-osier.com
jrouille@club-internet.fr

Visites uniquement sur rendez-vous. Travaux sur devis.

Osier de paysage, de vannerie, de décoration, de jardin, de maison... Joël Rouillé est osiériculteur, producteur d'osier de Touraine. Une activité d'antan sauvegardée. En outre, il réalise vos travaux : clôtures, cabanes, gloriette en osier « vivant » (c'est-à-dire que l'osier pousse en les feuilles aussi, du moins à la belle saison), des parcours ludiques (labyrinthes, tunnels, tipis), des décoration de jardins, d'espaces verts, des fascines en osier à l'ancienne pour le maintien des berges, de la vannerie. Vous pouvez aussi lui commander de l'osier traité autoclave, des scions d'osier vivant. Enfin sachez que ce professionnel passionné anime des conférences sur l'osier. Une adresse vraiment précieuse.

LOIR-ET-CHER

Alimentation

AU CHOCOLAT DU CLOS DE L'ARCHE

636, La Boulaie
LANGON
✆ 02 54 76 88 90
www.closdelarche.com
chocolat.clos.arche@wanadoo.fr

Contact téléphonique de 9h à 12h et de 14h à 18h. Vente en direct sur la boutique en ligne du site internet.

Bruno et Nathalie Dupart vous concoctent et vous proposent à cette enseigne du chocolat estampillé biologique. Une conviction environnementale et un engagement éthique, mais aussi gourmand. En effet, le chocolat bio est non seulement respectueux de la nature et de notre santé mais aussi de saveur délicieuse. Futé, un lot de 10 tablettes vous permet de découvrir les différentes saveurs et savoir-faire de ces artisans : 4 tablettes de chocolat noir, 3 tablettes de chocolat au lait et 3 tablettes de chocolat blanc...

Egalement en vente du cacao en poudre, des chocolats de différents parfums et des plaquettes aromatisées.

ESCARGOTS DU LOIR

Vauchalupeau
MAZANGÉ
✆ 02 54 89 52 60
lisa@escargotsduloir.fr

Dans cette ferme, vous pouvez découvrir et déguster des produits à base d'escargots certifiés bio. Et les escargots sont élevés en plein air ! Les produits sont disponibles à la ferme et dans certaines AMAP et sur des marchés de la région.

FERME DE LA MOTTE

52, rue du Château
TALCY
✆ 02 54 81 44 22
www.fermedelamotte.com
contact@fermedelamotte.com

Boutique ouverte le mardi de 13h30 à 17h30, du mercredi au vendredi de 9h30 à 12h30 et de 13h30 à 17h30, le 1er samedi de chaque mois de 9h30 à 12h30. Possibilité de commander directement par internet pour récuperer vos produits en Drive.

La Ferme de la Motte propose la vente directe de produits bio ainsi que d'autres issus de l'agriculture conventionnelle, ainsi que de spécialités culinaires. Parmi les produits bio, vous trouverez de l'ail, de l'échalote, de l'échalion (variété rare d'oignon), des pommes de terre et des courges. À sa boutique Aux P'tits Oignons, vous trouverez en plus les productions d'un grand nombre de producteurs du coin : du vin, des gourmandises, des huiles végétales biologiques, des terrines...

Restaurants bio

LE CASTELET

40, rue Saint-Lubin
BLOIS
✆ 02 54 74 66 09
www.castelet.fr
castelet@sfr.fr

Fermé du 12 au 23 octobre. Ouvert le lundi, le mardi et du jeudi au samedi de 12h à 13h45 et de 19h à 21h45. Menus de 19,90 € à 40 €. Carte : 25 € environ (hors boissons). Menu enfant : 12 €. Formule du midi : 19,90 €. Formule végétarienne 26 €.

Au cœur du vieux Blois, à l'ombre du château, le Castelet est installé dans une maison du XVIe siècle, dont la façade a conservé le charme des auberges du Moyen Age. Le restaurant vous propose une suite de menus quasi pédagogiques de la gastronomique régionale. Elle compte toujours une formule végétarienne avec plusieurs choix d'entrées, de plats de résistance et de desserts. Les gourmandises du Castelet, Tradition du terroir, les péchés de saint-Laumer vous initieront aux spécialités du grand blaisois. Laissez le patron Gérard Lhomoy vous conseiller un mariage de mets et vin des plus subtils. Cerise sur le gâteau, vous pouvez consulter leur site Internet pour recopier certaines recettes. Une maison délicieuse et altruiste. Une excellente adresse où le fait maison est une priorité.

FOOD AND BREW

7, rue du Poids-du-Roi
BLOIS
✆ 02 54 46 05 29
foodandbrew@gmail.com

Gluten-free friendly. Ouvert tous les jours de 12h à 2h. A midi formules à 14 et 16 €. Plat du jour : 11 € (à midi). Le soir carte uniquement de 4 à 11 € : Végan-friendly.

Food and Brew, c'est une cuisine simple préparée à partir de produits frais et locaux, majoritairement bio. Le menu est à découvrir tous les jours, au gré des arrivages d'ingrédients de saison. Côté bar, on trouve de nombreuses bières artisanales et certaines bio et/ou sans gluten. Tout ça dans une ambiance de pub traditionnel, affalé dans les sofas ou profitant du soleil en terrasse.

LE CLOS DES SUREAUX

2, rue de Cellettes
SEUR
✆ 06 61 26 56 81
lacloseriedessureaux@laposte.net

Ouvert du jeudi au samedi le soir ; le week-end et les jours fériés le midi. Menus de 26 € à 50 € (du menu découverte au menu gastronomique). Menu enfant : 14 € (jusqu'à 12 ans). Menu du marché 16,50 € (uniquement le jeudi soir, vendredi midi et samedi midi).

Le Clos des Sureaux propose une cuisine traditionnelle bourgeoise revisitée à base de produits frais et locaux, et cultivés si possible dans son potager ou son verger, selon la saison et la production. Il a obtenu le label d'État « Maître restaurateur » car il utilise plus de 90 % de produits frais et bruts, et aussi parce qu'il privilégie l'emploi de produits du terroir, obtenus en circuits courts ou biologiques. Spécialisé dans la viande, elle est achetée par quartier dans les fermes locales et travaillée sur place. Pour agrémenter vos repas, carte de vins naturels et bio d'environ 20 références. Ce restaurant est également labellisé « Tourisme et vignoble ».

Habitat et jardin

■ VIVRE ÉCO
Z.A. La Métairie
Route de Fortan
EPUISAY
✆ 02 54 72 06 21
www.vivreeco.com
Reception sur rendez-vous. Vente de produits sur la boutique en ligne du site internet.

Spécialiste de la maison ossature bois pour le développement durable, Vivre Eco est implanté à Epuisay depuis 2005 et intervient dans la construction ossature bois et l'amélioration de l'habitat traditionnel, en qualité d'entreprise générale sur les lots suivants : ossature bois, charpente, couverture, zinguerie, menuiserie, isolation et cloisonnement. Vivre Eco accorde une grande importance à la qualité, la fonctionnalité et l'isolation de ses réalisations, à travers un grand choix de matériaux et une grande rigueur de mise en œuvre. Il s'agit de tenir compte des aspects écologiques et économiques et de conseiller les particuliers pour des projets durables et accessibles. Le degré de performance peut aller jusqu'à la labellisation BBC. L'objectif de Vivre Eco est finalement le meilleur rapport qualité-prix. Le coût est ensuite pondéré par les éléments suivants qu'il convient de connaître pour chiffrer précisément : l'architecture et la taille du bâtiment, la nature du terrain, la qualité d'isolation, l'utilisation de matériaux écologiques (isolants naturels, chauffe-eau solaire, puits canadien, récupération d'eau de pluie...

LOIRET

Alimentation

■ FERME DE LA POSTE AUX CHEVAUX
Rue de Saint-Jacques
CHEVILLY
✆ 02 38 21 67 89
www.ferme-poste-chevaux-chevilly.fr
fermelaposteauxchevaux@gmail.com
Magasin ouvert du mercredi au samedi de 9h à 12h.
La Ferme de la Poste aux Chevaux est un important centre de vente de produits agricoles issus de circuits courts dans le Loiret. Elle propose des produits réalisés par le savoir-faire des producteurs et artisans locaux, ainsi que des produits du terroir. Vous y trouverez un vaste étal de boucherie avec volailles et lapins fermiers, viande de porc et charcuterie locale, des produits laitiers, des fruits et légumes. Une partie épicerie bio vient compléter la boutique.

■ BIO NATURE SANTÉ
1375, route de Saint-Jean-de-Braye
SEMOY
✆ 02 38 21 72 32
www.bio-naturesante.com
bio-nature-sante@orange.fr
Ouvert le lundi de 14h à 19h ; du mardi au vendredi de 10h à 19h ; le samedi de 9h30 à 18h.
Ce petit magasin bio, partenaire du réseau Biomonde, a été construit en bordure de la tangentielle avec des matériaux naturels respectueux de l'environnement : bois, peinture écologique, chauffage à récupération d'énergie. Petite musique d'ambiance à l'entrée. Dans les rayons, classés par thèmes, on trouve bien sûr une large gamme de produits bio : boucherie, vins, fromage à la coupe, conserves, épicerie, cosmétique, produits d'hygiène et d'entretien de la maison, rayon bébés... Mais aussi des surgelés ! Le plus vaste choix de produits sans gluten de la région ! Mais aussi les produits à indice glycémique contrôlé ou encore végans. Un beau rayon de fruits et légumes, et l'espace pâtisserie alimenté par l'un des meilleurs pâtissiers de Tours, font la fierté du magasin. Sur place également, une librairie avec tous les conseils pour mener une vie saine et écolo. Bref, une boutique agréable, un espace convivial et écologique à taille humaine baigné de lumière naturelle où l'engagement bio porte sur le choix du goût, de la santé, de l'écologie et de la défense des agriculteurs de la région.

Restaurants bio

■ OH TERROIR
44, rue Jean-Jaurès
MONTARGIS
✆ 02 57 54 62 43
www.ohterroir.com
Ouvert du mardi au samedi de 12h à 14h et de 19h à 22h. Formules 15,90 € et 19,90 €, menu 33 €. Carte : entrées de 7,90 à 14,90 €, burgers de 15,90 € à 17,90 €, salades à partir de 15,90 à 24,90 €, plats de 18,90 à 23,90 €,. Menu enfant : 6,90 €.
Une cuisine bistronomique réputée pour Oh Terroir avec burgers ou pizzas faits avec des produits locaux, bio et plus frais que nature. La philosophie de cet établissement parie sur la qualité et le goût : miser sur la fraîcheur et l'authenticité des produits tout en soutenant l'économie locale et les producteurs de Montargis et ses environs. Il propose une offre multiple avec du locavore, du végétarien, du sans gluten, du sans lactose, le tout garanti cuisiné maison avec en plus des boissons bio. Amateurs de nourriture bio, vous pouvez y aller les yeux fermés.

OH TERROIR VERSION FAST GOOD
3, rue des Halles
ORLÉANS
✆ 02 38 75 71 26
ohterroir-orleans.fr
alain@ohterroir.com
Tramway : Châtelet.

Ouvert 7j / 7 de 11h30 à 15h et de 18h30 à 22h (22h30 les vendredi et samedi). Ouverture non stop samedi et dimanche. Réservation recommandée. Carte : burger 13,90 € ; salades 9,90 € ; plats de 8,90 à 10,60 + accompagnements 2,50 €. Desserts à partir de 1,90 € et boissons de 1,50 à 4,50 €. Vin au verre. À partir de 7,90 € sur place. American Express, Chèque Restaurant. Accueil des groupes. Terrasse. Vente à emporter. Boutique.

Envie de pâtes fraîches artisanales 100 % bio ? D'un beau burger fait avec des produits du Loiret ? Avec son restaurant nouvelle génération, Alain Lemire met le *made in France* – et Loiret ! – dans les assiettes. Son concept, basé sur la philosophie du *slow food*, permet de manger équilibré, local (les producteurs sont affichés sur les sets de table) et respectueux de l'environnement (gobelets et couverts biodégradables, verrines consignées…). Niché au calme dans le nouveau quartier des Halles, à deux pas de la Loire, ce *fast-good* zen propose midi et soir une excellente carte maison de pâtes en sauce (cuites devant vous), quinoa, lentilles, soupes (en saison), burger et salades que l'on commande sur écrans tactiles. Les desserts bio et boissons se prennent, eux, au plateau. Une adresse primée aux Trophées du Tourisme Responsable en 2012 et qui saura vous convertir, si ce n'est déjà fait, à l'écogastronomie et à l'alterconsommation.

Habitat et jardin

LES JARDINS DE ROQUELIN
Lieu-dit Roquelin
MEUNG-SUR-LOIRE
✆ 06 70 95 37 70
www.lesjardinsderoquelin.com
info@lesjardinsderoquelin.com

Jardin remarquable. Ouvert de fin avril à début octobre de 10h à 18h tous les jours sauf le mardi. En dehors des périodes d'ouverture du jardin, téléphoner préalablement. Ouvert du mercredi au lundi de 10h à 18h. Vers la mi-août, nocturne à partir de 23h30, 1000 bougies éclairent le jardin pour une visite insolite. Gratuit jusqu'à 18 ans. Adulte : 6 € (7 € visite guidée). Groupe : 5 €. Billetterie en ligne sur le site internet. Visite guidée (7 € par personne pour une visite guidée). Boutique. Vente de plantes toute l'année. Label Accueil Vélo pour la Loire à Vélo. Vente de plantes toute l'année.

Sur un hectare, dans un jardin dessiné à l'anglaise et classé Jardin remarquable, Stéphane Chassine a mêlé plus de 500 variétés de rosiers anciens à des plantes vivaces (delphiniums, géraniums vivaces, iris, sauges, euphorbes). Structures, barrières et plessis de châtaigner apportent une belle touche médiévale à cette jolie mise en scène horticole. Outre la pépinière, où l'on peut acquérir la plupart des plantes vues dans le jardin, une boutique, installée dans une ancienne bergerie, permet de chiner des objets de décoration d'inspiration campagnarde, des accessoires pour le jardin, poteries, peintures et confitures maison. Tout au long de l'année, des ateliers d'initiation au jardinage sont proposés au public, comme par exemple des stages de taille des rosiers.

PLUS NATURE
484, rue de la Monnerie
SEMOY
✆ 02 38 83 68 73
plus-nature@orange.fr

Sur rendez-vous et sur devis.

Cette entreprise innovante dans le domaine de la protection de l'environnement est spécialisée dans la création de toitures végétales et la conception personnalisée de jardins. Plus Nature propose de nouvelles utilisations des végétaux dans le développement durable et la conception des jardins, que ce soit pour les particuliers ou pour les professionnels du bâtiment et de l'aménagement paysager. Plus Nature vous propose un service de conception et création de jardins sur mesure, dans le respect de la nature et de l'environnement vous aidant à réaliser un jardin à l'image de vos envies, original par le choix des plantes et leur assemblage, et résolument orienté vers un aspect plus naturel, économe en entretien, afin de mieux respecter l'environnement. Pour les jardins de toit, Plus Nature utilise le procédé Babylone qui permet d'installer facilement en toiture une couverture végétale permanente, durable et à entretien réduit. Cette toiture végétale installe la nature dans de nouveaux espaces actuellement livrés à l'urbanisation, assure l'isolation des bâtiments et ainsi contribue très directement à la sauvegarde de l'environnement. Sachez que Plus Nature distribue Babylone sur l'ensemble du territoire français.

Événements et manifestations

PRINTEMPS BIO DANS LE LOIRET
Diverses fermes du Loiret
ORLÉANS
✆ 02 38 71 90 52

Habituellement en fin mai et juin. Programme détaillé différent chaque année.

Chaque année, les acteurs de la filière bio régionale proposent une dizaine d'animations dans le Loiret. En 2019 pour la vingtième édition du Printemps bio, le réseau bio Centre-Val de Loire a mobilisé, du 24 mai au 23 juin, onze acteurs régionaux pour faire connaître à tous ceux qui le souhaitent une partie de la filière biologique locale. Au programme : rencontre de producteurs bio, visite de leurs structures, découverte de leur savoir-faire, de leurs productions, avec possibilité de déguster des produits bio ou d'apprendre à les préparer. Instructif et ludique.

CORSE

La Corse est un territoire privilégié pour la pratique d'une agriculture biologique. Elle est en effet exempte d'industrie, peu soumise aux pollutions environnementales et de tradition agricole. L'agriculture biologique en Corse connaît depuis cinq ans un fort développement. Les surfaces ont été multipliées par près de 30 entre 2005 et 2012 pour atteindre 9 400 hectares, surface cultivée par 282 agrobiologistes en 2013 alors qu'en 2017 il s'agissait de 20 000 ha cultivés par 400 agriculteurs en bio. Les producteurs de fruits et légumes, charcuterie, fromages, vins, miels et autres produits issus de l'agriculture biologique corse sont en vente directement auprès des producteurs sur les marchés suivants :

- **Bastia – Cap Corse :**

Marché de Sisco : tous les mardis en été. Marché de Bastia : tous les samedis et dimanches matin, sur la place du Marché Bio Mercatu à Bastia : tous les derniers samedis matin du mois, place d'Armes à Bastia Marché d'Oletta : tous les vendredis matin.

- **Costa Serena :**

Marché de Ghisonaccia : tous les mercredis matin. Marché de Prunelli di Fiumorbu : tous les samedis matin. Marché d'Aléria : tous les mardis matin. Marché de Bravone : tous les jeudis matin en été.

- **Costa verde :**

Les lundis du terroir à Peru Caseveghje : tous les lundis en été à 17h. Marché de Moriani-Plage : tous les mardis en été. Marché de Poggio Mezzana : tous les dimanches matin.

- **Centre Corse :**

Marché de la vallée du Tavignano : samedi matin en été

- **Sud Corse :**

Marché de Porto Vecchio : tous les dimanches matin. Marché de Lecci : premier samedi du mois de mars à septembre, plus le troisième samedi du mois en été. Marché de Bonifacio : tous les mardis matin. Marché de Sartène : tous les samedis et mardis matin. Marché de Propriano : lundi matin.

- **Ajaccio :**

Marché d'Ajaccio : tous les matins au Marché central et tous les samedis matin place Foch. Marché de Bocognano : tous les jeudis matin en été.

- **Balagne :**

Marché de Belgodère : tous les samedis matin. Marché de Lumio : tous les mercredis matin en été et tous les samedis matin en hiver. Marché de Calvi : tous les lundis matin. Marché de Galéria : tous les vendredis matin. Marché de Santa Reparata di Balagna : tous les samedis et mardis matin.

CORSE-DU-SUD

Alimentation

LA ROULOTTE
Route de Mezzavia
AJACCIO
✆ 04 95 22 69 47
www.laroulotte-bio.fr
furiani@laroulotte-bio.fr

Ouvert du lundi au samedi de 9h à 19h.

Cette roulotte, c'est toute une histoire et toute une ambiance. Elle est née en 1988 à San Giuliano avec une vraie roulotte... Petit à petit, elle s'est développée, à l'image du marché biologique en Corse, tout en préservant cet esprit roulotte, un brin gitan, un brin nature... La Roulotte, c'est désormais trois supermarchés bio où vous pouvez trouver, au fil de 8 000 références, une large gamme de produits bio, un beau choix de fruits et légumes ainsi qu'une vitrine de produits frais alléchante et des produits congelés. Vous pouvez également y acheter vos produits ménagers écologiques pour l'entretien de votre demeure, une gamme de cosmétiques, de produits d'hygiène biologiques et écologiques, ainsi que tout le nécessaire pour vous soigner au naturel et surtout un conseiller pour répondre à vos questions... Les fidèles apprécient aussi d'y trouver le pain du Fournil bio de Furiani. Le plus : le grand choix de produits en vrac. Ainsi, avec ces trois sympathiques roulottes, consommer biologique et écologique est à la portée de tous, à un prix abordable. Un service de livraison est proposé dans la région de la Balagne. La roulotte, c'est choisir en toute convivialité les produits qui feront de vous des militants de l'authenticité et dont l'achat servira vous tout autant que la Terre.

Paniers Bio

Depuis quelques années, les AMAP (association pour le maintien d'une agriculture paysanne) se développent en Corse. La première AMAP corse a vu le jour chez un couple de maraîchers bio à Sainte-Lucie-de-Moriani, chez Jean-Marie et Virginie Brunini. Depuis, d'autres AMAP se sont développées, notamment en légumes et fruits certifiés bio. Pour plus de renseignements, contacter l'association Corsic'AMAP : Sylvie Marinacci ✆ 06 79 70 16 15, ou par e-mail : corsicamap@yahoo.fr

© NelliSyr - iStockphoto.com

■ **BIOCOOP DEL PELLEGRINO**
6 rue Del-Pellegrino
AJACCIO
✆ 04 95 78 48 86
www.biocoopdelpellegrino.com
biocoop.ajaccio@gmail.com
Ouvert du lundi au vendredi de 9h30 à 13h30 et de 15h à 19h. Le samedi de 9h30 à 19h. En été de 9h30 à 13h30 et de 15h30 à 19h30 et le samedi de 9h30 à 19h30.
Premier magasin du réseau Biocoop en Corse ! 100 % bio, commerce équitable et produits locaux. Fruits et légumes de saison, épicerie, large choix de vrac, grand rayon de produits frais, fromages à la coupe, compléments alimentaires, produits cosmétiques et produits d'entretien : une meilleure écologie et une consommation pensée pour l'environnement. De passage à Ajaccio ou que vous y viviez, c'est l'adresse à noter pour vos emplettes au quotidien ou encore pour passer vos commandes pour les produits festifs à chaque saison (Noël, Pâques, etc.). Une équipe sympa !

Mode et bien-être

■ **CASA VECCHIA CORSA**
Vieille ville
SARTÈNE
✆ 06 88 93 53 54
www.casavecchiacorsa.fr
casavecchia28@gmail.com
Boutique en ligne.
Boutique en ligne qui propose un large choix de produits d'aromathérapie, des huiles essentielles, des huiles de soin, un grand choix de produits bio pour le soin du corps, des cheveux ou du visage. Tous sont élaborés en Corse et à base de plantes et produits corses.

HAUTE-CORSE

Alimentation

■ **AU PANIER CORSE**
BASTIA
✆ 04 20 13 00 33
www.paniercorse.com
contact@paniercorse.com
Possibilité de joindre par téléphone du lundi au vendredi de 8h à 12h et de 14h à 17h. Boutique d'épicerie fine en ligne ou par téléphone. Livraison en 48h (France métropolitaine).
Ce ne sont pas des produits 100% biologiques. Mais quelques-uns le sont (confitures, terrines, miels, vins) et pour le reste, vous avez une sélection d'excellents produits *made in Corse*, élaborés dans les règles de l'art artisanal et ancestral. Ce Panier vous propose donc des aliments naturels, sains, sélectionnés avec le plus grand soin auprès de producteurs respectueux des produits et de leur fabrication traditionnelle, mais aussi de l'environnement. Les Corses ont toujours été très attentifs à la qualité de leurs aliments et à l'impact de leur production sur l'environnement. Les fermiers, éleveurs et producteurs insulaires ne font pas entorse à la règle. Au Panier corse est une véritable épicerie fine en ligne, une invitation au voyage, une incursion sur l'île de Beauté, à la découverte d'un terroir authentique, d'une gastronomie riche et de traditions enracinées. Au menu : charcuterie corse, fromages corses, spécialités corses, miels, confitures champignons, châtaignes et vins corses... Sans oublier une gamme de condiments pour pimenter vos assiettes.

■ **LE FOURNIL BIO**
Sur la route principale, au centre du village
BARBAGGIO
✆ 06 77 29 48 90
www.lefournilbio-barbaggio.fr
lefournilbio.barbaggio@gmail.com
Boutique ouverte en été le samedi matin de 7h30 jusqu'à épuisement des stocks. Possibilité de commander à l'année via les «boites à pain». Dépôt à Bastia à l'angle de la rue Carbuccia et de la rue Castagno (derrière le vieux port et l'immeuble Pouillon) le mercredi et le samedi de 10h à 12h30.
Vous trouvez dans cette boulangerie de village une large sélection de pains élaborés avec des farines issues de l'agriculture biologique et au levain naturel, des pains de toutes sortes, à l'épeautre, au curcuma, à la farine de maïs... Mais également des barres de céréales, et des cookies. Le principe de « boite à pain » vous permettra de récupérer votre pain devant la boutique en dehors de ses heures d'ouverture, le mercredi, le jeudi et le samedi.

A ROBBA PAISANA
6, avenue de la République
CORTE
✆ 06 79 55 53 06
arobbapaisana@gmail.com
Ouvert du mardi au vendredi de 9h à 12h et de 15h à 19h. Ouvert à l'année.
Créé en 2015 par 6 agriculteurs cortenais, A Robba Paisana commercialise uniquement des produits issus de petits producteurs fermiers et identifiés. Situé tout à l'entrée de la ville, il travaille actuellement avec une soixantaine d'agriculteurs producteurs de toute la Corse. Vous y trouverez bien sûr des produits de saison : maraîchage bio ou traditionnel, vins, confitures artisanales, miel et ses dérivés (propolis, pollen...), moutardes, charcuteries et fromages fermiers, biscuits, canistrelli, œufs fermiers et poulets bio ainsi que de la viande de veau corse, du pain à l'ancienne, des huiles essentielles, des cosmétiques... tout ce que la terre corse produit de meilleur. Les producteurs se relaient pour vous accueillir dans la boutique. Un lieu précieux ou l'on a envie de tout acheter !

L'ÉPICERIE SCOTTO
Place Doria
SAINT-FLORENT
✆ 04 95 37 00 47
epicerie.scotto@orange.fr
Ouvert du lundi au samedi de 7h30 à 20h30 ; le dimanche de 8h à 12h30 et de 17h à 20h30.
Une référence des gourmets corses de la région. Saveurs d'hier, prestations d'aujourd'hui... Une vraie belle épicerie à l'ancienne avec présentoirs de bois et fruits et légumes frais façon marché de pays. Ce n'est pas une épicerie 100% bio, mais presque 100% corse, ceci compensant cela, et une boutique tout de même où vous trouvez des produits en circuit court et quelques références bio intéressantes. Un cadre authentique et chaleureux, des produits du terroir, des conseils et une large vitrine des meilleurs vins de Corse. Ici l'originalité, c'est la qualité, la recherche de l'excellence, de la typicité. Des fruits aux légumes, de la charcuterie aux fromages, la maison Scotto : plus qu'une épicerie, un goût affirmé pour un certain art de vivre.

Restaurants bio

LE VG
9, rue Luce-de-Casabianca
BASTIA
✆ 04 95 55 11 14
www.vgbastia.corsica
vani2b@gmail.com
Derrière l'église Notre-Dame de Lourdes sur la gauche.
Ouvert toute l'année. Basse saison : du lundi au samedi de 8h à 17h. Haute saison : du lundi au vendredi de 8h à 15h. Le samedi de 9h à 15h : brunch 25 €. Réservation recommandée. Carte : 14 € environ. Menu enfant : 8,50 €. Plat du jour : 16 € (assiette repas). Vin au verre. Chèque Restaurant. Chaises bébé. Vente à emporter. Boutique.
Après une vie professionnelle mouvementée et une formation de naturopathe, Vanina Giannelli, aux initiales prédestinées, a décidé de se reconvertir et de réaliser son rêve : proposer aux Bastiais et autres curieux une alimentation saine, bio, locale et végétarienne voire végane ou sans gluten, dans un cadre rustique et convivial. De bons jus de fruits et de légumes frais, des salades, un plat du jour et des Croq', tout cela avec des produits bons pour la santé. Les intolérants au gluten trouveront aussi leur bonheur. Plats à déguster sur place ou à emporter. Soirées à thèmes. Sur place, également des produits d'épicerie bio, dont certains en vrac. Traiteur et événementiel (à livrer).

L'ASSIETTE VERTE
Route du Stade
Allées des Fleurs
Près de La Vie Claire
FURIANI
✆ 04 95 39 06 52
Ouvert du lundi au vendredi de 12h à 14h. Formules de 14 à 25 €. Carte : 20 € environ.
C'est l'un des rares restaurants 100 % biologique de l'île. Vous trouvez à la table de cette assiette verte, implantée à proximité immédiate de la boutique de La Vie Claire, une cuisine saine, franche et riche en saveur élaborée à partir de produits issus de l'agriculture biologique et provenant essentiellement de Corse. La part belle est donc faite aux légumes avec une cuisine originale axée sur la santé, pour les végétariens comme pour les carnivores !

Mode et bien-être

DOMAINE AMUREDDA
Magasin d'Usine
Route de Poggio
PRUNELLI-DI-FIUMORBO
✆ 06 25 61 32 49
www.domaine-amuredda.fr
contact@domaine-amuredda.fr
La boutique d'usine est ouverte de mai à septembre, du lundi au vendredi de 15h à 19h et le samedi en juillet-août ; d'octobre à avril ouverture sur demande. Visites guidées de mai à septembre le mardi à 10h30, en juillet-août les mardi et jeudi à 10h30.
Histoire : Le domaine d'Amuredda est né de la passion d'un couple pour son métier. En effet, Marina, aromathérapeute, fabrique des cosmétiques dans son laboratoire, tandis que Stéphan, lui, cultive 13 plantes aromatiques différentes avant de les distiller en basse pression. Complémentaire mon cher Watson ! Ensemble, ils décident de monter une petite exploitation agricole au cœur de la région du Fiumorbo, en Haute-Corse, sur la plaine orientale. Les plants utilisés pour l'élaboration d'huiles essentielles de qualité sont biologiques et les méthodes utilisées traditionnelles. Le tout, dans une démarche respectueuse de l'environnement évidemment.
Produits : Vous trouverez dans le magasin d'usine, et à prix direct fabricant, les produits vendus en boutique : des savons, des huiles essentielles, de soin ou de massage et des eaux florales bio, sans conservateur, sans produits de soins et garantis 100 % purs.
Le plus : Il est possible de visiter la distillerie toute l'année. Se renseigner par téléphone au préalable.

GRAND EST (ALSACE – CHAMPAGNE-ARDENNE – LORRAINE)

ARDENNES

Alimentation

■ **L'AIRE À GRANGE**
7, rue des Remparts
LE CHÂTELET-SUR-RETOURNE
✆ 03 24 72 80 69 – www.laireagrange.fr
laireagrange@orange.fr
Ouvert le vendredi de 10h à 19h ; le samedi de 9h à 18h.
L'Aire à grange est un magasin de vente directe de producteurs de produits alimentaires. Précurseur dans la région, il réunit plus de 25 producteurs locaux qui proposent de quoi boire et manger sainement. Le petit plus : un service de création de paniers garnis est proposé. Vous avez une occasion à célébrer ou quelque chose à vous faire pardonner ? C'est l'occasion ! Le magasin a changé de gérants en début 2019. Suivez l'actualité des offres sur sa page Facebook.

■ **LE COMPTOIR BIO DES ARDENNES**
Place du Robin des Loups
LUMES
collectifs.bio/ville-sur-lumes
cgf1261@gmail.com
Ouvert le mercredi de 17h30 à 19h30. Distribution des commandes sur la place du Robin des Loups. Adhésion : 10 €.
Le Comptoir bio des Ardennes appartient au réseau des Collectifs Bio, qui met en relation producteurs et consommateurs via une plateforme permettant de commander ses produits avant de les récupérer le mercredi soir place du Robin-des-Loups à Lumes. Une fois votre commande effectuée en ligne vous n'avez plus qu'à venir la récupérer et partager un moment de convivialité avec les producteurs et consommateurs engagés de la région. Le Comptoir des Ardennes dispose d'une offre très variée qui permet de subvenir à de nombreux besoins. En alimentaire on trouve tout ce que l'on souhaite : fruits et légumes, viande, crèmerie, boissons, gourmandises et mêmes des plats préparés ! Mais vous pouvez également y trouver des produits d'hygiène, d'entretien et une gamme de commerce équitable.

Habitat et jardin

■ **TOITVERT-OPTIGREEN**
La Neuville aux Haies
LES HAUTES-RIVIÈRES
✆ 03 24 52 68 37 – www.optigreen.fr
info@optigreenfrance.fr
La société offre une gamme complète de solutions de végétalisation de toitures innovantes et de qualité, conformes aux réglementations française et européenne actuelles (gamme complète de solutions de végétalisation, toit vert solaire, toiture à rétention d'eau, toiture naturelle végétalisée, toiture-jardin). Partie intégrante de la construction durable, la toiture végétalisée n'est pas seulement esthétique mais offre de nombreux avantages pour la préservation du bâtiment, de l'environnement, et la réalisation d'économies d'énergie.

AUBE

Alimentation

■ **FERME BIO THOREY**
6, voie de Praslin
LANTAGES
✆ 03 25 42 62 90
www.bio-thorey.fr
contact@bio-thorey.fr
Vente directe à la ferme une fois par mois : calendrier détaillé sur le site interne.
Ils sont aujourd'hui plus de 100 producteurs qui ont fait du bio leur credo, et la ferme Bio-Thorey peut être considéré comme leur chef de file. Et l'on sait que ce n'est pas aisé de décrocher le label. Ici, la ferme à énergie positive met à votre disposition viande bovine et porcine ou encore veau. La vente se fait une fois par mois le mardi et le mercredi après-midi et uniquement sur commande. Comme on s'en doute, vous constaterez la totale transparence du site lors de votre visite. Vous pouvez composer votre panier en ligne.

■ **COOPÉRATIVE HERMÈS 2**
127, avenue du Président-Wilson
SAINT-ANDRÉ-LES-VERGERS
✆ 03 25 78 32 82
cooperative-hermes.com

Ouvert du lundi au jeudi de 9h30 à 19h30 ; le vendredi et le samedi de 9h30 à 19h. Horaires valables pour les deux magasins.

Rien à voir avec le carré de luxe du même nom ! Même si c'est aussi d'excellence dont il s'agit... Seconde adresse pour cette Coopérative Hermès qui réjouit les adeptes des produits bio qui trouvent ainsi leur bonheur en périphérie de la ville. Une coopérative qui dans sa version initiale remonte à 1976, fondée à Troyes par Françoise, grande « distillatrice du bio » dans l'esprit des Troyens. Écoutez-la vanter la saveur et les bienfaits des fruits et légumes que la nature met à notre disposition ! Les rayons regorgent de produits alimentaires : sucre roux, sel de mer, riz complet, quinoa... Les arrivages en frais sont quotidiens, viandes, laitages, charcuteries, d'épicerie : grand choix d'huiles, confitures, biscuits, tisanes... bio toujours. Une gamme de produits ménagers et de beauté complète le tout. Un espace bien-être proposant des soins de beauté a vu le jour au magasin de Saint-André-les-Vergès, où on vous dispense des soins bio à des prix plutôt abordables. En outre, le parking, spacieux et les charriots à disposition facilitent les courses. Le plus : carte de fidélité et bons cadeaux.

JARDIN DE COCAGNE DE LA BARBUISE
2, rue du Souvenir
SAINT-ETIENNE-SOUS-BARBUISE
✆ 03 25 37 06 03
contact.jardinbarbuise@orange.fr

Paniers à 5 €, 8 € et 15 €.

Parfois, il est facile de se faire plaisir et de se rendre utile. Les Jardins de Barbuise favorisent l'insertion tout en vous fournissant des paniers de légumes biologiques. Le principe est bien rôdé : vous vous engagez à vous fournir chez eux, et ils s'engagent à vous préparez chaque semaine un panier de fruits et légumes dont vous avez la garantie qu'ils sont biologiques. L'engagement se fait sur 48 semaines, ce qui peut apparaître comme conséquent, mais comprenez qu'il soit nécessaire lorsque l'on plante, d'être certain que le consommateur sera encore là lors de la production ! Les paniers se déclinent en trois tailles : individuel, petit et grand (pour 3 à 4 personnes). L'ensemble s'organise autour d'une variété de six à sept légumes de saison.

Restaurants bio

ROSAPARKS
35, rue Champeaux
TROYES
✆ 03 25 70 32 25
www.rosaparks.fr
hello@rosaparks.fr

Ouvert du mardi au jeudi de 12h à 14h30 et de 19h à 22h ; le vendredi de 19h à 23h ; le samedi de 12h à 15h30 et de 19h à 23h ; le dimanche de 12h à 15h30 et de 19h à 22h. Sur place ou à emporter. Menu unique à 11,90 € (formule Combo : hamburger, frites, boisson).

Au coin de la rue piétonne, en concurrence avec moult restaurants à touristes, Rosaparks reste discret. Néanmoins, des burgers, des cookies, des frites bio, une viande hachée sur place et bio, cuite sur plancha aux yeux de tous, sont des atouts indéniables... Les burgers sont

© OksanaKiian - iStockphoto.com

effectivement joliment frais, avec notamment un Rosa aux légumes marinés végétariens, le tout avec sauce à dispo, y compris Tabasco green. Si vous ne prenez qu'une frite, tout en occupant un peu quelques fauteuils, on vous acceptera quand même, sans rancœur ni remarques. L'ensemble est plaisamment emballé dans un sac bio en kraft, à l'ancienne. La prise de commande s'effectue sur tablette, au sein d'une salle où les tables se côtoient de près. L'amabilité fait oublier le temps d'attente, parfois compensé par l'offre d'un gâteau. On retiendra surtout le fait que peu de burgers sont aussi savoureux sur Troyes, surtout à un prix honnête et avec un service sympathique, là où d'autres abusent des clients de passage.

Mode et bien-être

BIO ESTHÉTIQUE
17, place Jean-de-Mauroy
TROYES
✆ 03 25 43 89 44
bioesthetique@orange.fr

Ouvert le mardi, le jeudi et le vendredi de 9h30 à 12h30 et de 14h à 19h ; le mercredi de 13h à 19h ; le samedi de 10h à 12h et de 14h à 17h. Epilation : 32 € (demi-jambes, aisselle, maillot). Maquillage : 20 €. Détente absolue : 1h au choix 58 €.

Des soins à base de produits garantis bio, un accueil souriant, le salon d'Isabelle et Marianne se démarque par son charme naturel. Le décor est apaisant, et la cliente est reine. Des esthéticiennes professionnelles vous proposent des soins variés. Visage, modelage, balnéo-esthétique, manucure. Et justement pour cette dernière spécialité, on aime une innovation redoutable. Un vernis à ongles longue durée. Il se pose en institut car il nécessite un appareil qui catalyse chaque couche de vernis. Visitez le site Internet car les offres sont nombreuses et vraiment adaptées.

BAS-RHIN

Alimentation

FERME DURR

30, chemin de l'Allach
BOOFZHEIM
✆ 03 88 74 87 80
www.ferme-durr.fr
contact@ferme-durr.fr

Ouvert le lundi et le mardi de 8h30 à 12h et de 14h à 17h ; le mercredi de 8h30 à 12h ; le jeudi et le vendredi de 8h30 à 12h et de 14h à 18h ; le samedi de 8h30 à 12h et de 14h à 16h.

Pionniers dans l'agriculture biologique (dès 1972), Anne-Marie Durr et son équipe élaborent depuis plus de 30 ans des produits qui font la réputation de cette enseigne, estampillée AB et identifiable à sa vache brune et blanche. Cette exploitation agricole de 180 hectares abrite un élevage de vaches laitières qui pâturent sur le terrain et consomment les céréales produites sur la ferme en agriculture biologique. Ces produits fermiers sont distribués en grandes surfaces alsaciennes, sur les marchés et à la ferme. La ferme élève également des porcs sur paille. Au magasin vous trouverez les produits frais élaborés ici, ainsi que les viandes et charcuteries préparées par les boucheries Herrscher et Schweitzer et un rayon de fruits et légumes de saison principalement originaires de la région. Les rayons épicerie sèche, boissons, divers produits de soins et huiles essentielles sont à votre disposition et ne demandent qu'à être actualisés selon vos retours, avis et envies...

ALBERT MAURER ET FILS

11, rue du Vignoble
EICHHOFFEN
✆ 03 88 08 96 75 – www.vins-maurer.fr
info.vins-maurer@wanadoo.fr

Certification Bio Ecocert. Ouvert du lundi au samedi de 8h à 12h et de 13h30 à 18h. Groupes : sur RDV. Gîte «Les Copains d'abord» pour 2 à 6 personnes : de 300 € à 620 € la semaine.

Peggy et Philippe Maurer sont en charge de ce domaine familial de 16 ha (certifié Ecocert) réparti sur une quarantaine de parcelles leur offrant une variété très intéressante de terroirs, dont les lieux-dits Lerchenberg, Kritt et le Grand Cru Moenchberg. Les vignes sont cultivées sans désherbant, les engrais chimiques sont remplacés par un compost à base de fumier, de marc et de paille. Les raisins sont cueillis à maturité et les rendements sont maîtrisés. Ajoutez à cela des fermentations lentes, des levures indigènes et des élevages longs. Les Maurer vinifient les 7 cépages d'Alsace, déclinés dans les gammes Tradition, Lieux-dits, Grands Crus, Vendanges Tardives et Sélection de Grains nobles, sans oublier des crémants d'Alsace. Voici quelques bons crus à déguster lors de votre visite : Riesling Lerchenberg, gewurztraminer Kritt, pinot gris Grand Cru Moenchberg, pinot noir « Élevé en barriques ». Le domaine dispose en outre d'un gîte (2-6 personnes) aménagé en duplex (120 m^2) et décoré dans un esprit tout à la fois rustique et contemporain.

LA COCCINELLE D'ALSACE

Ferme du Hatzengarten, Rue de la Chapelle
Lieu dit du Hatzengarten
GEISPOLSHEIM
✆ 03 88 52 00 87
www.lacoccinelledalsace.fr

Ouvert le mercredi de 17h30 à 19h.

La coccinelle d'Alsace est un distributeur de légumes bio, du producteur au consommateur. Florent Schwoob produit des légumes bio adaptés à la région, aux saisons, en respect avec la nature et le cahier des charges Ecocert. Pour faciliter le choix des clients et faire découvrir des légumes parfois oubliés, Florent propose des paniers du potager, issus exclusivement de sa production. Mais bien sûr, vous pouvez acheter les produits individuellement. Salades, carottes, pommes de terre, patates douces, céleri, choux, tomates, poireaux, maïs doux, asperges, rutabagas, rhubarbe... la liste est longue ! La coccinelle d'Alsace propose aussi du pain bio du Four de Julien Kimmenauer.

LA CIGALE ET LA FOURMI

101, route de Bitche
HAGUENAU
✆ 03 90 55 61 90
info@lacigale-et-lafourmi.fr

Ouvert du lundi au samedi de 9h à 19h.

Depuis 1983, la Cigale et la Fourmi affirme son intention de développement régional, ses conviction et son engagement pour le bio. Vous trouverez dans ce vaste magasin de Haguenau des fruits et légumes bien sûr, mais aussi boucherie, charcuterie, traiteur, fromagerie... Vous serez sûr d'y trouver tous les éléments nécessaires à la confection de repas équilibrés et savoureux. Ainsi qu'un large choix de produits avec en prime les conseils d'une naturopathe. Le plus, livraison quotidienne de pain frais.

MOULIN DES MOINES

101, route de Wingersheim
KRAUTWILLER
✆ 03 90 29 11 93
www.naturline.fr

Vente directe sur la boutique en ligne et vente également dans les magasins spécialisés ou dans les rayons bio de la plupart de grandes surfaces.

Cette célèbre enseigne fait partie des pionnières en ce qui concerne le bio. Ici on écrase en farines les céréales issues de culture biologique depuis 1970 pour fabriquer des produits composés d'épeautre et de petit épeautre. Bâti sur le site d'un moulin du XIIIe siècle fondé par des moines cisterciens, le Mönschmühle produit non seulement des farines, mais aussi de nombreuses variétés de pâtes alsaciennes : à l'épeautre et aux légumes, au blé dur sans œuf, aux œufs, au froment... Vous trouvez dans la grande surface de vente au détail, une gamme impressionnante de produits à base de céréales ou de légumineuses, du riz, des légumes secs, des flocons de céréales, des mueslis, des gâteaux, le tout certifié en biodynamie et estampillé Demeter. Vous trouverez également tout ce dont vous avez besoin pour remplir votre frigo et prendre soin de vous ainsi que des graines à semer et des livres. Spécialisé dans la culture de l'épeautre, Natur'line qui distribue la marque travaille à l'ancienne avec des grains moulus sur meules de pierre mues par l'énergie hydraulique et utilise sa propre eau de source et valorise ses déchets grâce à un élevage de cerfs et d'ânes autour du moulin. La farine est distribuée par sac de 5 kilos ou de 25 kilos très économiques. Un incontournable pour les Alsaciens et les autres qui font leur pain !

FERME VIERLING

12, route de Saverne
SCHNERSHEIM
✆ 03 88 69 72 21
www.aromes-alsace.com
lesaromesdalsace@wanadoo.fr

Ouvert du lundi au jeudi de 9h à 12h et de 14h à 19h ; le vendredi de 9h à 19h ; le samedi de 9h à 17h. Visites de la ferme possibles sur rendez-vous. Paniers fraîcheur hebdomadaires à 5, 10 ou 15 €.

Ce couple d'agriculteurs passionnés propose dans son magasin de vente Arômes d'Alsace des produits locaux de qualité dont bon nombre sont issus de leur propre production. Jean-François et Régine Vierling, issus de familles du métier et ayant grandi dans la campagne alsacienne, ont eu envie de faire partager leur goût de la nature et des bons produits. Adeptes de l'agriculture raisonnée, leurs fruits et légumes sont cultivés selon un cahier des charges strict et contrôlés chaque année par un organisme indépendant. Vous pourrez trouver dans la boutique échalotes, aulx et oignons, légumes, délicates herbes aromatiques, ainsi que bien d'autres produits en provenance des producteurs spécialisés voisins tout proches : œufs, poulet fermier, foies gras, confitures, miel, fromage de chèvre, lard paysan, produits laitiers, jus de fruits Bio, farine Bio, thés bio, café Elsass, bière artisanale régionale... Des paniers fraîcheur hebdomadaires qui changent en fonction des saisons et des récoltes sont à commander auprès de Régine ou Marina. D'appétissantes corbeilles garnies à offrir pourront également être composées pour vous et lors de votre première visite, vous recevrez un cadeau !

CÔTÉ NATURE

2A, route de Brumath
SOUFFELWEYERSHEIM
✆ 03 88 62 57 14
www.biocotenature.com

Ouvert le lundi de 14h à 19h ; du mardi au jeudi de 9h à 12h30 et de 14h à 19h ; le vendredi jusqu´à 19h30 ; le samedi jusqu´à 18h30.

Après Horbourg-Wihr, Belfort et Illkirch, l'enseigne « bioéquitable » a ouvert un quatrième magasin de 500 m² à Souffelweyersheim. Comme dans les autres établissements, vous y trouverez des produits alimentaires : fruits et légumes, boucherie-charcuterie, œufs et produits laitiers, céréales, boissons et pain frais. Le tout bio et provenant directement de producteurs locaux, sans aucun autre intermédiaire. En plus de l'alimentation, Côté Nature vend aussi des produits cosmétiques, d'hygiène et de santés (huiles essentielles, compléments alimentaires...). particularité de cette enseigne : de la literie et des produits pour nourrissons, garantis bios, locaux et équitables.

BIOCOOP LE QUAI DES HALLES

6, rue Sébastopol
STRASBOURG
✆ 03 88 36 52 68
www.biocoop.fr
lequaideshalles@orange.fr

Ouvert le lundi de 12h à 20h ; du mardi au vendredi de 10h à 20h ; le samedi de 10h à 19h.

C'est une épicerie *bioptimiste* suivant la ligne 100 % bio, de l'agriculture aux cosmétiques. Pour soutenir la production locale, Biocoop travaille en priorité avec des agriculteurs de la région en respectant les saisons. Vous y trouverez fruits, aromates et légumes de saison, mais aussi une large sélection de produits locaux, un espace épicerie, de nombreux produits sans gluten, un espace pour la santé, bébé... L'enseigne propose aussi un large panel de produits en vrac pour moins de gaspillage et pour les amateurs de fromages un rayon à la coupe.

VITANA

13, rue des Orfèvres
STRASBOURG
✆ 03 88 32 30 08
vitanasxb@gmail.com
Tram arrêt Broglie.

Ouvert le lundi de 14h30 à 18h ; du mardi au vendredi de 9h30 à 19h ; le samedi de 9h30 à 18h. Livraison possible.

L'origine de cette maison remonte à 1954 ! Ce fut d'ailleurs le premier commerce dédié au bio de Strasbourg. Respect ! Vous trouverez chez Vitana un large choix de produits d'aromathérapie, des produits frais, des pains, des miels, des tisanes, des huiles essentielles et des savons végétaux de toutes provenances, des cosmétiques (Hauschka, Melvita) et des produits d'épicerie (Bonneterre, Primeal) sans oublier toute une gamme de compléments alimentaires. L'accueil est chaleureux et les conseils avisés. On vient de loin pour l'important rayon sans gluten (Shär, Valpiforme), mais aussi des articles de droguerie (Ecovert, Ecodoo) à prix intéressants. Enfin, à l'étage, vous trouvez une sélection impressionnante de produits d'entretien, de peintures et lasures de décoration. Le plus : le quartier est très sympa.

VIVRE BIO

La maison vitale
26, route de Strasbourg
VENDENHEIM
✆ 03 88 19 95 38

Ouvert du lundi au samedi de 9h à 19h. Attention : horaire différent selon les magasins.

Dans ce magasin bien fourni, vous trouverez de nombreux produits en vrac, mais pas seulement ! Il y a aussi des produits frais (fruits, légumes, pains, viennoiseries...), ainsi qu'une boucherie proposant viandes, charcuteries et fromages. Bien sûr, on n'oublie pas les férus de cosmétiques bio qui ne seront pas en reste. Un renseignement ? N'hésitez pas, le personnel est très qualifié et saura vous conseiller. Les matériaux utilisés pour l'aménagement des locaux sont le plus écologique possible, avec des matières naturelles, de la peinture bio ou encore des lampes basse consommation. Un incontournable pour les adeptes du bio, dans la zone commerciale de Vendenheim.

LES VERGERS D'ARLETTE

9, rue Principale, VOELLERDINGEN
✆ 03 88 00 07 91
www.lesvergersdarlette.com

Ouvert le mercredi, le vendredi et le samedi de 15h à 17h. Et boutique en ligne.

Arlette et Gérard Carrier sont des passionnés du bio, d'ailleurs, leurs produits présentent tout un éventail de certifications : Ecocert, Naturland, Nature et Progrès, Demeter... Ils ont débuté il y a une vingtaine d'année en pratiquant l'arboriculture bio, puis la biodynamie, pour ensuite investir dans un atelier à jus de pommes et l'achat d'un alambic. En 2013, l'entreprise s'enrichit d'une nouvelle activité : la microbrasserie. Vous trouverez chez les Carrier, jus de fruits, apéritifs, liqueurs et eaux de vie bio, dont la liqueur de fleurs de sureau, leur grand succès. Ils produisent aussi des vinaigres et des bières, dont la Gégé, à l'épeautre et au houblon bio ou l'Arlette. Certaines bières sont parfumées à la pomme, à la quetsche, à l'aspérule, les bouteilles sont fermées par des bouchons en porcelaine. Dans leur «biolädele» (lädele veut dire petit magasin en dialecte local) on trouve aussi des confitures, et des produits bio provenant d'autres producteurs de la région. Possibilité de visiter leur verger, les installations et de déguster leurs produits. Si vous êtes nostalgique de leurs produits, vous pouvez les commander sur leur site Internet.

Restaurants bio

LA MERCERIE

6, rue du Marché, OBERNAI
✆ 03 88 04 89 28
www.lacourdeshotes.com

Ouvert toute l'année. Du lundi au samedi le midi et le soir ; le dimanche midi. Réservation recommandée. Vin au verre. Menu dégustation : 18 €. 5 chambres d'hôtes à partir de 55 €/nuitée/2 personnes. Terrasse.

Cette adresse nichée au fond d'une cour intérieure au cœur de l'espace piétonnier d'Obernai fait le bonheur des petits budgets et des épicuriens qui ne s'embarrassent pas des diktats de la mode gastro. Murs peints dans des tons chaleureux et pierres apparentes, la décoration des 5 chambres s'inspire de l'univers rétro du temps de la couture à la mode de nos grand-mères. Quant à la carte du restaurant de La Mercerie, elle vous invite à vous régaler de salades fraîchement composées ainsi que de tartes flambées, tartines de campagne, burgers maousse, délicieux plats de pâtes et autres spécialités du cru (gratin de pommes de terre au munster, choucroute, baeckaoffa...). L'après-midi, la Mercerie se transforme en salon de thé-limonadier qui propose notamment de délicieux jus de fruits frais biologiques. Et pour finir, La Mercerie vous propose 5 chambres d'hôtes (2-6 personnes), tandis qu'elle dévoile une cuisine un tantinet différente dans son établissement voisin, La Soupe à Mémé, qui est réputé pour ses plats végétariens sans gluten.

LE CONFIDENTIEL

13, rue de la Haye
SCHILTIGHEIM
✆ 03 90 22 60 36
www.le-confidentiel.fr

Ouvert du lundi au vendredi le midi et le soir. Menus de 30 € à 39 €.

Voici un restaurant d'affaires pour le moins atypique. La cuisine est raffinée et équilibrée. Le chef Johann Gonzales œuvrait précédemment Au Cerf à Marlenheim. Ici les plats sont bio, sans gluten et sans laitage. Les produits sont frais et tout est 100 % fait maison. Les plats sont élaborés en collaboration avec une naturopathe. Les recettes sont élaborées à base de racines, herbes, algues, fruits et légumes... L'établissement vous accueille aussi pour des petits déjeuners et des after works. Manger vite et bien, mais manger sain ! Telle est la devise de ce restaurant atypique. L'établissement dispose de trois salles à l'étage où vous pouvez déjeuner en toute confidentialité.

PUR ETC

122, Grand-Rue, STRASBOURG
✆ 09 83 78 38 79 – www.pur-etc.fr
contact@pur-etc.fr
Tram arrêt Langstross.

Fermé les 1er janvier, 1er mai et 25 décembre. Ouvert du lundi au samedi de 11h30 à 20h. Carte : 6,50 € environ. Formule : 9,90 € (plat, dessert, boisson). Chèque Restaurant. Chaises bébé. Terrasse. Vente à emporter.

Envie d'un repas bio, ou d'un brunch le dimanche matin ? Rendez-vous chez Pur Etc. Vous y trouverez des produits frais maison, et des jus de fruits ou de légumes savoureux. Leurs valeurs sont assumées : des fruits et légumes de saison cueillis à maturité, des viandes issues d'élevages garantissant le bien-être animal. L'enseigne propose aussi des plats vegan, sans gluten et sans lactose. Il est possible de trouver plusieurs restaurant à Strasbourg, comme aux Halles ou place Saint-Étienne. La terrasse est très agréable en été. Possibilité de se faire livrer à domicile ou à son travail. L'atout des lieux ? Le concept des produits locaux est original. Bémol pour le service inexistant.

L'ORGELSTUBB

5, place du Marché, VAL DE MODER
✆ 03 88 07 75 91

Fermé dernière semaine de juillet et première quinzaine d'août. Ouvert du mardi au samedi. Carte : 25 € environ. Chèque Restaurant. Jardin. Terrasse.

Cet endroit étrange et poétique, bien connu des mélomanes, a fêté fin 2019 un double anniversaire : les dix ans de son restaurant mais aussi les 35 ans de la création de l'atelier d'orgues de son propriétaire, Rémy Mahler. La maison de l'orgue comme on peut traduire le nom en dialecte local (XVIIIe siècle) est un lieu étonnant. Les époux Mahler l'ont restauré avec goût : patines à l'ancienne, meubles chinés, coin bibliothèque, linge de maison brodé et jolie vaisselle... Il y a même un piano à queue et un clavecin « réaménagé » par Rémy. Facteur d'orgues, il vous convie aussi à visiter son atelier. Une terrasse ravissante est aménagée dans la cour où glycines et framboisiers voisinent avec une statue de Bacchus et un vieux banc d'école en bois avec en prime, la vue sur les cigognes nichant sur la place du marché. Pas de menu établi à l'avance mais des plats sympathiques. Les produits bio sont à la l'honneur y compris pour les bières, le vin et les sodas ; des desserts sont proposés avec ou sans gluten, ou lactose. Des récitals de piano, lectures, théâtre sont parfois programmés.

POUR AIDER LES PLUS PAUVRES,
JE CHOISIS D'AGIR AVEC EUX
FAITES UN DON
secours-catholique.org
BP455-75007 PARIS
caritasfrance Secours Catholique-Caritas France
Secours Catholique
Caritas France
ENSEMBLE,
CONSTRUIRE
UN MONDE JUSTE
ET FRATERNEL

Mode et bien-être

SPA HÔTEL LA CLAIRIÈRE****
63, route d'Ingwiller
LA PETITE-PIERRE
✆ 03 88 71 75 00
www.laclairiere.com
info@la-clairiere.com

Fermé 3 semaines en janvier. 49 chambres (dont 3 chambres pour pers handicapées). Chambre double de 105 € à 155 €. Demi-pension. Petit déjeuner buffet : 25 €. Lit supplémentaire : 50 € (gratuit pour les moins de 12 ans en chambre supérieure uniquement). Parking fermé. American Express, Chèque Vacances. Animaux acceptés (19 € croquettes bio incluses). Séminaires. Réceptions et mariages. Wifi. Restauration. Vente (produits du terroir et cosmétiques, artisanat). Tv satellite. Hammam, bain bouillonnant, sauna. Animations.

Installé dans un bâtiment à l'architecture moderne en lisière de forêt, le Spa-Hôtel La Clairière est conçu pour le bien-être et le repos parfait. Trois catégories de chambres : classique, confort ou supérieure. Toutes sont équipées de literie en latex naturel avec couette en laine bio. Dans les salles de bains vous trouverez peignoirs et chaussons. Le prix de la chambre comprend le wifi et l'accès au Spa ouvert sur la forêt avec bains vapeur, saunas, piscine extérieure d'hydrothérapie chauffée et piscine intérieure et à la salle de fitness. En supplément : le petit déjeuner buffet bio, le repas et les participations aux activités (yoga, Qi Gong, etc.). On vous servira au restaurant d'excellents plats à base de produits de saison, dont la cuisson douce sera effectuée à l'aide d'huiles végétales non saturées, en utilisant le moins possible de sel et de sucre ainsi que de nombreux plats sont inspirés par la diététique ayurvédique : filet de lieu jaune et curry de légumes, filet mignon de porc rôti aux courges confites et fricassée de champignons, gratin de patates douces au chèvre frais... Des programmes bien-être sont proposés pour des séjours de 3, 5, 7 ou 10 nuitées, intitulés Pure Relaxation, No Stress, Detox ou Weight Balance. L'espace Spa est ouvert également aux clients extérieurs à l'hôtel.

HAUT-RHIN

Alimentation

BIO JARDIN
4, rue des Alpes
BRUNSTATT-DIDENHEIM
✆ 03 89 06 42 62
www.bio-jardin-didenheim.fr
bio-jardin@wanadoo.fr

Ouvert du lundi au vendredi de 8h à 19h ; le samedi de 7h à 18h.

Contrairement à ce que son nom pourrait faire penser, le jardinage n'est pas l'activité principale de ce magasin où l'ambiance est familiale et l'indépendance brandie comme un étendard dans la brume des franchisés... Par contre on y trouve à peu près tous les produits nécessaires pour être un parfait bio-citoyen de la chaussette en bambou au diffuseur d'huiles essentielles en passant par l'épicerie et les légumes frais. Beaucoup de références avec une très belle collection de compléments alimentaires, en provenance de producteurs locaux et surtout les conseils avisés, pointus et toujours souriants de Christian Horrenberger. Tout est pensé dans le respect de la terre et de ce qui vit dessus..

BIOCOOP SONNEBLÜEM
7, rue du Grillenbreit
COLMAR
✆ 03 89 24 08 72
www.biocoop.fr

Ouvert le lundi de 14h30 à 19h ; du mardi au jeudi de 9h à 12h30 et de 14h30 à 19h ; le vendredi de 9h à 19h ; le samedi de 9h à 18h15.

Pionnière de l'initiative Biocoop en 1986, la coopérative Sonneblüem (« tournesol » en alsacien) séduit aujourd'hui une clientèle qui ne se réduit plus aux seuls adeptes du 100% bio. Il faut dire qu'il est très agréable de flâner dans les rayons de ce supermarché pas tout à fait comme les autres. On apprécie de connaître avec précision la provenance et la composition de chaque produit : légumes et fruits, produits laitiers, céréales et féculents, produits cosmétiques et ménagers, livres (ce rayon est particulièrement bien fourni et la coopérative participe régulièrement au Salon du Livre de Colmar)... Partenaire de la foire Éco-Bio de Colmar, la Biocoop Sonneblüem organise de manière ponctuelle des conférences et des visites et dégustations chez des fournisseurs locaux, des restos éphémères, des randonnées...

LES CHANTS DE LA TERRE
114, chemin du Lauchwerb
COLMAR
✆ 03 89 41 90 63
www.chantsdelaterre.fr
contact@chantsdelaterre.fr

Vente à la ferme : le vendredi de 16h à 19h. Marché couvert de Colmar (stand des 6 Saveurs) : du mardi au samedi. Marché Saint Joseph à Colmar : le samedi de 7h à 12h30. Marché de Turckheim : le vendredi de 7h à 12h30. Boutique en ligne. Formule d'abonnement panier hebdomadaire : légumes de 10 € à 26 € ; fruits de 8 € à 16 €.

La ferme Les Chants de la Terre est spécialisée dans la livraison à domicile de paniers composés de légumes et de fruits issus de l'agriculture biodynamique locale. La zone de livraison d'étend de Sainte-Marie-aux-Mines à Cernay. En pratique, il vous suffit de choisir la formule qui correspond le mieux à vos goûts et au nombre de personnes composant votre famille, puis de remplir le formulaire de commande en ligne sur le site Web et de fournir un RIB. L'abonnement est renouvelable par tacite reconduction et résiliable quand vous le souhaitez.

Les paniers printaniers se composent généralement de concombre, roquette, basilic, poivron, persil, côtes de bette, radis noir, tomate, fenouil, aubergine, haricot, etc. Pour les paniers d'automne/hiver vous aurez le choix entre : chou de Bruxelles, carotte, pomme de terre, blette, topinambour, cresson, épinard, panais, rutabaga, etc. Notez que vous pouvez compléter votre panier en piochant un catalogue de produits variés, trois jours avant la livraison. Chaque semaine, les paniers sont différents et s'accompagnent d'idées de recettes. Excellente formule pour redécouvrir le goût des produits du terroir et des légumes oubliés.

L'ESPRIT BIO

5, place Saint-Joseph
COLMAR
✆ 03 89 79 49 03
www.lesprit-bio.fr
esprit.bio@free.fr

Ouvert du mardi au vendredi de 8h30 à 12h30 et de 14h à 19h ; le samedi de 8h à 12h30 et de 14h à 17h30. Congés en août.

La charmante Anne Ribeiro vous accueille de manière personnalisée dans sa boutique implantée juste en face de l'église Saint-Joseph. Passionnée d'écologie et diététicienne diplômée, Anne vous propose des produits frais et d'épicerie fine ainsi que des compléments alimentaires de haute qualité, à des prix tout à fait raisonnables. À cela s'ajoute une belle sélection de soins pour le visage et le corps ainsi que des produits de maquillage élaborés par des marques réputées, mais aussi des huiles essentielles et des préparations à base de fleurs de Bach. En quête de cadeaux originaux ? Bougies parfumées, bijoux issus du commerce équitable, bouteilles isothermes... Vous avez l'embarras du choix !

AU JARDIN DE LAURENCE

14, Rittergaesslein
COLMAR
✆ 06 30 71 56 63
http://jardindelaurence.e-monsite.com
aujardindelaurence@hotmail.fr

Vente de fruits et légumes à la ferme le vendredi de 10h à 12h et de 13h30 à 18h30. Paniers garnis sur commande.

Depuis quatre-vingt-dix ans, la famille Gauer cultive ses légumes sur 2,4 hectares dans le quartier des Maraîchers à Colmar. Digne représentante de la quatrième génération, Laurence gère avec passion son exploitation qui est engagée depuis janvier 2013 dans une démarche de conversion biologique. Chez elle, on est sûr de faire le plein de produits cultivés sans engrais chimique. Laurence cultive plus de 80 espèces de légumes, notamment des variétés anciennes parfois insolites : tomates andine cornue, langue de Crimée, cœur de bœuf, courges spaghetti, topinambours, rutabagas, panais. Mais aussi navets, choux raves, carottes et radis trois couleurs, betteraves, pommes de terre, salades variées et herbes aromatiques. Au fil des saisons, c'est un festival de produits locavores qui vous attend au Jardin de Laurence le vendredi ou sur le marché de Munster le samedi matin : pain frais, volailles, œufs, pâtes d'Alsace, miels... Vente de paniers garnis, possibilité de commande par téléphone.

MAISON HIROSE

35, rue Kléber
COLMAR
✆ 03 89 29 04 49
www.hirose.fr
contact@hirose.fr

Ouvert du mardi au samedi de 7h30 à 12h30 et de 14h à 18h ; le dimanche de 7h30 à 12h30.

Des produits frais, goûteux, originaux, certifiés Ecocert : voilà ce que vous proposent Naoto Hiroso et Paul Petersen. Le premier vient du Japon, le second est alsacien et tous deux se sont rencontrés lors de leur formation chez Christine Ferber à Niedermorschwihr. Après avoir engrangé un savoir-faire conséquent pendant 10 ans, les deux complices ont ouvert leur laboratoire à Andolsheim à l'automne 2015. Et puis, en novembre 2017, ils ont ouvert leur propre pâtisserie à Colmar, la Maison Hirose, juste en face des Catherinettes. Et, depuis décembre 2019, ils ont désormais pignon sur rue à Sélestat (2, place du Marché Vert). Dans chaque boutique, c'est un véritable enchantement gourmet qui vous attend : viennoiseries pur beurre, pains au levain naturel élaborés à partir de farines non modifiées (épeautre, châtaigne, seigle...), macarons, financiers et brioches au thé vert Matcha, galettes de rois, manalas, stollen, streussel, canapés, confitures... Et côté pâtisseries, c'est Byzance ! Éclairs sublimes, tartelettes au citron délicieusement crémeuses et acidulées, paris-brest revisité en version paris-tokyo fourré à la compote d'azukis et crème au thé vert matcha. On craque définitivement pour cette approche franco-japonaise de la gourmandise !

LES OIES SAUVAGES

27, rue de Logelbach
COLMAR
✆ 07 71 75 48 82
cooplesoiessauvages.alsace
contact@cooplesoiessauvages.alsace

« Consom'acteur », « coopér'acteur »... les néologismes ne manquent pas pour qualifier le nouveau type de commerce porté par Les Oies Sauvages à Colmar ! Initié par Patrick Pfrimmer, ce magasin coopératif s'inspire de l'exemple de l'épicerie solidaire Park Slope Food Coop créée dans le quartier de Brooklyn en 1973. À l'instar de cette enseigne new-yorkaise, Les Oies Sauvages fonctionnent sur le principe de l'engagement personnel : les membres de la coopérative gèrent la tenue du magasin et son achalandage tout en participant à son fonctionnement à raison de trois heures toutes les quatre semaines. À l'heure actuelle, les rayons des Oies Sauvages présentent quelque 300 références issues de circuits courts, locaux et bio : fruits et légumes, fromages et laitages, viande, œufs, épicerie fine, produits de toilette et de ménage... le tout à des prix très intéressants pour les adhérents coopérateurs. Vous souhaitez changer vos habitudes en matière d'achats de produits de qualité (alimentaires ou autres) tout en créant du lien social ? Adhérez à la coopérative Les Oies Sauvages ! Pour en savoir plus, n'hésitez pas à consulter son site Web et sa page Facebook : vous y trouverez les prochaines dates des réunions d'information et des différents ateliers organisés toute l'année.

RHENAMAP

11, rue du 1er septembre
MUESPACH
www.rhenamap.org
contact@rhenamap.org

♿

Pour Mulhouse, distribution le jeudi entre 18h45 et 19h45 (Bâtiment 57 de la zone DMC, entrée par la rue de Pfastatt). Adhésion et abonnement par le site internet.

RHENAMAP, qui fonctionne entre Vosges et Rhin a organisé 10 lieux de distributions de paniers à Mulhouse et dans 9 localités alentour. Grâce à cette AMAP, vous aurez accès à des produits de qualité provenant de producteurs locaux. Vous reprendrez l'habitude de manger des fruits et légumes en suivant leur rythme naturel de production et aurez accès à des produits du terroir. En adhérant à cette AMAP vous garantissez au producteur un revenu et l'assurance de l'écoulement de sa production. Vous contribuez ainsi à la valorisation et au maintien de l'activité agricole de votre terroir.

BIOCOOP

Maison Engelmann
8 bis, rue du Moulin
MULHOUSE
✆ 03 89 46 25 26
biocoop.fr
service.clients@biocoop.fr

Ouvert du lundi au vendredi de 9h à 19h30 ; le samedi de 8h30 à 19h. Fermé le dimanche.

Mulhouse Ville possède désormais une petite surface entièrement Bio où les bobos et les autres n'auront plus besoin de se déplacer en périphérie. Un choix très divers et des produits sélectionnés sur une petite surface de 113 m² : 100% de produits bio très souvent locaux, plus de 100 références de produits en vrac, un large choix en fruits et légumes et produits frais. Le circuit court est un choix réfléchi dans la stratégie de l'enseigne. Ainsi, le magasin de Mulhouse Centre et son grand-frère de Riedisheim proposent-ils les légumes de la ferme Horrenberger et le pain et viennoiseries de chez Hirose. Devenez consomm' acteurs avec la complicité de la belle équipe souriante et professionnelle du Biocoop !

HALLES NATURE

9, rue des Maréchaux
MULHOUSE
✆ 03 67 35 15 00
www.les-halles.fr

Ouvert du lundi au samedi de 8h30 à 18h30.

Les Halles de Cernay ont implanté ces Halles Nature au cœur de Mulhouse début 2018 avec une offre 100 % bio ! 550 m² de surface sont dédiés au bio, vegan et sans gluten. On s'y fournit en fruits et légumes mais ce n'est pas tout : comme dans un supermarché traditionnel on y trouve de l'épicerie (fromages, pains, petits déjeuners...), des cosmétiques, des produits d'entretien et même de quoi nourrir sainement vos animaux de compagnie. Côté boissons il y a des jus de fruits, des vins (120 références !) et de la bière, dont une sera brassée sur place prochainement. Et pour que l'offre soit complète, vous pouvez manger ou boire un verre au restaurant Biofresh, entièrement vegan.

C'MA CUEILLETTE

65, rue de Mulhouse
RIXHEIM
✆ 07 70 01 76 96

Ouvert du mardi au vendredi de 9h à 12h et de 14h à 19h ; le samedi de 9h à 12h et de 14h à 16h.

Christiane Masson en connaît un rayon sur les confitures maison ! Elle confectionne elle-même ses confitures dans son magasin-atelier. Litchi, ananas, myrobolan, nashi ou bien plus simplement framboise, fraise ou clémentine... ce sont 80 fruits proposés et une centaine de recettes. D'autres surprises maison comme l'abricot aux amandes et vanille ou bien encore la tomate verte à la cannelle ainsi que des gelées, confits et chutneys, des sirops naturels aux plantes aromatiques ou aux fruits, sans conservateurs ni colorants. Le mari de Christiane, apiculteur, fournit la boutique en miel. À découvrir : le miel aux noisettes, savoureux et inédit !

UBERTI

10, impasse Montgolfier
SAINTE-CROIX-EN-PLAINE
✆ 03 89 21 00 41
info@mondial-uberti.com

Boutique ouverte du lundi au vendredi de 8h30 à 12h et de 13h30 à 17h. Accueil téléphonique : du lundi au vendredi de 13h30 à 15h30. Boutique en ligne. Livraison gratuite dès 59,90 € de commande TTC. Remise de 5 % pour toute commande de plus de 350 € TTC.

Fondée voici 20 ans par Louis Uberti, cette entreprise familiale est spécialisée dans la fabrication et la commercialisation de produits naturels, diététiques et bio dans le monde entier. Parmi les best-sellers de la marque, on peut citer le fameux élixir au vinaigre de cidre, les mélanges énergétiques et anti-âge (amandes, baies de goji, cranberries, aronia…), les boissons à l'hydromel, le Bon Matin à la chicorée bio, les formules protéinées vegan… Des bijoux, cosmétiques, livres et coffrets viennent enrichir le choix impressionnant de graines, baies séchées et autres gourmandises pour garder un esprit sain dans un corps sain. Une adresse à retenir si vous êtes branché *healthy life* !

Restaurants bio

CUIT LU CRU

Marché Couvert
13, rue des Ecoles
COLMAR
✆ 06 17 84 56 34 – www.cuitlucru.fr

Ouvert du mardi au jeudi de 8h à 18h ; le vendredi de 8h à 19h ; le samedi de 8h à 17h ; le dimanche de 10h à 14h. Restaurant, salon de thé et traiteur vegan.

Au cœur du marché couvert, Fabien et Candy Fornier proposent une cuisine vegan qui vous fera découvrir de nouvelles saveurs. Leurs plats cuisinés à partir de produits locaux et bien entendu bio sont à déguster dans un cadre cosy et convivial avec un mobilier en bois au design épuré. C'est l'un des rares endroits à Colmar qui propose une cuisine pour les vegans. Cuit lu Cru fait le pari de réconcilier « le Bien, le Beau, et le Bon ». Alors laissez-vous tenter par leurs plats, desserts et leurs jus aux saveurs uniques. Les menus du jour au prix raisonnable vous permettront de goûter à une cuisine élaborée, créative, saine et respectueuse de l'environnement. en favorisant les ingrédients à fort taux de nutriments. Cuit lu cru a également développé un service traiteur vegan et bio, ainsi que des cours de cuisine 100 % végétale.

L'ARPÈGE
24, rue des Marchands
COLMAR
✆ 03 89 24 29 64
www.larpegebio.com
contact@larpegebio.com

Le restaurant fait partie du réseau Alliance slow food des chefs. Ouvert du lundi au samedi le midi ; du jeudi au samedi le soir. Réservation impérative. Vin au verre. Menu du jour végétarien, viande, poisson. Vins issus de la culture biodynamie. Chèque Restaurant. Chaises bébé. Jardin. Terrasse.

L'Arpège propose une cuisine inspirée, saine et savoureuse, à base de produits bio, locaux et de saison. Le cadre du restaurant manque quelque peu de modernité, l'espace est plutôt restreint (la réservation est très recommandée surtout si vous êtes plus de deux), mais Grégoire Sanchez et son équipe nous comblent avec leurs trouvailles culinaires plus alléchantes les unes que les autres. Ici, les suggestions sont renouvelées quotidiennement, avec une sélection courte, toujours gage de qualité. Avec une proposition de plat végétarien, il n'y a vraiment rien à redire sur ce que le chef nous présente joliment dans l'assiette. Dès le mois d'avril, vous profiterez d'une terrasse dans un jardin d'été aux allures de petit coin de paradis urbain. Avec des expositions et des animations musicales (en général le vendredi soir, à raison de deux fois par mois), L'Arpège s'est, à juste titre, qualifié de restaurant biologique et culturel. Un endroit qui vaut la patience d'attendre une place à réserver !

LE BIODÔME
36, Rue des Landes
HÉGENHEIM
✆ 03 89 67 63 29 – www.bio-dome.fr

Ouvert du mardi au samedi le midi de 11h30 à 14h30. Horaires du magasin : le lundi de 14h à 18h30, du mardi au jeudi de 9h à 19h, le vendredi de 9h à 19h30, le samedi de 9h à 18h. Réservation recommandée. Carte : 16,50 € environ (9,95 € le menu végétarien (entrée+plat). 3 € le dessert du jour). Formule du midi : 12,50 €. Terrasse. Boutique.

Le Biodôme est un modèle d'éco-construction : panneaux solaires photovoltaïques, poêles à pellets, éolienne, puits canadien, récupérateur d'eau de pluie, toiture végétale... Situé à quelques kilomètres de la frontière suisse, ce bâtiment HQE en forme de dôme abrite un magasin bio, un restaurant, une salle de réunion et la maison des propriétaires. En théorie, le concept doit permettre de vous proposer les moyens de vivre mieux : alimentation équilibrée et bio, gestes éco-citoyens, respect de soi et de la planète, art de vivre positif. . . pour soi, ses enfants et ses proches. Le magasin de 400 m^2 propose 10 000 produits certifiés bio où vous trouverez forcément votre référence. Au restaurant, le chef, élabore les plats devant vous. Chaque jour, à midi, vous pouvez composer vous-même votre assiette grâce à un large choix au buffet. Avis aux grandes faims, le buffet est à volonté. En soirée et le dimanche midi, c'est un menu sur assiette qui prime. A l'extérieur, une jolie terrasse permet de déjeuner dehors. Depuis 2017, le Biodôme, c'est aussi un service traiteur avec livraison à domicile ou à emporter.

ASSOCIATION LES SHEDS
2A, rue d'Illzach
KINGERSHEIM
✆ 03 89 51 15 03 – www.les-sheds.com
info@les-sheds.com

Ouvert du mardi au vendredi le midi ; le vendredi et le samedi le soir. Carte : 14 € environ. Formule du midi : 17,50 €. Terrasse.

Ce qu'on aime au resto des Sheds, c'est autant l'espace que l'esprit : ouverts. Très agréables aussi, la déco, la convivialité sans oublier les saveurs dans l'assiette. On aime la hauteur et les beaux volumes, hospitaliers, où l'on se sent tout de suite à son aise. Aménagé dans une ancienne usine textile (les Sheds, forcément !), le resto est installé chaque jour dans l'espace modulable dédié le mercredi au marché paysan bio. Une carte simple et savoureuse avec une dizaine de recettes (végétariennes, végan ou traditionnelles) dont plusieurs changent tous les 2 jours. Toutes sont réalisées à partir de produits frais locaux, bio en majorité, livrés par les producteurs du marché paysan ou alimentés par son épicerie bio. Une carte des vins d'origine France, blancs ou rouges, en bouteille ou au verre. On se sent un peu en famille, c'est l'esprit culturel et associatif des Sheds. En même temps, on est dans un lieu coquet où l'on a le souci du détail. Des concerts sont organisés certains soirs et on est vraiment au café-théâtre (demandez le programme !), sinon l'estrade aménagée en salon nous invite à pousser la chansonnette au piano un après-midi autour d'une crêpe ou d'une bière. Ce lieu hybride abrite aussi un coin expo-photos et la boutique bio ouverte sur l'espace resto. Une belle terrasse vous accueille aux beaux jours. Les Sheds, un endroit vraiment sympa pour passer un moment entre amis et, pourquoi pas, le lieu s'y prête, faire connaissance avec vos voisins de table, tout simplement.

PUR ETC
4, rue de la Justice
MULHOUSE
✆ 06 80 83 56 77 – www.pur-etc.fr
contact@pur-etc.fr

Ouvert du lundi au jeudi de 11h30 à 18h ; le vendredi et le samedi de 10h à 21h ; le dimanche de 10h à 20h. Brunch à volonté le dimanche 25€. Menus de 9,90 € à 14,90 €. Brunch tous les matins jusqu'à 12h de 9.9 € à 14.9 €. Vente à emporter.

Chez Pur Etc, on cuisine vrai, propre et juste ! Une cuisine saine et gourmande, des matières premières fraîches et brutes et des produits de saison, jusque-là le concept est connu mais le restaurant va beaucoup plus loin dans sa démarche éthique et engagée ! Le tri avec un objectif zéro déchet, des bocaux consignés, la georgette, l'utilisation des produits issus d'une agriculture respectueuse de l'environnement, une gamme incroyable de produits végétariens, des recettes sans gluten et sans lactose, des jus de fruits frais pressés minute... la liste est très longue. Une cuisine simple et délicieuse, une déco vintage et sympathique, un accueil très souriant, courez ! C'est génial !

LE BISTR'EAU
Fondation François Schneider
27, Rue de la Ire-Armée
WATTWILLER
✆ 03 89 82 10 10
www.fondationfrancoisschneider.org
s.blaser@lebistreau.org

Le centre d'art est fermé 3 semaines lors des montages et des démontages d'expositions. Fermé aussi du 24 au 31 décembre et le 1er mai. Ouvert du mercredi au dimanche et les jours fériés de 10h à 18h. Fermeture à 17h d'octobre à février. Carte : 10 € environ. Adapté. Formules : 2 plats, 14 € ; 3 plats, 16 €. Label Tourisme & Handicap. Accueil des groupes. Jardin. Terrasse.

Le superbe décor du Centre d'art contemporain Fondation Schneider sert d'écrin au Bistr'eau. Les tables installées dans la mezzanine baignée de lumière donnent directement sur les expos de la Fondation. Un accueil sympathique et une petite ardoise essentiellement bio et locale, des suggestions traditionnelles ou végétariennes et de délicieuses pâtisseries végétaliennes. Avec en prime la plus belle terrasse de la région ! L'endroit est parfait pour se détendre. À noter : possibilité de privatiser le lieu pour vos événements privés.

AUBERGE DU VEILLEUR
12, place Turenne
TURCKHEIM
✆ 03 89 27 32 22
aubergeduveilleur@laposte.net

Ouvert le lundi midi ; du mercredi au vendredi et le dimanche le midi et le soir ; le samedi soir. Réservation recommandée. Menus de 23,50 € à 29,90 €. Menu enfant : 8,50 € (moins de 12 ans). Plat du jour : 9,50 €. Vin au verre. Chèque Vacances, Chèque Restaurant. Accueil des groupes. Terrasse. Animations. Vente de tartes flambées à emporter. Soirées à thème.

Avec sa charmante décoration intérieure ponctuée d'objets alsaciens chinés avec passion, ce sympathique établissement séduit d'emblée. Avis aux amateurs de bonnes viandes, l'Auberge du Veilleur dispose d'une carte maîtresse pour vous régaler tous azimuts : ses plats à base de bœuf de race limousine (certifié Ecocert) sont d'une qualité franchement exceptionnelle. Alors à vous les tartares ou tataki goûteux et les pavés de bœuf XXL ! Mention spéciale à l'excellent Burger du Veilleur composé de magret de canard fumé, de chèvre frais et de foie gras poêlé, c'est un must en la matière ! À la carte ou selon les suggestions du moment, on peut aussi savourer diverses salades composées, un excellent tartare de saumon accompagné de crudités et de frites maison, un foie gras de canard lui aussi fait maison. On apprécie également la succulente choucroute royale aux 5 viandes ainsi que les diverses tartes flambées (proposées aussi à emporter). À l'Auberge du Veilleur, l'ambiance est toujours au top, en salle comme sur l'agréable terrasse aménagée à côté de la Porte de France. Grand parking public gratuit à proximité.

Mode et bien-être

NATUR'L'
16, place de la Cathédrale
COLMAR
✆ 03 89 29 05 72
www.naturl.eu
contact@naturl.eu

Ouvert le lundi de 14h à 18h30 ; du mardi au samedi de 9h30 à 12h et de 13h30 à 18h30.

Depuis un quart de siècle, cette boutique fait le bonheur des Colmariens amateurs de produits diététiques bio

Bébé bio

PETIT LUTIN VERT
191, Grand'Rue
HORBOURG-WIHR
✆ 06 60 95 96 81
www.petitlutinvert.com
contact@petitlutinvert.com

Congés en août. Pas d'horaires fixes : n'hésitez pas à prendre rendez-vous. Formations, ateliers, conférences régulièrement organisés : thématiques et dates disponibles sur le site Web et la page Facebook.

Spécialisée dans la communication dans le domaine de l'enfance, Audrey Obrecht s'adresse aux enfants, parents ainsi qu'aux professionnels de l'enfance. À destination des parents, les formations Gordon ont pour objectif de faciliter la communication en famille. Des formations d'une durée de 25 à 30 heures dispensées pour vous transmettre les outils nécessaires à une meilleure écoute de votre enfant, à l'exercice d'une autorité parentale juste et respectueuse ainsi qu'à la résolution des conflits. Des rencontres conviviales autour d'un café ou d'un apéro ainsi que des conférences et des soirées à thème sont régulièrement organisées pour échanger sur la diversité des thèmes liés à la parentalité : l'éducation bienveillante, comment accompagner les émotions de nos enfants... À destination des enseignants et en concertation avec eux, Audrey peut intervenir en classe, en axant son intervention sur la gestion des émotions, le développement de la confiance en soi, l'acceptation de l'autre... autant d'ateliers en lien avec le mieux vivre ensemble. Pour plus d'informations, n'hésitez pas à appeler Audrey, consultez son site web ou sa page Facebook.

Le calendrier des semis biodynamiques

C'est un incontournable des jardins et potagers bio… Le calendrier des semis biodynamiques est à l'origine de tous les calendriers lunaires basés sur les « jours feuilles-fleurs-fruits-racines ». Sans doute le plus complet, il fait référence chez les jardiniers et agriculteurs biodynamistes depuis plus de 50 ans. Condensé de conseils pratiques et d'indications pour mieux vivre et travailler dans son jardin, sa ferme ou simplement avec la nature, c'est l'indispensable outil du jardinier biodynamiste. La meilleure manière d'obtenir des fruits et légumes de qualité, riches en éléments nutritifs, en goût et en forces vitales. Pour atteindre cet objectif, il convient de respecter les processus naturels et de travailler en accord avec les rythmes cosmiques, les plantes étant plus assujetties que l'être humain à la Terre et au cosmos. C'est le but assigné à ce calendrier qui est le fruit de plus d'un demi-siècle de recherche de l'institut de Maria Thun. Ses concepts sont aujourd'hui reconnus et utilisés en agriculture, jardinage, apiculture, sylviculture et viticulture. Au-delà des indications pour le travail au jour le jour, le calendrier des semis compte de nombreux articles permettant une réelle compréhension des rythmes cosmiques et de leur influence sur le monde végétal, animal et sur la météorologie. Il est complété par des tableaux astronomiques mensuels décrivant l'ensemble des événements cosmiques majeurs de l'année (conjonctions, oppositions, trigones…). Le calendrier des semis biodynamiques est publié par les éditions du Mouvement de l'Agriculture biodynamique implantées à Colmar.

issus pour la plupart des filières biodynamiques. Thés et tisanes, préparations diététiques, huiles essentielles, soins pour le corps et le visage, cosmétiques, produits d'entretien pour la maison : voici de quoi mener une vie en vert dans le respect de l'environnement. On trouve aussi des fontaines pour filtrer l'eau, des systèmes pour combattre la pollution et des coffrets de stérilisation pour éliminer en un clin d'œil virus et bactéries sur divers objets du quotidien. Christian, heureux maître des lieux, regorge de bons conseils pour vous équiper au mieux, naturellement !

Habitat et jardin

MOUVEMENT DE L'AGRICULTURE BIODYNAMIQUE
5, place de la Gare
COLMAR
✆ 03 89 24 36 41
www.bio-dynamie.org
info@bio-dynamie.org
Ouvert le lundi de 8h30 à 12h et de 13h30 à 16h30 ; du mardi au vendredi de 8h30 à 12h.

Le Mouvement de l'Agriculture bio-dynamique (MABD) fait partie de la fédération des organismes régionaux, nationaux et francophones de l'agriculture biodynamique. Cette association rassemble environ 1 800 adhérents consommateurs et jardiniers et 300 adhérents professionnels de la biodynamie. Elle est représentée localement par une vingtaine de groupements dont les activités sont assurées par des jardiniers bénévoles. Ses objectifs sont le développement et la promotion du jardinage et de l'agriculture biodynamiques en France. Pour cela, le MABD développe plusieurs pôles. Le pôle « information et communication » répond à vos questions pratiques. Le pôle « formation » propose un panel de formations courtes à destination des particuliers et des professionnels. Il assure aussi la coordination de l'unique formation diplômante française en biodynamie. Le pôle « édition » présente une offre d'ouvrages sur la biodynamie et sur le jardinage écologique. Il édite également le calendrier des semis, la revue *Biodynamis* et des cahiers thématiques. Le pôle « préparations » propose des préparations biodynamiques et des produits pour le jardin. Le pôle « recherche » sur l'apiculture (Biodynapis) et sur les prévisions météo travaille en lien avec l'association PEUV (www.universitedu-vivant.org). Enfin, le pôle « représentation et relations internationales » entretient la place de la biodynamie au sein du réseau associatif de l'agriculture biologique et du mouvement anthroposophique.

HAUTE-MARNE

Alimentation

MERVEILLES DE LA NATURE
1, rue Henri-Matisse
CHAUMONT
✆ 09 70 35 27 00
www.merveilles-de-la-nature.fr
Ouvert du mardi au vendredi de 9h à 12h et de 14h à 19h ; le samedi de 9h à 12h et de 14h à 18h.

Cette enseigne bio a été fondée en 1991, rue Roux-Champion. Régulièrement agrandie et développée, elle s'est implantée rue Henri-Matisse. Vous y trouvez de très beaux espaces fruits et légumes, cosmétiques. Et toujours les rayons : alimentation biologique, produits naturels, diététiques et cosmétiques, rayon Bébé, rayon relaxation et bien-être, produits d'entretien, peintures. Plus de 5 000 références et toujours des nouveautés !

Ô PALAIS DES FÉES
21, place de l'Eglise
Varennes-sur-Amance
BOURBONNE-LES-BAINS
✆ 03 25 84 31 46
www.opalaisdesfees.fr
opalaisdesfees@gmail.com
Différents tarifs en fonction des stages proposés. Consulter le site.
Quel nom poétique pour ce groupement 100 % féminin de cueilleuses et productrices de plantes aromatiques et médicinales. Alors, les chocolats, tout le monde connaît. Mais ceux des fées, comme leurs biscuits aux plantes, sont à tester tout comme les épices salées, sel aux fleurs, ou pesto des ours. Ces fées paysannes mettent leur amour et leur savoir en pot mais elles partagent aussi leurs secrets, leur créativité festive et leurs doux délices colorés à travers leurs produits mais aussi avec des stages thématiques aux noms enchanteurs le temps d'un week-end : « simples magiques » pour profiter des vertus des plantes médicinales, « cosmétiques poétiques » pour apprendre à créer des baumes mielleux ou des élixirs de fleurs et « cuisine féerique » pour parsemer des plats savoureux avec les plantes sauvages... Laissez-vous charmer !

Mode et bien-être

NATUROSPA
15, rue Saint Jean
CHAUMONT ✆ 03 25 01 17 84
www.naturospa-laetitia.fr
Ouvert le lundi et le mardi de 8h30 à 19h30 ; le mercredi de 9h à 12h et de 14h à 19h ; le jeudi et le vendredi de 8h30 à 20h ; le samedi de 8h à 18h.
Depuis 10 ans, NaturoSpa propose des soins essentiels de bien-être et de beauté. Profitez de ses soins spa visage et corps, de ses ateliers maquillage, découvrez l'originalité de l'épilation à l'orientale, leur spécialité. Pour prendre soin de vous, NaturoSpa a sélectionné une gamme complète de soins à base de produits 100 % naturels et bio, avec les marques de beauté les plus pointues. Hommes, femmes, jeunes et moins jeunes, y sont les bienvenu(e)s.

MARNE

Alimentation

CHAMPAGNE FRANCIS BOULARD ET FILLE
13, rue de la Censé Flancourt
FAVEROLLES-ET-COÉMY
✆ 03 26 61 52 77
www.francis-boulard.com
contact@francis-boulard.com
Ouvert du lundi au samedi de 9h30 à 12h et de 14h30 à 17h30. Caveaux ouverts à la vente sur rendez-vous uniquement. Visites sur rendez-vous uniquement. Visite et dégustation de 3 cuvées : 25 € par personne.
Une famille de viticulteurs-vignerons depuis six générations au moins, et lancée dans la viticulture bio depuis 1999 sur quelques parcelles, avec le but de convertir peu à peu la totalité du domaine en agriculture biologique certifiée. Depuis 2009, Francis Boulard et sa fille Delphine ont repris le flambeau en partageant leur amour du champagne et de la nature, qui se traduit par des cuvées racées tout en élégance et sobriété, dans le respect de l'environnement. Père et fille sont maintenant déterminés à aller au bout de leur démarche bio en cultivant l'ensemble des vignes en biodynamie. Adepte des vinifications parcellaires et comparatives, Francis Boulard vinifie maintenant tous ses champagnes en fûts en tenant compte du calendrier lunaire.

SYMBIOSE
26, rue de mars
REIMS
✆ 03 26 50 16 28
www.symbiose-reims.com
symbiose.reims@gmail.com
Ouvert le lundi de 14h à 19h ; du mardi au vendredi de 10h à 19h ; le samedi de 9h à 18h.
Grâce à cette boutique bio et éco-friendly, on prend soin de soi et de son intérieur en respectant l'environnement ! Vous y trouverez un large choix de produits ménagers naturels, fabriqués en Champagne-Ardenne, pour nettoyer votre maison de fond en comble, ainsi que des ingrédients de base comme des cristaux de soude, du bicarbonate et du vinaigre d'alcool surpuissant pour concocter vos propres recettes. Après le nettoyage de printemps, place au bien-être avec une vaste gamme de cosmétiques bio pour se faire une beauté mais aussi des lingettes réutilisables, des brosses à dent en bambou, des shampoings, dentifrices, déodorants solides, pour faire un pas de plus vers le zéro déchet.

TA SALADE
Chez Jacqueline Siwiela
48, rue de la Justice
REIMS
amapreimstasalade.wordpress.com
amapreimstasalade@gmail.com
Livraison des paniers le jeudi de 18h30 à 19h30 à la Cartonnerie, 84, rue du docteur Lemoine, à Reims. Petit panier à 10,50 €, grand panier à 15,50 €.
Des paniers de légumes pour tous les locavores ! Cette jeune AMAP travaille avec des agriculteurs de la région de Reims pour vous offrir un circuit court de produits locaux, frais et respectueux de l'environnement. Chaque jeudi à la Cartonnerie, Nicolas et Nathalie vous proposent leurs paniers de légumes et d'œufs biologiques. On y retrouve les classiques tomates, courgettes, concombres et potimarrons de saison mais aussi des saveurs plus exotiques comme le chou chinois pak choï ou le chou mizuna pour improviser des recettes étonnantes. Petit panier pour deux ou grand panier pour régaler toute la famille, manger sa dose quotidienne de légumes est un vrai jeu d'enfant !

Restaurants bio

AU FIL DES SAISONS

13, rue Courmeaux
REIMS ✆ 09 81 32 85 04
www.au-fil-des-saisons.fr
au-fil-des-saisons@outlook.fr

Ouvert du lundi au vendredi de 11h à 15h. Congés en fin juillet.

Pour ceux qui ont envie de se faire un petit resto tout en ayant l'impression de se faire du bien... Tous les menus suivent les saisons et proposent toujours un choix de plats végétariens, végan, ou sans gluten. Ici, la cuisine est créative et goûteuse. Les salades composées sont surprenantes mais délicieuses et très complètes, les soupes sont à tomber et les tartes magiques ! Les autres desserts ne sont pas en reste.

LA VÉGÉ TABLE

23, passage Talleyrand
REIMS
✆ 03 26 23 37 37
www.lavegetable.fr
contact@lavegetable.fr

Ouvert du mardi au jeudi de 12h à 14h ; le vendredi et le samedi de 12h à 14h et de 19h à 21h30. Menus de 16 € à 18 €. Plat du jour : 12 €. Vin au verre. Terrasse.

Les adeptes de la slow food ont enfin leur cantine ! Bien manger et consommer de manière responsable c'est possible, et c'est la Végé'table qui nous le prouve avec ses bons petits plats végétaliens, bio et locaux, goûtez-y, vous serez séduits ! Ici on favorise les circuits courts en s'appuyant sur réseau de producteurs bio de la région. Chaque jour, un nouveau menu haut en couleur qui met l'eau à la bouche : mijoté de légumineuses, kitchari aux légumes de saisons, sans parler des délicieux desserts comme le brownie de patate douce ou la crème d'avocat. Avant de partir, on offre un café ou un sandwich suspendu à une personne dans le besoin, un petit geste solidaire qui fait du bien !

Mode et bien-être

BIO ESTHÉTIQUE

12, place du commerce
REIMS
✆ 03 26 91 61 44
www.institutdebeaute-reims.com

Ouvert le lundi, le jeudi et le vendredi de 9h30 à 18h ; le samedi de 9h à 15h. Prendre rendez-vous. Quelques tarifs : soin Phyt'Sublim Eyes 40mn / 39 € ; soin Equilibre 1h / 48 €.

Anne Defaux, bio-esthéticienne diplômée en esthétique-cosmétique, a créé un univers chaleureux, cosy, relaxant, pour vous recevoir dans les meilleures conditions. Découvrez la gamme des soins qu'elle peut vous prodiguer en visitant son site Internet et sa page Facebook.

MEURTHE-ET-MOSELLE

Alimentation

BIOCOOP – LE GOUPIL VERT

4, rue des Tarbes
ESSEY-LÈS-NANCY
✆ 03 83 38 44 26
www.legoupilvert.fr
biocoopnancy@orange.fr

Ouvert du lundi au samedi à partir de 9h et jusqu'à 19h. Livraison possible (sur Nancy et agglomération, gratuite sur Nancy-ville dès 100 € d'achat). Comptoir Bio Drive : possibilité de commander par mail, téléphone ou fax et de venir chercher sa commande.

Voilà bien un supermarché dont votre petit renard préféré est un fidèle client. Facile d'accès, ce Goupil vert propose tout ce qui se fait de mieux en matière de produits bio, locaux et écoresponsables. De la cuisine à la salle de bains, des fruits et légumes frais, de saison et locaux à la charcuterie, le fromage à la coupe, en passant par la farine de pois chiche, la tisane à la verveine et le vin bio… Bref, de quoi être paré en toutes occasions, de l'entrée au dessert et du sol au plafond, avec des prix accessibles. Le magasin possède également un joli rayon cosmétique, bien-être et produits pour bébé et propose même quelques jouets écoresponsables et de la papeterie. Ici, pas de plastique et d'emballages à gogo, on soigne la planète avec le vrac ! Le magasin est calme et grand, pour des courses responsables en toute sérénité, et la maison accepte même le Florain, la monnaie locale !

CROC'US

137, rue Mac-Mahon
NANCY
✆ 03 83 45 26 87
contact@croc-us.fr

Ouvert le mardi de 14h à 19h ; du mercredi au samedi de 10h à 19h. Parking gratuit. Possibilité de commander en ligne.

Travailler un maximum avec des producteurs régionaux, respecter la nature et les saisons, acheter des produits de qualité en grande quantité afin de les redistribuer à des prix attractifs, tels sont les objectifs de cette boutique jeune et dynamique, et ça fonctionne très bien ! Vous trouverez : boissons, vins, sirops, produits sucrés, salés et secs, fruits et légumes, produits frais, aliments pour bébé, produits sans gluten, pain... Plus un rayon soin, beauté et hygiène et animaux domestiques. Et si vous n'avez pas le temps de faire vos courses, l'enseigne vous propose de faire vos achats en ligne, depuis son site Internet. Vous n'aurez plus qu'à passer à la boutique pour récupérer votre commande dans les 24/48 heures. A noter que la page Facebook est à jour avec plein d'informations sur toutes les actualités du bio, locales ou nationales !

DAY BY DAY

37, boulevard Charles-V
NANCY
✆ 09 86 65 68 45
http://daybyday-shop.com
daybyday.nancy@gmail.com

Ouvert du mardi au samedi de 9h30 à 13h et de 14h30 à 19h.

Cécilia nous accueille avec sourire et douceur au sein de son épicerie 100 % vrac. Day By Day est le premier réseau d'épiceries en vrac en France. Parmi près de 800 références vous trouverez de l'épicerie sucrée, salée, des cosmétiques, des produits ménagers ou encore des croquettes pour vos animaux. Réduire nos déchets et consommer de façon responsable devient une nécessité si l'on veut protéger au maximum la planète. En plus de réduire vos déchets, vous ferez des économies, plus besoin d'acheter un gros paquet de farine si vous n'avez besoin que de quelques centaines de grammes. Un code couleur permet de repérer facilement les produits bio, majoritairement présents dans l'épicerie. Si possible, Cécilia travaille également et autant que possible avec des producteurs locaux.

LE LOCAL BIO

41, rue du Faubourg des Trois-Maisons
NANCY
♿

Ouvert le mardi de 14h à 19h ; du mercredi au samedi de 10h à 12h30 et de 15h à 19h.

L'équipe du Local bio a testé son projet éthique et responsable en ouvrant une boutique éphémère. Expérience prometteuse. Depuis mai dernier, le magasin ouvre à des horaires réguliers et propose des fruits et légumes de saison, bio, de la crémerie et de l'épicerie de dépannage, farine, riz, pois chiches de la Meuse, en s'approvisionnant auprès de producteurs préférentiellement locaux investis dans une démarche écoresponsable. Les paniers tout prêts ou le groupement d'achats sont d'autres possibilités offertes au client. Marqueur de cet engagement respectueux du producteur et du consommateur : la sincérité. La clientèle ne s'y trompe pas, qui apprécie aussi le parking gratuit situé à deux pas.

ONALAVIE

Centre commercial Saint-Sébastien
NANCY
✆ 03 83 35 04 72
www.onalavie.fr/magasin-bio-nancy
contact@onalavie.fr

Ouvert du lundi au samedi de 10h à 12h30 et de 14h à 19h30.

Avec un magasin en plein centre-ville, et un autre au cœur de la Porte verte à Essey-lès-Nancy, OnalaVie a pris la suite de La Vie saine pour vous fournir en produits sains, la plupart du temps locaux, respectueux du vivant et de l'environnement. Que ce soit pour les fruits et légumes, les aliments bio ou les produits bien-être ou d'entretien de la maison, les magasins s'impliquent dans une volonté de fraîcheur, de traçabilité, de transparence et d'antigaspillage puisque le postulat de l'enseigne est clair : priorité aux circuits courts, connaissance des filières, relations pérennes avec les producteurs, référents pour chaque métier et préférence donnée à l'origine française. Si vous souhaitez modifier votre alimentation, n'hésitez pas à débuter par cette boutique et à demander conseil au personnel.

STAN'AMAP

6, rue Stanislas
NANCY
✆ 06 25 51 29 44
stanamap.fr
gabriel.illig@gmail.com

Ouvert le vendredi de 18h à 20h. Autre point de distribution le vendredi de 18h30 à 19h : salle omnisports à Saulxures-les-Nancy. Panier de légumes à 10 €, 16 € et 24 €. Deux contrats annuels : période chaude de mai à fin octobre et période froide le reste de l'année.

Plus qu'une tendance, les AMAP (Associations pour le Maintien de l'Agriculture Paysanne) sont devenues un vrai phénomène de société répandu partout dans le monde. C'est davantage un service pour les habitants urbains que ruraux. A deux pas de la place Stanislas, les vendredis en fin d'après-midi, venez récupérer votre panier de légumes bio, de saison, et issus de productions locales. Un vrai bonheur pour ceux qui se soucient de l'environnement et de leur alimentation. Vous pouvez vous abonner de façon hebdomadaire ou mensuelle à des paniers plus ou moins fournis. Il n'y a pas que des légumes dans cette AMAP, vous avez également à votre disposition des fruits, des œufs, de la bière (en partenariat avec La Chouette), des pommes de terre, des lentilles, des pâtes, du fromage, du poulet, du pain et de la farine, le tout évidement bio ! C'est une très bonne manière de revenir vers une alimentation saine et solidaire, et l'occasion de découvrir des légumes oubliés ou simplement peu connus. Les gérants sont vraiment sympathiques et vous conseilleront pour les recettes. Stanislas, ce bon vivant, devient maintenant écolo et solidaire : on aime !

Restaurants bio

AU P'TIT BIO

Marché couvert central
Place Mengin
Allée Sud
NANCY
✆ 09 83 28 06 61

Ouvert toute l'année. Du mardi au samedi de 7h30 à 19h. Restauration de 11h à 18h. Vin au verre. Carte uniquement : plats ou grande salade à 12 €, tarte et salade à 7 €, gaspacho à 4,50 €, jus de fruits à 3 €, sandwich bio à 5 €. Vente à emporter. Boutique. Vente de café en vrac.

On va au P'tit Bio ? C'est quoi, un resto ? Pas vraiment... allez viens, direction le marché couvert de Nancy ! Derrière son petit comptoir, Vincent Charoy concote pour vous des p'tits plats bio simples et efficaces. Bénéficiant d'une expérience de dix ans dans la restauration, le jeune homme a maintenant décidé de se lancer dans la cuisine de produits bio et du terroir. Vous y trouverez tous les jours un menu vous proposant les plats du jour : salade, tarte, gaspacho autres plats cuisinés... Les tartes valent le détour, on apprécie la pâte juste cuite comme il faut, qui a du goût, et les différentes garnitures proposées selon les envies du chef. Les tartes sont tout simplement moelleuses et généreuses ! A l'arrivée du froid, on aime se réchauffer avec une soupe bio au potimarron. L'assiette de fromages s'accompagne d'un vin au verre. En dessert, on craque pour leur simplicité mais où le goût est là. Plus de mousse au chocolat ? Pas de panique, Vincent va chercher quelques mangues au primeur (bio) d'à côté et vous propose un délicieux dessert minute : mangues poêlées au miel et son biscuit croquant. Un régal ! Pour clore votre repas, large choix de cafés (vente en vrac également), de thés et d'infusions (Yogi Tea). Vincent Charoy se fournit chez Crocus, une enseigne nancéienne bio réputée pour son sérieux. Il est également possible d'emporter les plats à la maison. Une adresse décontractée, aussi sympa qu'originale.

PIZZA FA'BIO
28, rue Masson
SAINT-MAX
✆ 03 54 12 64 99
www.pizza-fa-bio.com
Pizza.fa.bio54@gmail.com

Fermé le 1er et dernier dimanche du mois. Ouvert du mardi au dimanche de 18h30 à 22h. Sur place, à emporter ou en livraison (attention de bien vérifier si vous êtes dans la zone de livraison). De 45 min à 1h30 d'attente. Réservation recommandée. Pizza : entre 10,50 € et 18 €. Prix moyen entre 12 et 14 €.

Un pizzaïolo qui attache un soin particulier à sélectionner les produits qu'il met sur ses pizzas, au point de choisir des produits bio et locaux et d'aller chercher son jambon et son gorgonzola chez les Frères Marchand à Nancy. Tant d'atouts qui ont retenu notre attention. Pizza Fa'bio a ouvert à Saint-Max, petite commune limitrophe de Nancy, mais rassurez-vous, il livre, en voiture électrique, et vous pouvez aussi manger sur place, dans une jolie salle aménagée au cadre apaisant où plusieurs tables vous attendent. Place aux pizzas, dont la pâte moelleuse, les ingrédients frais et savoureux et la qualité ne vous feront pas regretter votre choix. Fa'bio vous propose des recettes classiques (margarita, bolognaise, orientale, végétarienne...) et un peu plus originales comme la truf'onnade, avec mozzarella di bufala au lait cru et chiffonnade de rosette à la truffe, déposée en fin de cuisson. Vous nous en direz des nouvelles ! Sachez aussi que Pizza Fa'bio propose également du vin bio et des jus de fruits bio. Petite note à prendre en compte, commandez tôt, car le restaurant remporte parfois une forte affluence. Et bon appétit !

FERME-AUBERGE SAINTE-MATHILDE
9, rue de la Pâle
TUCQUEGNIEUX
✆ 03 82 21 29 04
www.domaine-sainte-mathilde.fr
contact@domaine-sainte-mathilde.fr

Ouvert sur réservation uniquement. Possibilité de réserver une table ou une salle. Réservation impérative. Menus de 32 € à 47 €. Demi-tarif pour les moins de 10 ans. Menu de groupe : à partir de 25€/pers. CB non acceptée. Accueil des groupes (de 12 à 90 personnes en semaine midi et soir). Vente à emporter.

Bienvenue chez Marie-Madeleine et Étienne Finot ! Des exploitants agricoles passionnés qui ont le sens de l'hospitalité ! Fiers de leur exploitation agricole bio, ils y produisent des céréales et des fruits, et y élèvent des volailles, lapins en plein air, et porcs sur paille. Autant de produits frais qui se retrouveront dans vos assiettes ! Eh oui, c'est cela le concept de ferme-auberge et cela depuis plus de 27 ans ! De la terre à l'assiette ! Dans leur superbe ferme du XVIe siècle, le couple propose donc une cuisine mêlant terroir, tradition et invention aussi ! La cuisine surprend grâce à ses plantes sauvages, ses légumes du jardin d'aujourd'hui et d'autrefois, ses viandes de la ferme, et invente chaque semaine un nouveau plat. La bâtisse au logis rectangulaire est magnifique, avec ses caves voûtées semi-enterrées. La façade principale s'étage sur trois travées et sur trois niveaux. Un couloir central au plafond boisé à la française conduit à deux salles principales, qui possèdent chacune des portes et poutres de chêne. Les salles sont chauffées par une monumentale cheminée, avec son gros chaudron suspendu à la crémaillère. Une adresse dont la réputation n'est plus à faire et ou l'on s'imprègne à tout instant de son charme discret !

La ferme-auberge organise régulièrement des soirées à thèmes. Rendez-vous sur leur site Internet pour la liste complète et les dates précises mais voici d'ores et déjà de quoi éveiller votre curiosité et vos papilles : soirée dégustation de vins, soirée cochonnailles maison, soirée grillades au feu de bois... Et également des menus pour chaque événement tout au long de l'année : menu Saint-Valentin, menu Saint-Patrick, repas de Pâques, repas de printemps, repas d'antan...

Mode et bien-être

UN DES SENS
6, rue de la Fayette
NANCY
✆ 03 83 41 39 26
contact@un-des-sens-atelier.fr

Ouvert du mardi au samedi de 10h à 13h et de 14h à 19h. Pour les ateliers : 25 € l'heure, 35 € l'heure et demie, 45 € les 2 heures, 55 € les 2 heures et demie. Cartes cadeaux.

Il y a de ces boutiques dans lesquelles on perd vite la notion du temps, Un des sens en fait partie ! Cette très jolie enseigne tenue par Isabelle, fondatrice aux 1001 conseils, vous propose des produits cosmétiques et de bien-être biologiques, naturels, respectueux de l'environnement et de votre santé, en partie locaux, et toujours attentifs aux textures et aux senteurs pour qu'en plus d'aider la planète, vous vous fassiez plaisir ! À vous shampoings solides, hydrolats, brumes et huiles essentielles. Le tout dans une déco zen, accueillante et à l'image de ses produits : naturelle ! Du vert par-ci, petits pots de fleurs et paravent de bouleaux par-là, un vrai écrin de nature pour vous gâter !

M&B BIO
26, rue Gambetta
NANCY
✆ 03 83 36 72 89
www.metb-bio.fr
contact@metb-bio.fr
Ouvert du mardi au samedi de 10h15 à 12h30 et de 14h à 19h. Le jeudi le magasin ferme entre 12h et 14h. Commande en ligne possible : retrait gratuit en magasin et envoi offert dés 69 € d'achat. Soins bio en instituts de 10 € à 65 €.
A un jet de pierre de la place Stanislas, on nous accueille dans une boutique exclusivement vouée aux cosmétiques labellisés bio d'origine française. On y trouve des marques connues et moins connues pour toute la famille et pour tous les budgets : Alorée, Phyt's, Weleda, Melvita, Boho pour n'en citer que quelques-unes d'un large éventail sélectionné avec soin, ainsi que la bien connue Zao pour le maquillage. Ici, tout est bio pour une beauté subtile au naturel. La boutique en ligne permet de commander et de faire venir son brin de nature soit au magasin soit chez soi en 48 heures. Que du bonheur !

Habitat et jardin

NATE ÉCOLOGIE
4, rue Piroux
NANCY
✆ 07 67 83 77 24
www.nate-eco-logis.fr
contact@nate-eco-logis.fr
Ouvert du lundi au vendredi de 9h à 17h. Le samedi sur rendez-vous.
Cette entreprise propose plusieurs gammes de maisons écologiques à ossature bois, réalisables sur mesure. Elle peut intervenir également sur des extensions bois, des rénovations énergétiques, ou même la réalisation de maisons passives. Découvrez quelques-unes de ses réalisations récentes sur son site Internet, ainsi que tous les modèles des différentes gammes. Sur rendez-vous vous pourrez venir vous informer sur les possibilités de réalisation de vos projets.

MATÉRIAUX NATURELS DE LORRAINE
26, Grande-Rue
THÉZEY-SAINT-MARTIN
✆ 03 83 39 18 69
www.mndl.fr
contact@mndl.fr
Ouvert du lundi au vendredi de 8h30 à 12h30 et de 14h à 18h ; le samedi de 8h30 à 12h30.
Membre du réseau GIE Nature et Développement, Matériaux naturels de Lorraine vous propose depuis 2007 une gamme complète de produits écologiques et naturels pour un habitat sain et économe en énergie. MNDL accompagne et conseille les particuliers comme les professionnels, dans la réalisation de projets de rénovation, d'isolation ou de décoration. La bonne maison pour trouver des solutions respectueuses de l'environnement et de l'homme, adaptées à vos besoins. Le plus : un réseau de professionnels partenaires, maîtrisant les produits MNL qui peuvent réaliser gratuitement un devis pour la réalisation de votre projet. Isolation, étanchéité, enduits, peintures, chauffage, éclairage, protection du bois... Une gamme complète.

MEUSE

Alimentation

BIOCLAIR
29, rue du Four
BAR-LE-DUC
✆ 03 29 79 62 97
www.bio-clair.com
biauclair@orange.fr
Ouvert du mardi au samedi de 9h à 12h et de 14h à 19h.
Un peu cachée dans une ruelle à sens unique, c'est LA supérette bio de la ville. Sur 200 m², vous trouverez tout ce dont vous avez besoin : épicerie, fruits et légumes, rayon frais et surgelé, cosmétiques, bien-être, santé... mais aussi des produits vegan et sans gluten. L'accueil est sympathique et professionnel, et si vous le demandez, des astuces et des bons conseils vous seront prodigués ! À noter : le magasin est affilié Bio monde.

LA FERME LORRAINE
14, rue des Capucins
COMMERCY
✆ 03 29 91 34 06
Ouvert du lundi au vendredi de 10h à 19h ; le samedi de 9h à 18h.
Depuis plus de 25 ans, les agriculteurs et producteurs locaux s'attachent à proposer leurs produits régionaux dans cette épicerie qui privilégie le circuit court. Fruits et légumes en provenance directe de l'exploitation et d'autres producteurs de la région. Vins, miels, bières, fromages, farines, jus de fruit, confiture, charcuteries artisanales, pain... Ici, les deux maîtres-mots sont qualité et rigueur. La boutique possède le label « Meuse et Merveilles », gage de qualité des produits du terroir élaborés dans le département.

LA FERME DE LA FÊTE
1, Grande-Rue
MÉNIL-LA-HORGNE
✆ 03 29 89 85 95
www.fermedelafete.fr
earldelafete@orange.fr
Ouvert le mardi de 7h30 à 12h30 et de 15h à 19h30 ; le vendredi de 7h30 à 12h30.
A la fin de ses études en agronomie, Guillaume Vauthier rejoint l'exploitation céréalières familiale en 2006 avec une idée bien précise en tête en se posant à La Ferme de la Fête, et 12 ans plus tard, le résultat est au rendez-vous : une activité de culture biologique de céréales, de

transformation en farine moulue à la meule de pierre et de fabrication de pains cuits dans un four à bois. Pain paysan, complet, aux 4 graines, de seigle, brioché, de mie, et même pain au chocolat à l'ancienne (4 barres chocolatées placées au milieu d'une pâte à pain), Guillaume est un artisan passionné et vous le fait partager !

Restaurants bio

■ CHEZ CATHARINA
5, Grande-Rue
LEVONCOURT
✆ 03 29 75 09 77

Ouvert toute l'année. Du vendredi au dimanche le soir. Les midis en semaine uniquement pour les groupes de 6 personnes sous réservation. Menus de 18 € à 25 €. Carte : 22 € environ. Menu enfant : 12 €. Table d'hôte 25 €. Wifi gratuit, soirées à thème. Chambre à partir de 67,50 €. Petit-déjeuner : 12 €. Chèque Restaurant. Accueil des groupes. Terrasse. Banquets, séminaires, mariage, etc.

Aménagé dans une ancienne maison lorraine, il s'agit du premier restaurant bio de la Meuse. Depuis plus de 20 ans dans cette filière, Catharina propose une cuisine basée entièrement sur des produits biologiques jusqu'à l'eau pure filtrée par osmoseur. Une grande salle aux tons chaleureux invite les hôtes à prendre le temps d'apprécier les plats harmonieusement épicés et composés avec simplicité pour faire un tour du monde au gré des menus renouvelés tous les 15 jours. L'établissement fait également chambres d'hôtes, les 4 sont situées côté jardin et offrent une vue magnifique sur la campagne meusienne.

Mode et bien-être

■ LA SAVONNIERE DU MOULIN
Moulin de Chantraine
SAINT-GERMAIN-SUR-MEUSE
✆ 03 29 89 82 60
la-savonniere-du-moulin.com

Ouvert du jeudi au mardi de 15h à 18h30. Les matins sur rendez-vous uniquement. Ouvert le dimanche.

A 8 km de Vaucouleurs, au moulin de Chantraine, se trouve la boutique de Madame Giacomazzi, qui confectionne de manière artisanale des savons végétaux biologiques. Bergamote, mirabelle, fraise des bois, pêche, fleur d'oranger et menthe poivrée sont les délicats parfums de ces savons, au lait frais d'ânesse (entre 30 % et 70 % de lait en fonction des produits). Tous sont emballés dans de petites boîtes en bois afin de respecter l'environnement. La Savonnerie dispose de nombreux labels gagent de qualité : Produits Bio, Qualité Française, Lait d'Ânesse et Meuse et Merveilles. De jolis cadeaux à offrir ou tout simplement pour se faire plaisir. Il y a aussi des cartes cadeau et des coffrets. La boutique est ouverte tous les jours sauf le mercredi. Il est possible de rencontrer les ânes du Moulin, les enfants adoreront (2 ânesses supplémentaires ont d'ailleurs pointé le bout de leur museau à l'automne 2018).

MOSELLE

Alimentation

■ AUX SŒURS DES CHAMPS
Petit chemin de promenade le long de la Canner
INGLANGE
www.auxsoeursdeschamps.fr

Ouvert le mercredi de 18h à 19h. Commande de panier à faire avant le mardi 18h. à récupérer à la grange le mercredi de 18h à 19h.

Créée en 2016 par deux sœurs, Tamara et Méghann Christen, la petite ferme située à Iglange propose des légumes et des fruits issus de l'agriculture biologique. Ici, les légumes sont multicolores, variés, et ils n'ont pas forcément une forme ou une taille standard. Les graines ont été sélectionnées avec soin, les sœurs mettent tout leur cœur pour faire pousser chaque semis. Sur le site Internet, vous pouvez passer commande, vous découvrirez la composition du panier et son prix. Vous avez la possibilité d'en commander plusieurs en même temps. Ce système de commande semaine par semaine vous permet de rester libre, il n'y a pas d'engagement annuel. Une belle initiative !

accès direct à la plage	handicap malvoyant	plats cuisinés à emporter
bar	handicap mental	room service
blanchisserie	handicap moteur	salle de remise en forme
climatisation	jardin ou parc	salle de jeux / tv
discothèque	jeux	sanitaires modernes
distributeur d'argent	lave-linge / laverie	sports nautiques
eau potable	location de vélos	tennis
équitation	magasin d'alimentation	tir à l'arc
espace fumeurs	navette aéroport	toboggan aquatique
établissement non-fumeurs	pêche	ventilateur
fitness	piscine intérieure	vidange wc
golf miniature	piscine extérieure chauffée	voile
handicap malentendant	piscine extérieure	

MOUGEL BIO GOURMAND

53, rue Haute-Seille
METZ
✆ 03 87 36 04 89
heliasmougel@hotmail.fr

♿

100% Bio. Ouvert le lundi de 9h à 19h30 ; du mardi au vendredi de 7h30 à 19h30 ; le samedi de 7h30 à 18h30. Fermé les dimanches, et les jours fériés.

Voici une belle évolution pour ce couple vosgien venu s'installer à Metz dans les années 90. Au départ, Monsieur Mougel est boulanger, mais de ceux pour qui c'est une vocation, un sacerdoce. Lorsqu'il démarchait des clients, c'est avec un panier de ses réalisations qu'il arrivait, et déjà là, il faisait la différence. Depuis longtemps fournisseurs de nombreux restaurants, il a continué avec son épouse et leurs équipes à faire croître leur offre. Aujourd'hui, le nom est connu, l'emplacement place Mazelle bien visible, et l'échoppe s'est développée en épicerie 100% Bio. Lui, comme peu d'autres sur Metz, fait naître ses pains de son levain qu'il élève depuis de nombreuses années. C'est à chaque fournée une partie de lui qu'il partage et qui vous permet de déguster des produits uniques et vivants. Des pains au levain naturel comme il nous est conseillé de consommer par les meilleurs nutritionnistes. Tout y est, on a réfléchi à répondre à vos besoins pour le bien vivre... Et depuis peu, voici qu'un restaurant ouvre ces portes. (voir article dans nouveautés). En outre, son site Internet vous permettra de sélectionner, réserver et venir retirer toute une sélection de produits. En ce qui concerne le pain, la boutique assure des dépôts à la coopérative éthique de Woippy et au marché couvert de Metz. Mougel Bio Gourmand fait partie du réseau Comptoirs de la bio.

NATURÉO

20, boulevard du Sebastopol
METZ
✆ 03 87 21 22 05
contact@natureo-bio.fr

Ouvert du lundi au samedi de 9h30 à 19h30.

Conscient qu'une bonne santé passe par l'alimentation, vous souhaitez manger des produits issus de l'agriculture biologique. NaturéO propose un large choix d'aliments qui conviendra à toute la famille. Vous trouverez bien sûr des fruits et des légumes, des produits laitiers, de la viande et de la volaille, un rayon pour bébé mais aussi des livres, des produits de beauté et d'hygiène... Et pour les intolérants au gluten, plus de 200 références vous attendent. Vous aurez aussi la possibilité d'y rencontrer des producteurs locaux venus mettre leurs produits en avant comme la micro-brasserie la bière de Metz, l'Asterale, la ferme Sainte-Beuve, et quelques autres.

COMPTOIR BIO VAL MARIE

11, rue Jean Vigo
THIONVILLE
✆ 03 82 50 72 96
www.comptoirbiovalmarie.com
contact@comptoirbiolorraine.com

Ouvert le lundi de 10h à 12h30 et de 14h à 19h ; du mardi au jeudi de 9h à 12h30 et de 14h à 19h ; le vendredi de 9h à 19h ; le samedi de 9h à 18h.

Le Comptoir Bio Lorraine vient de déménager à Thionville. Par la même occasion il a changé de nom devenant le Comptoir Bio Val Marie. Dans un vaste espace moderne, vous trouverez un large choix de produits issus de l'agriculture biologique, du commerce équitable et des producteurs locaux. Les produits de saison en fruits et légumes sont donc favorisés afin de limiter l'impact sur l'environnement. Vous découvrirez aussi un rayon bien-être, un rayon bébé pour donner à votre enfant une alimentation saine et équilibrée, un rayon végétarien composé de produits nutritifs et des plats préparés. Le rayon diététique prend en considération vos intolérances alimentaires, aussi le sans gluten est mis à l'honneur. Vous découvrirez aussi une sélection de produits en vrac afin d'éviter l'emballage inutile. Et pour finir un rayon de livres pour préparer des recettes originales et savoureuses.

FERME DES TROIS CHÊNES

Route de Hérange
WINTERSBOURG
✆ 06 75 04 74 08
www.lafermedestroischenes.com
gaecdestroischenes@orange.fr

Ouvert le vendredi de 17h à 19h ; le samedi de 10h à 12h et de 14h à 17h. Dimanche matin au marché à Metz.

La ferme des 3 chênes propose de la charcuterie, de la viande et des fromages au lait de chèvres et de vaches. Les produits sont issus de l'agriculture biologique. Vous pourrez découvrir les traditionnels de la région avec les pâtés lorrains, le fuseau lorrain, la saucisse de viande, les quiches ou encore le lard fumé. En fromage, vous avez le choix : chèvre frais au poivre, ciboulette ou encore ail et fines herbes, la tomme de chèvre fraîche aux céréales, la fleur de chèvre, la tomme de vache aux orties, au cumin ou encore aux épices, le wintersbourg, la raclette... Vous trouverez également des yaourts, du fromage blanc, de la crème liquide et du beurre. De quoi déguster de bons produits locaux issus de la ferme !

FERME DU FOL ÉPI

82, rue Principale
ZOUFFTGEN
✆ 03 82 83 41 94
www.fermedufolepi.com
contact@fermedufolepi.com

Fromages frais nature : à partir de 2,10 € la pièce. Poulets à partir de 9 € le kilo.

Depuis 1900, la ferme est une histoire de famille chez les Thil. Fermiers de père en fils, ils demeurent très attachés à la tradition et aux racines, celles de leur petit village de Zoufftgen. Cent ans plus tard, Thierry et Nathalie reprennent l'exploitation familiale en l'ouvrant à l'agriculture biologique (AB). Avec leur neveu, ils valorisent un savoir-faire artisanal et se lance dans l'aventure du fromage de chèvre, qui encore aujourd'hui, constitue leur marque de fabrique. La ferme propose également des viandes (bœuf, veau, porc...) certifiées AB et volailles fermières ainsi que des confitures et des jus de pommes bio. La ferme s'ouvre aussi pour proposer des activités pédagogiques.

Restaurants bio

RESTAURANT BIO LA VIE SAINE
1, allée des Tilleuls
Parc Aravis – ZAC Metz Actisud
JOUY-AUX-ARCHES
© 03 87 62 94 80
www.laviesaine.fr

Ouvert du lundi au samedi le midi. Carte : 15 € environ. Chèque Restaurant. Terrasse. Vente à emporter.
Envie de bien démarrer la journée par un petit déjeuner bio, faire une pause déjeuner saine, en dégustant une savoureuse pâtisserie ou tout simplement partager un moment en famille ou entre amis, voilà le restaurant self-service grandeur nature, à l'ambiance marché, qui est en passe de devenir l'adresse convoitée des amateurs de nourriture saine, sans se ruiner. Imaginez un grand étal de légumes et produits biologiques frais devant lequel une équipe de cuisiniers élabore, sous vos yeux gourmands, le plat que vous avez choisi. C'est un véritable plaisir des sens que de regarder confectionner les salades fraîches, les grillades, les poêlées de viande et de poisson, les pizzas maison, les pâtes bio, les jus de fruits pressés et la grande variété des desserts qui défilent comme d'heureuses découvertes. Le tout sous l'œil bienveillant du chef, qui s'assure que votre assiette sera un festival de couleurs, de saveurs, de volumes qui vous réconcilient avec le bonheur de bien manger. Les formules varient quotidiennement et grâce au libre choix on peut se contenter d'une crudité, d'un potage ou d'une entrée autour de 5 € ou d'un plat complet entre 10 € et 15 €. La cuisine est d'une splendide simplicité, réconfortante et chaleureuse, à des prix sains ! En été, la belle terrasse ensoleillée donne à ce lieu, si convivial, des allures de vacances.

Habitat et jardin

AMBIANCE BOIS CONCEPT
2 E, rue du Docteur Schweitzer
ARS-SUR-MOSELLE
© 06 47 34 88 50
www.ambiance-bois-concept.fr
contact@ambiance-bois-concept.fr
Ambiance Bois Concept est un constructeur mosellan de maison en bois qui se veut adaptatif et responsable. Cette société adapte les matériaux utilisés au chantier qui leur est confié. Elle réalise ainsi des constructions peu gourmandes en énergie grâce à l'emploi de bois et d'autres matériaux naturels. En recourant à ses services, non seulement vous aurez une construction de qualité mais en plus vous ferez un geste pour l'environnement.

VOSGES

Alimentation

LA FERME AUX BISONS
Chemin de Paro, BLEURVILLE
© 03 29 30 95 69
www.lesbiosducoin.fr/ferme-des-bisons
lafermeauxbisons@gmail.com
Visites sur demande. Livraison possible (gratuite).
Il était une fois dans l'ouest... vosgien ! C'est en effet sur le territoire de la commune de Bleurville que se trouve l'un des trois élevages de bisons de Lorraine, tenu par Thierry et Nadia Jacquot qui élèvent également des vaches de race vosgienne. Notre couple d'éleveurs propose aux visiteurs des produits biologiques de qualité sans additifs, avec des animaux élevés et nourris dans le respect de la nature. Toute l'année de délicieux produits peuvent être achetés : viande, charcuterie, terrines, saucissons, viande séchée, etc. Pour ceux qui le souhaitent, il est possible de découvrir l'élevage de bisons dans leur prairie.

LES DÉLICES D'AUBRACS
Humbertois
EPINAL
© 06 25 29 11 75
www.lesdelicesdaubracs.fr
lafermedesdelicesdaubracs@gmail.com
Ouvert le mercredi et le samedi de 9h à 13h ; le jeudi et le vendredi de 10h à 18h. Site du Drive Fermier : drivefermierdelavoge.fr.
Les Délices d'Aubracs proposent toute l'année dans leur magasin des produits bio issus de l'exploitation agricole située à Docelles et à Épinal. Vous sont proposés un large choix de viandes et de produits laitiers bio. Le magasin vend aussi des fruits et des légumes, des vins de la région, des miels, du safran, tous issus de production locale. Des colis économiques sont également proposés. Nouveauté : l'établissement s'est associé à une quinzaine de producteurs pour proposer des courses en ligne, c'est le Drive Fermier. Vous commandez et retirez les produits à Xertigny ou Pouxeux. Les plus gourmets pourront quant à eux déguster ces merveilleux produits autour d'un repas. Enfin, ceux qui le souhaitent, peuvent réserver une nuit à la ferme pour un séjour tout en authenticité.

DOMAINE DES HAIES VALLÉES
Roland et Dorothée Balandier
11, Les Haies Vallées
GIRMONT-VAL-D'AJOL
© 03 29 30 61 36
www.bluet-balandier.fr
contact@bluet-balandier.fr
Haute saison : ouvert du samedi au jeudi de 10h à 12h et de 14h30 à 19h ; le vendredi de 10h à 12h. Sur le marché artisanal de Girmont : le vendredi de 17h30 à 21h. Le reste de l'année : sur rendez-vous téléphonique 06 82 34 36 58. Visite et dégustations gratuites. Accueil des groupes. Vente de produits fabriqués sur l'exploitation. Boutique en ligne sur le site Internet.

Le bluet des Vosges est un délicieux fruit qui n'a ni noyau, ni pépin. Il est plus connu au Canada sous l'appellation de blueberry. Sa récolte se fait en juillet et en août. L'exploitation de bluets de Roland Balandier peut être visitée gratuitement. Il est conseillé d'y aller plutôt en été même si les visites sont possibles toute l'année. La visite est suivie d'un diaporama et de la projection d'un film qui permet de suivre l'exploitation au fil des saisons. Une dégustation est ensuite proposée. Vous pourrez alors acheter des produits à base de bluets comme des confitures, des pâtes de fruits, du sirop, des alcools (apéritifs, liqueurs), des bluets à l'aigre-doux, du sorbet...

LA FERME AUX HERBES

Chemin du pré du lait
SAPOIS
✆ 03 29 24 94 75
lafermeauxherbes@orange.fr

Ouvert le mardi de 8h à 19h. Ouvert les autres jours uniquement sur rendez-vous.

Laurent Haltel cultive les plantes médicinales et aromatiques dans le total respect de l'environnement. Il les transforme ensuite artisanalement pour produire des tisanes et des décoctions, des sirops (myrtille, thym citronné, pomme-cannelle...), des gelées et des confitures (églantine, mirabelles, menthe...), des aromates, des huiles, des vinaigres, des baumes, des huiles de massage... Un régal ! Il est également présent à la fête des plantes médicinales au Haut-du-Tôt, au marché bio d'Épinal le vendredi soir et au marché de Noël de Remiremont.

LES JARDINS DE BERNADETTE

1, Le Peupré
VAGNEY
✆ 03 29 24 72 06
www.hautdutot-plantes.com

Ouvert du lundi au vendredi de 10h à 12h et de 14h à 18h30 ; le week-end de 14h à 18h. Egalement boutique en ligne.

Situé dans un écrin de verdure, Les Jardins de Bernadette est une belle adresse au nom chargé de sens. En effet, Alain, le fils de Bernadette Grandemange, a repris l'exploitation il y a quelques années et n'aurait pu donné autre nom que celui de sa maman qui passe ses journées dans le jardin à ramasser toutes sortes de plantes ou de fleurs. Vous trouverez des condiments, des infusions, des sirops ou encore des confitures, certifiés agriculture biologique. Une belle adresse pour consommer de bons produits.

Restaurants bio

LA CHARMOTTE

Ferme auberge bio
300, route de la Houssière
BIFFONTAINE
✆ 03 29 58 58 62
alacharmotte@gmail.com

Accueil paysan. Restaurant : ouvert tous les week-ends (sauf le 4ème) et les jours fériés. Vacances scolaires tous les soirs sur réservation Hébergement : ouvert toute l'année. Réservation impérative. Menu unique à 20 € (13 € pour les enfants). Chambre, petit déjeuner et dîner : 2 personnes : 50 €, 13 € pour les enfants de moins de 10 ans, gratuit pour les enfants de moins de 2 ans. Deux gîtes sont aussi proposés pour 2 à 18 personnes : de 250 € à 1400 € la semaine en période de vacances. Contes et légendes (tous les jeudis de juillet et août) : 17 € par adulte et 14 € par enfant. « Casse-croûte » (sur réservation) : 8 € pour les adultes et 6 € pour les enfants. Chèque Vacances. Accueil des groupes. Jardin.

La Charmotte est un endroit où il fait bon se reposer et se restaurer. A quelques kilomètres de Bruyères, cette ferme-auberge est atypique. Constituée de grès vosgien, elle date du XVIIe siècle et fut restaurée sur les ruines d'un ancien château. Ici, la cuisine est faite maison avec des produits qui viennent majoritairement de la ferme (lapins, canards, dindes, oies et agneaux y sont élevés). Les fruits et les légumes sont également produits sur place. Les plats sont variés : terrine d'agneau au romarin, tartine de pain de campagne au magret, salade chicque et ses beignets râpés ou ses gnocchis de pommes de terre servis avec une saucisse, une omelette, du dindon ou du gigot d'agneau... Vous n'avez plus qu'à choisir !

Mode et bien-être

LA CLAIRIÈRE – BIO & SPAHOTEL

63, route d'Ingwiller
Parc Naturel Régional des Vosges du Nord
LA PETITE-PIERRE
✆ 03 88 71 75 00
la-clairiere.com
info@la-clairiere.com

Nombreuses offres spéciales sur le site internet selon les prestations recherchées et la période de l'année.

Située au cœur de la forêt du Parc régional des Vosges du Nord, La Clairière est un lieu exceptionnel pour se ressourcer, se retrouver, et prendre de nouvelles habitudes de vie plus saines. Cet établissement haut de gamme propose une approche de bien-être global. La Clairière est le résultat de la synergie entre un environnement naturel exceptionnel, une cuisine bio-énergisante (avec bio et végan) et des programmes de soins holistiques.

Habitat et jardin

LES JARDINS DU PETIT VAIR

Entrée et parking Hippodrome
RD 18, Parc de Vittel
VITTEL
✆ 06 73 43 63 42

Ouvert du 1er juillet à mi-septembre les samedis et dimanches de 14h à 18h. Gratuit. Visite guidée. Restauration. Animations.

L'association « Plaine de Jardins » gère les « Jardins du Petit Vair », situés au-dessus des nappes phréatiques et nous livre ses astuces pour jardiner au naturel au travers d'espaces thématiques et ludiques. De plus, des ateliers jardin sont proposés une fois par mois. Petits et grands y découvrent les joies de la biodiversité et de sa protection. C'est un bon moment à passer en famille où l'on responsabilise parents et enfants sur le respect de la nature et de l'environnement tout en s'amusant.

HAUTS-DE-FRANCE (NORD-PAS-DE-CALAIS – PICARDIE)

AISNE

Alimentation

■ CHAMPAGNE CHRISTOPHE LEFÈVRE
14, route de Crogis
Mont de Bonneil
BONNEIL
✆ 03 23 82 15 67
www.champagne-bio-lefevre.com
contact@champagne-bio-lefevre.com
Visite sur rendez-vous.
Le champagne, vous connaissez. Mais avez-vous déjà goûté au champagne bio ? C'est ce que vous propose de découvrir Christophe Lefèvre sur son exploitation de quatre hectares. De ses vignes, taillées en cordon de Royat et en chablis, naissent des champagnes certifiés bio, blancs ou rosés, qui n'ont rien à envier à ceux issus de la filière traditionnelle. Preuve de l'amour de Christophe pour ses créations : il les élève trois ans au minimum ! Des vins soutirés à la lune descendante, qui ne sont ni passés au froid ni filtrés ! N'hésitez pas à prendre rendez-vous, Christophe vous en dira plus, et vous fera peut être même déguster ses nectars...

■ FERME DE BRIE
11, rue des Briards
BRIE
✆ 03 23 20 91 46
www.gite-rural-laon.com
mworonoff@hotmail.com
Elisabeth et Emmanuel Woronoff vous accueillent dans cette ferme élégante, 100 % bio depuis 1982, qui fait également office de gîte, pour des promenades à cheval, visite de la ferme, et vente de viande, de pomme de terre et de blé bio. Leurs vaches blondes d'Aquitaines sont nourries de la bonne herbe des pâturages. En hiver elles consomment des fourrages maison (foin de prairie et de luzerne) ainsi que des céréales (avoine, orge, pois). La viande bio est emballée sous vide, étiquetée et conditionnée en caissettes de 6 kg pour la viande de bœuf et de 5 kg pour la viande de veau. Vous pouvez la consommer pendant 15 jours et la congeler ensuite. Les caissettes de viande bio comportent un assortiment de morceaux nobles et de morceaux à cuisiner. N'oubliez pas de réserver les abats (foie, langue, rognons, cœur...). Pour plus d'informations, voir le site Internet.

NORD

Alimentation

■ LE CHAMP DES REINETTES – AMAP DE LA PÉVÈLE
20, route nationale
ENNEVELIN
✆ 06 78 66 37 62
www.lechampdesreinettes.com
Panier à 14 € par semaine. Abonnements de 4 mois ou 1 an renouvelables. Distribution le mardi de 19h30 à 21h, au Mutualab, 19 rue Nicolas Leblanc à Lille ; le vendredi de 17h30 à 19h30 et le samedi de 11h30 à 13h à la ferme.
Ici, on trouve de vrais produits bio cultivés dans la métropole lilloise ! Kévin Chartrau a concrétisé son rêve de gosse en s'installant il y a sept ans comme agriculteur en pays de Pévèle. Près de 70 familles font partie de l'AMAP (association pour le maintien d'une agriculture paysanne) qu'il a constituée. Toutes les semaines, il leur dépose à Lille, au Mutualab un panier de cinq fruits et légumes différents selon la saison ou depuis sa ferme. Vous trouverez là, en plus des fruits et légumes, des jus de fruits bio, des compotes, des soupes et même des plantes médicinales. Et si vous prenez le temps de discuter avec le maître des lieux, vous verrez combien il est investi dans une véritable mission de protection de la nature et de développement d'une agriculture biologique saine et privilégiant un vrai retour à la terre. Qualité, respect et saveurs sont ici au rendez-vous !

■ BIOCAMBRÉSIS
17, rue de Bohain
CAMBRAI
✆ 03 27 74 96 46
www.biocambresis.fr
Vente en ligne sur le site internet et dans les magasins spécialisés.
Créée en 1987, cette entreprise d'utilité sociale, sous statut associatif, vous propose des produits de l'agriculture biologique. Fabriqués dans le cadre de l'Insertion par l'Activité Economique, les potages, taboulés, épices et autres riz qui vous sont proposés sont sans colorant, sans additif, sans conservateur. Que vous soyez individuel ou que vous proposiez cela dans vos commerces, vous apprécierez les conseils prodigués par les équipes. Une belle équipe pour de beaux produits.

UN AUTRE CHEMIN

60, route de Furnes
COUDEKERQUE-BRANCHE
✆ 03 28 51 11 96
www.unautrechemin.fr
camabio.bethune@gmail.com

Ouvert du lundi au jeudi de 9h30 à 12h30 et de 14h à 19h ; le vendredi et le samedi de 9h30 à 19h.

Un supermarché bio, pour ceux qui aiment manger de manière saine. Ici, il y en a pour tous les goûts : produits frais, alimentation bio et végétarienne, compléments alimentaires, puériculture, éco-produits, cosmétique biologique... De quoi se régaler en gardant la forme à des prix, somme toute, guère plus élevés que la moyenne.

LE BIOCABAS

Zone de la Houssoye
Rue Calmette
LA CHAPELLE-D'ARMENTIÈRES
✆ 03 61 58 41 61
www.biocabas.com
biocabas@norabio.fr

101 points relais dans la métropole. Biocabas classique (4 légumes et 1 fruit pour 2 personnes) : 6 mois (24 paniers) 283,20€.

Le Biocabas permet à plus d'une centaine d'agriculteurs et maraîchers bio de la région de distribuer leurs productions aux consommateurs. Pas de magasin, pas de boutique, pas de stocks démesurés ni de fruits et légumes qui ont parcouru plusieurs centaines ou milliers de kilomètres avant d'arriver dans votre assiette. Juste des cabas, remplis de fruits et légumes bio, de saison, que l'on vient retirer chaque semaine dans un point relais (il y en a plus de 100 dans la métropole !). Lors de l'abonnement, vous choisirez le Biocabas qui correspond le mieux à vos besoins (solo, classique, familial...). Vous pourrez même tester le concept, pendant quatre semaines, afin de vous laisser convaincre.

FERME DU BEAU PAYS

Halles de Wazemmes
Place de la Nouvelle-Aventure
LILLE
✆ 03 20 55 90 25
www.fermedubeaupays.com
contact@fermedubeaupays.fr

Ouvert le mercredi, le vendredi et le samedi de 8h à 19h30 ; le jeudi de 8h à 13h30 et de 16h30 à 19h30 ; le dimanche de 8h à 14h.

La Ferme du Beau Pays est située à Borre, proche d'Hazebrouck. Son activité est l'élevage de bœufs et de cochons de façon la plus naturelle possible. Ici les bêtes sont élevées en plein air, elles ne reçoivent pas d'antibiotiques et sont nourries avec des céréales sans pesticides, sans engrais chimiques et sans OGM. La garantie d'une viande de qualité. Vous trouverez sous les Halles un beau choix de viandes, maturées ou non, des pâtés, saucisses, jambons... Si vous le souhaitez, vous pouvez aussi aller sur place à Borre les vendredis et samedis, vous y apercevrez peut-être les animaux pâturer sereinement. La devise de la maison ? Le meilleur pour l'excellence gustative !

HARMONIE NATURE

42, avenue Marx-Dormoy
LILLE
✆ 03 20 93 99 13
www.harmonie-nature.fr
accueil@harmonie-nature.fr
M° Bois Blancs.

Ouvert du lundi au vendredi de 9h30 à 13h et de 14h à 19h30 ; le samedi de 9h à 19h. Drive : du lundi au samedi, de 9h à 20h. Parking gratuit.

Harmonie Nature existe depuis 20 ans. Une belle réussite pour le premier magasin bio indépendant en France. Engagé et déterminé à faire du bio la nouvelle norme, Harmonie Nature sélectionne ses produits avec le plus grand soin. Pour trouver les meilleurs producteurs bio et locaux, les équipes sillonnent la région et reviennent de leurs périples les bras chargés de fruits et légumes de saison, au goût vrai et authentique. Pour les cosmétiques, les produits d'entretien et tous les autres produits non frais, Harmonie Nature ne sélectionne que des marques partageant son engagement. Qualité garantie. Une adresse incontournable pour allier authenticité, saveur et respect de la nature !

LA NATURE A DU GÉNIE

93, rue Léon-Gambetta
LILLE
✆ 03 20 54 88 63
www.lanatureadugenie.com
lanatureadugenie@gmail.com
M° République Beaux-Arts.

♿

Ouvert le lundi de 14h à 19h ; du mardi au samedi de 10h à 19h.

La Nature a du Génie, c'est un peu le temple du bio et des produits naturels à base de plantes dans le centre de Lille. Vous y trouverez tout et plus encore. Sans grande surprise, et comme pour beaucoup de produits bio, le budget se doit d'être plus large que votre budget courses habituel. Eh oui, le bio reste encore parfois onéreux. Cependant, le principe ici est de concentrer tous les produits dont on aurait besoin au quotidien de l'alimentaire aux produits d'entretien, en passant par la diététique et l'esthétique et même la lithothérapie (basée sur le bien-être par les pierres et les cristaux). Il est toujours plaisant de déambuler et de prendre son temps dans ce magasin spacieux, toujours bien ravitaillé et proposant des marques connues (Melvita, Desert Essence, Weleda, Fleurs de Bach...) et des marques plus confidentielles mais aux vertus incontestées ! Et si vous êtes un peu perdu face à cet univers du bio, n'hésitez surtout pas à demander conseil aux vendeurs. Mieux vivre et mieux manger au naturel, tel est le message de La Nature a du Génie. De nombreux ateliers (feng shui, massage ayurvédique) sont régulièrement proposés dans le magasin, sur rendez-vous.

LE CHANT DES OISEAUX

30, rue du Flaumont
SÉMERIES
✆ 03 27 59 08 33
j.p.cornee@wanadoo.fr

Vente sur les marchés du Nord : place du Concert à Lille le dimanche matin et à Fourmies le samedi matin. Vente à la ferme sur commande.
Depuis 1982, la ferme du Chant des Oiseaux a fait le choix du bio et du respect de la nature pour une production sans engrais chimiques et irriguée par l'eau issue d'une mare attenante à la ferme et dont les propriétaires peuvent s'assurer de la qualité. Prônant une agriculture basée sur un véritable savoir-faire paysan, le Chant des Oiseaux propose des fruits et légumes de saison, ainsi que des cidres et jus de pommes, très appréciés des habitants de la région. Vous pourrez retrouver les produits bio de la ferme sur les marchés de Lille et de Fourmies.

Restaurants bio

CÔTÉ JARDIN
27, rue des Soeurs-Blanches
DUNKERQUE
✆ 09 87 11 88 00
cotejardincatering@gmail.com
Ouvert toute l'année (vacances annoncées sur Facebook). Du mardi au samedi le midi. Ouvert le vendredi soir. Carte : 12-15 €. Vin bio et en biodynamie. Chèque Restaurant. Salle privatisable sur demande. Catering. Terrasse plein sud. Grand parking en face.
Chez Côté Jardin, Inge, la patronne anversoise, revendique une cuisine d'ici et d'ailleurs avec des bons produits frais. La carte change toutes les deux semaines, en fonction de son envie et de la saison : un menu resserré de trois plats qui privilégie la qualité, les produits locaux et souvent bio. Tout est 100 % maison, desserts compris ; on y déguste d'ailleurs un très bon carrot cake. Chaque semaine un plat sur les trois est veggie ou végan. Spécialité de la maison : les fameux sushi bowls, les makis déstructurés avec saumon fumé maison. Côté Jardin bénéficie d'une terrasse bien exposée plein sud et d'un décor très nature et ingénieux où l'on se sent bien. Aucun souci pour stationner dans ce coin du centre-ville de Dunkerque. Ici, on parle français, flamand, allemand et anglais.

LE LOCAL
10, place du Beffroi
DUNKERQUE
✆ 03 28 21 74 11
lelocaldk@orange.fr
♿
Ouvert le lundi, le mardi, le jeudi et le vendredi le midi ; le mercredi et le samedi de 9h à 18h30. Salon de thé le mercredi et le samedi jusqu'à 18h30. Service de petit-déjeuner. Réservation recommandée. Carte : 13 € environ. Menu enfant : 7 €. Vin au verre. Plats végétariens et produits locaux et Bio en partie. Chèque Restaurant. Chaises bébé. Terrasse. Vente à emporter. Coin livres pour les enfants.
À la fois restaurant (traditionnel et proposant une cuisine du monde), pâtisserie, salon de thé, Le Local ne se disperse pas pour autant. Bien au contraire, il rassemble… les viandards comme les végétariens, les cadres pressés comme les familles (petit coin livres pour les enfants). Et parfois tout ce beau monde se retrouve autour de « la table à partager ». Une idée conviviale et sympathique à l'image des patrons. Le chef du Local ne travaille qu'avec des produits… locaux, et tout est fait maison (y compris les sauces). C'est simple, goûteux et on prend plaisir à saucer les plats avec de grosses tranches de pain à l'ancienne, comme chez Mamie. Mais chez Mamie, la béarnaise est moins bonne ! Disons que si vous voulez être sûr de vouloir goûter leur fameux *shortbread* aux cacahuètes (ou aux Spéculoos), il faut passer un coup de fil (ou réserver *via* Facebook, la patronne est très réactive). Et pour les pressés, il est possible d'emporter des plats ou la salade du jour. Par beau temps, on peut s'installer en terrasse au pied du beffroi de Saint-Éloi sur une placette piétonne. Très agréable pour siroter un café tout en dégustant une part de pâtisserie maison.

CAFÉ CITOYEN
7, place du Vieux-Marché-aux-Chevaux
LILLE
✆ 03 20 13 15 73
www.cafecitoyen.org
contact@cafecitoyen.org
M° République Beaux-Arts.
Ouvert du lundi au vendredi de 11h à 23h58 ; le samedi de 14h à 23h58. Terrasse. Vente à emporter. Animations.
Ce café et restaurant est l'endroit convivial par excellence. Entre réunion de vieux copains et rencontre avec les voisins, Le café citoyen est le rendez-vous de la bonne humeur. On vient pour boire un petit quelque chose, grignoter le midi, ou même se mettre à table pour la soirée. Ici, on mange bio, on mange bon et on mange bien. C'est le point d'honneur que défendent Florian, Olivier et Geoffrey les gérants. C'est varié, peu cher, et vous pourrez retrouver chaque jour des nouveautés bio et faites maison au menu. A l'étage, vous apprécierez l'espace bibliothèque avec wifi, où vous pourrez vous détendre après un bon repas équilibré. A noter des animations et des événements assez régulièrement tels que des conférences, des concerts, des rencontres, des « apéros-écriture »…

HOPEN SOURCE
13, rue du Plat
LILLE
✆ 03 20 88 33 08
www.hopensource.com
contact@hopensource.com
M° République – Beaux-Arts.
Ouvert du mardi au vendredi de 10h à 19h ; le samedi de 10h à 18h. Le vendredi soir uniquement sur réservation (privatisation possible sur demande). Plat du jour 10-13 €. Accueil des groupes. Terrasse. Vente à emporter. Animations. Concerts.
Si le nom d'Hopen Source ne vous dit rien, peut-être que la Source vous parle davantage ? Tête de file de l'alimentation bio lilloise créée en 1979 par Denis Penez, la Source a connu bien des rebondissements depuis. Cédée, reprise, liquidée… Mais c'est du passé ! Aujourd'hui, c'est avec un sourire et une motivation sans faille que son fils Romain a repris les rênes du lieu. Nouveau nom, nouveau décor épuré mais fondamentaux inchangés : ici, pas de micro-onde ni de congélateur mais du bio, du fait maison et du frais ! Risotto de colin et légumes au quinoa, tartes du jour et un moelleux au chocolat à se damner… Comme l'indique la signature, mettez "un peu de bio-nheur dans votre assiette" !

BARAKA
20, rue de Sébastopol
ROUBAIX
✆ 03 20 65 74 14
www.cooperativebaraka.fr
contact@cooperativebaraka.fr
Tram Alfred Mongy, M° Roubaix Grand-Place
Ouvert du lundi au vendredi le midi et le soir. Formule du midi : 12 €. Accueil des groupes (location de salles). Terrasse. Animations.
La Baraka l'a échappé belle... Après une année 2017 difficile, le restaurant a dû fermer ses portes pendant un temps qui a semblé bien long aux amateurs de cuisine équilibrée. Grâce à un plan de sauvetage solidaire, le restaurant a rouvert ses portes en octobre 2018 et propose désormais une nouvelle formule avec une ambiance cantine conviviale où chacun remplit son plateau comme il veut. La cuisine, elle, est restée bio, locale et végétarienne, même si la Baraka n'exclut pas à terme de proposer de la viande bio ! On souhaite donc une belle et longue vie à la Baraka nouvelle formule, fleuron de la coopérative du même nom qui prône le bien-habiter, le bien-vivre ensemble et le bien-manger !

Mode et bien-être

AVRIL
46, rue Esquermoise
LILLE
✆ 03 20 47 04 96
www.avril-beaute.fr
contact@avril-beaute.fr
M° Roubaix Grand-Place.
Ouvert du lundi au vendredi de 10h à 19h ; le samedi de 10h à 19h30. Vente sur le site internet et dans les boutiques de la marque. Livraison possible.
Cette marque de cosmétiques bio a été créée en 2012 par Alexis Dhellemmes à Roubaix. Elle allie élégance et qualité. L'objectif de la marque est de rendre la cosmétique bio accessible au plus grand nombre de femmes. Des produits bio donc, allant du maquillage (mascara, eyeliner, rouge à lèvres, fond de teint, vernis, pinceaux) aux soins capillaires (shampooing à l'aloé véra, après-shampooing à l'huile d'argan, masque capillaire au beurre de mangue), en passant par la gamme de soins du corps (lait, gommage, déodorant, dentifrice, gel intime)... Tout pour le respect de l'environnement, de votre peau, et de votre portefeuille ! La première boutique a ouvert ses portes à Lille en octobre 2016, et la marque s'implante petit à petit dans le reste de la France.

EL MARKET
128, rue Léon-Gambetta
LILLE
✆ 09 67 01 30 72
www.elmarket.fr
contact@elmarket.fr
M° République Beaux-Arts.
Ouvert du mardi au samedi de 10h à 19h.
En 10 ans, El Market s'est imposé comme l'une des références du commerce équitable à Lille. La boutique propose trois univers distincts et complémentaires : mode, enfant et maison. Les produits proviennent des quatre coins du monde et les matières premières sont issues de l'agriculture biologique ou du recyclage, donc respectueuses de l'environnement. T-shirts en coton bio, chaussures aux semelles en caoutchouc d'Amazonie, chaussettes en fibre de bambou, chaussons pour enfants en cuir végétal, jeux en bois ou en carton recyclé, de la vaisselle, des articles de déco... et même des sacs, porte-monnaie et sacoches de vélo qui ressemblent à s'y méprendre à de la vachette ! Le pari de Diana et Pierre lorsqu'ils ont ouvert leur boutique était de concilier beauté et éthique. Dix ans après, le pari est réussi ! Une boutique aux couleurs du monde.

MON CÔTÉ BIO
125, rue de Lys
TOUFFLERS
✆ 06 70 50 51 12
www.moncotebio.cc
contact@moncotebio.cc
Boutique en ligne.
Depuis 2010, cette marque d'une créatrice engagée, Catherine Cambien, joue avec les codes du « casual » avec une ligne de basiques épurés aux teintes chaudes et minérales, mixant la superposition, les formes et la couleur. Les pièces sont « made in France » à Roubaix, avec du tissu originaire de Turquie, et certifié d'origine biologique par Global Organic Textile Standard : GOTS. On aime les robes cache-cœur aux teintes ensoleillées, les écharpes en jersey aussi douces que chaudes et le gilet « cardicool », chic et confortable.

Habitat et jardin

KBANE
Centre commercial Auchan
Rue du 19-Mars-1962
PETITE-FORÊT
✆ 03 62 09 13 70
www.kbane.com
suivicontact@kbane.com
Ouvert du lundi au samedi de 10h à 12h et de 14h à 19h.
Kbane, l'habitat durable, est une enseigne qui compte trois magasins dans le nord de la France, à Lille, Valenciennes et Rouen. Il s'agit de grandes surfaces dédiées à la construction écologique. Celle de Valenciennes est un *showroom* qui propose des produits et des conseillers « éco-coachs » pour vous aider à concrétiser votre projet d'habitat durable. Cette boutique n'a pas de produits à usage quotidien (droguerie, peinture, jardin bio...), mais vous y trouvez un large choix de poêle à bois et tous les matériaux pour l'éco-construction.

NATUBAT
2, rue Charles-Gounod
TOURCOING
✆ 03 20 27 08 55
www.natubat.fr
M° Alsace.
Ouvert du lundi au vendredi de 8h à 12h et de 13h30 à 18h ; le samedi de 9h à 12h.
Attentive à l'environnement de longue date, Françoise Gruson a créé son magasin de distribution d'éco-maté-

riaux en 2006. Dans un démarche militante, elle souhaite rendre accessible l'utilisation de ces matériaux propres, mais aussi de nouvelles techniques alternatives, faiblement énergivores, renouvelables et si possible donnant de nouveaux débouchés aux produits agricoles. Des produits respectueux de la santé du producteurs, de l'installateur et de l'utilisateur. Le plus : l'accueil sympathique et les conseils compétents. Futés : des promotions, des déstockages, des stages de formation aux techniques d'éco-construction. Livraison possible dans les départements limitrophes.

JARDIN NATUREL DE LA FERME DU SENS
Jardin de Bruno le jardinier
270, rue des Fusillés
VILLENEUVE-D'ASCQ
✆ 03 20 64 02 00
Ouvert du lundi au vendredi de 9h à 19h30 et le samedi de 9h à 19h et sur rendez-vous. Gratuit.
Ce jardin foisonnant se déploie dans une ancienne ferme longtemps délaissée qui propose différentes activités liées à l'écologie, abritant une biocoop, une brasserie artisanale, un restaurant et une association cultivant des parcelles dans le cadre d'activités de résinsertion. Ici, on apprend à jardiner naturellement, à utiliser compost et grelinette. Le jardin, qui couvre un carré de 1 000 m^2, a été créé en 1998 par Bruno Kania jardinier autodidacte, chauffeur de bus à mi-temps. Pas de rangs tirés au cordeau, mais du mouvement grâce aux plantes qui voyagent d'un massif à l'autre, au fil des saisons, selon l'humeur du vent et des oiseaux. L'idée est de donner un coup de pouce à la nature sans la dominer. Les plantes se ressèment d'année en année, où bon leur semble. Le jardinage naturel s'accompagne d'une grande biodiversité et permet de limiter les arrosages. Un espace est dédié aux fleurs des jardins de nos grand-mères, bleuet des moissons, nielle des blés, coquelicots, valériane rouge, achillée millefeuille, mélisse citronnelle ou fenouil qui attirent les papillons et les coccinelles. Ce jardin naturel est aussi un jardin pédagogique destiné à montrer que l'on peut réaliser un jardin bio avec très peu de moyens. L'association Jardinons nature, née autour de ce projet, œuvre à favoriser la multiplication de ce type de jardins et s'attache aux trocs de graines pour sauvegarder et éparpiller de jardin en jardin les monnaies du pape, ancolies, nigelles...

OISE

Alimentation

EN PASSANT
Rond-Point de Branchu
LIERVILLE
✆ 03 44 22 18 08
www.en-passant.net/about
gerant@en-passant.net
Ouvert du mardi au vendredi de 10h30 à 17h ; le samedi de 9h30 à 13h ; le dimanche de 9h à 17h. Attention les horaires de la cantine, du restaurant et du fournil ne sont pas les mêmes. Espace bien être sur rendez vous uniquement.
En passant est un concept global d'engagement éco-durable qui se base sur la fameuse légende du colibri... Si chacun fait à sa mesure, il est possible d'inverser la tendance. Dans ce concept, vous trouverez un supermarché entièrement dédié au bio, une cantine/snacking bio, un restaurant bio, un fournil à pains et gâteaux bio, et un espace bien-être dans lequel vous pouvez obtenir une consultation après d'une naturopathe. Il ne manque pas grand-chose pour atteindre la perfection !

Restaurants bio

PREDICI – MA CANTINE DE SAISON
9, rue Desgroux
BEAUVAIS
✆ 03 44 05 19 69
www.predici.free.fr
predici60@gmail.com
Ouvert du lundi au vendredi de 11h45 à 14h ; du mardi au jeudi de 15h à 18h30. Réservation recommandée. Menus de 9,50 € à 13 € (quiche ou plat du jour, salade et soupe). Trio de desserts 4,50 €. Accueil des groupes. Terrasse. Vente à emporter. Restaurant, salon de thé, épicerie locale.
La dynamique patronne a décidé de miser avant tout sur le fait maison, le local et le respect des saisons. Le concept fonctionne bien avec un menu autour de soupes, salades, un choix entre deux ou trois quiches, un plat du jour et un plat végétarien. Vous aimerez ensuite le trio de desserts. Dans l'après-midi le salon de thé permet de déguster des gourmandises dans un cadre agréable. Si vous vous régalez, et nous n'en doutons pas, vous pouvez acheter des gâteaux, des bières, des jus de fruits et même du gin picard (!) puisque l'établissement fait aussi office d'épicerie de produits régionaux.

LES ACCORDAILLES
24, rue d'Ulm
COMPIÈGNE
✆ 03 44 40 03 45
www.les-accordailles-restaurant.fr
lesaccordailles@yahoo.fr
Ouvert du mardi au samedi le midi et le soir ; le dimanche midi. Menus de 28 € à 39,90 €. Carte : 16 € environ. Menu enfant : 9,50 €. Formule du midi : 13 € (ou 17 €). Vin au verre. Terrasse. Caviste.
Avec la petite brasserie voisine, il s'agit du seul restaurant de la grande place devant le château de Compiègne. Si vous ne voyez pas de place depuis les grandes baies vitrées, n'hésitez pas à entrer, il y a une autre salle au fond qui comporte quelques tables. La nouvelle équipe est bien agréable et a pris ses marques. La cuisine est généralement de qualité, avec des plats comme le filet de canette aux agrumes et son crémeux de chou-fleur ou le burger de saumon et sa crème aux herbes. En dessert, on peut conseiller le craquant aux deux chocolats.

PAS-DE-CALAIS

Alimentation

■ CALAIS NATURE
22, rue des 4-Coins
CALAIS
✆ 03 21 34 78 52
https://calaisnature.fr/site
contact@calaisnature.fr
Ouvert du mardi au vendredi de 9h à 12h30 et de 15h à 18h30 ; le samedi de 9h à 12h30.
Petite boutique spécialisée en santé au naturel, Calais Nature propose une vaste gamme de compléments alimentaires, de jus, huiles en tout genre, plantes qui vous aideront à conserver (ou retrouver) forme et santé. Des produits cosmétiques bio et quelques articles alimentaires complètent l'offre. Vous pouvez également commander sur le site Internet.

■ VIVA BIO
7, rue d'Acq
HAUTE-AVESNES
✆ 03 21 22 39 79
vivabio.org – vivabio@free.fr
Ouvert du mardi au vendredi de 10h à 12h30 et de 14h à 19h ; le samedi de 10h à 12h30 et de 14h à 18h. Possibilité de commande en ligne pour récuperer en drive ou rn points de livraison.
Hélène et Olivier vous accueillent chaleureusement dans leur échoppe et vous proposent toute une gamme de produits divers : des produits d'épicerie, des fruits et légumes frais, du pain, des écoproduits d'entretien, des produits cosmétiques, d'hygiène et de bien-être, quelques livres sur la bio et même de la peinture sur commande. Tous ces produits sont issus de l'agriculture biologique, certains proviennent du commerce équitable ou des producteurs régionaux. Le petit «plus» pratique : un système de livraison et un drive !

Restaurants bio

■ MEZZALUNA
10, rue Léon-Gambetta
ARRAS
✆ 03 21 22 89 63
mezzalunaarras.com
mezzaluna.arras@gmail.com
Ouvert du lundi au samedi le midi ; du mardi au samedi le midi. Carte : spécialités et pâtes de 9,80 € à 14,90 €. Menu enfant : 8,50 €. Formule du midi : 12,50 €. Plat du jour : 8,90 € (sauf dimanche et jour férié ; tarif préférentiel pour les étudiants et pour les commandes à emporter. Chèque Restaurant. Végan-friendly.
Proposant une cuisine méditerranéenne revisitée, Mezzaluna propose un menu entièrement végétal, composé d'antipastis italiens, de mezzes libanais et de petits plats originaux ! De quoi amener le soleil les jours de pluie ! Les prix ne sont pas excessifs, des options sans gluten existent et, si vous êtes pressé, un service rapide vous permet de commander à emporter.

■ LE GREEN BISTROT
4, rue du Muret
WISSANT
✆ 09 70 38 62 11
www.greenbistrot.fr
Ouvert du mercredi au dimanche le midi et le soir. Menu unique à 26 €. Jardin. Terrasse.
Dans cette maison lumineuse entre mer et forêt, on se sent bien, comme chez soi. Feu de bois en hiver, terrasse et jardin aux beaux jours participent à cette ambiance accueillante. Le chef vous reçoit à son comptoir dans un joli décor à la fois moderne et champêtre. Ici, on veut incarner le concept «d'espace culinaire naturel» en proposant une cuisine de saison authentique avec des produits sélectionnés pour leur goût, mais aussi pour leur faible impact écologique. Le vin, la bière et le café, biologiques, sont achetés à des producteurs du Boulonnais. A la carte par exemple : velouté de carottes et coco ou endive, déglacée à la Suze, roquefort et noix en entrée, carbonnade de champignons ou lieu mariné aux agrumes et aïoli en plat, marbré chocolat-pistache ou cheesecake en dessert.... Et si vous voulez prolonger l'expérience, n'hésitez pas à louer l'unique chambre d'hôtes des lieux : un chalet en bois écolo équipé de toilettes sèches, comme il se doit !

Habitat et jardin

■ LE JARDIN DES PLANTES SAUVAGES
Conservatoire Botanique National de Bailleul
Hameau de Haendries
BAILLEUL
✆ 03 28 49 00 83
www.cbnbl.org – infos@cbnbl.org
Ouvert toute l'année. Du lundi au vendredi de 8h30 à 12h et de 13h30 à 18h. Vendredi fermeture à 17h. Le week-end sur réservation. Gratuit jusqu'à 12 ans. Adulte : 4,50 €. Groupe : 4,50 € (gratuit pour les accompagnants). Visites guidées et semi-guidées. Se renseigner.
Inauguré en juin 2003, ce jardin appartient au Conservatoire botanique national de Bailleul, un organisme du ministère de l'Ecologie et du Développement durable. Le Jardin des Plantes sauvages a été conçu comme un lieu de vie et de rencontre éducative. Il permet également de développer la notion de gestion durable du jardin grâce à un entretien réalisé dans un esprit total de respect de l'environnement : désherbage essentiellement manuel, non emploi de produits chimiques, compostage... Il abrite près d'un millier d'espèces de la flore sauvage des régions du nord de la France, et s'attache à faire comprendre la notion de milieu de vie des plantes et l'importance de la conservation de ce patrimoine vivant, notamment à travers l'histoire des plantes utiles et ornementales. Récemment, un second jardin a été créé : le jardin des plantes médicinales, riche de 500 espèces sur une surface de 1 500 m^2. Ces plantes sont organisées selon leurs biotopes particuliers. C'est que les plantes médicinales ont besoin de leur milieu naturel pour posséder leurs propriétés curatives ! D'origines géographiques diverses, la plupart de ces plantes sont des espèces sauvages.

Paniers Bio

AMAP ART DE TERRE
Salle dans la cour de l'ancienne CPAM, Place Anatole Gosselet, RUE
www.amapderue.fr
Distribution le mardi de 17h45 à 19h, calendrier en ligne. Possibilité de contrats à l'année ou pour la saison été seulement.
L'AMAP « Art de terre » à Rue a été créée en mars 2011 suite à l'installation d'un producteur de légumes en agriculture biologique à Ponthoile, Florent Boulanger. Elle s'est depuis enrichie d'autres productions et compte aujourd'hui, en 2019, 80 adhérents et est en relation avec une quinzaine de producteurs. Dans les paniers : du sel, des œufs, de la viande de bœuf Blonde d'Aquitaine bio, des lentilles bio, des pommes et autres fruits de variétés anciennes... A noter qu'il existe une douzaine d'AMAP dans la Somme.

SOMME

Alimentation

LA SARDINE
9, rue de la Ferté, SAINT-VALÉRY-SUR-SOMME
✆ 03 22 60 08 68 – www.la-sardine.com
Ouvert du mercredi au lundi de 9h à 17h.
Cette boutique à la façade bleue s'est construite une belle réputation avec un concept assez original. Cet établissement qui met en avant son éthique propose une épicerie de la mer, des cosmétiques naturels et des créations artistiques. On y retrouve des produits peu courants et parfois locaux comme des tartares d'algues, des spaghettis de mer (à base d'algues brunes), des salicornes et tout un panel de conserves de poisson plus classiques (rillettes de saumon, sardines entières à la tomate, rillettes de maquereaux aux fines algues...). Anne-France vous accueillera chaleureusement et ne rechignera jamais à vous donner de bons conseils, toujours avec le sourire. Elle propose aussi des décorations, même si certaines boîtes de sardines sont déjà de petits objets d'art tant elles sont belles et originales.

Restaurants bio

ELISA
4, rue des Chaudronniers, AMIENS
✆ 03 22 72 62 24 – www.elisaleresto.fr
Ouvert du mardi au samedi de 9h à 18h30. Menu unique à 8,50 €. Plat du jour : 8,50 €. Vin au verre. Entrées 4,50 €, wraps 5,50 €, desserts de 2,30 à 4,50 €. Wraps chauds servis avec salade 8,50 €, bruschettas avec salade 8,50 €. Terrasse. Vente à emporter. Traiteur, Apéritif dinatoire.
En plein cœur du centre-ville, à proximité des halles, Elisa bénéficie d'une décoration colorée qui n'est pas sans évoquer la fraîcheur et la légèreté de son nom. L'accueil est charmant et souriant et le concept assez original. Ici, on mange bio et tout est fait maison, des salades aux plats chauds. Les wraps sont une vraie réussite. Vous trouverez de nombreux choix végétariens. L'ouverture non-stop et le concept de libre-service permettent un arrêt gourmand à tout moment de la journée. L'après-midi, le restaurant se transforme en salon de thé avec des sélections de thés, de cafés et de jus bio et surtout de délicieuses pâtisseries ou de salades de fruits de saison.

LA TABLE DU JARDINIER
Jardins de Valloires, ARGOULES
✆ 03 22 23 71 13 – www.baiedesomme.fr
♿
Ouvert du de mi mars à mi novembre. Ouvert tous les jours et les jours fériés de 12h à 15h. Menu unique à 27 €. Menu enfant : 10 € (pour les moins de 12 ans). Formule : 17,40 € (soupe, plat et boisson). Vin au verre. Jardin. Terrasse. Vente à emporter. Boutique. Ateliers thématiques (semaine du goût).
La Table du Jardinier est le restaurant des Jardins de Valloires. Telle la palette d'un peintre, l'assiette adopte les couleurs de la saison. Normal puisque le chef Sébastien Crépy utilise le plus souvent possible ce qui pousse dans le jardin. Violette, mesclun ou aromates du moment, cocktails au sirop de coquelicot, jus de légumes, crêpes à la poire confite au vin de rose, moelleux chocolat à la sauce menthe, un poisson ou une viande avec beaucoup d'herbes inconnues et que dire du sorbet à la rose... un ravissement ! Malgré la grande originalité des plats, les tarifs restent raisonnables. Pour vous y rendre, ne vous arrêtez pas à l'abbaye de Valloires, mais continuez un peu plus loin, jusqu'aux jardins. Envie de ramener un petit souvenir de ce délicieux moment passé à la Table du Jardinier ? Faites un petit tour à la boutique du restaurant qui propose des produits du terroir et des jardins de Valloires, mais aussi des livres et des objets de la région !

LA COLIBRI JARDIN RESTAURANT
10, rue de l'échelle, MARQUIVILLERS
✆ 03 23 36 50 76
Ouvert le vendredi et le samedi de 12h à 16h30 et de 18h30 à 23h ; le dimanche de 12h à 16h30.
Ce restaurant est situé au domicile du chef cuisinier Alexandre, qui cuisine au maximum avec les produits de son jardin, les autres produits utilisés au sein du restaurant sont tous biologiques. Il sont frais et en grande partie locaux. Dans le jardin potager, dans lequel chacun peut se promener, vous pourrez trouver différentes variété de légumes, plantes aromatiques et arbres fruitiers. A côté se trouve la mini-ferme avec ses deux moutons d'Ouessant, ses chèvres naines, une oie, une canne et des poules. Depuis le restaurant, vous pouvez aussi les observer et tenter de faire le rapprochement entre ce qui se trouve dans votre assiette et ce que vous voyez pousser. Difficile de faire plus court comme circuit !

ILE-DE-FRANCE

PARIS

Alimentation

■ PUR ETC
21, rue des Jeûneurs (2e)
PARIS
✆ 09 83 25 05 74
www.pur-etc.fr
contact@pur-etc.fr
M°8,9 Grands Boulevards, M°3 Bourse
Ouvert du lundi au vendredi de 8h30 à 16h. Commande possible en ligne et livraison Deliveroo. Carte de 7 à 15 €.
Pur Etc., un FastGood qui propose 3 formules. Le *déjeuner comptoir* propice aux échanges avec les autres convives avec un format minimal debout, mais sans perte de temps. A la carte, des mini plats chauds : viande, poisson, végétarien. Il est possible d'opter aussi pour des menus sans lactose et/ou sans gluten ainsi que des recettes végétariennes ou végétaliennes. Le déjeuner est livré, installé puis récupéré par leurs soins. Autre choix, les *plateaux repas* : la PUR'Box vous fait gagner du temps sans sauter la pause repas. Avec des assortiments variés y compris un plat chaud. Enfin, la *solution traiteur* avec toutes les recettes tout au long de la journée, qu'il s'agisse de petit déjeuner, pause matin, pause après-midi, afterwork.

■ BIEN L'ÉPICERIE
20, rue Saint-Gilles (3e)
PARIS
✆ 01 44 61 30 95
www.bienlepicerie.com
contact@bienlepicerie.com
M° Saint-Paul
Ouvert du lundi au samedi de 8h30 à 20h15 ; le dimanche de 10h à 19h. Végan-friendly.
Bien est une épicerie un peu spéciale. Elle a vu le jour sous l'impulsion d'un épicurien, passionné de voyages, de découvertes, de goût et de bien-être. Fabrice Sarfati vous propose des produits de qualités, issus de modes de production biologiques respectueux de l'environnement. L'équipe est très professionnelle, et saura vous conseiller et vous guider au mieux parmi le vaste choix de produits gourmands et de saison. es fruits et légumes sont frais et goûteux, l'épicerie est fournie et constitue une véritable source d'inspiration culinaire. Le magasin est assez complet, des produits frais aux cosmétiques en passant par l'aromathérapie et la boulangerie. Tout y est !

■ OTTANTA
19, rue du Cardinal Lemoine (5e)
PARIS
www.ottanta.org
info@ottanta.org
métro Jussieu Ligne 7.
Ouvert du mardi au vendredi de 10h30 à 14h et de 17h à 19h.
Chez Ottenta on fabrique de façon artisanale traditionnelle sur place, dans le 5e arrondissement, d'authentiques mozzarellas et burratas 100 % locales et certifiées bio, ainsi que ricotta, scamorza... En effet, elles sont toutes fraîchement réalisées à partir de lait frais, local (en provenance de 100 km maximum) et produit en agriculture biologique. Leurs couleur, texture et arôme peuvent donc varier en fonction des saisons. L'utilisation exclusivement de présure fongique végétale, en permet la consommation par les végétariens ou les personnes suivant les principes de la Kasheruth. Dans cet établissement pour encourager le vrac, les contenants sont consignés et le panachage des produits accepté. D'autre part, chaque fois que cela est possible, les livraisons sont effectuées à vélo ou en triporteur.

■ HÉDONIE
6, rue de Mézières (6e)
PARIS
✆ 01 45 44 19 16
www.hedonie.fr
contact@hedonie.fr
M° Saint-Sulpice ou Rennes
Ouvert le lundi de 12h à 20h ; du mardi au samedi de 11h à 20h.
En plein cœur de Paris, ce magasin propose plus de 4 000 produits naturels et biologiques : alimentation « frais », épicerie, vins, produits spécialisés, puériculture, bien-être, aromathérapie, compléments alimentaires. Un positionnement « nature et plaisir » avec près de 75 % de la marchandise labellisés bio et 25 % issus de petits producteurs (étiquetage clair pour les différencier). Des cerises séchées aux succulents avocats, en passant par le grand choix de pâtes ou les préparations cuisinées en bocaux : la sélection est sans faille ! On peut découvrir ou redécouvrir des légumes de terroir, tels que les tomates cœur de bœuf ou les tomates noires. Il faut goûter aux grands crus bio classés ainsi qu'à l'excellent pain Poujauran que l'on ne trouve pas partout. Les habitants du 6e sont quelque peu privilégiés puisque leur commande peut être livrée gratuitement à domicile. Paniers cadeaux à composer pour les fêtes, produits spéciaux à la demande et point relais des abonnés du Campanier.

■ LES POIREAUX DE MARGUERITE
51, rue Saint Maur (11e)
PARIS
✆ 09 83 76 52 46
www.lespoireauxdemarguerite.com
M° Rue Saint-Maur.
Ouvert du lundi au vendredi de 10h à 20h30 ; le samedi de 9h à 20h30 ; le dimanche de 10h à 13h30.

LA VIE PREND
UN SENS
RADIO
NOTRE
DAME
FM100.7 - RADIONOTREDAME.COM
FM 100.7 - RADIONOTREDAME.COM
crédit photo : gettyimages

Une très soigneuse sélection de producteurs est à la base de cette offre. Joliment appelée « les poireaux de Marguerite », elle propose de type d'offres distinctes. Premièrement, la venue en magasin, où les petits produits de producteurs vous attendent, vous ouvrent les bras et vous permettent de n'acheter que du bio, que du bon. Mais l'agriculture raisonnée, proposée ici, se décline également selon des paniers. Ceux-ci contiennent des légumes, de la viande, bref de nombreux produits délicieux et savoureux, et qui peuvent vous être livrés à domicile. Notez bien que ces paniers sont de taille et de tarifs (évidemment) variables. Une chouette offre.

LE RETOUR À LA TERRE

114, avenue Philippe-Auguste (11e)
PARIS ✆ 01 44 93 81 81
www.leretouralaterre.fr
M° Philippe Auguste ou Père Lachaise

Ouvert du lundi au samedi de 10h à 20h (jusqu'à 20h30 les lundis, vendredis et samedis).

Le Retour à la Terre, c'est un verger conservatoire bio en Normandie créé par Catherine Chalom et sa famille. Aujourd'hui, c'est aussi une boutique bio très agréable dans le 11e arrondissement (il en existe deux autres dans les 5e et 8e arrondissements), aménagée sous une verrière un peu comme un marché couvert. Les fruits et légumes de saison côtoient des fruits et légumes oubliés en direct du verger de Catherine, où des produits frais flirtent avec des surgelés, où le fromage à la coupe – tiens, du gouda aux algues… – n'attend plus que le pain et le vin, où les variétés de miel se marient avec les confitures. Et c'est aussi un « bar à vrac » avec plus d'une centaine de produits (céréales, riz, légumes et fruits secs,…) et des produits du commerce équitable. On trouve également une sélection de vêtements, de livres, de cadeaux ainsi que des semences pour faire soi-même son retour à la terre. Catherine, une centralienne reconvertie, organise régulièrement des rencontres dégustations avec des producteurs, des dédicaces de livres, des conférences... Un vrai lieu de vie.

LE COMPTOIR DU BON

1, rue de Reuilly (12e)
PARIS
✆ 01 44 49 04 31
M° 1 et 8 : Reuilly-Diderot,
M° 8 : Faidherbe Chaligny.

Gluten-free friendly. Ouvert du lundi au vendredi de 10h à 14h et de 16h à 20h ; le samedi de 10h à 20h ; le dimanche de 10h à 14h. Chèque Restaurant.

Vous veillez à manger le plus sainement possible ? Vous êtes un(e) inconditionnel (le) du bio ? Vous privilégiez les produits locaux ? Et vous résidez du côté de Faidherbe-Chaligny ? Voilà une adresse qui vous est destiné(e). Mais peut-être est-ce déjà une étape obligée de votre parcours de courses. Quoi qu'il en soit, ce Comptoir du bon met en avant l'agriculture française autant que faire se peut et affirme son exigence en sélectionnant un maximum de produits bio et de saison labellisés « directs producteurs », « circuits courts » ou « éco-responsables ». Large éventail de fruits et légumes d'une belle fraîcheur, des herbes et un assortiment de produits d'épicerie fine (huiles, miel… .

MAISON POS

90, rue de Charonne (12e)
PARIS ✆ 01 43 70 83 01
M° Charonne.

Ouvert le lundi de 16h à 20h ; du mardi au vendredi et le dimanche de 10h30 à 14h et de 16h à 20h ; le samedi de 10h à 20h.

Non, la Maison POS n'a pas été créée par la famille Pos ! Il s'agit en fait d'un double acronyme : Produits Objectivement Savoureux et Pierre-Olivier Savreux, à l'origine de cette épicerie qui privilégie les bons produits (fruits et légumes bio ou non traités, fromages, charcuterie…) et les circuits courts (donc quasiment pas d'intermédiaires), ce qui lui permet d'afficher des prix très raisonnables. Tenue par deux sœurs, la maison propose des paniers de fruits et légumes à 20 €, à réserver à l'avance, ainsi qu'une formule à midi au prix imbattable de 5 €, comprenant une portion de soupe bio faite maison, un mini-sandwich bio et un yaourt fermier ou un fruit bio. Qui dit mieux ?

NATURE DUVERNET

12, rue Mouton-Duvernet (14e)
PARIS ✆ 01 45 42 72 75
M° Mouton-Duvernet

Ouvert du mardi au samedi de 10h à 19h.

On aime l'accueil un brin bourru et pourtant sympathique et pro de Monsieur Bagheri, propriétaire des lieux. Le bio, il en connaît un rayon... Et pour cause : ce docteur nutritionniste est également ingénieur agroalimentaire et ancien chercheur à l'Inra, excusez du peu ! Autrement dit, vous pouvez lui faire confiance quant à la pertinence des produits proposés en magasin : céréales, huiles, tisanes, jus de fruits, cosmétiques et compléments alimentaires. N'hésitez pas à lui demander des conseils précis, Monsieur Bagheri prend toujours le temps de répondre et d'orienter ses clients, et propose des consultations gratuites sur l'hygiène de vie et l'alimentation le mercredi. Vous deviendrez vite un habitué !

Les marchés bio de la Capitale

Certains marchés parisiens proposent aussi du bio ! Voici les plus connus :

- **Boulevard Raspail** (6e) dimanche matin de 7h à 14h (✆ 01 43 24 74 39).
- **Boulevard des Batignolles** (17e) samedi matin de 8h à 13h30 (✆ 01 45 11 71 11).
- **Place Brancusi** (14e) samedi matin de 8h à 14h.
- **Place du Père-Challiet** (11e) le mercredi de 10h à 20h, et le samedi matin.

D'autres sont plus confidentiels, comme le marché du Centquatre (104, rue d'Aubervilliers – 19e), le marché des Lilas (rue Waldeck-Rousseau, face au Théâtre du Garde-Chasse) le vendredi entre 14h et 19h.

TERRA BACCHUS

127, rue d'Alesia (14e)
PARIS ✆ 09 82 45 36 88
www.terrabacchus.fr – hello@terrabacchus.fr
M° Alésia

Ouvert tous les jours de 10h à 21h. Fermeture le 25 décembre et le 1er janvier.

Avec un tel nom, on penserait ne trouver ici que des vins et spiritueux. Pas du tout ! Terra Bacchus est un concept global qui propose d'excellents produits bio. Evidemment, les vins, soigneusement sélectionnés auprès de vignerons travaillant en bio et en biodynamie, sont aussi bons que respectueux de l'environnement. Mais, parallèlement, le trio Jessica, Kim et Michaël propose une offre composée de fruits et légumes et de produits d'épicerie (cafés, thés, huiles, confitures…). Pour ceux qui souhaitent déjeuner (ou dîner) sur le pouce en poursuivant l'expérience du bio, la maison a conçu une gamme de snacking (soupes, salades) à partir de produits vendus dans le magasin.

MA PETITE FERME

23-25, rue Brancion (15e)
PARIS ✆ 01 71 20 94 09
Métro Convention.

Ouvert le lundi de 17h à 20h ; du mardi au vendredi de 10h à 14h et de 16h à 20h ; le samedi de 10h à 19h.

Habituellement, ce sont les citadins qui fuient la ville pour se mettre au vert… Victoire Mac Garry, elle a implanté sa « Petite ferme » en milieu urbain, à l'angle des rues Brancion et de Vouillé. Un commerce de proximité où les habitants de ce quartier du 15e peuvent s'approvisionner en produits bio, en vrac et en direct de producteurs : fruits et légumes, produits laitiers, pain, vin, produits d'épicerie et d'entretien… Plus qu'un lieu, la sympathique et dynamique Victoire souhaite créer du lien, notamment en invitant des producteurs. Au-delà, son ambition est de promouvoir une consommation intelligente et « raisonnée », et bien sûr de contribuer à la protection de l'environnement.

BOUCHERIE MEISSONIER

8, rue Meissonier (17e)
PARIS ✆ 01 47 63 00 19
M° Wagram

Ouvert du mardi au vendredi de 7h à 13h et de 15h30 à 20h ; le samedi de 7h à 20h.

La boucherie, qui a pris le nom de la rue dans laquelle elle se trouve depuis quelque temps maintenant, est réputée dans le 17e arrondissement de Paris et au-delà. Elle se fournit à Rungis, mais aussi chez de petits producteurs et auprès de Sicaba pour la viande bio, notamment le nouveau label Cœur de Terroir qui propose les quatre viandes en bio (veau, bœuf, agneau, porc). Le rayon bio est de plus en plus apprécié. Plus cher, peut-être, mais c'est mérité ! Le plus : le chapon de Bresse pour Noël, joliment emballé et dont la farce n'est pas une blague ! Ouverte jusqu'à – relativement tard – pour une boucherie, l'établissement est très apprécié, à juste titre.

LA FABRIQUE D'EFFETS

104, rue Legendre (17e)
PARIS ✆ 09 62 37 41 02
www.fabriquedeffets.com
lafabriquedeffets@orange.fr
M° La Fourche

Ouvert le lundi de 16h à 20h ; le mardi, le mercredi, le vendredi et le samedi de 10h à 20h30 ; le jeudi de 11h à 20h30 ; le samedi de 10h à 20h30 ; le dimanche de 10h à 18h30.

« Le bio, c'est un engagement, une façon de vivre, une affaire de famille », pourrait vous dire Flo si vous l'interrogiez sur le sujet. Alors, à la Fabrique d'effets on s'efforce de suivre le cycle des saisons et on vous propose des fleurs et des végétaux produits de manière responsable et durable. Dans sa boutique vous trouverez des fleurs de saison produites principalement en France (Région parisienne, Var, Bretagne...), mais aussi des roses issues du commerce équitable (Ethiflora). Et, le plus, pour accompagner votre bouquet, la boutique vous propose une sélection de vins bio ! A noter que Flo propose aussi des ateliers où vous pourrez découvrir les plaisirs de l'art floral.

LE CARILLON D'OLIVIER

34, rue des Abbesses (18e)
PARIS
✆ 01 46 06 80 42
M° Abbesses.

Ouvert du mardi au samedi de 10h à 20h ; le dimanche de 10h à 14h.

La Carillon de l'Olivier a ouvert il y a près de 60 ans (eh oui !), une époque où le bio était loin d'être à la mode. La boutique est toujours restée indépendante et l'équipe a, d'année en année, accumulé un savoir-faire qu'elle met à profit pour conseiller une clientèle fidèle selon ses besoins du moment et sur les bienfaits d'une alimentation équilibrée. Légumes, fruits, pains, produits frais, boissons, thé, cafés, cosmétiques, produits pour bébés, bref c'est toute la panoplie pour gérer le quotidien bio. Ici, vous trouverez donc un magasin d'experts en la matière : ceux qui le fréquentent, et ceux qui le tiennent. Pas de risque d'arnaque ou de faux bio ici !

COOPÉRATIVE LA LOUVE

Quartier Amiraux-Simplon
116, rue des Poissonniers (18e)
PARIS
http://cooplalouve.fr
info@cooplalouve.com

Ouvert du mardi au samedi de 9h à 21h ; le dimanche de 9h à 13h.

La Louve, premier supermarché coopératif et participatif de Paris, a été créée durant l'été 2017. Tout le monde peut y faire ses courses, à condition d'avoir adhéré à la coopérative, en rejoignant les 7 000 adhérents actuels, et de fournir une participation bénévole au fonctionnement du magasin. Les coopérateurs deviennent copropriétaires de ce magasin de 1 500 m² après l'achat d'une part sociale de 100 euros. Ils assurent 80 % des tâches nécessaires à son fonctionnement. Ils s'engagent à consacrer trois heures par mois au projet. Pour vous renseigner ou souscrire directement à la coopérative, inscrivez-vous à une réunion d'accueil sur son site internet. Après deux années d'existence et malgré le succès du nombre d'adhérents, les avis demeurent partagés sur l'Intérêt final de la démarche. D'autre part, tout le monde ne peut pas libérer 3 heures de son temps libre mensuel en tenant compte des temps de trajet pour les plus éloignés !

LES NOUVEAUX ROBINSONS

45, rue Marx Dormoy (18e)
PARIS
✆ 01 46 07 07 66
www.lesnouveauxrobinson.coop
contact@lesnouveauxrobinson.coop
M° Marx Dormoy ou M° La Chapelle

Ouvert du lundi au samedi de 10h à 20h.

Une chouette petite échoppe du quartier, dans une rue très passante, et qui, derrière une devanture verte un peu voyante (mais au moins on ne la manque pas !), propose une multitude de produits, bio bien évidemment. On n'est pas avare de bons conseils ici, principalement si vous débutez dans le registre bio, et il en faut, car l'enseigne regroupe pas moins de 7 000 références. Ainsi on trouve ici des vins et des bières, des produits d'entretien, des fruits et des légumes, bref, on trouve de l'alimentaire, mais pas seulement, et loin de là, vous le constaterez. Etonnamment, les prix pratiqués sont plutôt bon marché : raison de plus d'y filer au plus vite.

CANAL BIO

46 bis, quai de la Loire (19e)
PARIS
✆ 01 42 06 44 44
www.canal-bio.net
info@canal-bio.fr
M° Jaurès ou Laumière

Ouvert le lundi de 12h à 20h ; du mardi au samedi de 10h à 20h.

Qu'on ne s'y trompe pas, Canal Bio n'est pas une chaîne câblée, mais bien un supermarché entièrement bio. Sur plus de 300 m^2 tous les produits bio sont à portée de l'œil et de la main avec plus de 7 000 références. Une vingtaine de personnes, toutes impliquées dans la protection de la planète, contribuent à la réputation du magasin dans la vie de l'Est parisien. On trouve environ une centaine de céréales et tous les produits d'un supermarché classique avec une part belle faite aux fruits et aux légumes en libre-service, au pain frais (une soixantaine de pains au levain), un beau rayon de crèmerie, du fromage à la coupe, des poissons, de la boucherie, un rayon traiteur de surgelés, une cave à vins bio sans oublier des glaces aussi savoureuses que légères. Les cosmétiques ne sont pas oubliés : soins des cheveux, crèmes de beauté et en parcourant les allées très bien pourvues on découvrira un bon choix de thés et tisanes, oligo-éléments et huiles essentielles, livres sur le bio...Une grande partie des produits est achetée directement à des groupements de producteurs dans un esprit solidaire et équitable. Gage de sérieux : Canal Bio est affilié au réseau Biocoop. A noter aussi une démarche éducative et ludique de l'enseigne : animations en magasin, présence régulière d'une naturopathe et d'une créatrice culinaire, magazine gratuit Culture Bio et un personnel bien formé qui répond aussi volontiers à toutes vos questions.

KELBONGOO

204, avenue de Crimée (19e)
PARIS
www.kelbongoo.com
contact@kelbongoo.com

Permanence au local le jeudi de 14h à 16h. Points de livraison : 47 rue saint Blaise 75020 Paris ; 3 bis rue Bichat 75010 Paris ; 18 rue du Borrégo 75020 Paris. Pour chaque point, deux distributions par semaine : Le mercredi de 13h15 à 16h et de 17h à 20h30 ; Le samedi : de 9h à 13h et de 14h15 à 16h30. Modalités pratiques de commande et de paiement sur le site internet.

Supprimer les intermédiaires et se fournir directement auprès de producteurs locaux permet de garder des prix bas pour les consommateurs et de rémunérer correctement les producteurs. Comment ça marche ? Passez commande sur le site de Kelbongoo, le paiement en ligne étant sécurisé ; ses producteurs partenaires récoltent et préparent vos produits frais ; Kelbongoo se charge de transporter votre commande vers Paris ; vous pouvez alors récupérer votre commande lors d'une des distributions hebdomadaires dans un des points relais. Etant bien entendu que vous commandez ce que vous voulez et quand vous voulez. Il n'y a pas pour vous d'engagement dans la durée ni de minimum de commande obligatoire !

LES NOUVEAUX ROBINSON

13, cours de Vincennes (20e)
PARIS
✆ 01 84 86 15 11
www.nouveauxrobinson.coop
M° Nation

Ouvert du lundi au samedi de 9h30 à 20h.

L'enseigne Bio Génération est passée sous l'étiquette des Nouveaux Robinson, un supermarché de produits biologiques et écologiques créé par un informaticien sans emploi, Didier Le Gars. Les magasins s'inscrivent dans le domaine du commerce de proximité avec un statut coopératif axé sur les besoins des consommateurs et des salariés dans le respect de la personne et de la biosphère. On y trouve vraiment tout ce qui est essentiel en produits frais et épicerie ainsi que des condiments exotiques.

Le panier Robinson est une sélection d'une centaine de produits de base, sur lesquels une marge réduite a été appliquée pour permettre aux budgets limités d'acheter des produits bio, mais aussi de faire réaliser aux clients habituels des économies ou de guider les nouveaux clients dans le choix des produits. Ce panier est composé de riz, pâtes, huile, lait de soja, fromage, tofu, confiture, thé, produit de vaisselle... Les articles sont identifiables dans les rayons grâce à une étiquette rouge placée à côté des prix. Une carte de fidélité donne droit à des réductions. L'enseigne compte une vingtaine de magasins en Île-de-France.

Restaurants bio

LE TWO

11, rue Notre-Dame-de-Nazareth (3e)
PARIS
✆ 01 42 72 51 77
www.two-paris.com
contact@two-paris.com
M° République ou Temple.

Ouvert toute l'année. Congés début août. Le lundi de 8h à 19h ; du mardi au vendredi de 8h à 23h ; le samedi de 10h à 23h. Service non stop. dernier service 22h30. Brunch healthy le samedi de 11h à 16h. Réservation recommandée. Menus de 16 € à 20 € (menu Lunch). Carte : 30 € environ (entrées de 8 à 9 €, plats de 15 à 17 €, desserts de 8 à 9 €). Vin au verre. Chèque Restaurant. Accueil des groupes (salle de reunion et de restauration (privatisable, 10 personnes max) : Eat work café). Co-working, salle de réunion.

On se demandait ce qu'un restaurant dépendant d'un espace de *coworking* allait donner. Et c'est en fait une bien chouette découverte que ce Two. Si le lieu est également un espace de travail collectif, ça ne change rien à ses qualités. Ici, on joue la carte du *healthy* car, outre l'entrée et le plat du jour, une soupe et un jus sont proposés. Des salades, des bowls, beaucoup de plats végétariens constituent le reste de la carte du lieu. On passera ici sans déplaisir pour prendre un verre, avec une carte d'apéros à partager à grands renforts de houmous, de caviar de courge ou de rouleaux de printemps. Une carte des vins qui tient elle aussi la route est proposée. Attention, le lieu devient un spot du quartier, on n'hésitera pas à réserver !

L'ARPÈGE

84, rue de Varenne (7e)
PARIS
✆ 01 47 05 09 06
www.alain-passard.com
arpege.passard@wanadoo.fr
M° Varenne

Ouvert du lundi au vendredi le midi et le soir. Réservation impérative. Menus de 340 € à 420 €. Carte : 320 € environ. Formule du midi : 175 € (dégustation selon l'inspiration du chef). Vin au verre. American Express.

En 2016, le célèbre blog *Opiniated About Dining* (OAD) a sacré la table parisienne d'Alain Passard « meilleur restaurant d'Europe ». Et il faut bien reconnaître que cette consécration est largement méritée… C'est en effet une adresse hors normes pour (re) découvrir le goût des légumes ! Alain Passard, le chef étoilé qui manie d'une main verte les fourneaux de l'Arpège, compose chaque matin le menu en fonction des saisons et des arrivages de ses deux potagers situés dans la Sarthe et l'Eure et de son verger dans la Manche. Un repas à L'Arpège est un moment suspendu, un voyage dans un univers parallèle, celui du chef, où le végétal est au centre de tout. Parmi ses plats signatures, les ravioles potagères, à la pâte si fine qu'elle est translucide, baignent dans un bouillon de légumes et renferment des farces de légumes et d'herbes extrêmement parfumées. Tout aussi bluffant, la betterave en croûte de sel, relevée de pointes de mousseline parfumée à l'orange et à l'hibiscus. Enfin, le pigeonneau est accompagné de navets, de choux de Bruxelles et de crosnes. La magie des goûts et des émotions, supportée par un service hors pair et un sommelier pince-sans-rire plein de ressources, tous aussi sympathiques que professionnels, font de ce restaurant une maison d'exception, où nombre de chefs aujourd'hui reconnus, comme Mauro Colagreco, Pascal Barbot, Sven Chartier, Bertrand Grebault ou David Toutain ont été formés. A noter que désormais les légumes de l'Arpège peuvent atterrir directement dans votre cuisine ! Pour cela il vous suffit de commander chaque semaine un panier composé des trésors des potagers de la Sarthe et de l'Eure, récoltés le matin même par leurs jardiniers !

LULA

216, rue Saint-Maur (10e)
PARIS
✆ 01 42 45 62 71
www.lulalifestyleshop.fr
lulalifestyleshop@gmail.com
M° 11 : Goncourt, M° 2 et 11 : Belleville

100% Bio. Gluten-free friendly. Possibilité de privatiser le soir. Ouvert tous les jours de 9h à 15h. Brunch samedi et dimanche midi 29 €. Formules de midi 15 € (entrée-plat ou plat-dessert). Petit déjeuner servi de 9h à 11h : de 14 à 15 €. (à la carte de 6 à 12€). Végan-friendly.

Au départ, Lula était un rêve, puis une idée devenue projet, concrétisé en 2014. Aujourd'hui, Lula est un concept de restaurant/café/épicerie bio qui nous rappelle le Sud, le soleil, la chaleur humaine… Cette cantine bio et végane affiche des produits certifiés Ecocert avec de belles assiettes de crudités agrémentées de superaliments, mais aussi des fajitas, des bowls mais aussi des petits déjeuners sans gluten ou végans. Le petit plus de l'endroit : le restaurant est privatisable pour vos soirées networking, anniversaires ou tout autre évènement !

SOYA

20, rue de la Pierre-Levée (10e)
PARIS
✆ 01 48 06 33 02
www.soya-cantine-bio.fr
M° Goncourt

Gluten-free friendly. Fermé le lundi. Ouvert tous les jours de 12h à 15h30 et de 19h à 23h. Brunch bio les samedi et dimanche : 29 €. Réservation recommandée. Menus de 15 € à 25 € (formule express 20 € ; formule maxit 25 €). Carte : 18 € environ. Un plat 15 €. Vin au verre. American Express. Terrasse. Vegan friendly.

Cette ravissante cantine bio à la déco branchée a su conquérir le cœur des Parisiens végétariens mais aussi des autres. On opte pour la terrasse les beaux jours, pour la tablée accueillante du centre pour manger en bonne compagnie ou encore pour les canapés confortables plus en retrait quand on veut dîner aux chandelles... Au menu, houmous au dukkah soit une onctueuse purée de pois chiches à la crème de tahina et mélange d'oléagineux et épices (amandes, noix de cajou, cumin, anis, fenouil...), tartare d'algues ou encore assortiment de mezzés avec caviars végétaux et légumes rôtis pour des entrées pleines de goût. Lasagnes, couscous et grandes salades bien garnies pour continuer. De nombreux plats sont sans gluten et 100 % végétalien. Coté sucré, le choix est dur entre le moelleux chocolat amande et le crumble aux fruits de saison, sans oublier bien sur la verrine de tofu soyeux au thé vert matcha. Les boissons ne sont pas en reste : jus de fruits pressés ou vin bio, à vous de voir ! Mais la star ici, c'est le brunch avec buffets salés et sucrés à volonté ainsi que les boissons.

LE GRAND BRÉGUET
17, rue Bréguet (11e)
PARIS
✆ 09 70 75 54 59
www.legrandbreguet.com
M° Bréguet-Sabin
Ouvert toute l'année. Tous les jours le midi et le soir. Carte : 15 € environ. Vin au verre.
Manger mieux, bon et à moindre frais, c'est possible dans cette cantine du 11e arrondissement. Tenue par Antonin Legrand, le médiatique combattant de la malbouffe, ce drôle d'établissement a su trouver la formule idéale pour les amoureux du bien-manger. A la fois épicerie, cantine, salle d'exposition et brocante, ce lieu mêle les identités avec un plaisir non dissimulé. A table, on retrouve des assiettes sans gluten, végétariennes et même véganes, il y en a pour tous les goûts. Dans la salle, on oublie le raffinement des grands restaurants parisiens, on vient pour le rapport qualité-prix imbattable. A noter également les belles expositions aux murs.

LA PETITE TABLE
5, rue Saussier-Leroy (17e)
PARIS ✆ 01 47 64 19 68
www.latable-verte.com
latableverte@yahoo.fr
M° Ternes
Ouvert du lundi au samedi de 11h à 14h. Menus de 7,40 € à 13,90 €. Carte : 10 € environ.
La Petite Table est l'annexe de la Table Verte. Un petit restaurant aux airs champêtres avec quelques tables et une mini terrasse agréable aux beaux jours. Ici, on déguste salades, soupes et sandwiches à base de produits frais bio. Les légumes sont à l'honneur comme l'indique le logo coloré de l'établissement. Le déjeuner idéal pour ceux qui veulent manger sainement !

L'ORIGINEL
3, rue de la Tombe Issoire
PARIS
✆ 01 45 65 24 46
www.loriginelparis.fr
loriginelparisrestaurant@gmail.com
Ouvert tous les jours le midi et le soir. En août ouvert uniquement le soir. Le soir carte : entrées de 7 à 9 €, plats de 18 à 28 €, desserts de 7 à 9 €. A midi formule à 17,90 €. Un cocktail est offert à midi à toute personne présentant le flier de l'établissement.
Tous les aliments proposés par la carte sont issus d'une agriculture biologique. Ils sont traçables et certifiés Bio. Dans ce restaurant antillais, retrouvez des plats typiques aux saveurs originelles. Chacun ayant sa propre histoire. La culture ancestrale antillaise a désormais une adresse pour les amateurs de nourriture bio à Paris. De nombreux plats sans gluten ou végans sont également à la carte. Alors vous n'avez plus de raison de vous priver d'un peu d'exotisme culinaire !

LA PETITE FABRIQUE
15, rue des Vignoles (20e)
PARIS
✆ 01 43 73 57 88
M° Avron ou Buzenval
Fermé du 5 au 28 août. Ouvert du lundi au samedi le soir ; du mardi au dimanche le midi. Carte : 25 € environ.
Prenez un parquet de bois clair, des tables et chaises coordonnées, des murs blancs ou couverts de briques brutes : vous voici dans ce restaurant bio où l'on confectionne, depuis la cuisine ouverte sur la salle, de belles assiettes avec des produits issus de l'agriculture biologique. Sympathiques et appétissantes, elles mettent tout en œuvre pour satisfaire chaque palais, dont celui des enfants. Cake aux légumes, tartes végétariennes, de chouettes salades copieuses, des viandes idéalement cuites. Des valeurs sûres, que l'on apprécie beaucoup dans le quartier, à juste titre ! Oublié, l'incendie qui a obligé le lieu à fermer pendant deux mois à la fin de l'année 2018 !

Mode et bien-être

HERBORISTERIE DU PALAIS-ROYAL
11, rue des Petits-Champs (1er)
PARIS
✆ 01 42 97 54 68
www.herboristerie.com
M° Bourse ou Palais Royal
Ouvert du lundi au samedi de 10h à 19h. Livraison possible (commande en ligne).
Une herboristerie, une vraie, mais bien ancrée dans la modernité ! Une multitude de rayonnages clairs et pimpants, des étagères, des présentoirs, un espace tout en longueur, et au fil des pas, un cheminement quasi initiatique : plantes et tisanes en innombrables sachets, bocaux et préparations alignés à perte de vue… Le petit air de mystère des herboristeries et apothicaireries d'antan demeure, mais dans un cadre lumineux et apaisant. Michel et Pauline Pierre, épaulés par leur équipe, mettent leurs compétences au service de votre bien-être, en trouvant des solutions douces et durables aux maux des temps modernes : stress, manque de vitalité et désordres organiques divers qui « empoisonnent » la vie. Des tisanes « plaisir » déclinées dans une palette de parfums, mais aussi des tisanes « confort » : dépuratives, facilitant le sommeil ou encore des formules adaptées aux jambes lourdes, à la sinusite ou aux rhino-pharyngites.
Enfin, extraits végétaux, gélules, huiles essentielles, compléments alimentaires contre la fatigue et l'asthénie (une résistance amoindrie aux allergènes) forment une offre très complète et à des prix « contenus ». À souligner également un choix des plus intéressants en cosmétique : gommages, masques, crayons pour les yeux, savons surgras aux sels de la mer morte et soins réparateurs bio des cheveux… Au fil des saisons, des produits qui répondent à des besoins plus spécifiques à l'approche des vacances (minceur), de l'hiver (fatigue). Une vraie réflexion et un sens pratique évident pour vous rendre la vie plus légère et agréable. Les séniors apprécient tout particulièrement le temps d'une écoute bienveillante et les conseils.
Petit rayon livres sur les thématiques : forme et santé, jardinage, cuisine du bien-être, et les ouvrages de Michel Pierre, dont « *Les Plantes du bien-être* », décrivant les

propriétés et utilisations de plus de 350 plantes pour soigner et soulager, illustré d' une centaine de magnifiques planches botaniques. Le site Internet avec vente en ligne, foisonne de produits rigoureusement sélectionnés. Ne vous privez pas cependant d'une visite des lieux toujours riche d'informations pratiques.

LA COIFFEUSE

24, rue Berthollet (5e)
PARIS
✆ 01 47 07 26 43

Ouvert le mardi, le mercredi, le vendredi et le samedi de 9h30 à 19h ; le jeudi de 9h30 à 21h. Coupe (à partir de) : femme 65 €, homme 40 €. Coloration végétale : 50 €. Bain de soleil de 35 à 50 €. Bar à coiffage ; 25 €.

Après dix ans derrière les ciseaux, en France et à l'étranger, Jessie vient d'ouvrir son propre salon, et c'est un coup de cœur ! D'une visite à l'autre, Jessie et son équipe se souviennent de votre nom et de la façon dont vous placez votre raie, votre frange ou les nuances caramel de votre blond. Leur secret ? Être à l'écoute, des dernières tendances mais surtout des clients. Premiers cheveux gris ? Ils seront fondus dans une coloration végétale ou magnifiés par une frange courte ultra branchée. Manque de volume, cuir chevelu gras ou sec ? Profitez d'un massage aux huiles essentielles bio, adaptées à vos cheveux, offert avec chaque prestation. Coup de blues ? Testez le Bain de soleil, classique mais efficace pour un effet retour de plage, et idéal pour booster le moral ! Une soirée de dernière minute ? Découvrez le Bar à coiffage : un chignon de star en un quart d'heure top chrono, pour petites et grandes occasions ! Marre de la nuque tordue dans les bacs à shampoing ? Ici les sièges s'inclinent pile à la bonne hauteur pour un parfait moment de détente. Bref, La Coiffeuse a plus d'un atout pour devenir votre adresse fétiche... Les coquettes écolos apprécieront les produits verts de la marque Hair Borist. Par exemple, la laque à la verveine exotique au parfum délicatement citronné. Touche finale : le délicieux café équitable servi dans le salon, moulu plutôt qu'en dosette, green attitude oblige ! En face du salon, faites une escale à la librairie Transboréale, spécialisée dans les voyages.

ASAP

99, rue du Bac (7e)
PARIS
✆ 01 42 22 28 90
www.asaplab.it
paris@asaplab.it
M° Sèvres Babylone ou Rue du Bac

Ouvert du lundi au samedi de 11h à 19h.

ASAP, la formule consacrée dans tous les bureaux qui signifie « *as soon as possible* » (aussi vite que possible) est ici détournée pour « *as sustainable as possible* ». Comprendre « aussi durable que possible ». Dans ce concept store de vêtements pour hommes comme pour femmes, vous trouverez des fringues aussi classes qu'éthiques. Conçues en Italie dans des ateliers d'artisans, ASAP assure une éco-responsabilité de A à Z : les produits sont 100 % naturels (y compris leurs teintures), les accessoires en cuir végétal et la plupart des vêtements sont réalisés à partir de la récupération de fils et de tissus. Pour la qualité du textile et l'éthique, on vous recommande chaudement ASAP. Pour la bonne santé de votre porte-monnaie, peut-être un peu moins !

LES BAINS DE GRENELLE

76, rue de Grenelle (7e)
PARIS
✆ 01 42 22 67 97
M° Rue du Bac.

Ouvert du lundi au samedi de 10h à 19h. Sur réservation jusqu'à 21h. Epilation : 28 € (demi-jambes à la cire traditionnelle). Soins visage à partir de 90 € pour une heure.

Les spas Cinq Mondes vous dévoilent les secrets de beauté traditionnels issus de produits naturels aux quatre coins du monde... On voyage à travers les pays et les âges, et des perles de soins de bien-être sélectionnées pour leur efficacité et le plaisir qu'elles procurent. Aux Bains de Grenelle, dans un cadre épuré et design avec bougies parfumées et plantes vertes vous aurez le choix des rituels. Le Rituel du Siam, avec son gommage éclat à la purée de papaye suivi d'un massage balinais, ou le Rituel Brésilien, «crème de café», soin-massage amincissant suivi d'un enveloppement drainant et raffermissant à l'argile ocre et aux algues ou encore le Gommage Aromatique aux Épices selon un rituel de l'Île de Java à base d'épices et de fleur de sel... Également une gamme de soins maison estampillés Bains de Grenelle : massage esthétique, épilations, teintures, maquillage, protocole d'amincissement...

HERBORISTERIE PIGAULT-AUBLANC

30, rue Pasquier (8e)
PARIS
✆ 01 42 65 36 21
contact@herboristeriedeparis.com
M° Madeleine ou Saint-Lazare

Ouvert du lundi au samedi de 10h à 19h. Et boutique en ligne.

L'origine de la maison remonte à 1920. Monsieur Aublanc fit l'ouverture et Madame Pigault, sa fille, poursuivit son œuvre. Ici, on insiste sur le conseil et le professionnalisme. D'ailleurs, vos interlocuteurs sont tous diplômés en naturopathie et ont suivi une formation approfondie en phytothérapie. C'est donc bien un conseil personnalisé que l'on trouve à cette adresse et bien entendu, les mélanges de plantes qui permettent de prévenir et de soulager les maux du quotidien. Parmi les produits à succès : les phytoconcentrés ou sorte de « tisanes concentrées » prêtes à l'emploi ou presque, à diluer simplement dans un grand verre d'eau. Des allergies aux digestions difficiles, des problèmes articulaires, circulatoires à une meilleure gestion du stress, en tout plus de soixante références pour entretenir et améliorer notre santé. A cela, il faut ajouter de larges gammes d'infusions, d'huiles essentielles, d'eaux florales, de compléments alimentaires, d'oligo-éléments, de cosmétiques naturels, de gemmothérapie, de produits de la ruche, des livres... pour garder le tonus, le moral et une certaine fraîcheur ! Vous pouvez aussi remplir votre panier santé en ligne sur le site web du magasin.

MELVITA OPERA

1, rue Auber (9e)
PARIS ✆ 01 42 65 27 52
M° Opéra – Auber

Ouvert du lundi au samedi de 11h à 20h ; le dimanche de 12h à 14h et de 15h à 19h. Ouvert le dimanche. Livraison possible. Boutique en ligne.

Une balade sensorielle au cœur de la nature en plein Paris. On ne présente plus cette marque venue d'Ardèche, pionnière de la cosmétique bio en France depuis 1983, dont la simple évocation nous fait fermer les yeux et rêver aux parfums naturels et textures sensorielles qui se dégagent de ses produits. La nouvelle boutique de la place de l'Opéra est conçue comme une bulle de nature au cœur du tumulte parisien pour offrir une large gamme de produits bio pour toute la famille. Les produits sont classés par ingrédients : rose pour l'hydratation, miel pour la nutrition... Tout est annoncé clairement et au moindre doute, les aimables conseillères sont là pour vous aider à choisir parmi ces 300 produits de soins. On aime la large gamme d'huiles et d'eaux florales : argan, hamamélis, bourrache mais aussi de moins courantes telles que carotte, jojoba ou géranium, aux vertus bénéfiques que vous gagnerez à connaître. Le plus : les produits d'hygiène aux formats familiaux pour prendre soin de toute sa famille à prix doux. A la façon des abeilles, Melvita déniche et assemble en synergies les plus purs des actifs biologiques, vous offrant une réponse à tous vos besoins de soins, d'hygiène et de beauté.

ALTER MUNDI

39, rue de Charonne (11e)
PARIS ✆ 01 55 28 97 13
www.altermundi.com
M° Ledru Rollin.

Ouvert le lundi de 10h30 à 14h et de 15h à 19h30 ; du mardi au samedi de 10h30 à 19h30.

On ne présente plus cette chaîne de boutiques dédiées au commerce équitable, célèbre parmi les green addicts. C'est, en tout cas, l'un de nos coups de cœur ! Du goût, du bio, des prix raisonnables, un accueil chaleureux et des conseils efficaces... C'est décidément notre adresse fétiche ! On aime les t-shirts passe-partout, avec ce petit quelque chose en plus (un bouton de nacre, des coutures apparentes) qui leur confère chic et originalité, les pulls en cachemire tout doux, les jeans confortables et bien coupés, et enfin les bottines en cuir qui nous bottent. Qu'elles soient noires ou bleues, elles trouveront toujours à s'accorder avec notre garde-robe. Sont aussi distribuées ici les classiques et les nouvelles marques, toujours de jolis noms et des engagements à saluer : Coq en pâte, Deux filles en fil, El naturalista, Karawan... Des merveilles et des milliers de petits ateliers qui produisent dans le respect des artisans et de l'environnement à un meilleur équilibre Nord/Sud, de Lima à Bamako, de Dehli à Nairobi. Du shopping comme un voyage... équitable.

KENKA

13, rue Oberkampf (11e)
PARIS
✆ 01 48 05 42 62
www.kenka-boutique.fr – info@kenka.fr
M° Filles du Calvaire, Oberkampf ou République.

Ouvert du mardi au samedi de 10h30 à 19h30. Boutique en ligne.

C'est LA boutique des modeuses écolos ! Les deux créateurs de Kenka, Patrick Daniel et Christian Costa-Marini, ont eu à cœur de mettre un coup de projecteur sur les fabricants de chaussures écologiques. Et celles-ci sont confortables et originales, en plus d'être éthiques. Que demandent de plus nos pieds et nos consciences citoyennes ? En outre, la gamme est large, de l'escarpin au mocassin, de la botte à la chaussure de sport, pour hommes, femmes ou enfants. Les matières utilisées vont du chanvre bio au pneu recyclé en passant par le liège, les cuirs d'origine végétale et bien entendu le cuir naturel. Parmi les marques : Brako, Komodo, Wonders, Think, Trippen, Bosabo, Made in Romans, El Naturalista. Les cuirs et les semelles sont souples, les couleurs sympas, les styles varient du petit lutin marrant au branché classe. Vous voici en route pour marcher la tête haute et les pieds irréprochables.

L'ATELIER DES ELFES

21, rue Montbrun (14e)
PARIS
✆ 01 53 90 56 69
www.latelierdeselfes.com
M° Alésia

Ouvert le mardi et le mercredi de 10h à 18h30 ; le jeudi et le vendredi de 9h30 à 20h ; le samedi de 9h30 à 18h. Coupe à partir de 35 €. Coloration aux pigments naturels à partir de 62 €.

Cécile, la fée des Elfes, tient les rênes de ce lieu enchanteur et authentique. Ancienne coiffeuse, des problèmes de santé lui on fait prendre conscience des désagréments qui peuvent naître de l'utilisation de produits chimiques dans les soins de beauté. L'idée lui vient alors de créer l'Atelier des Elfes : place au naturel et au bio ! Ayant enrichi son parcours d'une formation de masseuse, Cécile propose un programme tout en douceur : des colorations uniques à base de plantes créées sous vos yeux, des massages crâniens variés comme le complexe stimulant à l'aide d'un mélange d'huile végétale de sésame, germe de blé, de jojoba, et huile essentielle de romarin, de cyprès, de thym et d'ylang ylang... mais aussi un massage ayurvédique crânien avec la gamme de soins capillaires, ou un massage énergétique du corps et visage, ou encore un soin de réflexologie plantaire pendant votre coupe... Le combo parfait ! Les tarifs sont corrects au vu des produits de qualité utilisés. Allez-y en toute confiance.

LES FLEURS DE BACH

53, rue des Batignolles (17e)
PARIS
✆ 01 40 54 67 92
www.lesfleursdebach.com
contact@lesfleursdebach.com
M° Rome

Ouvert du lundi au samedi de 10h30 à 14h et de 15h à 19h.

Les magasins bio ont toujours leur petit rayon fleurs de Bach, ce médecin anglais qui mit au point dans les années 1930 le principe distillant au goutte-à-goutte les bienfaits de la nature. A Paris, trois boutiques sont consacrées à ses élixirs merveilleux. Les élixirs de Bach sont élaborés à partir de fleurs sauvages et d'huiles essentielles certifiées bio, ils sont non-toxiques avec absence totale de microbes, de pesticides et métaux lourds et conservés exclusivement dans du cognac bio. Il y a un élixir pour chaque mal, et des cocktails pour des effets combinés. On aime la crème de jour anti-stress, et le masque de fraîcheur à l'effet relaxant immédiat, qui vous suit toute la journée. Choisissez votre potion magique : Allégresse, Audace ou Harmonie... Ou créez votre élixir sur mesure avec une à sept fleurs de Bach. Très futé : mettre dans son sac, quand on part en vacances, la crème Urgences qui apaise les coups de soleil, les piqûres d'insectes, les brûlures de méduse et qui fait même parfaitement office de crème hydratante ! Urgences est proposée en plusieurs versions : élixir, roll-on, spray buccal et même en parfum d'ambiance. Deux autres boutiques sont dédiées aux fleurs de Bach, à Paris.

Habitat et jardin

■ PARIS ESPACE ÉCO

33, rue Montholon (9e)
PARIS
✆ 06 10 14 27 64
www.parisespace-eco.com
parisespace-eco@wanadoo.fr
M° Place de Clichy

Ouvert du mardi au vendredi de 10h30 à 13h et de 14h à 19h30 ; le samedi de 10h à 13h et de 14h à 17h. Nocturnes le jeudi sur rendez-vous, entre 20h30 et 23h.

Construire ou rénover son habitation avec des matériaux écologiques, ce n'est pas toujours facile. Et pour cause, il est difficile de trouver les fournisseurs appropriés. Ne vous dispersez pas, cette adresse est faite pour vous. Elle vous permet de trouver de larges gammes de produits écologiques de construction. Du carrelage au parquet en passant par la peinture ou par des isolants thermiques et acoustiques, il y a de tout ! Outre les conseils aimables et judicieux dispensés, l'équipe pourra vous mettre en relation avec des artisans tout à fait à même de réaliser vos travaux avec des produits écologiques. Le champ de leurs domaines d'intervention est très vaste : chauffage, carrelage en terre cuite, revêtements de sol et moquette, parquets écologiques, peinture intérieure, peinture extérieure anti-moisissures, colorants, traitements parquets et boiseries, appareils de mesure CEM, protections contre les ondes électromagnétiques basse fréquence, protections wi-fi, antennes-relais et hyperfréquences, isolants phoniques, isolants thermiques, colles, enduits à la chaux, joints acryliques, purification d'air et d'eau... Une adresse précieuse !

■ MAISON DU JARDINAGE – LES JARDINS PARTAGÉS

Parc de Bercy – Maison du Jardinage
41, rue Belmondo (12e)
PARIS
✆ 01 53 46 19 19
www.jardinons-ensemble.org
education-environnement@paris.fr
M° Bercy, Dugommier, Quai de la Gare, Cour Saint-Émilion ou RER Bibliothèque François Mitterrand

Ouvert toute l'année. Tous les jours, sauf lundi et jours fériés. De novembre à février 13h30 - 17h. D'octobre et mars : 13h30 - 17h30. D'avril à septembre : 13h30 - 17h30 du mardi au vendredi, 13h30 - 18h30 le week-ends. Gratuit. Accueil enfants. Animations. Cours de jardinage le samedi sur inscription par téléphone au 01 53 66 14 00.

La maison du jardinage est un véritable centre de ressources pour tous ceux qui souhaiteraient prendre en main un râteau, même en plein Paris ! Que vous soyez novice ou initié, vous êtes le bienvenu. Sur place, vous trouvez des conseils, une petite mine d'informations, des personnes qualifiées pour vous aider, mais aussi un potager bio. C'est aussi le lieu où se rendre lorsque l'on est à la recherche d'un jardin partagé dans son quartier. En effet, il y en a des dizaines dans Paris. Pour les rejoindre, rien de plus simple que de les contacter sur recommandation de la maison du jardinage ! En effet, les jardins partagés font partie des nombreuses initiatives pour réintroduire la campagne dans l'espace urbain. Inspirés des anciens jardins ouvriers, ils sont gérés par les riverains des quartiers où ils se trouvent. Vous les trouverez entre deux immeubles sur un terrain vague, ou sur les friches de la petite ceinture, cette ancienne ligne de chemin de fer qui faisait le tour de Paris... C'est avant tout un projet social qui doit réunir les citadins dans des perspectives écologiques et conviviales. Vous pouvez aussi consulter le site Internet pour voir où ils se trouvent.

■ CONSOMACTEURS ASSOCIÉS

101, rue Mademoiselle (15e)
PARIS
✆ 01 43 22 08 67
www.consomacteurs.com
contact@consomacteurs.com
M° Mouton-Duvernet

Ouvert du lundi au samedi de 9h à 13h et de 14h à 19h. Egalement vente en direct sur la boutique en ligne.

Depuis plus de 14 ans, cette enseigne écoresponsable est spécialiste des produits de santé et de bien-être. En 2017, elle a déménagé pour un plus grand espace dans le quinzième arrondissement. Cette fois-ci, les lieux combinent à la fois la boutique, un espace détente avec des fauteuils d'oxygénation cellulaire et une table d'inversion, un salle thérapeute louée à l'heure ainsi qu'une salle de conférence atelier pouvant accueillir 35 personnes. Site de vente en ligne, boutique et association : le moins que l'on puisse dire, c'est que les Consomacteurs et leurs associés sont engagés sur tous les fronts ! Sur place, vous trouvez des matériaux verts pour la maison, la cuisine et le jardin, et également en rayon des cosmétiques bio, des produits d'hygiène, des soins, des livres, des DVD... Prêtons une attention particulières aux articles relevant du Earthing (le Earthing vous permet de vous protéger de l'électrosmog ambiant en vous reconnectant à la terre ; il remporte un grand succès aux Etats-Unis et est maintenant disponible en France, grâce entre autres à Consomacteurs) : le multimètre numérique pour tester le voltage corporel, le drap Earthing pour dormir à l'abri de l'électrosmog, le tapis Earthing avec mise à la terre et décharge électrostatique, la couverture avec mise à la terre pour lire ou regarder la télévision à l'abri de l'électrosmog... Etonnant, non ?

■ JARDIN NATUREL PIERRE-EMMANUEL
120, rue de la Réunion (20e)
PARIS
M° Alexandre Dumas
Visite libre. Ouvert du lundi au vendredi de 8h à 17h ; le week-end de 9h à 17h. Ouvert jusqu'à 19h30 ou 20h30 selon la saison et l'heure de coucher du soleil. Gratuit.
La nature naturelle à Paris ? Ouvert en 1995, ce jardin évolue naturellement, véritable hymne aux rythmes biologiques, sans arrosage, ni d'insecticides, ni pesticides. Alors que la nature est bien malmenée, dominée, oubliée dans la capitale, ici elle reprend tous ses droits. Dans ce jardin les pelouses ne sont pas tondues ni les arbres taillés... C'est un jardin sauvage ! Rien à voir avec le jardin du Luxembourg ou le parc Monceau où tout est bien ordonnés. Voici un espace de liberté végétale de 6 300 m^2 où l'écosystème se débrouille tout seul. Ni platane ni marronniers, mais des coquelicots, fougères, absinthes et autres plantes indigènes. On peut se perdre dans les sous-bois et en été y trouver un peu de fraîcheur. Vous croisez la mare avec grenouilles et libellules et la prairie aux fleurs sauvages. Sous la terrasse, à côté du kiosque du gardien, un abri ouvert accueille des expositions temporaires. Sur le mur ensoleillé, des plantes grimpantes s'entrelacent : vignes, clématites des bois, lianes vigoureuses aux fruits cotonneux présents en hiver, houblons aux tiges acrobates utilisés pour parfumer la bière. Ce jardin est labellisé Espace vert écologique.

ESSONNE

Alimentation

■ LES FLEURS DE COCAGNE
22, rue de la Mare
AVRAINVILLE
✆ 01 60 82 94 96
Ouvert du lundi au samedi.
Offrez-vous, où à des proches, de magnifiques bouquets de fleurs coupées certifiées bio et à la culture écoresponsable tout en soutenant l'action sociale solidaire de ce Jardin de Cocagne. Vous pouvez également vous abonner à leurs paniers de légumes et fruits hebdomadaires. Pour connaître les modalités pratiques, rendez-vous sur place ou prenez contact par téléphone. Vous serez chaleureusement accueillis.

■ LA GRANDE FERME
20, rue de l'Orme
FONTENAY-LE-VICOMTE
✆ 01 64 57 95 71
www.lagrandefermebio.com
contact@la-grandeferme.fr
Ouvert du mardi au jeudi de 9h30 à 13h et de 14h à 20h ; le vendredi et le samedi de 9h30 à 20h.
De l'écurie d'une ancienne ferme rattachée au château la Grande Ferme s'est déplacée en zone commerciale. Ce magasin bio propose plus de 5 000 références alimentaires, cosmétiques, d'entretien de la maison, ainsi que des produits en vente directe déposés par les producteurs de la région. Le magasin propose également des paniers bio qu'il livre dans des points de distribution chaque semaine.

■ ENTRE LA POIRE ET LE FROMAGE
11, grande rue
LES MOLIÈRES
✆ 09 81 78 13 99
www.entre-poire-et-fromage.fr
Ouvert du mardi au samedi de 9h à 13h et de 15h30 à 19h30 ; du mardi au dimanche de 9h à 13h. Vacances scolaires le matin de 10h à 13h et l'aprés-midi de 16h à 19h30.
Entre la poire et le fromage, produits bio et locaux, sourire en plus ! En effet, ici vous trouverez des produits frais, fruits et légumes, fromages à la coupe, charcuterie à la coupe, produits laitiers, produits locaux, produits artisanaux, produits bio... sélectionnés avec soin. Et en supplément de la convivialité, des rencontres, des discussions impromptues...

■ LES POTAGERS DE MARCOUSSIS
Ferme des potagers
Chemin du Regard
MARCOUSSIS
✆ 01 64 49 52 80
http://lespotagersdemarcoussis.org
Ouvert du mercredi au vendredi de 10h à 12h30 et de 14h à 19h ; le samedi de 10h à 12h30. Plus d'informations sur les points de dépot de livraison sur le site ou par téléphone.
Les potagers de Marcoussis produisent des légumes bio qu'ils livrent à leurs d'adhérents, sous forme de paniers hebdomadaires tout au long de l'année. Quant à la conserverie coopérative de Marcoussis, elle élabore à partir de légumes et de fruits produits dans la région en agriculture biologique, des soupes, compotes, jus, bocaux, confitures, plats cuisinés... Il s'agit dans les deux activités d'une entreprise du secteur de l'Economie Sociale et Solidaire à statut de loi 1901.

■ GRAIN DE VIE
131, voie de Compiègne
MORSANG-SUR-ORGE
✆ 01 69 51 46 36
www.graindevie.fr
contact@graindevie.fr
Grain de vie est un service de traiteur à domicile pour petites et grandes occasions, né à l'initiative de deux personnalités. Jean-Louis Grimaldi, pâtissier de formation, aime bien les feuilletés, les canapés et les pains surprise. Côté salé ce traiteur bio, associé en tandem efficace à Eric Caumon, adore – et nous aussi – les gâteaux aux graines de pavot et carottes, garnis de poivron-oignon ou thon-tomate-oignon ou

ceux au chèvre-noisette ou encore aux épices (curcuma, coriandre, cumin) ou bien aux herbes fraîches (basilic, coriandre, persil, thym). Côté sucré, il fabrique un très bon gâteau aux pommes et pavots à la semoule fine ou selon les saisons aux abricots, aux fruits rouges (framboises, mûres), aux myrtilles, à la noix de coco, poire-chocolat, chocolat-orange. En moyenne c'est 25 € à 35 € par personne pour un cocktail et 28 € à 48 € pour un repas. Livraison à Paris et en Ile-de-France.

Restaurants bio

■ MILLE-FEUILLES

28, rue de l'Église
BIÈVRES
✆ 01 69 85 32 69
www.nouveaurestobievres.wordpress.com
contact@millefeuilles.biz

Ouvert du mardi au samedi de 10h30 à 19h ; le dimanche de 10h30 à 15h. Plat du jour : 15 € environ. À la carte : 27 € environ.

Fort prisée, cette adresse offre aux visiteurs et aux locaux un concept original : mêler les livres à la gastronomie, le tout agrémenté de musique et d'œnologie, dans un cadre très sympathique. Perché sur les hauteurs de la vallée de la Bièvres, Mille-Feuilles se veut convivial et éclectique, dans un esprit « écolo-bio ». Côté librairie, vous y trouverez des ouvrages généralistes, avec un accent sur les livres jeunesse, la gastronomie et l'écologie, alors que le restaurant, dont l'atout est la belle terrasse, sert une cuisine savoureuse. Une idée de l'ardoise ? Spaghettis au saumon, poulet mafé, tajine d'agneau bio, tartes aux fanes de betteraves, mille-feuilles (évidemment !) ananas-kiwi... Au fil des semaines, des soirées à thème sont organisées : dîner-concert, fest-noz, conte ou expo photo – il y en a pour tous les goûts. Une adresse très sympathique, au concept vraiment novateur !

Habitat et jardin

■ LES JARDINS D'OLLIVIER

8, route nationale
SAINT-VRAIN
✆ 01 60 82 30 66
www.au-jardin-bio.com
lesjardinsdollivier@orange.fr

Sur rendez-vous uniquement. Livraison à domicile ou sur les nombreux salons bio ou fêtes des plantes dont le calendrier se trouve détaillé sur leu site internet. Boutique en ligne. Et aussi commande par téléphone ou par e-mail.

Créés dans les années 90, les Jardins d'Ollivier se sont progressivement développés et diversifiés. Tout d'abord jardiniers paysagistes écologiques, ils ont ensuite développé une activité de pépiniériste bio. Vous y trouverez arbustes, fleurs, légumes, plantes médicinales avec également vente de graines, variétés anciennes... Ici tout est certifié AB notamment par Ecocert, depuis la culture jusqu'aux plants. Vous pourrez découvrir la large liste de ceux-ci ainsi que tous les services proposés sur leur site internet. Un vrai bonheur pour tous ceux qui souhaitent retourner vers des cultures naturelles.

HAUTS-DE-SEINE

Alimentation

■ MA P'TITE ÉCHOPPE

210, rue Adolphe Pajeaud
ANTONY
✆ 09 87 71 10 61
maptiteechoppe.fr
contact@maptiteechoppe.fr

Ouvert le lundi de 15h30 à 19h30 ; du mardi au vendredi de 10h à 13h et de 15h à 19h30 ; le samedi de 10h à 19h. Parking gratuit au dessus du magasin.

Ma P'tite Échoppe est une épicerie coopérative solidaire qui a ouvert ses portes le 5 février 2019. Située dans le centre commercial du Parvis de la Bièvre, elle propose environ 500 références de produits frais et de grande consommation avec tout d'abord des produits bio approvisionnés en circuit court, mais aussi quelques marques nationales et des produits issus du travail en insertion. Les fruits et légumes sont pour la plupart de saison. Dans une démarche écologique, la part belle est faite aux produits en vrac afin de diminuer les emballages. Intéressant : au rayon « produits ménagers », vous pourrez trouver de quoi fabriquer vous-même vos produits ménagers.

■ LES NOUVEAUX ROBINSONS

127, avenue Jean-Baptiste-Clément
BOULOGNE-BILLANCOURT
✆ 01 41 10 94 10
www.lesnouveauxrobinson.coop
contact@lesnouveauxrobinson.coop
M° Boulogne – Pont-de-Saint-Cloud

Ouvert du lundi au samedi de 9h à 20h ; le dimanche de 9h à 12h45.

Le premier magasin de ce nom est apparu en 1993 à Montreuil. Aujourd'hui, l'enseigne compte 19 points de vente en Île-de-France. Celui de Boulogne couvre l'ensemble des produits proposés par l'enseigne, soit plus de 7 000 références, présentées sur les rayonnages de ses 300 mètres carrés. Vous y trouverez un très large choix de produits alimentaires biologiques et écologiques : boulangerie, primeurs, fromage et crèmerie, épicerie, céréales en vrac, plats préparés, jus de fruits, bières, vins et alcools, et même une gamme de produits sans gluten. Et pour rendre les produits de qualité et respectueux de l'environnement accessibles au plus grand nombre, les Nouveaux Robinson ont sélectionné une centaine de produits de base à bas prix, signalés par une étiquette rouge sous le label « Panier Robinson ».

LA GENNEVILLOISE
Boutique associative – Agrocité
39, rue Victor Hugo
GENNEVILLIERS
lagennevilloise.fr

Ouvert le lundi de 12h à 14h ; le mercredi de 18h à 20h ; le samedi de 10h à 13h.

La Gennevilloise est une boutique associative, bio, locale et équitable. Pour devenir adhérent, vous devez verser 30 € de cotisation annuelle et vous engager à participer trois heures par mois, concrètement et bénévolement, au fonctionnement de la boutique. Pour devenir acheteur, vous devez verser par avance et par chèque une somme destinée à provisionner vos achats sur laquelle 50 € restent à La Gennevilloise pour le renouvellement des stocks. Le reste vous sert à l'achat de vos produits. Votre provision épuisée, vous devez refaire un nouveau chèque. Les achats se font aux heures d'ouverture et leur montant est déduit chaque fois de votre provision. Les produits sont vendus à prix coûtant. Plus de détails sur les modalités pratiques de fonctionnement et de participation sur le site Internet de la coopérative.

BIO CULTURE LES PANIERS BIO
28, rue de Wolfenbüttel
SÈVRES
✆ 01 41 14 18 10
www.panier-bio-paris.fr
service-client@bio-culture.fr

Ouvert du mardi au vendredi de 8h30 à 18h30.

La livraison quotidienne de paniers de fruits et légumes biologiques, fraîcheur, qualité, traçabilité et service client pour répondre aux critères de qualité sont présents. Bio Culture a pour objectif le développement de l'agriculture biologique et pour cela elle propose tous les produits dont vous souhaitez disposer pour votre bien-être culinaire. Vous pourrez également choisir de n'avoir que des produits d'origine française dans votre commande si vous le désirez. Sur le site internet vous pouvez choisir parmi de nombreuses formules, ensuite la livraison est en fonction de vos envies : à domicile, au drive, en point relais ou encore sur votre lieu de travail.

LE COMPTOIR DU POTAGER
10 bis, rue de la folie
VAUCRESSON

Ouvert le jeudi de 17h30 à 19h30. Annexe des Noyers 101 bis rue de la folie.

À Vaucresson, cette association loi 1901 a été créée en 2013 pour favoriser le développement de l'agriculture en circuit court. Elle rassemble des consommateurs et de petits producteurs locaux pour la plupart. Les commandes se font en ligne auprès de producteurs qui ont des pratiques culturales responsables et le souci d'un commerce équitable, le tout distribué en circuit court. Cela concerne les fruits et légumes bio, les viandes bio et les poissons et produits d'épicerie. Les livraisons sont regroupées à Vaucresson à l'annexe des Noyers, rue de la Folie, et récupérables tous les jeudis entre 17h30 et 19h30. Plus d'informations pratiques sur les adhésions et commandes sur le site Internet.

Restaurants bio

RESTAURANT SAISONS
50, rue du Chateau
ASNIÈRES-SUR-SEINE
✆ 09 50 84 93 66 – www.saisons-asnieres.fr

Congés en août. Ouvert du mardi au vendredi de 12h à 14h30 et de 19h30 à 22h. Le restaurant est privatisable à partir de 15 couverts. Repas complet 26 €. Carte : 25 € environ. Formules de midi 20 €.

Ce restaurant propose une cuisine authentique et 100 % maison élaborée uniquement à partir de produits de saison et du marché. Pour cela, il s'approvisionne de préférence en direct avec des producteurs locaux soigneusement sélectionnés. Le restaurant est chaleureux et convivial avec sa petite salle de 18 couverts et sa table d'hôte pour 6 à 10 personnes. À noter que Frédérique, la cheffe, cuisine à proximité des clients.

© VioletaStoimenova - iStockphoto.com

■ **C' DU JARDIN BOULOGNE**
892, rue Yves-Kermen
BOULOGNE-BILLANCOURT
✆ 01 85 60 61 60
service.clients@c-du-jardin.fr
100% Bio. Le restaurant est en congé au mois d'août. Le salon de thé est ouvert du lundi au vendredi de 8h30 à 18h. Ouvert du lundi au vendredi de 12h à 14h30. Le bar à salades et le bar à sandwichs sont ouverts du lundi au vendredi de 8h à 16h. Chèques non acceptés. Chèque Restaurant. Végan-friendly.
C' du Jardin n'est autre que le restaurant du Bio c' Bon ; il propose, dans un décor cosy et chaleureux, 3 concepts de cuisine : le néo bistrot avec plats chauds, le bar à salades pour composer sa salade soi-même et le bar à sandwichs pour un sandwich sur mesure. L'enseigne a pour volonté de rendre le bio accessible à tous au quotidien, avec une belle diversité de l'offre qui permet de ne jamais se lasser. Ici tous les produits sont bio, et soigneusement sélectionnés par les chefs et les naturopathes.

Habitat et jardin

■ **MAISON BOIS ÉCOLO**
20 bis, rue Louis-philippe
NEUILLY-SUR-SEINE
✆ 09 63 45 56 56
www.maison-bois-ecolo.fr
projet@maison-bois-ecolo.fr
Ouvert du lundi au samedi de 10h30 à 20h30.
Maison Bois Ecolo est un spécialiste de la maison traditionnelle scandinave sur mesure depuis 1994. Il a choisi de se développer en réseau sur toute la France afin d'être au plus près de ses clients, pour pouvoir vous conseiller et vous accompagner jusqu'à la concrétisation de votre projet.
Il s'efforce non pas d'être le moins cher, mais de vous offrir la meilleure qualité au meilleur prix. N'hésitez pas à entrer en contact si vous avez un projet de construction écologique.

SEINE-ET-MARNE

Alimentation

■ **LA FERME DU GUÉ AU PRIEUR**
Chemin de Charny
CLAYE-SOUILLY
✆ 06 89 61 67 47
www.ferme-de-claye-souilly.com
Ouvert le vendredi et le samedi de 9h à 18h. Présents de juin à janvier : -le 1er samedi du mois au marché bio de St Cyr sur Morin ; -le 2ème samedi du mois au marché de producteurs de la Poste de Villeparisis, place Henri Barbusse en face du commissariat.
La ferme bio du Gué au Prieur fournit ses partenaires de l'AMAP les pot'iront de Claye-Souilly depuis 2011, ainsi que l'AMAP de Mitry-Villeparisis et Chantereine. Les adhérents peuvent commander des œufs frais, de la viande, des légumes ou des fruits de saison, du miel et des jus. Elle propose aussi des productions de ses voisins qui, également, n'utilisent aucun produit de traitement, pas même ceux tolérés en bio.

■ **LE PANIER DE LA FERME**
Allée des tilleuls
COUBERT
✆ 01 64 06 60 99
www.panierdelaferme.com
contact@panierdelaferme.fr
Basse saison : ouvert du lundi au samedi de 9h30 à 13h et de 14h30 à 19h ; le dimanche de 9h30 à 13h. Haute saison : le lundi de 14h30 à 19h ; du mardi au dimanche de 9h30 à 13h et de 14h30 à 19h.
Dans ce grand magasin, vous pourrez trouver des produits bio et locaux, ainsi que des produits issus de la cueillette de la ferme ! Plus de 7 000 références vous sont proposées et vous avez la possibilité de commander des plateaux de fromage et de charcuterie pour vos soirées, ainsi que des paniers gourmands.

■ **BOULANGERIE QUIBAN**
43, rue Pasteur
CONDÉ-SAINTE-LIBIAIRE
✆ 01 64 17 82 40
Ouvert du mardi au samedi de 7h30 à 12h45 et de 16h à 19h ; le dimanche de 7h30 à 13h.
La boulangerie de Stéphane et Stéphanie Quiban a fêté en avril 2019 son dixième anniversaire. Depuis deux ans, elle s'est spécialise également dans le pain bio, l'une des seules à arborer le label bio dans le secteur. Elle s'approvisionne auprès des Moulins Bourgeois, à Verdelot (Seine-et-Marne), qui se fournissent eux-mêmes en céréales bio, cultivées dans un rayon maximum de 200 kilomètres aux environs.

■ **LA FROMENTELLERIE**
La Ferme
Domaine de Beaulieu
PÉCY
✆ 01 64 01 58 48
fromentellerie@gmail.com
L'équipe de La Fromentellerie vous accueille dans ses locaux. Du lundi au vendredi, sur commande, La Fromentellerie est ouverte tous les jours de 15h à 19h pour récupérer vos produits. Ouverture également le samedi de 10h à 18h.
Yves de Fromentel a créé un atelier de transformation, la Fromentellerie, située dans la ferme du domaine de Beaulieu. Celle-ci comprend une fromagerie, une fabrique de yaourts, la vente de lait, de crème, etc. qui sont intimement liés à la ferme de Beaulieu. L'objectif étant de soutenir et de valoriser son élevage qui produit du lait bio. En effet, la valorisation de la production à sa juste valeur par la transformation sur place et la vente directe est indispensable à la pérennité de l'exploitation. Faites coup double : achetez des produits de qualité tout en soutenant un éleveur militant !

■ **LE GRAND PANIER BIO**
350, route de la butte aux lièvres
MAREUIL-LÈS-MEAUX ✆ 01 60 22 57 04
www.grandpanierbio.bio/?s=mareuil
Ouvert le lundi de 14h à 19h ; du mardi au samedi de 9h30 à 19h. Service de drive possible.
Dans ce magasin de Mareuil-lés-Meaux de l'enseigne Le Grand Panier Bio, vous trouverez un très large choix de produits bio alimentaires comme non alimentaires. De plus, vous pourrez utiliser son service de drive à partir de son site internet. Les promotions du mois sont également affichées en ligne.

■ **LE VILLAGE POTAGER**
Rue de Larchant
SAINT-PIERRE-LÈS-NEMOURS
✆ 01 64 78 67 28 – levillagepotager.com
bonjour@levillagepotager.com
Ouvert le vendredi de 17h à 19h ; le samedi de 10h à 13h.
Le Village Potager, est une nouvelle ferme maraîchère bio en Seine-et-Marne et un lieu de vie entièrement tourné vers l'agro-écologie et la nature. Savoureux, bio et local : faites-vous plaisir chaque semaine avec un panier de légumes de saison récupéré sur place ou livré en point-relais ou sur votre lieu de travail. Plus de détails sur le site internet.

Restaurants bio

■ **LA TABLE DE SYLVAIN**
48, bis rue des Ecoles
BRIE-COMTE-ROBERT
✆ 06 62 21 33 31
www.epicerie-en-brie.fr
sylvain@epicerie-en-brie.fr
Ouvert toute l'année. Du lundi au vendredi midi et tous les vendredis soirs. Réservation impérative.
Le chef Sylvain vous accueille chez lui, dans la maison héritée de son grand-père maraicher. Ici, tous les ingrédients sont bio et en grande partie locaux, puisque Sylvain va chercher directement ses fruits et ses légumes chez les producteurs bio autour de chez lui. Un restaurant-épicerie atypique sans carte et sans menu : au moment de votre réservation, donnez votre préférence (viande, poisson, végétarien...) et vos restrictions alimentaires, puis laissez-vous surprendre par l'inspiration de Sylvain. Le repas comprend, l'entrée, le plat et le dessert, si cela vous semble trop, précisez-le à la réservation.Pas de prix non plus, une vraie responsabilisation et une totale confiance en vous pour estimer la juste valeur de votre repas. Au moment de partir vous pouvez, si le cœur vous en dit, acheter quelques productions locales.

SEINE-SAINT-DENIS

Alimentation

■ **MONTREUIL SAUMON**
130, rue de Rosny
MONTREUIL
✆ 01 42 87 20 20
montreuilsaumon.fr
safa@montreuilsaumon.fr
M° ligne 9 mairie de Montreuil.
Bus ligne 102 ou 121 arrêt Danton.
Vélib : station 9 av Paul Signac à Montreuil.
Ouvert du lundi au vendredi de 9h à 18h ; le samedi de 9h à 12h. En juillet fermé le samedi matin. Ferme pour congés en août.
Créé en 1926, l'atelier de fumaison Safa a été délocalisé à Choisy-le-Roi en Val-de-Marne, mais la boutique ouverte au public est demeurée rue de Rosny à Montreuil. Une chance, car les saumons y sont dignes de toute bonne table, car ils sont filetés à la main et fumés à froid à la sciure de chêne, très lentement, car les bonnes choses prennent du temps ! Ils sont élevés à l'état sauvage en Irlande, Norvège ou Ecosse, labellisés bio depuis 1992 et servis dans de grands restaurants parisiens. Le produit phare de la maison est le fameux saumon SAFA (Sauvage Baltique, Bio) mariné ou fumé de façon traditionnelle, au sel sec, avec beaucoup de patience et de soin ; on peut également acheter de la daurade royale, de l'anguille fumée, du bar ou de la truite arc-en-ciel, tous bio, et également du foie gras et des préparations à base de poisson dont certaines sont sans gluten ! Sur le site internet, vous trouverez un mode d'emploi exhaustif vous expliquant comment couper correctement votre saumon, pratique, notamment pour la préparation de vos sushis maison !

■ **LES NOUVEAUX ROBINSON MONTREUIL**
49, boulevard Raspail
MONTREUIL ✆ 01 49 88 70 44
www.lesnouveauxrobinson.coop
contact@lesnouveauxrobinson.coop
M° Robespierre
Ouvert du lundi au samedi de 9h à 20h ; le dimanche de 9h à 12h45.
C'est à Montreuil que le tout premier magasin de l'enseigne les Nouveaux Robinson a ouvert ses portes. Cette « maison-mère » est une (très) grande surface de 300 m^2, où vous trouvez plus de 7 000 références de produits certifiés biologiques et écologiques. Mais c'est un magasin chaleureux et au juste prix qui mérite bien une virée en Seine-Saint-Denis pour des courses de fond, de maison et plus. Nombreux rayons : boucherie en libre-service, boulangerie-traiteur, fruits et légumes, crémerie, fromage à la coupe, épicerie, céréales en vrac, plats cuisinés, lait de vache, de chèvre, de riz, de soja, etc., jus de fruits et soda, vins, bières et alcools divers, gamme de produits sans gluten... Dix-huit autres magasins de l'enseigne sont établis en Ile-de-France. Pour en retrouver la liste complète rendez-vous sur www.lesnouveauxrobinson.coop. Vous pourrez par la même occasion prendre connaissance du calendrier des ateliers et conférences prévus à partir de mois de septembre.

LES 3 POIREAUX

21, rue Saint Denis
autre adresse : 11-13, rue du Landy
SAINT-OUEN
✆ 09 83 32 21 10
http://les3poireaux.fr
contact@les3poireaux.fr

Ouvert le mardi, le jeudi et le vendredi de 16h30 à 20h30 ; le mercredi et le samedi de 8h30 à 20h30 ; le dimanche de 10h30 à 13h30. Marché du Vieux-Saint-Ouen le samedi et marché de Saint-Denis le dimanche.

Cette épicerie de quartier propose dans son local et sur certains marchés des approvisionnements issus de l'agriculture biologique paysanne. Dans sa boutique de la rue Saint-Denis, vous trouverez des pains et viennoiserie certifiés AB, des fruits, racines et verdures de saison, des fromages et laitages du Bassin parisien, des volailles, viandes et charcuteries AB, des produits de la mer, des produits d'épicerie, une cave AB, des glaces et sorbets. Le choix est vaste et privilégie toujours la qualité et le bio.

Restaurants bio

LES MARMITES VOLANTES

47, avenue Pasteur
MONTREUIL
✆ 01 80 89 99 60
www.montreuil.marmitesvolantes.fr

Ouvert du lundi au vendredi de 12h à 14h. Carte : 15 € environ (entrées 4 €, plats de 8,5 à 12 €, desserts 4 €).

Les clients apprécient le cadre, l'ambiance, la capacité d'accueil de la salle et la qualité des plats, mais trouvent le service un peu insuffisant. Côté assiette c'est le concept du bien manger qui est appliqué : sain, simple et pour pas cher. Et, bien sûr, la démarche de cet établissement favorise le local et le responsable, avec une sélection de produits bio de saison ainsi que de leurs producteurs.

CIBO

6-10, quais de Seine
SAINT-DENIS
✆ 06 14 65 02 07

Congés en août. Ouvert le lundi, le mardi, le jeudi et le vendredi de 12h30 à 14h30 ; le jeudi de 19h à 0h.

C'est la nouvelle cantine du 6b à Saint-Denis ! Le Cibo a récemment ouvert cette cantine en proposant chaque jour un menu végétarien unique réalisé avec des produits bio, locaux, frais et de saison. Dans un cadre adapté aux enfants et une ambiance décontractée, les plats ne sont pas chers. Voilà un restaurant où l'on peut manger bien, avec des plats goûteux voire excellents dans un lieu artistique atypique et une ambiance chaleureuse, le tout servi par une équipe sympathique et efficace !

Mode et bien-être

LES NOUVEAUX ROBINSON BEAUTÉ SANTÉ ECOPRODUITS

56 bis, rue Robespierre
MONTREUIL
✆ 01 56 93 45 50
www.lesnouveauxrobinson.coop
contact@lesnouveauxrobinson.coop
M° ligne 9 arrêt Robespierre.

Ouvert du lundi au samedi de 9h à 20h ; le dimanche de 9h à 12h45.

Certes la plupart des magasins bio de la capitale ont leur rayon cosmétiques bio et compléments alimentaires. Mais un déplacement en banlieue peut être judicieux. Montreuil abrite sous l'enseigne des Nouveaux Robinson, deux magasins situés l'un en face de l'autre. Un dédié à l'alimentation, rue Raspail, et le second, rue Robespierre, dédié aux écoproduits et à la beauté/santé. Ici, une équipe de conseillers avertis vous accueille et vous propose une sélection de produits à base de matières premières naturelles principalement issues de plantes biologiques. La priorité est donnée aux produits fabriqués par des laboratoires respectant le cahier des charges Cosmebio où sont estampillés le label Nature et Progrès. Les compléments alimentaires naturels sont également rigoureusement sélectionnés (élixirs, extraits de plantes fraîches, sucs de plantes...). En rayon : crèmes, savons, maquillage, huiles de soin et de massages, crèmes solaires, sels de bain, shampoings, soins et teintures capillaires, dentifrices, huiles essentielles, fleurs de Bach, élixirs floraux, baumes, argiles... De quoi vous concocter une trousse de toilette et une trousse de secours écologiquement correctes.

VAL-D'OISE

Alimentation

C'TOUT BIO

Zone maraîchère
34, chemin des voies
CERGY
✆ 09 67 16 89 46

Ouvert du mardi au vendredi de 15h à 19h30 ; le samedi de 10h à 19h. Dans sa boutique.

La famille Bourven a toujours été précurseur de la vente directe du producteur au consommateur. Jean-Pierre, l'actuel maraîcher bio vous donne rendez-vous dans sa boutique où vous pourrez choisir, selon les saisons, radis, navets en botte, courgettes, petits pois, fèves, artichauts, aubergines, betteraves, poivrons, épinards et différentes variétés de salades, haricots, pommes de terre, carottes, courges et tomates... Egalement pionnier du maraîchage biologique en Ile-de-France, il propose ses légumes chaque samedi matin sur le marché bio des Batignolles à Paris (17e) ainsi que dans diverses AMAP. Quel que soit le lieu où vous le rencontrerez, il prendra plaisir à vous présenter ses produits en insistant sur leur qualité.

COOPÉRATIVE SAVEURS DU VEXIN
D 142
La Bergerie de Villarceaux
CHAUSSY
✆ 07 50 89 46 16
www.coopsaveursvexin.org
gerant@coopsaveursvexin.org

Ouvert le deuxième samedi du mois de 10h à 12h et de 14h à 16h. CB non acceptée.

Les amateurs de produits du terroir tout autant que ceux pour lesquels l'agriculture biologique compte seront certainement intéressés par cette coopérative. Elle tient marché une fois par mois, dans les locaux de la Bergerie de Villarceaux. Le principe requiert un préalable : souscrire une part sociale de 76 €, récupérable quand on quitte la coopérative. Moyennant cette formalité, on acquiert le droit de passer ses commandes sur Internet aux dates requises et de passer au marché remplir son panier. A commander à l'avance, on trouve de la viande de bœuf, d'agneau, des volailles, du pain, des paniers de fruits et de légumes. On pourra compléter sur place par des fromages, des céréales, des fruits secs, de l'huile ou d'autres produits bio spécialisés. Grâce au coût de fonctionnement réduit – les organisateurs sont bénévoles –, les tarifs sont très raisonnables et les produits sont de qualité, locaux, respectueux de l'environnement : une façon astucieuse de faire son marché !

LES PLAISIRS DU JARDIN
8, chemin des Pâtis
CERGY
✆ 06 74 09 96 42
www.panierbiocergy.com

Accueil à la ferme les vendredis après midis de 13h30 à 18h (hangar aux 3 bandes vertes) sinon livraisons dans les points relais.

Ces producteurs maraîchers sont installés dans la zone maraîchère de Cergy, en bordure de l'Oise. Ils cultivent environ 140 variétés de légumes, de nombreuses variétés de fruits (dont des fruits rouges) sur prés de 12 ha de terre agricole. Ils commercialisent ces récoltes principalement sous forme de paniers. Précisons qu'ils sont labellisés AB Agriculture Biologique depuis 2009 et pratiquent la biodynamie (label DEMETER) depuis 2013. Ils proposent un choix de paniers tout prêts ou à composer vous-même. De même ils proposent à la vente des plants bio de légumes ainsi que des produits d'autres collègues producteurs bio. Enfin ils organisent de nombreuses activités sur place pour petits et grands, dont vous trouverez les détails sur leur site internet.

VAL-DE-MARNE

Alimentation

POINT NATURE
28, rue Victor Hugo
ALFORTVILLE
✆ 01 43 68 70 92

Ouvert du mardi au vendredi de 9h à 12h30 et de 15h30 à 19h30 ; le samedi de 9h à 19h30 ; le dimanche de 10h à 12h30. Congés en août.

Chez Point Nature vous trouverez des fruits et légumes en arrivages quotidiens provenant de l'Ile-de-France. Découvrez ses paniers surprises qui suivent la saison. C'est également un point de livraison de producteurs en direct.

AS DE TABLE
9, place Nelson Mandela
Egalement marché du Kremlin-Bicètre
CHEVILLY-LARUE
✆ 09 81 67 06 00
www.asdetable.com
audrey.rebyffe@asdetable.com

Ouvert le mercredi, le vendredi et le samedi de 9h30 à 19h30 ; le jeudi de 17h à 19h30. Et tous les dimanches matin : marché du Kremlin-Bicètre (94) en face de la Brasserie «A la Comète».

Située 9 place Nelson Mandela, cette boutique As de Table vous propose la vente directe de divers producteurs locaux produisant des fruits et légumes en agriculture raisonnée, également des produits transformés tels que miel, confiture, bière… et d'autres produits du terroir. Il peut également fournir un service de buffets traiteurs « fait maison » ainsi que l'organisation d'événements culinaires.

BOUCHERIE AYA BIO
23, rue Guy Moquet
CHOISY-LE-ROI
✆ 01 58 91 31 71
www.aya-halal.fr

Ouvert du lundi au samedi de 10h à 20h ; le dimanche de 9h à 13h. Congés du 15 au 30 août.

A Choisy-le-Roi, dans sa boutique Aya Bio, Adil Madani a développé un concept qu'il assure unique en France à ce jour : de la viande bio, halal, qui vient d'animaux pour lesquels cette boucherie impose aux éleveurs avec qui elle travaille une « charte du bien-être ». Avec à la clé une viande de grande qualité et particulièrement savoureuse. D'autre part le circuit court lui permet aussi de pratiquer des prix raisonnables.

CAVE D'IVRY
40 rue Marat
IVRY-SUR-SEINE
✆ 01 46 58 23 28
www.lacavedivry.fr

Ouvert le lundi de 16h30 à 20h ; le mardi, le mercredi et le vendredi de 10h à 14h et de 16h à 20h ; le jeudi de 10h à 22h ; le samedi de 10h à 20h.

Cela fait 15 ans que la Cave d'Ivry a ouvert ses portes. Vous y trouverez des vins d'auteurs, bio, produits en biodynamie, nature ou naturels, mais aussi des spiritueux avec près de 700 références ! Et aussi d'autres produits du terroir. A noter que chaque année Paco et Alice organisent un salon des vins naturels « les papilles résistent » durant 3 jours en fin mai.

■ LES NOUVEAUX ROBINSONS
32, rue Marat
IVRY-SUR-SEINE
✆ 01 78 12 09 70
www.lesnouveauxrobinson.coop
contact@lesnouveauxrobinson.coop
Ouvert du lundi au samedi de 9h à 20h ; le dimanche de 9h à 12h45.
Les Nouveaux Robinsons est un réseau de magasins bio (alimentation, beauté, santé et écoproduits) créé par Didier Le Gars en 1993. Son objectif : ouvrir des boutiques qui s'inscrivent dans le domaine du commerce de proximité avec un statut coopératif axé sur les besoins des consommateurs et des salariés dans le respect de la personne et de la biosphère. On y trouve vraiment tout ce qui est essentiel en produits frais et épicerie ainsi que des condiments exotiques. Les stocks sont renouvelés assez souvent. Le « Panier Robinson » est une sélection d'une centaine de produits de base, sur lesquels une marge réduite a été appliquée pour permettre aux budgets limités d'acheter des produits bio, mais aussi de faire réaliser aux clients habituels des économies ou de guider les nouveaux clients dans le choix des produits. Ce panier est composé de riz, pâtes, huile, lait de soja, fromage, tofu, confiture, thé, produit de vaisselle… Les articles sont identifiables dans les rayons grâce à une étiquette rouge placée à côté des prix.

■ BOUCHERIE DU THÉÂTRE
112, boulevard de Créteil
SAINT-MAUR-DES-FOSSÉS
✆ 01 48 83 08 99
www.boucheriedutheatre.fr
contact@boucheriedutheatre.fr
Ouvert du mardi au vendredi de 8h30 à 13h et de 15h30 à 19h30 ; le samedi de 7h30 à 13h30 et de 15h à 19h30. Congés en août. Egalement, boutique en ligne pour retrait de la commande en magasin.
Ici les pièces ne sont pas de théâtre, mais bien de bœuf ou autre viande de choix, car cette boutique est celle d'un artisan qui a son métier à cœur et sait satisfaire sa clientèle. On vous accueille désormais dans une boutique flambant neuve qui outre son rayon boucherie-charcuterie propose d'excellents plats cuisinés inventifs et toujours de saison, car le choix des produits est primordial pour ce professionnel. Tout n'est pas bio, mais vous trouvez à cette adresse du porc bio, Cœur de Terroir, produit et distribué par le spécialiste auvergnat de la viande bio Sicaba.

Restaurants bio

■ LES DÉLICES DE GIGI
67, avenue Ledru-Rollin
LE PERREUX-SUR-MARNE
✆ 01 43 24 07 53
www.lesdelicesdegigi.com
lesdelicesdegigi@gmail.com
RER Nogent-Le Perreux
Gluten-free friendly. Fermé le samedi. Ouvert du dimanche au jeudi de 11h30 à 22h ; le vendredi de 11h30 à 16h30. Ouvert le soir et brunch sur réservation. Carte : 18 € environ (entrées de 6 à 11 € ; plats de 13,50 à 14, 50 € ; desserts de 4 à 8,50 €). Menu enfant : 10 €.10,50 € (formules : quiche 8 € ; sandwich 10,50 € ; express 13 € ; complète 17 €). Brunch le dimanche : 25 €. Chèque Restaurant. Accueil des groupes (salle en location).
Dans cette cantine agréablement raffinée, on déjeune bio, végétarien et même végétalien. Les options sont légères comme le sandwich wrap et la grande salade, ou réconfortantes si l'on s'oriente vers la crêpe salée, la pizza, la quiche et les lasagnes accompagnées de crudités. Le plat du jour, lui aussi, permet de manger savoureusement et sainement. Les desserts comportent un gâteau sans gluten, gourmand au même titre que la salade de fruits, le cheesecake et la mousse au chocolat. Il est donc recommandé de terminer son repas sur l'une de ces notes sucrées. On pourra également venir l'après-midi, afin de s'accorder une pause autour d'une pâtisserie et d'une boisson fraîche ou chaude.

■ LA SALAMANDRE
10-12, boulevard de la Marne
NOGENT-SUR-MARNE
www.restaurant-lasalamandre-94.com
RER Nogent-sur-Marne
Ouvert toute l'année. Réservation recommandée. Vin au verre.
A proximité des promenades de la Marne, dans un cadre intimiste, un restaurant sympathique où l'on peut manger du poisson frais du jour avec une carte quotidienne.

YVELINES

Alimentation

■ CHAMPIGNONIÈRES
LES CARRIÈRES
Rue des carrières
EVECQUEMONT
✆ 06 09 06 21 52
Ouvert le vendredi de 14h30 à 17h30 ; le samedi de 11h à 12h. La vente de champignons se fait au public su place en vente en gros et demi-gros. Visite possible pour des petits groupes sur rendez-vous téléphonique préalable.
A Evecquemont, cette champignonnière (une des dernières de la région) produit depuis plus de 20 ans le traditionnel champignon de Paris. Grâce à son savoir-faire traditionnel éprouvé depuis des années, elle propose à la vente une production de grande qualité de champignons de Paris (blond et brun) ainsi que d'autres variétés (pleurotes et shiitakés) en agriculture biologique.

FERME DES BEURRERIES

Lieu-dit les Beurreries
Route royale
FEUCHEROLLES
✆ 01 30 54 46 17

En vente dans de nombreux magasins bio de l'Ile de France.
Damien et sa femme Marie-Hélène Bignon successeurs de 3 générations d'agriculteurs exploitent 175 ha dans la plaine de Versailles. Ils privilégient le bien-être de leurs 3 000 poules pondeuses bio en les nourrissant avec leurs propres céréales bio et en les élevant en plein air (4 à 6 m² par poule). Le résultat, de bons œufs bio de poules qui sont respectées et élevées en plein air, c'est plus savoureux !

FERME DE LA BUDINERIE

1, chemin de la Budinerie
LA CELLE-LES-BORDES
✆ 01 34 85 21 05

Ouvert du mardi au vendredi de 10h à 13h ; le samedi de 9h30 à 13h. Liste détaillée des points de vente extérieurs sur leur site internet.
Brigitte, Théo, Rick et les boulangers, Jérémie, Allan et Fabrice vous accueillent à la ferme aux heures indiquées. Dans les meilleures conditions. En agriculture biologique depuis 2001, ils produisent du blé d'excellente qualité boulangère (contient du gluten). Le mélange de 2 variétés de farines permet d'obtenir une farine idéale pour le pain. Elles sont élaborées à 100 % meule de pierre, ce qui préserve toutes les qualités gustatives et nutritives de leur pain. Ils fabriquent 13 variétés d'excellent pain bio dans le fournil du village directement à partir de leurs cultures de blé. Ici tout est bio du blé au pain et c'est délicieux.

LAURA TODD COOKIES

2, avenue Charles de Gaulle
LE CHESNAY
✆ 01 39 66 04 16 – lauratodd.fr

Ouvert du lundi au samedi à partir de 10h et jusqu 'à 19h45. 2,70 € le cookie de base. 19,5 € la boite de 8 cookies.
Le concept de vente de cookies des boutiques Laura Todd est arrivé des Etats-Unis, en France en 1985. Le mode de fabrication est artisanal et bio avant l'heure (depuis 1994). On y trouve de délicieux cookies au chocolat noir et noix de coco, végans ou encore aux noisettes croustillantes, mais aussi des brownies traditionnels ou à la cacahuète. Les gâteaux sont goûteux, mais on regrette leur petite taille par rapport au prix, qui laisse un goût de « reviens-y ». Enfin, pour ramener des cookies à la maison, on peut repartir avec une boîte de 8 ou plus. À Parly 2, le concept store a été ouvert en 2011. Une autre boutique a vu le jour dans les Yvelines à Velizy 2 en 2019.

FERME DE LA HAYE

Les Mureaux
LES MUREAUX
✆ 01 51 42 80 39 – fermedelahaye.com

Ouvert le mercredi, le jeudi et le samedi de 15h à 19h. Pour la boutique et mardi, vendredi, dimanche à Fontenay le Fleury ; mercredi, samedi à Maurepas ; vendredi à Meulan.
La Ferme de la Haye a ouvert un magasin de producteurs sur le site même de leurs cultures pratiquées su plus de 30 hectares. C'est un circuit on ne peut plus court qui est proposé aux habitants des environs puisque la production bio vendue est celle des exploitants. Au menu, large choix de légumes et fruits... suivant les saisons.

BERGERIE NATIONALE DE REMBOUILLET

Boutique, Parc du chateau
RAMBOUILLET

Ouvert du mercredi au vendredi, le dimanche et les jours fériés de 14h à 18h30 ; le samedi de 10h à 12h et de 14h à 18h30.
Une grande boutique a été réaménagée pour mieux vous accueillir, avec un espace détente où collations et dégustations sur place sont possibles. La ferme de la Bergerie Nationale élabore ses produits issus soit de l'agriculture durable soit, pour certains, de l'agriculture biologique. Selon les saisons, elle propose à la vente des caissettes de viande de veau, de bœuf, de mouton, de chevreau... mais aussi, plus original, de saucissons de poule, de mérinos, de mouton, de bovin... son rayon conserverie haut de gamme propose également des aliments plus festifs : foie gras, confit, terrines diverses, jus de fruits, tous issus de leur transformation. Enfin, vins, fromages et légumes provenant de divers lycées agricoles complètent cette large gamme de produits de qualité.

Restaurants bio

GRAINE DE GOURMANDISE

68, rue de Paris
MAISONS-LAFFITTE
✆ 01 39 62 24 86
www.grainedegourmandise.fr
grainedegourmandise78@gmail.com

Congés en août. Ouvert du mardi au samedi de 11h30 à 18h30. Formule déjeuner à 14 € et formule goûter à 10 €. Chèque Restaurant. Boutique. Epicerie. Salon de thé.
Cette Graine de Gourmandise fait la part belle aux produits locaux et de saison, proposant des recettes adaptées aux produits disponibles sur les étals du marché. On goûtera, en automne, à une tarte aux trois poivrons ou à un cake champignons reblochon ; en hiver, à une tarte au poireau et au pavot et à un cake de millet au potiron ; au printemps, à un crumble de courgettes ou à un clafoutis de légumes au beaufort ; et en été, à une soupe de petits pois à la menthe ou à une tarte courgettes et parmesan. On trouve aussi des glaces artisanales ainsi qu'une quarantaine de références de thés. L'épicerie fine vous permettra de repartir avec un pot de confiture, du nougat, du pain d'épices ou un sachet de thé. Vous pourrez ainsi découvrir toute une sélection de produits gourmands et même quelques vêtements pour enfants.

PUR ETC

2, rue Georges-Clemenceau
VERSAILLES
✆ 09 83 48 48 22 – www.pur-etc.fr
contact@pur-etc.fr

C'est parti d'une idée sur les bancs de l'école. C'est devenu un concept de manger bio, bon, local et original. Depuis, le premier restaurant a fait des petits, mais continue de réveiller les papilles et Héloïse, Vincent et les autres savent vous régaler au quotidien.

ARIÈGE

Alimentation

EAUX DU MONTCALM
Lieu-dit Arties
AUZAT
✆ 08 05 70 10 61
www.montcalm.fr

La source des eaux du Montcalm est située à plus de mille mètres d'altitude, dans un lieu préservé des Pyrénées ariégeoises. Exploitée de manière raisonnée, cette eau bénéficie d'une composition pure grâce au filtre naturel des gisements géologiques qui l'entourent et possède un résidu à sec très bas. Elle est donc très peu minéralisée. Pour finir, elle est mise en bouteille dans un récipient 100% recyclable.

Naturelle et sans ajout de quelque sorte, elle se présente telle quelle selon 3 formats adaptés à toutes vos occasions. Notez au passage que l'eau ne peut être labellisée bio car ce n'est pas quelque chose dont la production peut être maîtrisée, cependant la pureté de la composition de l'eau du Montcalm lui a permis d'obtenir une place de choix dans les étalages de nombreux magasins bio.

PYRÈNE
106, rue du Montcalm
AUZAT
✆ 06 83 03 89 71
www.pyreneboissons.com
pyreneboissons@outlook.fr

Ouvert du lundi au samedi de 9h à 12h et de 14h à 17h30.

Le Montcalm n'est pas qu'un massif, c'est également une région de sources réputées pour leur qualité et leur pureté. C'est pour leurs vertus qu'Elie et Bastien ont choisi de se lancer dans la production de limonade aux bulles fines et de thés glacés aromatisés. Les deux amis se sont rencontrés sur les bancs du lycée Gabriel Fauré de Foix et tous deux sont des Ariégeois, l'un de Cadarcet l'autre de Saint-Girons. Chacun avec ses compétences, Bastien était auparavant brasseur et Elie gestionnaire et commercial.

La production est 100 % artisanale à base de l'eau de source extraite dans le Montcalm et les arômes et ingrédients issus de l'agriculture biologique. Tout est fait sur place, le brassage et le dosage sont faits manuellement ainsi que l'embouteillage et l'étiquetage. On peut facilement se désaltérer grâce à la cinquantaine de points de vente dans le département. Il paraîtrait que nos deux comparses ont dans leurs cartons une recette de cola ! C'est pour bientôt. A venir également, des visites de l'atelier.

Restaurants bio

LA TOMATE DU JARDIN
1, place de l'Eglise, DAUMAZAN-SUR-ARIZE
✆ 05 81 30 40 03 – www.latomatedujardin.fr
latomatedujardin09@gmail.com
♿

Fermé du 12 novembre à fin mars. Basse saison : ouvert du jeudi au dimanche. Haute saison : du jeudi au mardi. Ouvert en avril : du jeudi au dimanche le midi et vendredi, samedi soir ; en mai, juin, septembre et octobre et novembre : du jeudi au dimanche midi et soir ; en juillet août : tous les jours sauf mercredi. Menu du jour et menu dégustation de 46 à 51 €. A l'ardoise, entrée, plat, dessert de 34 à 38 €. Formule du midi : 16 € (plat du jour 12 €). Vin au verre. Accueil des groupes. Chaises bébé. Jardin. Terrasse. 50 places. Wifi.

L'établissement est situé à l'emplacement de l'ancien presbytère et depuis plusieurs années Ilona Rutgers propose une cuisine de produits frais locaux et régionaux. Ilona a notamment travaillé à l'Auberge Pierre Bayle. Elle est aidée dans sa tâche par Lionel Sevenes. Ici les produits sont essentiellement bio et issus de producteurs et d'éleveurs locaux. Le pain, les vins, les jus de fruits, le thé et le café sont également bio. Beaucoup de fruits et de légumes viennent du potager et les chevreaux d'Artigat. La formule est une ardoise du jour avec un choix de 3 entrées, 3 plats, 3 desserts, qui évolue au gré du marché et de la saison. Possibilités d'avoir des menus végétariens et végétaliens. Le sérieux et la qualité payent toujours et ce n'est pas pour rien que l'établissement s'est vu décerner à plusieurs reprises, le prix de la fameuse Georgette.

Mode et bien-être

MAISON BERTHE GUILHEM
146, Piquemaou, LA BASTIDE-DE-BESPLAS
✆ 06 63 43 42 64
www.bertheguilhem-cosmetique.com

Produits en vente en ligne et dans ses 2 boutiques de Toulouse et sur les marchés. Calendrier détaillé sur le site internet.

En région Occitanie, l'entreprise familiale Berthe Guilhem fabrique manuellement des soins cosmétiques pour le visage, le corps, les cheveux et des savons surgras biologiques. Le lait de chèvre alpine est le composant principal de ces produits car il possède des propriétés hydratantes et anti-âge exceptionnelles. Dés le début, cette petite entreprise artisanale s'est engagée dans une démarche respectueuse de la santé et de l'environnement. Ces produits sont certifiés AB.

AUDE

Alimentation

BIOCOOP TOURNE-SOL

8 rue Jean-Antoine-Chaptal
ZAC Les Graves
CARCASSONNE
✆ 04 68 72 47 62
www.tourne-sol-biocoop.fr
biocoop@micrologiciel.com

Ouvert du lundi au samedi de 9h30 à 19h30.

Tourne-Sol est un vaste magasin de 400 m^2 qui vous propose uniquement des produits bio dont beaucoup sont issus de l'agriculture et des élevages de l'Aude (viande, œufs, fromages, pains et laitages divers...). Favorisant bien sûr les circuits courts, Tourne-Sol vend une large gamme de produits allant des produits frais (lait, fromages, desserts lactés, fruits et légumes, viande, charcuterie...) à l'épicerie (biscuits, chocolats, conserves...), en passant par les produits ménagers. Une démarche écoresponsable et des produits de qualité vous attendent, n'oubliez pas de prendre vos sacs en tissus pour porter vos emplettes !

DOMAINE BENJAMIN TAILLANDIER

50, avenue de l'Argent-Double
CAUNES-MINERVOIS
✆ 06 79 85 99 03
www.vigneron-minervois.fr
benja.taillandier@free.fr

Dégustation et vente de vin au domaine toute l'année, 7jours sur 7 sur rendez-vous.

Titulaire d'un B.T.S Viticulture-Œnologie obtenu à Orange, et d'une licence en droit et gestion, Benjamin Taillandier a choisi l'agriculture biologique pour produire des vins de caractère. Ses vignes s'étendent sur 16 hectares et sont vendangées à la main. Cinsault, Syrah, Carignan, Grenache ou Muscat poussent sur des sols schisteux, argilo-calcaire et sablonneux et sont menés naturellement à maturité pour donner des vins tels que Viti Vini Bibi, un vin rouge qui accompagne généreusement les plats, Six Roses, rosé à boire très frais ou Bulle, un doux vin mousseux à base de Terret et de Muscat, parfait à l'apéritif ou au dessert. Les vins peuvent être dégustés toute l'année au domaine sur rendez-vous, ou à La Cantine du Curé, le restaurant-bodéga de Benjamin Taillandier (voir rubrique restaurant).

DOMAINE CIRY CATTANEO

9, avenue de la Montagne-Noire
LAURE-MINERVOIS
✆ 06 70 36 36 37
www.domainecirycattaneo.com
cirycattaneo@gmail.com

Visite et dégustation au domaine sur rendez-vous uniquement. Bar à vins durant l'été les week-ends de 18h à minuit avec cuisine estivale de 19h à 22h. Dégustation des vins à la chocolaterie de Pennautier Marions les chocolats du mercredi au vendredi de 10h à midi et de 15h à 18h le samedi. Livraison possible (vins issus exclusivement de l'agriculture biologique). De 12 à 20 € la bouteille. Boutique en ligne. Les frais de port sont offerts à partir de 18 bouteilles achetées.

Un amour inconditionnel de la terre, la volonté d'exhumer l'âme du terroir et une philosophie de travail basée sur la vinification intra-parcellaire, voilà les lignes directrices du domaine Ciry Cattaneo, créé en 2015 par David Ciry, œnologue conseil de métier et Marion Cattaneo, chocolatière. Le respect de la culture, du cycle de vie de la vigne amènera David à une agriculture biologique, un travail artisanal et manuel, sur des cépages tels que le malbec, le syrah, le grenache, le carignan ou encore le tempranillo présents dans ce domaine du Minervois de 2,7 hectares, labellisé Ecocert. Vous vous régalerez des cuvées Sang Neuf, Malabestia, Les Petites Choses ou encore Les Hirondelles, toutes produites en quantité limitée. Ces vins, d'un rouge intense et concentré, offrent une générosité de saveurs et expriment avec vivacité les notes de garrigue comme le thym ou le romarin, de leur terroir languedocien, des goûts composés, des saveurs profondes à l'expression bien contrôlée, d'une immense complexité. De beaux accords mets vins sur des viandes grillées, aromatisées d'herbes méditerranéennes, en perspective. Depuis 2019 un caveau de dégustation a été créé pour déguster les cuvées du domaine dans les meilleures conditions, ainsi qu'un Bar à vins nommé «les Heures Heureuses», ouvert tous les vendredis et samedis durant l'été, avec une cuisine estivale à partager !

Des dégustations vins-chocolats pour des groupes de particuliers à la chocolaterie Marions Les Chocolats, à Pennautier, sont possibles sur demande.

SAISONS BIO

44, avenue de Catalogne
LIMOUX
✆ 04 68 74 04 55
www.saisonsbio.com
contact@saisonsbio.com

Ouvert du lundi au samedi de 9h30 à 19h. Tickets restaurant. Formule du midi du lundi au vendredi 12 € dans La Cabane d'Arthur.

Saisons Bio est un grand magasin bio créé au printemps 2017. L'établissement vous propose un large choix de produits allant de l'hygiène à l'alimentation, en passant par plusieurs variétés de thés et de café, sans oublier une belle palette de vins bio. Ici, on favorise les circuits courts et les productions locales. Vous pouvez acheter vos pâtes, riz, cafés, thés, fruits secs, ou vos biscuits en vrac, et même la lessive ! Quant au savon, il est proposé à la coupe. Une lutte anti-gaspi intelligente et écologique qui valorise les produits, pas les emballages ! La Cabane d'Arthur, un espace sous véranda aménagé dans le magasin, sert tous les midis, une formule végane à prix doux, entrée, plat et dessert. Une grande table pour dix à douze personnes accueille les personnes qui souhaitent (re) découvrir une cuisine bio végane aux saveurs variées, mêlant harmonieusement le sucré et le salé, et des épices parfumées. Le menu change tous les jours, et les plats sont préparés en direct. Qualité assurée ! Une adresse à retenir.

BIOCOOP TERRABIO EST
73, avenue de la Côte des Roses – Espace Lacoste
NARBONNE

Ouvert le lundi, le mercredi et le jeudi de 9h30 à 13h et de 14h à 19h30 ; le mardi, le vendredi et le samedi de 9h30 à 19h30.
Avec ses 3 magasins, Biocoop s'impose comme la référence bio à Narbonne. Ici, on vous accueille dans un espace moderne où vous trouverez des produits labellisés 100% bio faisant la part belle aux producteurs locaux. On apprécie le rayon boucherie-charcuterie-traiteur et des plats maison, le bel étal de poisson frais (criée de Port La Nouvelle) et le fromage à la coupe. Mention spéciale pour le grand choix de « vrac » et la sélection de vins bio. Choisir Biocoop, c'est opter pour un commerce responsable où le client est acteur de sa consommation durable.

LE P'TIT D'OC
21, Grand-Rue
SALLÈLES-D'AUDE
✆ 04 68 48 94 50
https://leptitdoc.eatbu.com
leptitdoc11@gmail.com
Ouvert du lundi au samedi de 9h à 12h30 et de 15h à 19h.
A quelques mètres du Canal du Midi, aussi petite soit-elle, elle renferme des petites merveilles. Sandra a sélectionné avec minutie tout ce qu'elle propose dans son échoppe, vous pouvez lui demander conseil, elle est incollable ! Des vins locaux comme celui du domaine de la Fondelon de Sallèles ou du domaine de l'Angel, de la blanquette de Limoux en passant par la crème de menthe et de citron de la maison Cabanel de Carcassonne ou les bières des « Têtes plates ». On trouve aussi des plats cuisinés, des légumes à tartiner du jardin de la Clairette, des thés et Tisanes bio des Jardins d'Amy, sans oublier, les douceurs sucrées de chez Nougalet, le sel de Gruissan, les huiles d'olive et de colza de « Du Bio Dans l'Assiette » et un petit rayon de produits frais (toujours bio) proposant de la viande, des œufs du fromage, des fruits et des légumes… et des glaces (de Gruissan) en été ! Une adresse où l'on ne se trompe pas qui offre le meilleur de la région a des pris très corrects. Nouveauté : grand choix de produit zéro déchet avec des cosmétiques solides mais aussi avec un rayon « vrac » fait de pâtes, riz, graines de courge, de lin, farine, sucre, céréales, etc !

LA FERM'ATTITUDE
16 ter, rue Marcelin-Albert
SIGEAN
✆ 04 30 37 42 59
Ouvert du mardi au samedi de 9h à 12h30 et de 15h à 18h.
La Ferm'Attitude est un magasin de producteurs située à Sigean. Ici, vous trouverez des produits locaux, principalement de l'Aude, mais aussi des Pyrénées-Orientales et du Tarn. Les légumes sont de Névian, de Puichéric, ou encore de Peyriac-de-Mer, et respectent le cours des saisons et le climat. Vous y trouverez également les limonades carcassonnaises Pétillo de Boissons Ortiz, mais aussi de la charcuterie, de la viande tarnaise, des produits laitiers, du miel et confitures des Corbières, différentes sortes de pâtes fabriquées à Lasbordes et depuis peu, du pain frais et des viennoiseries. La ferme est gérée par des producteurs audois qui proposent des produits de qualité. Un endroit incontournable pour les locavores et les épicuriens, curieux de goûter aux produits de qualité du terroir.

Restaurants bio

RESTAURANT LE 104
104, rue de Verdun
CARCASSONNE
✆ 09 86 43 91 11
www.resto104.fr
contact@resto104.fr
Ouvert toute l'année. Le lundi midi ; du mardi au samedi le midi et le soir. Menu unique à 27 €. Carte : 30 € environ (carte le soir). Menu enfant : 9,50 €. A midi, menu-carte seulement de 15 à 18 €. Vin au verre. Plat du jour : 12 €. Carte. Chèque Restaurant. Accueil des groupes. Terrasse. Vegan friendly.
Le restaurant Le 104 est arrivé à Carcassonne presque comme une évidence, au numéro 104 de la rue de Verdun, juste à côté de l'épicerie BIO du centre-ville avec au menu, une cuisine de produits bio (garantis)… forcément ! Amoureux de la bonne cuisine, cette adresse est la vôtre ! Passé la porte d'entrée, vous découvrirez un restaurant plein de charme où l'architecture médiévale a été conservée. L'atmosphère qui règne en ces lieux à quelque chose d'apaisant et dès les beaux jours une petite terrasse ombragée est à votre disposition. C'est donc dans les meilleures conditions que vous découvrirez la cuisine saine d'Antoine, le chef. Au menu des plats de saison exclusivement réalisés à partir de produits frais, avec chaque jour, une viande, un poisson et des plat végans et sans gluten. Lors de notre passage nous avons choisi un ceviche de dorade au citron vert et mangue suivi de la pièce du boucher cuite à la plancha accompagnée de légumes, en dessert, une délicieuse pavlova mangue-kiwi. La carte des vins est elle aussi bio et 100% Audoise. Les prix sont corrects et l'on ne ressort pas avec la faim, bref, le 104, on valide !

LA TABLE D'OLI
Quai du Ponant
GRUISSAN
✆ 07 67 81 52 60
Ouvert de mars à septembre. Basse saison : ouvert du mardi au samedi le midi et le soir ; le dimanche midi. Haute saison : tous les jours et les jours fériés le midi et le soir. Réservation recommandée. Menu unique à 25 € (entrée / plat / dessert – Entrée / plat ou plat / dessert 16 €). Menu enfant : 10,50 €. Plat du jour : 12 €. Vin au verre. Ou au pichet de la cave de Gruissan ainsi que du vin en bouteille des producteurs locaux BIO. Accueil des groupes (sur demande (max 30) pour toutes les occasions : anniversaire, enterrement de vie de jeunes filles/jeunes garçons, etc..). Terrasse couverte et protégé du vent.

Cuisine presque 100 % Bio à La table d'Oli (à l'exception de quelques produits, disons 70 %). Audrey vous accueille en terrasse ou dans la petite salle vitrée et vous propose chaque jour une formule différente avec au choix à la carte quatre entrées, quatre plats et quatre desserts réalisés par le chef avec une véritable maîtrise et un amour du travail bien fait. Produits frais et locaux, comme les poissons de la pêche gruissannaise et les fruits et légumes des jardins de l'Estarac à Bages ou de Sallèles d'Aude. Lors de notre passage, le saumon était proposé en tartare en entrée et de la dorade de ligne au beurre blanc et safran de Gruissan, délicieux et copieux. Mention spéciale pour la présentation soignée des assiettes agrémentées de fleurs fraîches et comestibles. Pour accompagner la carte qui change en fonction des saisons, on vous recommande le vin blanc BIO de chez Ricardelle de Lautrec à Coursan ou du château Laquirou à Fleury d'Aude. Les prix défient toute concurrence sur le port de Gruissan au regard des mets qui composent les assiettes, alors ne résistez pas à la tentation de vous asseoir et tester la fraîcheur des plats à la Table d'Oli !

■ MA PAUSE BIO
41, rue Droite, NARBONNE
✆ 09 87 11 20 83
mapausebio11@gmail.com
♿

100% Bio. Ouvert toute l'année. Du mardi au samedi de 11h à 18h. Afterwork avec thématique de 18h à 20h – les mercredis – Prgramme sur Facebook. Menus de 8,50 € à 15,50 €. Chèque Restaurant. Accueil des groupes (sur réservation). Terrasse. Vente à emporter. Animations.

Jacqueline et Keo vous proposent une cuisine maison à base de produits frais et de saison issus de l'agriculture biologique et locale autant que possible. Pour le petit déjeuner ou le goûter, nombreux thés bio, jus de fruits frais et pâtisseries maison vous attendent, pour la pause déjeuner, soupe du jour, bouddha bol, green bol, wrap, jus de fruits frais, pâtisseries et pain maison pour une pause saine. Nous avons testé ce midi le jus de fruit carottes / pommes / gingembre, le bouddha bol poulet/crudités/ pommes de terre et le gâteau végan noix de pécan / pommes. Simple mais délicieux ! Notre voisine a pris une soupe de tomates à la cardamone à 4€, cela nous a donné envie de revenir. A venir des snackings chauds pour l'hiver. Prônant la convivialité, Jacqueline organise des ateliers de cuisine de 15h à 17h ou des afterworks de 18h à 20h 1 fois / semaine – Programme sur facebook -A venir par exemple Confection de cosmétique bio maison ou Conférence sur la médecine chinoise. Formule tapas pour les afterworks. Traiteur sur demande – Privatisation possible en soirée.Petit plus : le paiement en « Cers », la monnaie locale, est accepté. Jolie adresse pour une pause en centre-ville de Narbonne.

AVEYRON

Alimentation

■ MANGER BIO CHEZ MOI
ZAE Millau Sud – D 999
Route de Saint-Affrique
LA CAVALERIE
✆ 05 65 62 07 30
www.mangerbiochezmoi.com
contact@mangerbiochezmoi.com

Spécialisé dans la distribution des produits biologiques depuis 1989 à Saint–Jean–du–Bruel, Manger bio chez moi se trouve aujourd'hui à la Cavalerie, en plein cœur du Larzac. L'entreprise, portée par une équipe familiale et des convictions sincères, a sélectionné environs 1 000 produits bio sur son site. On y trouve pêle–mêle : des pâtés Maison Papillon en qualité bio, fromages bio aveyronnais, viande, épicerie, cosmétique... et les promos de la semaine. Livraison gratuite autour de Millau et dans le sud de l'Aveyron.

■ LE MOULIN DU PIVERT
Les Mazières
LUNAC
✆ 05 65 65 70 24
www.lemoulindupivert.fr

Ouvert du lundi au vendredi de 9h à 12h et de 14h à 16h30.

Le Moulin de Pivert, dont les origines remontent aux années 1940, fabrique une gamme d'une cinquantaine de biscuits bio. Devenue une référence en matière de bon goût et d'éthique, l'entreprise familiale est aujourd'hui savamment orchestrée par Jean-Michel Cayla. Dans les ateliers de Lunac, à quelques encablures des Mazières où son grand-père faisait tourner sa meunerie – l'une des premières labellisées Nature et Progrès -, le représentant de la 3e génération entretient non seulement un savoir-faire mais aussi tout un esprit. Les biscuits du Moulin du Pivert sont exclusivement composés de matières premières biologiques de qualité. Le blé est cultivé dans le Gers et moulu à Montricoux dans le Tarn-et-Garonne. Le lait cru provient de la ferme de Griffoulas toute proche ; les ingrédients exotiques – chocolat, vanille, sucre de canne – de filières bio et équitables. Pas d'huile de palme, pour limiter l'impact écologique, ni d'œuf pour supprimer le principal risque d'allergies. Une démarche respectueuse des hommes et de l'environnement qui se décline en biscuits à picorer tout au long de la journée : biscottes et pain grillé pour le petit-déjeuner, cookies et gâteaux fourrés pour les goûters des enfants, sablés pour le tea time... Enfin, la gamme plaisir propose des biscuits 100 % végans aux spéculoos ou au thé noir Earl Grey.

■ BIOCOOP-LOU CUSSOU
101, avenue Jean-Jaurès
SAINT-AFFRIQUE
✆ 05 65 49 53 98
www.biocoop.fr

Ouvert le lundi de 14h30 à 19h ; du mardi au vendredi de 9h à 12h30 et de 14h30 à 19h ; le samedi de 9h à 19h.

Partisan de longue date du consommer et manger bio, l'équipe de la Biocoop Lou Cussou propose dans son épicerie tout un éventail de produits bons pour votre santé, et celle de la terre. Fruits et légumes de saison, bien sûr, viandes, vins, huile d'olive, aromates, un beau rayon de vente en vrac de céréales, fruits secs, thé, café, bref, on y trouve de tout ! Et même de la nourriture pour animaux. Mettez donc votre compagnon au bio ! La maison propose aussi des produits cosmétiques, pour la beauté au naturel. L'accueil est chaleureux, on vous prodigue même des conseils de nutrition, de santé et de préparation. Le tout avec le sourire !

Restaurants bio

■ **LA MANGEOIRE**
8, boulevard de la Capelle
MILLAU
✆ 05 65 60 13 16
www.restaurantmillau.com
contact@restaurantlamangeoire.com
Ouvert toute l'année. Du mardi au dimanche le midi et le soir. Menu unique à 30 €. Menu enfant : 14 €. Suggestion du jour : 18 € (et 26 €). Chèque Vacances, Chèque Restaurant. Terrasse.
On pourrait croire qu'avec ce nom cette table serait défavorisée, il n'en est rien. Adhérents du label « Restaurateur de France », Carole et Gilles vous accueillent dans l'une des trois salles, réaménagées dans des caves voûtées des anciens remparts pour déguster, notamment, des grillades de viandes de l'Aubrac ou de poisson frais au feu de bois. Le décor : pierres apparentes – feu de cheminée (fonctionnant tous les jours midi et soir), et le mobilier de bois sont chaleureux. La mise de table élégante et la cuisine, au niveau, mélange parfait de modernité et de recettes traditionnelles. Pour ceux qui recherchent la couleur locale, la formule saucisse-aligot, grillée devant vous est adaptée, sans oublier la flaune maison et sa crème glacée du même parfum.

Mode et bien-être

■ **NATURAE BIOTY**
La Martinerie
MILLAU
✆ 05 65 60 43 88
www.naturae-bioty.fr
Vente directe sur la boutique en ligne et sur divers marchés et salons en Occitanie.
Cette marque a été créée par Elodie Corocher qui baigne depuis l'enfance dans la nature. La preuve : son père est engagé dans une démarche d'agriculture biologique depuis plusieurs décennies. Le concept de cette créatrice est simple : il n'est pas nécessaire de chercher loin pour créer un produit cosmétique de qualité, et surtout pas nécessaire d'utiliser des produits chimiques ! En découvrant la vérité sur les composants des produits cosmétiques industriels c'est le déclic, forte de diplômes de biochimie et de biotechnologie, elle se lance ! Son engagement est total car Elodie prépare ses cosmétiques en utilisant des énergies géothermiques et photovoltaïques, à base de conservateurs 100% naturels et qu'elle emballe dans des packagings recyclables et écologiques, du carton jusqu'à l'encre ! Une gamme pour toute la famille à découvrir !

Habitat et jardin

■ **LA MAISON VOYAGEUSE**
Yourtes contemporaines
Sarl Eco-Habiter Léger à Sourbins
NAJAC
www.yourtes.net
lamaisonvoyageuse@gmail.com
Ouvert du lundi au vendredi de 9h à 12h et de 14h à 17h.
Cet atelier de fabrication de yourtes d'inspiration mongole peut réaliser des yourtes personnalisées et sur mesure selon la tradition avec du bois et du feutre, mais pas que. Des yourtes nomades ou sédentaires pour des vacances ou plus si affinités. Une yourte aujourd'hui peut comprendre de nombreux aménagements, et se trouve bien loin de la « tente de berger » qu'on imagine. La surface peut aller jusqu'à 90 mètres carrés et on peut imaginer toutes sortes d'aménagements intérieurs, avec mezzanines et espaces modulables, pour y vivre toute l'année. Cet espace peut tout à fait être celui d'un choix de vie alternatif, et possède des propriétés isolantes, une véritable solidité, des fenêtres... en fonction de vos besoins, c'est à vous de décider. Yourte de montagne résistante au poids de la neige ? Yourte avec un toit ouvert en plexiglas pour regarder les étoiles ? ou yourte nomade facilement démontable ? Laquelle sera la votre ?

GARD

Alimentation

■ **LES JARDINS DE LA PETITE CAMARGUE**
Chemin du Grand-Plantier
LE CAILAR
✆ 06 20 54 36 84
le.mazet9@gmail.com
Sur rendez-vous. Agriculture biologique.
La qualité, le goût et le respect du produit sont les objectifs majeurs de cet arboriculteur pour qui l'agriculture biologique est une évidente référence. Appelez Dominique Velasquez pour prendre rendez-vous et laissez-vous guider au fil d'une visite de l'exploitation et d'une dégustation. Après une cueillette des fruits à parfaite maturité, Dominique les transforme, sans adjonction de colorants, conservateurs, et autres arômes chimiques, en de délicieuses confitures, pâtes de fruit, et sorbets. Gluten, laitage et œufs sont proscrits de la composition de ces fabrications artisanales. Mention spéciale pour ces pots de confiture qui s'emboîtent parfaitement et ornent subtilement les étagères de nos cuisines.

Paniers Bio

L'ÉTAL BIO
Centre Commercial La Coupole
5, rue des Halles
Les Halles centrales
NÎMES
✆ 04 66 21 49 63
www.etal-bio.com
contact@etal-bio.com
n° 3 à 13 - Allée du Curry
Livraison possible (22 € le panier de 7 produits bio différents).
L'espace que tient l'étal, très vaste, à deux pas de l'entrée principale des Halles, permet une offre importante. Un accueil irréprochable ensuite, avenant et sympathique. Et surtout des prix qui ne dévissent pas et qui s'approchent autant que faire se peut des tarifs des autres étals, qui dépendent d'une agriculture plus intensive. Christophe Clément divise son royaume en deux parts égales : d'un côté les fruits, de l'autre les légumes, et garde en fond des produits bio complémentaires, comme du sucre roux, des huiles, des céréales, du sel, des compotes, de la confiture, des épices, des soupes toutes faites ou des épis de maïs déjà cuits. Courges et légumes oubliés, type panais, renaissent ici et permettent de nouveaux accords de saveurs. L'étal bio propose toute l'année quatre ou cinq variétés de pommes, pour les compotes des plus petits et autant de sortes de salades. Le reste varie selon les saisons.

HUILERIE ÉMILE NOËL
Rue du Dr-Samuel-Hahnemann
PONT-SAINT-ESPRIT
✆ 04 66 90 73 28
www.emilenoel.com
info@emilenoel.com
Ouvert du lundi au vendredi de 9h à 12h et de 14h30 à 19h ; le samedi de 9h à 19h. Vente sur place et dans de nombreux magasins listés sur son site internet.
Puisant ses origines au début du XXe siècle dans le moulin familial de Pont-Saint-Esprit, l'Huilerie a construit son développement sur les qualités d'Emile Noël : la confiance en l'homme et la nature, l'audace d'ouvrir de nouveaux chemins, l'ouverture au monde et au progrès. Le procédé de fabrication utilisé par l'Huilerie Emile Noël est une méthode artisanale et traditionnelle, avec une extraction lente et douce des huiles. A l'Huilerie, tout est fait pour préserver les qualités des fruits et des graines biologiques. Ses différentes marques, Emile Noël, L'Emile Saveurs (sans gluten) et Emma Noël (cosmétique) offrent de larges gammes de produits bio de qualité.

DOMAINE LES PEYRIÈRES
14, Chemin du Mas de Mourgues
SAINT-MAURICE-DE-CAZEVIEILLE
✆ 04 66 83 28 56
www.domainelespeyrieres.com
lespeyrieres@neuf.fr
Sur rendez-vous.
Bienvenue chez une famille d'agriculteurs implantée depuis plusieurs siècles à Saint-Maurice-de-Cazevieille ! Ici, comme souvent, la vigne est une affaire de famille et tout est fait sur place : de la récolte de la vigne à la mise en bouteille. Et depuis une quinzaine d'années, les 24 hectares du domaine sont certifiés Ecocert. Sur place, l'accueil est très sympathique. On pourra vous expliquer le travail réalisé et vous dégusterez quelques gorgées de cuvée Anaïs (disponible dans les trois couleurs). A noter également, un savoureux mousseux qui ne laisse pas indifférent...

LA BRASSERIE DES GARRIGUES
ZA de l'Arnède, Local B4
SOMMIÈRES
✆ 04 66 71 05 53
www.brasseriedesgarrigues.fr
brasserie-des-garrigues@orange.fr
Ouvert du lundi au mercredi de 8h à 12h ; le jeudi et le vendredi de 8h à 18h ; le samedi de 9h à 12h30.
La Brasserie des Garrigues est un bon repaire pour tout amateur de bière. Mais pas seulement. L'idée des quatre acolytes Claude, Eric, Gwenael et Manu, a été de créer une première bière issue du terroir, c'est à dire effectuer une fermentation biologique, sans colorants ni conservateurs. Certifiés AB, leur méthode de brassage est artisanale et rustique, dans la volonté d'obtenir un breuvage non pasteurisé et non filtré, de finesse. Pendant les heures d'ouverture, une visite de la brasserie peut précéder la vente sur place, afin de découvrir les procédés de fabrication, dont on apprend que cet élixir est constitué à 80 % ou 90 % d'eau ! Leur production locale est distribuée dans les caves, épiceries, bars et restaurants des alentours de Béziers à Arles, d'Avignon à Montpellier, du Grau-du-Roi à Alès. Venez donc savourer (avec modération) la Belle en Goguette, la Frappiste, l'Hivern'Ale, la Brut'Ale, la Ribouldingue ou encore la Cervoise (liste loin d'être exhaustive !).

Restaurants bio

BARNS
9, place d'Assas
NÎMES
✆ 04 48 68 07 79
barnsnimes@gmail.com

Ouvert du mardi au samedi le midi et le soir. Menus de 25 € à 29 €. Formule : 16,50 €. Vin au verre. Terrasse. Vente à emporter. Livraison.

Envie d'un repas 100% bio loin des stéréotypes des trois feuilles de laitue et du chou blanc ? Rendez-vous chez Barns ! En avril 2017, Bouchareb Hamadi, un enfant de la jolie cité nîmoise, a décidé de reprendre cette adresse atypique. On apprécie la terrasse arborée et l'intérieur chaleureux et romantique mais c'est la carte qui finit de nous convaincre de nous installer pour déjeuner. Au programme : de la viande (agneau, taureau, etc) et des fromages bio. Cette cuisine fraîche et authentique est réveillée par quelques épices finement dosées. L'adresse n'a rien à cacher, elle prépare tout maison, si bien qu'il n'y a pas de congélateur sur place (une rareté !). Les desserts changent régulièrement en fonction des arrivages, parmi les choix du jour : tiramisu châtaigne et poire, brioche perdue et sirop d'érable. Du bio, du bon, Barns.

LETTRES ET METS

1071, avenue René Boudon
SAINT-JEAN-DU-GARD
✆ 04 66 55 10 52
www.lettresetmets.com
contact@lettresetmets.fr

Gluten-free friendly. Ouvert du 6 avril au 1 novembre. Haute saison : ouvert tous les jours et les jours fériés le midi et le soir. Basse saison : consulter le site internet. Menu enfant : 9,50 €. Crêpes au sarrasin de 9 € à 13,50 €, crêpes au froment de 3,90 € à 6,50 €, salade à 14 € environ.

Situé au cœur du village de Saint-Jean-du-Gard, dans l'ancienne serre du château, Lettres et Mets vous permet de savourer de délicieuses galettes au sarrasin. Une terrasse ombragée l'été, un espace enfant, une salle climatisée sont là pour vous assurer un confort maximal. Tous les produits sont frais et issus à 100 % de l'agriculture biologique.

Les options véganes, sans gluten, sans produits laitiers sont satisfaites par le maître des lieux sur simple demande. Une adresse qui plaît !

NATURABSOLU

10, place Saint-Marc
VILLENEUVE-LÈS-AVIGNON
✆ 09 50 76 05 97
naturabsolu.fr
naturabsolu@gmail.com

Gluten-free friendly. Fermé mercredi et dimanche hors saison et mercredi et dimanche midi en saison. Vin au verre. Carte uniquement. Entrées de 3 à 10 €. Plats 16 €. Dessert de 7 à 12 €. Terrasse. Vegan friendly.

Cette adresse 100 % bio, propose une cuisine vivante qui travaille essentiellement le végétal. Les produits sont issus d'agriculteurs qui travaillent en biodynamie ou récoltes sauvages. Des mets goûteux saupoudrés d'épices, d'huiles essentielles pour laisser le légume et le fruit s'exprimer pleinement. A la carte aujourd'hui, huit entrées copieuses, deux plats et sept desserts au choix. Le tout se déguste dans un cadre naturel avec murs en bois. On peut s'installer juste pour boire un jus de fruit et/ou de légumes frais pressé minute.

Mode et bien-être

ALTEARAH

Le Mas Neuf, Avenue du Félibrige
BELLEGARDE ✆ 04 66 04 07 07
www.altearah.com – info@altearah.com

Congés 1ère quinzaine d'août. Ouvert : en mai, juin, septembre et octobre : du mardi au samedi de 10h à 12h30 et de 15h à 19h30. En juillet et août : tous les jours de 10h à 12h30 et de 15h à 19h30, visites guidées à 10h30, 15h30, 16h45 et 18h. De novembre à avril : du mardi au samedi de 10h à 12h30 et de 14h à 18h30. Vente sur place et directe en ligne toute l'année.

Altearah est une marque de cosmétiques qui sort de l'ordinaire. Créée en 2000, elle est aujourd'hui menée par Gaël Briez qui a repris le projet initié par son père et ses associés. Le concept : il s'agit de soins de beauté et non de cosmétiques simples, dont l'usage doit provoquer une synergie avec leur porteur afin de susciter des sensations, émotions et états d'esprits recherchés par celui -ci. Une gamme de 14 couleurs a été mise au point et chacune d'entre elles renvoie à un « état d'être » différent comme « vitalité », « sérénité », « créativité », « confiance », « tendresse », ou encore « réparation », pour ne citer qu'elles. Les couleurs sont associées à ces états émotionnels en fonction de leur symbolique en chromothérapie, ainsi que dans les philosophies indiennes, chinoises et parfois des fleurs et fruits dont les essences composent les mélanges. Pour choisir celui qui vous correspond vous pouvez lire le descriptif, mais la méthode intuitive est conseillée. Suivez votre instinct et la couleur qui vous attire ! Ensuite à vous de choisir sous quelle forme vous souhaitez en faire usage : crème de soin, huile de soin, parfum ou roll-on ? Sachez que les parfums en sont l'expression la plus puissante car les harmonies olfactives créées à partir de 50 huiles essentielles différentes, grâce à leur accords réalisés à la façon de la parfumerie classique, vont interagir de manière immédiate. En effet, en les respirant les effets des huiles relâchées par l'alcool qu'ils contiennent vont remonter directement dans votre cortex cérébral par les capteurs olfactifs de votre nez. C'est d'ailleurs un rituel spécifique qu'il faut mettre en place lors de leur utilisation : vaporiser le parfum sur la paume de ses mains, les frotter afin d'en faire évaporer l'alcool et les placer devant le visage pour inhaler les émanations. Les odeurs sont végétales et travaillées de manière raffinée. On décèle l'ascendant des huiles essentielles mais l'harmonie des parfums réalisés par Altearah est bien plus subtile et délicate. Sur le domaine du Mas en Provence, Gaël Briez produit la lavande, la verveine, et l'immortelle dont il extrait les huiles essentielles pour certains de ces élixirs, mais la plupart des autres composants viennent de producteurs bio et locaux de la région. En revanche, il développe pour l'hiver 2018 une seconde marque dénommée « un mas en Provence » et dont la majeure partie des ingrédients sera issue de l'exploitation. Vous pouvez d'ailleurs vous rendre sur l'exploitation lors des heures d'ouvertures et bénéficier d'une visite des cultures ainsi que des laboratoires, et parfois être accueilli par le maître des lieux qui descendra de son tracteur pour partager sa passion. On vous prévient, c'est fascinant, vous risquez d'en avoir pour un moment !

Habitat et jardin

LE JARDIN DES SAMBUCS
Hameau Le Villaret
D 355
SAINT-ANDRÉ-DE-MAJENCOULES
✆ 06 82 49 59 19
https://jardinsambucs.com/
jardinsambucs@msn.com
Ouvert d'avril à la mi-septembre. D'avril à la mi-mai tous les week-ends et jours fériés de 10h à 18h. De mi-mai à mi-septembre de 10h à 19h tous les jours. Dernière entrée : 18h. Durée de la visite : 1h30. Accueil en anglais et allemand. Adulte : 7 €. De 5 ans à 18 ans : 4 €. Visite guidée à thème sur réservation pour groupes à partir de 8 personne, 10 €/personne sauf juillet août. Petite restauration végétarienne bio sur réservation au 06 52 70 78 55 pour les visiteurs uniquement, formule 13,50 €. Label Jardin Remarquable. Chiens non admis sauf les chiens guides. Jardins aquatiques, bibliothèque de jardin, bancs de siestes, art singulier, expositions, sculptures. Carte bleue non acceptée.
C'est un étonnant jardin, tout en terrasses et qui raconte une histoire... Un lieu où Agnès et Nicholas cultivent avec fantaisie ce paysage. Des bassins apportent de la fraîcheur tout au long de la balade, des bancs siestes aux formes arrondies invitent petits et grands à rêver, à observer librement ce jardin bourdonnant de vie. Tout au long de l'année des visites à thèmes et des ateliers sont organisés. Le jardin des Sambucs propose restauration et hébergement sur place. Les animaux sont acceptés à condition d'être tenus en laisse. Pensez à prendre des chaussures souples pour la marche et à surveiller vos enfants !

GERS

Alimentation

JEAN BRASSE
1, Avenue de la Gare
GIMONT
✆ 05 62 66 34 81
www.jeanbrasse.fr
contact@jeanbrasse.fr
Ouvert du mardi au vendredi de 10h à 12h30 et de 15h à 17h30 ; le samedi de 10h à 12h30. Visites et ateliers.
Cette brasserie, dont les locaux sont abrités à Gimont, est aux mains de deux professionnels. Alexis est en effet brasseur depuis toujours ; Charlotte a principalement évolué dans le monde de la bio et du développement durable. Ces deux-là ont donc naturellement uni leurs passions et leurs convictions pour se lancer dans la production de bières « éco-artisanes », comme ils aiment à le dire. Charlotte et Alexis proposent ainsi une gamme de blondes et de brunes, mais aussi une rousse, une blondinette, une noire du Gers, une Gimontoise... qui ressemblent avant tout à leur environnement convivial et naturel.

LES SOURCIERS
Lieu-dit la Berdale
LAGRAULET-DU-GERS
✆ 07 87 11 61 65
www.lessourciers.com
marion@lessourciers.com
Visite de la ferme et vente de plantes rares, sur rendez-vous, toute l'année. CB non acceptée.
Installés à Lagraulet-du-Gers depuis 2014, les sourciers franco-argentins Marion et Nicolas, qu'on pourrait aisément nommer les sorciers tant leur fabuleuse magie opère avec les plantes, même les plus rares, viennent de lancer le maraîchage hydroponique dans le Gers. Le concept : faire pousser des fruits et légumes en remplaçant la terre par l'eau. Dans une serre de 600 m^2, les graines semées se transforment peu à peu en plantes saines et elles sont déjà très recherchées par les chefs des tables gastronomiques du coin. Des tomates anciennes à la ciboule de Chine, l'entrée dans cet univers enchanté vous fera découvrir des plantes aromatiques aux mille et une vertus. La qualité prime ici sur la quantité, c'est un choix, et vous trouverez de nombreuses variétés asiatiques qui se sont très bien acclimatées à la Gascogne. Pour visiter et récolter vous-même vos légumes, n'hésitez pas à prendre rendez-vous. Des cours sont organisés pour que vous puissiez reproduire ce mode d'agriculture digne des jardins suspendus de Babylone ! Marion et Nicolas vous dévoileront tout et surtout leur attachement total au respect de l'environnement et au culte des saveurs, dans ce qui est une véritable micro-ferme hydroponique écologique et un centre de formation à l'hydroponie.

L'ESSENTIEL – LIBRAIRIE ET EPICERIE BIO
20, chemin de Ronde
MARCIAC
✆ 05 62 69 07 93
www.lessentielamarciac.wordpress.com
lessentiel32@gmail.com
Ouvert le lundi de 15h à 19h ; du mardi au samedi de 9h30 à 12h30 et de 15h à 19h. Pendant le festival Jazz in Marciac, ouvert de 9h à 20h, tous les jours. Produits bio et librairie.
Au premier abord, vous ne voyez pas bien le point commun entre les produits issus de l'agriculture biologique et les livres ? C'est parce que vous n'avez pas encore franchi le seuil de cet établissement atypique ! Librairie Bio l'Essentiel vous montre avec brio que les deux domaines sont loin d'être incompatibles et que, mieux, ils se complètent. Nourrir son esprit et se régaler ou se régaler en se nourrissant : inutile de choisir, ici les deux sont au programme. La qualité est au rendez-vous et vous trouverez une large gamme de produits bios, certifiés Ecocert, des compléments alimentaires, bien-être et aussi des petits délices locaux comme on les aime puisqu'ils sont du Gers ! Ici, les échanges équitables, solidaires et

locaux sont au cœur des préoccupations et l'épicerie est vraiment une belle vitrine de cette philosophie. Côté librairie, littérature générale, nouvelles, poésies mais aussi art, cuisine, régionalisme et littérature jeunesse se côtoient dans une sélection assez pointue. En terre de Jazz, vous trouverez évidemment des titres en lien avec cette musique qui marque Marciac ! Une adresse étonnante, originale et très attrayante.

LES JARDINS D'AUGUSTA

52, rue du 8 Mai
AUCH
✆ 0562059172
www.biocoop-auch.fr
lesjardinsdaugusta@gmail.com

Spécialiste de la bio depuis 13 ans, c'est avec passion que Biocoop Les Jardins d'Augusta exerce son métier : vous accueillir et vous proposer la meilleure offre de produits alimentaires bio. Ce sont tout d'abord des fruits et légumes renouvelés tous les jours ; également disponible, une boucherie traditionnelle bio, particularité du magasin d'Auch. La clientèle pourra disposer de fromages et de charcuterie à la coupe. Biocoop présente encore 200 références de produits alimentaires et d'entretiens en vrac ainsi qu'un large choix de produits Veggie. Enfin, le chaland complétera ses emplettes à un rayon de compléments alimentaires, d'hygiène/beauté et d'entretien de la maison et trouvera des produits et alimentations pour bébé à bon prix et de qualité.

MONBIO

Coopérative Qualisol
Aux Moulin
MONFORT
✆ 05 62 06 83 11
www.monbioab.fr
monbioab@qualisol.fr

Ouvert toute l'année sauf la semaine du 15 août et 10 jours à Noël. Ouvert du lundi au vendredi de 8 h à 12 h et de 14 h à 18 h, fermeture à 17 h le vendredi. Productions de légumes secs, graines, farines, pâtes et plats préparés de la marque Monbio. Distribué dans plus de 15 départements d'occitanie et de Nouvelle Aquitaine.Dans le Gers : à Auch chez « La vie naturelle « et à la Biocoop, à Mirande chez «Bio.Biz»...Liste complète des points de vente sur le site internet.

Quand le bon rencontre l'innovation, on ne peut que saluer la démarche : depuis 10 ans, avec Monbio, on se régale tout en surprenant nos papilles ! Création exclusive de la coopérative agricole Qualisol, cette marque met en avant le meilleur des cultures de la région. Le bio est ici un vrai état d'esprit puisqu'il a été développé dès les années 2000. Une solide expérience qui permet de proposer des produits particulièrement attractifs. Tous viennent de Monfort et vous pouvez les retrouver dans les magasins bio. La gamme est séduisante, elle s'adresse à tous, surtout aux gourmands, et est parfaite aussi bien pour les personnes attachées à une alimentation protéinée que pour les végans. À la base, les légumes secs avaient le beau rôle : lentilles, haricots, pois chiches... Les graines les ont suivis avec celles de lin, de tournesol, le maïs pop-corn, le petit épeautre ou encore la très réputée graine de chia, excellente pour la santé. Farines bio classiques ou farines spéciales, c'est avec un grand plaisir que nous avons découvert les pâtes à base de légumineuses germées, idéales pour les sportifs, et les plats cuisinés comme les salades et les plats typiques, allants du chili à la paella ou l'orzotto. bio, originale, savoureuse et locale : on est accros à Monbio.

ÉLÉMENTS TERRE

1, chemin de Boy
PAVIE
✆ 05 62 05 90 25
elementsterre32@gmail.com

100% Bio. Ouvert du lundi au samedi de 9h30 à 13h et de 14h30 à 19h. Rayon bien-être avec compléments nutritionnels exclusifs maison, renseignements https://natalinaturebio.fr. Épicerie avec 7 000 références bio, rayons frais, vrac, vegan. Espace vins et thés. Ouvert toute l'année sauf les jours fériés.

Dans le Gers, les produits bio font partie intégrante de la culture locale et c'est avec un énorme plaisir que nous les avons retrouvés chez Eléments Terre, un magasin à l'esprit rare. Ses 300 m² et 7 000 références n'empêchent pas Anne-Marie et Eric d'être disponibles et attentifs à vos besoins : ils n'envisagent pas le commerce autrement qu'en étant près de leurs clients pour mieux les satisfaire. Nous avons été ravis de rencontrer ce sens du contact, surtout dans une si vaste épicerie ! Le rayon frais avec un arrivage journaliers des bons produits des filières locales, fromage à la coupe, veau, poulets, laitages... le vrac avec lentilles, pois chiche, riz, fruits secs... les différents pains dont celui de Lasseube forment les atouts d'un lieu où les rayons végans, ceux dédiés aux intolérances alimentaires, à la maison, aux conserves, aux bébés sont parfaitement fournis. Côté beauté et santé, les gammes classiques sont là mais n'hésitez pas à découvrir la marque maison des compléments nutritionnels : depuis 16 ans, ces gélules fabriquées en France et 100 % naturelles sont une aide étonnante pour le vieillissement de la peau, l'arthrose, la circulation sanguine... Nous avons été bluffés !

Restaurants bio

LE RELAIS DU BASTIDOU

Lieu-dit A Barbat
Quartier Cayron
BEAUMARCHÉS
✆ 05 62 69 19 94
www.le-relais-du-bastidou.com
info@bastidou.com

Ouvert de mars à novembre. Ouvert du lundi au samedi le midi et le soir ; le dimanche midi. Réservation recommandée. Menu Batisdou en semaine 22 €. Menu sélection du terroir 33 € sans vin, 48 € avec, menu gourmand 44 €. Menu enfant : 12 €. Vin au verre. Hôtel 3 étoiles de 8 chambres de 75 € à 90 €, demi-pension de 68 € à 76 € par personne et 90 à 95 € durant le festival Jazz in Marciac. Enfant de 3 à 12 ans 40 € en demi-pension. Piscine, SPA. Petit déjeuner 10 €, 15 € en chambre. Animaux 8 €/jour. Accueil des groupes. Jardin. Terrasse.

Comme la plupart des belles choses du Gers, Le Relais du Bastidou se mérite et c'est très certainement un des établissements les plus isolés du département. Le chemin vous mène à travers les champs et les bois et quand apparaît enfin l'hôtel-restaurant, vous comprenez que le périple valait le détour : le site est splendide. Dans cette ancienne ferme du XIIIe siècle, le temps semble s'être arrêté mais en découvrant les lieux, une piscine et un sauna montrent que le confort est bien au rendez-vous. Huit chambres, dont 4 en mezzanine, forment un logis de charme où le bois, la pierre et les couleurs chatoyantes composent de véritables écrins. On aime leurs ambiances très différentes et les vues qui courent loin. De la charpente apparente à la décoration raffinée, tous les goûts trouvent leur bonheur et le restaurant est dans la même excellence. En véritable ode à la cuisine gasconne, les spécialités rendent hommage aux foie gras, terrines, confits d'oie, cassoulet et autres magrets grillés aux cèpes. Tous les produits sont issus des exploitations gersoises, parfois bio, une qualité exigeante (adepte de la slow food) qui fait la différence et a forgé la solide réputation de cette magnifique adresse, rare et authentique.

HAUTE-GARONNE

Alimentation

BIOASIS

74, rue Saint-Jean
BALMA
✆ 05 62 57 63 42
bioasis@bioasis.fr
Ouvert du lundi au samedi de 9h30 à 19h30.
Bioasis est un magasin spécialisé dans les produits bio, avec une gamme de choix très large allant des produits alimentaires – crèmerie, viandes, céréales, fruits secs... – aux cosmétiques en passant par les produits d'entretien. L'équipe de l'établissement, particulièrement accueillante, saura informer et conseiller les novices comme les initiés. On vous guidera également parmi une centaine de références en vins. Présent en banlieue, les magasins Bioasis développent leur spécificité, ainsi vous trouverez à Balma un rayon bébé avec des produits alimentaires et couches ainsi qu'un rayon cosmétique particulièrement bien fourni. A Balma encore, vous pourrez participer une fois par mois à des stages de cuisine bio évidemment ou à rencontres avec des naturopathes et diététiciens vous permettront de recevoir des cours théoriques et pratiques sur des thèmes renouvelés régulièrement. Ne manquez pas non plus le crêpier qui vient le vendredi concocter des crêpes et des galettes pour les gourmands, à Balma ! Vous avez maintenant toutes les cartes en main pour découvrir un mode d'alimentation et de consommation alternatif.

LE DRIVE TOUT NU

280, rue de la Sur
BEAUZELLE
✆ 06 95 02 22 92
www.instagram.com/ledrivetoutnu
coucou@ledrivetoutnu.com
Tramway arrêt Aéroconstellation.
Ouvert tous les jours.
L'arrivée de ce point de vente novateur a fait grand bruit. Sous le nom un brin provocateur de Drive tout nu, n'imaginez pas trouver la version urbaine d'une supérette de camp naturiste : ici, ce sont les produits qu'on déshabille ! Adieu, emballages et contenants éphémères, bonjour bocaux et sacs de toile ! À l'instar de n'importe quel commerce *drive*, on passe sa commande *via* le site Internet puis on vient la récupérer, à Beauzelle ou à Ramonville. Alimentation, cosmétiques et produits ménagers sont achetés en vrac et vous obtenez des bons d'achat quand vous rapportez les contenants. Futé : la sélection antigaspi qui permet de profiter à prix réduit de produits à date de péremption proche.

BOTANIC

ZAC du Grand Noble
Rue Denis-Diderot
BLAGNAC
✆ 0811 90 74 74
www.botanic.com
contact@botanic.com
Ouvert du lundi au samedi de 9h30 à 19h ; le dimanche de 10h à 12h30 et de 14h à 19h. Livraison possible.
Ne vous laissez pas tromper par la taille et la localisation de cette enseigne. Soucieuse d'écologie, Botanic est bien plus qu'une jardinerie de zone commerciale : c'est un lieu de vente de produits naturels et biologiques pour le jardin, la maison, la personne et l'animal. Vous y trouverez donc plantes, arbustes et fleurs non traités, équipement pour l'agencement extérieur, outillage, animalerie et des produits de saison. L'espace déco est particulièrement bien aménagé durant les fêtes de Noël. Mais vous y trouverez surtout une belle zone de produits alimentaires exclusivement biologiques, véritable boutique à l'intérieur même du magasin, proposant des produits frais, des fruits secs en vrac, belle gamme de produits sans gluten, conserves, farines, etc. Un espace est dédié au bien-être avec cosmétiques, infusions, huiles essentielles, animé par une naturopathe qui peut vous guider dans votre choix. Botanic Blagnac sait vous recevoir avec le sourire et vous conseiller dans un bon esprit.

L'ÉTHIQUE VERTE

106, avenue Tolosane
RAMONVILLE-SAINT-AGNE
✆ 05 61 75 66 86
ethiqueverteramonville@gmail.com
Ouvert du lundi au samedi de 9h30 à 19h.
L'Ethnique verte est un grand magasin entièrement dédié aux produits biologiques. Une équipe de quinze professionnels vous accueille pour vous conseiller. Vous aurez ainsi accès à un vaste rayon frais avec du fromage à la coupe par exemple, un grand rayon épicerie, une belle offre de céréales en vrac, une cave avec des vins locaux, des cosmétiques et du maquillage, des compléments alimentaires

et des huiles essentielles, des produits ménagers, des aliments pour les animaux... Un grand nombre de variétés de pains est livré chaque matin. Info futée : vous pouvez profiter de la présence au cœur du magasin d'un espace *snacking* et d'un institut de beauté bio nommé Symbiose.

BIOBOX

212, avenue Raymond-Naves
TOULOUSE
✆ 06 30 68 48 17
www.biobox.fr
biobox31000@gmail.com

Retrait le mercredi (12 points de retrait à Toulouse et dans l'agglomération toulousaine).

Vous souhaitez commander des paniers de fruits ou de légumes bio, sans pour autant vous astreindre à la régularité d'une AMAP ? Voici la solution trouvée par la société toulousaine BioBox créée en 2007. Les fruits et légumes bio sont cultivés à 80 % par des agriculteurs locaux, choisis pour la qualité et la fraîcheur de leurs produits au gré des saisons. La société BioBox se charge de les vendre au prix le plus juste, sans intermédiaire, en livrant directement dans des Points-Relais disséminés dans toute l'agglomération. Les clients n'ont en effet qu'à commander directement auprès de leur Point-Relais, sur Internet ou par téléphone, avant le dimanche soir. Ils n'ont qu'à récupérer contre paiement leur panier dans la semaine, en fonction des heures d'ouverture de leur point-relais. C'est simple, astucieux, écologique et sans engagement. Adoptez BioBox et vous pourrez éviter le gaspillage, le temps des vacances, ou même, échapper aux produits que vous détestez. Une solution efficace pour manger sainement tout au long de l'année, tout en soutenant l'agriculture locale.

LA CHOUETTE COOP

12, avenue de Lyon
TOULOUSE
www.lachouettecoop.fr
contact@lachouettecoop.fr

Pour l'instant sur Internet. Point info le samedi de 10h30 à 13h30.

La Chouette Coop est un projet associatif ayant pour but de créer un supermarché coopératif à but non lucratif, géré par et pour ses adhérents. En attendant de pouvoir mettre en œuvre véritablement ce supermarché, les adhérents ont créé un groupement d'achat, afin de permettre à tous les amis de la Chouette Coop d'acheter des produits locaux. Si vous souhaitez participer à ce beau projet visant à construire votre supermarché solidaire, n'hésitez pas à adhérer à l'association.

LE DOMAINE DES LONGCHAMPS

12, rue des Tourneurs
TOULOUSE
✆ 05 61 52 60 08
www.domaine-des-longchamps.fr
domlon31@free.fr
Métro Esquirol.

Ouvert le lundi de 15h à 19h ; du mardi au samedi de 9h à 12h30 et de 15h à 19h. Vente en ligne.

Le Domaine des Longchamps est le pionnier toulousain des points de vente de produits biologiques. Ne vous fiez pas à sa petite taille : la diversité des produits proposés va vous surprendre ! Alimentation fraîche, épicerie et conserves côtoient les compléments alimentaires et les cosmétiques qui aiment se passer de paraben. Enfin, un large rayon est dédié aux produits ménagers et à la droguerie. Le rayon bébé est particulièrement bien achalandé et les personnes qui suivent un régime spécial apprécieront les nombreux produits sans gluten ou sans sel.

DOUCEURS VÉGÉTALES

11, rue de l'Étoile
TOULOUSE
✆ 05 31 54 10 64
contact@douceursvegetales.com
Métro François-Verdier.

Ouvert tous les jours. Restaurant ouvert en juillet-août midi et soir du mardi au samedi. Vente en ligne également. Livraison possible.

Douceurs Végétales propose des pâtisseries bio oui, mais pas seulement ! Elles sont aussi, comme le nom l'indique, végétariennes, 100 % sans gluten, faites maison et, pour ajouter une démarche écologique à l'affaire, confectionnées à partir de produits souvent locaux issus de circuits courts. Pour compléter ce cahier des charges déjà rigoureux, ce restaurant-traiteur s'emploie à préparer une majorité de recettes crues. Que diriez-vous d'une part de cheesecake orange-cacahuète ? De banoffee gourmand saupoudré de copeaux de cacao ? D'un plateau de «frawmages» ? Ou encore, puisque la maison est baignée d'influences tropicales, d'un Ti-boun à la noix de coco et au chocolat ? Un bonheur auquel on devient vite accro !

ÉPICERIE CAMPILLO

1, rue Job
TOULOUSE
✆ 09 81 31 78 71
http://epicerie-campillo.fr
contact@epicerie-campillo.fr
Métro Jeanne-d'Arc

Ouvert du mardi au samedi de 10h à 20h ; le dimanche de 10h à 17h.

En quête d'authenticité, de convivialité et d'achats réfléchis ? Dirigez-vous vers «le petit champ», le Campillo, non loin du quartier des Chalets. C'est une épicerie engagée qui vous propose des produits issus de circuits courts. Elle se double d'un petit café sympa, agrémenté d'une bibliothèque et d'une ludothèque. C'est donc un espace d'échanges et de partage, qui programme régulièrement des activités et des ateliers, ouverts à différentes tranches d'âge : apéros, création de BD, fabrication de baume à lèvre, projections, confection de kombucha, débats autour de la réduction des déchets ou encore après-midi jeux... Un lieu tout à fait dans l'air du temps, qui crée du sens et du lien.

FERME ET GOURMANDE – FERME ATTITUDE

4, rue Villeneuve
TOULOUSE
✆ 05 34 51 37 51
www.fermeattitude.fr
fermeattitude@gmail.com
Métro Saint-Cyprien.

♿

Ouvert du lundi au samedi de 9h30 à 19h30.

LA FRANCE BIO ET NATURE

Ferme Attitude vous accueille quartier Saint-Cyprien pour faire votre marché ! Ici, les produits sont en provenance directe de producteurs et d'éleveurs de la région. Vous pouvez donc faire vos emplettes pour vous ravitailler en produits frais, de saison. Au choix, fruits, légumes, produits lactés, viande, œufs... Ferme Attitude, propose aussi un très beau rayon épicerie, pour des conserves de produits fermiers gourmands. Insolite : le lieu fait aussi restaurant, donc pourquoi ne pas déjeuner sur place après vos achats ? Un circuit court profitable à tous.

Autre adresse : 23 rue d'Astorg (épicerie uniquement)

LE RECANTOU
42, rue des 7-Troubadours
TOULOUSE
✆ 05 61 15 59 97
Métro Jean-Jaurès

Ouvert du lundi au vendredi de 10h à 13h30 et de 15h à 19h ; le samedi de 10h à 13h30 et de 15h à 18h.

Le Recantou est l'une des épiceries pionnières du circuit court, concept qui séduit de plus en plus de Toulousains. Ici, on vous vend donc viandes, fruits, légumes, fromages, vins et bières qui viennent directement des producteurs. Les victuailles sont bio ou issues de l'agriculture raisonnée, vendues à un tarif raisonnable qui garantit une juste rémunération à la personne qui vous nourrit. De leur côté, les agriculteurs sont signataires de la charte de l'agriculture paysanne. Après la fermeture, l'association culturelle, l'Après, organise animations et soirées spéciales avec des concerts, conférences, expositions... Une adresse précieuse pour qui s'engage vers une consommation citoyenne.

Restaurants bio

LA BELLE VERTE
50, rue d'Aubuisson
TOULOUSE
✆ 05 61 62 73 42
www.labellevertebio.com
contact@labellevertebio.com
Métro François-Verdier

Ouvert du lundi au mercredi de 12h à 19h ; le jeudi et le vendredi de 12h à 23h ; le dimanche de 12h à 17h. Brunch le dimanche. Réservation recommandée. Menu unique à 25,90 € (entrée/plat ou plat/dessert le soir). Formule du midi : 19,50 € (entrée, plat ou plat, dessert le midi). Accueil des groupes. Terrasse. Vente à emporter. Vegan friendly. Gluten-free friendly.

S'il est une promesse que le *Petit Futé* peut vous faire, c'est qu'en aucun cas vous ne repartirez de la Belle Verte en ayant encore faim ! Oubliez le cliché du restaurant qui, en guise de cuisine végétarienne, vous proposerait une triste salade verte agrémentée de quelques rondelles de tomate ! Delphine vous accueille avec une belle générosité qui se retrouve largement dans votre assiette ! Ce petit restaurant sympa du quartier Saint-Aubin vous propose des plats concoctés à base de produits frais, locaux et bio, souvent réalisés sans gluten et sans lactose. Une large part de la carte est donc accessible aux personnes qui souhaitent manger végétarien ou végétalien. La Belle Verte ouvre également l'après-midi pour une pause gourmande autour d'un café, d'un thé ou d'un smoothie et d'une douceur. À la carte en semaine, des makis, de l'houmous ou encore un velouté de courge en entrée, puis un bœuf bourguignon en version végane, un poulet végétal au lait de coco ou un risotto aux pleurotes roses avant une compote maison, un gâteau au chocolat, un tiramisu à la rose... Les saveurs sont fines, les textures riches, les alliances surprenantes. Le brunch est littéralement gargantuesque mais, soucieuse d'éviter tout gaspillage, Delphine vous proposera d'emporter la fin de votre assiette pour vous régaler chez vous ! Une adresse qui n'a pas volé sa réputation.

LE BONHEUR EST DANS LE POT
17, place Saint-Pierre
TOULOUSE
✆ 09 81 81 86 78
www.lebonheurestdanslepot.fr
Métro Capitole.

Carte : 15 € environ. Buffet au poids. American Express. Accueil des groupes. Terrasse. Vente à emporter.

Situé place Saint-Pierre, ce restaurant-boutique vous propose un assortiment de plats 100 % bio sur un concept audacieux. Un grand buffet en libre-service propose une vingtaine de préparations. Vous garnissez votre assiette ou votre barquette à emporter, puis vous payez au poids ! Végétarien ou carné, sucré ou salé, vous en trouverez pour tous les goûts et toutes les envies. Cette idée surprenante, c'est celle d'une famille installée à Revel et qui développe des plats cuisinés proposés en pot. Vous découvrirez donc toute une gamme de produits biologiques (conserves, confitures...) faits maison. C'est un lieu agréable pour déjeuner face à la Garonne. Ouvert toute la journée en version salon de thé, il dispose également au sous-sol d'une salle disponible pour des conférences et des réunions sur le thème d'une alimentation respectueuse de l'environnement et des hommes.

DOUCEURS VÉGÉTALES
11, rue de l'Étoile
TOULOUSE
✆ 05 31 54 10 64
contact@douceursvegetales.com
Métro François-Verdier.

Ouvert du mardi au vendredi le midi ; du jeudi au samedi le soir ; le dimanche de 11h à 15h. Réservation recommandée. Menus de 22 € à 28 €. Formule du midi : 22 € (jus ou soupe + plat + dessert). Brunch le dimanche : 25 €. American Express. Vente à emporter. Gluten-free friendly.

A la tête de Douceurs végétales, Leïla vous invite à découvrir ses recettes récréatives et inventives maison élaborées uniquement avec du végétal y compris les frawmages ! C'est dans le quartier Saint-Aubin, que vous la trouverez. A la carte, des jus fraîchement extraits, des soupes crues (cresson, noix de cajou, herbes fraîches), des muffins salés à l'ail des ours, des légumes rôtis ; en dessert banoffe banane-crème de coco et brunch salé le dimanche ! Dans cette petite salle cosy, toute simple mais où l'accueil met du baume au repas, venez découvrir une nourriture énergétique, saine mais où la gourmandise est aussi rassasiée, idéale pour renforcer votre immunité et votre joie de vivre...

■ Ô LOCAL BIO
146, Grande-Rue Saint-Michel, TOULOUSE
✆ 05 61 73 60 93
www.olocalbio.com
contact@olocalbio.com
Métro Palais-de-Justice.
Ouvert le lundi de 12h à 20h ; du mardi au samedi de 10h à 20h. Service le midi. Réservation recommandée. Formule du midi : 11,70 € (environ (Entrée, plat et dessert)). Vente à emporter. Boutique. Ateliers.
Que diriez-vous de déjeuner d'un menu complet, bio et préparé maison dans un établissement dont l'objectif est de ne produire aucun déchet ? C'est là le pari audacieux – et réussi – de cette équipe de passionnés. Le lieu, à la fois épicerie et restaurant, a vu le jour fin 2017, soutenu par un financement participatif. C'est le signe que son projet écologique et bio a su convaincre les Toulousains ! Votre *Petit Futé* s'est donc rendu dans ce nouvel espace d'engagement citoyen et s'est régalé de son menu du jour. Le cadre est simple et le concept proche de celui de la table d'hôtes, avec un menu unique qui varie quotidiennement, pour un prix des plus contenus. Bien entendu, ici on vous prépare exclusivement des plats de saison : soupes, salades, gratins, poêlées de légumes... Une cuisine familiale, saine et qualitative, servie avec le sourire. Une belle initiative !

Mode et bien-être

■ ETHIC ET CHIC
29, rue Gambetta, TOULOUSE
✆ 05 61 22 83 82 – www.ethicetchic.com
ethicetchic@ethicetchic.fr
Le lundi de 14h30 à 19h, du mardi au samedi de 11h à 19h. Boutique en ligne.
Cette jolie boutique a été fondée il y a plus de dix ans par Christophe Gille et Thierry Schlumpf. Le principe d'Ethic et Chic est aussi simple qu'honorable : il s'agit de proposer aux Toulousaines des vêtements, chaussures et accessoires de mode de qualité, tout en promouvant le commerce équitable et solidaire. Les collections sont uniques et originales, pour des looks tantôt chics, tantôt décontractés, et toujours issus du commerce responsable. Vous retrouverez ainsi les produits de fabricants tels que Neosens, Equal for all, Fly, Arts, Braintree, Hoodlamb, Nomads, Easy Peasy, Do you green... En gros, vous faites une bonne action et vous bénéficiez de pièces de prêt-à-porter de bonne qualité et furieusement tendance ! Que demander de plus ?

HAUTES-PYRÉNÉES

Alimentation

■ LE PAVILLON DES ABEILLES
23 bis, avenue du Mamelon-Vert
CAUTERETS
✆ 05 62 92 50 66
Ouvert du lundi au samedi de 10h30 à 12h30 et de 14h30 à 19h. Ouvert toute l'année. Ouvert tous les jours pendant les vacances d'été.
Découvrez le Pavillon des Abeilles, cœur historique de Ballot-Flurin et son concept unique d'Apiculture Douce® fondé sur le respect commun du bien-être des abeilles, de la nature et de l'Homme. Retrouvez sur place l'ensemble de leurs préparations 100% bio, faites maison, issues d'abeilles libres et heureuses dans la boutique locavore : – Gelée Royale Française, Propolis brute, Pollen Polyfloral, Miels rares de leurs récoltes... Soins Apicosmétiques® et hygiène : crèmes de l'Apicultrice®, gamme thermale, shampoings au miel... Miels de Cure®, ampoules, gommes, dentifrices... Au Pavillon des Abeilles, des activités passionnantes uniques et initiatrices vous attendent : animations et ateliers DIY* (Do It Yourself) comme fabrication de pain d'épices ou de bougies en cire d'abeilles, visites de ruches vivantes et nouveauté cette année : vivez une expérience unique au monde, vivez la chambre des abeilles (sur réservation) ! Dans une ruche géante à taille humaine, venez vous régénérer pour quelques minutes directement allongé sur 4 ruches vivantes... Une plongée privilégiée dans l'univers naturel préservé des abeilles !

■ LES COMPTOIRS DE LA BIO
Épicerie verte
1, impasse Perthuis
Boulevard Kennedy, TARBES
✆ 05 62 34 07 14
♿
Ouvert du lundi au samedi de 9h à 19h30. Supermarché avec 12 000 références bio et fruits et légumes.
Vous pensez que le bio tous les jours ça serait vraiment formidable mais que c'est financièrement difficile au quotidien ? Les Comptoirs de la Bio (ex 2picerie verte) bouscule avec génie ce qui est en passe de devenir une idée dépassée ! Ce magasin est avant tout un véritable supermarché de 550 m², ouvert depuis juin 2016, qui est à la fois clair et moderne... tant qu'on en oublierait presque que les 12 000 références qui s'y nichent sont exclusivement bio ! Vous trouverez tout ce qu'il faut pour remplir votre panier et même un peu plus : cosmétiques, soins naturels, alimentation pour animaux, produits laitiers, plats surgelés, gamme de vrac, produits ménagers... Du lait en poudre pour bébé aux spécialités du commerce équitable, l'offre est simplement époustouflante. De vraies merveilles se trouvent dans les rayons et nous sommes prêts à parier que vous redécouvrirez le plaisir de faire les courses tant l'originalité est au rendez-vous : on a envie de tout goûter ! Sur le site également des fruits et légumes frais et, bonne surprise, la vente de produits locaux. Les gammes sans gluten, sans lactose et sans sel complètent les lieux qui révolutionnent en douceur le bio et surtout son prix.

BALLOT-FLURIN APICULTEURS
75, place Lagardère
MAUBOURGUET
✆ 05 62 96 49 57
www.ballot-flurin.com
bonjour@ballot-flurin.com
Ouvert du lundi au vendredi de 10h à 18h ; le samedi de 10h à 13h.
Depuis 1976 dans les Pyrénées, Ballot-Flurin fabrique des préparations de soin, de beauté et d'hygiène issues de la ruche, 100% naturelles et certifiées bio. Pionnier de l'apiculture biologique et créateur de l'Apiculture DOUCE®, qui est bien plus qu'une garantie supplémentaire de produits de qualité. Fondée sur le langage des abeilles, c'est une méthode d'apiculture holistique née d'une conviction profonde : une belle nature favorise une belle humanité. Tous les miels, pollen, propolis et gelée royale sont issus de ruchers spécialisés installés en zone bio et sauvage dans des micro-terroirs français et euro-régionaux. Ballot-Flurin fait le choix de préserver la richesse originelle des matières apicoles avec un savoir-faire artisanal authentique, fondé sur le temps, la patience et l'humilité. Dynamisées à la main, toutes les préparations sont d'une richesse exceptionnelle, avec une empreinte carbone minimale. « Les abeilles nous montrent une autre manière de procéder avec la nature, véritable source d'inspiration : elles fabriquent de l'or sans rien détruire » Catherine Flurin, fondatrice de Ballot-Flurin et créatrice de l'Apiculture DOUCE®. La Bee Factory Ballot-Flurin, c'est une entreprise lieu de vie bio mais aussi un espace boutique, un laboratoire de fabrication, une savonnerie, une hydromiellerie, un jardin en permaculture et électroculture... Certaines plantes utilisées dans les préparations sont ainsi cultivées sur place et de manière naturelle. Dans l'espace boutique, vous pouvez déguster des miels bruts exceptionnels et découvrir l'intégralité des préparations maison Ballot-Flurin : Extrait et Spray à la propolis, Baume de Soin des Pyrénées, Crèmes de l'Apicultrice®, Gelée Royale Française, Miels bruts, Grogs santé-plaisir, Savons...

Légende

ÉPICERIE AU LOCAL
478, rue du Général-de-Gaulle
MAUBOURGUET
✆ 05 67 45 87 27
aulocal.epicerie@gmail.com
Ouvert du mardi au samedi de 7h30 à 12h30 ; le dimanche de 7h30 à 12h30 et de 15h30 à 19h. Fermé la dernière semaine du mois d'août. Épicerie avec produits locaux, bio ou issus du commerce équitable. Rayon vrac, fromages à la coupe, fruits et légumes bio et conventionnés, charcuteries, cave à vins et à bières.
Clair et lumineux, ce magasin engagé tant par la qualité que par la provenance des produits distribués vous séduira immédiatement. L'accueil de Pauline est vraiment chaleureux et les rayons emplis d'excellence et de petits plaisirs originaux comme les pâtes complètes, les graines de tournesol et le muesli épeautre-framboise. Conserves de petits légumes, compotes, préparations comme la ratatouille ou les raviolis épinards-ricotta, gamme du commerce équitable avec piment, thé, riz ou quinoa : le bio mais surtout le local est à l'honneur jusque dans les vins, particulièrement bien représentés. La cave est riche avec des crus issus du Clos Fardet, par exemple, mais aussi une cinquantaine de références de bières artisanales. Le frais est présent avec des fruits et légumes bio et locaux, un vrai bonheur de découvrir le meilleur des productions du département tout au long de l'année ! Des chocolats aux fraises et asperges de Sombrun en passant par les miels de Ballot Flurin de Nouilhan, la gamme Truite des Pyrénées, le safran, les charcuteries ou les chips Adourées, cette épicerie est une magnifique vitrine d'un savoir-faire respectueux des saveurs authentiques : un incontournable !

BIOCOOP TARBES SUD
77, route de Lourdes
ODOS
✆ 05 62 37 89 36
www.biocoop.fr
Ouvert du lundi au samedi de 9h30 à 19h. Parking.
Une situation privilégiée à la sortie de Tarbes, sur la route de Lourdes. Une idée, le bio, qui fait son chemin et qui serait presque un art de vivre, une hygiène de vie. L'écologie y trouve son compte et la santé aussi. Un libre-service de produits biologiques et d'écoproduits tels produits d'entretien, cosmétiques, librairie spécialisée dans la santé, le jardinage... Des présentoirs bien fournis, des produits vendus en vrac pour réduire les emballages (sucre, farine, quinoa, fruits secs), du pain bio au levain... Coin lecture. Un deuxième Biocoop s'est ouvert l'an dernier, dans l'ouest de Tarbes, rue de la Garounère, sur la route de Pau.

Restaurants bio

■ **PLANETE VEGGIE**
533, rue des résistants
LANNEMEZAN
✆ 05 62 49 23 31
www.planete-veggie.com
chauderons@gmail.com
Ouvert le mardi et du jeudi au samedi le midi et le soir ; le mercredi midi. Carte : assiette du jour 16 € ; plats 12,50 € ; deserts de 3 ; 50 à 6 €.

Planète Veggie est tenue par des passionnés de cuisine de rue. Sa carte varie régulièrement afin de vous faire voyager gastronomiquement autour du monde. Ayant de solides convictions écologiques et éthiques, tous leurs produits sont labellisés agriculture biologique (AB) ou Nature & Progrès. Ils travaillent en collaboration étroite avec des producteurs locaux eux aussi labellisés Nature & Progrès. Afin de vous proposer une cuisine de qualité, tous leurs plats sont cuisinés 100 % maison. A noter que vous avez la possibilité de prendre vos repas sur place ou en vente à emporter. Et aussi que la carte du jour est affichée sur le site internet.

HÉRAULT

Alimentation

■ **NOURI'BIO MARKET**
18, rue du Grenache
CLERMONT-L'HÉRAULT
✆ 04 67 44 82 98
Ouvert du lundi au samedi de 8h à 19h30. Naturopathe – Esthéticienne – Soins éphémères.

Plutôt coquette, cette supérette bio, qui s'étend sur 450 m² aux portes de Clermont-l'Hérault. Ici, tout est beau et bien rangé. Dans leurs rayons bien ordonnés, Clarisse et Laurent Nourigat, les heureux propriétaires, transmettent cette idée qu'on vient là pour se faire du bien. Et le bio s'y décline en veux-tu en voilà : huiles d'olives (coup de cœur pour celle du Domaine de Bugadelles) boissons détox ou drainantes, tisanes et thés divers – dont celui à l'Orthosiphon (traduire l'herbier de Gascogne) –, toute une panoplie d'aliments « sans » (gluten, sucre…), fruits secs et à coques, gâteaux, céréales. On trouve aussi une variété de compléments alimentaires, un rayon phytothérapie avec une panoplie d'huiles essentielles et de fleurs de Bach, des produits et soins de beauté, des parfums, des produits ménagers, des produits bébés variés jusqu'aux chaussons écologiques... bref un véritable arsenal écolo. Un plus : une charmante esthéticienne y prodigue des soins... bio (on l'avait deviné), des massages énergétiques et des forfaits épilation pour messieurs et dames.

■ **BIO MONDE**
28, avenue Georges-Clemenceau
MONTPELLIER
✆ 04 67 58 04 22
biomondemtp34@yahoo.fr
Ouvert du lundi au vendredi de 9h30 à 19h ; le samedi de 9h30 à 18h30.

L'avantage quand vous allez chez Bio Monde, c'est que vous n'avez plus, rempli de doutes et méfiant, à passer en revue toutes les étiquettes. Tout est estampillé AB, c'est le minimum pour faire partie des étals du supermarché. L'offre est presque aussi variée qu'ailleurs, et on trouve ici certains produits qui ne se vendent pas ailleurs. Quant aux prix, c'est parfois un peu plus cher, mais pas tout le temps. C'est même parfois meilleur marché concernant les produits de saison, quand l'approvisionnement du magasin est réalisé directement auprès des producteurs. Ce qui est sûr, c'est que la qualité est supérieure, et la démarche de vente est, cette fois, raisonnée. Les conseils sont distillés avec plaisir et bienveillance, il est aussi possible de profiter d'un service livraison.

■ **NOURI'BIO MARKET**
10, rue Alfred-Maurel
PÉZENAS
✆ 04 67 98 89 31
Ouvert du lundi au samedi de 8h à 19h30 ; le dimanche de 9h à 12h30.

Le bio ? C'est beau ! D'ailleurs, Clarisse et Laurent Nourigat ont installé deux boutiques : l'une du côté de Pézenas et l'autre du côté de Clermont-l'Hérault. Un petit supermarché 100 % bio de 300 m² pour Pézenas tout beau et bien rangé qui porte bien son nom, à l'image de ses heureux propriétaires mais aussi de ce qu'il propose comme nourri (ture). Ici on mange du bio sous toutes les coutures : aliments sans gluten, produits sans sucre, sauce et huile, fruits secs et coques, tisanerie... mais pas que ! On trouve également sur la surface de vente, des huiles essentielles, des compléments alimentaires, des soins esthétiques pour le corps et le visage, des produits ménagers, des produits bébés... bref tout l'arsenal du parfait petit écolo qui protège la planète bleue et par là-même son organisme... ne dit-on pas d'ailleurs « un esprit sain dans un corps sain » ?

■ **FOX TROC – HERBORISTERIE FLUVIALE**
Pont de Malviès
QUARANTE
✆ 06 79 43 70 35
Ouvert tous les jours, toute l'année.

Une escale vraiment insolite ! Récemment installée sur le Canal du Midi, la péniche Fox Troc propose un concept inédit : elle abrite une herboristerie et une épicerie alternatives. Joakim et Kevin vous proposent des plantes officinales pour infusion ou décoration et condimentaires, séchées en pots. Ces produits 100% naturels sont issus de leur ferme éco-responsable et de cueillettes sauvages. Le Fox Troc propose également des produits maison, au gré des saisons, tels que confitures, crèmes, caramels mais aussi dentifrice, savon, lessive... Cette épicerie fonctionne sur le prix libre, l'échange et le troc. Les deux compères proposent en outre des ateliers relaxologie, massage, respiration profonde et bien-être, ainsi que des séances adaptées d'accompagnement à la méditation.

DOMAINE DE ROQUEMALE
25, route de Clermont-l'Hérault
VILLEVEYRAC
✆ 04 67 78 24 10
www.roquemale.com
contact@roquemale.com

Ouvert en juillet et août, du mardi au samedi. De septembre à juin, sur rendez-vous. Egalement vente directe sur la e-boutique.

Le domaine de Roquemale, en occitan « mauvaise roche », s'étend sur une surface de douze hectares. Un terroir argilo calcaire pour une petite production toute en bio avec un travail des vignes et de la cave axée sur la concentration des arômes. Parmi les vins de l'appellation grès de Montpellier la cuvée Mâle dégage en bouche de beaux arômes de Zan, de café et d'eucalyptus. A la fois puissant et doux, ce joli nectar se termine par une note fraîche. A noter, « le Méli-Mélo » : un vin de soif comme on les aime. Ainsi qu'un vin doux 1956, à base de cépage servant, parfait sur un foie gras ou un roquefort. Le jeune couple de vignerons est en quête de qualité, vendanges manuelles, assemblages soignés, culture bio... Valérie et Dominique aiment partager leur passion. Leur caveau est situé au cœur du village. Et pour une halte-terroir, ils vous accueilleront au domaine dans leur chambre d'hôtes. Tous les renseignements pratiques sur le site.

Restaurants bio

MA PREMIÈRE CANTINE
Centre commercial Odysseum
2, place de Lisbonne
MONTPELLIER
✆ 04 67 83 32 26
www.mapremierecantine.fr
azerbib@mapremierecantine.fr

Ouvert toute l'année. Du lundi au samedi de 8h30 à 20h. Carte : 20 € environ (salades 14 € ; planches 14 à 22 € ; desserts 6 €). Menu enfant : 7,50 €. Formule du midi : 10,90 €. Vin au verre. Brunch : 20 €/pers. American Express, Chèque Restaurant. Terrasse. Vente à emporter.

Après le succès du restaurant de la place Jean Jaurès, Ma Première Cantine s'est installée aussi à Odysseum. Poursuivant la démarche qui a fait son succès, sa carte est élaborée avec des produits frais, artisanaux et biologiques. Vous y dégusterez une assiette saine, simple et authentique. D'autre part, la présence éventuelle d'allergène dans un plat est signalée sur la carte détaillée. Un décor en parquet de bois et des meubles clairement patinés permettent de retrouver l'ambiance d'un ancien comptoir, avec ses rangées de bocaux à confiture, thé et pâtes à tartiner artisanales. L'endroit flaire bon l'odeur d'un pain vendu à l'entrée et fabriqué à partir de farines sélectionnées avec une fermentation au levain. L'intérêt de ces adresses réside dans la multiplicité des formules. Commencez par un Brunch avec viennoiseries, tartines (beurre, pâtes à tartiner, confitures...) ; poursuivez le midi avec un grand choix de tartines froides ou chaudes : thon à l'huile d'olive, courgettes grillées, pâte d'olives noires ou l'indienne (poulet émincé crème de curry, raisins secs et gouda) ; vous pourrez aussi vous laisser tenter par un hamburger très original au saumon – (qui vient d'une saumoneraie artisanale) ou par une planche au choix dont la végétarienne. Dans l'après-midi, l'établissement fait salon de thé, à accompagner d'alléchantes pâtisseries. Les plats sont joliment présentés, le service de l'équipe jeune et dynamique est impeccable.

LA PART DES ANGES
1, quai Léopold-Suquet
SÈTE
✆ 06 88 81 30 52

Gluten-free friendly. Basse saison : ouvert du mardi au samedi le midi. Haute saison : tous les jours le soir. Carte : 20 € environ.

C'est bien avant la tendance, après une prise de conscience, un cheminement personnel, que Sylvie est devenue une adepte du bio. Passionnée de cuisine, elle décide d'ouvrir un restaurant en appliquant son mode d'alimentation : des produits de qualité, du goût, de belles assiettes, des graines, des épices, des herbes fraîches... le succès est immédiat auprès des Sétois. C'est bon et on éprouve en mangeant la sensation de se faire du bien. Du poisson de Méditerranée, des légumes et des fruits locaux composent l'essentiel des ingrédients. La carte simple varie au fil des saisons : trois entrées, trois plats et trois desserts, avec une place pour les végétariens et les allergiques au gluten. La petite salle du restaurant s'ouvre sur une belle terrasse qui longe le quai principal. L'exposition idéale en fait un spot pour déjeuner au soleil. Pour goûter à la part de l'ange, il est préférable de réserver.

LOT

Alimentation

AU QUERCY BIO
477, avenue Maryse Bastié
CAHORS
✆ 05 65 23 00 39
www.au-quercy-bio.fr
auquercybio@wanadoo.fr

Ouvert le lundi de 10h à 13h ; du mardi au samedi de 9h à 13h et de 14h à 19h.

Le Quercy est le pays de la gastronomie, mais avant tout du bien manger. Il est donc logique que Cahors accueille en ses murs cette épicerie polyvalente et très agréable, où l'on trouve un large choix de produits bio : fruits et légumes, rayon frais, pain, écoproduits d'entretien, produits cosmétiques et de bien-être, diététique ainsi que de nombreuses informations sur le monde de l'agriculture biologique locale. Ici plus qu'ailleurs, la transparence est de rigueur, et en cas de producteur en conversion, une mention le spécifie sur l'emballage du produit. Bien achalandée et d'un accueil agréable, cette boutique saura satisfaire vos envies de produits naturels de qualité.

■ BIOCOOP CATHÉDRALE
75, place Clément Marot
CAHORS
✆ 05 65 24 14 00
www.biocoopcahors.com
biocoopcathedrale@gmail.com

Ouvert le lundi et le jeudi de 15h à 19h ; le mardi et le vendredi de 9h à 13h et de 15h à 19h ; le mercredi et le samedi de 8h à 13h et de 15h à 19h.

Biocoop fait succès en terre cadurcienne ! Situé à côté de la cathédrale, en plein cœur de la vieille ville, le second commerce de l'enseigne s'offre un emplacement idyllique. Dans une architecture médiévale, entre pierre et métal, les étalages de produits bio s'épanouissent autant que les clients, ravis d'une telle surface en plein centre. À deux pas de la place du marché et de l'ensemble des autres commerces, la boutique répond à une réelle demande du mieux-manger, tout en faisant travailler les producteurs locaux. À noter la cave à vin, déjà existante, datant du XIIIe siècle. Elle propose une large gamme de vins bio provenant de producteurs locaux (à dominante cadurcienne) et régionaux (Sud-Ouest uniquement), accessible chaque samedi.

■ LA GRAINE EN VRAC
10, boulevard du tour de ville
CAJARC
✆ 05 65 10 66 68

Ouvert du mardi au samedi de 9h30 à 12h30 et de 15h à 19h ; le dimanche de 9h30 à 12h30. En juillet-août ouvert également le lundi.

La Graine en Vrac est une supérette bio gérée par la souriante Angélique. Vous y trouverez les produits bio de qualité, le plus souvent de producteurs locaux, avec des fruits et légumes, viandes, fromages… et en vrac : légumineuses, riz, fruits secs… mais aussi des cosmétiques bio, des compléments alimentaires et des produits d'hygiène et d'entretien bio. Bref tout le nécessaire pour qui choisit de vivre proche de la nature et en la respectant.

Restaurants bio

■ JEU DE QUILLES
7, boulevard du Tour-de-Ville
CAJARC ✆ 05 65 33 71 40
♿

Ouvert toute l'année. Du mardi au samedi le midi et le soir. Réservation recommandée. Carte : 28 € environ. Enfants : 1/2 prix 1/2 portion. Vin au verre. Accueil des groupes. Chaises bébé. Terrasse. Animations.

Ancien de chez Bernard Loiseau, Patrice Ponsolle officie au Jeu de Quilles, lieu incontournable si vous êtes de passage à Cajarc ou dans la région : des produits frais le plus souvent bio et locaux si possible, préparés avec passion par ce maestro des saveurs. De la classe, du goût, de la créativité, un cuisinier passionné, le tout pour un rapport qualité-prix plus que raisonnable. Nous sommes indéniablement ici dans l'excellence du savoir-faire. Parfois un petit temps d'attente entre les plats, mais la qualité de ceux-ci en est une raison suffisante. Le cadre qui plus est appelle à la détente. Pour accompagner, large choix de vins sélectionnés. Une adresse souvent plébiscitée.

■ LOT'ANTIQUE
29, rue du Majou, GOURDON
✆ 06 51 43 95 69 – https://lotantique.fr
restaurant.lot.antique@gmail.com

Ouvert du jeudi au dimanche le soir ; du vendredi au dimanche le midi. En période estivale du jeudi au lundi soir. Hors vacances scolaires et jours fériés le midi principalement sur réservation. Réservation impérative. Menus de 19 € à 41 € (environ). Accueil des groupes. Terrasse. Vente à emporter.

Lot'Antique, c'est l'adresse confidentielle que l'on se murmure entre connaisseurs. Il est préférable de réserver, le nombre de place étant limité par le concept de qualité que s'impose le patron. Ici tout est frais, local, majoritairement bio et travaillé avec amour, donc en petites quantités. Goûtez plutôt le Lot'antique burger, un régal pour les papilles : rocamadour gratiné, haché de viande de canard mariné au miel, crème à la ciboulette et aux échalottes, salade et filaments de carottes, le tout dans le désormais célèbre et traditionnel Croustilot. C'est goûteux, inventif et raffiné ; du traditionnel revisité pour notre plus grand plaisir.

LOZÈRE

Alimentation

■ LE SUBVERS
7bis, rue du Four
FLORAC TROIS RIVIÈRES
✆ 07 69 00 38 37 – www.lesubvers.com
contact@lesubvers.com

Formules de 7,90 à à 9,90 € (sandwiches et chips).

Camille et Mickaël ont investi l'ancien gîte communal pour y développer Le Subvers au printemps 2019. Sitôt leurs valises posées à Florac, les deux jeunes gens, originaires de Marseille, ont noué des liens avec les producteurs et artisans du coin pour se fournir en circuits très courts : truite fumée de la pisciculture toute proche ; fruits et légumes du GAEC d'Ispagnac entre autres ; pélardon AOP du Montméjean, viande de la boucherie Martin, et farine du Moulin de la Borie. Camille et Mickaël, qui ont une liste de valeurs longue comme le bras, fabriquent en effet leur propre pain qu'ils servent en sandwichs garnis et toastés. On vous recommande le «Mont Lozère» -bacon maison, tome de brebis, chutney d'oignon doux et persil-accompagné d'un cornet de chips patiemment découpés et frits sur place. Engagé en faveur de l'environnement et d'une agriculture biologique ou raisonnée, le couple s'attache à réaliser de A à Z l'ensemble des mets proposés à sa carte (desserts, glaces et sorbets compris).

GIE PRODUITS FERMIERS DU VENTALON

À 600 m du col de la Croix de Berthel, entre Vialas et le Pont-de-Montvert (D 998) sur l'axe Florac/Génolhac.
Les Bastides
St Maurice de Ventalon
VENTALON EN CÉVENNES
✆ 04 66 41 02 67

En mai, juin et septembre : week-end et jours fériés. Juillet et août : jeudi, vendredi, samedi et dimanche. Siège social et adresse postale : Le Régent – St Andéol de Clerguemort 48160-Ventalon en Cévennes.

Une adresse inscrite au réseau Bienvenue à la Ferme. Les amateurs de produits biologiques ne regretteront pas le chemin jusqu'à ce point de vente collectif. Quatre agriculteurs se sont regroupés et proposent là des produits à base de fruits : jus de pomme, pomme et framboise, poire, des confitures de coing, d'églantine, de fraise, de pastèque, de cassis et de rhubarbe, parmi d'autres. D'autres fruits se présentent en gelées translucides, et même la si douce fleur de sureau. Miels, confiture de marrons et marrons au naturel complètent la collection. D'autres plantes ont été cueillies pour les tisanes et certaines parfument même les vinaigres. Ajouter à cela quelques pélardons et farine, et le panier est complet.

Restaurants bio

LA CANTINE

25, rue du Collège
MENDE
✆ 04 66 32 86 12
http://restaurant-la-cantine.fr

Réservation recommandée. Formules de 16 à 27 €. Option veggie.

Mieux vaut réserver ! La fraîcheur est le maître mot, avec une préférence pour le bio et les produits locaux qui sont les ingrédients essentiels d'Arnaud en cuisine, qui s'approvisionne notamment auprès des producteurs de la Maison des Paysans. Le bouche à oreille a fonctionné depuis l'ouverture, l'adresse, qui compte une cinquantaine de couverts a ses fidèles. Ici le menu est unique, il change en fonction du marché, mais on a le choix des formules, du plat du jour à la formule complète. Au menu du jour, tarte aux poireaux « compotés », et velouté carotte-coco, chili con carne (viande Aubrac), riz et chou farci, crumble aux pommes, très savoureux. On y trouve également des plats plus traditionnels : blanquette de veau, jarret de veau confit… À noter, la proposition systématique de menu veggie, encore assez rare ! Le rythme du service est tout simplement parfait et attentif, idéal pour les pressés de midi.

RÉCRÉATHÉ

17, rue d'Aigues-Passes
MENDE
✆ 04 66 48 56 30
www.recreathe.fr
contact@recreathe.fr

Ouvert le lundi de 10h à 14h ; du mardi au vendredi de 10h à 18h. Formule du midi : 17,50 €.

Laure a ouvert il y a peu ce petit salon de thé sous les voûtes pour une restauration bio et locale. En entrée un velouté de champignon à la moutarde, comme plat des légumes et tartes, fenouil braisé à l'orange, tarte bacon comté, ananas... puis un dessert : pommes au four biscuit au citron. Un plat viande ou poisson et un plat végétarien. Une petite boutique accessoires de mode et fringues de créateurs, et une partie salon de thé.

Mode et bien-être

ATELIER TUFFERY

ZA Saint-Julien du Gourg
FLORAC TROIS RIVIÈRES
✆ 04 66 45 00 94
www.ateliertuffery.com

Entreprise du Patrimoine Vivant. Atelier-boutique ouverts du lundi au samedi de 9h à 19h. Visites guidées de juin à septembre tous les jours à 10h et 18h.

Aux mains de Julien Tuffery et de sa femme Myriam, tous les deux la petite trentaine, l'atelier familial de fabrication de jean connaît un renouveau exceptionnel. Coincée au fin fond des Cévennes depuis sa création en 1892, l'entreprise vend aujourd'hui ses vêtements dans vingt-huit pays différents. Cet isolement géographique, mais surtout l'environnement préservé dans lequel elle s'est maintenue au fil des années, malgré les difficultés rencontrées, sont aujourd'hui ses meilleurs arguments marketing. Julien Tuffery, 4e génération de maîtres tailleurs-confectionneurs, a en effet su tirer profit du regain d'intérêt pour le *made in* France et son savoir-faire ancestral, pour bâtir une image tendance à son activité. Il vient de mettre au point en collaboration avec VirgoCoop, productrice de chanvre local, la fabrication du premier jean en chanvre français. Ce vêtement issu d'une filière ancestrale et locale peut connaître un grand succès, grâce à ses qualités thermorégulatrices, sa solidité et son aspect naturel, en voguant sur le nouvel attrait pour les vêtements fabriqués en matières végétales éthiques.

Habitat et jardin

AINE ANTOINE CONSTRUCTIONS

Lieu-dit Hyelzas
HURES-LA-PARADE
✆ 04 66 45 89 81
lozere-ossature-bois.fr
sarlantoine@orange.fr

Contacts sur rendez-vous.

Cette entreprise créée en 2008 est basée à Hyelzas, sur le causse Méjean au sud de la Lozère (proche du Gard, de l'Aveyron…). Son activité couvre plusieurs secteurs complémentaires : ossature bois, charpente, escalier, aménagement intérieur et extérieur, menuiserie, isolation et bardage. Ses références actuelles vont de la maison classique à la maison contemporaine, laissant toute liberté à vos projets architecturaux.

PYRÉNÉES-ORIENTALES

Alimentation

BIO COMICES
Zone d'activités
14, chemin de Palau
ARGELÈS-SUR-MER
✆ 04 68 56 77 94

100% Bio. Ouvert du lundi au samedi de 9h à 12h30 et de 15h à 19h.

Le groupe Biomonde s'est installé dans la région (il a dû goûter les cerises et la butifarra !) grâce à l'implantation du magasin Bio Comices. Pour commencer, le lieu est très agréable et chaleureux. Ensuite, c'est l'accueil qui nous a plu. Et enfin cette équipe mise sur les produits de saison et des producteurs locaux (ce qui n'est pas le cas de tout le monde). Bio Comices insiste sur le fait que c'est une coopérative et que chaque magasin du groupe est indépendant. Ouf, c'est pas du Starbucks. Le *Petit Futé* a bien apprécié le concept.

LE ROUXBIO
7, rue du Soleil-Levant
CÉRET
✆ 07 62 72 52 29
www.rouxbio.fr
ronan@rouxbio.fr

100% Bio. Eleveur de cochons roux. Visite de l'élevage sur RDV. Vente à la ferme et sur les marchés. Commande en ligne sur le site internet.

Encore un qui fait parler de lui, quelle vie de cochon ! Ronan élève des porcs rustiques de race Duroc en agriculture BIO en Vallespir. La croissance des animaux est lente, nourris principalement de glands qu'ils trouvent sous une forêt de 23 ha. Et ça change tout ! Les porcs sont élevés dans le respect et le bien-être animal. Vous pouvez trouver ses produits (viande fraîche mais aussi des salaisons : ventrèche affinée, copa, jambon blanc sans sels nitrités) dans les Biocoop de la région, mais aussi dans divers marchés proches de Céret. Les meilleures tables ont aussi misé sur lui, comme Le Divil à Perpignan qui a été élu meilleur restaurant de viande de France. Sur rendez-vous, Ronan vous accueille pour une visite et une dégustation – n'oubliez pas d'amener le vin. Une adresse à ne pas manquer pour les gastronomes.

AH LA LAITERIE
RN 116
ERR
✆ 06 16 32 64 13
saveursdupayscatalan@gmail.com

Ouvert du lundi au samedi de 9h30 à 12h30 et de 15h à 19h ; le dimanche de 9h30 à 12h30.

« Plus besoin de courir de ferme en ferme ou de marché en marché pour dénicher les bons produits fermiers », telle est la devise de Ah la Laiterie. Son concept, un regroupement de producteurs locaux faisant la part belle aux agriculteurs de Cerdagne et du Capcir. Mais pas seulement, car vous y trouverez également des produits occitans avec des produits bio de l'Aude, des pâtes sans gluten en passant par les glaces au lait de brebis et leurs multiples parfums. Fruits de saisons, légumes, chacun amène sa production, les éleveurs également avec le « xaï » (l'agneau des Pyrénées), le « vedell » (le veau élevé sous la mère) et bien sur la charcuterie catalane, les fromages des fermes alentour chèvre, brebis ou vache, lait et yaourts. La traçabilité est le mot d'ordre de la boutique, pour chaque agriculteur, une fiche avec ses coordonnées et la carte d'identité de l'animal. Coté liquides, bien sûr les vins bio, mais aussi les nectars et jus de fruits et puis bien évidemment les olives, tapenades, confitures, épices et condiments. Un lieu convivial et intelligent de commerce équitable qui a un véritable succès et, qui sait, peut-être prochainement un restaurant de terroir ? Mystère...

MAS PUJOL
1, rue la Rourède
FOURQUES
✆ 04 68 38 84 44
www.maspujol.fr
vins.pujol@wanadoo.fr

100% Bio. Découverte des vins et des cochons. Accueil le matin et l'après-midi en saison. Sur RDV hors saison. Oenotourisme et gastro-tourisme : infos sur Facebook.

Le mas Pujol et la vigne, c'est une histoire d'amour et de famille depuis 1785. Aujourd'hui Josianne et Jean-Luc lèvent le pied et confient les rênes à la 8e génération : Aurélie, Loïc et Nicolas. Tout en conservant les mêmes valeurs de respect de la terre et du vivant, cette jeune équipe bouscule un peu les habitudes avec une nouvelle gamme de vins qui met l'accent sur la finesse et l'élégance. La trilogie Pinta, Nina et Santa Maria, fait ressortir la pureté du grenache, des carignans centenaires et de la syrah. Le 1785 est la cuvée iconique du domaine, un Côtes du Roussillon fait dans les règles de l'art ! Le Ciste est un blanc de gastronomie à la sève beurrée. Et l'Originel, cuvée sans sulfite qui fête ses 10 ans et toujours cette même impression de croquer dans un grain de raisin. Enfin, vous découvrirez le beau bébé : les bulles Bresset et Morel, un vin pétillant fin et délicat. Le Mas Pujol organise régulièrement des événements autour du vin et des cochons qui sont célébrés dans le superbe chai de dégustation du domaine. Rabelais aurait adoré !

LE CHANT DE L'EAU – SPIRULINE
Chemin du Mas-Bellonte
Fuilla le Haut
FUILLA
✆ 06 18 42 21 39
www.lechantdeleau.fr
lechantdeleau@orange.fr

100% Bio. Visite et vente à la ferme sont possibles sur rendez-vous. SInon, vente en ligne sur le site internet. En paillettes : 10 € le sachet de 50 g ; 16 € le sachet de 100 g. 21 € la boîte de 200 comprimés. Une participation aux frais de port vous sera demandée si vous souhaitez recevoir le produit à domicile.

Le Chant de l'Eau est un ancien verger de pommiers cultivés de façon biologique et délimité par des cours d'eau. Dans ce cadre naturel exceptionnel et sous le regard du Canigó, Cédric et Joaquim ont fait une place à la spiruline. Cette micro-algue purifiante, stimulante et fortifiante existe depuis plus de trois milliards d'années. Un des premiers êtres vivants à réaliser la photosynthèse, la spiruline a contribué à l'enrichissement en oxygène et était déjà consommée par les Aztèques et les Mayas. Ses bienfaits sur notre organisme sont reconnus. Naturellement riche en vitamines A, E, B1, B2, B3, B6, B12, K... cette protéine végétale est récoltée, séchée sans conservateur, fongicide ou pesticide, faisant de la spiruline un produit 100 % naturel présenté par les scientifiques comme l'aliment de demain. Consommée sous forme de paillettes ou de comprimés, elle est un complément alimentaire réputé pour apporter de nombreux bienfaits sur la santé. La fédération des spiruliniers a vu le jour, ayant pour vocation de promouvoir et développer la spiruline paysanne de qualité. Adoptez la « Spiruline Attitude » !

BIOCOOP LE BOULOU

16, carrer d'en Cavailles, LE BOULOU
✆ 04 68 55 37 62 – www.biocoopleboulou.com
biocoop@micrologiciel.com

100% Bio. Ouvert de 9h30 à 13h et 14h30 à 19h30 en semaine. De 9h30 à 19h30 le samedi.

Dans la zone artisanale du Boulou, pas moins de 450 m² de surface dédiés à l'agriculture biologique. Le bâtiment est flambant neuf, c'est beau et reposant. L'équipe a mis l'accent sur les paysans locaux et les produits de saison (peu de tomates ou de poivrons en hiver et pas de produits bio de Chine ou d'encore plus loin !). Outre les incontournables fruits et légumes, écoproduits (riz, pâtes, etc.) et cosmétiques, vous trouverez une boucherie et une crèmerie très bien achalandées, et de belles références en vins locaux. Comme dans tous les magasins Biocoop, l'accueil est très chaleureux, le personnel est sympa, toujours un brin alternatif et très qualifié lorsqu'il s'agit de vous conseiller. Bref, la conversation s'engage vite. Un lieu pour faire ses emplettes, mais aussi un lieu de rencontre et d'échange autour de l'avenir.

DOMAINE DES HELIANTHÈMES

Lieu-dit Las Burguères
MAUREILLAS-LAS-ILLAS
✆ 06 77 34 39 74 – www.domainecasanove.fr
domaine.casanove@gmail.com

100% Bio. Accueil, visite et dégustation sur RDV. Gite écologique à la location. Autres produits du terroir : safran, tomates anciennes, figues, grenades...

6 ha de vigne orientées Sud sur le piémont des Pyrénées dans un site idyllique à la croisée des climats méditerranéens et montagnards. Il n'en fallait pas plus pour créer un vin unique dans la tradition de l'agriculture BIO. Chez Olivier, pas d'assemblage pour les cuvées. Ici, on est chez un puriste qui veut vivre de la terre et avec la terre : «le vigneron doit s'effacer derrière le cépage et le terroir, il n'est qu'un instrument, pas une finalité». Vous vous en doutez bien, on retrouve cet esprit rebelle et perfectionniste dans son mode de culture et le résultat final est un nectar incroyable, nature avec zéro sulfites, mais droit et structuré ! Et ces notes fruitées et florales qui nous hantent encore... le grenache noir de la cuvée Cadette a des arômes typiques des vins blancs, la cuvée Granitic – notre préférée – a un nez de bourgeons de cassis et de violette. Dans ce cadre chaleureux, Olivier vous accueille aussi dans son petit bijou de facture écologique pour des vacances reposantes et ressourçantes : l'Esprit du Lieu, un gîte de 45 m² en construction bioclimatique. Sur les contreforts des Albères, aux portes du Vallespir, le paradis vert du département on est vraiment un peu plus près des étoiles...

SAFRAN DELLA ROMA

Les-Restagnines, Route de Fuilla
SAHORRE
✆ 06 11 56 86 77 – www.safran-bio.fr
safran@dellaroma.fr

Haute saison : ouvert tous les jours de 9h à 19h. Les chiens sont interdits. Livraison possible (vente en ligne sur leur site Internet).

Le *Petit Futé* est amoureux de la Vallée de la Rotja et vous conseille une visite chez ces producteurs-récoltants de safran 100 % bio labellisé par Ecocert et Nature et Progrès, équitable et durable. A 750 m d'altitude au cœur du Parc naturel régional des Pyrénées catalanes, Fabien et Martine se sont installés dans ce petit coin de paradis en 2007 pour cultiver le *crocus sativus*. Une visite guidée d'environ 1h vous fera découvrir la safranière, vous en ressortirez incollable sur la culture et l'utilisation du safran. A la vente, vous trouverez : des stigmates de safran, toute une gamme très originale de sirops de safran, du vinaigre de banyuls au safran de Sahorre et des bulbes de *crocus sativus*. La floraison est en général début octobre, à bon entendeur...

LA FERME DU MONT CAPELL

Rue Joseph-Nivet
SAINT-LAURENT-DE-CERDANS
✆ 06 17 90 58 58
www.lafermedumontcapell.cat

♿

100% Bio. Restaurant et ferme de produits du terroir. Restaurant ouvert le midi du mardi au dimanche. Boucherie le matin de 9h à 13h. En juillet-août restaurant midi et soir sauf dimanche soir et lundi. En hiver, uniquement les soirs pour des groupes à partir de 6 personnes. Tapas 4,5 à 10€. Plats entre 12,5 et 15€. Parking. réservation conseillée.

Thérèse et Nicolas ont commencé en 2011 une activité d'éleveurs bovins en BIO avec 13 vaches sur les contreforts des Albères. Trois ans plus tard, ils acquièrent un mas sur la commune de St-Laurent de Cerdans pour avoir une Estive privée de 100 ha. Du coup, les vaches paissent l'hiver sur Argeles, puis au printemps à la Massane, pour revenir l'été et l'automne là-haut en Vallespir. Dans la foulée, ils ouvrent un restaurant, puis décident de reprendre la boucherie locale début 2019. Et voilà comment un petit village de montagne prend un sacré coup de dynamisme ! ! ! A la ferme du Mont Capell, on peut boire un café ou un thé, manger un morceau ou partager un repas de famille sur des tables paysannes : cochon noir BIO, entrecôte, mais aussi toutes sortes de plats préparés avec des produits de saison, sans oublier le pain BIO qui est fait maison. L'été, on se régalera à la fraîche des soirées concerts pour déguster des bières locales er des cocktails maison.

La ferme du Mont Capell, c'est aussi une boutique de terroir : fromages et viandes BIO. On y trouve l'agneau du coin et des volailles, lapin, œufs fermiers, plats préparés à emporter, charcuterie maison… Et enfin, comme le souligne Nicolas « tous les vins de notre famille : les vins Parcé Frères, Domaine de La Rectorie… A découvrir absolument car le bonheur est dans le pré.

■ LE GRENIER DES ASPRES
3, rue Graffan, THUIR
✆ 04 68 92 64 09
legrenierdesaspres@gmail.com
Ouvert le lundi de 9h30 à 12h30, du mardi au vendredi de 9h30 à 12h30 et de 15h30 à 19h30 en semaine. Le samedi de 8h à 13h. Les livraisons sont assurées les mardis et vendredis soirs de 19h à 20h. Panier de saison à 15 €.
Quand on demande à Joanna et Jean-Charles pourquoi ils ont choisi la filière bio, ils n'hésitent pas une seconde à répondre que « c'est une évidence ! Comment vivre autrement ? » Le slogan de la boutique est : « Vivre local », aussi vous trouverez non seulement 90 % de produits écologiques, mais surtout du bio local. On a aimé cet esprit tourné vers la décroissance et les circuits courts. Ce jeune couple a poussé le bouchon jusqu'à se déplacer en camion électrique pour s'approvisionner chez les producteurs. Chapeau ! Au Grenier des Aspres, l'atmosphère est chaleureuse, la décoration est sobre et douce et les étals de fruits et légumes sont une belle palette de couleurs. Dans cette épicerie locale, vous trouverez aussi des céréales, des légumes secs, des huiles, etc. Comme dans tous les magasins bio. A noter que vous pouvez commander vos paniers et que la livraison est possible sur Thuir et dans les environs. Une adresse à découvrir qui sent bon le développement durable et le respect de la planète !

Restaurants bio

■ LE CHIEN DE PASCALE
9, rue Joseph-Parayre, CÉRET
✆ 06 28 80 59 07
Ouvert de mai à octobre. Ouvert du mercredi au samedi de 10h30 à 18h. Brunch le dimanche de 11h à 16h. possibilité d'ouvrir le soir pour groupe (sur réservation).
L'histoire commence par un bar à jus, concept très en vogue en Amérique du Nord et que Pascale a voulu proposer à Céret : jus de fruits et légumes, vitaminés, savoureux et mettant en valeur les produits régionaux, une gamme de thés, cafés et gourmandises artisanales. « Très vite il m'est apparu qu'il y avait une forte demande pour une cuisine végétarienne saine et faite dans le respect des produits issus de l'agriculture biologique ou locale et raisonnée », nous explique la maîtresse des lieux. Le Chien de Pascale est donc devenu également un restaurant végétarien où le plaisir des papilles est associé au plaisir des yeux, pour le bonheur des clients, et ce depuis quatre saisons. Ne cherchez pas de carte, il n'y en a pas, car Pascale cuisine selon l'humeur du jour. A titre d'exemple, nous vous citons le quatuor de salades (haricots verts, tomates, betteraves et légumineuses) ou le tian de légumes à la façon du chien, le cheese-cake sans cuisson ou le gâteau cru du jour. Pascale n'ouvre que le midi en saison, mais elle organise aussi des soirées à thèmes associées aux fêtes populaires. Enfin, chez cette passionnée du cru, du vivant et du sans gluten, vous ne trouverez que de la bonne humeur en salle et dans l'assiette.

■ BELLA COSA
Place du Général-de-Gaulle
THUIR
✆ 04 30 82 53 50
♿
Ouvert toute l'année. Ouvert midi et soir du jeudi au lundi. Réservation recommandée. Menu unique à 15 € (entrée, plat et dessert (midi)). Carte : 25 € environ. Pizzas en été. Entrées à partir de 5 €, plats entre 12,5 € et 19 €. Terrasse.
Le *Futé* a craqué pour cette petite trattoria tenue par Mathieu et son père Rocco, tous deux calabrais. La carte est petite, simple et sans prétention mais de très belle facture : une vraie cuisine italienne, savoureuse agrémentée de quelques notes de cuisine fusion. Peu importe la sauce que vous choisirez pour vos pâtes, les associations sont réussies et c'est un sans-faute. Dans l'assiette, les petits producteurs et produits bio sont à l'honneur. On peut également déguster des bières locales comme la Boc ou l'Alzina. *La vita è bella* !

TARN

Alimentation

■ PRIM'FRAIS
44, avenue de la Grésigne
CORDES-SUR-CIEL
✆ 05 63 53 93 03
primfrais.com
contact@primfrais.com
Ouvert du mardi au samedi de 8h30 à 13h et de 15h à 19h ; le dimanche de 8h30 à 12h30. Ouvert le dimanche. Paniers. Cave à vin.
Cette véritable caverne d'Ali Baba n'a pas fini de vous surprendre ! Spécialiste du bio, le magasin Prim'Frais s'est installé dans les rues de Cordes il y a quelques années. Si tout fonctionne comme une épicerie traditionnelle, cette adresse fait partie des incontournables de la cité. Entre le sourire de l'équipe, le parking essentiel et le parfait achalandage, on peut se réjouir d'avoir une telle enseigne dans le département. Agencé au poil, l'intérieur du magasin est d'une incroyable richesse : en plus des grandes marques nationales, il propose à la vente des produits du terroir issus de circuits courts. Ils sont produits et confectionnés par des producteurs locaux. Fruits et légumes de saison, viande, charcuterie, fromages, conserves, huiles viennent ainsi gonfler les allées de Prim'Frais. Notez aussi que l'établissement possède un sublime espace cave qui fait honneur à la région.

Ô SAVEURS PAYSANNES
Lieu-dit Prestil
LE SEQUESTRE
✆ 05 63 43 37 68
www.o-saveurs-paysannes.fr

Ouvert du mardi au samedi de 10h à 19h. Livraison possible. Magasin de producteurs fermiers. Paniers gourmands. Espace de restauration. Sur place ou à emporter. Menu unique : 15€.

Située le long de la rocade, à l'entrée d'Albi, cette vitrine est une adresse à retenir. De la ferme à la table, cet établissement met en valeur 24 paysans tarnais et leurs bons et beaux produits. L'espace propose en vente direct des vins de Gaillac, fromages de brebis, de vache et de chèvre, confitures bio, volailles bio, agneau, canard gras, produits de la ruche, œufs, pain bio, fruits et légumes de saison, bière tarnaise, lentilles et produits issus du commerce équitable. Un espace de restauration fermière permet de déguster les produits du magasin ; une bonne façon de découvrir les produits proposés ! Info futée : des paniers gourmands bien complets sont aussi confectionnés.

Restaurants bio

LE TOURNESOL
11, rue de L'Ort-en-Salvy, ALBI
✆ 05 63 38 38 14
www.letournesol-restaurant.fr
contact@letournesol-restaurant.fr

Fermé dimanche et lundi. 12 € (prix unique à l'assiette). Terrasse.

Le Tournesol se tourne vers le soleil tarnais pour vous souhaiter la bienvenue. C'est l'un des rares restaurants végétariens de la ville. L'adresse a été reprise depuis un an. Entièrement relooké, le Tournesol vous offre une ambiance faite de bois et d'acier. On s'y sent bien. Christelle, la maîtresse des lieux, vous promet des assiettes 100 % végétariennes, mais aussi quelques mets bio comme, sur le moment, ce burger ou encore ce chausson de courgettes et cumin. Les desserts sont extras tout comme l'accueil et le prix de l'assiette.

Mode et bien-être

ELODIE BEAUTE BIO
5, rue Voltaire
CARMAUX
✆ 06 83 26 50 83
www.elodie-beaute-bio.e-monsite.com

Ouvert du lundi 14h au samedi 19h. Soins du visage à partir de 49 €. Tarif pour les abonnées 42 €.

Elodie est pleine de vie et sait faire partager son enthousiasme pour la vie ! Cet institut est le premier salon bio du secteur, avec ou sans abonnement. Parmi les autres points forts, des cosmétiques de la gamme Oxalia, 100 % bio et fabriqués en France. Des prix attractifs. Une esthéticienne diplômée et hautement expérimentée. Depuis mai 2020, elle a déménagé pour proposer plus de prestations. Elle propose également d'autres soins avec des intervenantes comme la réflexologie. Carte abonnement. Et pour finir un parking à vingt mètres gratuit. Entre épilations, soins du visage et du corps, modelages, manucure, pédicure, extensions de cils, teinture et décoloration... à coup sûr, vous trouverez votre bonheur !

Habitat et jardin

LE JARDIN DES PARADIS
Place du Théron
CORDES-SUR-CIEL
✆ 07 67 83 09 67
www.jardindesparadis.jimdo.com
jardindesparadis81@gmail.com

Fermé d'octobre à avril. Mai, juin et septembre : week-end et jours fériés de 11h à 18h. Juillet et août : le mardi de 14h à 19h, du mercredi au dimanche de 10h à 19h. Visite libre uniquement : 3 € (gratuit pour les moins de 8 ans). Restauration. Salle d'exposition. Label « Jardin remarquable ».

Ce jardin d'Éden est le paradis vert de la mystérieuse cité de Cordes-sur-Ciel. À la fois luxuriant et pédagogique, il offre une promenade insolite sur des anciennes terrasses enchâssées dans la ville basse. Créé en 1999 par Éric Ossart et Arnaud Maurières, il réunit d'anciennes essences de plantes orientales et médiévales, ainsi que des variétés plus contemporaines. Les ambiances se mélangent, comme les couleurs et les senteurs, et les visiteurs auront le plaisir de découvrir toute cette richesse durant les beaux jours. Fidèle au sens premier de paradis, le jardin est composé d'une succession d'enclos, chacun marqué par une ambiance, matière ou couleur particulière : enclos de fleurs et fontaines bruissantes, pavillon persan, potager et miroir aux nymphéas... Tous les ans, le jardin adopte un fil conducteur qui guide les pas de ses visiteurs. Par exemple en 2018, l'artiste Boris Merle y installa son « Monde volatile et son univers sous-marin », réalisés à partir de matériaux de récupération.

TARN-ET-GARONNE

Alimentation

CHÂTEAU SAINT-LOUIS
LABASTIDE-SAINT-PIERRE
✆ 05 63 30 13 13
www.chateausaintlouis.fr
proprietaire@chateausaintlouis.fr

Ouvert du lundi au vendredi de 9h à 12h et de 14h à 18h. Les week-ends et jours fériés, sur rendez-vous. Location de salle pour séminaires, mariages, organisation de spectacle, location d'un duplex.

Magnifique demeure, de style régional et persan. Un vignoble partagé entre tradition et modernisme donne le meilleur de son terroir. Les vignes, conduites en culture biologique certifiée par Ecocert, depuis 2006, sont parsemées de fleurs vivaces, lupins, fenugrec, avoine, féveroles et d'autres plantes qui transfèrent l'azote de l'air à la terre ! Cette politique de qualité engendre des rendements volontairement inférieurs à la limite de l'appellation. Le cépage roi pour les vins de Fronton, tout comme pour le domaine, reste la négrette (appelée pinot Saint-Georges aux États-Unis) qui compose essentiellement les vins rouges, ou rosés, aux côtés du cabernet franc et un soupçon de syrah. Pour les blancs, notre vigneron attentif a opté pour la plantation d'un cépage de Bourgogne : le chardonnay, produisant un vin blanc remarquable. Les vins sont élevés en fûts de chêne pour 75 % et en cuve. Le château offre son cadre prestigieux pour séminaires, réceptions et propose des formations sur mesure, autour du vin, bien sûr.

■ **LA FERME DU LENDOU**
Sainte-Foy
Tréjouls
LAUZERTE
✆ 05 63 94 61 73
A 4 km de Lauzerte.
Prendre la direction de Saint-Laurent-Lolmie.
Ouvert du lundi au samedi. Vente de pain les mardi et vendredi de 17h à 19h.
La Ferme du Lendou, organisée en GAEC, occupe le joli site du moulin de Sainte-Foy sur la commune de Tréjouls, au bord du Lendou. Avec une véritable exigence de qualité et un certain militantisme (les produits de la ferme ont la certification bio, mais également Nature & Progrès, toute une philosophie autour du respect de la nature, de l'homme et du métier de paysan), la ferme propose farine du moulin, légumineuses sèches (lentilles, pois chiches), fruits secs (pruneaux), fruits en saison (cerises, pommes, raisins), jus de fruits et pain les mardi et vendredi. On peut retrouver les produits de la ferme tous les samedis au marché de Lauzerte.

Restaurants bio

■ **NAMASTHÉ**
56, rue de la République
MONTAUBAN
✆ 05 63 66 37 71
www.vegetarienamasthe.fr
contact@vegetarienamasthe.fr
Ouvert du lundi au samedi de 10h à 18h30. Tout à la carte. Entrées 6 €, plats 10,50 €, desserts 4,50 €.
Depuis 2008, une adresse au top ! 100 % cuisine végétarienne sans gluten et sans lactose. Et des thés, 100 % bio. Dans un cadre chaleureux et une ambiance cosy, vous prendrez place à toute heure de la journée. Entrées, plats et desserts sont renouvelés tous les jours. Une cuisine raffinée à base de légumes frais et de produits sains, issus de producteurs locaux et sélectionnés. Du garanti maison ! Sur le moment et sur l'ardoise, en salle ou dans l'agréable patio d'été : cake roquefort et noix ; chili végétarien au tofu et son riz ou fettuccini forestier ailé et persillé. Pour finir : un succulent fondant au chocolat. Le tout servi avec le sourire. Grand choix de thé. Vraiment, une adresse à découvrir faite de saveurs nouvelles, au cœur de Montauban.

Mode et bien-être

■ **SECRETS DE BIO-TÉ**
11, lotissement Tenance
BRESSOLS
✆ 06 27 16 02 77
Ouvert du lundi au samedi de 9h à 20h. Le samedi de 9h à 12h.
Chez Céline, le bio est une hygiène de vie personnelle et professionnelle depuis toujours. Passionnée, douce, humaine et très professionnelle, elle prodigue avec art les soins du visage, du corps, des pieds, des mains, mais aussi épilation et maquillage, le tout en 100 % bio et produits naturels. Vous prendrez place dans une ambiance zen et chaleureuse pour un pur moment de détente. Les plus : Céline se déplace aussi à domicile. Parking gratuit.

Habitat et jardin

■ **LES JARDINS DE QUERCY**
Verfeil-sur-Seye
Lieu-dit Cambou Quercy
VERFEIL
✆ 05 63 65 46 22
www.lesjardinsdequercy.fr
jean.donies@wanadoo.fr
Ouvert de mi-mai à fin septembre du vendredi au dimanche + de nombreux autres jours en juillet-août (détails sur le site internet.). Ouvert du vendredi au lundi de 10h à 19h. Gratuit jusqu'à 14 ans. Adulte : 6 €. Visite guidée : 8 € pour les groupes constitués de 10 personnes. possibilité de visite de groupe avec un «goûter gourmand» ; tarif : nous consulter. Jardins Remarquables.
Classé Jardin Remarquable et écologique. La vallée de la Seye est une des vallées les plus sauvages du département. Entre Varen et Verfeil-sur-Seye, les jardins de Quercy de Jean Donies et Alain Herreman ont la nature comme écrin, eux pourtant si civilisés... à la française. Avec un brin de folie, cependant, et ça foisonne à la belle saison, la création est et restera permanente pour ces deux passionnés. Un lieu magique, légèrement suspendu parfois au-dessus de la brume qui moutonne en contrebas dans la vallée.Dans ce cadre bucolique et une campagne toujours présente, prenez le temps de vous poser. La présence continuelle d'oiseaux, d'insectes et de papillons est due à l'absence de traitement chimique. Le sol des espèces végétales est amendé chaque année par des apports de fumier. De façon à créer des effets de surprise et de découverte, les jardins sont séparés par des haies. Une visite s'impose, d'autant que l'action est bonne, la totalité des bénéfices étant reversée à une association caritative qui œuvre pour la scolarisation des petites filles en Asie. Mérite le détour.

NORMANDIE

CALVADOS

Alimentation

■ **BOUTIQUE ARTISANS DU MONDE**
46, passage du Grand Turc, CAEN
✆ 02 31 85 74 00
www.boutique-artisans-du-monde.com
Ouvert du mardi au vendredi de 14h à 18h et le samedi de 11h à 18h. Congés en août.
100 % commerce équitable. Alimentaire avec produits secs, café, chocolat, thés, infusions, condiments, céréales, tartinade, biscuits et confiserie. Du vrac format familial. Tout pour la maison (arts de la table, décoration, rangement...), mais aussi la mode (accessoires, bijoux, bagagerie...). De la déco zen et des cosmétiques au rayon bien-être, sans oublier l'espace enfants avec vêtements, jouets en bois et en tissu... Artisans du Monde considère ses fournisseurs comme des partenaires en les rémunérant à un prix juste et en développant des relations durables. Des produits de qualité. Possibilité de commander directement sur le site.

■ **LA RUCHE QUI DIT OUI !**
Restaurant universitaire B
Rue du Moulin au Roy, CAEN
✆ 07 89 64 90 96
laruchequiditoui.fr/fr/assemblies/2905
virginie.laruche@gmail.com
Commande en ligne. Distribution chaque mercredi, de 17h à 18h.
La Ruche c'est un collectif de consommateurs qui se sont organisés en réseau pour favoriser des aliments issus d'une agriculture fermière de qualité souvent bio. Depuis le site internet, vous passez vos commandes groupées à des producteurs et artisans locaux sélectionnés pour la semaine et chaque mercredi on récolte son « miel » au point-relais animé par la pétillante Virginie Binet. Ici, on butine local ! Pratique, écolo, savoureux, et pas plus cher, ce système permet à tous de s'y retrouver, producteurs comme consommateurs !

Restaurants bio

■ **GREEDY GUTS**
15, rue de Bras, CAEN
✆ 02 31 93 38 52 – greedygutsgirl@gmail.com
Ouvert le mardi de 12h à 15h ; le mercredi de 12h à 18h ; du jeudi au samedi de 12h à 22h. Réservation recommandée. Carte : 12 € environ. Plat du jour : 10,90 € (9,90 € à emporter). Vin au verre. Chèque Restaurant. Terrasse. Vente à emporter.
Végétaliens et flexitariens, le Greedy est pour vous ! Caché au fond d'une impasse, le resto farfelu de Diana, vous concocte de bons petits plats avec produits bio, locaux et beaucoup d'amour ! En dessert, les fameux Alligateaux « déchirent » ! La cuisine reste 100 % végétalienne, avec quelques plats sans gluten, pour contenter tout le monde. On peut aussi y boire un verre, y prendre un goûter l'après-midi. Mais pensez surtout à réserver, l'adresse est très bien connue des Caennais. Pour ceux qui n'ont pas eu de place, un food-truck vient de faire son entrée !

■ **INITIAL**
24, rue Saint-Manvieu, CAEN
✆ 02 50 53 69 86 – www.initial-restaurant.com
reservation@initial-restaurant.com
1 au guide Michelin. Ouvert le mardi, le mercredi et le samedi le soir ; le jeudi et le vendredi le midi et le soir. Menus de 58 € à 74 € (le soir). Pas de carte. Formule du midi : 35 € (entrée, plat, dessert). Vin au verre. Entrée + plat ou plat + dessert : 28 €.*
Du changement chez Initial avec un nouveau visage derrière les fourneaux : Vincent Vidal, qui a déjà œuvré, entre autres, à La Table des matières. L'étoile acquise en 2016 est donc remise en jeu, mais le jeune chef compte bien relever le défi. Seul mot d'ordre, surprendre sa clientèle sans dénaturer le produit. Sa démarche responsable limitant les déchets devrait également en ravir plus d'un. Goût pour les produits locaux, les plantes aromatiques et le poivre (60 variétés !), on gage que ses plats seront à la hauteur de l'attente des gastronomes !

■ **LE TRIPLE V**
15, rue Saint-Sauveur, CAEN
✆ 02 31 43 65 66 – www.letriplev.fr
letriplev@gmail.com
♿
100% Bio. Fermé en août. Ouvert du mardi au samedi de 11h30 à 18h. Sans réservation. Menus de 12 € à 15 €. Carte : 4 € environ. Terrasse. Vente à emporter.
Bienvenue chez Hugo qui vous propose une restauration sur le pouce 100 % bio, végan et maison avec des produits locaux et de saison. Au Triple V, tout est frais et cuisiné sur place, de la découpe à la transformation. Veloutés, salades, tartes, desserts (hum la tartelette citron-figues... Monsieur était pâtissier, ceci explique cela !), avec ou sans gluten. Le tout servi dans des contenants biodégradables et compostables. Attention, très peu de places assises, n'hésitez pas à prendre vos Brookies (mix entre le brownie et cookie) à emporter !

■ **LE SPOT**
14, rue des Ateliers, COLOMBELLES
✆ 02 52 56 97 33
www.lespot-traiteur.fr/Restaurant
contact@lespot-restaurant.fr
Ouvert le lundi, le mercredi et le vendredi de 8h à 17h ; le mardi de 8h à 20h ; de 8h à 23h. Formule du midi : 14,90 € (entrée-plat ou plat-dessert ; 19,90 € pour la complète).

Endroit atypique pour un repas 100 % bio ça vous tente ? A 10 km de Caen, direction Colombelles et l'ancien site de la SMN (suivez la cheminée) pour vous régaler au Spot ! Les lieux ont été transformés avec beaucoup de goût : bois et métal se mélangent parfaitement et apportent de la chaleur à cet espace à la hauteur sous plafond gigantesque. Dans l'assiette du bon, du bio (établissement certifié) et le tout écoresponsable s'il vous plaît (vrac, circuits courts, compost, etc.) ! On s'est régalé avec notre chou-fleur pané, suivi d'aiguillettes de poulet au curry et quinoa. Délicieux et très copieux ! Et si l'envie vous prend d'un apéritif, allez-y les jeudis soir, c'est tapas !

Mode et bien-être

■ LE BIO DE LO
Centre commercial Calvaire Saint-Pierre
22, rue de la Défense passive, CAEN
✆ 02 31 44 97 60
Ouvert du mardi au samedi de 9h à 18h. Le mercredi de 9h à 13h. Soins du visage à partir de 30 €, soins du corps à partir de 55 € pour le modelage californien.
La nature au service de votre beauté, c'est ce que vous promet notre sympathique Loïse, à la fois bio, éthique, professionnelle (avec des connaissances sans pareilles, vous diront les clientes !), attentionnée... Bref, tout pour plaire et réussir un instant détente inoubliable. Chez le Bio de Lo, tous les produits sont certifiés Ecocert et labellisés Cosmébio. Retrouvez les produits des gammes Vitacology, Bioreline, Zao, Allo'Nature et Sophi by Piggy Paint, spécialistes des cosmétiques naturels. Difficile de vous conseiller un soin plus qu'un autre, tous sont au top. Pour les épilations, une hygiène irréprochable grâce à l'effet antiseptique du citron bio. Loïse pratique l'épilation orientale, technique ancestrale venant du Moyen-Orient, avec un caramel traditionnellement manipulé à la main. Le mieux encore, c'est d'essayer !

■ EKYOG
25, rue du Moulin, CAEN
✆ 02 31 79 45 19
Ouvert du mardi au mercredi de 10h30 à 13h et de 14h à 19h. Les jeudi, vendredi et samedi de 10h à 13h et de 14h à 19h.
Mode éthique depuis 2003, les boutiques Ekyog se sont implantées un peu partout en France et notamment dans le nord. A Caen, c'est Sophie qui vous accueille chaleureusement et professionnellement. Ses matières et ses collections, elle les connaît par cœur et saura vous conseiller. Préférez la mode durable à la mode jetable, c'est un peu le slogan de Ekyog. Entièrement dédié à la femme, vous choisirez entre coton, lin, mohair, cuir végétal... Tout est en bio, bien évidemment ! Des collections à supplément d'âme alliant mode et éthique, créativité et féminité avant tout. De belles matières naturelles, biologiques ou recyclées.

Habitat et jardin

■ LE JARDIN CONSERVATOIRE DU PAYS D'AUGE
Rue Saint-Benoît
SAINT-PIERRE-EN-AUGE
✆ 02 31 20 41 84 – v.daniel@stpauge.fr
Ouvert du lundi au vendredi de 10h à 18h ; le samedi de 10h à 17h. Gratuit jusqu'à 10 ans. Adulte : 3 € (gratuit en visite libre). Visite guidée.
Saint-Pierre-sur-Dives abrite un Eden : son Jardin Conservatoire. Conçu comme un jardin musée, il présente plus de 450 espèces et variétés de fleurs et légumes traditionnellement cultivés en Pays d'Auge. À travers le parcours « Jardins de femmes en Pays d'Auge », on emboîte le pas des femmes affairées à cueillir, conserver, préparer les plantes. Lesquelles pour soigner leurs hommes et leurs bêtes, lesquelles pour fleurir l'église. On s'étonne devant « La pomme de terre bleue » et « Le petit carré de Caen », on s'émerveille devant « L'herbe à savon », « Le muguet des armoires » et « L'argentine » dont le secret était transmis de mère en fille : réputée pour ses propriétés médicinales active, elle était, notamment, efficace, en cas de menstruation excessive et de calculs rénaux. On mettrait bien quelques graines et plants dans ses poches. Il n'y a qu'à demander. On peut en emporter. Un jardin extraordinaire où le public peut découvrir un patrimoine préservé, se voir confier petits secrets et recettes de grands-mères et retrouver les gestes de nos si proches ancêtres. Chacun est invité à participer à cette sauvegarde : tout collectionneur de variétés quasi disparues ou introuvables (comme le melon « Sucrin de Honfleur », les pommes-de-terre « Noire des Montagnes », « Suie » et « Piquet », le pois « Puce » ; le panais « rond »...) est bienvenu pour rassembler et sauvegarder ces vagabondes.

EURE

Alimentation

■ SAVEURS DE NORMANDIE
2, place Communale, MÉNILLES
✆ 06 07 55 37 35
www.saveurs-de-normandie.com
Ouvert du mardi au samedi de 9h30 à 12h30 et de 15h à 19h ; le dimanche de 9h à 13h. Distributeur automatique ouvert 7j/7 de 6h à 23h.
Propriétaires des chambres d'hôte Les Granges Ménillonnes, Chantal et Michel vous accueillent depuis juillet 2012 dans leur boutique de produits du terroir normands, située en plein cœur de Ménilles, sur la place du marché. Fruits, légumes, produits laitiers et autres fromages sont proposés en direct du producteur. Une façon pour le couple d'offrir des produits de qualité à des prix raisonnables. D'autres spécialités locales sont mises en vente comme le chocolat Cluizel, les bières et confitures de bière de la brasserie Duplessi, du foie gras de la ferme de la Garenne ou encore du cidre de la ferme des Noés. Un drive vous permet de commander vos produits en ligne et de venir les chercher au local. Le plus : un distributeur automatique de produits frais vous permet de vous réapprovisionner tous les jours de 6h à 23h !

SAVEURS ET SAVOIRS
704, avenue de la Gare
ROMILLY-SUR-ANDELLE
✆ 02 32 48 06 71
www.saveursetsavoirs.fr
Ouvert du lundi au vendredi de 9h à 17h. Téléphoner avant de passer. Ateliers le samedi matin et le samedi après-midi. Ateliers : adultes : 17 € pour les adhérents et 20 € pour les autres. Enfants 10 € pour les adhérents et 13 € pour les autres. Certaines manifestations sont gratuites.
L'association Saveurs et Savoirs regroupe une quinzaine de producteurs, d'agriculteurs de l'Eure et de Seine-Maritime ainsi que 200 familles. Ensemble, ils défendent l'environnement et les saveurs du terroir, à travers une pléiade d'activités : ateliers cuisine ou jardin pour enfants et adultes, paniers de produits bio à commander une fois toutes les deux semaines, commandes drive fermier une fois par mois, paniers de légumes et pain bio livrés toutes les deux semaines, organisation de cocktails, de buffets pour les collectivités et les particuliers. Bref, des passionnés du bien manger tout en préservant la planète. À découvrir absolument, parce que leurs produits (fruits et légumes, vins, cidres, bières artisanales, confitures, miels, pains d'épices, œufs, viandes et tout un rayon d'épicerie équitable…) sont délicieusement bons !

GRAINE DES CHAMPS
20, rue de la Gare, VASCOEUIL
✆ 02 32 91 19 72
www.grainedeschamps.com
contact@grainedeschamps.com
Ouvert du mardi au samedi de 9h30 à 13h et de 15h30 à 19h ; le dimanche de 9h30 à 12h30. Traiteur et plats à emporter faits maison. Restauration, des formules à moins de 10 €. Enfants, 4,95 €. Ouvert le dimanche (fermé en août). Livraison possible (livraison express 48h, colis isothermes).
Graine des Champs, c'est une épicerie, mais c'est d'abord un collectif de plus de 50 producteurs et artisans normands réunis depuis plus de 5 ans. Cédric Devienne, à l'initiative du projet, propose à la vente les produits bio de ses partenaires à la traçabilité exemplaire, issus de productions respectueuses de l'environnement et le tout dans un rayon de moins de 50 km. Vous trouverez ici fruits et légumes bien sûr, viandes et fromages, mais aussi des thés et cafés fournis par des torréfacteurs de la région. Un rayon bien-être et maison offre une gamme complète pour l'hygiène et l'entretien. Vous pouvez même faire votre choix sur le site de Graine des Champs et vous faire livrer, vous serez sûrs de ne consommer que des produits de saison ! Nouveauté, depuis novembre 2019, vous pouvez venir manger ou boire sur place à toute heure de la journée, du mardi au dimanche midi à des prix imbattables et avec des produits frais et bio cuisinés sur place.

Restaurants bio

L'AUBERGE DE LA POMME
44, rue de l'Eure
LES DAMPS
✆ 02 35 23 00 46
www.laubergedelapomme.com
Fermeture annuelle en août. Ouvert du mardi au samedi de 12h15 à 13h30 et de 19h30 à 21h. Privatisation possible le dimanche. Réservation recommandée. Menus de 35 € à 90 €. Terrasse.
William Boquelet et son épouse Amélie ont repris ce restaurant en 2008, l'ont entièrement refait en 2011, et ont vu en 2012 leur travail récompensé par une étoile au Michelin. Des recettes originales, gourmandes et traditionnelles à la fois. Sur le moment : l'œuf bio et fermier et les langoustines ; escalope de foie gras poêlé tataki de thon, jus infusé à l'ail noire et gingembre ; le saint-pierre sauvage ; le ris de veau fermier, mais aussi de belles déclinaisons autour du homard (l'une des spécialités de la maison !), de bonnes idées comme ce menu enfant servi en demi-portion, pour que même les plus jeunes puissent goûter à la gastronomie. Exigent, le chef William Boquelet travaille uniquement les produits locaux et de saison. Chaque jour, sa cuisine s'inspire du marché. Vous prendrez place, dans cette bâtisse à colombages, dans une ambiance à la décoration épurée et moderne ou encore sur la belle terrasse donnant sur le jardin peuplé de pommiers. Vous l'aurez sans doute déjà compris, cette adresse futée vous est hautement recommandée.

Mode et bien-être

MIO BIO
16, rue Tatin
LOUVIERS
✆ 06 88 87 01 70
www.miobio.fr
Soins visage découverte à partir de 45 €.
100 % soins de beauté biologiques et écologiques grâce à Isabelle qui a opté pour des méthodes et des produits respectueux de la vie, de la nature et des rythmes biologiques de la peau. Les produits utilisés sont signés du Dr Hauschka, issus des laboratoires pharmaceutiques Wala, produits équitables et labellisés, qui permettent de faire retomber la pression et de reprendre contact avec son corps en douceur. Pour vos épilations, une cire à base de sucre, d'eau et de citron. Une fois encore, la douceur est de mise ! Que vous soyez une femme ou un homme, les soins sont personnalisés de la tête aux pieds. Les plus : le diagnostic beauté avec fiche de conseils personnalisés, les soins du moment et les offres du mois à prix réduits ; à découvrir sur le site internet.

Habitat et jardin

ARBORETUM D'HARCOURT
13, rue du Château
HARCOURT
✆ 02 32 46 29 70
harcourt@eure.fr
Du 1/03 au 15/06 et du 15/09 au 15/11 : de 14h à 18h (sauf le mardi). Du 16/06 au 14/09 : de 10h30 à 18h30 tous les jours. Adulte : 5 €. Enfant (de 6 à 12 ans) : 2 € (gratuit pour les – de 5 ans). 3€ de 13 à 17 ans.
Créé au XIXe siècle par l'Académie d'agriculture de France, ce jardin d'arbres est l'un des plus riches de France. Avec

ses douze hectares, il offre une collection botanique unique, avec plus de 500 espèces (hêtres, tortillards, cyprès chauves, métaséquoia, nothofagus...). Un total de quelque 3 000 arbres, dont certaines espèces datent de 200 ans, alors qu'elles étaient à l'époque inconnues comme le cèdre du Liban ou le séquoia. Chaque année, le domaine d'Harcourt, aujourd'hui propriété du Département de l'Eure, propose à un large public une programmation culturelle et environnementale tant pour les grands que pour les petits, avec des ateliers ludiques autour du « P » Harcourt d'été. Des visites guidées sont organisées pour les groupes avec possibilité de dégustation de produits du terroir. Incontournable pour tous les amoureux du végétal.

■ **FERME BIOLOGIQUE**
DU BEC-HELLOUIN
1, sente du Moulin-au-Cat
LE BEC-HELLOUIN
✆ 02 32 44 50 57
www.fermedubec.com
contact@fermedubec.com
Boutique : ouverte tous les vendredis de mai à fin novembre de 15h à 19h. Vente de jus de pomme, cidre, légumes et fruits de saison, œufs, miels, pain... Jardins de la ferme : ouverts uniquement le vendredi (mêmes horaires que la boutique). Gratuit jusqu'à 6 ans. Adulte : 10 € (visite libre, non guidée). Enfant (de 6 à 14 ans) : 5 €. Visite guidée (pour les groupes de 30 personnes minimum, en semaine uniquement, sur réservation).
Voici une ferme modèle, où s'invente l'agriculture de demain, et un choix de vie cohérent. Charles, après 22 ans d'expéditions autour de la planète, a posé ses valises en 2004, acheté cette ferme du Bec et créé avec sa femme Perrine, juriste internationale de formation, une exploitation agricole biologique, où croissent et fructifient près de 800 espèces, préservant ainsi la biodiversité.
Il est possible de visiter les jardins de cette ferme qui produit des aliments de la meilleure qualité possible selon les principes de la permaculture. L'accès, uniquement le vendredi en saison, est payant. Charles et Perrine proposent en outre des stages et formations, qui connaissent un franc succès, en accord avec leur philosophie (création d'un potager bio, utilisation d'un four à bois, traction animale : labourer son jardin à l'aide d'un âne, d'un cheval ou d'un poney...). A noter que c'est d'ici que proviennent les produits délicieusement préparés que vous dégusterez au Logis de Brionne.
▸ **Une vraie caverne d'Ali Baba !** Leur boutique propose la production de la ferme biologique du Bec : cidre, poiré, jus de pomme, sirops et confitures, pain au levain, miels, plantes aromatiques et médicinales, légumes oubliés, etc. Attention, ouverte uniquement le vendredi en saison ! Sachez que Perrine partage volontiers ses délicieuses recettes de butternut, potimarron et autre panais. A bon entendeur...

MANCHE

Alimentation

■ **CIDRERIE LE PÈRE MAHIEU**
Hameau Les Mesles
BRICQUEBOSQ
✆ 02 33 93 03 79
www.leperemahieu.com
contact@leperemahieu.com
Ouvert du lundi au samedi de 10h à 12h et 14h à 18h30 du 1er juin au 30 septembre et pendant les vacances scolaires. Autres périodes : ouvert les mardis, jeudis, vendredis et samedis de 10h à 12 h et de 14h à 17h30. Installations permettant d'accueillir des personnes handicapées et parkings assez importants pour les bus. AOP cidre du Cotentin.
Cidre demi-sec et brut bien sûr mais aussi calvados, pommeau, jus de pomme, vinaigre de cidre, gelée de pommes et Flip, le tout dans le respect de la tradition haut de gamme et bio. L'équipe de la cidrerie vous accueille tout l'année pour vous faire la visite des installations et vous expliquer comment on fait un cidre de grande qualité. Vous êtes au cœur du savoir-faire biologique et de ses traditions. Et vous ne serez pas les seuls, puisque le cidre Mahieu a été, parmi d'autres, admis dans le très fermé cercle de l'Appellation d'Origine Protégée du cidre du Cotentin. A déguster ! A découvrir le «flip», un cidre chaud du Cotentin : et oui, on ne manque pas d'initiatives ici !

■ **BIO LA VIE**
6, avenue Aristide-Briand
CHERBOURG-EN-COTENTIN
✆ 02 33 44 88 09 – www.biomonde.fr
biolavie50@orange.fr
Arrêt de bus « Aristide Briand » ligne 8.
♿
Ouvert le lundi de 14h15 à 19h15 ; du mardi au vendredi de 9h30 à 19h15 ; le samedi de 9h15 à 19h15.
Dans le quartier du Val-de-Saire, à quelques pas du centre de Cherbourg, Bio la Vie est tout simplement l'un des grands magasins bio de l'agglomération. De l'alimentaire aux produits de beauté, c'est un très grand nombre de références qui vous sont ici proposées. Pour chacun, bien évidemment, les informations relatives à la provenance des produits sont marquées, mais aussi les différents labels de garantie facilement exposés. L'accueil y est chaleureux, et le personnel qualifié et tout à fait apte à vous renseigner. On notera également les horaires larges, et sans pause du midi. Bref, un excellent plan futé pour les amateurs de bio, dont le nombre ne cesse de croître.

■ **MARCHÉ BIO DE GRANVILLE**
Cours Jonville
GRANVILLE
Ouvert le mardi de 16h30 à 19h.
Sur cette place en cœur de ville, un petit marché bio très agréable.

LE RABIO
Z.A. Le Pont, MARTINVAST
02 33 93 93 03
www.lerabio.fr
cooperativelerabio@orange.fr
Ouvert du mardi au samedi de 9h30 à 19h.
Les amateurs de bio prennent le chemin de Martinvast et se retrouvent au Rabio. Le magasin, c'est tout d'abord un bâtiment aux lignes modernes faites de bois, de verre, de transparence. Dans les rayons, les immanquables du monde bio en matière d'alimentation mais aussi de cosmétiques. Parfois difficile de s'y retrouver, mais vous pourrez compter sur l'équipe pour vous aider en toutes circonstances !

DELICES DE CAMPAGNE
3, rue du Général-de-Gaulle
VILLEDIEU-LES-POÊLES-ROUFFIGNY
02 33 91 99 46
Ouvert du mardi au samedi de 8h30 à 13h et de 14h30 à 19h ; le dimanche de 9h à 13h.
Favoriser les circuits courts et permettre la distribution des produits directement du producteur au consommateur : voici une bonne idée et dans l'air du temps ! Délices de Campagne recense pas moins de 500 références en matière alimentaire (pain, oeufs, viandes, huiles), mais aussi du vin, des cosmétiques, bref, la liste est longue ! Des dizaines de déposants, producteurs locaux de la région, sont associés ici pour vous offrir le meilleur : dur de résister !

Restaurants bio

LA SATROUILLE
26, quai de Caligny
CHERBOURG-EN-COTENTIN
02 33 43 13 76
www.lasatrouille.fr
restaurant.lasatrouille@gmail.com
Ouvert toute l'année. Fermé le mercredi soir. Réservation recommandée. Menu unique à 42 €. Carte : 45 € environ. Formule du midi : 18 € (le soir 21 €). Accueil des groupes. Terrasse. Sur le port.
Un décor de bois – une terrasse abritée en été, d'où vous admirerez le spectacle toujours vivant de l'avant-port – et des prestations toujours à la hauteur. Suivant le précepte bien connu d'une cuisine dont les produits sont bio, frais et issus du marché, l'accent étant ici mis sur les produits de la mer, c'est un petit feu d'artifice gustatif qui viendra à vous. Mention spéciale au homard grillé, absolument impeccable. Le plaisir de redécouvrir des saveurs nouvelles, ou oubliées, n'a pas de prix, et le repas ici vaut bien le détour. Attention, son emplacement et sa cuisine valent à la Satrouille un joli succès, alors on n'hésitera pas à appeler avant de venir ici.

Mode et bien-être

CLAIRE 27
27, rue de l'église
VALOGNES
02 33 01 97 99
Ouvert du mardi au samedi de 9h à 12h et de 14h à 19h. Le vendredi, journée continue.
Cette toute nouvelle boutique redonne du tonus à cette rue qui s'attristait de voir ses magasins fermés. Claire privilégie les produits français, issus d'une mode éthique et éco-responsable. Cette jeune trentenaire a réalisé, en ouvrant son commerce, son rêve pour le plus grand plaisir des enfants, de la naissance à douze ans, et des femmes. Toutes les matières sont naturelles, comme ce coton est bio. Passionnées de mode et de couture, avec Claire, vous serez entre de bonnes mains. Excellent accueil et conseils avisés. Ici, on prend son temps !

Habitat et jardin

ALTERNATIVE ECOLOGIQUE
ZA du Croissant
21, rue des Ecréhous
SAINT-PAIR-SUR-MER
02 33 51 41 95
www.alternative-ecologique.fr
Ouvert du mardi au vendredi de 8h15 à 12h15 et de 14h15 à 19h. Le samedi de 9h à 12h et de 14h à 19h.
Alternative écologique est le premier magasin du sud de la Manche où vous trouverez tous les produits écologiques indispensables à l'éco-construction pour votre maison HQE (Haute Qualité Environnementale). Vous obtiendrez ainsi une construction durable, une isolation naturelle et saine tout comme la décoration. Les matériaux de construction sont bioclimatiques. Grand choix de peinture et de revêtements de sol et de mur écologiques. Sachez aussi profiter des promotions du moment. Chez Alternative écologique, on vous conseille et on vous guide dans vos choix. L'accueil y est responsable et professionnel.

accès direct à la plage	espace fumeurs	jardin ou parc
bar	établissement non-fumeurs	jeux
blanchisserie	fitness	lave-linge / laverie
climatisation	golf miniature	location de vélos
discothèque	handicap malentendant	magasin d'alimentation
distributeur d'argent	handicap malvoyant	navette aéroport
eau potable	handicap mental	pêche
équitation	handicap moteur	piscine intérieure

ORNE

Alimentation

■ LA COOPÉ
9, rue Cazault
ALENÇON
✆ 02 33 26 03 57
Rachetée par le groupe d'éleveurs Unébio quelques mois après sa fermeture, la boucherie rouvre ses portes et son magasin. Elle propose toute une gamme de viandes issues d'élevages locaux et régionaux. Des produits traiteur seront également disponibles.

■ LA FERME DE LA GRANDE SUARDIÈRE
La Grande Suardière
BELFORÊT-EN-PERCHE
✆ 02 33 83 53 29
www.cuisine-bio-hermeline.fr
lasuardiere@gmail.com
Ouvert le jeudi et le dimanche de 10h à 19h.
Installés en pleine campagne, à deux kilomètres du bourg, Cécile et Thierry Hermeline, agriculteurs bio, cultivent et transforment blé et seigle en une quinzaine de variétés de pains au levain. Les pains sont confectionnés et cuits dans leur propre four à bois et la farine moulue sur place, à la meunerie de la propriété. Tout est fait ici, vous l'aurez compris : on ne peut faire plus naturel et plus court circuit du champ à la bouche. Amateurs de très bon pain, voilà votre bonheur : la tresse aux céréales, la baguette percheronne, la ficelle aux raisins et noix, la fougasse aux olives, le pain gourmand aux fruits secs, la tresse briochée aux noisettes grillées et autres petites gourmandises se pressent – quand elles ne jouent pas des coudes – sur la table du petit déjeuner, du déjeuner, du goûter et du dîner Les jeudis et dimanches sont réservés à la vente. Vous sentez la bonne odeur de croustillant du pain frais ? Elle vient d'ici. Visites, démonstrations, stages de gastronomie végétale, ateliers santé bien-être et cuisine sont organisés tout au long de l'année. Infos en ligne ou sur simple coup de fil, notamment pour les commandes à passer le mercredi et le samedi de préférence avant midi.

■ LES FARINES DE LA TOUCHE
La Touche
DOMFRONT EN POIRAIE
✆ 02 33 37 03 99
www.yourte-souslespoiriers.com
adele.tanguy@hotmail.fr
Sur rendez-vous. Camping 4 € la nuit + 1,50 € pour l'électricité par jour. Petit déjeuner bio et fermier 7,50 €/ adult. et 4 € par enfant.
La ferme de La Touche, exploitation agricole biologique, conjugue l'élevage bovin et la culture de céréale pour produire de la farine. Vous pouvez découvrir l'exploitation et acheter en directe cette farine fraîche et très fine, 100 % naturelle, sans sel ni aucun adjuvant, déclinée en blé semi-complète, blé complète et seigle. De beaux sachets que l'on retrouve à la Maison du Parc, et dans de nombreuses épiceries, magasins bio et magasins et producteurs. Des boulangers et des restaurateurs se fournissent également ici. Vous trouvez sur place d'autres produits locaux : fromages, pâtes, légumes de la ferme (depuis 2019), cidre, huile, œufs… Et si le site vous plaît, vous pouvez même séjourner au camping dans votre tente ou sous la yourte sous les poiriers (toilettes sèches).

■ BAINZÉPARFUMS
10, rue de la Halle à l'Avoine
LA FERTÉ MACÉ
✆ 02 33 14 74 32
https://bainzeparfums.com
Cette nouvelle griffe propose des savons et cosmétiques naturels et biologiques fabriqués artisanalement à la Ferté-Macé. Eva, la savonnière, s'est formée à l'Université des Senteurs et des saveurs de Forcalquier. Vous retrouvez ses créations en ligne, dans les boutiques Locavor du territoire et sur quelques marchés. Pas de vente sur place.

■ NATURE ANDAINES
7, avenue Thier
LA FERTÉ MACÉ
✆ 02 33 38 56 53
www.natureandaines.fr
contact@natureandaines.fr
Ouvert le lundi de 14h30 à 19h30, du mardi au vendredi de 9h30 à 13h et de 14h30 à 19h30, le samedi de 9h30 à 13h et de 14h30 à 19h, et le dimanche de 10h à 12h30.
Envie de produits bio et locaux ? Rendez-vous à Nature Andaines. Entreprise de l'économie sociale et solidaire, cette enseigne locale, qui compte également une antenne à Argentan, est une société coopérative et participative. Cidres, viandes, fromages, huiles, charcuterie, fromages, yaourts, etc., vous trouverez ici toute une liste de produits alimentaires. Mais pas seulement. Produits d'hygiène et de bien-être, avec notamment des cosmétiques au lait d'ânesse, et aussi produits d'entretien, de jardinerie et d'éco-construction figurent dans les rayons, avec une trentaine de producteurs de la région qui vous font découvrir leur savoir-faire.

■ FERME DE SAINT AUVIEU
PASSAIS VILLAGES
✆ 02 33 37 99 93
Vous trouvez ici Isabelle et Jacques Mousset, producteurs de yaourts, fromages blancs et beurre en agriculture biologique. On les retrouve sur le marché de Domfront-en-Poiraie, le vendredi matin.

■ FERME DES CHÂTAIGNIERS
PASSAIS VILLAGES
✆ 02 33 38 44 96
Ouvert le samedi de 15h30 à 18h. Et sur rendez-vous.
Ghislain Lemercier et Graziella Crestot vendent à la ferme et sur les marchés alentour leurs fromages de chèvre et leurs faisselles produits dans le cadre de l'agriculture biologique.

ASINERIE MÉLISÂNE

Lieu-dit La Place
LE BOUILLON
✆ 02 33 82 02 35
www.melisane.fr
contact@melisane.fr

D'avril à fin septembre à certaines dates, se renseigner sur le site. Visite de la ferme 3 € par adulte. Gratuit pour les enfants. Deux chambres, une simple et une double de 57 € à 63 €.

En pleine campagne ! Alors pour vous aider à trouver cette ferme de découverte, voici comment y aller : de Sées prendre la direction de Carrouges, au lieu-dit « Les Choux », prendre à gauche vers Le Bouillon (ou l'inverse si vous venez de Carrouges !), suivre les indications de La Croix Médavy, continuer environ 900 mètres après l'église, vous êtes arrivé. Poussez la barrière de bois pour découvrir cette ferme ravissante et accueillante. Ici les Brand élèvent des ânes, du moins des ânesses, pour le lait qu'ils transforment en cosmétiques. Il s'agit d'une reconversion réussie pour ces citadins qui ont organisé une vie harmonieuse autour d'une activité agricole. Leur exploitation et leurs produits arborent le label bio. Vous pouvez voir le troupeau, très familier, et goûter sur la table de bois, sous les noyers. Philippe et Christine traient leurs ânesses à la main, chacune donne entre un litre et un litre et demi par jour. Parmi la gamme de leurs cosmétiques : un shampoing, des savons, un lait corporel, une crème de soins pour le visage, une autre pour les mains. Vente en ligne. Chambres d'hôtes Au Pré des ânes (voir rubrique chambres d'hôtes sur le site). Un accueil attentionné !

CHÂTEAU DE LA BIÈRE

Le Fay
LONLAY-L'ABBAYE
✆ 02 33 38 07 86
www.chateau-de-la-biere.com
contact@chateau-de-la-biere.com
En voiture ou bus nous avons un grand parking, à pied ou vélo nous sommes au pied du GR22

Ouvert du mardi au samedi. Visite sur rendez-vous. Visite et dégustation : 5 € par personne. Bières bio en 33cl et 75cl fût et tireuse à la location coffret bois ou métal artisanal fabrication locale.

Partant du principe que la bière est un produit noble au même titre qu'un vin, Donatien et Pascale Lesellier lui ont construit un château. Un petit château de bois pour leur micro-brasserie bio afin de brasser et d'accueillir la clientèle dans de bonnes conditions. La bière de ces deux jeunes passionnés très sympathiques est produite à partir de céréales bio et plusieurs variétés de houblon provenant d'Angleterre, d'Alsace ou de Tchéquie. Elle se décline en Tortue ou en Dragon, blonde, ambrée ou blanche, de printemps, d'automne ou de Noël. S'ajoute une étonnante Fleur de bière, très originale eau-de-vie de houblon. Et vous apprenez que la bière artisanale, vivante et riche de ses levures, est pleine de bienfaits. Donatien et Pascale travaillent selon les principes de la biodynamie et leur modeste et néanmoins élégant château est aménagé selon les principes du feng shui. Leurs bouteilles consignées sont présentées dans de beaux casiers de bois réalisés par des salariés d'un centre d'aide par le travail. Et si vous avez envie de vous mettre à brasser vos propres bières, des formations de brassage sont également proposées !

LE POTAGER DES GOURMETS

La Collardière
LONLAY-L'ABBAYE
✆ 02 33 38 64 01
mandrhewitt@club-internet.fr

Renate et Mickaël Hewitt cultivent les plantes aromatiques dans leur potager gourmet où s'épanouissent des fleurs comestibles, des fines herbes et des salades, le tout estampillé bio. Quelques fleurs décoratives aussi pour le plaisir des yeux. À la rencontre de l'Anis Hysop, du Pourpier, de la Perilla verte et autres Lis. Et si le site vous séduit, vous pouvez même y faire escale dans l'un des gîtes de ce jardin gourmand.

Restaurants bio

LE BIO EN HERBE

27, rue Aux sieurs
ALENÇON
✆ 06 18 35 06 43

Ouvet le midi du mardi au jeudi, midi et soir le vendredi. Terrasse. Animations.

Ce restaurant associatif est un concept en soi. En pleine rue piétonne du centre-ville, au milieu des enseignes dédiées à l'habillement, Le Bio en herbe détonne. C'est un lieu à l'atmosphère unique. Ici, toute la déco a exclusivement été réalisée à partir de matériaux de récup' ! Si la météo le permet, demandez à déjeuner sur la terrasse qui vaut le coup d'œil : les palettes en bois sont garnies de fleurs et on n'y est à l'abri des regards. Prolongement de l'association Du champ à l'assiette, qui œuvre pour la promotion des produits bio de l'Orne, Le Bio en herbe propose des plats de saison et/ou végétariens. Soupes, salades, brunch, mais aussi cake aux fruits secs ou gâteau aux pommes sont à la carte. Testé ce jour-là : une quiche aux carottes accompagnée de pois frais et yaourt de brebis aux fraises en dessert. Une cuisine simple et sans chichis qui pourrait peut-être décevoir les amateurs de cuisine plus savoureuse, mais qui a la cote auprès d'un public conquis par le concept. Le lieu fait également bar et propose régulièrement des animations, notamment autour du yoga. Attention, service le soir uniquement le vendredi.

LA MAISON DU VERT

TICHEVILLE
✆ 02 33 36 95 84
www.maisonduvert.com
info@maisonduvert.com

Ouvert d'avril à septembre. Haute saison : ouvert tous les jours le soir ; du vendredi au dimanche le midi. Entrées : 8,65 €. Plats : 13,95 €. Desserts : 7,95 €. Sorbets maison. Réservation recommandée. Hôtel : chambres de 70 à 105 €, petit-déjeuner 7,50 €. Gîte La petite maison blanche, 2 nuits, 120 € / 3 nuits : 135 €. Jardin. Terrasse. Vegan friendly.

Debbie et Daniel, les propriétaires des lieux, sont britanniques et ont posé leurs bagages ici en 2000. Cela fait presque vingt ans qu'ils proposent aux visiteurs un restaurant végétarien, un mini-hôtel 3 trois chambres et 1 gîte. Les hôtes viennent de loin, et souvent d'outre-Manche, pour déguster de délicieux plats végétariens, cuisinés avec des produits extra frais dont beaucoup viennent du potager voisin de 2,5 hectares. Au menu : soupe petit pois-courgette, feuilleté au fromage bleu, steak aux champignons et châtaignes, et bien sûr pudding ou crumble en dessert (la touche anglaise, *of course*) sans oublier une belle liste de glaces et sorbets maison. C'est l'endroit idéal pour vous régaler avec les légumes, les fruits... et les épices !

Mode et bien-être

■ **L'INSTANT DÉTENTE**
18, place de la Liberté
BELLÊME
✆ 02 33 73 00 19
www.instantdetentebelleme.com

Mardi, jeudi, vendredi de 9h à 19h. Le mercredi de 9h à 12h et de 14h à 19h. Le samedi de 8h30 à 19h non stop. Massages à partir de 59 €. Soins du visage à partir de 55 €.
Du 100 % bio... Cet institut porte bien son nom, car il vous garantit, en effet, un instant détente de la tête au pied. Toutes les prestations esthétiques et coiffure vous sont proposées, de l'épilation à la beauté des mains, des pieds jusqu'au bronzage. A votre service trois esthéticiennes diplômées. Pour votre confort : des cabines cosy, musique douce, matelas chauffant, lumière tamisée et climatisation. Laissez-vous guider dans le meilleur voyage. Nous avons retenu pour vous les massages. L'institut est spécialiste du massage et de la relaxation. Le massage relaxant « l'instant détente », est tout en douceur et en fluidité. Il est inspiré du massage indien et apaise le corps et l'esprit. Idéal après une journée de stress ! Le top du top, ce sont les « escapades sensorielles » Bionatural by Phyt's, certifiées bio comme tous les cosmétiques dans ce centre de bien-être. Un accueil au diapason, parfait jusqu'au bout des ongles !

SEINE-MARITIME

Alimentation

■ **BIOCOOP DU ROUENNAIS**
161, route de Paris
AMFREVILLE-LA-MI-VOIE
✆ 02 32 10 05 31
www.biocoop-rouen.fr
contact@biocoop-rouen.fr
Bus 11 arrêt Le Val.
♿
100% Bio. Ouvert du lundi au jeudi de 9h à 13h et de 14h à 19h ; le vendredi et le samedi de 9h à 19h30. Drive sur la boutique en ligne.
À 10 minutes en voiture du centre-ville de Rouen, se trouve un supermarché de produits biologiques et issus du commerce équitable. Ses avantages ? Au-delà de proposer des marques classiques bio, l'équipe soutient activement l'économie locale. Biocoop s'efforce de développer la filière de l'élevage, de l'agriculture et de la transformation des produits et l'enseigne travaille à l'année avec une vingtaine de producteurs normands pour vous fournir des fruits et légumes frais issus de l'agriculture biologique. Pratique : vous pouvez passer votre commande en ligne avant de vous rendre au *drive* pour récupérer le tout.

■ **PLANÈTE BIO**
Avenue de l'Europe
45, rue Georges-de-Buffon
BOIS-GUILLAUME
✆ 02 32 80 35 12
www.planete-bio-rouen.com/
100% Bio. Ouvert le lundi de 14h à 19h ; du mardi au jeudi de 10h à 19h ; le vendredi et le samedi de 10h à 19h30 ; le dimanche de 10h à 12h30.
L'enseigne fait partie du réseau Biocoop, héraut de l'agriculture biologique depuis les années 80. Dès le départ, la boutique a fait le choix de se constituer en coopératives, modèle économique qui permet une juste rémunération des producteurs pour la plus grande satisfaction des clients qui remplissent leur panier (bio !) en toute conscience écologique. Alors, si vous vous sentez l'âme d'un « consomm'acteur », Biocoop, c'est l'adresse où « consomm'agir » ! En rayon : fruits, légumes, pain, poisson, viande, épicerie, traiteur, etc., « tout beau tout bio », c'est-à-dire exempts de produits chimiques de synthèse, colorants, arômes, ou exhausteurs de goûts. Ajouter à cette liste : des écoproduits, produits d'entretien moins nocifs pour l'environnement.

■ **LES ROBINS DES BIO**
Zone Grandin-Noury
Rue de Rouen
ELBEUF
✆ 02 35 77 25 37
www.cooplocalbioelbeuf.over-blog.com
lesrobinsdesbio76500@gmail.com
Ouvert du mardi au jeudi de 9h30 à 12h30 et de 14h à 19h ; le vendredi et le samedi de 9h30 à 19h.
Les Robins des Bio ont fêté, en 2019, leur cinquième anniversaire en grande pompe... Plus qu'un lieu de vente, cette épicerie associative propose aux clients (souvent eux-mêmes sociétaires) un mode de vie écoresponsable. Mieux, elle invite aussi à participer à une économie sociale et solidaire qui privilégie les circuits courts. Sur 200 m^2, ce magasin vend donc l'équivalent bio, équitable et local des produits que vous trouvez en grande surface. Que demander de plus ! Moins de commerces et plus d'humanité ? C'est le cas ici. Cette coopérative se veut être un lieu de rencontre et un repaire convivial. Les clients croisent souvent des stands de dégustation et rencontrent les producteurs normands ; les acheteurs peuvent aussi s'entendre conseiller des idées de recettes ou encore s'essayer à la réflexologie.

BETTY BIO
16, rue Petit-de-Julleville
ROUEN ✆ 02 35 71 10 83
www.bettybio.com – contact@betty-bio.com
T1, T2, T3 : Cathédrale ou République.

Ouvert du mardi au samedi de 10h à 13h et de 14h30 à 19h. Livraison possible (sur la boutique en ligne).

On trouve chez Betty Bio toutes sortes de produits biologiques et écologiques, allant des fruits et des légumes aux compléments alimentaires en passant par les produits de régime (pour ceux qui doivent surveiller leur cholestérol et leur diabète). Mais ce n'est pas tout, puisque la boutique fait aussi herboristerie. Vous y trouverez donc des soins aux huiles essentielles, des capi-plantes, un grand choix de fleurs de Bach et d'autres plantes aux vertus que Laure se fera un plaisir de vous faire découvrir. Enfin, on y trouvera également tout le nécessaire à la lithothérapie : venez découvrir une large gamme de pierres et cristaux sous toutes leurs formes : pierres brutes, pendentifs, bijoux, bijoux ambre et argent, bracelets...

AU BON AIR
28, rue de la Mare-du-Parc
ROUEN ✆ 02 35 62 50 90
www.biomonde.fr – contact@au-bon-air.com
Bus F1, arrêt Jardin des Plantes.

100% Bio. Ouvert du mardi au samedi de 9h30 à 19h30 ; le dimanche de 10h à 13h. Fermé le lundi.

Au Bon Air appartient au réseau Biomonde et est l'une des rares épiceries de cette nature sur la rive gauche. Située près du Jardin des Plantes – ça ne s'invente pas ! -, l'enseigne est réputée auprès des amateurs de produits biologiques. Très pratique lorsque l'on souffre de certaines allergies ou tout simplement lorsque l'on veut avoir dans son assiette une nourriture dont sont exclus les produits chimiques et les pesticides. On y trouve absolument de tout, aussi bien des produits frais que de l'épicerie fine et des fruits et légumes. Un vrai petit coin de paradis pour ceux qui aiment manger sainement !

BOULANGERIE OSMONT
18, rue du Bac
ROUEN ✆ 09 54 22 79 62

Ouvert du mardi au samedi de 7h30 à 19h.

Tenue en société coopérative, la Boulangerie Osmont est une aventure 100% *made in Normandy*, conjuguant le savoir-faire de deux artisans de talent à la volonté de proposer des produits locaux et de qualité. Aujourd'hui, la boulangerie dispose d'une réputation telle que tous les Normands ou presque connaissent le pain Osmont, savoureux pain traditionnel au levain. En plus des nombreuses variétés de pains, vous aurez aussi l'occasion de vous régaler de délicieuses pâtisseries, de viennoiseries maison et tout un choix de gâteaux faits maison. Tous les produits commercialisés par la Boulangerie Osmont ont la particularité d'être bio. Une seconde boutique vous accueille également à Petit Quevilly.

RÉZO
ROUEN
✆ 06 74 29 59 61
www.rezo.my.weecoop.org/fr
lercbc@gmail.com

Livraison de produits locaux et biologiques sur un rayon de 30 kilomètres (sur Rouen rive droite, Quincampoix, Isneauville, Fontaine le Bourg, Cleres, Montville et alentours).

« Consommer bio et local n'est pas un privilège. » Voici l'affirmation de Rézo, un site de vente en ligne imaginé et créé pour faciliter la vente et l'achat de produits normands uniquement issus de l'agriculture biologique. L'idée de Rézo : proposer des fruits, des légumes, de la viande, du poisson et des produits laitiers bio sans flouer le producteur ni le consommateur, grâce à son fonctionnement en circuit court. Rézo se veut un intermédiaire juste entre les producteurs normands, qui réalisent une marge d'environ 7,5 % sur le prix de vente affiché, et le consommateur, qui paie moins cher qu'en se déplaçant à la ferme. Tout le monde y gagne, tant sur le plan économique qu'éthique et environnemental. Voici une façon de consommer engagé et de remplir son réfrigérateur en valorisant la production locale et sans bouger de chez soi !

Restaurants bio

LA SALAMANDRE
4, boulevard du Président-René-Coty
ETRETAT
✆ 02 35 27 17 07

Ouvert tous les jours. Ouvert de 12h à 16h et de 18h à 23h. Service continu les week-end et vacances scolaires. Au restaurant menu unique à 34 €. Carte. Menu enfant : 14 €. Formule : 15,90 € (formule brasserie).

S'arrêter dans cet établissement est une bonne occasion de profiter du cadre unique du manoir de la Salamandre, avec ses grandes tables en chêne et sa superbe cheminée. Côté cuisine, on travaille ici le poisson sauvage et les produits bio des petits producteurs locaux. Les plats sont simples et sains. Parmi les spécialités de la maison : fruits de mer, foie gras maison, bar et saumon sauvage, morue à la cauchoise, viandes bio, trio de poissons grillés à l'huile d'olive. Pour les végétariens : curry de tofu à la crème végétale, bolognaise aux protéines de soja.

BURGER GREEN
120, rue du général Leclerc
ROUEN
www.burgergreen.fr

Ouvert le mardi et le jeudi de 11h30 à 15h et de 18h30 à 22h ; le mercredi de 11h30 à 22h ; le vendredi de 11h30 à 15h et de 18h30 à 23h ; le samedi de 11h30 à 23h ; le dimanche de 18h30 à 22h. Menus de 12 € à 15 €. Menu enfant : 7 €.

Qui aurait pu deviner que «fast food» et écologie pouvaient parfaitement être compatibles ? Burger Green, bien sûr ! Ici, tout est fait maison, à base de produits bio et locaux. Le pain est réalisé sur place, la viande est hachée dans la cuisine, les frites sont préparées à partir de pommes de terre normandes et biologiques... Bref, de la vraie cuisine authentique comme on l'aime ! Il ne vous reste maintenant plus qu'à choisir entre un Bluecheese et sa sauce à la fourme d'Ambert, un classique Mic Mac, ou encore un Green Pepper et sa sauce relevée au poivre vert. C'est vrai, les burgers sont plus chers que chez la concurrence, mais c'est le prix à payer pour un déjeuner ou un dîner 100% écolo !

UN JARDIN COMME UN TABLEAU... ÉCOLO

Gérard François est horticulteur. Il y a des années, il a acheté une ancienne ferme typique dans son Perche natal, l'a restaurée et s'est bien sûr intéressé aux espaces en friche qui l'entouraient. Dans une démarche visant à réconcilier agriculture et paysage, ainsi qu'à préserver ce dernier des dérives subies ces trente dernières années, Gérard à réhabilité les lieux selon ses idées. L'aménagement est fait de manière à conserver l'âme percheronne qui sommeille dans ces terres et la transition avec les pâtures reconstituées aux alentours se fait en douceur grâce à des mares cernées de graminées. L'une d'elle est d'origine et servait à recueillir les eaux de drainage des terres, les autres offrent des miroirs d'eau supplémentaires autour desquels viennent nicher les oiseaux sauvages. Une manière de respecter la nature tout en s'en servant, ainsi que l'on fait les paysans pendant des millénaires. Peu à peu, le jardin à pris forme et est maintenant ouvert au publique tous les jours de l'année. Chaque saison possède ici son charme : au printemps, on peut apprécier l'ouverture sur l'extérieur, quand les graminées sont encore rases. Au fil des mois, leur croissance enserre le jardin et ses bâtisses. En été, cet écrin est si haut qu'il forme un brise-vent autant qu'une barrière visuelle séparant les floraisons ornementales de la végétation spontanée des près. Quel que soit le mois de votre venue, vous pourrez apprécier les différentes parties du jardin : la roseraie à l'aspect sauvage, le jardin de fleurs, diverses espèces décorant harmonieusement les berges d'un ruisseau, la collection d'arbustes de terre de bruyère dans les sous-bois ou encore le noble tapis de bruyère, disposé sur les marches d'un amphithéâtre qui accueille des spectacles en été. Les aires du parking sont discrètes, cachées par d'épais feuillage, et un joli chemin forestier mène jusqu'au jardin. Et comme derrière chaque beau jardin se cache une main verte habile, voici les secrets futés de Gérard François pour prendre soin de son petit havre de paix...

Faire appel à différents corps de métier : travailler avec un paysagiste pour mettre en forme le projet, engager des artisans experts dans l'architecture locale, suivre une volonté d'entretenir le rapport avec le terroir, avec les matériaux régionaux, les savoir-faire locaux.

Se servir des techniques anciennes pour entretenir le jardin, sans impact négatifs sur le paysage, ni sur la petite faune sauvage et les oiseaux et sans avoir recours au gros outillage polluant ni aux herbicides. Par exemple, les moutons élevés par la fermière qui vit sur le domaine tondent l'herbe autour des mares. Dans le jardin proche de la maison, les allées sont en stabilisé ou en terre compactée, et les adventices sont enlevées à la main quand elles gênent. Dans les massifs, il y en a peu grâce au paillis et à la densité de la végétation.

Considérer la roseraie comme un « jardin de la biodiversité », en mélangeant systématiquement des plantes vivaces aux rosiers et tout laisser pousser en liberté. Ainsi, entre plantes rampantes, rosiers grimpants et vivaces conquérantes, la nature crée spontanément un fouillis joyeux et esthétique qui varie de façon surprenante selon les angles de vue. De plus comme la roseraie est située près des mares, les oiseaux qui viennent s'y abreuver s'attaquent également aux parasites.

Renoncer à l'arrosage, ou presque : depuis six ans, Gérard François n'arrose plus son jardin et ne recense pas de pertes notables parmi ses plantes. Le principe est d'arroser abondamment au départ, pour la reprise de la végétation les premières années et puis ensuite s'en passer. Cependant les rhododendrons dont le système racinaire superficiel ne supporte pas une trop grande sècheresse doivent tout de même continuer à s'abreuver. De la même façon, par grande sècheresse, il convient tout de même de donner un coup de pouce à la nature et de sortir les arrosoirs...

Utiliser l'eau comme ressource : mares et ruisseaux sont les alliées principales d'un jardin luxuriant. Celui-ci possède maintenant grâce au talent de Gérard François son propre parcours d'eau. Le drainage naturel désengorge les terres et certains oiseaux sont revenus comme les sarcelles et les bécasses. Fin février, les graminées plantées autour des mares sont coupées au ras du sol, sauf sur une partie où les canards et les poules d'eau ont élu domicile.

LE JARDIN DE FRANÇOIS
Le Clos
PERCHE EN NOCÉ
✆ 02 37 49 64 19
gfrancois@jardin-francois.com

Ouvert toute l'année du lundi au dimanche du lever au coucher du soleil.

Le Jardin de François, situé à quelques kilomètres du village de Préaux-du-Perche, a vu le jour en 1995. Aujourd'hui, il s'étend sur 2 hectares qui se répartissent autour d'une ancienne ferme percheronne, le cœur du jardin. De la cour, on aperçoit les pâtures grasses du Perche et les bois environnants. A chacun, ensuite, au fil de la balade à travers la lande de bruyères ou la colline aux magnolias, à travers la roseraie, le sous-bois aux hydrangéas ou du côté des étangs, de se laisser aller à imaginer d'autres paysages... Une excursion nature et futée, à partager en famille, entre amis, en amoureux ou pour une rêverie solitaire ! Pour prolonger l'expérience déconnectée, vos pouvez séjourner dans les chambres d'hôtes et vous régaler du panier gourmand de produits de la ferme qui vous sera remis pour votre séjour.

CASSE-NOISETTE
92, rue Docteur-Vigne
LE HAVRE
✆ 09 83 77 58 04
cassenoisettevegetarien.com
cassenoisettevegetarien@gmail.com

Gluten-free friendly. Fermé 15 jours en août. Ouvert du mardi au samedi de 12h à 14h. Entrées de 4,50 € à 5 €. Plats 9,90 €. Desserts de 4,50 € à 6,20 €. Chèques non acceptés. American Express.

Premier restaurant 100 % végétalien du Havre ! Réticent au végan ? Ici, la maîtresse des lieux saura vous convaincre que la cuisine végane est d'une richesse infinie et que chaque bouchée peut être un délice. Soupe, plat, dessert, tout est bon et surprenant. La carte change chaque semaine en fonction de la saison et de l'arrivage. Le frais est de mise ! Une cuisine simple, variée, goûteuse, généreuse, à base de produits frais et bruts, souvent bio et locaux. Les fromages végétaux bio sont français et artisanaux. A l'ardoise, chaque semaine, une entrée, trois plats et trois desserts. Côté boissons : thé, rooïbos, maté, infusions, vins, cidre local, bières artisanales, jus équitables, le tout en bio. Ambiance très agréable et resto très bien situé. Cette adresse étant très prisée et la salle intimiste, il est vivement conseillé de réserver. Sur place ou à emporter dans des emballages biodégradables. Accueil extra !

HYGGE
15, rue Sainte-Croix-des-Pelletiers
ROUEN
✆ 02 35 52 09 90

Ouvert le mardi et le mercredi de 8h30 à 14h30 ; le jeudi et le vendredi de 8h30 à 22h30 ; le samedi de 10h à 22h30. Carte : 25 € environ.

Ce charmant restaurant-salon de thé situé en plein cœur du centre historique de Rouen met l'accent sur le bien-être en proposant une cuisine maison et sans gluten depuis l'entrée jusqu'au dessert. Son nom, Hygge, fait référence à l'art de vivre et au bien-être des Danois, réputés comme l'une des nations les plus heureuses au monde. Et c'est justement cette ambiance à la fois chaleureuse et bienveillante que Carine et Laura, les propriétaires, ont souhaité recréer pour leur restaurant. Et cela fonctionne, car mieux vaut réserver pour avoir une table ! Au menu, vous retrouverez des plats classiques comme les falafels de légumes, et des plus originaux comme le cari coco végétarien ou le risotto au citron et pignons de pin.

LA TABLE DE FLORE
58, rue Cauchoise
ROUEN
✆ 06 76 30 20 79
latabledeflore.com
contact@latabledeflore.com

Ouvert le mardi et du jeudi au dimanche de 12h à 15h et de 19h à 22h30. Ateliers culinaires le mercredi. Brunch le dimanche sur réservation. Carte : 20 € environ. Chaises bébé. Terrasse. Vente à emporter.

La table de Flore est un concept à la fois gourmand et original car les assiettes servies ne se comptent pas en calories mais en empreinte carbone. Ici, tout est fait pour respecter l'environnement, éviter le gaspillage alimentaire et offrir une cuisine sincère, goûteuse, délicate, très actuelle dans sa volonté de minimiser son impact écologique. Estampillé *slow food*, le petit restaurant à l'atmosphère épurée et conviviale ne manque pas de caractère et la cheffe sait répondre aux attentes spécifiques des convives en confectionnant des plats vegan ou sans gluten. Le restaurant fait également salon de thé, et l'on peut y prendre un brunch le dimanche.

Mode et bien-être

BIO OCÉANE
79, rue Jeanne-d'Arc
ROUEN
✆ 02 35 07 18 55
biooceane.wixsite.com/bio-oceane
bio.oceane@gmail.com

Ouvert du lundi au vendredi de 9h30 à 19h ; le samedi de 9h30 à 17h30. Soin du corps : de 30 à 135 €. Soin du visage : de 40 à 85 €.

Travaillant avec des cosmétiques biologiques et naturels, les esthéticiennes de l'institut proposent à leur clientèle différentes prestations allant du massage oriental, aux pierres chaudes ou drainant, à l'enveloppement d'algues ou de boue du Mont-Saint-Michel 100 % naturelle recommandée pour les problèmes musculaires et articulaires, jusqu'à la réflexologie plantaire, les soins au collagène, le shiatsu du dos mais aussi le bronzage en pulvérisation... Le choix est large. Pour celles qui souhaitent remodeler leur silhouette, Bio Océane propose des séances de Power Plate et de Skin Tonic. Un institut vraiment complet de la tête aux pieds.

Habitat et jardin

ECOBATI NORMANDIE
Zone artisanale
Rue de Rouen
TOUSSAINT
✆ 02 35 10 65 07
normandie@ecobati.fr

Ouvert du lundi au vendredi de 8h à 12h et de 13h30 à 18h. Le samedi de 9h à 17h non stop. Fermé 15 jours en août. Livraison possible.

Ecobati souffle cette année sa trentième bougie ! Partenaire idéal pour mener à bien tous vos projets pour bâtir et rénover tout en respectant santé et planète, Ecobati vous propose des matériaux sains et de qualité. Son expérience et son expertise en matière de matériaux écologiques vous seront d'une aide précieuse, en isolation thermique (laine de chanvre, fibre de bois, cellulose de papier...), en isolation acoustique (feutre de jute, flocons ou granulés de cellulose thermofloc...), dans le domaine de la décoration écologique avec peintures, huiles, lasures, planchers et marmoleum, enduits d'argile et de chaux, etc. Conseils professionnels avisés (notamment en matière de décoration) et excellent accueil !

PAYS DE LA LOIRE

LOIRE-ATLANTIQUE

Alimentation

■ LE P'TIT POIDS
8, rue Alcide Charles d' Orbigny
COUËRON
✆ 09 83 02 87 22
www.epicerie-leptitpoids.fr
contact@epicerie-leptitpoids.fr

Ouvert du mardi au jeudi de 9h à 12h30 et de 14h30 à 19h30 ; le vendredi de 9h à 12h30 et de 15h30 à 19h ; le samedi de 9h30 à 12h30 et de 15h à 19h.

L'idée de cette épicerie parfaitement dans l'air du temps est issue d'un constat : celui que nous sommes responsables de la santé de notre belle planète et, par conséquent, responsables des 350 kg de déchets produits par an et par habitant. Désireuse de prendre les choses en main et d'agir à son niveau, Anaïs a ouvert son épicerie en vrac en juillet 2017. Le principe ? Des produits locaux, bio et proposés en vrac donc. Les clients arrivent avec leurs contenants, qu'ils font peser vides avant de remplir et de passer en caisse pour ne payer que le produit.

Dans les rayons du P'tit poids, on trouve tout le nécessaire du quotidien, à savoir : des vins, jus, bières, des fruits et légumes de saison, de l'épicerie sucrée et salée, des produits cosmétiques, des produits ménagers et même des produits zéro déchets. Une idée simple et rafraîchissante qui fait du bien... et qui mérite d'être encouragée !

■ SEL NATUREL DE GUÉRANDE
La Salorge de Mouzac
Rue des 2 Moulins
Gilles Hervy
GUÉRANDE
✆ 02 40 15 59 69
boutique.selguerande.com/index.php

Ouvert tous les jours de 9h à 20h. Pendant les vacances scolaires et durant les week-ends (selon météo). Visite de la saline gratuite, rencontre avec le paludier.

Histoire : Gilles a repris la saline de Mouzac, sur l'aire d'appellation du sel de Guérande, en 1995, par passion. Il aime être pieds nus dans la saline, il aime l'argile, l'eau de mer et le sel. Il aime ce métier de plein air, ancestral, manuel et satisfaisant qu'il vous raconte pour peu que vous fassiez escale lorsqu'il travaille. Il vous parlera du métier mais aussi du sel, le gros, le gris, la fleur de sel, de sa richesse en oligo-éléments et de ses multiples atouts et bienfaits. Aux beaux jours, son épouse Eloïse vient garer un petit camion bâché devant la saline pour vendre en direct la production de la maison.

Produits : On trouve aussi en vente sur Internet les sels, la salicorne et différents produits 100 % locaux et artisanaux élaborés par ce couple sympathique : sels, sels aux algues, fleur de sel au fenouil, aux baies, au basilic, moutarde aux salicornes, etc. Mais c'est bien plus agréable de respirer l'air iodé sur place ! En plus, la production est estampillée bio (Nature et Progrès).

■ BOUCHERIE
BIO DE L'ATLANTIQUE
5, rue de la Communauté
LE BIGNON
✆ 06 84 09 91 95
www.laboucheriebio.com
contact@laboucheriebio.com

Pour consulter les points de vente selon les jours, rendez-vous sur le site www.laboucheriebio.com.

Myriam et Stéphane Bourdeau ont plus de 30 ans d'expérience dans le domaine de la boucherie traditionnelle. Ils ont acquis un savoir-faire et une expertise d'exception concernant la viande et sa préparation. Si bien qu'en 2015, ils se sont lancés dans la création de la Boucherie Bio de l'Atlantique dont l'entité Le Comptoir des Viandes Bio, est partie prenante. L'objectif ? Créer des points de vente de boucherie, charcuterie et traiteur entièrement bio dans la plupart des marchés de l'agglomération de Nantes. Ainsi, en achetant une viande la boucherie bio de l'Atlantique, vous vous assurez de consommer de la viande bio issue de l'agriculture biologique, française, locale et donc issue de circuits courts. Les meilleures morceaux d'une viande choyée et respectueuse de la nature et de l'environnement vous attendent sur un stand ultra-frais ! Pour retrouver la boucherie, rien de plus simple que de vous connecter au site Internet www.laboucheriebio.com pour consulter la liste des points de vente en fonction des jours et des moments de la journée. Les lieux sont très nombreux, vous trouverez forcément le marché qui vous correspond ! Pensez également aux colis composés préparés à l'avance et qui permettent de bénéficier de tarifs intéressants.

■ BOUCHERIE
BIO DE LA PRESQU'ÎLE
30, avenue des Ibis
LA BAULE-ESCOUBLAC
✆ 02 40 24 36 79
www.unebio.fr

Ouvert du mardi au samedi de 8h à 13h et de 16h à 19h30 ; le dimanche de 8h à 13h. Ouvert tous les jours en juillet et en août. Commandes possibles par mail et livraisons gratuites.

Christelle et Stéphane Hobigand sont spécialisés dans la boucherie depuis des années, près de 30 ans précisément. Cependant, jusqu'à l'ouverture de leur Boucherie Bio de la Presqu'île, ils vendaient leur viande sur les marchés sans étiquette bio. Après leur rencontre avec l'Union des éleveurs bio, le couple a décidé de se spécialiser et d'ouvrir une boutique en dur. Ainsi, ils ne vendent désormais plus que des viandes issues de l'agriculture biologique et garanties bio, y compris du côté des produits d'épicerie. De plus, la viande est locale puisqu'elle provient du Pays de la Loire. Ainsi, vous êtes assurés de vous fournir en grillades, brochettes, viandes marinées, volailles et autres produits de boucherie en sachant exactement d'où cela provient et le traitement réservé. Cela vous permet de consommer mieux tout en restant informé. Côté prix, ils sont doux puisqu'ils sont ceux pratiqués dans les boucheries traditionnelles. Un vrai bon plan !

■ TI'BIO – LES ARRANGÉS

Z.A. du Petit Bois Route de Pannecé
MÉSANGER
✆ 07 71 01 30 54
www.tibio-lesarranges.fr
contact@tibio-lesarranges.fr

Vente en ligne en partenariat avec Miammarket.fr ou en direct auprès de cavistes, épiceries fines et magasins bio sur Nantes et en pays d'Ancenis.

Installée près d'Ancenis, voici une enseigne créée en 2017 par Xavier Ricci. Cet homme riche de voyages et au parcours atypique s'est lancé dans cette reconversion pas tout à fait au hasard. En hommage à son héritage familial transmis par sa grand-mère mauricienne et à son père né à Madagascar, Xavier a décidé de perpétuer la tradition de la préparation de rhums arrangés et qui plus est bio ! Il revisite et modernise ainsi les recettes de Mémée Célérine pour le plus grand bonheur des consommateurs. Ce maître-artisan a d'ailleurs été primé à plusieurs reprises et notamment au concours international Top Rum 2019-2020 : Médaille d'or pour le Ti'Punch de Mémée Célérine, Médaille d'argent pour l'Assemblage n° 2, Médaille de bronze pour le Banane Vanille Gamme Brut. Son secret réside dans la sélection rigoureuse de rhums bio ainsi que dans la haute qualité gustative des fruits et des épices, pour la plupart issus du commerce équitable. Car, dans ce projet de faire profiter au plus grand nombre sa passion et ses dons pour le rhum arrangé, Xavier tenait à respecter ses valeurs que sont le bio associé à la qualité ainsi que la juste rétribution du travail accompli par les acteurs locaux. Le résultat donne une fabrication artisanale équitable et écoresponsable. Le petit +, la macération maîtrisée : ses rhums arrangés sont filtrés pour une préservation des saveurs et des arômes dans le temps, un bonus sur le volume à boire ! En toute modération naturellement…

■ BIO NANT' PRODUITS BIOLOGIQUES

1, rue Saint-Denis
NANTES
✆ 02 40 48 12 37
www.bionant.fr
bionant@hotmail.fr

Ouvert du lundi au samedi de 9h30 à 19h15. Livraison à Nantes et dans l'agglomération du lundi au samedi. Le jour même si commande avant 11h ou le lendemain de 9h30 à 20h30. Carte fidélité un panier d'une valeur de 10 € offert pour 10 tampons.

Bionant', ce sont deux boutiques dans le centre ville mais aussi une présence active sur différents marchés de Nantes et de l'agglomération depuis onze ans. Bionant' offre un service de paniers variés, tout prêt ou à choisir sur leur site web ou dans leurs magasins, simple et efficace ! Une fois son choix finalisé, on reçoit un SMS sur son téléphone pour confirmer le jour et l'heure de livraison, à moins qu'on ne souhaite récupérer son panier en boutique. Si vous en avez la possibilité, pensez à effectuer des achats groupés (amis, comité d'entreprises) pour mutualiser les coûts de livraison. Coté philosophie, le fondateur de Bionant', Jean-Yves Moullec, n'a qu'une devise : bio, local et de saison. Inutile donc de chercher des fraises en hiver… Le respect de la saisonnalité n'empêche en aucun cas de profiter, au bon moment, de ces nombreuses variétés de tomates : la Noire de Crimée, la green zébra, la melon (toute blanche)… Quel plaisir de découvrir de l'hélianti (topinambour blanc) mais aussi le persil racine ou les choux-fleurs. Côté fruits, à vous les pomelos sweety, la menthe sauvage, le citron bergamote, la mandarine ancienne (utilisée pour la fabrication de liqueurs)… En prime, on trouve sur le site de belles idées de recettes pour cuisiner sains et vitaminés !

■ BOULANGERIE CATHERINE

122, rue Général Buat
NANTES
✆ 02 40 74 03 23
www.boulangeriecatherine.fr

Ouvert du mardi au samedi de 8h30 à 13h30 et de 15h30 à 19h30. Au marché de Talensac du mardi au dimanche de 7h à 13h (02 40 99 38 88).

La boulangerie de Catherine c'est avant tout l'authenticité ! L'authenticité du produit pour cette boulangère dont la famille fait de la boulangerie depuis 1680. L'authenticité est également dans le choix des farines : pain à l'épeautre, la farine de blé noir de Blain, le pain au levain traditionnel longue fermentation. Le pain est bio et les farines sont à 99 % françaises ! Et le pain est cuit au feu de bois dans un ancien four traditionnel découvert par hasard suite à des travaux, quelle belle surprise pour la propriétaire ! Ici, on fait dans le naturel et le bio ce qui est redondant. On trouvera aussi toutes sortes de gâteaux maison de belle qualité auxquels il vous sera difficile de résister : comme les gâteaux nantais, les cakes aux fruits, les éclairs au café ou au chocolat, les cheese-cakes (avec la vraie recette de New York !), les assortiments de petits fours, les brownies, les choux framboise ou muffins maison made in France. Les pâtisseries sont présentées dans des plats du XIXe siècle ou de 1930… On cède également à la petite gamme de jus de fruits bio également et aux délicieuses confitures des moniales de Sept-Fons. Ici prime la qualité. La boulangerie Catherine vous accueille aussi au Marché de Talensac.

■ CHLOROPHYLLE BEAUJOIRE

20, rue Eugénie-Cotton
NANTES
✆ 02 40 25 11 11
www.chlorophylle-coop.com

Ouvert du lundi au samedi de 9h à 19h30.

Consommer des produits biologiques et équitables sans avoir à courir plusieurs boutiques pour contenter nos besoins multiples ? La solution : les magasins Chlorophylle, qui référencent plus de 7 000 produits bio au sein de 5 supermarchés bio sur Nantes et l'agglomération. Qu'il s'agisse de fruits et légumes (provenant en majorité de la région), de produits d'épicerie (pâtes, riz et un grand choix de céréales moins habituelles), de cosmétiques, de produits d'entretien ou encore d'aliments pour animaux on trouvera son bonheur. Le rayon boucherie et le rayon frais sont également bien fournis. Outre les produits classiques, on trouvera ici des choses étonnantes, comme des chips de betteraves, des graines d'épeautre ou de la tisane à l'ortie. En flânant dans les rayons, on se sent déjà plus sain, et on voudrait tester tous ces produits sans agents tensio-actifs, sans gluten ou encore sans conservateur qui arborent des emballages minimums mais très attractifs. Pour les plus militants, il est possible de devenir adhérent de la coopérative pour 32 €, adhésion qui permet de bénéficier d'une réduction de 10 % sur tout le magasin. Et comme manger sain avec un souci de préservation de la planète est un acte militant, allez-y de préférence en vélo !

■ LES COTEAUX NANTAIS

Marché de Talensac
Place Talensac
NANTES
✆ 02 40 75 20 20
www.coteaux-nantais.com
Les Côteaux sont situés au milieu du marché de Talensac.

A Talensac : du mardi au dimanche, 7h-13h – A Vertou : du mardi au samedi, 9h-12h30 et 14h30-19h30.

Reconnus pour leur productions de pommes et de poires cultivées en agriculture biologique et biodynamique, les Côteaux nantais proposent une quarantaine de variétés de pommes, une dizaine de variétés de poires, ainsi que des coings, kiwis, fraises ou pêches. Aux côtés des classiques, Golden ou Belle de Boskoop, poires Conférence ou William, on trouve aussi des moins connues comme la Delsavor, la poire Président Héron, la pomme Patte de Loup ou la Topaz. Un large choix de produits autour de la pomme, cidre, compotes, confitures, gelées, jus, nectars ou vinaigres maison, est aussi proposé. A tester : « Apibul » : mélange pétillant de jus de pommes et fruits rouges sans sucre et sans alcool.

■ KERBIO FRUIT LÉGUME BIO

71, boulevard Alfred Nobel
NANTES
✆ 02 85 52 40 88
www.kerbio.fr
paniersbio@kerbio.fr

Livraison en points relais, à domicile, en entreprises. Horaires : lundi, mardi, mercredi et jeudi : 8h-13h et 14h-17h. Vendredi : 8h-12h30.

Il y a 7 ans, Kerbio a senti le vent souffler, créant une épicerie bio en ligne avec livraison à domicile et en entreprises. Aujourd'hui, l'enseigne est bien implantée sur Nantes et l'agglo, et travaille essentiellement avec des producteurs locaux, dont le petit frère Les Côteaux nantais (jus, compotes et confitures), et le cousin, Provinces bio. On commande donc via le site parmi les 1 500 références (bientôt 4 000 avec le nouveau MIN), et on récupère sa commande (fruits, légumes, épicerie salée/sucrée, maison, bébé, vegan...) dans l'un des 65 points relais, ou on se fait livrer. Kerbio propose aussi une offre pour des pauses gourmandes et saines en entreprise (fruits, cafés, thés...).

■ PANIERS BIO SOLIDAIRES

NANTES
✆ 06 07 78 08 63
www.lespaniersbiosolidaires.fr
info@lespaniersbiosolidaires.fr

Un panier comprend 5 à 7 variétés de légumes biologiques (et fruits ou aromates) pour deux personnes : +/- 14.10 € hebdomadaire.

Un beau projet fédérant les acteurs du secteur agricole et de l'insertion sociale et professionnelle à l'échelle régionale, mettant en valeur les productions locales et biologiques et favorisant la réinsertion professionnelle en confiant le conditionnement à une structure d'insertion. Pour vous éviter de prendre la voiture, vous pouvez récupérer votre panier dans l'un des 97 points relais disponibles sur Nantes et l'agglomération. La livraison y est réalisée le mercredi, jeudi ou vendredi selon le point relais. Possibilité de prendre un abonnement et de se faire livrer chez soi chaque semaine un panier composé de 5 à 7 produits frais avec des idées de recettes.

accès direct à la plage	handicap malvoyant	plats cuisinés à emporter
bar	handicap mental	room service
blanchisserie	handicap moteur	salle de remise en forme
climatisation	jardin ou parc	salle de jeux / tv
discothèque	jeux	sanitaires modernes
distributeur d'argent	lave-linge / laverie	sports nautiques
eau potable	location de vélos	tennis
équitation	magasin d'alimentation	tir à l'arc
espace fumeurs	navette aéroport	toboggan aquatique
établissement non-fumeurs	pêche	ventilateur
fitness	piscine intérieure	vidange wc
golf miniature	piscine extérieure chauffée	voile
handicap malentendant	piscine extérieure	

LA MAISON BOULANGERIE
36, rue La Noue Bras de Fer
NANTES
✆ 07 67 38 56 89
www.maisonarlotcheng.com
info@maisonarlotcheng.com
Du mardi au vendredi de 8h30 à 19h30 et le week-end de 10 à 15h.
Il y avait peu de boulangeries dans ce coin de l'île de Nantes. Aujourd'hui, grâce à la générosité des internautes et pour le plus grand bonheur des amoureux du bon pain, La Maison Boulangerie a vu le jour. C'est dans ce cadre lumineux et brut en béton ciré que s'affairent Pierre-Antoine, Chin-Jy et leur équipe de Baristas, boulangers et pâtissiers, passionnés. Diplômé artisan boulanger bio à l'école internationale de boulangerie, Pierre-Antoine s'est fait la main dans de belles maisons à travers l'Europe. A La Maison, le pain est artisanal, bio, au levain et réalisé sur farine de meule en fermentation lente. Quant aux cafés, ils sont torréfiés par Allpress, percolateur et extraction douce. Les thés eux sont sélectionnés par la sourceuse nantaise Patchouli & Co. En vitrine, les pains sont beaux et les mies délicates. Sur place, les cafés se dégustent, travaillés dans les règles de l'or. Au cœur du quartier de la création, les gourmandises inspirées à de traditions internationales vous donneront de l'inspiration !

LA CAVE NATURE
34, rue des Sables
PORNIC
✆ 06 80 20 53 74
https://lacavenature.com
helene.fortanier@lacavenature.com
Basse saison : ouvert du mardi au samedi de 10h à 12h30 et de 14h30 à 19h30 ; le dimanche de 10h à 12h30. Haute saison ouvert tous les jours de 10 à 12h30 et de 14h30 à 19h30. Ouvert du mardi au samedi de 10h à 12h30 et de 14h30 à 19h30 ; le dimanche de 10h à 12h30. Du 1er juillet au 31 août le dimanche : ouvert de 10h à 12h30 et de 14h30 à 19h30.
Cette cave propose une sélection de 400 références de vins bio, certifiés AB ou produits en biodynamie, cela pour tous les budgets et tous les goûts : du vin de pays au grand cru, de l'Alsace au Beaujolais en passant par le Bordelais, le Bourgogne, le Jura, la Vallée du Rhône, les vins du monde... sans oublier bien sûr les vins du coin et du Val de Loire. On y trouve également un choix de boissons sans alcool, de bières, cidres, paniers gourmands... A noter que des stages d'œnologie sont organisés pour les particuliers et les entreprises, et chaque mois, de nombreuses animations sont proposées aux amateurs.

LE JARDIN DE MON PÈRE
La Cherpelière
ROUANS
✆ 06 59 28 89 93
http://lejardindemonpere.com
contact@lejardindemonpere.com
Ouvert le mercredi de 16h30 à 19h. 18€ le panier de légumes.
Ce jardin au nom évocateur a été créé en 2011 et propose une quarantaine de variétés de légumes cultivés en agriculture biologique sur 2,5 ha de champs et 2 700 m² de tunnels. On y trouve des légumes savoureux, forcément, mais on peut aussi profiter de son passage à la ferme le mercredi soir pour s'approvisionner en œufs, fromages, sel et miel. Le Jardin de mon père propose également un service de livraison de paniers de légumes à domicile. Présents sur le marché de Sainte-Pazanne le vendredi matin et celui de Bourgneuf le vendredi soir.

AU JARDIN BIORETZ
La Haute Mojetière
SAINTE-PAZANNE
✆ 02 51 11 87 27
www.aujardinbioretz.com
Ouvert du mardi au vendredi de 9h à 12h30 et de 13h30 à 19h ; le samedi de 9h à 12h30. Fermé le dimanche et le lundi. Panier bio à partir de 10 € pour 2 personnes, légumes ou fruits. 20 € pour 4/5 personnes.
Au Jardin Bioretz, l'on trouve des fruits et des légumes bio, certains produits sur place, d'autres provenant du coin ou d'un peu plus loin mais toujours dans une démarche bio, et toujours avec cette volonté de consommer responsable. Dans ce Jardin, on trouve aussi des œufs, du pain, de la viande, des produits d'épicerie, laitiers et crèmerie, et même des produits d'hygiène. On peut même réserver des paniers bio, des paniers de légumes ou des paniers de fruits, pour 2, 3/4 ou 4/5 personnes. ici, on peut aussi discuter et échanger les bons plans et astuces pour consommer autrement, dans le respect de la nature autant que de l'humain. En bref, c'est un jardin un peu extraordinaire.

LES PANIERS DE DAVID
Rue de la Sèvre
SAINT-FIACRE-SUR-MAINE
✆ 06 78 57 81 72
www.lespaniersdedavid.com
contact@lespaniersdedavid.com
Livraison à domicile ou en point relais sur Nantes et ses environs du jeudi au samedi.
Adepte des produits locaux, biologiques, de saison ? Besoin de vous faire livrer ou de gagner du temps dans vos achats de courses quotidiennes ? Ce site Internet nous ravit avec sa livraison à domicile ou dans un point de collecte. Il est extrêmement pratique à consulter grâce à ses rubriques. Les paniers complets, végétariens ou même diététiques, conçus en collaboration avec des diététiciennes de NaturHouse, satisfont à merveille les besoins des personnes seules ou des grandes familles. Fruits, légumes, viandes, poissons, œufs, crèmerie, fromages, boulangerie, pâtisserie, épicerie, boissons peuvent être également commandés dans la quantité souhaitée. David, cuisinier de métier, propose des recettes sur le site pour nous donner de nouvelles idées de repas. Les secteurs et jours de livraisons sont consultables sur le site de David. N'hésitez pas à parcourir la liste de producteurs mentionnés sur le site pour vous familiariser un peu plus avec eux...

LA BOULANGERIE AUX PAINS MARITIMES
16, rue d'Anjou
SAINT-NAZAIRE
pains.maritimes@orange.fr

Ouvert le mardi, le jeudi et le vendredi de 16h à 19h30. Le vendredi et le dimanche au marché de Saint-Nazaire, sous les Halles. Le mercredi et le samedi au marché de Guérande (Intra-muros) Le dimanche et le jeudi à Saint-Marc (l'été).

Cette boulangerie bio est différente. Différente dans sa démarche : tout est pensé pour que les produits soient le plus naturels possible et avec le moins d'impact environnemental. La production est préparée à partir d'eau filtrée. Les farines fournies sont locales, elles proviennent de la minoterie Giraudineau et de sel de Guérande. L'énergie électrique utilisée est 100 % renouvelable, fournie par Enercoop. Différente aussi dans la manière de travailler. Les boulangers David Monvoisin et Jean-Marie Le Gall se sont reconvertis pour devenir boulangers avant ils étaient respectivement dans l'associatif et vétérinaire. Ils ont choisi leur manière de travailler, à savoir, pas de travail de nuit, mais ils sont à la fois aux fourneaux et à la vente de leurs produits. Parmi les produits exclusivement bios cuits dans le fournil : pain de campagne, pain complet, pain aux graines (tournesol, courge, pavot), petit épeautre, pain de seigle, pain riz-sarrasin (sans gluten), brioche. Vous pourrez également acheter des pains spéciaux : pains aux olives, pains aux noix, pains figues-raisins-noix, des biscuits apéro (sablés au comté, crackers), des douceurs (sablé de petit épeautre, sablé menthe citron, etc.).

■ VERGERS COTEAUX NANTAIS
3, place Pierre-Desfossé
VERTOU
✆ 02 40 75 20 20
www.coteaux-nantais.com
contact@coteau-nantais.com

Pas de visite.

Producteur français de pommes et de poires biologiques, la société « Les Vergers des Coteaux Nantais » existe depuis 1943 et conduit ses arbres fruitiers en bio depuis 1970. La ferme familiale a commencé à produire ses premiers cidres brut et demi-sec dans les années 1980. La famille s'est agrandie par la suite avec la fabrication d'un cidre doux issu de pommes à couteau, une spécificité « Coteaux nantais ». Actuellement 94 hectares de vergers sont cultivés autour de Nantes et les produits bio (cidre, vinaigre, jus de pommes, jus de pommes pétillants, purées de pomme et autres compotées) qui en sont issus, ont reçu de nombreuses distinctions et récompenses, avec récemment une médaille de bronze pour la confiture extra de framboises bio au Concours général agricole de Paris 2017. Attachée de longue date à l'arboriculture biologique, la société s'est également tournée vers la bio-dynamie. Durable et respectueux de l'environnement, ce mode de conduite permet de stimuler la vie dans le sol et de donner de l'énergie aux plantes en développant la biodiversité dans tout l'écosystème. La démarche qui repose notamment sur le calendrier lunaire prend ainsi en compte les influences cosmiques. « Si les méthodes bio s'appliquent à respecter la terre, celles de la bio-dynamie s'attachent à la soigner », explique-t-on. Les cidres sont donc le produit de fruits tout ce qu'il a de plus naturel et d'une philosophie de vie. On ne visite pas cette grande maison mais tous ses produits parmi lesquels les cidres bouché bio demi-sec, doux, brut (cuvée spéciale ou traditionnelle) trônent en bonne place sur les rayons des magasins bio. Vous pourrez également les rencontrer sur les foires et salons. Ouvrez l'œil !

Restaurants bio

■ LABEL GREEN FOOD
ECO RESPONSABLE
NANTES
✆ 06 31 07 02 61
www.greenfood-label.com
contact@greenfood-label.com

Green Food est un label, et pas n'importe lequel ! Il s'agit d'une idée d'Augustin et Alexis, désireux de promouvoir auprès des restaurateurs un label éthique au niveau environnemental et écoresponsable pour les gourmets. Pour cela, le label Green Food valorise les efforts des restaurateurs soucieux d'utiliser des produits locaux et bio, privilégiant les produits proches et les circuits courts. Le réseau s'est ainsi développé dans de nombreuses villes : Nantes donc, mais aussi Angers, Bordeaux, Dijon, Rennes, La Roche-sur-Yon, Lyon. Nantes ne saurait rester indifférente à ce mouvement qui promeut le tri des déchets (afin de réduire les 345 millions de tonnes annuels de déchets en France), les doggy bags anti-gaspi et les menus végétariens... Ce beau projet éthique et écoresponsable ne manque pas de trouver des échos parmi des restaurants déjà appréciés par le *Petit Futé* de Nantes : A table naturellement, La Gavotte, Le Chacha, Le Bad Hunter, L'Ethiquette... ont déjà adopté le concept. Assurément une idée qui saura prendre forme dans nos assiettes favorites !

■ REST'O BIO RESTAURANT
19, avenue du Marché Commun
NANTES
✆ 02 52 59 58 46
www.leshameauxbio.fr
contact@leshameauxbio.fr

Ouvert du lundi au samedi de 9h30 à 19h30. Boulangerie ouverture 7h. Restaurant 11H à 15H.

Le Rest'o bio c'est un lieu moderne à la déco sobre et design où vous dégusterez une cuisine entièrement biologique et 100 % faite maison. Ici on nous propose chaque jour un plat carné et un plat végétarien. Vous pouvez déguster votre repas sur place ou bien l'emporter. L'endroit est convivial et chaleureux prévu pour accueillir à la fois ceux qui mangent sur le pouce et ceux qui préfèrent prendre le temps.Membre du réseau Biocoop, le restaurant travaille en priorité avec les producteurs locaux. Pour résumer, le Rest'O Bio valorise l'économie locale et propose à ses clients une nourriture saine et bio qui ravira les papilles. Au menu par exemple : le sauté de porc ou le petit salé vegan, le poulet coco-citronelle-coriandre ou la galette de millet et ses petits légumes ou encore le délicieux crumble de courge et ses graines de courge.... En desserts, finissez avec ce très bon flan coco ou la charlotte aux pommes épicées ou encore les biscuits sablés aux épices. C'est une cuisine élaborée à partir de très bons produits, on mange sainement en se faisant plaisir. Bon et bio !

TOTUM BISTRO VEGAN

11, rue fouré
NANTES
✆ 02 72 01 23 02
www.totumbistro.bio
hello@totumbistro.bio

Ouvert du lundi au vendredi le midi et le soir. Entrée 6 €, plat 13,50 € dessert : 6 €. Menus : 17 euros, 21 euros Menus burger 19,50 et 23,50 euros.

Aprés le Totum de l'île Feydeau face au CHU, bonne nouvelle, une 2ᵉ adresse a vu le jour en 2019. À l'angle des rues Fouré et Émile Péhant, les grandes baies vitrées laissent entrer le soleil sur les assiettes végétales et sans gluten, éclairant les jolies fleurs qui tapissent le bar tout en rondeur. Deux salles sont aménagées façon appartement bourgeois, cheminée, cadres de famille et tables rondes. Pour garder l'esprit brasserie, le midi, on retrouve à la carte le tartare, qui n'est pas de bœuf mais de betteraves, le burger façon pain croustillant garni de patate douce, coleslaw, pickles de carotte, pesto de fanes de radis, ses frites et son ketchup maison ! Le soir, c'est peut-être l'occasion de changer de la planche traditionnelle, troquer la charcuterie contre la terrine (végétarienne) fumée et le houmous de roquette, accompagné d'un doux vin bio.

LE SAVARY

17, rue du Bois-Savary
SAINT-NAZAIRE
✆ 02 40 61 41 48
www.lebistrobio.over-blog.com
lebistrobio@orange.fr

Ouvert du mardi au samedi le midi et le soir. Menus de 24 € à 35 €. Formule du midi : 19,75 € (entrée, plat ou plat, dessert). Cours de cuisine 42 €. Terrasse. Cours de cuisine, un samedi par mois.

Dans ce restaurant bistronomique vous découvrirez une cuisine du marché faite à base de produits frais et locaux dont beaucoup sont bio. Les menus changent chaque semaine, la carte suivant les saisons. En entrée, vous hésiterez entre le pain perdu aux algues et saumon fumé, coulis de mâche à l'huile de lin et le gratin de topinambours, champignons, chorizo et jambon cru, tomme de brebis. Pour le plat, le choix n'est pas plus facile : dos de cabillaud poêlé, galette de couscous aux pois chiche, beurre de langoustines aux 4 épices ou feuilleté de cerf, panais, pommes de terre et champignons des bois aux airelles. Tout est vraiment réussi, avec toujours une touche d'originalité, le chef a un talent indéniable. En dessert, vous ne pouvez pas passer à côté du délicieux nougat au chocolat, pistache et pain d'épices, coulis d'ananas au gingembre et citron vert. Accueil fort sympathique. Jolie petite terrasse en bois. A signaler : cours de cuisine un samedi par mois avec préparation d'un menu complet. Possibilité de rester déjeuner entre stagiaires ou d'être rejoint par la famille ou des amis.

LA TERRASSE, LA SOURCE

Alliance Pornic Resort Hotel
Plage de la Source, PORNIC
✆ 02 40 82 21 21
www.thalassopornic.com
info.resa@thalassopornic.com

Fermeture annuelle début décembre. Ouvert tous les jours le midi et le soir. Menu unique à 33 €. Menu enfant : 12 €. Formule du midi : 21 € (salade, dessert, boisson). Tous les jeudis soir buffet de fruits de mer à 4[illegible] €. Terrasse.

Qui a dit que la diététique était fade, minimaliste et ennuyeuse. Ici, la cuisine est gourmande, variée, colorée, surprenante, généreuse et forcément équilibrée. Tout est réalisé à partir de produits bio, pas de pesticides, d'engrais chimiques de synthèse, ni d'OGM. La décoration du restaurant La Terrasse est zen et contemporaine avec une belle vue face à la mer. Le chef vous y propose des menus 100 % bio, donc, avec une cuisine detox/minceur (velouté au gomasio, poisson du jour et son mijoté de patates douces aux noix, soupe d'ananas) ou ayurvédique (salade de roquette au sésame, légumes à la crème de soja, potage aux zestes de citron, compotée de poivrons verts). Alliance Pornic vous propose aussi de déjeuner ou dîner dans trois autres univers aux saveurs uniques. Au restaurant La Source, vous découvrirez une cuisine traditionnelle entre terre et mer. Au bar La Terrasse la formule évolue au fil des saisons ; enfin, c'est une carte savoureuse qui vous attend au bar Le Phare. Les menus changent au quotidien. Les amateurs de repas diététiques seront aux anges dans ces restaurants où l'on mange bien, bio et sain.

Mode et bien-être

CUISINE ET KÉRATINE

33, rue Gambetta
NANTES
✆ 02 40 48 21 76
www.cuisine-et-keratine.com
cuisineetkeratine@orange.fr

Ouvert du mardi au samedi de 9h30 à 19h. Shampooing, coupe, brushing, couleur à partir de 90 €.

Voici un salon de coiffure original tenu par Magalie et son équipe de cuisinières : ces passionnées sont spécialisées dans la coloration végétale. On vient ici se faire belle grâce au savoir-faire mais aussi aux produits innovants de la marque Marcapar, 100 % naturels et réalisés à base d'argile, d'huiles végétales et de plantes. Ces produits sont le fruit du long travail d'un botaniste et coiffeur lyonnais, Christian Roche, qui s'est inspiré des techniques ancestrales des teintures naturelles des soieries lyonnaises. Adaptées pour la beauté capillaire, elles donnent un résultat brillant et gainent notre chevelure. Au-revoir cheveux blancs et bonjour couleur éclatante ! Avant la pose des mixtures, quel plaisir de se faire masser la tête grâce aux soins de cette même marque. Parallèlement, nos coloristes préparent au sein d'une véritable cuisine centrale les fameuses « potions » chauffées dans un confiturier à l'ancienne !

Le masque, servi chaud sur notre tête, a un drôle d'aspect : un peu boueux, il est vrai ! Il faut laisser poser. Pour patienter, prenez donc un thé, de la lecture, ou écoutez une musique sympa. Enfin, après un bon shampooing, un coiffage, un séchage : on admire le résultat ! Une ambiance vraiment conviviale et un peu décalée. Ne manquez pas la fresque murale d'Artymori qui mérite bien le coup d'œil !

Habitat et jardin

LES JARDINS DU MARAIS

Hoscas, Chemin de Mintré
HERBIGNAC
✆ 02 40 91 47 44

Ouvert de mi-avril à début novembre. Gratuit jusqu'à 18 ans. Adulte : 5 €.

Jardin esthétique et original qui souhaite allier la recherche d'espèces peu connues, la mise en scène de variétés propres aux milieux et le respect de l'environnement. Yves Gillen entretient sur plus d'un hectare un jardin traité de façon entièrement « biologique ». Il associe potager familial, jardin d'ornement, jardin expérimental et petit bois. Si les végétaux spontanés de la région ont leur place, d'autres espèces y sont plantées. Les propriétaires ont réussi à s'adapter à des conditions difficiles. Et l'on peut imaginer les difficultés pour maintenir ce beau jardin sur un terrain tourbeux, à seulement 2 m au-dessus du niveau de la mer et soumis aux inondations de la Brière. Outre ce petit coin vert, il est aussi possible de visiter une exposition qui montre des œuvres d'Yves (pastels et aquarelles). On remarquera, de passage à Hoscas, quelques chaumières des anciens potiers avec leurs ouvertures colorées. Le jardin a obtenu différents prix ; le dernier en date est le label Jardin remarquable en 2014.

MAINE-ET-LOIRE

Alimentation

BIOCOOP LA CABA

Coopérative alimentation biologique angevine
50, boulevard du Doyenné
ANGERS
✆ 02 41 60 01 61
www.biocoop.fr
rmdoyenne@caba.bio

♿

Ouvert du lundi au samedi de 9h30 à 19h30. Chèque Restaurant.

Au fil des années, les Biocoops se sont érigées en spécialistes des produits bio, essentiellement dans le domaine alimentaire (soupes, plats préparés, pâtes et riz, fruits et légumes...) que dans l'hygiène-beauté ou encore les produits pour animaux de compagnie. Dans les 3 boutiques angevines, boulevard du Doyenné, boulevard Foch, place Imbach et les 2 boutiques d'Avrillé et Mûrs-Érigné, on trouve une belle sélection de produits bio aux rayons frais, fromages, viandes, poissonnerie, boulangerie-pâtisserie. Également des bières bio locales et un bon choix de vins. Des animations ont lieu régulièrement avec des professionnels du bio, que ce soit côté alimentation ou côté esthétique.

L'ÉPICERIE 2 PAULINE

22, rue Saint-Julien
ANGERS
✆ 09 86 47 53 81
http://lepicerie2pauline.fr
lepicerie2pauline@gmail.com

Ouvert le lundi de 14h à 19h30 ; du mardi au samedi de 10h à 14h et de 15h30 à 19h30.

« Libérez-vous du poids des emballages, n'achetez que l'essentiel ! » : c'est le mot d'ordre de Pauline Duperray et Pauline Abélard, deux cousines qui ont créé, au printemps 2016, cette épicerie bio et vrac. Elle ne propose que des produits en vrac donc sans emballage. Des céréales, du sucre, du riz, de la farine, des fruits secs, mais aussi des légumes frais, du fromage, des cosmétiques comme du shampoing sec, et aussi des produits d'entretien. On y vient donc avec ses propres sacs, boîtes ou bocaux, qu'on remplit soi-même. Le but : rendre le bio accessible, réduire les déchets, et aller vers de nouvelles habitudes de consommation. On n'achète ici que ce dont on a besoin ! Même les produits les plus inattendus sont en vrac et bio en plus d'être délicieux : moutarde fine, crème fraîche, tofu, etc. L'idée de se promener sans voir de sacs en plastique s'accrocher aux branches des arbustes est tout de même fort agréable alors à vos emballages réutilisables et venez faire le plein !

LA FERME ANGEVINE

A 100 m d'Atoll, direction Avrillé
La Haie du Moulin, BEAUCOUZÉ
✆ 02 41 48 76 96
www.lafermeangevine.com
contact@lafermeangevine.com

Ouvert le vendredi de 15h30 à 19h ; le samedi de 8h30 à 12h30.

« Nos produits ont un visage » : tel est le slogan on ne peut plus approprié de cette association de fermiers angevins, 22 à ce jour, réunis dans le but d'offrir chaque vendredi et samedi une large gamme de produits issus de l'agriculture biologique. Un joli marché à l'ambiance conviviale, installé dans une ancienne longère (ça a quand même plus de charme que les rayonnages des grandes surfaces !) et pratiquant de la vente directe dans absolument tous les domaines : viandes, produits laitiers, fruits et légumes, vins, bières, cidres, jus de fruits, tisanes, pains et pâtisseries, charcuteries, œufs, miels, etc. La liste des producteurs est consultable directement sur le site Internet.

LA BOUCHERIE BIO CHOLETAISE

Place du 8 Mai 1945, Les Halles
CHOLET

Du lundi au samedi 9h30-12h30 et 14h-18h. Mardi ouverture à 10h.

La boucherie bio choletaise a ouvert ses portes le jeudi 17 septembre 2020 au cœur des halles de Cholet. Retrouvez Pierre Guillaume, le boucher, pour vous faire déguster des viandes 100 % bio, transformées au Comptoir des Viandes, du 100 % local également comme le veut le concept de Unebio, label dont est pourvu la boucherie.

LE JARDIN DE L'AVENIR

Route de la Roche
SAINTE-GEMMES-SUR-LOIRE
✆ 02 41 66 64 08
www.jardindelavenir.fr
contact@jardindelavenir.fr

♿

Ouvert le lundi de 14h à 19h ; du mardi au vendredi de 9h à 13h et de 15h à 19h ; le samedi de 9h à 19h. Carte de fidélité.

Nul besoin aujourd'hui d'être un militant écologiste pur et dur pour affirmer que l'état de notre pauvre planète nécessite une remise en cause de nombreuses pratiques de productions. Ce jardin de l'avenir, rempli de bons fruits et légumes bio, porte du même coup bien son nom ! Ici, on bénéficie de 20 % de réduction quand on vient ceuillir soi-même ses productions, équipé d'un plan du jardin, d'un couteau et d'un panier. Et des brouettes sont même mises à disposition ! En complément du jardin, les adeptes du bio trouveront également ici un grand magasin possédant plus de 3 000 références : épicerie, vins, boulangerie, produits surgelés, livres, santé, cosmétique, entretien, jardinage…

BOUCHERIE BIO – GRIFFON

1, rue du Marché
SAUMUR
✆ 02 41 51 21 91
boucheriebio.fr
griffondominique@orange.fr

Ouvert le lundi de 8h à 12h30 ; du mardi au samedi de 7h30 à 13h et de 15h à 19h.

La boucherie bio Griffon fait partie des adresses incontournables ! En effet, présente à Saumur, sur la place centrale du marché, depuis 1997, elle est une véritable institution. Sa longévité et son expérience vous assurent une qualité irréprochable des produits ainsi qu'un savoir-faire artisanale incomparable. La boucherie a des engagements qualitatifs bien précis auxquels elle ne déroge pas. Entre autres, sélectionner uniquement des races à viande comme la limousine, la charolaise ou la blonde d'Aquitaine élevées en prairies et nourries principalement avec des matières naturelles et végétales. A savoir que les mêmes exigences sont appliquées aux élevages de porcs. De plus, la production est locale pour une fraicheur maximale ! Les viandes sont donc garanties issues de l'agriculture biologique. On ne résiste pas à se fournir ici pour servir, à sa table, les meilleures viandes. Faites votre choix parmi la proposition ultra fraîche en libre-service mais aussi parmi les préparations traiteur alléchantes des bouchers. Dominique et Jérémy Griffon, père et fils, ainsi que toute leur équipe vous réservent un accueil chaleureux en toute circonstance. Le Renard vous recommande cette adresse sans réserve !

Restaurants bio

MA CAMPAGNE

14, promenade de-Reculée
ANGERS
✆ 02 41 48 38 06
www.restaurant-macampagne.fr
restaurant.macampagne@gmail.com

♿

Maître Restaurateur. Qualité Tourisme. Fermé de fin juillet à mi-août. Ouvert du mardi au dimanche le midi plus soir du jeudi au samedi. Réservation recommandée. Menus de 17 € à 55,50 €. Carte : 36 € environ. Formule du midi : 17 € (pour 2 plats, ou 22 € avec vin et café). Vin au verre. Chèque Restaurant. Accueil des groupes (sur réservation). Jardin. Terrasse.

La campagne, oui, mais à 5 minutes du centre-ville ! On vient ici pour le calme et le cadre bucolique, avec cette belle véranda face à la Maine, mais aussi pour y déguster une cuisine de haute tenue, concoctée depuis plus de 15 ans par Emmanuel Martin. Une carte en trois volets : terre et mer mais aussi des entrées, des plats et des desserts végétariens/végétaliens, selon la saison et l'inspiration du chef. Une cuisine ouverte sur le monde mais à base de produits locaux, dont certains sont issus de l'agriculture biologique. Une cuisine évolutive, créative en parfaite adéquation avec les saisons. Pour le plaisir des papilles : foie gras de canard mi-cuit maison et chutney

d'abricot au cacao amer ; le pigeonneau d'Anjou désossé cuit en feuille de brick et jus laqué au vin de miel. Pour les végétariens, sur le moment, tofu mariné et fumé par les soins de la maison se déguste en entrée ou en plat principal. Les légumes, tantôt croquants, tantôt fondants, glacés ou grillés sont déclinés en velouté, mousseline ou encore en risotto. Les desserts font honneur à la formation de pâtissier de Martin. Le plus difficile est de choisir parmi toutes ces gourmandises aussi délicieuses les unes que les autres. Le plus : accords parfaits mets et vins, grâce à une carte judicieusement étudiée. Accueil extra !

LES CASSE-CROÛTE DE SUZY
3, rue de L'Espine
ANGERS
✆ 02 41 19 68 82
www.lescassecroutedesuzy.com
lescassecroutedesuzy@gmail.com
Ouvert toute l'année. Du lundi au samedi de 11h45 à 14h30 ; le vendredi de 18h à 22h. Réservation recommandée. Menus de 10 € à 16,50 €. Carte : 10 € environ. Formule : 16,50 € (salade + soupe + dessert + verre de vin). Vin au verre. Chèque Restaurant. Terrasse. Vente à emporter. Vegan friendly.
Suzy prépare des casse-croûts, et elle le fait avec goût. Il suffit de voir la file d'attente qui s'étend jusque sur le trottoir le midi pour comprendre l'engouement suscité par cette cantine. Il est possible de manger sur place, d'un côté ou de l'autre de la rue (deux établissements pour le prix d'un), ou d'emporter un petit sac en papier bien rempli. Les tables sont couvertes de nappes en plastique rouge, bien vives, d'autres, en mosaïque, se partagent pour favoriser la convivialité. Ici, il y a des quiches aux légumes, servies à température ambiante pour ne pas utiliser de micro-ondes, des sandwichs froids ou chauds (aux pommes, aux carottes...), des soupes de légumes, des gâteaux (au citron, à la semoule, aux châtaignes...), des tisanes et des thés : tout ce qui est nécessaire pour se nourrir sainement et de façon goûteuse ! Il y en a pour tout les goûts. Le menu est «vegans friendly» et il change au fil des saisons, car chez Suzy on ne travaille que des produits bio et de proximité. Attention, vous pouvez vite devenir accro à cette jolie adresse !

OSE
43, rue Toussaint, ANGERS
✆ 02 41 31 45 63
www.ose-restaurant.fr
ose.restaurant@icloud.com
Ouvert toute l'année. Du mardi au samedi de 12h15 à 13h45 ; du mardi au jeudi de 19h15 à 21h30 ; le vendredi de 19h15 à 22h ; le samedi à partir de 19h15 (dernier service à 21h15). Réservation recommandée. Menus de 21 € à 34 €. Menu enfant : 12,50 €. Formule du midi : 21 € (entrée + plat ou plat + dessert ; 25 € les trois). Vin au verre. Menu du soir entre 30 € et 34 €. American Express, Chèque Restaurant. Accueil des groupes. Chaises bébé. Terrasse.
Dans un cadre contemporain et élégant, le nouveau chef Cédric Barré nous invite à déguster des plats raffinés réalisés avec des produits locaux. Sa cuisine s'inspire de ses voyages, lui qui a vécu en Colombie, à San Francisco et en Chine. On retrouve ainsi les champignons asiatiques shiitakés mariés avec des pleurotes et un œuf parfait en entrée ou encore un « Yin Yang » de carottes. Puis un pavé de bœuf à la cuisson idéale côtoie des pommes de terre tapées, à l'ail noir. Livèche, tapioca soufflé ou ocas du Pérou sont les petites touches originales qui subliment les plats. En dessert, on peut rester baba devant celui à l'hibiscus, litchi et sorbet au kiwi d'Anjou, ou opter pour un dôme au chocolat praliné tout en légèreté.

TY-YANN
20 bis, rue Desjardins
ANGERS
✆ 02 41 87 74 66
www.ty-yann.fr
A l'angle de la rue Hanneloup
et la rue Desjardins.
Ouvert toute l'année. Le lundi et le jeudi de 11h45 à 13h45 ; le mardi et le mercredi de 11h45 à 13h45 et de 19h15 à 21h15 ; le vendredi et le samedi de 11h45 à 13h45 et de 19h15 à 21h45. Réservation recommandée. Menu unique à 14,80 € (galette spéciale + crêpe + bolée de cidre + café ; tous les midis, sauf le samedi). Carte : 25 € environ (galette bio + crêpe + bolée de cidre). Chèque Restaurant. Accueil des groupes (sur réservation).
Tout proche du célèbre jardin du Mail, cette crêperie se fait remarquer par sa belle façade bleue et ardoise, on pourrait même croire que nous sommes en Bretagne. Depuis plus de 30 ans, Dominique, le patron, est là pour vous accueillir, toujours avec le sourire et prépare vos crêpes ou galettes devant vous, de quoi mettre l'eau à la bouche ! Au menu, des galettes croustillantes de sarrasin au blé noir ainsi que des crêpes de froment légères et parfumées. Les produits sont bio et proviennent essentiellement des producteurs locaux. Côté galettes, n'hésitez pas à goûter la Spéciale avec œuf, jambon, fromage râpé, lardons et champignons. En dessert, pour les plus gourmands, on n'hésite pas et on prends la Dominique : banane dorée bio, noix de coco, chocolat, arrosée de rhum ! Le tout bien entendu accompagné d'une petite bolée de cidre. Une belle adresse ou l'ambiance est toujours décontractée, familiale et chaleureuse.

Mode et bien-être

EKYOG
5, rue Voltaire, ANGERS
✆ 02 41 87 79 11
www.ekyog.com
02 41 87 79 11
Ouvert le lundi de 14h à 19h ; le mardi et le jeudi de 10h à 13h et de 14h à 19h ; le mercredi, le vendredi et le samedi de 10h à 19h.
Depuis 2003, Ekyog développe un concept de vêtements féminins éthiques et éco-responsables, excluant lors de leur fabrication tout produit potentiellement nocif ou toxique. Des modèles composés de matières naturelles, bio ou recyclées : lin, laine, soie, coton... Une charte éthique s'assure également du respect des employés travaillant sur les filières de production. Et le style de tout cela ? Des robes aux vestes en passant par les tee-shirts, jeans, gilets et pulls, il est à la fois sobre et tendance. Quelques modèles de chaussures également, en collaboration avec la marque Veja, et même du vernis à ongles éco-responsable (utilisant l'eau en guise de solvant) de la marque Nail Matic.

Habitat et jardin

JARDIN CAMIFOLIA
11, rue de l'Arzillé
CHEMILLÉ-EN-ANJOU
✆ 02 41 49 84 98
www.jardin-camifolia.com
contact-camifolia@chemille-en-anjou.fr

Ouvert de mai à octobre (voir sur le site pour les horaires qui peuvent varier). Visite libre, adultes 6 €, réduit 5 €, – de 12 ans, gratuit. Visite guidée, alultes 7 €, réduit 6 €, – de 6 ans, gratuit.

Au cœur de la région, capitale de production de plantes médicinales et aromatiques et sur quelque quatre hectares de jardin, se développent 600 espèces de plantes. Le temps d'une balade, venez profiter de ces plantes santé, beauté et bien-être. En famille, partager le parcours sensoriel, ludique et expérimental, en stimulant vos cinq sens. Vous pourrez aussi apprendre, le moment venu, les gestes ancestraux de la cueillette de la camomille, emblème de Chemillé. L'aménagement du jardin a su composer avec les milieux naturels qui existent pour accueillir et faire cohabiter ses différents habitants. Ici, pas d'insecticides, ni produits chimiques. Dame Nature bat son plein. C'est le 1er mai que le Jardin Camifolia ouvre ses portes avec son marché aux plantes. Une belle visite pour toute la famille pour ce jardin labellisé Remarquable depuis janvier 2019.

JARDIN BIOLOGIQUE DE LA VILLE D'ANGERS
Parc de loisir du lac de Maine
Contre la Maison de l'Environnement
ANGERS
✆ 02 41 22 32 30

Ouvert de mi-mars à fin octobre du lundi au vendredi de 13h30 à 17h30 et le dimanche de 14h à 18h (fermé le samedi).

Créé en 2000, le jardin biologique d'Angers a pour vocation, comme son nom l'indique, de promouvoir la culture des fruits et légumes bio, en accord avec la diversité animale et végétale qui l'entoure. Rénové en 2008 et 2010, il accueille différents espaces pédagogiques et thématiques. Il est en accès libre l'après-midi, pour vous permettre de venir discuter avec ses jardiniers. Ceux-ci se feront une joie de vous transmettre l'état d'esprit et les ficelles du jardinage bio ! Notez enfin que la Maison de l'Environnement propose tous les mois des activités et des ateliers « jardin bio » autour de thèmes variés.

MAYENNE

Alimentation

FERME BIO BRUNO LHIEN
La Blutellerie
LIGNIÈRES-ORGÈRES
✆ 06 04 09 51 15

Ce producteur de pommes de table engagé en agriculture biologique cultive des vergers de gros et hauts pommiers d'une douzaine de variétés : topaze, reinette d'Anjou, cox orange, pilot, harmonie, dalinette, délice d'or, reinette d'Armorique, patte de loup, melrose, reinette grise du Canada.

LE COMPTOIR
111, rue Aristide-Briand
PRÉ-EN-PAIL-SAINT-SAMSON
✆ 09 80 63 92 32

Ouvert du lundi au samedi. Le lundi de 15h à 18h. Du mardi au vendredi de 9h à 19h et le samedi de 9h à 18h. Cantine tous les midis sauf le lundi (réservation conseillée). Formule plat/fromage/dessert 16,50 €. Plat du jour à emporter à partir de 5 € la part. Plat végétarien et/ou avec viande tous les midis. Sandwiches tous les midis.

Une adresse multiple et animée très appréciée des amateurs de nourriture saine, d'initiatives citoyennes et de produits bio. Vous y trouvez des légumes frais, du pain, des produits laitiers, de la viande, des boissons, des articles d'épicerie, des produits ménagers, des paniers garnis, de l'artisanat local. Tout au long de l'année des soirées thématiques, des concerts, des spectacles, des conférences sont programmés. Il y a même des cours de couture et des cours de tricot ! Ou encore des stages comme celui organisé par un artisan autour de la fabrication de couteau. Un lieu alternatif tout à la fois épicerie bio, bar, cantine et plate-forme d'échanges.

On trouve au Comptoir les bières brassées par Clément Cousin, à Pré-en-Pail. Ce brasseur local propose des bières « inspirées des grands pays brassicoles tels que l'Allemagne, l'Angleterre, l'Irlande ou la Belgique. » Une quinzaine de références différentes pour l'instant et 10 000 litres brassés par an.

FERME CYRIL VARONE
La Courcière
SAINT-PIERRE-DES-NIDS
✆ 02 43 11 28 61

Sur rendez-vous.

Vente directe de produits au sein de cette ferme de production biologique de petits fruits rouges, de lavande et autres plantes aromatiques, à parfum et médicinales. Cueillette.

Restaurants bio

L'ESPRIT CUISINE
8, rue Mazagran, LAVAL
✆ 02 43 56 78 51
www.lespritcuisine.fr
contact@lespritcuisine.fr

Ouvert du mardi au samedi de 12h à 14h et de 19h à 22h. Menus de 35 € à 50 € (menu à 50 €, 6 plats). Formule du midi : 20 € (menu du marché). Vin au verre.

La rive gauche abrite un restaurant gastronomique avec cuisine ouverte sur le travail du chef Alexandre Arnaud et de ses acolytes qui travaillent les produits frais et de saison rigoureusement sélectionnés. Les plats sont originaux et élégants. Les vins biodynamiques. Vous vous régalerez de thon mariné poivre et sésame, légumes croquants, mousse soja wasabi ; magret de canard de chez Delphine, pulpe de haricots coco, sablé pêche lard fumé et pour finir un entremets abricot, mousse vanille huile d'olive, sorbet abricot. Service au top. Pratique : la lunch-box à emporter. Accueil extra ! Réservation conseillée comme pour toutes les bonnes adresses.

■ L'ÉVEIL DES SENS
429, boulevard Paul-Lintier
MAYENNE (VILLE)
✆ 02 43 30 42 17
www.restaurant-leveildessens.fr
Ouvert du mardi soir au dimanche midi. Menus de 26 € à 74 €. Vin au verre. Mercredis, jeudis et vendredis midis (menu Initiation : 26 €).
De 2002 à 2010, Nicolas Nobis, le jeune chef de L'Éveil des Sens, a œuvré dans de prestigieux restaurants étoilés Michelin (jusqu'à 3 étoiles, comme Bernard Loiseau, notamment). Pas étonnant qu'une fois à son compte, avec son épouse Isabelle en salle, il ait décroché son étoile à lui, en février 2011 ! Mieux vaut réserver pour prendre place dans cette salle contemporaine, cosy et intimiste faite de la noblesse du bois qui vous offrira une parenthèse gustative pensée dans ses moindres détails. La cuisine de Nicolas est à la fois simple et créative à base de produits locaux, de saison, issus de producteurs régionaux et bio. Sur le moment : foie gras de canard, fruits rouges, betterave et piment doux suivi d'un saint-pierre nature, vinaigrette de fenouil, courgette et salicorne. Au dessert : pêche pochée, rhubarbe, sorbet verveine. Le tout s'accompagne d'une belle carte des vins rigoureusement sélectionnés. Un accueil attentionné.

Mode et bien-être

■ LES SOINS BIO DE FANNY
MAYENNE (VILLE)
✆ 06 31 95 90 83
Du lundi au samedi de 9h à 19h sur rendez-vous. Soins du visage à partir de 40 € les 50 minutes.
Notre sympathique Fanny vous livre ses secrets d'esthéticienne en parfaite harmonie avec la nature. Inutile de vous déplacer, c'est elle qui vient vers vous pour des soins du visage, épilation, manucure, maquillage et teinture. Nous avons retenu pour vous le soin du visage Global Perfect avec les produits Oxalia bio. Les gammes utilisées : Tentation fondante, à base d'huile de lin, d'amande douce, de riz et de rose ; Art et Lépure aux actifs comme le bambou, pensée, lavande ; Doudou Cocoon, acide hyaluronique et aloé vera et enfin, la gamme Jeunesse, bluffante avec ses bourgeons de hêtre, d'acacia et extrait de sucre. Le résultat est garanti !

Habitat et jardin

■ ASSOCIATION TERRES DE VENT
La Roussière
ATHÉE
✆ 06 81 60 88 58
www.terresdevent.fr
terresdevent.eie53@gmail.com
Visites gratuites sur rendez-vous de la maison bioclimatique tous les 1ers samedi du mois sauf en août. Hébergement sur place 25 €/pers./jour.
Sur le site de la Roussière, sont organisés des visites, stages, ateliers et formations dans une démarche globale respectueuse de l'homme et de la nature, en sensibilisant, en informant et en accompagnant les participants vers des pratiques écologiques au quotidien : éco-construction, énergies renouvelables, création artistique et décorative, permaculture, alimentation et biodiversité.
Chaque premier samedi du mois, sauf en août, des visites gratuites de la maison bioclimatique sont organisées à 14h30. (Les chiens ne sont pas admis hormis les chiens guides d'aveugle). Dans cet éco-lieu, vous pourrez loger ; quatorze places en hébergement insolites (roulottes, cabanes perchées, pods, dôme, gîte...) ainsi que les chambres Garance et Camomille sont à disposition ainsi qu'une salle commune et une cuisine. A souligner que tous les hébergements, labellisés Tourisme et Handicap, sont construits avec des matériaux écologiques et économes en énergie. Un lieu atypique 100 % bio à découvrir !

SARTHE

Alimentation

■ AUX PRODUITS DE FLEURANCE
8, rue Gambetta
LE MANS
✆ 02 43 28 96 21
www.produits-fleurance.com
produitsdefleurance@orange.fr
Ouvert du mardi au samedi de 9h30 à 12h15 et de 14h30 à 19h. Livraison gratuite à partir de 20 € dans un rayon de 20km.
La médecine par les plantes, on sait bien que ce n'est pas une histoire d'illuminés. Vous pouvez donc pousser sans crainte la porte de cette boutique de centre-ville, installée depuis 1974. Christine, conseillère en thérapie naturelle, propose toutes sortes de produits en phytothérapie, mais aussi des compléments alimentaires, du maquillage bio (Couleur caramel) ou encore des huiles essentielles. Quelques produits d'alimentation bio sont bien sûr aussi présents (pain, thés, spiruline, etc.) ! Une documentation importante est par ailleurs à votre disposition. Sorti de là, vous serez fin prêt à faire du bien à votre corps !

MAGE MALTE
MAMERS
✆ 06 72 02 91 67
www.mage-malte.com
mage.malte@gmail.com
Ouvert le vendredi de 9h à 12h et de 14h à 18h. Le samedi de 9h à 18h.
Ces deux jeunes brasseurs, Franck et Cédric, se sont installés dans un ancien local d'artisans de Mamers en juin 2017 pour produire des bières artisanales biologiques. Leurs bières de micro-brasserie brassées par infusion, une méthode très utilisée en Angleterre, sont riches en arômes, saines et fortes en caractère. Au choix : Illumination blonde bio, Orbe feu ambrée, Iceberg blanche gingembre, Lestat Irish red bio et autres. Vente directe à la brasserie. Atelier découverte des brassages.

Restaurants bio

L'ÉPICERIE DU PRÉ
31, rue du Pré
LE MANS
✆ 02 43 14 73 40
Ouvert le mardi et le mercredi de 12h à 15h et de 18h à 0h ; du jeudi au samedi de 12h à 0h.
Découvrez le café-cantine ! L'Épicerie du Pré est presque un restaurant, presque un bistrot, on dirait parfois une ferme-auberge ou une maison de quartier ! Bref, un café-cantine ! Les plats proposés sont maison à base de produits locaux et bio. Les animations sont proposées par les utilisateurs du lieu. L'Épicerie n'est pas uniquement un lieu de consommation mais elle vit par les gens qui la partagent.
Allez y faire un tour. Vous ne serez pas déçus.

LE PARVIS SAINT-HILAIRE
7, place Saint-Hilaire
LE MANS
✆ 02 43 28 92 55
www.leparvis-sainthilaire.fr
veronique.corvazier@orange.fr
Ouvert du mardi au samedi le midi et le soir. Menus de 27 € à 40 €.
Au cœur de la cité historique, sur la muraille du vieux Mans, le Parvis Saint-Hilaire vous ouvre grand ses portes pour une parenthèse gustative inoubliable. Dans un cadre médiéval, vous dégusterez des mets soignés et savoureux, élaborés de produits majoritairement issus de l'agriculture biologique, raisonnée ou intégrée. Le chef, Damien, artisan cuisinier, privilégie les producteurs locaux. Extrêmement exigent, sa philosophie est de transformer une joie simple en un moment sublime. Son bonheur de cuisiner, Damien veut le faire partager avec des matières premières de grande qualité nutritive et environnementale. Sur le moment : riz de veau juste doré en feuilleté, petite sauce crémée ; salpions de légumes ; fricassée de queues de langoustines saisies au thym enveloppée d'une fine tranche de courgette : crème de crustacés ; le plateau de fromages affinés et les desserts au diapason comme ce savarin tradition fait maison ; sirop à la vanille et au rhum de nos îles : crème diplomate, quelques fraises. Les végétariens seront également comblés. Belle carte des vins. L'accueil de Véronique est extra ! Une excellente adresse.

Mode et bien-être

MADEMOISELLE AGATHE
Le Clos Des Haies
LUCEAU
✆ 02 43 38 21 21
www.mlle-agathe.fr
contact@mlle-agathe.fr
Ouvert du lundi au vendredi de 9h à 17h30. Le vendredi ferme à 16h30. Vente directe à la boutique, dans les points de ventes et sur le site internet.
Mademoiselle Agathe est en réalité un homme ! Deux pour être exact. Elle est née de la rencontre de deux messieurs : Fabrice était anciennement dans les panneaux photovoltaïques, Patrice dans la culture d'escargots. Convaincus des vertus exceptionnelles du mucus du « gros-gris », ils décident de se lancer dans l'aventure, bravant l'image peu ragoûtante attachée à leur ingrédient principal.C'est ainsi qu'ils offrent à leur clientèle toute une gamme de cosmétiques bio à la bave d'escargot récoltée à la main pour un maximum d'efficacité. La bave d'escargot résout en effet de nombreux problèmes de peau, de l'hydratation en passant par la cicatrisation et la protection ainsi que par ses actions exfoliante, purifiante et antioxydante. La Grèce antique connaissait déjà ses bienfaits mais c'est au XIXe siècle que la bave d'escargot retrouve ses lettres de noblesses dans le milieu thérapeutique.

Habitat et jardin

PARC DU CHÂTEAU DU LUDE
LE LUDE
✆ 02 43 94 60 09
www.lelude.com
chateaudulude@gmail.com
Fermé du 5 novembre au 30 mars. Fermé le mercredi en avril, mai et septembre ouvert seulement les samedi et dimanche en octobre (sauf vacances de la Toussaint : ouvert tous les jours) ouvert seulement l'après-midi à partir d'octobre ouvert tous les après midi. Pour le détail des horaires et les tarifs, consultez le site web. Visite guidée.
Le château et les jardins du Lude sont situés dans le sud-Sarthe entre Tours et Angers. Habité par une famille depuis 260 ans, le château s'inscrit dans le parcours des grands châteaux de la Loire, patrimoine mondial de l'Unesco. Doté de parterres réguliers avec un parc à l'anglaise, ce patrimoine remarquable domine la vallée du Loir. Vous pourrez y découvrir, au fil de votre visite, des roses chinoises, des topiaires, des labyrinthes et des collections botaniques ainsi qu'un grand potager centenaire cultivé en bio. Instant à ne pas manquer à la fin du printemps : la fameuse fête des Jardiniers qui s'y déroule chaque année le premier week-end de juin. L'occasion de se dépayser en alliant bol d'air et découverte historique dans un cadre magnifique.

VENDÉE

Alimentation

LES JARDINS DE LA CURE

La Cure
l'Isle de la Crosnière
BEAUVOIR-SUR-MER
✆ 02 51 68 60 02
www.lesjardinsdelacure.com
lesjardinsdelacure@gmail.com

Le mercredi de 17h à 19h30. Les autres jours sur rendez-vous.

Une adresse comme on les aime ! Depuis 2015, les Jardins de la Cure, à deux pas du passage du Gois, proposent des produits issus de l'agriculture biologique et de cueillettes, dans le parfait respect de la biodiversité et loin de toute pollution. Les plantes sont récoltées, triées à la main et transformées à la ferme en hydrolats, aromates, tisanes et baumes. Des produits locaux de qualité (plantes aromatiques et médicinales) qui naissent sur un demi hectare. Lentilles et farine, certifiées bio, viennent compléter ce beau choix. Goûtez à la tartinade d'ail des ours, simplement préparée avec de l'huile d'olive, du sel, façon pesto et vous profiterez pleinement de cette saveur. Le plus : tous les produits peuvent être envoyés via la poste. Sylvia, Florence et Lionel vous réservent un accueil chaleureux et passionné. Une adresse à partager !

BOUCHERIE BIO SABLAISE

69, rue des halles
LES SABLES-D'OLONNE
✆ 02 51 23 95 96

La Boucherie bio sablaise a ouvert les portes de sa boutique située 69 rue des Halles aux Sables-d'Olonne en juillet. L'occasion de consommer local en plein cœur de la ville vendéenne.

BOUCHERIE BIO DE GILLES DENIAUD

33, rue Georges Clemenceau
MONTAIGU
✆ 02 51 94 00 54

La boucherie bio Gilles Deniaud propose des viandes 100 % bio issues d'un collectif d'éleveurs bio engagés.

Restaurants bio

RESTAURANT LA FERM'INTENTION

104, avenue Mourain-de-l'Herbaudière
NOIRMOUTIER-EN-L'ILE
✆ 02 51 39 64 47

Ouvert du vendredi au dimanche de 12h à 22h. Menus de 20 € à 56 €. Vegan friendly.

Situé sur la route à l'entrée du quartier de l'Herbaudière, La Ferme Intention est un restaurant singulier ! Ce restaurant à la cuisine simple est un peu à part et s'inscrit dans une logique « vegan friendly » (il suit la charte vegan). En effet, il propose une cuisine BIO labellisée Nature & Progrès. Un restaurant qui s'adresse notamment aux flexitariens, végétariens et végétaliens, soucieux du traitement des animaux et de l'environnement, mais aussi sensible à la surconsommation. Pour élaborer leur carte, ils travaillent en circuit court, avec les producteurs des « marchés paysans ». La soirée vide-frigo du dimanche soir, mise en place il y a quelques années, a toujours ses adeptes à la curiosité culinaire aiguisée. Autre particularité du lieu : un four à pain. Le chef fait donc tout de A à Z, jusqu'au pain, élaboré à partir d'une farine de blé Bio à partir de 3 blés anciens, provenant du Moulin de la Brosse. Retenez que les samedi et dimanche, à partir de 11h, vous est proposé un brunch Flexitarien 100 % BIO !

Mode et bien-être

BULLYZEN

7, rue Nationale
TALMONT-SAINT-HILAIRE
✆ 02 51 90 69 40
https://bullyzen-beaute.fr

Lundi, mardi et jeudi de 9h à 12h30 et de 14h à 19h. Vendredi de 9h à 19h. Samedi de 9h à 15h. En juillet et août, non stop de 9h à 19h sauf le mercredi. Soins du visage à partir de 45 € les 45 minutes.

Ah ! le sourire de Marie ! Depuis dix ans, elle nous réserve un accueil sans rides, toujours aussi conviviale et passionnée. On vient et on y revient avec le même plaisir. Ici, tout est conçu pour le bonheur de l'esprit et du corps. De la pointe des cheveux jusqu'au bout des orteils, des protocoles relaxants. Pour le visage, le corps et le maquillage, Marie utilise des produits 100 % bio, Couleur caramel, l'Atelier des Délices et Clémence et Vivien. Des soins prodigués dans une ambiance zen. De petits plaisirs et soins sont à dénicher dans la boutique.

Habitat et jardin

SATOV

27, route de la Roche
SAINT-GILLES-CROIX-DE-VIE
✆ 02 51 26 91 91
www.satov.fr
infos@groupesatov.fr

Secrétariat ouvert du lundi au vendredi de 9h à 12h30 et de 14h à 18. Le samedi sur rendez-vous.

Les priorités de SATOV, spécialisé dans l'habitat durable : proposer à sa clientèle une maison saine, économique et respectueuse de l'environnement. Du sur-mesure en Vendée mais on retrouve aussi cette société, dont la renommée n'est plus à faire depuis 1976, dans le Sud de la Loire. Une maison 100 % écologique qui répond aux attentes d'acheteurs de plus en plus nombreux. SATOV s'occupe de tout, de la recherche du terrain jusqu'à la construction. A savoir : ce constructeur est certifié NF option HQE (Haute Qualité Environnementale). Sans hésitation !

PROVENCE-ALPES-CÔTE D'AZUR

ALPES-DE-HAUTE-PROVENCE

Restaurants bio

■ **RESTAURANT L'ASPHODÈLE**
L'Asphodèle, Le Château
VENTEROL
✆ 09 51 52 10 11
www.ecologite-provence.com
christophe.ubaud@hotmail.fr
Ouvert du mardi au dimanche midi. Soirs sur réservation. Formule : 20 € (entrée + plat + fromage + dessert).
Avant de lire la suite, pensez à réserver les yeux fermés ! L'Asphodèle met à l'honneur une cuisine bio végétarienne avec des légumes de choix et des protéines végétales. Prenez place dans cette ancienne bergerie qui a gardé ses voûtes du temps passé, dans une ambiance chaleureuse et cosy ou encore sur la terrasse, aux beaux jours, avec vue sur Céüse et la Durance. Excellent rapport qualité/prix pour une cuisine au goût local et de saison. Sur place un éco-gîte pour prolonger votre séjour avec une vue unique sur les Alpes du Sud. Merveilleux accueil !

■ **C'FÉE NATURE**
11, rue Louis Andrieu
FORCALQUIER
✆ 04 92 75 90 28
c-fee-nature.business.site
cfeenature11@gmail.com
Ouvert du jeudi au lundi de 10h à 17h. Menu-carte à l'ardoise de 9 à 15 €. Desserts 5 € environ. Entrées 6,50 € environ.
Café-restaurant bio végétarien et végétalien ouvert depuis un an par Cécile Fleurance à Forcalquier. Elle ne cuisine que des produits locaux saisonniers et 100 % bio. Son succès n'a pas tardé et il vaut mieux désormais réserver pour être assuré de pouvoir s'y restaurer, d'autant qu'il n'y a que 20 couverts à l'intérieur et une dizaine sur la terrasse. Les plats sont principalement végétaliens et beaucoup sont sans gluten. Le plat du jour végan varie quotidiennement avec, cette semaine : risotto de petit épeautre aux épices douces et légumes d'été, dahl de lentilles corail au lait de coco, riz basmati, moussaka d'aubergines, falafels verde, sauce aux herbes, taboulé libanais, pad thaï (nouilles de riz sautées aux légumes et tofu). Une bonne nouvelle pour les amateurs de bio.

Mode et bien-être

■ **AUX COULEURS DE SOI**
1, rue des Pénitents
PEYRUIS
✆ 04 92 35 22 18
Ouvert lundi, mercredi, vendredi de 9h à 19h. Mardi et jeudi de 9h à 17h45. Samedi de 9h à 12h30. Soins visage à partir de 57 € (1h15).
Marion vous accueille dans une ambiance zen et cosy pour des soins du visage, du corps, des mains et des pieds, épilation, maquillage avec radiofréquence anti-âge, lipo cavitation minceur, cryolipolyse, pour vous mesdames mais aussi pour vous messieurs. Naturo esthéticienne Phyt's, Marion prodigue, en parfaite adéquation avec votre peau et vos envies, des soins issus du meilleur de la nature. Une parenthèse bio bénéfique et tout en douceur.

ALPES-MARITIMES

Alimentation

■ **MAISON VALOT**
42, boulevard Jacques-Ugo
VALLAURIS
✆ 06 51 95 01 83
www.maison-valot.com
contact@maison-valot.com
Ouvert du mardi au samedi de 9h à 13h et de 15h30 à 19h.
Dans cette boutique gourmande située sur une avenue passante de Vallauris, on se régale de confiseries fabriquées à l'ancienne, dans les règles de l'art, le plus naturellement possible, avec des ingrédients savamment sélectionnés : œufs certifiés bio, beurre AOP grand cru, sucre blond pur canne bio, farine intégrale non raffinée. Titulaire d'un CAP de pâtissier chocolatier, après avoir longtemps œuvré pour des palaces et établissements azuréens, Franck Valot a inauguré son temple dédié à la gourmandise d'où sortent chaque jour des confiseries responsables, sans colorant artificiel : macarons certifiés bio, biscuits sablés et salés, et meringues parfumées aux huiles essentielles. L'artisan biscuitier a également développé une gamme de douceurs sans gluten et sans lactose. Mention spéciale pour la gelée de Mojito, une

saveur inédite à base de citron vert, rhum et menthe, qui sublimera vos apéritifs, entrées ou desserts ! Et si vous ne pouvez pas vous déplacer, la commande est maintenant possible sur le site.

■ VIGNOBLE DE L'ABBAYE DE LÉRINS
Ile Saint-Honorat
Abbaye Notre-Dame-de-Lérins
CANNES
✆ 04 92 99 54 32
excellencedelerins.com
commercial@abbayedelerins.com
Ouvert tous les jours de 10h30 à 12h et de 13h à 16h30. Boutique sur l'île Saint-Honorat où les clients peuvent acheter toute l'année. Boutique en ligne avec livraison dans le monde entier. Tous les premiers vendredis du mois : journées Vignes & Vins avec visite du vignoble explication et dégustation d'un vin blanc et d'un vin rouge (réservation obligatoire : www.cannes-ilesdelerins.com/fr). Liqueur à partir de 21.50€, bouteille de vin à partir de 33,00 €.
Sur cette île au terroir unique pour élaborer de grands vins, la culture de la vigne est présente dès le Moyen Age, mais c'est en 1992 que la majeure partie des cépages ont été replantés. Aujourd'hui, le vignoble situé dans la partie centrale de l'île Saint-Honorat s'étend sur plus de 8 hectares. La découverte de 5 micro-terroirs au sein de l'île permet d'adapter au mieux l'implantation des différents cépages, d'appliquer et de perpétuer la vinification parcellaire (méthode inventée par les moines cisterciens) qui permet d'affirmer l'identité du terroir et la singularité des crus. Des particularités que l'on retrouvent dans les 6 cuvées de l'Abbaye de Lérins, Saint-Pierre (80 % clairette, 20 % chardonnay), Saint-Césaire (100 % chardonnay), Saint-Cyprien (100 % viognier), Saint-Honorat (85 % syrah, 15 % mourvèdre), Saint-Sauveur (100 % vieilles syrah) et Saint-Lambert (100 % mourvèdre) Bien-entendu, tout est fait dans le plus pur respect de l'écosystème de l'île : aucun herbicide n'est utilisé et c'est toute l'attention des moines qui permet de garantir des cuvées d'exception, pour un volume de production très restreint d'environ 40 000 bouteilles annuelles, dépendant grandement des conditions climatiques.

Restaurants bio

■ LES VERRIERS
Site de la verrerie
Chemin des combes
BIOT
✆ 04 93 65 19 26
Ouvert tous les midis, sauf le samedi hors saison. Tableau de suggestions qui changent tous les jours de 12 € à 25 €. Plat du jour : 13 €.
Ce restaurant se trouve dans un lieu improbable qu'indique son nom. Ici vous pourrez déguster des plats réalisés par un amoureux des bonnes choses, et fabriqués uniquement à base de produits frais, bio et locaux. Sur le tableau, des suggestions qui changent au quotidien selon l'humeur et le marché du chef, quand il ne va pas puiser dans son jardin. Une cuisine succulente et inventive à savourer dans cet écrin de verdure et de paix. Une adresse connue des initiés !

■ BIOGSTORE
Avenue Maréchal Foch
NICE
✆ 06 66 17 96 59
www.biogstore.com
contact@biogstore.com
Cette épicerie bio est l'endroit tout indiqué pour déguster, sur place ou à emporter, une cuisine saine 100% naturelle. Biogstore vous initie à une nouvelle façon de consommer avec de nouveaux produits, goûts, textures. Au fil des saisons et selon l'inspiration du moment, les plats proposés vous apportent le meilleur apport en qualité nutritionnelle : Chilli végétal sans cuisson, pâtes sans gluten, salade en bocal, veggie, buddha ou Poke Bols... suivi, en dessert, de spécialités à dévorer tout cru pour faire le plein de tonus et de super aliments : Baies, noix, fruits, granola, muesli... mention spéciale pour le Cheesecake fauxmage au thé vert ou la Tarte crue à l'avocat, citron vert, noix de pécan. Un délice !

■ LOU PALCO
Vieux Nice
34, cours Saleya
NICE
✆ 04 93 92 64 10
Ouvert toute l'année. Du lundi au samedi le midi et le soir ; le dimanche midi. Carte : 17 € environ (plat). Brunch : 19 €. Végan-friendly.
Lou Palco propose une cuisine du monde et s'impose comme la véritable adresse *healthy* du cours Saleya avec ses recettes à base de fruits et légumes bio. Les végans et les végétariens seront comblés avec une carte aussi séduisante qu'alléchante : chili veggie aux haricots rouges, salade du Palco... Les plats sont préparés maison et, côté déco, Lou Palco mise sur une ambiance intime en soirée et lumineuse en journée. N'oubliez pas de goûter aux délicieux et étonnants jus de fruits et/ou de légumes !

■ THE HEALER
Centre-ville
16, boulevard Jean-Jaurès, NICE
✆ 07 86 98 68 21
www.thehealer.fr
thehealer.nice@gmail.com
Ouvert toute l'année. Du mardi au samedi de 10h à 18h. Formule : 16 € (salade + boisson + dessert). Facebook : @thehealer.nice.
Situé dans la vieille ville, à deux pas de la place Garibaldi, The Healer est un bar à jus qui propose également des plats élaborés à l'aide d'un nutritionniste et composés de produits frais et bio. Vous avez le choix entre différentes salades d'inspirations françaises et asiatiques, des tartines artisanales, des soupes maison, des recettes vegan et des suggestions à l'ardoise. Les jus sont quant à eux obtenus à l'aide d'un extracteur ce qui permet de conserver un maximum de vitamines, d'enzymes et de minéraux. Retrouvez enfin de délicieux smoothies aux ingrédients bio et locaux mais aussi des snacks sucrés et des salades de fruits frais pour faire le plein de fraîcheur.

RESTAURANT ELSA
Monte-Carlo Beach
Avenue Princesse-Grace
ROQUEBRUNE-CAP-MARTIN
✆ 04 93 28 66 66
www.monte-carlo-beach.com
restaurantelsa@sbm.mc

Relais & Châteaux. Ouvert de début mars à fin octobre. Ouvert tous les jours le midi de 12h30 à 14h30 et le soir de 19h30 à 22h. 1 étoile au Guide Michelin. Relaxation package : 200 € de mi-avril à fin octobre. Réservation impérative. Carte de 104 € à 144 €. Déjeuner à partir de 48 € du lundi au vendredi, hors jours fériés. American Express, Diners Club. Accueil des groupes. Jardin. Terrasse. Voiturier. Boutique. Parking extérieur gratuit.

Dotée d'une Michelin dans le Guide France 2020, Elsa est une expérience de goût à ne pas manquer surtout si vous êtes férus de bonne cuisine et de bio. En cuisine, le Chef italien Paolo Sari envoûte les gastronomes avec une cuisine élaborée avec un choix de produits locaux et régionaux certifiés AB. Le pain est même confectionné deux fois par jour avec de la farine biologique. Dès la belle saison, on profite de la terrasse élégante et immaculée qui offre l'une des plus belles vues de la Principauté comme suspendue au-dessus de l'eau. Le service est professionnel sans être guindé, mention spéciale au sommelier qui saura accorder à merveilles mets et vins.

DAME NATURE
Atoll Beach
167, promenade des Flots-Bleus
SAINT-LAURENT-DU-VAR
✆ 04 92 27 15 45
www.restaurant-damenature.com
damenature06@hotmail.fr

Maître Restaurateur. Gluten-free friendly. Ouvert toute l'année. Du mardi au samedi le midi et le soir. Réservation recommandée. Formule : 39 € (entrée + plat + dessert). Vin au verre. Plats : 26 € environ. Suggestion du chef à partir de 19 €. Chèques non acceptés. American Express, Chèque Restaurant. Accueil des groupes. Terrasse. Parking payant aux alentours. Accès wi-fi. Végan-friendly.

Voilà plus de 15 ans que Fabienne et Michel Vilain ont créé, en précurseurs du bio, ce restaurant sur la promenade des flots bleus, entre port Saint-Laurent et Cap 3000. Mais la petite table du début s'est étoffée et l'arrivée d'un nouveau cuisinier d'expérience a redonné du pep et apporté de nouvelles idées. Dans sa cuisine, la margarine a détrôné le beurre ; les farines de riz, de teff et de sarrasin, le blé ; le rapadura ou le sirop d'agave, le sucre raffiné… Bio à 95 %, sa carte propose le meilleur des produits : son foie gras arbore le Label rouge, son piment d'Espelette AOC est garanti sans produit chimique, ses herbes aromatiques sans conservateur et le reste est issu de l'agriculture raisonnée. Ses viandes, achetées en pièces et découpées par ses soins, sont exclusivement nées, élevées et abattues en France, choisies dans les meilleurs morceaux. Ses poissons frais, sauvages ou d'élevages bio, sont servis à la plancha ou en croûte de sel. Un large choix de mets a été conçu spécifiquement pour végétariens et végétaliens à partir de légumes produits localement. En somme, ce restaurant saura satisfaire tout le monde et les plats qui ont fait le succès de Dame Nature depuis l'origine ont été revisités pour prendre un surprenant coup de jeune.

Mode et bien-être

EKYOG
Carré d'Or
12, rue Alphonse-Karr
NICE
✆ 04 93 91 27 18
www.ekyog.com
contact@ekyog.com
Tram : arrêt Masséna.

Ouvert du lundi au samedi de 10h à 19h.
Cette enseigne bretonne parie sur les matières 100 % biologiques et équitables pour une mode féminine durable et solidaire qui comble tous les styles : soie pure, cotons d'Inde ou d'Afrique, textures issues de végétaux ou laine angora composent les matières nobles, douces et vaporeuses d'une collection qui n'abandonne rien à la tendance.
Les vêtements fashion sont confortables et transformables à souhaits tandis que les détails joliment travaillés et les superpositions originales s'accordent à toutes les silhouettes. Les conseils avisés et prévenants de la responsable des lieux sont précieux, et la part des bénéfices reversée à des associations humanitaires finit de nous charmer.

BAZAR BIO
Centre-ville, 4, place Wilson
Showroom, NICE
✆ 09 73 62 13 03
www.bazar-bio.fr
contact@bazar-bio.fr
Boutique en ligne. Animations au showroom. Ouvert du lundi au samedi de 8h30 à 18h.
Véritable référence de la cosmétique naturelle et du maquillage bio, vous trouverez dans cet e-shop des produits phares et avant-gardistes adaptés à votre peau et aux types de soins que vous recherchez : déodorants, vernis, crèmes, démaquillants, soins anti-âges, shampoings, éponges... Le tout à base d'huiles essentielles, de cires végétales, d'extraits naturels et de plantes.

BOUCHES-DU-RHÔNE

Alimentation

CEREPRIM/CEREPLANT
535, avenue du Club-Hippique
AIX-EN-PROVENCE
✆ 04 42 59 00 35
www.cereprim-bio-aix.fr
cereprim@wanadoo.fr
Parking gratuit pour la clientèle
Ouvert du lundi au samedi de 9h à 12h30 et de 14h30 à 19h30. Samedi : fermeture à 18h.
Sur la gauche de l'avenue du Club Hippique, peu après le bâtiment SFR, se cachent les serres d'un producteur bio. Le fondateur de Cereprim, Maurice Audier, reprend l'entreprise de maraîchage familial en 1945. Dès 1970, il s'engage dans la culture biologique avec une démarche militante jamais démentie depuis. Passionné de littérature et de paysannerie, Maurice Audier, secondé par son épouse Hélène, puis par sa fille Danièle, et désormais par sa petite-fille, développe l'entreprise familiale devenue aujourd'hui une référence du pays d'Aix en matière de maraîchage biologique. Les serres sont alignées sur de bonnes terres agricoles, grignotées peu à peu par de nouvelles constructions. La maison propose notamment les légumes cueillis du matin. De plus, vous pouvez trouver persil et coriandre frais ainsi que d'autres herbes aromatiques en période de production. Cereplant diffuse également des plants bio pour vos potagers.
La maison est un point relais du réseau des Paniers bio Ma Terre et sert de vitrine à divers producteurs bio... Il y a aussi du pain bio frais du Fournil de Bernis, deux fois par semaine, le mardi et le samedi. Le mercredi et le vendredi, place au pain de l'ermitage. Céreprim développe également un rayon de viande bio apprécié par la clientèle. La bonne adresse, donc, pour trouver un plant de basilic bio, remplir son panier de carottes du matin et autres ingrédients de base pour cuisiner sain avec des produits trouvés dans la petite épicerie. A noter : la gamme de produits d'entretien L'Artisan savonnier et des jeux sur l'écologie. Quatre fois par an, il est possible d'assister à une conférence de Maurice Audier et de visiter les serres, visite suivie d'une dégustation de desserts sucrés confectionnés par Danièle Audier (auteur de *Gourmandises sans gluten* et de *Recettes de nos campagnes*) qui met en vente sa production de confitures de melon, pastèque et figue.

FARINOMAN FOU
5, rue Mignet
AIX-EN-PROVENCE
www.farinomanfou.fr
benoit@farinomanfou.fr
Ouvert du mardi au samedi de 7h à 19h30. Tous les ingrédients sont biologiques.
Des pains qui ont de l'esprit ! Au cœur du vieil Aix, cette boulangerie propose bien plus qu'une collection de pains frais, savoureux, odorants, croustillants, variés, sains... Farinoman – Benoît, dans la vraie vie – boulanger d'origine québécoise, fou de farines et de pains, met de la poésie, de l'humour et de l'amour dans ses miches et ses baguettes. Ici sont pétris et cuits à l'ancienne les pains variés d'une belle et originale collection estampillée bio. Nos papilles frétillent d'impatience à l'approche de la boutique ! C'est que le Farinoman nous invite en Ukraine (seigle intégrale), en Afrique (farine de blé et grains de millet), chez les Amérindiens (blé, maïs et chair de courge cuite), chez les Incas (farine de blé avec quinoa et amarante). Ce boulanger a vraiment toutes les audaces, il mélange les épeautres, le petit et le grand, avec des baies de Goji, il marie l'Isère et l'Ardèche (noix et châtaigne), se fait moine avec La Bure du Prêcheur (petit épeautre et graine de lin). Quant au pain nommé *Chair d'Aphrodite et puissance d'Éros* il intègre gingembre confit, pomme, figue et poudre de perlimpinpin. Les mélanges changent d'un jour à l'autre de la semaine. Rien de snob dans tout ceci, juste l'inspiration et l'intelligence des mains dans la farine. Le samedi, on vous conseille d'aller chercher votre pain le matin pour avoir du choix. Les Aixois font provision pour les deux jours à venir... Allez sur le site Internet du boulanger pour voir son Panifeste du boulanger.

MA TERRE

Près du stade Carcassonne
4, rue Pierre-de-Coubertin
AIX-EN-PROVENCE
✆ 04 42 26 83 65
www.materre.net
contact.panierbio@materre.net

Ouvert du lundi au samedi de 9h à 20h ; le dimanche de 9h à 13h.

Ici, les produits sont bio et pour la majorité d'entre eux d'origine du pays d'Aix ou provençale. Cette petite structure engagée, façon AMAP, fondée en 2004, constitue une interface éthique et équitable entre les producteurs fermiers estampillés bio et les consommateurs soucieux de remplir leur panier de manière alternative. Ma Terre centralise les produits et livre des paniers bio dans 200 points de ralliement du centre d'Aix et de la périphérie. Dans vos paniers : fruits et légumes, pains, viandes (boucherie le Pâturage), fromages, jus de fruits... Des produits identifiés : salades de Mauricette de Ventabren, carottes de Patrick Seimandi, haricots et framboises de Fernando Giordano, pommes de Frédéric Jean, œufs de Jouques... L'addition est à peine plus lourde qu'ailleurs c'est bien mieux pour l'environnement et votre santé ! Vous composez votre panier en ligne et attendez la livraison. Mais se rendre directement à l'épicerie c'est encore plus sympa... En rayon : lait cru et yaourts et autre crémerie, raviolis frais, tofu soyeux produit dans les Alpes-de-Haute-Provence, huiles essentielles et herboristerie, cosmétiques bio dont une gamme à base de feuilles d'olivier qui a conquis l'équipe féminine de Ma Terre ! En plus, des animations sont régulièrement organisées, ateliers, cours collectifs, exposition d'art... Et la porte à côté, il y a le boulanger... bio (La Fabrique à pain).

BIOCOOP CAMARGUE

Zone Fourchon
7, avenue du Maréchal-Juin
ARLES
✆ 04 90 98 36 11
www.biocoop-camargue.fr/

Ouvert du mardi au vendredi de 9h à 13h et de 15h à 19h ; le samedi de 9h à 19h. Autre adresse : Biocoop Arelate 24 avenue Victor Hugo.

Biocoop, ce sont désormais deux adresses à Arles pour vous approvisionner en produits bio. Tous les articles en rayon viennent d'Arles ou de sa proche région et sont fournis par une cinquantaine de producteurs, également engagés dans une démarche bioéthique. Vous trouverez, dans le magasin, près de deux cents références d'articles en vrac, histoire d'éliminer totalement les emballages, mais aussi des produits d'entretien, des cosmétiques et même une boulangerie qui fabrique un excellent pain au levain, réalisé à partir d'une farine 100 % bio.

OLIVERAIE DU PETIT SAINT JEAN

180, chemin de Poulasson-Couteron
AIX-EN-PROVENCE
✆ 04 42 92 21 19
gerardterrasson@wanadoo.fr

Ouvert du lundi au samedi de 17h à 20h. Sur rendez-vous. Dégustation gratuite au domaine comme sur les marchés. Bouteilles ou bidon de 5 litres.

Comme son nom l'indique, c'est un petit producteur au sens d'artisanat et de qualité. Le domaine propose une huile d'olive AOP Haute Provence labellisée biologique qui a décroché la médaille d'or en 2018 au Concours Régional des huiles de Haute Provence. L'oliveraie du Petit Saint-Jean s'étend sur 7 ha sur le plateau de Valensole dans les Alpes de Haute Provence. Josiane et Gérard Terrasson, les propriétaires, exploitent un verger de 1 500 arbres à 90 % de variété aglandau qui confère toute sa typicité à leur huile. S'ajoutent les variétés bouteillan, aups, cayon et picholine. Dégustation sur rendez-vous uniquement au domaine à Aix. Vous trouvez aussi les huiles du domaine sur les marchés ou dans les épiceries fines et magasins bio du pays d'Aix. D'une année sur l'autre, les nectars du Petit Saint-Jean, toujours onctueuses et très aromatiques, sont plus ou moins ardentes et développent des saveurs plus ou moins accentuées de tomate verte, d'amande verte, de feuille écrasée...

VILLA NATURA

Chemin de Séverin
Echangeur de Trinquetaille
ARLES
✆ 04 90 96 13 93
www.villanatura.fr
contact@villanatura.fr

Ouvert du lundi au samedi de 9h à 19h30 ; le dimanche de 9h30 à 12h30.

Une belle vitrine, à deux pas du grand rond-point du Vittier, un grand espace commercial occupé par des étals chargés de produits bio introuvables ailleurs, à moins de passer par le net, Villa Natura est avant tout un espace convivial où l'on peut acheter des produits sains, mais aussi obtenir des conseils, des astuces pour une vie en bonne santé. Le personnel est très agréable et impliqué dans la démarche bio. On sent la passion.

GRAINES & CO

48, rue de la République
AUBAGNE
✆ 04 13 12 63 89

Ouvert le lundi de 9h à 20h. Du mardi au samedi de 8h à 20h et le dimanche de 9h à 12h.

Tout beau, tout neuf ! La rue de la République vient de voir s'installer un magasin bio pour le plus grand plaisir des Aubagnais. Henri et sa fille Maeva vous accueillent chaleureusement pour vous laisser découvrir leur concept qui ne manque pas d'originalité. Du 100 % bio en vrac au rez-de-chaussée et à l'étage un salon de bien-être avec neuf praticiens sur rendez-vous. Chaque samedi, Graines & Co organise des conférences et des ateliers sur le bio, le bien-être, le zéro déchet, etc. Le mercredi, place est faite pour les enfants avec au programme sophrologie et yoga. Les produits sont volontairement de la région. Grand choix en épicerie. Le cosmétique s'étoffe au fil des jours. Dés la rentrée, de l'huile d'olive et du vin bio en vrac. Comme nous l'explique Henri, son magasin est aussi un lieu de vie où les personnes se rencontrent et discutent entre elles tout en découvrant les produits. Un tout nouveau magasin bio, naturel et sans emballage à qui l'on souhaite la bienvenue. Le plus, service de livraison possible, modalités sur son site internet : «grainesandco-aubagne.eatbu.com/ ? lang=fr».

LE GRAND SONNAILLET

Le Grand Sonnaillet
AURONS
✆ 06 72 19 29 80
www.legrandsonnaillet.com
francoise.galera@sfr.fr

Panier à constituer sur internet et à récupérer à la ferme le samedi.

Ce domaine entre Aix et Salon de Provence fêtera ses 15 ans d'agriculture biologique en 2020. Sur les 12 hectares, 3,5 dédiés au maraîchage sont en agriculture biologique. Le cadre naturel est préservé, sur les hauteurs du massif des Costes et la vue panoramique sur la vallée et les massifs de la région aixoise est ravissante... Le samedi c'est vente directe à la ferme avec tous les légumes de saison, des fruits, des jus de fruit, du miel, du vinaigre de miel, de la farine, des œufs et du pain. On a également la possibilité de réserver des poulets, de la viande de bœuf, du veau et de l'agneau. Tous les produits proposés sont issus de la ferme ou des producteurs locaux, et tous sont certifiés en bio et biodynamie. Vous avez la possibilité de loger sur place dans l'un des gîtes du domaine labellisés Ecogîtes. Ambiance conviviale et éco-responsable.

DOMAINE LES BÉATES

Route de Caireval, LAMBESC
✆ 04 42 57 07 58
www.domaine-des-beates.com
pfterrat@domaine-des-beates.com

Ouvert du lundi au samedi de 10h à 18h. Et sur rendez-vous.

Pierre-François Terrat est parmi les meilleurs vignerons de l'appellation Coteaux d'Aix. Son rosé Les Béates est d'une puissance rare et peut accompagner sans problème des plats de viande. Tout sauf un vin de soif. Dans une gamme plus légère, la cuvée Les Béatilles est agréable à boire. On apprécie les prix très raisonnables eu égard à la qualité. Le vignoble des Béates s'étend sur 53 hectares des meilleures terres de Lambesc. Les vins du domaines sont estampillés bio. Les Béates étaient des religieuses – les Jeunes sœurs de l'Instruction – qui, au XVIe siècle, allaient de village en village pour apprendre à lire et à écrire aux enfants. La congrégation a quitté le domaine depuis longtemps, le nom est resté. Comme un hommage.

LA BONNE SAISON

24, boulevard national (1er)
MARSEILLE
✆ 06 69 65 86 01 – www.labonnesaison.fr
contact@labonnesaison.fr

Ouvert le lundi de 15h30 à 19h30 ; du mardi au vendredi de 9h30 à 19h30 ; le samedi de 9h30 à 13h30. Paniers à récupérer tous les jours de la semaine à partir de 16h30. Commande minimum un jour à l'avance. Quatre tailles de panier de 9 € à 35 €.

Ce primeur en vente directe marseillais est 100 % bio, 100 % de saison, 90 % de Provence... Une formule coopérative de vente directe de produits fermiers, qui assure fraîcheur et qualité. Une vingtaine d'agriculteurs du pays d'Aix et de Marseille engagés en production biologique fournissent ces paniers de fruits et légumes bio. Il est possible de commander un panier sans s'engager. On peut également mettre dans son panier du vin, des œufs, des confitures, des jus de fruits et quelques épices, sucres et lait de coco venu d'ailleurs. Le site Internet détaille semaine par semaine les produits disponibles et les producteurs. Par exemple en mars : radis et poireaux de Ventabren, salades et carottes de Lambesc, mâche, fenouils et épinards de Salon-de-Provence, etc.

BIEN-ÊTRE & PETIT PLAT

15, rue Louis-Maurel (6e)
MARSEILLE
✆ 04 13 20 54 58 – www.beepp.fr
contact@beepp.fr
Métro M1 M2 Castellane.

Ouvert du mardi au jeudi de 11h à 19h, vendredi et samedi de 11h à 15h et de 18h30 à 23h. Salés le midi à partir de 5 €, plats de 12 € à 16 €. Formule midi 15 €. Pâtisseries 4.50 € et boissons maison. Produits exclusivement bio et faits maison. Choix sans gluten, sans lactose et vegan. Conférences, Ateliers, Soirées organisées régulièrement.

Une épicerie pas comme les autres... Aurélia vous accueille tout en douceur dans son paradis bio. Son concept est assez unique. Aurélia a voulu créer un lieu de vie dans un cadre intimiste à l'esprit marin. Le matin, elle est en cuisine pour travailler ses produits bio, de saison et locaux. Chaque jour, vous trouverez à la carte des protéines animales, du végétarien, du sans gluten et du sans lactose. La partie salon de thé offre des pâtisseries maison qui peuvent s'accompagner d'un choix entre 24 thés bio, boissons fraîches, café, cappuccino, chocolat chaud, vin et bière marseillaise bio ou encore de jus de fruits à l'extracteur. On peut manger sur place ou emporter. Aurélia fait aussi traiteur sur commande. Naturopathe de formation, ses conseils sont avisés. Le coin épicerie fine se compose d'aides à la santé, de salé, de sucré, de boissons et cosmétiques avec priorité au local et aux entreprises à taille humaine. Dernier volet, Aurélia organise des activités autour du bien-être, dégustation de producteurs, ateliers de cuisine, consultation de médecine douce, des massages assis et bientôt de la réflexologie plantaire. Tous les mois : le troc des compétences, des services, des objets. Sur place encore : wi-fi, prises de courant, des jeux et des lectures. Une excellente adresse !

O VRAC

33, rue des Trois-Mages (6e)
MARSEILLE
✆ 04 91 47 30 82 – www.epicerieovrac.com
contact@epicerieovrac.com
Bus 74 arrêt Place Jean-Jaurès

Ouvert du lundi au samedi de 9h30 à 13h et de 15h à 19h30 (non-stop et jusqu'à 20h le samedi).

A deux pas de la Plaine et du cours Julien, une adresse *healthy* au style original et épuré, à découvrir sans plus attendre pour revenir à une consommation plus responsable, qui se rapproche un peu plus des besoins réels, tout en permettant de limiter le gaspillage et faire des économies ! Les caisses en bois façon cagettes font office d'étagères et proposent des produits biologiques. On a envie de tout acheter, huile d'olive aux noix de cajou en passant par les fruits et légumes ou encore les confitures sans oublier les jus de fruits. En vrac, céréales et féculents. Vous trouverez également de quoi faire vos produits cosmétiques. Une attitude responsable, un endroit sain et sympa !

BIO & CO
201, avenue de Mazargues (8e)
MARSEILLE
✆ 04 91 40 95 40
bioandco.bio
Ouvert de 9h à 19h30 du lundi au samedi et de 9h à 13h le dimanche.
Bio & Co c'est une petite entreprise familiale devenue grande. Tout d'abord installée à Aix-en-Provence, Bouc-Bel-Air et Toulon, la voici à Marseille depuis 2016. Un immense espace de 600 m² consacré aux produits bio. Côté Marché, on privilégie ici le local et le régional avec des légumes et fruits de saison. Un large rayon vrac également avec amandes, céréales, riz et autres fruits secs. Forcément des produits sans gluten et enfin un beau rayon frais avec des produits laitiers, des fromages, de la charcuterie... Enfin, un rayon santé et bien-être avec des produits bio en maquillage, hygiène, soin de la peau, compléments alimentaires, huiles essentielles et aromathérapie. Tout y est !

Restaurants bio

AU BONHEUR D'ÉMILIE
5, rue Jouvene
ARLES
✆ 04 90 98 38 71
michel.monnier8@wanadoo.fr
Ouvert le lundi, le mardi, le jeudi et le vendredi de 11h30 à 17h. (formule du midi : 10 € environ).
Ce restaurant fort sympathique, tenu par Dominique (en cuisine) et sa fille Émilie (au service), propose des plats à base de produits bio, à manger sur place ou à emporter. Et, faut-il le préciser, à tout petit prix. Au menu, qui change quotidiennement : des grandes assiettes composées d'un velouté original (céleri rave, carottes, légumes au gingembre) ou d'un méli-mélo de crudités, ainsi que d'une tarte (trois au choix dont une sans gluten : épinard, chèvre, raisin ; brocolis, emmental, mozzarella ; carottes, fenouil, cumin). Pour finir un dessert (cake tatin aux pommes ; tarte poire et chocolat, cake banane kiwi chocolat). Simple, bon et sain. Le restaurant propose également des préparations et des plats végans.

GRAIN DE SABLE
34, rue du Baignoir (1er)
MARSEILLE
✆ 04 91 90 39 51
www.graindesable.net
contact@graindesable.net
Tramway T2 T3 arrêt Belsunce Alcazar
Ouvert du lundi au vendredi le midi. Réservation recommandée. Vin au verre. Cuisine maison, de saison, bio et locale. Options vegan et végétariennes 5 choix à la carte, renouvelées tous les lundis. Formule : 14 € (2 choix et dessert), 18 € (trois choix et dessert). Jus frais, vin au verre ou en pichet, bière locale. Chèque Restaurant.
Véritable percée à travers de l'Alcazar au cœur du quartier Belsunce, la rue du Baignoir accueille le Grain de Sable, un joli repère végétarien et végétalien. Chaque semaine, les menus sont composés à partir de produits bio et locaux. Cette semaine-là par exemple, velouté de butternut à la thaïe, tartiflette veggie ou poêlée de petit épeautre au choux rouge et sésame... Un délice et l'assurance de manger sain ! Les plats comme les desserts (mousse au chocolat et à l'orange confite, dôme coco-citron et son financier au thé Matcha) privilégient l'équilibre. Les places assises sont vite occupées, mieux vaut réserver. Quelques places en terrasse dans ce quartier très vivant. À tester !

BE ORGANIC – LA TABLE
Docks Village
10, place de la Joliette (Atrium 10.8) (2e)
MARSEILLE
✆ 04 13 94 11 60
be-organic.fr
Ouvert du lundi au samedi le midi et le soir ; le dimanche jusqu´à 18h. American Express, Chèque Restaurant. Végan-friendly.
Be Organic, c'est à la fois une épicerie, un bar à vin et un restaurant 100 % Bio ! L'idée du créateur, Cyril de Héricourt, un Marseillais, est de regrouper tous les produits qu'il aime, qu'il consomme, qu'il connaît, pour vous les faire découvrir chez vous ou sur place. Ici, le bio se veut simple et gustatif, mais pas que ! Car pour Cyril et toute son équipe, la saisonnalité, la localité et la qualité sont des critères indispensables. En résumé, Be Organic est un lieu de vie sans code, pour faire ses courses, grignoter, faire l'apéro, dîner, s'informer, échanger que l'on soit seul, entre collègues de boulot, amis ou famille. La carte est à 50% végan au déjeuner, et 100% végan les vendredis et samedis soirs.

LE MIKALA
102, cours Julien (6e)
MARSEILLE
✆ 06 26 55 61 92
le-cours-en-vert.business.site
louana.mo@gmail.com
Métro Notre-Dame-du-Mont.
Ouvert du mardi au samedi le midi ; du jeudi au samedi le soir. Carte : 22 € environ. Vin au verre. Brunch le dimanche. CB non acceptée. Chèque Restaurant. Chaises bébé. Terrasse. Vente à emporter. Boutique. Vegan friendly.
Ce restaurant végétarien-salon de thé a ses habitués sur le Cours où la tendance bio-vegie-locale a bien pris. Comme il se doit, Monsieur Akif le patron et Monsieur Jacques en cuisine proposent des formules évolutives au gré des saisons. Ils suivent l'arrivage de leurs fournisseurs, qui sont pour la plupart des producteurs en agriculture

REPÉREZ LES MEILLEURES VISITES
★ INTÉRESSANT ★★ REMARQUABLE ★★★ IMMANQUABLE ★★★★ INOUBLIABLE

biologique de la région. Goûtez à leur veggie burger, au wok de saison avec ses lentilles et son riz de Camargue ou encore à leur couscous végan. L'accueil est décontracté et sympathique. Qui a dit que la cuisine végétarienne était triste ?

Mode et bien-être

CONCEPT BIEN-ÊTRE BIO BY CÉCILE

147, chemin de la Ramière
BARBENTANE
✆ 06 43 78 31 11

Ouvert 7j/7 de 9h à 20h sur rendez-vous. Soins du visage à partir de 59 €.

Des doigts de fée ! Massages du monde, soins visage, réflexologie plantaire thaïe, chez vous, sur votre lieu de vacances ou en institut. Que demander de plus ? Cécile naturo-esthéticienne depuis 21 ans, vous propose une ambiance zen et chaleureuse. Tous les produits cosmétiques utilisés sont certifiés bio et de fabrication française. Et ce n'est pas tout ! Pour votre confort, Cécile ne lésine pas : couverture chauffante, bougies, lampes de sel, musique douce, fontaine, diffuseur d'huiles essentielles bio, lumière tamisée… Pour elle et pour lui, le soin se termine par une tisane aux saveurs épicées ou boisson fraîche bio. A retenir : les massages pour enfants à partir de neuf ans. Un instant de bonheur sept jours sur sept !

VOUS EN BIO

13, rue des Polytres (13e)
MARSEILLE
✆ 07 82 47 91 21
www.vousenbio.fr
info@vousenbio.fr

Si on vous dit : vêtements féminins de qualité, service irréprochable, à recommander ; c'est sûr vous êtes à la bonne adresse ! Vêtements en coton bio et autres textiles sont, ici, issus de l'agriculture biologique et fabriqués dans le pur respect des normes du GOTS (Global Organic Textile Standard), mondialement reconnu. L'engagement dans une consommation textile durable et responsable : telle est la devise de Vous en Bio. Cette agréable boutique satisfait tous les goût à des prix raisonnables. Vous en Bio participe régulièrement aux salons et marchés de Marseille et ses alentours et organise des expos-ventes dans les magasins bio. Un accueil charmant !

Habitat et jardin

JARDILIEN

Chemin de l'église Saint-Pierre
AUBAGNE
✆ 06 19 16 80 18
contact.jardilien@gmail.com

Ouvert toute l'année. Gratuit.

Une initiative à plébisciter ! Jardilien c'est une association, un collectif de jardiniers qui cultivent en commun une parcelle d'un hectare en agriculture biologique uniquement. Les purins sont maison. La taille est réalisée dans le respect de la faune du sol. Les visites gratuites sont riches d'enseignement, avec une journée d'essai pour celles et ceux qui voudraient venir rejoindre la quarantaine de jardiniers adhérents. Tout y est dit : une véritable visite pédagogique sur le comment cultive t-on en bio ? Jardilien c'est aussi un lieu de rencontres et de diversité. On aime à souligner que les personnes handicapées moteur sont accueillies avec une attention toute particulière. Un concept qui plait et perdure depuis 20 ans. Audrey, chaleureuse présidente, se fera un plaisir de vous accompagner.

HAUTES-ALPES

Alimentation

CHEVRERIE DE CEÜSE

Les Guérins
SIGOYER
✆ 04 92 24 25 95
www.lachevreriedeceuse.fr
lachevreriedeceuse@orange.fr

Vente à la ferme. D'octobre à mai, du mercredi au dimanche, de 11h à 13h et de 16h à 19h. De juin à fin septembre, tous les jours de 11h à 13h et de 16h à 20h.

Une adresse vraiment complète ! Dans cette exploitation agricole estampillée bio qui élève des chèvres et produit de délicieux fromages et autres spécialités laitières au lait cru, vous pouvez faire l'acquisition d'une large gamme de fromages et bien plus si affinités. Située au pied de la falaise de Céüse, sur la commune de Sigoyer dans les Hautes-Alpes, et perchée à plus de 1 200 m d'altitude, cette ferme abrite un élevage de 50 chèvres de six races différentes et d'autres animaux (poneys fjords, ânes, vaches, lapins…). C'est une ferme pédagogique qui propose des stages et des animations. Enfin la Chèvrerie de Céüse vous accueille pour des goûters, des soirées fromagères avec raclette ou cabriolade (tartiflette à la tomme fondante de chèvre) et le samedi soir des casse-croûte avec des assiettes bio composées de produits de la ferme et d'autres fermes bio des environs. Trois gîtes permettent de rester sur place plus longtemps.

Restaurants bio

LE BOUCHON

4, rue de la Placette
GAP
✆ 04 92 46 02 43
www.lebouchon-gap.fr
lebouchon.gap@gmail.com

Ouvert du lundi au samedi le midi et le soir. Menus de 19 € à 29 €. Formule du midi : 19 €. Plat du jour : 15 €.

Une petite rue au cœur de Gap et sur le trottoir pavé une belle terrasse attend les gourmands. Pause locale au Bouchon puisqu'il propose à la fois une belle sélection de vins et une cuisine maison réalisée à partir des meilleurs produits de saison cultivés, élevés dans les Hautes-Alpes. Salle chaleureuse avec une ambiance boisée pour savourer les précieux flacons accompagnés d'un excellent plat du jour à l'ardoise. Plat signature du chef, le Lièvre à la royale sauce grand veneur, un classique en saison de chasse, mais encore des pieds et paquets ou une queue de lotte beurre blanc safrané. Desserts à la hauteur. Accueil adorable pour ce Bouchon recommandé.

Mode et bien-être

■ BIO DÉTENTE ESTHÉTIQUE
Résidence des Sorbiers
25, rue Pasteur
BRIANÇON
✆ 06 59 78 30 60
marie.grimbert11@gmail.com
Ouvert du mardi au vendredi de 9h à 12h et de 14h à 19h. Possibilité d'ouverture entre 12h et 14h sur demande. Soins du visage à partir de 45 €.
Un institut de beauté 100 % bio et Marie, la maîtresse des lieux, y tient. Dans un cadre zen, vous prendrez place pour un instant bien-être. Notre jeune, professionnelle et sympathique esthéticienne pense que l'être humain a besoin de deux beautés, l'une extérieure et l'autre intérieure et nous partageons pleinement son avis. Laissez-vous tenter. Marie prendra soin de vous des pieds à la tête. Son instant «dos» au prix imbattable est à retenir après une semaine de stress. Marie utilise les produits du docteur Hauschka, produits 100 % naturels aux plantes médicinales issus de l'agriculture biodynamique, label Natrue. Pour une impression de lumière, de légèreté, d'équilibre intérieur pour chaque aspect de peau, une adresse incontournable. Un accueil tout en douceur !

Habitat et jardin

■ LE GABION – FORMATION EN ÉCO-CONSTRUCTION
Domaine du Pont Neuf, Route de Saint André
EMBRUN
✆ 04 92 43 89 66 – gabionorg.free.fr
a@legabion.org
Fondé en 1993, le Gabion est un centre de formation et d'expérimentation à l'éco-construction et à la réhabilitation du bâti ancien situé dans les Hautes-Alpes. Cette structure organise aussi des formations dans les Bouches-du-Rhône, à l'Europôle méditerranéen de L'Arbois à proximité d'Aix-en-Provence. Elle propose des formations diplômantes sur 9 mois, en restauration du patrimoine bâti et en éco-construction. L'association souhaite contribuer à la revalorisation du travail manuel dans les métiers du bâtiment grâce à des techniques qui permettent la créativité et l'épanouissement des personnes qui les mettent en œuvre. Sensible au développement durable, Le Gabion est attentif au social, à l'économie et à l'environnement, dans les différentes activités qu'il met en œuvre. L'association réalise aussi des chantiers d'intérêt public avec des salariés en contrats aidés dans l'Embrunais. Vous pouvez aussi y suivre des stages de courtes durées, certains sont réservés aux professionnels du bâtiment, d'autres sont ouverts aux particuliers. Au programme : chaux, plâtre écologique, construction paille/ossature bois, enduits de terre, correcteurs thermiques, etc.

MONACO

Alimentation

■ TERRE DE MONACO
MONACO
✆ 06 78 63 34 41
www.terredemonaco.com
contact@terredemonaco.com
Contrat de prestation de service. Devis sur demande. Collaboration possible avec les restaurateurs.
Jessica Sbaraglia est à la tête de ce projet innovant qui place au cœur de la ville le concept d'agriculture urbaine raisonnée. Que vous soyez propriétaire ou non, et peu importe la surface dont vous disposez, Terre de Monaco réalise des potagers sur-mesures écologiques de fruits et de légumes, d'aromates et de fleurs comestibles qui respectent les valeurs de la culture Bio et de la permaculture. En une année, Terre de Monaco a ainsi cumulé 1 400 m^2 de maraîchage. L'innovation ne s'arrête pas là puisque des ruches et des poules ont également été installées sur les toits et dans les espaces libres de la Principauté. La société gère ensuite l'exploitation et la vente des produits. Terre de Monaco milite aussi contre le gaspillage : ici, rien n'est perdu et tout se transforme à l'instar du fumier des tortues terrestres présentes sur le toit du Musée Océanographique ou des caisses à vin en bois utilisées par les caves de certains hôtels de la Principauté qui sont récupérées et recyclées.

Restaurants bio

■ L'INATTENDU (E)
1 rue de Bioves, MONACO
✆ +377 97 98 81 46
info@vitasensys.eu
Ouvert toute l'année. Du lundi au samedi de 8h30 à 19h. Nocturne jusqu'à 22h le jeudi, le vendredi et le samedi. Carte de 16 € à 30 €. Formule à partir de 13 €.
Pour un petit déjeuner copieux, un déjeuner rapide et équilibré, une pause gourmande en journée autour de délicieuses tapas ou pour un dîner tout en douceur, préparez-vous à découvrir dans un univers épuré aux couleurs claires et lumineuses, une cuisine 100 % maison, saine, juste, stimulante et raisonnable qui sublime les saveurs des produits et des mets préparés

sans gluten, sans lactose, sans acides gras trans et sans produits raffinés. Une adresse qui décline à merveille les bienfaits et les plaisirs de la raw food et de l'alimentation végétalienne.

Habitat et jardin

JARDIN JAPONAIS

Avenue Princesse-Grace
www.jardinjaponais.fr
Gratuit.
Jardin labellisé EVE par ECOCERT. Juste à côté du Grimaldi Forum, en bord de mer, conçu par l'architecte paysagiste Yasuo Beppu et créé en 1994 à la demande du Prince Rainier III dans le principe du concept de la pensée zen, ce sublime espace vert de 7 000 m^2 est une copie stylisée de la grande nature japonaise avec sa montagne, sa colline, sa cascade... C'est un univers symbolique et les connaisseurs se régaleront à interpréter chaque signe. Les profanes passeront un moment très agréable dans cet univers apaisant d'où se dégage une incontestable sérénité. Son créateur vient chaque année spécialement du Japon pour transmettre son savoir et conseiller les jardiniers s'agissant de l'entretien des végétaux. Le plus : le jardin est en grande partie accessible aux personnes à mobilité réduite.

VAR

Alimentation

CLOS DE L'OURS

4776, chemin du Clos-de-Ruou
COTIGNAC
✆ 04 94 04 77 69
www.closdelours.com
closdelours@gmail.com
♿
Ouvert du lundi au samedi de 10h30 à 13h et de 15h à 19h. Parking. Visite du domaine et de la cave. Maison d'hôtes avec chambres, junior suites et suite.
Le vignoble de Fabienne et Michel Brotons, propriétaires depuis 2012, se répartit sur 13 ha en AOP Côtes de Provence, et forme un clos entouré d'une végétation typiquement provençale, en coteaux exposés plein sud. L'encépagement a été soigneusement réfléchi en fonction de la nature du sol. Les techniques de culture traditionnelles et modernes sont associées pour obtenir une récolte de grande qualité. Depuis 2003, la culture du vignoble est certifiée agriculture biologique. Nous découvrons ainsi avec d'autant plus de plaisir les nectars en blanc, rouge et rosé. La cuvée blanc Nanook, par exemple, provient des cépages rolle et clairette ; la cuvée rouge Grizzly quant à elle, est un assemblage de syrah, grenache et mourvèdre, et a été élevée en fût de chêne durant 12 mois. Commande possible sur le site Internet.

CHÂTEAU L'AFRIQUE

CUERS
✆ 04 42 61 20 00
www.sumeire.com
contact@sumeire.com
Le Château l'Afrique n'est pas ouvert au public, ni pour dégustation ni comme point de vente. Il faut se rendre au Château Coussin à Trets.
Nous voici dans une très ancienne propriété viticole, exploitée depuis l'époque romaine. Gabriel Sumeire en fit l'acquisition en 1953. Le domaine est, aujourd'hui encore, exploité par ses descendants. Culture raisonnée traditionnelle, sans désherbant chimique, vendanges entièrement manuelles, chais ultra-équipés mêlant modernisme et tradition, cave de vieillissement à moitié enterrée pour garantir une excellente conservation, tout ici est réuni pour faire un vin de qualité, notamment ce rouge côtes-de-provence, vin de garde qui passe douze mois en fûts de chêne, puis six autres en bouteille avant d'être commercialisé. Produit également du Château l'Afrique, ces rosés cuvée du Château et cuvée César, à recommander pour goûter à plus de corps et d'originalité.

Correns, le village 100% bio ou presque

Voici une belle aventure verte. Ce pittoresque village provençal se targue d'être le premier village bio de France. Il est vrai que sur la commune, les exploitants agricoles sont presque tous engagés en production biologique et on retrouve leurs productions dans les assiettes à la cantine de l'école ! Un engagement dont l'origine remonte à 1997 et ne cesse de s'affirmer. Les habitants sont ravis, les touristes aussi qui apprécient aussi de découvrir le patrimoine bâti et quelques traditions préservées. On peut séjourner dans des maisons champêtres, randonner et découvrir le vin blanc local et bio, emblème du village. Les viticulteurs vinifient à la cave coopérative de Correns. Vous trouvez aussi des éleveurs de volailles et des producteurs d'œufs bio, des apiculteurs et des éleveurs de chèvres qui participent, à l'ancienne, à l'entretien des forêts communales. Mettez dans votre panier des fromages au lait de chèvre bio, des plantes à parfums aromatiques et médicinales, des fruits et légumes bio, du bon vin bio. De quoi concocter un bon pique-nique sur les hauteurs de ce site vraiment charmant et convivial. Ne manquez pas, le 3 mai, la belle fête du Pardon... Même si vous n'avez rien à vous reprocher !

■ L'OUSTAOU BIO
29, rue Notre-Dame
CORRENS
✆ 06 28 89 47 48
assosolobio.correns@gmail.com
Ouvert du lundi au jeudi de 9h à 13h ; le vendredi et le samedi de 9h à 13h et de 16h à 19h. Horaires variables selon la saison.
Dans un cadre bien agréable, un magasin bio associatif parfaitement bien implanté à Correns. Ici, l'essentiel (légumes, miel, olives, huiles d'olive, vin...) provient de la production locale et les circuits courts sont clairement favorisés. Une large sélection de produits en vrac également. Tout au long de l'année, accueil charmant des vendeuses. Vraiment de bons produits !

Restaurants bio

■ LE BAGUS KAFE
5, avenue Joseph-Clotis
HYÈRES
✆ 04 94 23 74 95
www.baguskafe.fr
baguskafehyeres@gmail.com
Ouvert du lundi au samedi de 8h à 18h. Petit déjeuner : 5-10,50 €. Plat : 4,50-6,50 €. Desserts et gourmandises : 3 €. Pas de menu.
Pas de carte. Pas de menu. Juste des créations polyglottes réalisées sur le moment ; Une adresse qui sort des sentiers battus ! Un jus de fruits frais, un « Juice du Bagus », un petit déj' bio et complet ou une soupe du jour fraichement mitonnée ? Le Bagus Kafé, c'est tout ça à la fois. Installée sous une verrière lumineuse offrant même un patio ouvert, la dynamique équipe composée de Marie, Seb, Marion et Julie, propose ici un concept bio, *veggie* et branché, et des plats et en-cas à déguster sur place ou à emporter. Le mobilier choisi – les chaises d'écoliers notamment – donne une impression de bric et de broc collant tout à fait à l'esprit du lieu. Une adresse comme il en manquait à Hyères, et qui méritait bien d'être mentionnée !

■ VEGGYVAN
LA VALETTE-DU-VAR
✆ 06 67 07 79 05
veggyvan.fr
contact@veggyvan.fr
100% Bio. Ouvert du mercredi au vendredi de 11h30 à 14h et de 18h30 à 21h30. Samedi et dimanche : horaires variables, à consulter sur leur site Web. Menus de 6,50 € à 14,50 €. Burger+frites+boisson. Salades/repas de 6 € à 9,40 €. Burger falafel de 7 € à 11 €. Boissons de 2 € à 4 € avec bières artisanales.
Les produits sont certifiés Alimentation Biologique jusqu'aux boissons ! Adresse bio et gourmande, ce food-truck végan propose plusieurs burgers aux buns pétris par Monsieur Veggyvan lui-même ! Le concept est sympa, plusieurs burgers sont proposés et les vendredis, c'est falafels en barquette, en assiette ou en burger. Bref, pas mal de choix ! L'emplacement du food-truck est renseigné sur son site et sur ses réseaux sociaux. De petites vidéos sont postées sur Facebook pour tenir la clientèle informée en temps réel des lieux d'installation et de tous les petits aléas de la restauration. Un bon moyen d'être plus proche de ses clients, et un beau projet ! Le plus : l'équipe propose ses services pour tous vos évènements privés et publics, avec une cuisine cent pour cent végétale.

■ LE VILLAGE
DES TALENTS CRÉATIFS
146, boulevard de Bazeilles
PUGET-SUR-ARGENS
✆ 09 88 07 32 41
www.levillagedestalentscreatifs.fr
contact@levillagedestalentscreatifs.fr
Ouvert toute l'année. Du mardi au samedi de 10h à 19h. Ouverture partielle le lundi et le dimanche de façon exceptionnelle. Chèque Restaurant. Animaux autorisés. Parking gratuit 250 places, ascenseur, climatisation, WC, espace restauration, douche dans l'espace thérapeute, cendriers.
Le Village des talents créatifs, bâti avec des containers maritimes recyclés et des matériaux biosourcés, aménagé avec des objets récupérés, est un tiers lieu unique, dédié au savoir-faire français, à la restauration locale, aux médecines naturelles et à l'économie circulaire. On y rencontre des restaurateurs (5 comptoirs de cuisine Le burger français, La rôtisserie du village, Quintera, Egg's by cocotte caravane, Le biocal), des artisans, des commerçants et des thérapeutes qui y proposent des produits et services uniques, souvent bio, toujours locaux et gages de qualité.

■ TABLES ET COMPTOIR
3, boulevard Eugène-Pelletan
Quartier du Mourillon
TOULON
✆ 04 94 10 83 29
tablesetcomptoir@aol.fr
Maître Restaurateur. Fermé 3 semaines en juin. Ouvert du lundi au samedi le soir. Réservation recommandée. Menus de 42 € à 65 €. Carte : 60 € environ. Plat du jour : 20 €. Chèque Restaurant. Terrasse.
A quelques pas du marché, cette petite adresse va vous ravir. De son parcours gastronomique, notre maître restaurateur Serge Vaz élabore sa cuisine tout en finesse, et ne conçoit que le tout fait maison, jusqu'à la confection de son pain à base de farine bio, et de ses glaces ! Au fil du marché, des recettes de légumes de saison viennent accompagner les mets proposés à la carte, renouvelés tous les mois.
On privilégie ici les produits français, et locaux tant que possible. La viande proposée est élevée et abattue en France, le poisson est issu de la pêche sauvage de ligne française, et les légumes sont bio. Accueil des plus sympathiques, mille petites attentions, quelque 120 références de vins, et de précieux conseils sur les accords mets et vins ! L'addition n'est pas donnée, mais c'est tout à fait justifié aux vues de la qualité des produits et du service.

Mode et bien-être

INDEMNE
112, rue du Docteur-Guérin
LA FARLÈDE
✆ 04 94 57 69 29
www.indemne.fr

Indemne est une marque de soins dermo-cosmétiques aromathérapiques, naturels et bio. A base d'huiles essentielles et d'huiles végétales pures, sa gamme de produits régule tous types de peau, même les capricieuses. La marque est labellisée « Slow cosmétique », une association regroupant 50 marques n'utilisant pas de composants pétrochimiques. De plus, ces produits sont certifiés Origine France Garantie.

Histoire : Sujette à de fréquents problèmes de peau durant de nombreuses années, Christine Simon, la créatrice de la marque s'est détournée des produits issus de la pétrochimie. Après avoir repris des études d'aromathérapie et de phytothérapie, elle choisit de concocter ses propres traitements dermatologiques avec des huiles essentielles et des ingrédients naturels. Les meilleurs actifs sont choisis afin de réguler les peaux atopiques, sensibles, irritées, qui sont traitées en douceur avec par exemple, le bois de cadier et ses vertus apaisantes, la camomille romaine un anti-inflammatoire, la noisette un cicatrisant, ou encore la cannelle écorces et ses vertus antiseptiques. Christine Simon a donc créé en octobre 2012 la société Ma Peau Chérie Group qui a donné naissance à la marque Indemne.

Les produits. Lotions, shampoing, base lavante, accessoires... Indemne a développé une gamme de neuf produits qui traitent dessèchement, rougeurs, démangeaisons, eczéma, psoriasis, plaques, acné et cellulite. Aucun des produits de la marque n'est testé sur les animaux et ne contient de paraben ni d'alcool ni de pirythione de zinc. Ils sont fabriqués en région Paca entre Marseille et Nice.

Emploi. Environ une dizaine de salariés.

VAUCLUSE

Alimentation

ARMONY DE VIVRE
33, route de Montfavet
AVIGNON
✆ 04 90 88 44 75

Ouvert du lundi au samedi de 8h30 à 19h.

On aime ce magasin pour son accueil, ses conseils avisés et ses produits qu'on ne trouve nulle part ailleurs. De plus, on peut se garer facilement. 250 m² de compléments alimentaires, de produits bio et naturels, alimentation biologique et écoproduits, fruits et légumes, produits frais, épicerie, pain, complémentaires pour la beauté, soins, cosmétiques et hygiène du corps. Bref, de grands rayons qui arrivent à satisfaire toutes les envies des grands comme des petits. Le plus : vous pouvez commander directement en ligne

FERME LA ROSTIDE
1349, avenue Eisenhower
CARPENTRAS
✆ 04 90 41 99 86

Ouvert le mercredi de 17h à 18h30 ; le samedi de 10h à 12h. En venant de Carpentras, prendre le chemin de terre à gauche, entre les magasins Delko et CB matériaux. C'est à 50 m après Lidl et le concessionnaire Volkswagen.

Elisabeth Molot et Frédéric Chaillan sont agriculteurs de métier, leurs domaines (l'un situé à Carpentras, l'autre à Pernes-les-Fontaines) sont cultivés en bio depuis des décennies. Ils vous proposent d'acheter local et bio, directement du producteur au consommateur. C'est ainsi que vous trouverez ici les premières fraises (que l'on peut aller cueillir soi-même dans le champ) ainsi qu'une grande variété de fruits et légumes frais et de saison. D'octobre à juin, vous trouverez aussi des œufs extra frais et des jus de fruits.

SATORIZ
ZAC de la Tour Blanche
6, chemin du Périgord
LE PONTET
✆ 04 32 71 19 21
www.satoriz.fr

Ouvert du lundi au samedi de 8h30 à 19h30.

Satoriz, le bio pour tous, telle est la devise de l'enseigne. Ce qui peut la différencier d'autres magasins bio, c'est l'écoute du personnel, qui n'est pas un vain mot. Spacieux et lumineux, il offre de beaux rayons bien achalandés, comme celui des fruits et légumes. Le seul bémol, ce n'est pas forcément du local et c'est dommage ! Vous y trouverez toutefois tout ce dont vous avez besoin : épicerie, fruits et légumes, pains, produits boulangers, poisson, fruits de mer, viande, charcuterie, produits laitiers, droguerie, jardinage, produits d'entretien, habillement, habitat, jeux, cosmétiques, beauté, hygiène, bien-être, sans oublier les compléments alimentaires avec, entre autres, les produits de la ruche, les microalgues, les élixirs floraux et les huiles essentielles. A venir découvrir, ne serait-ce que pour le conseil.

LA BANASTE
276, chemin de la Muscadelle
(dans l'alignement
de la rue René-Char)
L'ISLE-SUR-LA-SORGUE
✆ 04 90 20 95 57
www.la-banaste.fr

Ouvert le mardi de 15h à 19h ; du mercredi au samedi de 9h à 12h30 et de 15h à 19h. Vaste parking clients.

Les producteurs de la région se sont associés pour ouvrir cette boutique de produits fermiers et garnir les étalages en fruits, légumes, œufs, jus de fruits, fromage de chèvre, vin, olives, huile d'olives, volailles, chapons fermiers, bœuf, veau, pain bio, miel... Les producteurs tiennent la boutique à tour de rôle. Ainsi vous rencontrerez Carole et ses poulets, Pierre et ses pommes, Béatrice et ses épinards, Marianne et ses fromages de chèvre... Tous les produits ne sont pas bio, mais la majorité est issue de l'agriculture bio. Et bien sûr, ne demandez pas de tomates en plein hiver... tous les produits sont de saison !

MARCEL & FILS MAGASIN BIO

Lotissement 7 - Barnéoud
SORGUES
✆ 04 90 88 06 43

♿

Ouvert du lundi au samedi de 9h à 19h30.

Le magasin bio Marcel & Fils d'Avignon s'est refait une beauté. Il s'est agrandi et offre désormais à ses clients une surface de plus de 1 000 m², avec une épicerie bio remarquablement achalandée. Parmi les nouveautés : une boucherie, une boulangerie, un rayon vrac agrandi et un rayon fruits et légumes entièrement revu. C'est superbe ! Marcel & Fils, c'est le goût du bon produit, avec des producteurs locaux. Fraîchement cueillis, les fruits et légumes se retrouvent aussitôt en rayon. C'est frais, de saison, local, direct producteur. C'est la façon de l'enseigne pour encourager la filière bio locale. Le choix est grand. Prenez votre temps !

PLEINE NATURE

Avenue François-Mauriac
Centre Commercial Avignon Nord
SORGUES
✆ 04 90 32 65 33
www.pleine-nature.fr
info@pleine-nature.fr

Ouvert du lundi au samedi de 9h à 19h30.

Depuis plus de 20 ans, le soleil se lève sur l'enseigne de la boutique Pleine Nature. Plus de 400 m² de surface sont dédiés aux produits issus de l'agriculture biologique. Produits frais et d'épicerie, sans gluten, crus ou vegan, chaque régime alimentaire trouve de quoi se satisfaire dans les rayons. Le plus : le rayon de cosmétiques naturels et biologiques ainsi que de compléments alimentaire. Ne manquez pas la droguerie écologique pour entretenir votre maison dans le respect de la nature. Pleine nature a une partie restaurant située dans le fond du magasin, ouvert le midi uniquement (celui de La Castelette ne propose pas de plats chauds : uniquement des salades et des tartes). Pour les plus pressés, vous avez la possibilité d'emporter vos plats préparés !

LA FERME DES ARNAUD

Saint-Laurent
Domaine du Serre des Moines
VILLEDIEU
✆ 04 90 28 90 81
www.fermedesarnaud.com
pierrearnaud@fermedesarnaud.com

Une histoire de famille ! Après la guerre, Yves reprend les terres en friche. Il n'est alors âgé que de 14 ans. L'exploitation devient viable lorsque son fils Pierre la reprend, en convertissant l'ensemble du domaine en agriculture biologique en 1978. Véritable pionnier, l'avenir lui donnera raison ! Le domaine s'agrandit et, aujourd'hui, la relève est assurée par Martial et Samuel, qui ont bien l'intention de donner un nouvel élan à la Ferme des Arnaud. L'exigence de la qualité est cependant toujours de mise et a accompagné toutes les générations.

Mode et bien-être

PÉNICHE ALTHÉA

ile Piot
AVIGNON
✆ 06 75 69 23 30
www.peniche-althea.fr
severine@peniche-althea.fr

Accueil toute l'année.

La péniche est située sur l'Île Piot à Avignon. Elle est entourée de verdure, facile à trouver avec un parking gratuit juste devant. Le bio, sur Althéa, c'est une évidence ! Tout y en conçu pour vous garantir une parenthèse bien agréable. La péniche Althéa est un lieu associatif, qui rassemble un collectif de thérapeutes en médecines douces, un bar à tisanes, jus de fruits et jus de légumes 100% bio, une salle accueillant nombre d'activités en lien avec le bien-être et le développement personnel, et une chambre d'hôtes, rénovée en 2017 avec le maximum de produits écologiques. Une halte incontournable sur l'île !

SONIA BIO & BIEN-ÊTRE

CARPENTRAS
✆ 07 66 09 86 70
www.esthetiquebio.com
contact@esthetiquebio.com

♿

Sur rendez-vous du lundi au vendredi de 9h à 18h et le samedi de 9h à 12h. Sonia se déplace à domicile. Soins visage à partir de 30 €. Forfait 5 soins 220 €. CB non acceptée.

Dans ce monde du bio, nous avons rencontré de nombreux passionnés, et Sonia ne déroge pas à la règle. Elle est 100 % bio dans son quotidien, 100 % bio dans son activité d'esthéticienne et 100 % naturelle par sa gentillesse. Esthéticienne diplômée d'Etat, elle se déplace, chez vous, à Carpentras et ses environs. Avec elle, un matériel professionnel et à la pointe de la technologie mais avant tout et par dessus tout, des produits 100 % bio, comme en témoignent ces différentes marques : ND Norma de Durville, toute l'incontournable gamme Clairjoie, Rituel Manucure Paris et Zao Make Up (100 % naturelle et certifiée bio par Ecocert). Vous l'aurez compris, Sonia c'est du sérieux et des marques françaises ! Ses soins concernent l'ensemble du corps, du visage aux pieds. Profitez, chez vous, d'un moment de bien-être, de détente, de soins de beauté avec sérénité avec des produits réputés pour leur efficacité et leurs propriétés cosmétiques respectueuses de la beauté naturelle des femmes. Testé, c'est l'adopter à tous les coups !

INDEX

D

E

F

G

H

I - J

K - L

M

N

O

P

Q – R

S

T

U – V

Y – Z